浙江经济普查年鉴

Zhejiang Economic Census Yearbook 2018

综合卷|下

浙江省人民政府第四次经济普查领导小组办公室　编著

中国统计出版社
China Statistics Press

图书在版编目（CIP）数据

浙江经济普查年鉴. 2018. 综合卷. 下 / 浙江省人民政府第四次经济普查领导小组办公室编著. -- 北京 : 中国统计出版社, 2020.11
ISBN 978-7-5037-9398-1

Ⅰ. ①浙… Ⅱ. ①浙… Ⅲ. ①经济－普查－浙江－2018－年鉴 Ⅳ. ①F127.55-54

中国版本图书馆 CIP 数据核字(2020)第 234151 号

浙江经济普查年鉴—2018/综合卷（下）

作　者/浙江省人民政府第四次经济普查领导小组办公室
责任编辑/许立舫
封面设计/黄俊杰　李雪燕
出版发行/中国统计出版社
通信地址/北京市丰台区西三环南路甲 6 号　邮政编码/100073
电　话/邮购（010）63376909　书店（010）68783171
网　址/http://www.zgtjcbs.com/
印　刷/河北鑫兆源印刷有限公司
经　销/新华书店
开　本/880mm×1230mm　1/16
字　数 1424 千字
印　张/45
版　别/2020 年 11 月第 1 版
版　次/2020 年 11 月第 1 次印刷
定　价/980.00 元（全五册附光盘）

本书附同版本 CD-ROM 一张，光盘内容以书面文字为准。
如有印装差错，由本社发行部调换。

编者说明

为便于社会各界共同分享第四次全国经济普查成果，更方便地开发利用普查资料，我们将浙江省经济普查资料编辑整理，汇编成《浙江经济普查年鉴-2018》一书。全书共三卷，即《综合卷（上、下）》《第二产业卷（上、下）》和《第三产业卷》。为使读者能够更好地使用本资料，现对有关问题作如下说明：

一、第四次全国经济普查的标准时点为 2018 年 12 月 31 日，时期资料为 2018 年度；

二、《综合卷》中“综合篇”和“企业篇”汇总表，均不包含少量无分组标识的单位数据，其中单位数包含兼营二、三产业的农、林、牧、渔业法人单位；从业人员数、营业收入和资产总计不包含兼营二、三产业的农、林、牧、渔业法人单位，不包含人民银行、银保监会、证监会监管的金融业以及铁路运输部门单位数据；个体经营户汇总表使用单位清查时的数据，从业人员数为 2018 年 6 月 30 日在本单位工作并取得工资或其他形式劳动报酬的人员数；

三、本资料建筑业按法人单位注册地，其他行业按法人单位经营地进行汇总；

四、本资料对部分数据由于计量单位取舍不同或四舍五入而产生的误差数均未作机械调整；

五、表中空格表示该项指标数值为零、不足最小单位、数据不详或无该项数据，“#”表示其中主要项，个别行业因涉及单个企业数据保密等原因不宜公开，以“*”表示；

六、为了更准确地使用本年鉴，每卷后附有该卷详细的指标解释。

浙江省第四次全国经济普查资料是全省普查工作者共同辛勤工作的成果，也是广大普查对象积极支持配合的结果。在此，我们向全省所有普查工作者、普查对象及所有参与和支持普查工作的人员致以崇高的敬意和衷心的感谢！

浙江省人民政府第四次经济普查领导小组办公室

2020 年 7 月

综合卷（下） 目录

第四篇 小微企业篇

4-01 按行业(中类)分组的小微企业法人单位数及从业人员数 …… 3
4-02 按地区分组的小微企业法人单位数及从业人员数 …… 15
4-03 按开业(成立)时间分组的小微企业法人单位数及从业人员数 …… 17
4-04 按行业(中类)、地区分组的小微企业法人单位数 …… 18
4-05 按行业(中类)、地区分组的小微企业法人从业人员数 …… 42
4-06 按行业(中类)、运营状态分组的小微企业法人单位数 …… 66
4-07 按行业(中类)、运营状态分组的小微企业法人从业人员数 …… 90
4-08 按行业(中类)、开业(成立)时间分组的小微企业法人单位数 …… 114
4-09 按行业(中类)、开业(成立)时间分组的小微企业法人从业人员数 …… 162
4-10 按行业(中类)、登记注册类型分组的小微企业法人单位数 …… 210
4-11 按行业(中类)、登记注册类型分组的小微企业法人从业人员数 …… 262
4-12 按行业(中类)、控股情况分组的小微企业法人单位数 …… 314
4-13 按行业(中类)、企业控股情况分组的小微企业法人从业人员数 …… 326
4-14 按行业(中类)、营业收入组距分组的小微企业法人单位数 …… 338
4-15 按行业(中类)、资产总计组距分组的小微企业法人单位数 …… 362
4-16 按行业(中类)、从业人员组距分组的小微企业法人单位数 …… 374
4-17 按地区、运营状态分组的小微企业法人单位数 …… 398
4-18 按地区、运营状态分组的小微企业法人从业人员数 …… 400
4-19 按地区、开业(成立)时间分组的小微企业法人单位数 …… 402
4-20 按地区、开业(成立)时间分组的小微企业法人从业人员数 …… 406
4-21 按地区、登记注册类型分组的小微企业法人单位数 …… 410
4-22 按地区、登记注册类型分组的小微企业法人从业人员数 …… 418
4-23 按地区、企业控股情况分组的小微企业法人单位数 …… 426
4-24 按地区、企业控股情况分组的小微企业法人从业人员数 …… 429
4-25 按地区、营业收入组距分组的小微企业法人单位数 …… 432
4-26 按地区、资产总计组距分组的小微企业法人单位数 …… 435
4-27 按地区、从业人员组距分组的小微企业法人单位数 …… 438
4-28 按登记注册类型、运营状态分组的小微企业法人单位数 …… 441
4-29 按登记注册类型、运营状态分组的小微企业法人从业人员数 …… 442
4-30 按登记注册类型、营业收入组距分组的小微企业法人单位数 …… 443
4-31 按登记注册类型、资产总计组距分组的小微企业法人单位数 …… 444
4-32 按登记注册类型、从业人员组距分组的小微企业法人单位数 …… 445
4-33 按行业(中类)、地区分组的小微企业资产总计 …… 446
4-34 按行业(中类)、地区分组的小微企业营业收入 …… 470

4-35 按行业(中类)、登记注册类型分组的小微企业资产总计 …… 494
4-36 按行业(中类)、登记注册类型分组的小微企业营业收入 …… 546
4-37 按行业(中类)、控股情况分组的小微企业资产总计 …… 598
4-38 按行业(中类)、控股情况分组的小微企业营业收入 …… 610
4-39 按行业(中类)、运营状态分组的小微企业资产总计 …… 622
4-40 按行业(中类)、运营状态分组的小微企业营业收入 …… 646
4-41 按地区、登记注册类型分组的小微企业资产总计 …… 670
4-42 按地区、登记注册类型分组的小微企业营业收入 …… 678
4-43 按地区、控股情况分组的小微企业资产总计 …… 686
4-44 按地区、控股情况分组的小微企业营业收入 …… 688
4-45 按地区、运营状态分组的小微企业资产总计 …… 690
4-46 按地区、运营状态分组的小微企业营业收入 …… 692
4-47 按登记注册类型、运营状态分组的小微企业资产总计 …… 694
4-48 按登记注册类型、运营状态分组的小微企业营业收入 …… 696

附　录

主要指标解释及分类规定 …… 701

第4篇

小微企业篇

4-01　按行业(中类)分组的小微企业法人单位数及从业人员数

行业中类	法　人单位数(个)	单产业法人单位	多产业法人单位	从业人员期末人数(人)	#女性
总　计	**1333713**	**1309726**	**23987**	**13495456**	**5154383**
农、林、牧、渔业	**916**	**838**	**78**	**2943**	**937**
农业	35		35		
谷物种植	1		1		
豆类、油料和薯类种植					
棉、麻、糖、烟草种植					
蔬菜、食用菌及园艺作物种植	18		18		
水果种植	5		5		
坚果、含油果、香料和饮料作物种植	3		3		
中药材种植	7		7		
草种植及割草					
其他农业	1		1		
林业	4		4		
林木育种和育苗	2		2		
造林和更新					
森林经营、管护和改培	2		2		
木材和竹材采运					
林产品采集					
畜牧业	14		14		
牲畜饲养	9		9		
家禽饲养	4		4		
狩猎和捕捉动物					
其他畜牧业	1		1		
渔业	18		18		
水产养殖	17		17		
水产捕捞	1		1		
农、林、牧、渔专业及辅助性活动	845	838	7	2943	937
农业专业及辅助性活动	577	573	4	1766	618
林业专业及辅助性活动	154	151	3	630	145
畜牧专业及辅助性活动	38	38		202	81
渔业专业及辅助性活动	76	76		345	93
采矿业	**837**	**824**	**13**	**15340**	**2639**
煤炭开采和洗选业	7	7		21	5
烟煤和无烟煤开采洗选	5	5		5	1
褐煤开采洗选	1	1		1	
其他煤炭采选	1	1		15	4
石油和天然气开采业	1	1		1	
石油开采	1	1		1	
天然气开采					
黑色金属矿采选业	17	17		278	49
铁矿采选	17	17		278	49
锰矿、铬矿采选					
其他黑色金属矿采选					
有色金属矿采选业	46	45	1	1782	393
常用有色金属矿采选	31	30	1	1205	309
贵金属矿采选	3	3		57	12
稀有稀土金属矿采选	12	12		520	72

4-01 续表 1

行业中类	法人单位数（个）	单产业法人单位	多产业法人单位	从业人员期末人数（人）	#女性
非金属矿采选业	746	734	12	13173	2173
土砂石开采	693	685	8	11929	1960
化学矿开采	3	2	1	169	30
采盐	5	5		34	5
石棉及其他非金属矿采选	45	42	3	1041	178
开采专业及辅助性活动	10	10		25	5
煤炭开采和洗选专业及辅助性活动	1	1		3	1
石油和天然气开采专业及辅助性活动	3	3		11	2
其他开采专业及辅助性活动	6	6		11	2
其他采矿业	10	10		60	14
其他采矿业	10	10		60	14
制造业	**419429**	**414711**	**4718**	**7429239**	**3109437**
农副食品加工业	4464	4299	165	84699	39818
谷物磨制	207	201	6	2302	739
饲料加工	386	368	18	10841	3159
植物油加工	163	157	6	3472	1079
制糖业	39	38	1	448	144
屠宰及肉类加工	706	651	55	15191	6144
水产品加工	1332	1303	29	29696	15825
蔬菜、菌类、水果和坚果加工	941	914	27	15158	8945
其他农副食品加工	690	667	23	7591	3783
食品制造业	2916	2790	126	49873	24333
焙烤食品制造	893	849	44	13056	7244
糖果、巧克力及蜜饯制造	179	171	8	4203	2190
方便食品制造	472	455	17	7146	3591
乳制品制造	30	28	2	1313	485
罐头食品制造	180	174	6	4776	2869
调味品、发酵制品制造	208	199	9	3230	1269
其他食品制造	954	914	40	16149	6685
酒、饮料和精制茶制造业	2176	2085	91	33312	13917
酒的制造	525	503	22	9514	3490
饮料制造	583	563	20	12024	4828
精制茶加工	1068	1019	49	11774	5599
烟草制品业					
烟叶复烤					
卷烟制造					
其他烟草制品制造					
纺织业	32233	31879	354	578479	309482
棉纺织及印染精加工	8876	8797	79	183338	97744
毛纺织及染整精加工	1059	1037	22	26466	13053
麻纺织及染整精加工	66	64	2	1865	1078
丝绢纺织及印染精加工	1054	1036	18	27885	17169
化纤织造及印染精加工	4454	4375	79	79143	40943
针织或钩针编织物及其制品制造	8156	8109	47	111621	59419
家用纺织制成品制造	4715	4665	50	79036	48121
产业用纺织制成品制造	3853	3796	57	69125	31955
纺织服装、服饰业	30382	30076	306	586849	378355
机织服装制造	13522	13378	144	270661	170168

4-01　续表 2

行业中类	法　人单位数（个）	单产业法人单位	多产业法人单位	从业人员期末人数（人）	#女性
针织或钩针编织服装制造	7121	7039	82	164388	111342
服饰制造	9739	9659	80	151800	96845
皮革、毛皮、羽毛及其制品和制鞋业	19569	19367	202	461744	211654
皮革鞣制加工	545	538	7	12931	4583
皮革制品制造	5164	5101	63	100254	55303
毛皮鞣制及制品加工	1226	1217	9	10488	5241
羽毛(绒)加工及制品制造	343	342	1	7139	4147
制鞋业	12291	12169	122	330932	142380
木材加工和木、竹、藤、棕、草制品业	6794	6737	57	103947	40039
木材加工	1136	1130	6	13298	4643
人造板制造	578	563	15	16114	5832
木质制品制造	3601	3575	26	53228	19090
竹、藤、棕、草等制品制造	1479	1469	10	21307	10474
家具制造业	7057	6970	87	154727	54480
木质家具制造	4502	4440	62	82489	25356
竹、藤家具制造	183	181	2	4694	2072
金属家具制造	1113	1097	16	38484	15407
塑料家具制造	159	158	1	4829	2097
其他家具制造	1100	1094	6	24231	9548
造纸和纸制品业	12789	12700	89	173907	64883
纸浆制造	15	15		315	124
造纸	1715	1698	17	46869	14481
纸制品制造	11059	10987	72	126723	50278
印刷和记录媒介复制业	10993	10835	158	152129	59719
印刷	10258	10112	146	145379	57189
装订及印刷相关服务	725	713	12	6638	2491
记录媒介复制	10	10		112	39
文教、工美、体育和娱乐用品制造业	21951	21765	186	318764	164578
文教办公用品制造	3627	3590	37	56877	30771
乐器制造	250	247	3	5250	2586
工艺美术及礼仪用品制造	12086	11972	114	154804	81465
体育用品制造	2295	2285	10	38634	18424
玩具制造	2791	2779	12	51326	26818
游艺器材及娱乐用品制造	902	892	10	11873	4514
石油、煤炭及其他燃料加工业	436	426	10	5637	1370
精炼石油产品制造	231	223	8	3720	967
煤炭加工	47	47		534	118
核燃料加工	1	1		18	4
生物质燃料加工	157	155	2	1365	281
化学原料和化学制品制造业	8444	8303	141	177325	56972
基础化学原料制造	961	940	21	28624	7558
肥料制造	240	235	5	2663	746
农药制造	78	75	3	5079	1613
涂料、油墨、颜料及类似产品制造	2096	2060	36	36217	10461
合成材料制造	1217	1199	18	33141	9276
专用化学产品制造	2529	2491	38	44423	12888
炸药、火工及焰火产品制造	15	15		998	258
日用化学产品制造	1308	1288	20	26180	14172

4-01 续表 3

行业中类	法　人单位数(个)	单产业法人单位	多产业法人单位	从业人员期末人数(人)	#女性
医药制造业	1147	1117	30	52449	24581
化学药品原料药制造	183	178	5	10292	3025
化学药品制剂制造	95	92	3	8051	4014
中药饮片加工	106	101	5	5158	2717
中成药生产	83	81	2	5036	2452
兽用药品制造	63	63		3019	1151
生物药品制品制造	212	203	9	7329	3430
卫生材料及医药用品制造	314	310	4	8713	4979
药用辅料及包装材料	91	89	2	4851	2813
化学纤维制造业	1749	1731	18	46543	19629
纤维素纤维原料及纤维制造	61	60	1	1320	471
合成纤维制造	1633	1616	17	44388	18898
生物基材料制造	55	55		835	260
橡胶和塑料制品业	33802	33532	270	498885	215281
橡胶制品业	3958	3918	40	60207	24796
塑料制品业	29844	29614	230	438678	190485
非金属矿物制品业	12958	12792	166	244874	66662
水泥、石灰和石膏制造	505	496	9	17754	4343
石膏、水泥制品及类似制品制造	2834	2771	63	85108	15967
砖瓦、石材等建筑材料制造	4110	4063	47	47251	12067
玻璃制造	437	431	6	9823	2934
玻璃制品制造	1997	1981	16	34679	13356
玻璃纤维和玻璃纤维增强塑料制品制造	462	458	4	10023	3691
陶瓷制品制造	1054	1045	9	15409	6295
耐火材料制品制造	617	610	7	11317	3567
石墨及其他非金属矿物制品制造	942	937	5	13510	4442
黑色金属冶炼和压延加工业	2383	2348	35	54738	11573
炼铁	10	10		92	18
炼钢	12	12		118	24
钢压延加工	2299	2266	33	52180	10935
铁合金冶炼	62	60	2	2348	596
有色金属冶炼和压延加工业	3083	3047	36	70080	20879
常用有色金属冶炼	130	127	3	3195	694
贵金属冶炼	9	9		635	122
稀有稀土金属冶炼	16	15	1	256	107
有色金属合金制造	700	695	5	12110	3884
有色金属压延加工	2228	2201	27	53884	16072
金属制品业	39860	39501	359	624779	225342
结构性金属制品制造	8451	8390	61	109360	32861
金属工具制造	4533	4494	39	73796	30941
集装箱及金属包装容器制造	681	669	12	17142	6568
金属丝绳及其制品制造	993	981	12	13750	4442
建筑、安全用金属制品制造	11772	11685	87	152799	61315
金属表面处理及热处理加工	2567	2530	37	65667	22263
搪瓷制品制造	423	416	7	6496	2627
金属制日用品制造	3812	3775	37	74804	30271
铸造及其他金属制品制造	6628	6561	67	110965	34054

4-01　续表 4

行业中类	法　人 单位数 (个)	单产业 法人单位	多产业 法人单位	从业人员 期末人数 (人)	#女性
通用设备制造业	52928	52368	560	884542	288022
锅炉及原动设备制造	585	576	9	16886	4125
金属加工机械制造	5254	5219	35	79926	21263
物料搬运设备制造	1855	1802	53	48915	13303
泵、阀门、压缩机及类似机械制造	12069	11926	143	238349	77163
轴承、齿轮和传动部件制造	5191	5160	31	122623	43124
烘炉、风机、包装等设备制造	5869	5800	69	114728	41245
文化、办公用机械制造	442	434	8	11122	4922
通用零部件制造	19430	19231	199	228621	77166
其他通用设备制造业	2233	2220	13	23372	5711
专用设备制造业	26227	25960	267	436852	132961
采矿、冶金、建筑专用设备制造	1010	992	18	21285	4566
化工、木材、非金属加工专用设备制造	10742	10678	64	147731	35213
食品、饮料、烟草及饲料生产专用设备制造	782	774	8	12394	2551
印刷、制药、日化及日用品生产专用设备制造	1087	1067	20	21101	4744
纺织、服装和皮革加工专用设备制造	3369	3335	34	61645	20791
电子和电工机械专用设备制造	744	733	11	13658	4276
农、林、牧、渔专用机械制造	966	956	10	20720	7354
医疗仪器设备及器械制造	3302	3260	42	77932	36798
环保、邮政、社会公共服务及其他专用设备制造	4225	4165	60	60386	16668
汽车制造业	16855	16693	162	389615	147405
汽车整车制造	67	66	1	2145	413
汽车用发动机制造	34	34		2228	666
改装汽车制造	25	23	2	1500	282
低速汽车制造	1	1		1	1
电车制造	11	11		53	17
汽车车身、挂车制造	138	136	2	5473	2081
汽车零部件及配件制造	16579	16422	157	378215	143945
铁路、船舶、航空航天和其他运输设备制造业	4276	4210	66	93159	31297
铁路运输设备制造	154	148	6	4236	1149
城市轨道交通设备制造	25	25		1030	196
船舶及相关装置制造	872	857	15	20176	4200
航空、航天器及设备制造	55	54	1	1381	354
摩托车制造	1321	1294	27	30596	11414
自行车和残疾人座车制造	621	620	1	12901	5351
助动车制造	702	689	13	11435	4026
非公路休闲车及零配件制造	426	425	1	8930	3538
潜水救捞及其他未列明运输设备制造	100	98	2	2474	1069
电气机械和器材制造业	37694	37225	469	680551	302266
电机制造	3364	3329	35	84155	34993
输配电及控制设备制造	16222	15987	235	249148	102639
电线、电缆、光缆及电工器材制造	3122	3041	81	68426	29313
电池制造	431	425	6	16415	6940
家用电力器具制造	6935	6893	42	125624	58397
非电力家用器具制造	836	816	20	15229	6135
照明器具制造	5552	5515	37	106438	58093
其他电气机械及器材制造	1232	1219	13	15116	5756

4-01 续表 5

行业中类	法人单位数（个）	单产业法人单位	多产业法人单位	从业人员期末人数（人）	#女性
计算机、通信和其他电子设备制造业	10798	10667	131	233421	110740
计算机制造	425	422	3	10761	4190
通信设备制造	963	949	14	22746	9587
广播电视设备制造	201	198	3	7677	4029
雷达及配套设备制造	11	10	1	460	150
非专业视听设备制造	523	512	11	13545	6670
智能消费设备制造	434	423	11	11799	4748
电子器件制造	1413	1395	18	36669	17917
电子元件及电子专用材料制造	6088	6026	62	118535	58562
其他电子设备制造	740	732	8	11229	4887
仪器仪表制造业	5642	5554	88	107933	43816
通用仪器仪表制造	4175	4115	60	78260	30464
专用仪器仪表制造	638	619	19	14370	5691
钟表与计时仪器制造	146	144	2	2808	1648
光学仪器制造	246	242	4	5865	2999
衡器制造	194	192	2	4130	1800
其他仪器仪表制造业	243	242	1	2500	1214
其他制造业	7010	6957	53	82758	40936
日用杂品制造	5045	4998	47	70289	36403
核辐射加工	4	4		7	3
其他未列明制造业	1961	1955	6	12462	4530
废弃资源综合利用业	705	697	8	13078	3698
金属废料和碎屑加工处理	285	281	4	7413	2215
非金属废料和碎屑加工处理	420	416	4	5665	1483
金属制品、机械和设备修理业	2108	2080	28	33590	4749
金属制品修理	46	46		363	68
通用设备修理	282	274	8	2262	510
专用设备修理	264	262	2	1640	331
铁路、船舶、航空航天等运输设备修理	910	894	16	25599	3065
电气设备修理	149	148	1	944	218
仪器仪表修理	21	21		137	53
其他机械和设备修理业	436	435	1	2645	504
电力、热力、燃气及水生产和供应业	**5142**	**4987**	**155**	**89108**	**22016**
电力、热力生产和供应业	3642	3575	67	51589	11541
电力生产	3354	3303	51	38815	9005
电力供应	151	138	13	8335	1641
热力生产和供应	137	134	3	4439	895
燃气生产和供应业	273	233	40	8721	2259
燃气生产和供应业	263	223	40	8665	2243
生物质燃气生产和供应业	10	10		56	16
水的生产和供应业	1227	1179	48	28798	8216
自来水生产和供应	530	491	39	16835	5291
污水处理及其再生利用	580	572	8	11060	2767
海水淡化处理	3	3		34	5
其他水的处理、利用与分配	114	113	1	869	153
建筑业	**48943**	**47802**	**1141**	**1234861**	**184730**
房屋建筑业	6425	6195	230	548339	65361

4-01　续表 6

行业中类	法　人单位数(个)	单产业法人单位	多产业法人单位	从业人员期末人数(人)	#女性
住宅房屋建筑	5520	5334	186	455123	52610
体育场馆建筑	11	10	1	551	94
其他房屋建筑业	894	851	43	92665	12657
土木工程建筑业	11067	10654	413	338378	57988
铁路、道路、隧道和桥梁工程建筑	4714	4509	205	226892	37207
水利和水运工程建筑	671	604	67	28111	4664
海洋工程建筑	50	48	2	512	61
工矿工程建筑	162	156	6	6551	683
架线和管道工程建筑	815	777	38	15857	2602
节能环保工程施工	364	356	8	2859	684
电力工程施工	345	332	13	3827	883
其他土木工程建筑	3946	3872	74	53769	11204
建筑安装业	6655	6481	174	91276	15806
电气安装	2360	2274	86	38988	6159
管道和设备安装	1930	1896	34	20518	3817
其他建筑安装业	2365	2311	54	31770	5830
建筑装饰、装修和其他建筑业	24796	24472	324	256868	45575
建筑装饰和装修业	18967	18701	266	174039	34804
建筑物拆除和场地准备活动	3776	3742	34	39756	5365
提供施工设备服务	203	200	3	4078	472
其他未列明建筑业	1850	1829	21	38995	4934
批发和零售业	**451021**	**444529**	**6492**	**1736138**	**730852**
批发业	284286	281277	3009	1162960	475120
农、林、牧、渔产品批发	4740	4657	83	20288	7524
食品、饮料及烟草制品批发	17928	17542	386	77136	32488
纺织、服装及家庭用品批发	90597	89967	630	372570	174216
文化、体育用品及器材批发	15608	15457	151	62332	28527
医药及医疗器材批发	6544	6434	110	35262	15958
矿产品、建材及化工产品批发	65711	64929	782	275040	96299
机械设备、五金产品及电子产品批发	55976	55332	644	233938	86837
贸易经纪与代理	6842	6754	88	22175	9782
其他批发业	20340	20205	135	64219	23489
零售业	166735	163252	3483	573178	255732
综合零售	3448	3249	199	16326	9134
食品、饮料及烟草制品专门零售	14970	14489	481	46430	21881
纺织、服装及日用品专门零售	26133	25534	599	77981	38992
文化、体育用品及器材专门零售	9002	8804	198	33745	16718
医药及医疗器材专门零售	12440	11632	808	44618	27010
汽车、摩托车、零配件和燃料及其他动力销售	14160	13694	466	75326	28675
家用电器及电子产品专门零售	14219	13875	344	59519	23559
五金、家具及室内装饰材料专门零售	20213	20069	144	63081	24316
货摊、无店铺及其他零售业	52150	51906	244	156152	65447
交通运输、仓储和邮政业	**31548**	**30223**	**1325**	**377210**	**99482**
铁路运输业					
铁路旅客运输					
铁路货物运输					
铁路运输辅助活动					

4-01 续表 7

行业中类	法人单位数（个）	单产业法人单位	多产业法人单位	从业人员期末人数（人）	#女性
道路运输业	19204	18703	501	213279	50660
城市公共交通运输	531	503	28	23194	5075
公路旅客运输	449	382	67	18975	4563
道路货物运输	17178	16814	364	151267	34694
道路运输辅助活动	1046	1004	42	19843	6328
水上运输业	1278	1201	77	36682	5299
水上旅客运输	84	78	6	3137	812
水上货物运输	831	777	54	25757	3142
水上运输辅助活动	363	346	17	7788	1345
航空运输业	122	115	7	2357	719
航空客货运输	54	49	5	862	233
通用航空服务	40	39	1	467	114
航空运输辅助活动	28	27	1	1028	372
管道运输业	4	4		72	15
海底管道运输	1	1		10	1
陆地管道运输	3	3		62	14
多式联运和运输代理业	6907	6666	241	58368	24309
多式联运	19	18	1	383	104
运输代理业	6888	6648	240	57985	24205
装卸搬运和仓储业	2568	2505	63	31142	7543
装卸搬运	1256	1244	12	14026	2494
通用仓储	551	541	10	7422	2572
低温仓储	98	95	3	927	268
危险品仓储	67	64	3	1590	332
谷物、棉花等农产品仓储	131	103	28	2956	574
中药材仓储	1	1		96	21
其他仓储业	464	457	7	4125	1282
邮政业	1465	1029	436	35310	10937
邮政基本服务	17	16	1	468	198
快递服务	1437	1002	435	34507	10666
其他寄递服务	11	11		335	73
住宿和餐饮业	**24318**	**23056**	**1262**	**241354**	**132160**
住宿业	8824	8565	259	94181	58332
旅游饭店	1657	1565	92	39370	23393
一般旅馆	5965	5813	152	48772	31402
民宿服务	977	964	13	4155	2361
露营地服务	9	9		60	32
其他住宿业	216	214	2	1824	1144
餐饮业	15494	14491	1003	147173	73828
正餐服务	11894	11143	751	125169	62827
快餐服务	1097	1008	89	8401	4447
饮料及冷饮服务	764	701	63	4389	2269
餐饮配送及外卖送餐服务	352	335	17	3443	1432
其他餐饮业	1387	1304	83	5771	2853
信息传输、软件和信息技术服务业	**53992**	**53341**	**651**	**285146**	**100806**
电信、广播电视和卫星传输服务	791	738	53	7990	3158
电信	702	651	51	6000	2428

4-01　续表 8

行业中类	法　人单位数（个）	单产业法人单位	多产业法人单位	从业人员期末人数（人）	#女性
广播电视传输服务	77	75	2	1797	663
卫星传输服务	12	12		193	67
互联网和相关服务	5389	5332	57	34716	13666
互联网接入及相关服务	329	328	1	1864	682
互联网信息服务	2919	2889	30	16000	6342
互联网平台	729	719	10	8449	3444
互联网安全服务	62	61	1	424	124
互联网数据服务	195	192	3	1859	678
其他互联网服务	1155	1143	12	6120	2396
软件和信息技术服务业	47812	47271	541	242440	83982
软件开发	33847	33457	390	177061	60178
集成电路设计	254	250	4	1689	519
信息系统集成和物联网技术服务	1817	1783	34	12530	3825
运行维护服务	306	298	8	2319	829
信息处理和存储支持服务	308	298	10	3209	1141
信息技术咨询服务	7620	7553	67	31046	12111
数字内容服务	530	522	8	3725	1464
其他信息技术服务业	3130	3110	20	10861	3915
金融业	**16196**	**15324**	**872**	**26134**	**11227**
货币金融服务	1307	1018	289	8647	3829
中央银行服务					
货币银行服务	261	38	223	5	3
非货币银行服务	1046	980	66	8642	3826
银行理财服务					
银行监管服务					
资本市场服务	13038	12965	73	5366	2123
证券市场服务					
公开募集证券投资基金					
非公开募集证券投资基金	1921	1860	61		
期货市场服务					
证券期货监管服务					
资本投资服务	1532	1526	6	2874	1260
其他资本市场服务	9585	9579	6	2492	863
保险业	758	292	466	445	181
人身保险	251	72	179		
财产保险	290	79	211		
再保险					
商业养老金	11	10	1		
保险中介服务	116	44	72		
保险资产管理	1	1			
保险监管服务					
其他保险活动	89	86	3	445	181
其他金融业	1093	1049	44	11676	5094
金融信托与管理服务	70	67	3	308	128
控股公司服务	345	343	2	3727	1504
非金融机构支付服务	8	7	1		
金融信息服务	260	253	7	2204	956
金融资产管理公司	9	8	1	176	74
其他未列明金融业	401	371	30	5261	2432

4-01 续表 9

行业中类	法人单位数(个)	单产业法人单位	多产业法人单位	从业人员期末人数(人)	#女性
房地产业	**33016**	**31447**	**1569**	**320349**	**125171**
房地产业	33016	31447	1569	320349	125171
房地产开发经营	7943	7725	218	87702	34180
物业管理	8444	7958	486	161113	60855
房地产中介服务	15982	15127	855	67643	28793
房地产租赁经营					
其他房地产业	647	637	10	3891	1343
租赁和商务服务业	**126533**	**123450**	**3083**	**1035906**	**366529**
租赁业	9138	8944	194	44527	11706
机械设备经营租赁	8660	8474	186	42136	10911
文体设备和用品出租	410	403	7	1851	597
日用品出租	68	67	1	540	198
商务服务业	117395	114506	2889	991379	354823
组织管理服务	33224	32761	463	151896	56247
综合管理服务	3644	3569	75	44100	15697
法律服务	422	413	9	5254	2263
咨询与调查	37681	36680	1001	156954	76887
广告业	19653	19511	142	84634	33644
人力资源服务	5557	5278	279	313684	109850
安全保护服务	1320	1210	110	149555	17000
会议、展览及相关服务	2324	2306	18	11760	5217
其他商务服务业	13570	12778	792	73542	38018
科学研究和技术服务业	**57417**	**56235**	**1182**	**333984**	**113649**
研究和试验发展	9220	9138	82	47332	16548
自然科学研究和试验发展	355	350	5	1304	401
工程和技术研究和试验发展	7169	7114	55	36464	12049
农业科学研究和试验发展	396	393	3	1797	735
医学研究和试验发展	1268	1249	19	7651	3315
社会人文科学研究	32	32		116	48
专业技术服务业	28192	27312	880	205499	67676
气象服务	39	39		163	50
地震服务	5	5		1	
海洋服务	54	54		388	122
测绘地理信息服务	513	473	40	7662	2172
质检技术服务	2335	2212	123	32911	10793
环境与生态监测检测服务	556	541	15	5232	1956
地质勘查	78	74	4	1111	294
工程技术与设计服务	13411	12805	606	107201	33390
工业与专业设计及其他专业技术服务	11201	11109	92	50830	18899
科技推广和应用服务业	20005	19785	220	81153	29425
技术推广服务	15048	14877	171	62217	21545
知识产权服务	1717	1683	34	8344	4045
科技中介服务	541	539	2	2452	1001
创业空间服务	180	180		920	406
其他科技推广服务业	2519	2506	13	7220	2428

4-01　续表 10

行业中类	法　人单位数（个）	单产业法人单位	多产业法人单位	从业人员期末人数（人）	#女性
水利、环境和公共设施管理业	**6904**	**6755**	**149**	**59834**	**19646**
水利管理业	361	350	11	3504	1063
防洪除涝设施管理	73	72	1	699	228
水资源管理	103	98	5	1213	399
天然水收集与分配	41	39	2	727	201
水文服务	12	12		46	18
其他水利管理业	132	129	3	819	217
生态保护和环境治理业	1146	1117	29	9787	2537
生态保护	54	51	3	632	203
环境治理业	1092	1066	26	9155	2334
公共设施管理业	4969	4871	98	43238	15065
市政设施管理	664	658	6	6340	1854
环境卫生管理	1196	1176	20	11651	4158
城乡市容管理	72	72		503	136
绿化管理	1832	1790	42	13618	4301
城市公园管理	55	53	2	565	201
游览景区管理	1150	1122	28	10561	4415
土地管理业	428	417	11	3305	981
土地整治服务	326	322	4	2313	599
土地调查评估服务	47	42	5	506	224
土地登记服务	5	4	1	5	1
土地登记代理服务	22	21	1	196	86
其他土地管理服务	28	28		285	71
居民服务、修理和其他服务业	**24472**	**23716**	**756**	**154139**	**64163**
居民服务业	10752	10276	476	65125	36906
家庭服务	2295	2240	55	14549	8691
托儿所服务	179	168	11	949	774
洗染服务	437	394	43	4496	2511
理发及美容服务	2050	1877	173	11595	7708
洗浴和保健养生服务	1988	1864	124	16572	10169
摄影扩印服务	1330	1296	34	5894	2734
婚姻服务	1009	1000	9	4008	2055
殡葬服务	384	371	13	2766	789
其他居民服务业	1080	1066	14	4296	1475
机动车、电子产品和日用产品修理业	9307	9100	207	58374	13792
汽车、摩托车等修理与维护	7272	7092	180	49580	11198
计算机和办公设备维修	832	823	9	3385	1057
家用电器修理	1009	996	13	4773	1345
其他日用产品修理业	194	189	5	636	192
其他服务业	4413	4340	73	30640	13465
清洁服务	3277	3238	39	25403	11337
宠物服务	196	172	24	1234	548
其他未列明服务业	940	930	10	4003	1580
教育					
教育					
学前教育					
初等教育					

4-01 续表 11

行业中类	法人单位数（个）	单产业法人单位	多产业法人单位	从业人员期末人数（人）	#女性
中等教育					
高等教育					
特殊教育					
技能培训、教育辅助及其他教育					
卫生和社会工作	**745**	**713**	**32**	**14613**	**9520**
卫生	162	155	7	9925	6541
医院	86	85	1	5906	3920
基层医疗卫生服务	64	59	5	3359	2216
专业公共卫生服务	2	2		88	49
其他卫生活动	10	9	1	572	356
社会工作	583	558	25	4688	2979
提供住宿社会工作	532	510	22	4447	2844
不提供住宿社会工作	51	48	3	241	135
文化、体育和娱乐业	**32284**	**31775**	**509**	**139158**	**61419**
新闻和出版业	163	160	3	2593	1486
新闻业	15	15		185	119
出版业	148	145	3	2408	1367
广播、电视、电影和录音制作业	7240	7140	100	30258	13954
广播	192	192		593	220
电视	139	139		529	260
影视节目制作	5877	5834	43	16967	7002
广播电视集成播控	8	8		165	68
电影和广播电视节目发行	243	236	7	703	304
电影放映	706	656	50	11069	5995
录音制作	75	75		232	105
文化艺术业	5593	5541	52	23729	11441
文艺创作与表演	2395	2372	23	12404	6146
艺术表演场馆	50	47	3	781	347
图书馆与档案馆	230	230		1832	1221
文物及非物质文化遗产保护	46	46		235	70
博物馆	28	27	1	168	99
烈士陵园、纪念馆	4	4		23	2
群众文体活动	493	483	10	1812	800
其他文化艺术业	2347	2332	15	6474	2756
体育	2968	2806	162	15744	6124
体育组织	495	483	12	2169	782
体育场地设施管理	199	183	16	1387	504
健身休闲活动	2185	2052	133	11927	4723
其他体育	89	88	1	261	115
娱乐业	16320	16128	192	66834	28414
室内娱乐活动	7744	7649	95	37129	15481
游乐园	195	189	6	1884	935
休闲观光活动	752	748	4	3419	1364
彩票活动	12	12		61	27
文化体育娱乐活动与经纪代理服务	7540	7453	87	23809	10417
其他娱乐业	77	77		532	190

4-02　按地区分组的小微企业法人单位数及从业人员数

地　区	法人单位数(个)	单产业法人单位	多产业法人单位	从业人员期末人数(人)	#女性
全　省	**1333713**	**1309726**	**23987**	**13495456**	**5154383**
杭州市	**316734**	**308952**	**7782**	**2594628**	**959167**
上城区	11798	11272	526	110688	39495
下城区	20838	20104	734	134897	55422
江干区	37823	36876	947	299699	103293
拱墅区	26628	25847	781	200300	61956
西湖区	35873	34758	1115	274386	96334
滨江区	22879	22303	576	165733	64409
萧山区	54435	53511	924	475420	178032
余杭区	50151	48983	1168	420064	167352
富阳区	18787	18479	308	192069	65895
临安区	10327	10139	188	129115	49480
桐庐县	12712	12535	177	90245	35255
淳安县	7127	6934	193	39738	17948
建德市	7356	7211	145	62274	24296
宁波市	**259646**	**255657**	**3989**	**2711890**	**1067151**
海曙区	32615	31962	653	293429	125597
江北区	19130	18803	327	181845	68674
北仑区	37379	36895	484	318727	108157
镇海区	15372	15163	209	184675	66996
鄞州区	67906	66653	1253	557224	212916
奉化区	10517	10364	153	154326	67445
象山县	10870	10708	162	127632	55003
宁海县	11556	11403	153	165415	72024
余姚市	21880	21606	274	316317	133362
慈溪市	32421	32100	321	412300	156977
温州市	**175555**	**171865**	**3690**	**1849992**	**644023**
鹿城区	24988	24200	788	297765	108573
龙湾区	20115	19651	464	225970	73062
瓯海区	15486	15145	341	179487	67832
洞头区	2297	2239	58	21260	7104
永嘉县	15021	14843	178	127504	38477
平阳县	12790	12582	208	129805	42987
苍南县	21704	21300	404	169120	60254
文成县	2043	1992	51	23550	8849
泰顺县	2416	2362	54	30765	9358
瑞安市	24489	23912	577	281700	98483
乐清市	34206	33639	567	363066	129044
嘉兴市	**107076**	**105113**	**1963**	**1212778**	**508632**
南湖区	19788	19287	501	180791	77105
秀洲区	13528	13270	258	154928	67846
嘉善县	14092	13951	141	166876	66833
海盐县	8166	7987	179	115095	47193
海宁市	19321	18907	414	236914	103219
平湖市	13582	13382	200	172173	70058
桐乡市	18599	18329	270	186001	76378
湖州市	**49375**	**48599**	**776**	**583080**	**237073**
吴兴区	14774	14464	310	159483	67974
南浔区	6972	6893	79	91706	36507
德清县	7719	7552	167	111394	43629
长兴县	12198	12081	117	127177	51292
安吉县	7712	7609	103	93320	37671

4-02 续表

地 区	法人单位数（个）	单产业法人单位	多产业法人单位	从业人员期末人数（人）	#女性
绍兴市	**116045**	**114842**	**1203**	**1127123**	**469280**
越城区	19888	19523	365	171018	72438
柯桥区	38743	38530	213	291012	124398
上虞区	15850	15710	140	193662	83268
新昌县	5984	5874	110	75345	28352
诸暨市	24579	24374	205	264898	106568
嵊州市	11001	10831	170	131188	54256
金华市	**147386**	**145971**	**1415**	**1357210**	**532170**
婺城区	12605	12302	303	134998	52589
金东区	8221	8141	80	99685	37808
武义县	5498	5391	107	103983	40955
浦江县	6592	6548	44	74180	32097
磐安县	3205	3179	26	50138	21330
兰溪市	6128	6038	90	85053	38104
义乌市	72163	71689	474	428635	183398
东阳市	11811	11652	159	187998	56872
永康市	21163	21031	132	192540	69017
衢州市	**23751**	**23239**	**512**	**279635**	**99100**
柯城区	8270	8019	251	70960	23742
衢江区	3201	3133	68	39287	14619
常山县	2117	2085	32	37703	13106
开化县	1916	1878	38	22236	8571
龙游县	3443	3395	48	51085	16491
江山市	4804	4729	75	58364	22571
舟山市	**19067**	**18414**	**653**	**205183**	**63114**
定海区	11628	11275	353	101449	32159
普陀区	4676	4471	205	63335	19683
岱山县	1970	1916	54	32193	8643
嵊泗县	793	752	41	8206	2629
台州市	**99565**	**98136**	**1429**	**1295823**	**471983**
椒江区	11325	11039	286	156840	55118
黄岩区	12231	12047	184	146141	54735
路桥区	13861	13618	243	153027	54049
三门县	4762	4705	57	59324	21417
天台县	7831	7732	99	56411	23707
仙居县	4518	4460	58	64042	26568
温岭市	20476	20218	258	294245	98020
临海市	12333	12191	142	165850	64418
玉环市	12228	12126	102	199943	73951
丽水市	**19513**	**18938**	**575**	**278114**	**102690**
莲都区	4592	4418	174	71272	24967
青田县	3683	3599	84	36040	12110
缙云县	2928	2867	61	44142	15994
遂昌县	1720	1664	56	17254	6460
松阳县	1239	1191	48	22535	7080
云和县	1647	1625	22	24652	11011
庆元县	1159	1126	33	18113	8244
景宁畲族自治县	654	621	33	11159	4072
龙泉市	1891	1827	64	32947	12752

4-03　按开业(成立)时间分组的小微企业法人单位数及从业人员数

开业(成立)时间	法人单位数(个)	单产业法人单位	多产业法人单位	从业人员期末人数(人)	#女性
总　计	**1333713**	**1309726**	**23987**	**13495456**	**5154383**
1949年以前	43	36	7	1322	359
1950-1977年	529	450	79	33322	8236
1978-1991年	7728	7183	545	229080	69623
1992-2000年	58746	55292	3454	1480692	579234
2001年	16353	15514	839	374128	152669
2002年	21294	20382	912	449848	186629
2003年	24433	23468	965	512698	203336
2004年	21794	20972	822	486751	176639
2005年	22667	21853	814	430550	167731
2006年	27973	27134	839	521933	195684
2007年	27911	27125	786	488212	183470
2008年	28742	27920	822	433234	168926
2009年	36364	35422	942	536349	204281
2010年	48543	47402	1141	680718	257705
2011年	50560	49579	981	632605	225968
2012年	51473	50488	985	584712	222046
2013年	87793	86585	1208	817217	316281
2014年	104680	103186	1494	880658	342922
2015年	109845	108282	1563	840618	330581
2016年	157657	155761	1896	1018455	396363
2017年	211240	209348	1892	1221332	449910
2018年	215146	214147	999	839578	315439
无开业年份	2199	2197	2	1444	351

4-04 按行业(中类)、地区分组的

行业中类	法人单位数(个)	杭州市	宁波市	温州市
总　计	**1333713**	**316734**	**259646**	**175555**
农、林、牧、渔业	**916**	**88**	**109**	**221**
农业	35	6	7	3
谷物种植	1			
豆类、油料和薯类种植				
棉、麻、糖、烟草种植				
蔬菜、食用菌及园艺作物种植	18	5	1	2
水果种植	5		3	
坚果、含油果、香料和饮料作物种植	3			1
中药材种植	7	1	3	
草种植及割草				
其他农业	1			
林业	4	2		
林木育种和育苗	2	1		
造林和更新				
森林经营、管护和改培	2	1		
木材和竹材采运				
林产品采集				
畜牧业	14	3	3	2
牲畜饲养	9	1	1	2
家禽饲养	4	2	2	
狩猎和捕捉动物				
其他畜牧业	1			
渔业	18	3	6	5
水产养殖	17	3	5	5
水产捕捞	1		1	
农、林、牧、渔专业及辅助性活动	845	74	93	211
农业专业及辅助性活动	577	49	55	155
林业专业及辅助性活动	154	19	14	36
畜牧专业及辅助性活动	38	6	6	8
渔业专业及辅助性活动	76		18	12
采矿业	**837**	**148**	**77**	**75**
煤炭开采和洗选业	7	3		1
烟煤和无烟煤开采洗选	5	1		1
褐煤开采洗选	1	1		
其他煤炭采选	1	1		
石油和天然气开采业	1			
石油开采	1			
天然气开采				
黑色金属矿采选业	17	3		1
铁矿采选	17	3		1
锰矿、铬矿采选				
其他黑色金属矿采选				
有色金属矿采选业	46	10		1
常用有色金属矿采选	31	10		1
贵金属矿采选	3			
稀有稀土金属矿采选	12			

小微企业法人单位数

嘉兴市	湖州市	绍兴市	金华市	衢州市	舟山市	台州市	丽水市
107076	**49375**	**116045**	**147386**	**23751**	**19067**	**99565**	**19513**
44	**46**	**70**	**132**	**62**	**23**	**56**	**65**
3		1	4	1	3	3	4
							1
2		1	2	1	1	2	1
					1		1
			1		1		
			1			1	1
1							
			1	1			
			1				
				1			
2		1	1	1			1
2		1		1			1
			1				
1	1					2	
1	1					2	
38	45	68	126	59	20	51	60
22	31	52	85	39	7	35	47
2	5	9	40	14	2	2	11
6	2	2	1	4	1	1	1
8	7	5		2	10	13	1
5	**111**	**64**	**81**	**65**	**36**	**58**	**117**
1		1	1				
1		1	1				
	1						
	1						
		2	1	3		1	6
		2	1	3		1	6
		9	1	3		3	19
		7	1	3		3	6
		2					1
							12

4-04 续表 1

行业中类	法人单位数（个）	杭州市	宁波市	温州市
非金属矿采选业	746	127	76	69
土砂石开采	693	123	73	63
化学矿开采	3			
采盐	5		2	
石棉及其他非金属矿采选	45	4	1	6
开采专业及辅助性活动	10	4	1	1
煤炭开采和洗选专业及辅助性活动	1	1		
石油和天然气开采专业及辅助性活动	3	1		
其他开采专业及辅助性活动	6	2	1	1
其他采矿业	10	1		2
其他采矿业	10	1		2
制造业	**419429**	**48461**	**86844**	**78029**
农副食品加工业	4464	743	653	685
谷物磨制	207	19	30	25
饲料加工	386	42	33	66
植物油加工	163	31	13	18
制糖业	39	4	1	5
屠宰及肉类加工	706	123	42	192
水产品加工	1332	24	315	234
蔬菜、菌类、水果和坚果加工	941	366	132	37
其他农副食品加工	690	134	87	108
食品制造业	2916	637	381	425
焙烤食品制造	893	198	111	120
糖果、巧克力及蜜饯制造	179	69	15	27
方便食品制造	472	100	60	71
乳制品制造	30	7	3	4
罐头食品制造	180	31	43	7
调味品、发酵制品制造	208	33	31	36
其他食品制造	954	199	118	160
酒、饮料和精制茶制造业	2176	411	249	211
酒的制造	525	64	70	63
饮料制造	583	128	73	95
精制茶加工	1068	219	106	53
烟草制品业				
烟叶复烤				
卷烟制造				
其他烟草制品制造				
纺织业	32233	4138	2640	2556
棉纺织及印染精加工	8876	1489	678	871
毛纺织及染整精加工	1059	83	241	20
麻纺织及染整精加工	66	10	5	2
丝绢纺织及印染精加工	1054	204	16	12
化纤织造及印染精加工	4454	580	108	49
针织或钩针编织物及其制品制造	8156	411	657	199
家用纺织制成品制造	4715	891	486	658
产业用纺织制成品制造	3853	470	449	745
纺织服装、服饰业	30382	4380	4822	2698
机织服装制造	13522	2374	1382	1618

嘉兴市	湖州市	绍兴市	金华市	衢州市	舟山市	台州市	丽水市
3	109	50	75	59	35	54	89
3	107	44	71	51	32	52	74
			1	1		1	
					3		
	2	6	3	7		1	15
	1	1	1		1		
			1		1		
	1	1					
1		1	2				3
1		1	2				3
41587	**18146**	**41577**	**43026**	**5554**	**3366**	**46673**	**6166**
365	211	291	320	195	459	416	126
38	23	15	13	28	1	7	8
72	64	23	19	29	12	24	2
17	13	12	8	28	3	6	14
4			20	2		2	1
68	32	48	112	31	9	22	27
13	13	22	1	4	416	289	1
79	25	114	61	40	2	23	62
74	41	57	86	33	16	43	11
315	172	234	328	150	45	168	61
119	40	55	108	51	15	57	19
11	16	6	17	3		15	
66	26	45	39	21	3	25	16
3	3		9	1			
7	21	12	16	23	1	12	7
26	8	27	27	9	2	7	2
83	58	89	112	42	24	52	17
115	228	319	178	111	30	112	212
32	39	98	55	27	7	45	25
46	54	23	58	31	16	40	19
37	135	198	65	53	7	27	168
6199	2548	10093	2861	188	26	905	79
1620	477	2674	868	69	6	109	15
279	226	140	42	3	2	21	2
25	12	3	3		1	5	
197	433	170	10	4	2	6	
1752	895	930	79	8		50	3
1143	139	5198	350	15	2	40	2
644	155	696	938	35	4	192	16
539	211	282	571	54	9	482	41
5736	3074	4491	3590	198	40	1252	101
2324	2617	1357	1131	104	25	546	44

4-04 续表 2

行业中类	法人单位数(个)	杭州市	宁波市	温州市
针织或钩针编织服装制造	7121	476	2218	304
服饰制造	9739	1530	1222	776
皮革、毛皮、羽毛及其制品和制鞋业	19569	992	715	8088
皮革鞣制加工	545	23	18	371
皮革制品制造	5164	284	353	946
毛皮鞣制及制品加工	1226	17	27	27
羽毛(绒)加工及制品制造	343	223	33	11
制鞋业	12291	445	284	6733
木材加工和木、竹、藤、棕、草制品业	6794	947	682	338
木材加工	1136	185	84	48
人造板制造	578	94	33	12
木质制品制造	3601	506	360	232
竹、藤、棕、草等制品制造	1479	162	205	46
家具制造业	7057	942	993	525
木质家具制造	4502	629	611	388
竹、藤家具制造	183	18	39	1
金属家具制造	1113	132	145	44
塑料家具制造	159	19	44	10
其他家具制造	1100	144	154	82
造纸和纸制品业	12789	2159	2341	2217
纸浆制造	15	4	2	8
造纸	1715	484	136	260
纸制品制造	11059	1671	2203	1949
印刷和记录媒介复制业	10993	1234	2001	3251
印刷	10258	1117	1889	3040
装订及印刷相关服务	725	110	111	210
记录媒介复制	10	7	1	1
文教、工美、体育和娱乐用品制造业	21951	2158	3190	4272
文教办公用品制造	3627	625	1014	662
乐器制造	250	62	57	8
工艺美术及礼仪用品制造	12086	1037	1055	2250
体育用品制造	2295	298	546	133
玩具制造	2791	71	456	563
游艺器材及娱乐用品制造	902	65	62	656
石油、煤炭及其他燃料加工业	436	79	94	18
精炼石油产品制造	231	53	56	15
煤炭加工	47	5	12	1
核燃料加工	1			
生物质燃料加工	157	21	26	2
化学原料和化学制品制造业	8444	1661	1419	733
基础化学原料制造	961	170	146	86
肥料制造	240	54	30	18
农药制造	78	16	3	15
涂料、油墨、颜料及类似产品制造	2096	405	370	196
合成材料制造	1217	199	284	163
专用化学产品制造	2529	597	383	157
炸药、火工及焰火产品制造	15	4		2
日用化学产品制造	1308	216	203	96

嘉兴市	湖州市	绍兴市	金华市	衢州市	舟山市	台州市	丽水市
2510	74	403	903	20	11	199	3
902	383	2731	1556	74	4	507	54
3557	210	313	1275	54	8	4143	214
54	15	15	23	2	1	12	11
1985	70	72	1132	26	1	270	25
1125	14	4	7	1		2	2
34	3	25	4	5		1	4
359	108	197	109	20	6	3858	172
618	1643	276	857	523	21	485	404
135	317	47	74	130	10	55	51
185	130	13	28	46	3	19	15
292	776	166	641	280	7	252	89
6	420	50	114	67	1	159	249
725	1111	384	1341	197	22	585	232
437	531	298	916	172	22	384	114
5	28	7	17	2		37	29
114	279	24	221	7		63	84
13	13	5	17	1		36	1
156	260	50	170	15		65	4
1352	508	836	1729	217	29	1294	107
			1				
166	64	128	250	67	6	128	26
1186	444	708	1478	150	23	1166	81
927	255	948	1347	109	75	721	125
891	232	896	1249	105	72	659	108
35	23	52	98	4	3	62	17
1							
777	391	1974	5156	253	71	2723	986
60	87	119	808	51	3	80	118
14	82	4	5	7	1	9	1
408	169	1680	2663	118	13	2440	253
68	31	89	996	49	8	59	18
218	13	56	644	28	46	108	588
9	9	26	40			27	8
58	47	35	42	15	4	27	17
21	22	22	20	6	3	12	1
1	8	5	4	3	1	5	2
						1	
36	17	8	18	6		9	14
840	629	799	1019	542	53	578	171
87	66	90	62	166	17	53	18
30	23	8	31	23	4	13	6
5	7	9	10	4	1	5	3
192	191	189	199	95	18	194	47
136	79	81	100	56	1	97	21
324	210	331	171	168	7	123	58
1	1	1	3		1	1	1
65	52	90	443	30	4	92	17

4-04 续表 3

行业中类	法人单位数（个）	杭州市	宁波市	温州市
医药制造业	1147	249	147	81
化学药品原料药制造	183	21	17	10
化学药品制剂制造	95	28	8	5
中药饮片加工	106	24	13	14
中成药生产	83	24	8	3
兽用药品制造	63	15	7	6
生物药品制品制造	212	66	38	14
卫生材料及医药用品制造	314	65	51	25
药用辅料及包装材料	91	6	5	4
化学纤维制造业	1749	307	161	59
纤维素纤维原料及纤维制造	61	10	11	6
合成纤维制造	1633	292	139	31
生物基材料制造	55	5	11	22
橡胶和塑料制品业	33802	3136	9724	4668
橡胶制品业	3958	312	1055	492
塑料制品业	29844	2824	8669	4176
非金属矿物制品业	12958	2279	1804	1334
水泥、石灰和石膏制造	505	178	34	30
石膏、水泥制品及类似制品制造	2834	510	502	280
砖瓦、石材等建筑材料制造	4110	763	489	605
玻璃制造	437	107	98	37
玻璃制品制造	1997	225	224	89
玻璃纤维和玻璃纤维增强塑料制品制造	462	81	93	38
陶瓷制品制造	1054	265	139	142
耐火材料制品制造	617	67	39	19
石墨及其他非金属矿物制品制造	942	83	186	94
黑色金属冶炼和压延加工业	2383	249	497	698
炼铁	10	3	2	1
炼钢	12	2	5	2
钢压延加工	2299	233	475	686
铁合金冶炼	62	11	15	9
有色金属冶炼和压延加工业	3083	320	727	550
常用有色金属冶炼	130	20	38	20
贵金属冶炼	9	1		
稀有稀土金属冶炼	16	2	7	2
有色金属合金制造	700	96	169	127
有色金属压延加工	2228	201	513	401
金属制品业	39860	5262	10416	5874
结构性金属制品制造	8451	1393	2167	1022
金属工具制造	4533	682	899	402
集装箱及金属包装容器制造	681	160	118	67
金属丝绳及其制品制造	993	278	208	111
建筑、安全用金属制品制造	11772	1448	3626	2105
金属表面处理及热处理加工	2567	308	685	675
搪瓷制品制造	423	51	64	142
金属制日用品制造	3812	161	488	332
铸造及其他金属制品制造	6628	781	2161	1018

嘉兴市	湖州市	绍兴市	金华市	衢州市	舟山市	台州市	丽水市
109	99	146	136	30	8	115	27
6	16	24	12	7	2	61	7
14	6	11	11	4	1	5	2
11	4	10	16	8		4	2
6	6	9	12	4	1	5	5
6	6	8	6	3	1	4	1
16	26	18	16	1	2	13	2
39	21	28	57	3	1	20	4
11	14	38	6			3	4
288	37	642	200	19	5	21	10
8	3	15	5	1		1	1
274	34	626	190	17	5	16	9
6		1	5	1		4	
3078	820	1751	3690	358	92	6283	202
316	73	161	308	36	19	1166	20
2762	747	1590	3382	322	73	5117	182
1073	1292	1027	2058	359	165	1139	428
44	68	43	29	37	7	29	6
378	236	243	203	98	67	252	65
247	360	398	331	132	70	568	147
49	29	37	31	14	2	21	12
94	75	77	1057	16	3	117	20
118	29	30	29	6	4	21	13
51	89	67	82	23	3	72	121
30	295	99	31	8	5	12	12
62	111	33	265	25	4	47	32
202	122	102	187	29	8	157	132
1		2	1				
	1	1	1				
191	120	97	179	29	8	155	126
10	1	2	6			2	6
194	117	393	409	39	14	276	44
3	3	11	19	2	1	10	3
1		4		2		1	
2			2			1	
49	23	37	134	8	6	40	11
139	91	341	254	27	7	224	30
2784	1034	2683	7562	356	161	3103	625
643	298	643	1544	145	57	419	120
167	52	164	1532	14	9	442	170
77	28	76	74	18	1	58	4
74	44	56	111	6	4	92	9
925	272	1152	1138	72	13	929	92
237	56	95	131	19	26	286	49
23	3	21	22	3		94	
169	42	114	2210	24	5	190	77
469	239	362	800	55	46	593	104

4-04 续表 4

行业中类	法人单位数（个）	杭州市	宁波市	温州市
通用设备制造业	52928	5251	13746	10967
锅炉及原动设备制造	585	132	108	60
金属加工机械制造	5254	557	1207	875
物料搬运设备制造	1855	336	382	80
泵、阀门、压缩机及类似机械制造	12069	520	1823	5287
轴承、齿轮和传动部件制造	5191	610	1631	322
烘炉、风机、包装等设备制造	5869	611	1116	784
文化、办公用机械制造	442	67	99	108
通用零部件制造	19430	2199	6373	3123
其他通用设备制造业	2233	219	1007	328
专用设备制造业	26227	2604	6753	4508
采矿、冶金、建筑专用设备制造	1010	136	137	228
化工、木材、非金属加工专用设备制造	10742	656	4041	1237
食品、饮料、烟草及饲料生产专用设备制造	782	62	147	259
印刷、制药、日化及日用品生产专用设备制造	1087	180	100	533
纺织、服装和皮革加工专用设备制造	3369	262	577	295
电子和电工机械专用设备制造	744	145	167	177
农、林、牧、渔专用机械制造	966	92	186	75
医疗仪器设备及器械制造	3302	378	412	1051
环保、邮政、社会公共服务及其他专用设备制造	4225	693	986	653
汽车制造业	16855	1665	4634	3834
汽车整车制造	67	15	4	11
汽车用发动机制造	34	4	6	5
改装汽车制造	25	9	3	2
低速汽车制造	1			
电车制造	11	2	1	2
汽车车身、挂车制造	138	28	64	7
汽车零部件及配件制造	16579	1607	4556	3807
铁路、船舶、航空航天和其他运输设备制造业	4276	461	810	529
铁路运输设备制造	154	25	44	24
城市轨道交通设备制造	25	8	7	2
船舶及相关装置制造	872	52	206	62
航空、航天器及设备制造	55	8	14	1
摩托车制造	1321	47	142	384
自行车和残疾人座车制造	621	230	242	10
助动车制造	702	62	82	36
非公路休闲车及零配件制造	426	17	52	4
潜水救捞及其他未列明运输设备制造	100	12	21	6
电气机械和器材制造业	37694	2873	10241	13616
电机制造	3364	208	663	421
输配电及控制设备制造	16222	930	2067	11079
电线、电缆、光缆及电工器材制造	3122	543	846	663
电池制造	431	54	136	18
家用电力器具制造	6935	294	3717	555
非电力家用器具制造	836	86	208	39
照明器具制造	5552	618	2156	495
其他电气机械及器材制造	1232	140	448	346

嘉兴市	湖州市	绍兴市	金华市	衢州市	舟山市	台州市	丽水市
4106	1344	6063	2447	461	220	7497	826
37	34	62	49	6	7	73	17
251	128	760	384	46	33	891	122
347	327	73	65	21		214	10
202	72	403	131	97	19	3246	269
483	119	937	265	101	5	486	232
251	195	1158	972	39	17	686	40
14	9	111	14	3	1	15	1
2408	384	2421	443	131	107	1725	116
113	76	138	124	17	31	161	19
1515	641	2333	1404	324	538	5298	309
93	48	133	76	64	2	81	12
588	138	360	469	61	459	2691	42
40	6	73	46	26	21	85	17
78	18	35	59	13	4	59	8
216	60	934	174	12	18	672	149
67	26	51	50	5	4	49	3
41	37	84	131	14	9	282	15
106	54	83	120	13	5	1058	22
286	254	580	279	116	16	321	41
799	211	858	569	77	92	3910	206
4	8	2	9	2		12	
5			5			8	1
2	4		3	1		1	
						1	
			5				1
6	4	3	13	5		5	3
782	195	853	534	69	92	3883	201
137	68	142	637	26	258	1154	54
12	1	12	8	4		24	
1	2	2	2			1	
31	22	34	11		252	201	1
12	7	3	4		3	3	
14	7	21	110	10		552	34
17	10	36	57	1		16	2
26	18	24	109	10		333	2
6	1	9	308			14	15
18		1	28	1	3	10	
2642	720	2455	1362	416	128	3021	220
91	90	527	156	19	56	1093	40
552	175	351	277	222	31	453	85
300	152	111	103	59	6	320	19
41	75	19	43	12	1	23	9
666	59	881	475	26	24	213	25
267	23	117	67	2	1	24	2
675	118	381	189	69	3	818	30
50	28	68	52	7	6	77	10

4-04 续表 5

行业中类	法人单位数（个）	杭州市	宁波市	温州市
计算机、通信和其他电子设备制造业	10798	1580	3623	2117
计算机制造	425	100	131	67
通信设备制造	963	313	416	74
广播电视设备制造	201	52	49	13
雷达及配套设备制造	11	3	3	4
非专业视听设备制造	523	53	208	19
智能消费设备制造	434	79	124	67
电子器件制造	1413	251	367	342
电子元件及电子专用材料制造	6088	636	2043	1405
其他电子设备制造	740	93	282	126
仪器仪表制造业	5642	896	1580	1528
通用仪器仪表制造	4175	631	1088	1309
专用仪器仪表制造	638	156	161	134
钟表与计时仪器制造	146	28	51	22
光学仪器制造	246	31	129	23
衡器制造	194	26	36	6
其他仪器仪表制造业	243	24	115	34
其他制造业	7010	413	1226	1458
日用杂品制造	5045	250	521	971
核辐射加工	4	2		1
其他未列明制造业	1961	161	705	486
废弃资源综合利用业	705	133	131	47
金属废料和碎屑加工处理	285	54	77	13
非金属废料和碎屑加工处理	420	79	54	34
金属制品、机械和设备修理业	2108	302	444	144
金属制品修理	46	2	29	3
通用设备修理	282	68	60	27
专用设备修理	264	79	48	16
铁路、船舶、航空航天等运输设备修理	910	15	118	47
电气设备修理	149	44	34	11
仪器仪表修理	21	6	6	1
其他机械和设备修理业	436	88	149	39
电力、热力、燃气及水生产和供应业	**5142**	**615**	**610**	**793**
电力、热力生产和供应业	3642	386	395	581
电力生产	3354	338	349	537
电力供应	151	23	21	30
热力生产和供应	137	25	25	14
燃气生产和供应业	273	53	39	41
燃气生产和供应业	263	53	36	39
生物质燃气生产和供应业	10		3	2
水的生产和供应业	1227	176	176	171
自来水生产和供应	530	62	106	95
污水处理及其再生利用	580	111	68	72
海水淡化处理	3			
其他水的处理、利用与分配	114	3	2	4
建筑业	**48943**	**14202**	**10065**	**5157**
房屋建筑业	6425	1427	1414	837

嘉兴市	湖州市	绍兴市	金华市	衢州市	舟山市	台州市	丽水市
1039	307	830	648	152	34	393	75
56	14	13	21	2	1	19	1
59	19	38	15	5	6	16	2
35	4	19	4	16		8	1
1							
64	11	138	16	1		12	1
61	14	22	19	5	2	37	4
136	43	108	78	20	3	52	13
574	188	431	435	95	20	218	43
53	14	61	60	8	2	31	10
295	101	314	359	41	63	416	49
219	86	235	167	30	33	344	33
45	7	39	36	8	5	35	12
3	1	8	28	1		2	2
15	5	5	10	1	1	25	1
5	2	3	114	1		1	
8		24	4		24	9	1
1521	86	735	1196	67	9	212	87
1435	47	646	875	59	2	178	61
1							
85	39	89	321	8	7	34	26
58	60	36	58	20	12	135	15
19	11	14	16	6	3	67	5
39	49	22	42	14	9	68	10
163	60	74	61	28	676	134	22
8	1	2		1			
38	7	21	14	5	12	22	8
38	10	16	19	7	7	19	5
15	17	2	2	1	625	68	
17	4	8	4	5	11	8	3
1		1	2		2	2	
46	21	24	20	9	19	15	6
360	**225**	**368**	**378**	**310**	**116**	**574**	**793**
228	111	263	271	262	42	364	739
183	95	246	248	255	36	342	725
21	7	9	10	5	3	10	12
24	9	8	13	2	3	12	2
25	13	27	14	13	13	24	11
24	13	25	14	13	13	22	11
1		2				2	
107	101	78	93	35	61	186	43
32	42	29	44	19	13	67	21
71	59	46	47	16	12	56	22
					3		
4		3	2		33	63	
4034	**1808**	**3701**	**3414**	**1303**	**1654**	**2882**	**723**
377	196	584	777	178	105	389	141

4-04 续表 6

行业中类	法人单位数（个）	杭州市	宁波市	温州市
住宅房屋建筑	5520	1188	1125	759
体育场馆建筑	11	4	3	2
其他房屋建筑业	894	235	286	76
土木工程建筑业	11067	3178	2045	1198
铁路、道路、隧道和桥梁工程建筑	4714	1412	653	521
水利和水运工程建筑	671	127	111	72
海洋工程建筑	50		11	3
工矿工程建筑	162	28	46	31
架线和管道工程建筑	815	211	146	100
节能环保工程施工	364	128	93	27
电力工程施工	345	62	41	27
其他土木工程建筑	3946	1210	944	417
建筑安装业	6655	1801	1568	632
电气安装	2360	689	444	242
管道和设备安装	1930	511	493	137
其他建筑安装业	2365	601	631	253
建筑装饰、装修和其他建筑业	24796	7796	5038	2490
建筑装饰和装修业	18967	5985	4145	1932
建筑物拆除和场地准备活动	3776	1339	422	287
提供施工设备服务	203	39	28	27
其他未列明建筑业	1850	433	443	244
批发和零售业	**451021**	**108436**	**77637**	**50805**
批发业	284286	69423	58468	24939
农、林、牧、渔产品批发	4740	1330	651	390
食品、饮料及烟草制品批发	17928	5342	3485	1865
纺织、服装及家庭用品批发	90597	18668	11590	5639
文化、体育用品及器材批发	15608	2837	2714	1276
医药及医疗器材批发	6544	3450	980	538
矿产品、建材及化工产品批发	65711	16405	17401	6908
机械设备、五金产品及电子产品批发	55976	17670	13823	6925
贸易经纪与代理	6842	556	2362	283
其他批发业	20340	3165	5462	1115
零售业	166735	39013	19169	25866
综合零售	3448	1017	492	423
食品、饮料及烟草制品专门零售	14970	5443	1711	1783
纺织、服装及日用品专门零售	26133	8417	2535	5043
文化、体育用品及器材专门零售	9002	2230	945	1790
医药及医疗器材专门零售	12440	1874	2143	2574
汽车、摩托车、零配件和燃料及其他动力销售	14160	2657	2333	2358
家用电器及电子产品专门零售	14219	4331	2496	2273
五金、家具及室内装饰材料专门零售	20213	5756	2591	2904
货摊、无店铺及其他零售业	52150	7288	3923	6718
交通运输、仓储和邮政业	**31548**	**6636**	**7803**	**3440**
铁路运输业				
铁路旅客运输				
铁路货物运输				
铁路运输辅助活动				

嘉兴市	湖州市	绍兴市	金华市	衢州市	舟山市	台州市	丽水市
318	155	537	722	166	100	334	116
	1						1
59	40	47	55	12	5	55	24
806	599	887	728	386	237	791	212
308	304	477	357	203	62	341	76
69	33	37	42	12	68	80	20
3					26	7	
5	12	14	5	6	4	7	4
60	29	55	68	33	13	72	28
31	8	22	11	13	4	19	8
54	22	21	28	25	6	43	16
276	191	261	217	94	54	222	60
736	254	535	346	138	125	417	103
321	84	146	106	37	63	177	51
205	69	204	81	51	33	129	17
210	101	185	159	50	29	111	35
2115	759	1695	1563	601	1187	1285	267
1743	627	1251	1341	529	263	943	208
213	74	145	56	38	892	274	36
38	6	23	5	3	7	26	1
121	52	276	161	31	25	42	22
33051	**12801**	**46806**	**71408**	**8523**	**6145**	**29799**	**5610**
22075	6407	38498	38917	4931	4611	14040	1977
691	423	426	295	253	48	154	79
1390	495	1723	1157	544	401	1121	405
8282	1728	25359	16120	425	228	2280	278
568	109	766	6533	151	45	525	84
268	108	383	349	145	47	230	46
5196	1918	5197	2758	2118	2915	4373	522
4427	883	3327	3567	937	579	3576	262
184	238	582	1507	81	106	877	66
1069	505	735	6631	277	242	904	235
10976	6394	8308	32491	3592	1534	15759	3633
210	165	294	324	81	64	209	169
827	642	947	862	440	211	1659	445
1897	868	1286	3314	338	183	1959	293
349	204	421	1725	172	82	773	311
1220	685	805	1095	437	152	1038	417
821	627	1145	1945	543	115	1262	354
1044	439	785	1060	382	202	961	246
1643	1327	1325	1920	550	309	1477	411
2965	1437	1300	20246	649	216	6421	987
2535	**1468**	**1692**	**3096**	**1026**	**1253**	**2146**	**453**

4-04 续表 7

行业中类	法人单位数（个）	杭州市	宁波市	温州市
道路运输业	19204	4894	3809	2231
城市公共交通运输	531	130	86	69
公路旅客运输	449	91	67	93
道路货物运输	17178	4456	3560	1855
道路运输辅助活动	1046	217	96	214
水上运输业	1278	92	285	113
水上旅客运输	84	15	14	13
水上货物运输	831	55	193	73
水上运输辅助活动	363	22	78	27
航空运输业	122	50	19	9
航空客货运输	54	30	8	4
通用航空服务	40	12	6	3
航空运输辅助活动	28	8	5	2
管道运输业	4	2		1
海底管道运输	1			
陆地管道运输	3	2		1
多式联运和运输代理业	6907	738	2873	550
多式联运	19	4	7	2
运输代理业	6888	734	2866	548
装卸搬运和仓储业	2568	504	645	358
装卸搬运	1256	169	275	269
通用仓储	551	169	167	29
低温仓储	98	19	14	9
危险品仓储	67	8	22	5
谷物、棉花等农产品仓储	131	19	15	12
中药材仓储	1			1
其他仓储业	464	120	152	33
邮政业	1465	356	172	178
邮政基本服务	17	4	3	
快递服务	1437	351	168	177
其他寄递服务	11	1	1	1
住宿和餐饮业	**24318**	**8865**	**3588**	**3040**
住宿业	8824	2974	1189	1093
旅游饭店	1657	684	178	111
一般旅馆	5965	1850	883	898
民宿服务	977	383	66	72
露营地服务	9	4	3	
其他住宿业	216	53	59	12
餐饮业	15494	5891	2399	1947
正餐服务	11894	4454	1749	1634
快餐服务	1097	439	187	78
饮料及冷饮服务	764	370	108	46
餐饮配送及外卖送餐服务	352	67	93	22
其他餐饮业	1387	561	262	167
信息传输、软件和信息技术服务业	**53992**	**29154**	**8371**	**4561**
电信、广播电视和卫星传输服务	791	419	109	58
电信	702	394	95	50

嘉兴市	湖州市	绍兴市	金华市	衢州市	舟山市	台州市	丽水市
1763	1150	1074	1261	855	513	1349	305
42	27	28	31	17	19	66	16
19	15	21	21	37	16	47	22
1649	1020	973	1113	756	461	1126	209
53	88	52	96	45	17	110	58
86	42	29	26	4	454	141	6
1		3	2	2	18	13	3
46	30	22	21	1	297	91	2
39	12	4	3	1	139	37	1
6	8	6	14	1	4	4	1
1		4	5		1	1	
4	5	1	7			1	1
1	3	1	2	1	3	2	
					1		
					1		
264	122	400	1360	42	154	374	30
1	1		3			1	
263	121	400	1357	42	154	373	30
286	104	110	209	61	109	144	38
153	41	76	107	33	51	70	12
74	29	9	36	2	7	23	6
4	7	6	8	4	6	20	1
4	1	1	6	1	17	2	
12	8	4	12	12	8	17	12
39	18	14	40	9	20	12	7
130	42	73	226	63	18	134	73
1		4	1	2			2
126	42	69	221	60	18	134	71
3			4	1			
1516	**1278**	**1334**	**1598**	**335**	**521**	**1598**	**645**
571	625	368	622	113	301	607	361
91	126	82	131	34	73	90	57
420	306	254	442	49	178	460	225
52	160	26	32	28	37	55	66
	1		1				
8	32	6	16	2	13	2	13
945	653	966	976	222	220	991	284
652	536	811	746	180	186	734	212
79	41	62	78	5	14	96	18
73	32	30	32	3	9	44	17
62	11	14	20	25	2	18	18
79	33	49	100	9	9	99	19
2350	**1073**	**2168**	**3183**	**722**	**518**	**1384**	**508**
27	19	21	42	15	19	38	24
22	16	17	37	12	13	32	14

4-04 续表 8

行业中类	法 人 单位数 (个)	杭州市	宁波市	温州市
广播电视传输服务	77	21	13	6
卫星传输服务	12	4	1	2
互联网和相关服务	5389	2406	644	745
互联网接入及相关服务	329	142	59	32
互联网信息服务	2919	1108	306	533
互联网平台	729	506	72	18
互联网安全服务	62	27	10	1
互联网数据服务	195	123	24	9
其他互联网服务	1155	500	173	152
软件和信息技术服务业	47812	26329	7618	3758
软件开发	33847	19509	5384	2567
集成电路设计	254	121	58	12
信息系统集成和物联网技术服务	1817	810	283	189
运行维护服务	306	150	48	16
信息处理和存储支持服务	308	154	30	25
信息技术咨询服务	7620	3569	1172	753
数字内容服务	530	246	101	63
其他信息技术服务业	3130	1770	542	133
金融业	**16196**	**3600**	**9414**	**519**
货币金融服务	1307	300	236	153
中央银行服务				
货币银行服务	261	33	34	30
非货币银行服务	1046	267	202	123
银行理财服务				
银行监管服务				
资本市场服务	13038	2673	8988	183
证券市场服务				
公开募集证券投资基金				
非公开募集证券投资基金	1921	1367	280	47
期货市场服务				
证券期货监管服务				
资本投资服务	1532	705	430	50
其他资本市场服务	9585	601	8278	86
保险业	758	216	88	73
人身保险	251	49	19	24
财产保险	290	57	37	31
再保险				
商业养老金	11	3	1	1
保险中介服务	116	73	21	4
保险资产管理	1		1	
保险监管服务				
其他保险活动	89	34	9	13
其他金融业	1093	411	102	110
金融信托与管理服务	70	27	15	6
控股公司服务	345	128	8	3
非金融机构支付服务	8	5	2	
金融信息服务	260	107	21	52
金融资产管理公司	9	3	1	2
其他未列明金融业	401	141	55	47

嘉兴市	湖州市	绍兴市	金华市	衢州市	舟山市	台州市	丽水市
4	3	4	5	3	2	6	10
1					4		
212	103	257	457	142	64	238	121
16	9	14	24	7	3	17	6
118	59	160	260	94	37	152	92
32	9	8	48	7	6	16	7
3	3	1	8	3	1	3	2
12		7	4	2	5	6	3
31	23	67	113	29	12	44	11
2111	951	1890	2684	565	435	1108	363
1375	556	1328	1770	280	235	626	217
31	5	11	9		3	4	
89	38	101	87	36	32	134	18
33	3	4	17	12	3	12	8
32	21	8	11	2	8	14	3
405	220	340	517	188	94	269	93
38	7	21	30	9	4	7	4
108	101	77	243	38	56	42	20
741	**219**	**565**	**349**	**126**	**194**	**347**	**122**
99	66	87	84	40	66	117	59
21	17	18	26	18	13	27	24
78	49	69	58	22	53	90	35
538	82	200	143	32	84	95	20
60	46	45	28	8	3	30	7
28	19	42	105	15	71	58	9
450	17	113	10	9	10	7	4
60	49	66	68	36	24	53	25
25	17	24	28	21	11	24	9
27	22	25	30	14	11	24	12
1	1	1	1			1	1
2	6	2	3	1		3	1
5	3	14	6		2	1	2
44	22	212	54	18	20	82	18
3	3	5	7	1	1	1	1
2	3	182	8	3	1	5	2
					1		
9	6	12	15		5	29	4
			1			2	
30	10	13	23	14	12	45	11

4-04 续表 9

行业中类	法人单位数（个）	杭州市	宁波市	温州市
房地产业	**33016**	**10559**	**4560**	**4356**
房地产业	33016	10559	4560	4356
房地产开发经营	7943	1750	1130	1182
物业管理	8444	2919	1376	795
房地产中介服务	15982	5687	1933	2318
房地产租赁经营				
其他房地产业	647	203	121	61
租赁和商务服务业	**126533**	**43926**	**28817**	**12074**
租赁业	9138	2853	1925	930
机械设备经营租赁	8660	2679	1820	877
文体设备和用品出租	410	128	103	50
日用品出租	68	46	2	3
商务服务业	117395	41073	26892	11144
组织管理服务	33224	10972	9081	2670
综合管理服务	3644	732	912	369
法律服务	422	119	102	48
咨询与调查	37681	15055	8301	3760
广告业	19653	6875	3732	2124
人力资源服务	5557	1401	1418	428
安全保护服务	1320	389	218	129
会议、展览及相关服务	2324	1211	415	124
其他商务服务业	13570	4319	2713	1492
科学研究和技术服务业	**57417**	**23591**	**10536**	**5164**
研究和试验发展	9220	2541	2475	728
自然科学研究和试验发展	355	67	165	48
工程和技术研究和试验发展	7169	1747	2035	550
农业科学研究和试验发展	396	88	98	52
医学研究和试验发展	1268	631	171	73
社会人文科学研究	32	8	6	5
专业技术服务业	28192	12426	5120	2461
气象服务	39	13	4	5
地震服务	5	3	1	
海洋服务	54	8	18	5
测绘地理信息服务	513	132	62	73
质检技术服务	2335	691	556	218
环境与生态监测检测服务	556	192	83	44
地质勘查	78	40	4	10
工程技术与设计服务	13411	6001	2179	1194
工业与专业设计及其他专业技术服务	11201	5346	2213	912
科技推广和应用服务业	20005	8624	2941	1975
技术推广服务	15048	6630	2020	1403
知识产权服务	1717	500	298	295
科技中介服务	541	144	116	66
创业空间服务	180	71	64	18
其他科技推广服务业	2519	1279	443	193

嘉兴市	湖州市	绍兴市	金华市	衢州市	舟山市	台州市	丽水市
3814	**1773**	**2613**	**2322**	**659**	**418**	**1456**	**486**
3814	1773	2613	2322	659	418	1456	486
872	496	929	472	216	215	487	194
761	395	820	463	181	108	487	139
2137	817	792	1341	259	83	476	139
44	65	72	46	3	12	6	14
8352	**4660**	**7122**	**8033**	**2430**	**3072**	**6203**	**1844**
464	212	691	832	161	221	676	173
440	208	678	781	156	203	649	169
18	4	10	47	5	18	24	3
6		3	4			3	1
7888	4448	6431	7201	2269	2851	5527	1671
2819	1808	1545	1477	558	866	936	492
264	143	276	351	105	91	319	82
34	11	35	21	10	3	27	12
1976	1072	2033	2321	677	520	1665	301
1209	567	1342	1332	407	306	1370	389
600	174	450	343	142	156	378	67
91	49	94	93	54	27	130	46
125	55	88	158	20	29	88	11
770	569	568	1105	296	853	614	271
3948	**1894**	**4046**	**3452**	**1195**	**772**	**2246**	**573**
998	539	951	456	156	135	193	48
10	9	16	27		3	7	3
882	364	832	341	133	96	158	31
19	25	39	36	7	16	8	8
87	138	58	50	16	19	20	5
	3	6	2		1		1
1712	662	1884	1543	398	393	1239	354
5	1	2	5	1		2	1
			1				
1					20	2	
30	37	29	38	28	15	43	26
213	65	161	143	48	55	142	43
61	25	38	39	24	9	31	10
2	2	6	4	3	1	1	5
737	299	1050	716	191	163	661	220
663	233	598	597	103	130	357	49
1238	693	1211	1453	641	244	814	171
940	587	941	1033	549	191	618	136
166	32	84	169	21	11	129	12
53	17	39	43	19	8	27	9
5	3	7	4	1	1	5	1
74	54	140	204	51	33	35	13

4-04 续表 10

行业中类	法人单位数（个）	杭州市	宁波市	温州市
水利、环境和公共设施管理业	**6904**	**1510**	**874**	**739**
水利管理业	361	85	50	19
防洪除涝设施管理	73	17	17	1
水资源管理	103	24	17	6
天然水收集与分配	41	6	7	5
水文服务	12	3	1	3
其他水利管理业	132	35	8	4
生态保护和环境治理业	1146	320	165	137
生态保护	54	15	3	4
环境治理业	1092	305	162	133
公共设施管理业	4969	1055	637	566
市政设施管理	664	152	55	40
环境卫生管理	1196	230	145	217
城乡市容管理	72	18	10	6
绿化管理	1832	518	267	173
城市公园管理	55	5	6	21
游览景区管理	1150	132	154	109
土地管理业	428	50	22	17
土地整治服务	326	26	6	4
土地调查评估服务	47	11	9	6
土地登记服务	5		2	1
土地登记代理服务	22	9	1	3
其他土地管理服务	28	4	4	3
居民服务、修理和其他服务业	**24472**	**7957**	**4170**	**2903**
居民服务业	10752	3912	1838	1327
家庭服务	2295	763	498	199
托儿所服务	179	34	22	76
洗染服务	437	137	64	56
理发及美容服务	2050	854	290	255
洗浴和保健养生服务	1988	575	334	283
摄影扩印服务	1330	561	209	134
婚姻服务	1009	342	181	127
殡葬服务	384	62	100	75
其他居民服务业	1080	584	140	122
机动车、电子产品和日用产品修理业	9307	2771	1499	1222
汽车、摩托车等修理与维护	7272	1929	1146	1048
计算机和办公设备维修	832	338	142	71
家用电器修理	1009	411	176	90
其他日用产品修理业	194	93	35	13
其他服务业	4413	1274	833	354
清洁服务	3277	747	625	334
宠物服务	196	72	48	13
其他未列明服务业	940	455	160	7
教育				
教育				
学前教育				
初等教育				

嘉兴市	湖州市	绍兴市	金华市	衢州市	舟山市	台州市	丽水市
628	**466**	**567**	**532**	**270**	**183**	**828**	**307**
37	17	32	35	26	6	30	24
8		8	1	5	1	10	5
7	5	11	11	6	2	8	6
3		1	8	3	2	3	3
		2	3				
19	12	10	12	12	1	9	10
134	53	71	77	17	23	114	35
3	6	3	3	2	4	8	3
131	47	68	74	15	19	106	32
440	385	457	407	216	150	478	178
91	121	67	45	16	12	45	20
105	40	124	79	59	28	138	31
3	5	4	12	4	2	2	6
161	101	194	157	46	68	108	39
1	3	3	8	1		5	2
79	115	65	106	90	40	180	80
17	11	7	13	11	4	206	70
7	7	3	3	6	3	192	69
7	1	3	4	3		3	
	1					1	
1			2	1		5	
2	2	1	4	1	1	5	1
1789	**862**	**1705**	**1843**	**561**	**425**	**1802**	**455**
663	342	599	801	179	144	740	207
139	69	106	184	54	37	185	61
26	2	7	1		4	7	
36	12	29	34	17	15	32	5
84	45	158	145	20	19	161	19
163	124	136	131	42	20	130	50
89	38	38	143	11	10	65	32
58	19	54	111	14	12	78	13
19	11	33	16	10	13	32	13
49	22	38	36	11	14	50	14
774	376	707	650	233	171	758	146
601	330	618	536	188	121	641	114
81	24	38	37	18	24	40	19
82	18	42	68	22	22	68	10
10	4	9	9	5	4	9	3
352	144	399	392	149	110	304	102
286	112	340	282	129	88	259	75
9	8	8	28	7	2	1	
57	24	51	82	13	20	44	27

4-04 续表 11

行业中类	法　人 单位数 （个）	杭州市	宁波市	温州市
中等教育				
高等教育				
特殊教育				
技能培训、教育辅助及其他教育				
卫生和社会工作	**745**	**197**	**94**	**135**
卫生	162	65	16	22
医院	86	16	10	15
基层医疗卫生服务	64	47	4	4
专业公共卫生服务	2			1
其他卫生活动	10	2	2	2
社会工作	583	132	78	113
提供住宿社会工作	532	117	77	103
不提供住宿社会工作	51	15	1	10
文化、体育和娱乐业	**32284**	**8789**	**6077**	**3544**
新闻和出版业	163	110	16	3
新闻业	15	8	2	
出版业	148	102	14	3
广播、电视、电影和录音制作业	7240	1382	902	273
广播	192	63	82	13
电视	139	55	11	2
影视节目制作	5877	1006	680	147
广播电视集成播控	8	5		
电影和广播电视节目发行	243	57	24	5
电影放映	706	170	86	101
录音制作	75	26	19	5
文化艺术业	5593	1626	1776	489
文艺创作与表演	2395	461	1094	210
艺术表演场馆	50	10	12	8
图书馆与档案馆	230	70	19	29
文物及非物质文化遗产保护	46	11	4	5
博物馆	28	9	4	3
烈士陵园、纪念馆	4		1	1
群众文体活动	493	135	163	47
其他文化艺术业	2347	930	479	186
体育	2968	940	527	445
体育组织	495	109	93	74
体育场地设施管理	199	41	46	30
健身休闲活动	2185	748	369	334
其他体育	89	42	19	7
娱乐业	16320	4731	2856	2334
室内娱乐活动	7744	1496	1376	1137
游乐园	195	27	18	50
休闲观光活动	752	214	43	198
彩票活动	12	2		6
文化体育娱乐活动与经纪代理服务	7540	2982	1398	927
其他娱乐业	77	10	21	16

嘉兴市	湖州市	绍兴市	金华市	衢州市	舟山市	台州市	丽水市
62	**35**	**56**	**34**	**42**	**8**	**56**	**26**
9	8	6	4	16	4	8	4
4	6	5	2	14	2	8	4
4		1	1	1	2		
				1			
1	2		1				
53	27	50	30	26	4	48	22
42	26	46	25	25	4	47	20
11	1	4	5	1		1	2
2260	**2510**	**1591**	**4505**	**568**	**363**	**1457**	**620**
5	3	8	7	5	1	2	3
1	1		1	1		1	
4	2	8	6	4	1	1	3
643	981	130	2569	62	35	207	56
14	2	7	7		1	3	
6	1	7	54	1	1	1	
544	940	65	2308	36	15	116	20
			2			1	
21	1	3	127		1	3	1
54	36	48	53	25	16	82	35
4	1		18		1	1	
210	314	327	358	98	43	204	148
54	146	86	149	27	6	101	61
4	1	5	1		1	6	2
15	6	17	17	4	2	26	25
4	1	8	6	1	1	2	3
3	3	1	2		1	2	
			1			1	
16	17	32	27	18	6	17	15
114	140	178	155	48	26	49	42
197	105	171	222	63	53	183	62
23	25	36	60	19	7	38	11
20	5	12	20	2	6	12	5
153	75	120	131	39	39	131	46
1		3	11	3	1	2	
1205	1107	955	1349	340	231	861	351
730	357	462	892	224	125	680	265
20	18	8	22	2	5	10	15
20	39	85	24	34	32	51	12
			4				
433	687	397	402	80	62	116	56
2	6	3	5		7	4	3

4-05 按行业(中类)、地区分组的

行业中类	从业人员期末人数(人)	杭州市	宁波市	温州市
总　计	**13495456**	**2594628**	**2711890**	**1849992**
农、林、牧、渔业	**2943**	**199**	**400**	**744**
农业				
谷物种植				
豆类、油料和薯类种植				
棉、麻、糖、烟草种植				
蔬菜、食用菌及园艺作物种植				
水果种植				
坚果、含油果、香料和饮料作物种植				
中药材种植				
草种植及割草				
其他农业				
林业				
林木育种和育苗				
造林和更新				
森林经营、管护和改培				
木材和竹材采运				
林产品采集				
畜牧业				
牲畜饲养				
家禽饲养				
狩猎和捕捉动物				
其他畜牧业				
渔业				
水产养殖				
水产捕捞				
农、林、牧、渔专业及辅助性活动	2943	199	400	744
农业专业及辅助性活动	1766	128	148	487
林业专业及辅助性活动	630	60	77	196
畜牧专业及辅助性活动	202	11	80	32
渔业专业及辅助性活动	345		95	29
采矿业	**15340**	**2522**	**1430**	**1065**
煤炭开采和洗选业	21	16		1
烟煤和无烟煤开采洗选	5			1
褐煤开采洗选	1	1		
其他煤炭采选	15	15		
石油和天然气开采业	1			
石油开采	1			
天然气开采				
黑色金属矿采选业	278	5		
铁矿采选	278	5		
锰矿、铬矿采选				
其他黑色金属矿采选				
有色金属矿采选业	1782	573		1
常用有色金属矿采选	1205	573		1
贵金属矿采选	57			
稀有稀土金属矿采选	520			

小微企业法人从业人员数

嘉兴市	湖州市	绍兴市	金华市	衢州市	舟山市	台州市	丽水市
1212778	**583080**	**1127123**	**1357210**	**279635**	**205183**	**1295823**	**278114**
103	**163**	**234**	**422**	**216**	**68**	**211**	**183**
103	163	234	422	216	68	211	183
38	97	159	273	143	12	133	148
4	24	39	148	45	7	4	26
32	8	13	1	21	1	2	1
29	34	23		7	48	72	8
81	**2307**	**922**	**1428**	**893**	**1056**	**903**	**2733**
			4				
			4				
	1						
	1						
		17	14	36		6	200
		17	14	36		6	200
		251	4	7		87	859
		194	4	7		87	339
		57					
							520

4-05 续表 1

行业中类	从业人员期末人数（人）	杭州市	宁波市	温州市
非金属矿采选业	13173	1918	1426	1029
土砂石开采	11929	1872	1426	562
化学矿开采	169			
采盐	34			
石棉及其他非金属矿采选	1041	46		467
开采专业及辅助性活动	25	6	4	2
煤炭开采和洗选专业及辅助性活动	3	3		
石油和天然气开采专业及辅助性活动	11			
其他开采专业及辅助性活动	11	3	4	2
其他采矿业	60	4		32
其他采矿业	60	4		32
制造业	**7429239**	**844388**	**1583609**	**1198724**
农副食品加工业	84699	11015	11542	9631
谷物磨制	2302	400	403	321
饲料加工	10841	459	1014	1874
植物油加工	3472	615	484	100
制糖业	448	57	4	17
屠宰及肉类加工	15191	2235	745	2908
水产品加工	29696	621	5424	2973
蔬菜、菌类、水果和坚果加工	15158	5435	2595	536
其他农副食品加工	7591	1193	873	902
食品制造业	49873	13119	6017	4547
焙烤食品制造	13056	3419	1793	1481
糖果、巧克力及蜜饯制造	4203	1710	228	118
方便食品制造	7146	1316	796	698
乳制品制造	1313	336	35	189
罐头食品制造	4776	1017	889	68
调味品、发酵制品制造	3230	812	423	480
其他食品制造	16149	4509	1853	1513
酒、饮料和精制茶制造业	33312	7229	3279	1738
酒的制造	9514	1156	1419	806
饮料制造	12024	4088	1023	655
精制茶加工	11774	1985	837	277
烟草制品业				
烟叶复烤				
卷烟制造				
其他烟草制品制造				
纺织业	578479	87799	50244	30247
棉纺织及印染精加工	183338	39085	14565	10247
毛纺织及染整精加工	26466	2070	5410	315
麻纺织及染整精加工	1865	80	5	24
丝绢纺织及印染精加工	27885	5073	129	189
化纤织造及印染精加工	79143	10230	1710	827
针织或钩针编织物及其制品制造	111621	5144	9779	2792
家用纺织制成品制造	79036	17046	9930	6711
产业用纺织制成品制造	69125	9071	8716	9142
纺织服装、服饰业	586849	63712	125419	49626
机织服装制造	270661	38734	33615	32628

嘉兴市	湖州市	绍兴市	金华市	衢州市	舟山市	台州市	丽水市
81	2304	652	1391	850	1046	810	1666
81	2290	521	1300	601	1012	805	1459
			1	163		5	
					34		
	14	131	90	86			207
	2		1		10		
			1		10		
	2						
		2	14				8
		2	14				8
800556	**390466**	**646125**	**739808**	**127206**	**82228**	**863836**	**152293**
9089	4644	5027	4890	3487	13155	9852	2367
324	144	204	93	257	18	89	49
2261	1518	926	781	1275	274	436	23
443	419	91	57	425	426	335	77
92			197	17		34	30
2806	1370	790	2308	697	245	587	500
291	245	437		47	12095	7561	2
1565	314	1853	668	372	8	341	1471
1307	634	726	786	397	89	469	215
6620	4790	2586	5294	2826	1013	2332	729
1458	1521	478	1149	561	454	505	237
496	835	138	490	30		158	
2045	625	339	421	544	19	228	115
237	163		353				
105	319	533	350	594	6	822	73
306	135	339	531	80	52	63	9
1973	1192	759	2000	1017	482	556	295
2865	3652	5042	2502	1825	490	1817	2873
1117	1076	1930	382	272	340	615	401
1463	1100	607	946	1042	93	793	214
285	1476	2505	1174	511	57	409	2258
132574	59005	131374	59881	6659	660	16715	3321
34101	10796	44346	23782	3225	338	2155	698
11048	3729	1971	755	118	109	806	135
1022	475	104	24		74	57	
6634	11645	4021	100	46	11	37	
30658	21106	10374	1585	317		2231	105
26476	3191	56789	5783	602	33	1022	10
11060	3477	9921	16382	1171	16	3135	187
11575	4586	3848	11470	1180	79	7272	2186
98272	54885	85842	86886	4236	1069	14850	2052
46504	47434	28949	32210	2352	405	6783	1047

4-05 续表 2

行业中类	从业人员期末人数（人）	杭州市	宁波市	温州市
针织或钩针编织服装制造	164388	9018	71696	5065
服饰制造	151800	15960	20108	11933
皮革、毛皮、羽毛及其制品和制鞋业	461744	21241	11124	253712
皮革鞣制加工	12931	526	221	8031
皮革制品制造	100254	5326	5965	21549
毛皮鞣制及制品加工	10488	211	744	140
羽毛(绒)加工及制品制造	7139	4543	493	275
制鞋业	330932	10635	3701	223717
木材加工和木、竹、藤、棕、草制品业	103947	9028	7642	3190
木材加工	13298	1338	465	282
人造板制造	16114	1114	873	162
木质制品制造	53228	4936	3999	2119
竹、藤、棕、草等制品制造	21307	1640	2305	627
家具制造业	154727	17194	22604	6625
木质家具制造	82489	10828	10836	5079
竹、藤家具制造	4694	262	1480	8
金属家具制造	38484	3282	5198	731
塑料家具制造	4829	336	2105	103
其他家具制造	24231	2486	2985	704
造纸和纸制品业	173907	38330	25622	21287
纸浆制造	315	78	182	44
造纸	46869	17380	3417	4349
纸制品制造	126723	20872	22023	16894
印刷和记录媒介复制业	152129	17815	27797	43645
印刷	145379	16908	26697	41699
装订及印刷相关服务	6638	813	1097	1941
记录媒介复制	112	94	3	5
文教、工美、体育和娱乐用品制造业	318764	25807	64006	36436
文教办公用品制造	56877	6900	20906	8864
乐器制造	5250	713	1967	257
工艺美术及礼仪用品制造	154804	11077	15655	16379
体育用品制造	38634	4689	11581	1413
玩具制造	51326	1403	11615	4314
游艺器材及娱乐用品制造	11873	1025	2282	5209
石油、煤炭及其他燃料加工业	5637	1296	1514	339
精炼石油产品制造	3720	1050	1126	237
煤炭加工	534	52	196	2
核燃料加工	18			
生物质燃料加工	1365	194	192	100
化学原料和化学制品制造业	177325	31398	27551	11726
基础化学原料制造	28624	4458	3270	1196
肥料制造	2663	438	241	337
农药制造	5079	1325	43	931
涂料、油墨、颜料及类似产品制造	36217	6608	5205	2506
合成材料制造	33141	5248	8166	3198
专用化学产品制造	44423	8980	5940	2545
炸药、火工及焰火产品制造	998	91		14
日用化学产品制造	26180	4250	4686	999

嘉兴市	湖州市	绍兴市	金华市	衢州市	舟山市	台州市	丽水市
34738	2341	10844	26870	344	649	2696	127
17030	5110	46049	27806	1540	15	5371	878
60577	4853	6394	19908	1738	93	77154	4950
2779	348	235	338	15	8	148	282
42615	1988	947	17033	740	12	3557	522
8823	399	52	58	4		19	38
1041	19	462	30	203		3	70
5319	2099	4698	2449	776	73	73427	4038
13045	27863	2691	12010	11981	232	7005	9260
2020	4997	296	640	2342	83	382	453
5974	3834	76	701	1742	51	606	981
5005	13500	1712	9183	6781	75	3987	1931
46	5532	607	1486	1116	23	2030	5895
20719	31583	5532	24779	3745	367	16597	4982
10857	10948	4112	14795	3258	367	9588	1821
89	447	71	702	12		899	724
3631	12480	463	6561	325		3541	2272
206	538	115	180	1		1230	15
5936	7170	771	2541	149		1339	150
22449	7836	8501	23670	6994	684	16335	2199
			11				
5346	2216	3079	4118	4301	234	1668	761
17103	5620	5422	19541	2693	450	14667	1438
14129	3239	10828	17789	1403	797	12646	2041
13660	3070	10505	16643	1385	778	12067	1967
459	169	323	1146	18	19	579	74
10							
15920	10450	25005	67611	4652	988	47680	20209
963	1362	1658	9850	1149	26	1036	4163
667	1318	15	48	140		123	2
5554	5540	20008	33886	1586	95	42683	2341
2447	1019	1585	13222	1157	197	1107	217
5757	397	945	9939	620	670	2343	13323
532	814	794	666			388	163
773	372	270	541	140	49	202	141
314	192	201	364	81	49	103	3
115	69	19	24	15		6	36
						18	
344	111	50	153	44		75	102
20420	14220	20160	21229	13433	1091	12455	3642
3310	1491	4138	1713	6561	236	2019	232
348	215	212	202	489	50	76	55
111	480	714	832	128	42	388	85
3933	4024	4372	3425	1132	426	3781	805
5014	2426	2758	1987	1546	10	1935	853
6559	4375	6212	2396	3347	211	2617	1241
4	195	233	48		70	91	252
1141	1014	1521	10626	230	46	1548	119

4-05 续表 3

行业中类	从业人员期末人数（人）	杭州市	宁波市	温州市
医药制造业	52449	11878	5669	2099
化学药品原料药制造	10292	1238	604	337
化学药品制剂制造	8051	1967	568	303
中药饮片加工	5158	1791	648	381
中成药生产	5036	1377	200	175
兽用药品制造	3019	921	457	16
生物药品制品制造	7329	2137	1808	332
卫生材料及医药用品制造	8713	2194	1067	389
药用辅料及包装材料	4851	253	317	166
化学纤维制造业	46543	10700	5041	824
纤维素纤维原料及纤维制造	1320	107	390	223
合成纤维制造	44388	10439	4536	454
生物基材料制造	835	154	115	147
橡胶和塑料制品业	498885	44724	134409	64310
橡胶制品业	60207	4769	15050	6236
塑料制品业	438678	39955	119359	58074
非金属矿物制品业	244874	40385	34613	18617
水泥、石灰和石膏制造	17754	4509	1225	355
石膏、水泥制品及类似制品制造	85108	16562	14388	9791
砖瓦、石材等建筑材料制造	47251	6907	5834	4543
玻璃制造	9823	2171	1755	412
玻璃制品制造	34679	4159	3755	904
玻璃纤维和玻璃纤维增强塑料制品制造	10023	1557	1872	437
陶瓷制品制造	15409	2651	2536	1342
耐火材料制品制造	11317	813	722	76
石墨及其他非金属矿物制品制造	13510	1056	2526	757
黑色金属冶炼和压延加工业	54738	5297	10639	9464
炼铁	92	48	10	2
炼钢	118	2	3	16
钢压延加工	52180	4849	10118	9253
铁合金冶炼	2348	398	508	193
有色金属冶炼和压延加工业	70080	5116	18538	10006
常用有色金属冶炼	3195	645	1166	345
贵金属冶炼	635	1		
稀有稀土金属冶炼	256	86	117	26
有色金属合金制造	12110	901	3315	2257
有色金属压延加工	53884	3483	13940	7378
金属制品业	624779	67898	162109	85658
结构性金属制品制造	109360	14513	25624	12189
金属工具制造	73796	12012	17857	6750
集装箱及金属包装容器制造	17142	3688	2518	1038
金属丝绳及其制品制造	13750	3364	3006	1227
建筑、安全用金属制品制造	152799	12691	44628	28302
金属表面处理及热处理加工	65667	6513	18247	16116
搪瓷制品制造	6496	542	1435	1374
金属制日用品制造	74804	1899	12678	3839
铸造及其他金属制品制造	110965	12676	36116	14823

嘉兴市	湖州市	绍兴市	金华市	衢州市	舟山市	台州市	丽水市
4011	5193	9209	5221	1627	801	5357	1384
94	687	2070	677	377	100	3690	418
674	437	1294	1559	517	515	25	192
320	353	568	556	347		183	11
530	655	768	476	321	32	292	210
212	218	519	270	26	112	220	48
405	760	605	534	36	41	638	33
1464	1343	857	993	3	1	273	129
312	740	2528	156			36	343
7237	1284	14532	5547	650	188	319	221
71	41	216	221	2		2	47
7058	1243	14065	5291	627	188	313	174
108		251	35	21		4	
48145	12928	26673	50958	5271	1631	102071	7765
4576	1076	2162	4451	467	763	20130	527
43569	11852	24511	46507	4804	868	81941	7238
27558	28930	18079	36095	9029	4316	18743	8509
1782	2938	1794	2447	1569	117	591	427
11697	6182	6895	5747	2136	2888	6598	2224
4512	4994	4062	5241	2695	925	5463	2075
1424	950	602	475	552	9	947	526
1875	2863	1284	16521	525	118	2335	340
3409	624	422	644	148	71	586	253
769	1717	858	829	911	26	1772	1998
610	6515	1580	442	102	72	179	206
1480	2147	582	3749	391	90	272	460
5966	3945	2932	4155	1457	82	2964	7837
5		7	20				
	12	73	12				
5430	3875	2805	3866	1457	82	2957	7488
531	58	47	257			7	349
4023	3913	9142	8888	1447	224	6899	1884
42	24	102	490	58	5	149	169
13		510		52		59	
16			11				
828	172	446	2679	132	73	1137	170
3124	3717	8084	5708	1205	146	5554	1545
51192	18454	35133	124125	7848	2313	57643	12406
8072	3827	5835	28185	2234	706	5019	3156
4952	1092	2170	20613	414	98	6046	1792
1842	764	3149	1944	476	86	1482	155
1369	672	879	1409	119	12	1316	377
15622	3133	13269	16278	1372	79	15884	1541
6240	1369	2826	3136	414	741	8745	1320
470	240	393	580	103		1359	
4020	1131	1588	42186	1197	30	4443	1793
8605	6226	5024	9794	1519	561	13349	2272

4-05 续表 4

行业中类	从业人员期末人数（人）			
		杭州市	宁波市	温州市
通用设备制造业	884542	86824	229239	141221
锅炉及原动设备制造	16886	4191	3366	783
金属加工机械制造	79926	7081	19157	9069
物料搬运设备制造	48915	10404	9717	1813
泵、阀门、压缩机及类似机械制造	238349	12152	44947	70243
轴承、齿轮和传动部件制造	122623	12826	39399	6067
烘炉、风机、包装等设备制造	114728	12884	22557	13262
文化、办公用机械制造	11122	1791	2745	2583
通用零部件制造	228621	22108	78321	34596
其他通用设备制造业	23372	3387	9030	2805
专用设备制造业	436852	46577	110453	71020
采矿、冶金、建筑专用设备制造	21285	2672	3036	3713
化工、木材、非金属加工专用设备制造	147731	9529	60433	13185
食品、饮料、烟草及饲料生产专用设备制造	12394	978	3622	3332
印刷、制药、日化及日用品生产专用设备制造	21101	3593	1388	10216
纺织、服装和皮革加工专用设备制造	61645	3942	12091	5094
电子和电工机械专用设备制造	13658	3161	3023	3360
农、林、牧、渔专用机械制造	20720	1140	5432	748
医疗仪器设备及器械制造	77932	10275	8547	24334
环保、邮政、社会公共服务及其他专用设备制造	60386	11287	12881	7038
汽车制造业	389615	35573	120538	67359
汽车整车制造	2145	588	340	171
汽车用发动机制造	2228	108	216	371
改装汽车制造	1500	805	168	73
低速汽车制造	1			
电车制造	53	9		4
汽车车身、挂车制造	5473	1853	1853	65
汽车零部件及配件制造	378215	32210	117961	66675
铁路、船舶、航空航天和其他运输设备制造业	93159	8300	17781	9787
铁路运输设备制造	4236	625	1141	673
城市轨道交通设备制造	1030	335	348	220
船舶及相关装置制造	20176	1549	4183	713
航空、航天器及设备制造	1381	192	372	4
摩托车制造	30596	895	3059	7779
自行车和残疾人座车制造	12901	3396	6117	29
助动车制造	11435	612	819	259
非公路休闲车及零配件制造	8930	347	931	18
潜水救捞及其他未列明运输设备制造	2474	349	811	92
电气机械和器材制造业	680551	61242	218945	175848
电机制造	84155	6577	19182	8464
输配电及控制设备制造	249148	20754	43119	138053
电线、电缆、光缆及电工器材制造	68426	13045	20716	10156
电池制造	16415	1360	5146	370
家用电力器具制造	125624	6777	74303	8582
非电力家用器具制造	15229	963	3528	536
照明器具制造	106438	10325	47616	6071
其他电气机械及器材制造	15116	1441	5335	3616

嘉兴市	湖州市	绍兴市	金华市	衢州市	舟山市	台州市	丽水市
75501	30367	90939	45852	10319	3413	147031	23836
1523	2028	1262	1350	558	109	1577	139
6359	2575	10619	6388	593	357	13952	3776
9042	8867	2187	2236	396		4033	220
6916	2108	9110	3138	2462	669	75943	10661
10655	5337	19524	6239	3024	239	14744	4569
5502	4063	18028	21018	1198	610	14041	1565
807	266	2097	238	13	3	579	
32998	4303	26841	4144	1866	1076	19867	2501
1699	820	1271	1101	209	350	2295	405
26958	12680	35749	21195	6035	9856	89579	6750
2518	1570	2072	1773	1474	8	2074	375
8206	2552	4927	4827	976	8168	34080	848
734	55	1031	551	168	652	977	294
1571	577	668	1212	245	244	1044	343
3783	1317	14548	3107	152	252	14228	3131
1592	387	663	725	33	48	646	20
392	695	1083	3340	705	46	6614	525
2976	1558	2022	1814	377	182	25206	641
5186	3969	8735	3846	1905	256	4710	573
25560	9620	18038	16560	1798	2733	84586	7250
159	272	65	192	30		328	
221			307			1003	2
171	122		104	13		44	
						1	
			35				5
178	288	391	599	44		19	183
24831	8938	17582	15323	1711	2733	83191	7060
3465	1162	1884	13630	968	8719	25001	2462
336	8	70	179	422		782	
17	8	72	15			15	
792	365	415	96		8670	3391	2
171	123	208	32		37	242	
441	137	337	3085	224		13243	1396
653	217	359	1752			197	181
475	294	249	1795	308		6574	50
125	10	166	6142			358	833
455		8	534	14	12	199	
52138	21685	45621	24976	10049	2042	60381	7624
3888	3649	11879	4226	762	759	23409	1360
13169	4967	5714	4396	5046	594	9525	3811
6638	3921	2688	2745	1588	119	6469	341
1991	3843	687	1579	746	42	359	292
8470	1866	12162	6950	534	455	4792	733
4286	399	2508	1885	27	4	983	110
12088	2853	9156	2923	1245	29	13556	576
1608	187	827	272	101	40	1288	401

4-05 续表 5

行业中类	从业人员期末人数（人）	杭州市	宁波市	温州市
计算机、通信和其他电子设备制造业	233421	44808	73401	32786
计算机制造	10761	3428	2609	1202
通信设备制造	22746	7938	8723	1253
广播电视设备制造	7677	1693	2836	78
雷达及配套设备制造	460	22	411	13
非专业视听设备制造	13545	1806	6926	150
智能消费设备制造	11799	2913	2643	937
电子器件制造	36669	10856	8236	5493
电子元件及电子专用材料制造	118535	13978	37024	22508
其他电子设备制造	11229	2174	3993	1152
仪器仪表制造业	107933	21870	34104	20217
通用仪器仪表制造	78260	15072	22154	17081
专用仪器仪表制造	14370	4268	4373	2300
钟表与计时仪器制造	2808	490	1437	213
光学仪器制造	5865	1093	3687	284
衡器制造	4130	536	1312	30
其他仪器仪表制造业	2500	411	1141	309
其他制造业	82758	4568	17355	15023
日用杂品制造	70289	2840	12555	13074
核辐射加工	7	5		
其他未列明制造业	12462	1723	4800	1949
废弃资源综合利用业	13078	2135	2649	487
金属废料和碎屑加工处理	7413	1295	2054	167
非金属废料和碎屑加工处理	5665	840	595	320
金属制品、机械和设备修理业	33590	1510	3765	1249
金属制品修理	363	10	245	4
通用设备修理	2262	540	486	451
专用设备修理	1640	295	267	110
铁路、船舶、航空航天等运输设备修理	25599	92	1274	355
电气设备修理	944	193	333	150
仪器仪表修理	137	45	40	
其他机械和设备修理业	2645	335	1120	179
电力、热力、燃气及水生产和供应业	**89108**	**11057**	**11908**	**12050**
电力、热力生产和供应业	51589	6779	5859	7682
电力生产	38815	4940	3708	6195
电力供应	8335	877	1206	1043
热力生产和供应	4439	962	945	444
燃气生产和供应业	8721	1468	1246	797
燃气生产和供应业	8665	1468	1236	781
生物质燃气生产和供应业	56		10	16
水的生产和供应业	28798	2810	4803	3571
自来水生产和供应	16835	1175	3366	2089
污水处理及其再生利用	11060	1624	1429	1472
海水淡化处理	34			
其他水的处理、利用与分配	869	11	8	10
建筑业	**1234861**	**381206**	**167023**	**147975**
房屋建筑业	548339	182073	52431	61434

嘉兴市	湖州市	绍兴市	金华市	衢州市	舟山市	台州市	丽水市
31874	7976	14193	12951	4711	460	7536	2725
2270	204	322	161	18	23	524	
2528	577	1016	260	48	92	293	18
1877	66	422	82	430		126	67
14							
1883	351	2044	161	1		208	15
3683	91	138	215	105		994	80
3305	1635	2982	1489	702	41	1182	748
15616	4849	6086	9957	3074	304	3689	1450
698	203	1183	626	333		520	347
7034	2313	3643	6065	520	785	10408	974
5296	2067	2790	3257	431	385	9162	565
1081	50	558	610	88	201	542	299
78	105	139	281			35	30
241	53	45	74		4	308	76
288	38	9	1831	1		85	
50		102	12		195	276	4
10682	1292	9836	15495	1481	58	5319	1649
10246	990	9201	13557	1392	5	5026	1403
2							
434	302	635	1938	89	53	293	246
941	968	620	732	677	187	3505	177
358	105	44	275	383	8	2654	70
583	863	576	457	294	179	851	107
819	364	650	373	200	23732	854	74
64	5	35					
201	23	210	99	53	81	88	30
179	170	126	160	67	192	53	21
49	58	9	4	15	23134	609	
87	16	40	11	21	65	19	9
17		6	14		7	8	
222	92	224	85	44	253	77	14
8867	**5763**	**7009**	**6440**	**5224**	**2427**	**9025**	**9338**
4806	3152	3624	2783	3871	681	4384	7968
3407	2039	3238	2330	2886	328	3027	6717
1061	662	239	65	751	265	919	1247
338	451	147	388	234	88	438	4
989	809	958	665	276	579	722	212
977	809	946	665	276	579	716	212
12		12				6	
3072	1802	2427	2992	1077	1167	3919	1158
1224	1078	1150	1998	869	518	2439	929
1834	724	1241	990	208	259	1050	229
					34		
14		36	4		356	430	
44172	**22852**	**97843**	**147993**	**52615**	**22517**	**119188**	**31477**
11138	4695	38645	84643	23157	7694	64441	17988

4-05 续表 6

行业中类	从业人员期末人数（人）	杭州市	宁波市	温州市
住宅房屋建筑	455123	127417	35923	52455
体育场馆建筑	551	540	5	
其他房屋建筑业	92665	54116	16503	8979
土木工程建筑业	338378	62139	49588	51622
铁路、道路、隧道和桥梁工程建筑	226892	41570	31443	34389
水利和水运工程建筑	28111	3267	4892	3102
海洋工程建筑	512		157	14
工矿工程建筑	6551	445	1056	2626
架线和管道工程建筑	15857	3526	2409	2564
节能环保工程施工	2859	838	525	170
电力工程施工	3827	702	480	399
其他土木工程建筑	53769	11791	8626	8358
建筑安装业	91276	30453	20678	7399
电气安装	38988	17520	4783	3240
管道和设备安装	20518	5696	5281	1505
其他建筑安装业	31770	7237	10614	2654
建筑装饰、装修和其他建筑业	256868	106541	44326	27520
建筑装饰和装修业	174039	66240	33434	21096
建筑物拆除和场地准备活动	39756	21575	4264	1891
提供施工设备服务	4078	2164	363	347
其他未列明建筑业	38995	16562	6265	4186
批发和零售业	**1736138**	**411851**	**308576**	**200401**
批发业	1162960	280128	242910	114493
农、林、牧、渔产品批发	20288	5087	2435	2435
食品、饮料及烟草制品批发	77136	22561	13953	8208
纺织、服装及家庭用品批发	372570	73809	47499	24401
文化、体育用品及器材批发	62332	12205	11422	5481
医药及医疗器材批发	35262	17628	5350	3746
矿产品、建材及化工产品批发	275040	64083	77244	33887
机械设备、五金产品及电子产品批发	233938	72841	60370	31934
贸易经纪与代理	22175	1938	8318	956
其他批发业	64219	9976	16319	3445
零售业	573178	131723	65666	85908
综合零售	16326	3514	1990	2579
食品、饮料及烟草制品专门零售	46430	14830	5638	6168
纺织、服装及日用品专门零售	77981	24308	7572	14807
文化、体育用品及器材专门零售	33745	8634	3524	6488
医药及医疗器材专门零售	44618	8668	6739	8545
汽车、摩托车、零配件和燃料及其他动力销售	75326	13693	11911	11045
家用电器及电子产品专门零售	59519	17346	9199	9558
五金、家具及室内装饰材料专门零售	63081	17140	8535	9809
货摊、无店铺及其他零售业	156152	23590	10558	16909
交通运输、仓储和邮政业	**377210**	**68418**	**107132**	**39945**
铁路运输业				
铁路旅客运输				
铁路货物运输				
铁路运输辅助活动				

嘉兴市	湖州市	绍兴市	金华市	衢州市	舟山市	台州市	丽水市
9753	3689	35022	83386	22923	7109	62378	15068
							6
1385	1006	3623	1257	234	585	2063	2914
10623	9164	34081	43401	22749	8979	36928	9104
5756	5199	26183	34324	18734	3961	21793	3540
1090	1259	1651	1683	2218	3633	3738	1578
					280	61	
33	399	639	68	407	87	640	151
814	528	1035	1311	423	350	1739	1158
133	36	632	92	147	42	111	133
408	158	641	218	319	34	413	55
2389	1585	3300	5705	501	592	8433	2489
6423	3148	7407	4801	1290	1748	5851	2078
2734	1488	1836	1637	340	999	3114	1297
1439	603	2454	1012	591	415	1424	98
2250	1057	3117	2152	359	334	1313	683
15988	5845	17710	15148	5419	4096	11968	2307
8756	4622	11049	12806	3124	2605	8518	1789
3006	641	1864	571	2056	1406	2199	283
326	85	410	195	14	10	160	4
3900	497	4387	1576	225	75	1091	231
105888	**57327**	**212035**	**251058**	**29868**	**19086**	**114774**	**25274**
75204	31128	174653	140965	16911	13015	64004	9549
1970	2029	2387	1252	899	256	1028	510
5607	2619	6274	5829	2368	1799	5911	2007
25865	11308	117673	58697	1275	932	9701	1410
2046	406	3653	23357	466	82	2769	445
1521	599	1781	2026	653	191	1365	402
19266	7603	23433	12023	7339	6957	20538	2667
15226	3448	13982	14091	2850	1906	16265	1025
492	965	2596	3241	184	225	3079	181
3211	2151	2874	20449	877	667	3348	902
30684	26199	37382	110093	12957	6071	50770	15725
969	951	1463	1382	424	342	1711	1001
2133	2569	3343	3076	1652	827	4559	1635
4379	3284	5661	10311	1109	632	5065	853
1203	1104	1933	5738	624	313	2607	1577
3761	2223	3083	4090	1327	513	3816	1853
5136	3918	7306	9871	2434	952	6960	2100
3934	2037	4213	4980	1574	1050	4271	1357
3897	4286	5133	5989	1483	857	4609	1343
5272	5827	5247	64656	2330	585	17172	4006
26813	**13429**	**17726**	**29163**	**11572**	**26016**	**28832**	**8164**

4-05 续表 7

行业中类	从业人员期末人数（人）			
		杭州市	宁波市	温州市
道路运输业	213279	47238	54617	24057
城市公共交通运输	23194	5523	3304	2562
公路旅客运输	18975	3525	2200	3453
道路货物运输	151267	32159	47086	15834
道路运输辅助活动	19843	6031	2027	2208
水上运输业	36682	2104	9143	2382
水上旅客运输	3137	460	302	295
水上货物运输	25757	1034	6780	1683
水上运输辅助活动	7788	610	2061	404
航空运输业	2357	738	306	465
航空客货运输	862	310	50	302
通用航空服务	467	180	42	29
航空运输辅助活动	1028	248	214	134
管道运输业	72	56		6
海底管道运输	10			
陆地管道运输	62	56		6
多式联运和运输代理业	58368	6838	28797	4044
多式联运	383	182	53	
运输代理业	57985	6656	28744	4044
装卸搬运和仓储业	31142	5466	9518	3815
装卸搬运	14026	1516	4471	2515
通用仓储	7422	2285	2772	568
低温仓储	927	198	72	60
危险品仓储	1590	99	519	83
谷物、棉花等农产品仓储	2956	332	228	254
中药材仓储	96			96
其他仓储业	4125	1036	1456	239
邮政业	35310	5978	4751	5176
邮政基本服务	468	302	56	
快递服务	34507	5675	4692	5174
其他寄递服务	335	1	3	2
住宿和餐饮业	**241354**	**77025**	**35532**	**30094**
住宿业	94181	29943	13968	9564
旅游饭店	39370	12460	4798	3113
一般旅馆	48772	15910	8313	5966
民宿服务	4155	1284	279	434
露营地服务	60	13	31	
其他住宿业	1824	276	547	51
餐饮业	147173	47082	21564	20530
正餐服务	125169	39489	17663	18663
快餐服务	8401	2880	1195	735
饮料及冷饮服务	4389	2062	497	192
餐饮配送及外卖送餐服务	3443	909	1012	168
其他餐饮业	5771	1742	1197	772
信息传输、软件和信息技术服务业	**285146**	**171737**	**39018**	**18043**
电信、广播电视和卫星传输服务	7990	3266	993	667
电信	6000	2916	867	467

嘉兴市	湖州市	绍兴市	金华市	衢州市	舟山市	台州市	丽水市
16470	8621	10971	13615	9168	6292	16337	5893
1302	1135	1657	1593	1525	657	2555	1381
1203	269	1263	1352	1466	717	2230	1297
12666	6244	7337	8280	5513	4150	9965	2033
1299	973	714	2390	664	768	1587	1182
1382	1251	555	240	27	15630	3924	44
12		153	14	14	1404	457	26
472	1046	394	204		10935	3196	13
898	205	8	22	13	3291	271	5
31	36	49	334	112	47	233	6
2		12	183		2	1	
28	22	22	137			1	6
1	14	15	14	112	45	231	
					10		
					10		
2030	877	3256	7711	307	1419	2924	165
1	18		6			123	
2029	859	3256	7705	307	1419	2801	165
3251	972	1075	1971	816	1946	1801	511
1782	228	781	730	498	596	782	127
630	345	20	468	12	89	215	18
16	111	38	80	11	173	153	15
73	6	2	35	16	743	14	
228	125	147	338	253	209	534	308
522	157	87	320	26	136	103	43
3649	1672	1820	5292	1142	672	3613	1545
1		46	57	5			1
3339	1672	1774	5216	1136	672	3613	1544
309			19	1			
15456	**13312**	**14585**	**16513**	**4714**	**7928**	**18131**	**8064**
6487	6694	4783	6413	1984	4622	5701	4022
2260	3151	2058	2712	1433	2913	2324	2148
4015	2145	2564	3320	431	1575	3109	1424
183	874	119	224	93	108	263	294
	11		5				
29	513	42	152	27	26	5	156
8969	6618	9802	10100	2730	3306	12430	4042
6811	6030	8872	8172	2509	2987	10769	3204
540	214	434	937	28	117	825	496
573	192	192	186	44	136	205	110
632	89	127	206	112	18	74	96
413	93	177	599	37	48	557	136
10444	**5508**	**9998**	**15492**	**2860**	**2556**	**6113**	**3377**
395	406	202	480	197	426	298	660
326	196	191	340	109	201	248	139

4-05 续表 8

行业中类	从业人员期末人数（人）	杭州市	宁波市	温州市
广播电视传输服务	1797	336	124	175
卫星传输服务	193	14	2	25
互联网和相关服务	34716	20835	3462	2904
互联网接入及相关服务	1864	944	221	154
互联网信息服务	16000	8160	1593	2046
互联网平台	8449	6744	595	106
互联网安全服务	424	234	51	1
互联网数据服务	1859	1378	177	36
其他互联网服务	6120	3375	825	561
软件和信息技术服务业	242440	147636	34563	14472
软件开发	177061	113570	24242	9881
集成电路设计	1689	1036	272	61
信息系统集成和物联网技术服务	12530	6579	1437	1243
运行维护服务	2319	1240	301	122
信息处理和存储支持服务	3209	1831	299	77
信息技术咨询服务	31046	14864	5508	2383
数字内容服务	3725	2125	580	295
其他信息技术服务业	10861	6391	1924	410
金融业	**26134**	**12578**	**2874**	**2032**
货币金融服务	8647	3362	901	910
中央银行服务				
货币银行服务	5	2		
非货币银行服务	8642	3360	901	910
银行理财服务				
银行监管服务				
资本市场服务	5366	2283	1308	253
证券市场服务				
公开募集证券投资基金				
非公开募集证券投资基金				
期货市场服务				
证券期货监管服务				
资本投资服务	2874	1438	197	171
其他资本市场服务	2492	845	1111	82
保险业	445	336	7	33
人身保险				
财产保险				
再保险				
商业养老金				
保险中介服务				
保险资产管理				
保险监管服务				
其他保险活动	445	336	7	33
其他金融业	11676	6597	658	836
金融信托与管理服务	308	117	51	29
控股公司服务	3727	2104	68	6
非金融机构支付服务				
金融信息服务	2204	1416	62	341
金融资产管理公司	176	18	44	68
其他未列明金融业	5261	2942	433	392

嘉兴市	湖州市	绍兴市	金华市	衢州市	舟山市	台州市	丽水市
47	210	11	140	88	95	50	521
22					130		
1125	564	1169	2613	593	238	784	429
150	35	56	109	62	12	51	70
589	296	724	1466	299	98	456	273
181	99	24	487	42	59	82	30
23	6		39	19	36	8	7
61		113	11	5	30	30	18
121	128	252	501	166	3	157	31
8924	4538	8627	12399	2070	1892	5031	2288
5717	2727	5928	8144	1115	1194	3038	1505
211	3	42	25		16	23	
590	188	625	679	231	242	609	107
234	62	36	143	40	59	47	35
271	557	28	66	5	18	36	21
1365	800	1207	2495	484	313	1052	575
172	46	274	103	53	16	54	7
364	155	487	744	142	34	172	38
1211	**862**	**2134**	**1364**	**431**	**391**	**1756**	**501**
634	491	498	449	153	203	812	234
			3				
634	491	498	446	153	203	812	234
239	181	268	282	172	96	204	80
53	141	149	258	161	35	195	76
186	40	119	24	11	61	9	4
7	6	22	29			1	4
7	6	22	29			1	4
331	184	1346	604	106	92	739	183
14	11	12	72		1	1	
5	41	1205	269	4		6	19
107	37	44	77		1	104	15
			46				
205	95	85	140	102	90	628	149

4-05 续表 9

行业中类	从业人员期末人数（人）	杭州市	宁波市	温州市
房地产业	**320349**	**102332**	**52056**	**36178**
房地产业	320349	102332	52056	36178
房地产开发经营	87702	20970	12028	12415
物业管理	161113	55356	30120	14091
房地产中介服务	67643	24974	9409	8902
房地产租赁经营				
其他房地产业	3891	1032	499	770
租赁和商务服务业	**1035906**	**276758**	**280714**	**87760**
租赁业	44527	13875	10386	4187
机械设备经营租赁	42136	13087	9766	3999
文体设备和用品出租	1851	468	616	179
日用品出租	540	320	4	9
商务服务业	991379	262883	270328	83573
组织管理服务	151896	46565	46691	14101
综合管理服务	44100	10208	7806	2996
法律服务	5254	1981	1235	476
咨询与调查	156954	63673	29323	17218
广告业	84634	28919	16732	9129
人力资源服务	313684	44764	127739	15808
安全保护服务	149555	35418	25696	15788
会议、展览及相关服务	11760	6043	2113	692
其他商务服务业	73542	25312	12993	7365
科学研究和技术服务业	**333984**	**135563**	**61168**	**29712**
研究和试验发展	47332	16226	11544	2660
自然科学研究和试验发展	1304	323	575	146
工程和技术研究和试验发展	36464	10599	9631	2103
农业科学研究和试验发展	1797	481	482	158
医学研究和试验发展	7651	4784	828	239
社会人文科学研究	116	39	28	14
专业技术服务业	205499	82494	37648	19546
气象服务	163	38	31	45
地震服务	1	1		
海洋服务	388	95	138	20
测绘地理信息服务	7662	2073	1058	1099
质检技术服务	32911	9987	7181	3142
环境与生态监测检测服务	5232	1803	837	415
地质勘查	1111	564	47	119
工程技术与设计服务	107201	43196	18625	10580
工业与专业设计及其他专业技术服务	50830	24737	9731	4126
科技推广和应用服务业	81153	36843	11976	7506
技术推广服务	62217	29248	8427	5266
知识产权服务	8344	2886	1578	1262
科技中介服务	2452	536	553	357
创业空间服务	920	483	227	127
其他科技推广服务业	7220	3690	1191	494

嘉兴市	湖州市	绍兴市	金华市	衢州市	舟山市	台州市	丽水市
34988	**14508**	**23740**	**18468**	**6306**	**5947**	**19273**	**6553**
34988	14508	23740	18468	6306	5947	19273	6553
7613	6267	8763	5370	2132	2139	7465	2540
19563	5123	10883	7233	2797	3329	9476	3142
7602	2724	3670	5679	1366	347	2327	643
210	394	424	186	11	132	5	228
113238	**29151**	**47842**	**75213**	**22698**	**22694**	**65830**	**14008**
1969	853	3645	3670	570	1216	3580	576
1870	836	3568	3385	562	1136	3374	553
67	17	65	133	8	80	198	20
32		12	152			8	3
111269	28298	44197	71543	22128	21478	62250	13432
9856	5444	6938	7721	2723	4300	5388	2169
2709	1810	3090	8731	1113	1056	3812	769
290	153	417	184	77	8	278	155
8754	4109	8782	11156	2463	1939	7958	1579
4680	2892	5437	6162	1450	1416	5953	1864
63775	5040	5540	16596	8545	3648	21010	1219
16818	4909	9915	13964	4389	5690	13196	3772
376	446	480	977	94	48	467	24
4011	3495	3598	6052	1274	3373	4188	1881
23920	**10555**	**22666**	**19082**	**6376**	**5030**	**15070**	**4842**
5438	2079	4612	1992	624	754	1201	202
18	17	81	116			25	3
4705	1619	4071	1533	466	549	1078	110
113	64	187	102	77	77	5	51
602	364	261	235	81	128	93	36
	15	12	6				2
13743	5571	13017	11904	3442	3532	10556	4046
11		2	18	2		10	6
6					109	20	
565	602	503	503	317	170	492	280
3137	932	2447	1942	646	756	2115	626
620	364	174	347	108	43	435	86
35	60	69	72	24	9	24	88
6502	2564	7375	6143	2009	1860	5658	2689
2867	1049	2447	2879	336	585	1802	271
4739	2905	5037	5186	2310	744	3313	594
3431	2521	4030	3690	2056	584	2520	444
804	123	358	626	69	54	542	42
263	76	167	275	71	45	93	16
14	11	20	7	4		11	16
227	174	462	588	110	61	147	76

4-05 续表 10

行业中类	从业人员期末人数（人）	杭州市	宁波市	温州市
水利、环境和公共设施管理业	**59834**	**13321**	**8865**	**5689**
水利管理业	3504	640	708	198
防洪除涝设施管理	699	177	76	7
水资源管理	1213	173	345	31
天然水收集与分配	727	115	171	136
水文服务	46	17	9	6
其他水利管理业	819	158	107	18
生态保护和环境治理业	9787	2478	1519	1023
生态保护	632	135	15	58
环境治理业	9155	2343	1504	965
公共设施管理业	43238	9179	6483	4314
市政设施管理	6340	1694	622	318
环境卫生管理	11651	2034	1858	1838
城乡市容管理	503	97	87	32
绿化管理	13618	3910	1912	976
城市公园管理	565	69	116	146
游览景区管理	10561	1375	1888	1004
土地管理业	3305	1024	155	154
土地整治服务	2313	692	54	42
土地调查评估服务	506	200	76	100
土地登记服务	5			
土地登记代理服务	196	130	2	8
其他土地管理服务	285	2	23	4
居民服务、修理和其他服务业	**154139**	**42926**	**26553**	**17745**
居民服务业	65125	19510	10436	8261
家庭服务	14549	4678	2930	901
托儿所服务	949	246	67	356
洗染服务	4496	1210	699	504
理发及美容服务	11595	4796	1309	1442
洗浴和保健养生服务	16572	3381	2433	2682
摄影扩印服务	5894	2146	803	761
婚姻服务	4008	1322	633	520
殡葬服务	2766	537	679	469
其他居民服务业	4296	1194	883	626
机动车、电子产品和日用产品修理业	58374	15604	9385	7293
汽车、摩托车等修理与维护	49580	12096	7740	6572
计算机和办公设备维修	3385	1251	663	308
家用电器修理	4773	1947	896	374
其他日用产品修理业	636	310	86	39
其他服务业	30640	7812	6732	2191
清洁服务	25403	5338	5828	2115
宠物服务	1234	549	272	56
其他未列明服务业	4003	1925	632	20
教育				
教育				
学前教育				
初等教育				

嘉兴市	湖州市	绍兴市	金华市	衢州市	舟山市	台州市	丽水市
4810	**3800**	**5536**	**4920**	**1802**	**1823**	**6301**	**2967**
421	132	409	363	169	33	200	231
80		123	5	49		75	107
91	57	246	98	66	3	55	48
53		13	158	11	29	15	26
		10	4				
197	75	17	98	43	1	55	50
745	390	991	837	107	223	1102	372
12	53	26	107	18	19	117	72
733	337	965	730	89	204	985	300
3583	3223	4016	3598	1445	1466	4223	1708
641	981	670	501	95	287	276	255
1035	526	968	579	511	329	1568	405
32	27	40	102	20	21	1	44
1274	573	1479	1454	234	565	791	450
6	74	54	73	2		22	3
595	1042	805	889	583	264	1565	551
61	55	120	122	81	101	776	656
1	14	76	4	23	87	690	630
58	12	19	21	6		14	
	2					3	
1			7	6		42	
1	27	25	90	46	14	27	26
12153	**6334**	**10512**	**13104**	**3285**	**3241**	**15134**	**3152**
4501	2999	3886	5880	895	972	6275	1510
1260	513	761	1389	193	272	1059	593
143	7	33	10		18	69	
412	284	248	448	122	215	283	71
279	352	671	961	82	120	1489	94
1373	1265	1243	1465	254	115	1943	418
449	264	113	661	64	29	398	206
220	77	179	585	57	26	354	35
94	115	305	127	49	134	185	72
271	122	333	234	74	43	495	21
4733	2412	4319	4330	1659	1342	6332	965
4069	2170	3865	3841	1470	1109	5786	862
275	83	239	160	59	115	176	56
333	152	197	306	104	106	328	30
56	7	18	23	26	12	42	17
2919	923	2307	2894	731	927	2527	677
2654	786	1988	2368	669	890	2172	595
81	34	51	161	26	2	2	
184	103	268	365	36	35	353	82

4-05 续表 11

行业中类	从业人员期末人数（人）	杭州市	宁波市	温州市
中等教育				
高等教育				
特殊教育				
技能培训、教育辅助及其他教育				
卫生和社会工作	**14613**	**5082**	**1558**	**1998**
卫生	9925	3643	1082	1439
医院	5906	1166	735	1005
基层医疗卫生服务	3359	2330	248	226
专业公共卫生服务	88			40
其他卫生活动	572	147	99	168
社会工作	4688	1439	476	559
提供住宿社会工作	4447	1347	476	537
不提供住宿社会工作	241	92		22
文化、体育和娱乐业	**139158**	**37665**	**23474**	**19837**
新闻和出版业	2593	1728	168	98
新闻业	185	70	2	
出版业	2408	1658	166	98
广播、电视、电影和录音制作业	30258	8484	3804	2557
广播	593	172	194	69
电视	529	243	84	90
影视节目制作	16967	4796	1913	942
广播电视集成播控	165	121		
电影和广播电视节目发行	703	275	71	49
电影放映	11069	2762	1519	1378
录音制作	232	115	23	29
文化艺术业	23729	5412	6022	3443
文艺创作与表演	12404	1953	3618	2136
艺术表演场馆	781	33	282	178
图书馆与档案馆	1832	610	170	190
文物及非物质文化遗产保护	235	72	8	38
博物馆	168	21	2	20
烈士陵园、纪念馆	23		8	8
群众文体活动	1812	383	614	205
其他文化艺术业	6474	2340	1320	668
体育	15744	4890	2547	1898
体育组织	2169	586	375	246
体育场地设施管理	1387	308	426	145
健身休闲活动	11927	3862	1700	1492
其他体育	261	134	46	15
娱乐业	66834	17151	10933	11841
室内娱乐活动	37129	6430	5639	6777
游乐园	1884	149	191	440
休闲观光活动	3419	875	149	843
彩票活动	61	7		41
文化体育娱乐活动与经纪代理服务	23809	9633	4817	3585
其他娱乐业	532	57	137	155

嘉兴市	湖州市	绍兴市	金华市	衢州市	舟山市	台州市	丽水市
1207	**684**	**739**	**573**	**1049**	**220**	**1012**	**491**
656	466	420	194	926	208	589	302
334	431	393	55	792	104	589	302
289		27	49	86	104		
				48			
33	35		90				
551	218	319	379	123	12	423	189
464	217	316	354	121	12	423	180
87	1	3	25	2			9
8871	**6059**	**7477**	**16169**	**2520**	**1955**	**10434**	**4697**
103	57	198	148	34	3	19	37
35	11		40	8		19	
68	46	198	108	26	3		37
2010	2095	1346	7127	462	375	1571	427
42		82	21			13	
19	1	22	63		5	2	
1014	1483	251	5889	123	46	417	93
			42			2	
28	5	11	231		2	30	1
895	603	980	840	339	316	1104	333
12	3		41		6	3	
752	725	1222	1872	333	266	1941	1741
233	334	382	904	101	54	1402	1287
58		57			64	49	60
106	59	156	154	23	44	165	155
17	7	43	34	1	5	5	5
35	3		18		36	33	
			5			2	
40	40	145	126	52	18	49	140
263	282	439	631	156	45	236	94
1316	762	1194	1177	297	164	1030	469
77	190	177	249	49	35	151	34
110	11	96	102	15	18	125	31
1110	561	914	806	218	108	752	404
19		7	20	15	3	2	
4690	2420	3517	5845	1394	1147	5873	2023
2895	1571	1787	3698	914	711	5242	1465
323	190	84	197	3	99	34	174
244	199	351	129	220	141	209	59
			13				
1228	410	1290	1775	257	113	383	318
	50	5	33		83	5	7

4-06 按行业(中类)、运营状态分组的

行业中类	法人单位数(个)	正常运营	停业(歇业)
总　计	**1333713**	**1077085**	**140886**
农、林、牧、渔业	**916**	**658**	**119**
农业	35	33	2
谷物种植	1	1	
豆类、油料和薯类种植			
棉、麻、糖、烟草种植			
蔬菜、食用菌及园艺作物种植	18	17	1
水果种植	5	4	1
坚果、含油果、香料和饮料作物种植	3	3	
中药材种植	7	7	
草种植及割草			
其他农业	1	1	
林业	4	4	
林木育种和育苗	2	2	
造林和更新			
森林经营、管护和改培	2	2	
木材和竹材采运			
林产品采集			
畜牧业	14	14	
牲畜饲养	9	9	
家禽饲养	4	4	
狩猎和捕捉动物			
其他畜牧业	1	1	
渔业	18	18	
水产养殖	17	17	
水产捕捞	1	1	
农、林、牧、渔专业及辅助性活动	845	589	117
农业专业及辅助性活动	577	377	85
林业专业及辅助性活动	154	124	17
畜牧专业及辅助性活动	38	28	8
渔业专业及辅助性活动	76	60	7
采矿业	**837**	**585**	**146**
煤炭开采和洗选业	7	3	2
烟煤和无烟煤开采洗选	5	2	1
褐煤开采洗选	1		1
其他煤炭采选	1	1	
石油和天然气开采业	1	1	
石油开采	1	1	
天然气开采			
黑色金属矿采选业	17	13	3
铁矿采选	17	13	3
锰矿、铬矿采选			
其他黑色金属矿采选			
有色金属矿采选业	46	29	13
常用有色金属矿采选	31	19	11
贵金属矿采选	3	2	1
稀有稀土金属矿采选	12	8	1

小微企业法人单位数

筹建	当年关闭	当年破产	当年注销	当年吊销	其　他
73462	**17744**	**696**	**22503**	**1198**	**139**
108	**15**		**15**	**1**	
108	15		15	1	
92	9		13	1	
11	1		1		
2					
3	5		1		
40	**42**		**19**	**5**	
1	1				
1	1				
	1				
	1				
	3			1	
	1				
	2			1	

4-06 续表 1

行业中类	法人单位数（个）		
		正常运营	停业(歇业)
非金属矿采选业	746	530	123
土砂石开采	693	489	119
化学矿开采	3	3	
采盐	5	3	1
石棉及其他非金属矿采选	45	35	3
开采专业及辅助性活动	10	4	4
煤炭开采和洗选专业及辅助性活动	1		1
石油和天然气开采专业及辅助性活动	3	2	1
其他开采专业及辅助性活动	6	2	2
其他采矿业	10	5	1
其他采矿业	10	5	1
制造业	**419429**	**359117**	**36391**
农副食品加工业	4464	3715	478
谷物磨制	207	176	21
饲料加工	386	313	48
植物油加工	163	127	21
制糖业	39	37	1
屠宰及肉类加工	706	603	57
水产品加工	1332	1083	172
蔬菜、菌类、水果和坚果加工	941	827	73
其他农副食品加工	690	549	85
食品制造业	2916	2391	301
焙烤食品制造	893	729	93
糖果、巧克力及蜜饯制造	179	157	9
方便食品制造	472	410	34
乳制品制造	30	22	4
罐头食品制造	180	142	30
调味品、发酵制品制造	208	174	19
其他食品制造	954	757	112
酒、饮料和精制茶制造业	2176	1804	228
酒的制造	525	417	70
饮料制造	583	473	62
精制茶加工	1068	914	96
烟草制品业			
烟叶复烤			
卷烟制造			
其他烟草制品制造			
纺织业	32233	27058	3167
棉纺织及印染精加工	8876	7335	965
毛纺织及染整精加工	1059	916	103
麻纺织及染整精加工	66	51	12
丝绢纺织及印染精加工	1054	883	118
化纤织造及印染精加工	4454	3763	392
针织或钩针编织物及其制品制造	8156	6782	843
家用纺织制成品制造	4715	3931	477
产业用纺织制成品制造	3853	3397	257
纺织服装、服饰业	30382	25230	3372
机织服装制造	13522	11063	1692

筹建	当年关闭	当年破产	当年注销	当年吊销	其　他
34	37		18	4	
29	36		18	2	
1					
4	1			2	
2					
2					
3			1		
3			1		
11342	**6851**	**428**	**4890**	**397**	**13**
152	60	6	47	6	
5		1	4		
11	6		7	1	
9	1		4	1	
				1	
27	7		11	1	
45	19	5	8		
23	14		4		
32	13		9	2	
127	45	3	44	5	
30	22		19		
6	1	1	5		
15	6	2	4	1	
3				1	
2	3		1	2	
11	2		2		
60	11		13	1	
81	40	2	18	3	
28	8	1	1		
26	16	1	4	1	
27	16		13	2	
887	645	28	405	43	
210	197	7	146	16	
19	8		12	1	
	2		1		
12	30	2	7	2	
98	162	2	32	5	
278	120	9	109	15	
162	71	5	66	3	
108	55	3	32	1	
764	454	28	463	69	2
306	219	11	193	37	1

4-06 续表 2

行业中类	法人单位数(个)	正常运营	停业(歇业)
针织或钩针编织服装制造	7121	6054	663
服饰制造	9739	8113	1017
皮革、毛皮、羽毛及其制品和制鞋业	19569	15885	2184
皮革鞣制加工	545	402	96
皮革制品制造	5164	4454	425
毛皮鞣制及制品加工	1226	1016	147
羽毛(绒)加工及制品制造	343	260	74
制鞋业	12291	9753	1442
木材加工和木、竹、藤、棕、草制品业	6794	5757	626
木材加工	1136	960	113
人造板制造	578	484	52
木质制品制造	3601	3086	292
竹、藤、棕、草等制品制造	1479	1227	169
家具制造业	7057	6026	636
木质家具制造	4502	3785	435
竹、藤家具制造	183	158	13
金属家具制造	1113	1001	80
塑料家具制造	159	147	8
其他家具制造	1100	935	100
造纸和纸制品业	12789	11164	938
纸浆制造	15	10	2
造纸	1715	1443	181
纸制品制造	11059	9711	755
印刷和记录媒介复制业	10993	9953	616
印刷	10258	9279	585
装订及印刷相关服务	725	665	30
记录媒介复制	10	9	1
文教、工美、体育和娱乐用品制造业	21951	18808	1911
文教办公用品制造	3627	3157	269
乐器制造	250	201	34
工艺美术及礼仪用品制造	12086	10294	1126
体育用品制造	2295	2003	178
玩具制造	2791	2434	200
游艺器材及娱乐用品制造	902	719	104
石油、煤炭及其他燃料加工业	436	364	39
精炼石油产品制造	231	192	19
煤炭加工	47	36	8
核燃料加工	1		
生物质燃料加工	157	136	12
化学原料和化学制品制造业	8444	7189	766
基础化学原料制造	961	782	103
肥料制造	240	182	32
农药制造	78	66	10
涂料、油墨、颜料及类似产品制造	2096	1835	169
合成材料制造	1217	1057	87
专用化学产品制造	2529	2152	248
炸药、火工及焰火产品制造	15	14	
日用化学产品制造	1308	1101	117

筹建	当年关闭	当年破产	当年注销	当年吊销	其　他
164	105	8	113	14	
294	130	9	157	18	1
363	566	42	489	39	1
11	14	2	17	3	
129	94	5	51	6	
24	24		15		
4	3		2		
195	431	35	404	30	1
139	167	10	91	4	
23	28	1	11		
3	29	1	9		
72	86	7	57	1	
41	24	1	14	3	
204	101	7	79	4	
143	82	6	50	1	
3	5		2	2	
14	5	1	11	1	
1	2		1		
43	7		15		
398	172	3	107	7	
1	1		1		
32	34		24	1	
365	137	3	82	6	
203	122	11	85	3	
194	111	11	76	2	
9	11		9	1	
734	246	17	220	15	
124	39	1	35	2	
10	4	1			
361	156	10	127	12	
70	16	4	24		
110	24	1	21	1	
59	7		13		
15	9		8	1	
9	4		6	1	
1	2				
1					
4	3		2		
275	119	11	77	6	1
42	19	2	12	1	
18	7		1		
1	1				
38	33	2	17	2	
51	10	4	8		
54	39	2	30	3	1
1					
70	10	1	9		

4-06 续表 3

行业中类	法人单位数（个）		
		正常运营	停业(歇业)
医药制造业	1147	950	96
化学药品原料药制造	183	140	22
化学药品制剂制造	95	73	10
中药饮片加工	106	93	5
中成药生产	83	62	7
兽用药品制造	63	48	5
生物药品制品制造	212	165	31
卫生材料及医药用品制造	314	281	14
药用辅料及包装材料	91	88	2
化学纤维制造业	1749	1477	185
纤维素纤维原料及纤维制造	61	49	7
合成纤维制造	1633	1384	171
生物基材料制造	55	44	7
橡胶和塑料制品业	33802	29592	2611
橡胶制品业	3958	3444	320
塑料制品业	29844	26148	2291
非金属矿物制品业	12958	10746	1418
水泥、石灰和石膏制造	505	399	80
石膏、水泥制品及类似制品制造	2834	2368	276
砖瓦、石材等建筑材料制造	4110	3274	523
玻璃制造	437	370	40
玻璃制品制造	1997	1794	138
玻璃纤维和玻璃纤维增强塑料制品制造	462	400	45
陶瓷制品制造	1054	761	214
耐火材料制品制造	617	556	35
石墨及其他非金属矿物制品制造	942	824	67
黑色金属冶炼和压延加工业	2383	2013	267
炼铁	10	7	1
炼钢	12	6	3
钢压延加工	2299	1947	255
铁合金冶炼	62	53	8
有色金属冶炼和压延加工业	3083	2700	236
常用有色金属冶炼	130	96	21
贵金属冶炼	9	9	
稀有稀土金属冶炼	16	12	2
有色金属合金制造	700	627	42
有色金属压延加工	2228	1956	171
金属制品业	39860	34692	3316
结构性金属制品制造	8451	7234	808
金属工具制造	4533	4051	289
集装箱及金属包装容器制造	681	588	62
金属丝绳及其制品制造	993	877	96
建筑、安全用金属制品制造	11772	10232	1039
金属表面处理及热处理加工	2567	2193	225
搪瓷制品制造	423	352	46
金属制日用品制造	3812	3430	234
铸造及其他金属制品制造	6628	5735	517

筹建	当年关闭	当年破产	当年注销	当年吊销	其　他
75	21		5		
11	9		1		
12					
7	1				
10	4				
5	2		3		
14	1		1		
15	4				
1					
40	22	5	18	2	
1	1		2	1	
36	20	5	16	1	
3	1				
809	416	29	327	18	
94	47	6	45	2	
715	369	23	282	16	
351	288	22	121	10	2
7	14	2	3		
93	65	6	20	4	2
142	117	4	46	4	
14	8	1	4		
24	16	7	18		
7	7	1	1	1	
29	33		17		
8	11		7		
27	17	1	5	1	
28	40	5	28	2	
	2				
1			2		
27	37	5	26	2	
	1				
55	61	3	24	4	
4	5	2	1	1	
2					
14	12		4	1	
35	44	1	19	2	
906	486	24	404	31	1
203	106	5	89	5	1
86	64	5	36	2	
16	11		4		
6	6		6	2	
227	124	7	136	7	
81	38	1	24	5	
9	10	1	5		
69	36	2	37	4	
209	91	3	67	6	

4-06 续表 4

行业中类	法人单位数（个）		
		正常运营	停业(歇业)
通用设备制造业	52928	46228	3992
锅炉及原动设备制造	585	500	55
金属加工机械制造	5254	4627	352
物料搬运设备制造	1855	1625	125
泵、阀门、压缩机及类似机械制造	12069	10582	856
轴承、齿轮和传动部件制造	5191	4531	418
烘炉、风机、包装等设备制造	5869	5232	385
文化、办公用机械制造	442	388	29
通用零部件制造	19430	16919	1567
其他通用设备制造业	2233	1824	205
专用设备制造业	26227	23168	1780
采矿、冶金、建筑专用设备制造	1010	874	79
化工、木材、非金属加工专用设备制造	10742	9846	544
食品、饮料、烟草及饲料生产专用设备制造	782	678	61
印刷、制药、日化及日用品生产专用设备制造	1087	907	118
纺织、服装和皮革加工专用设备制造	3369	2957	254
电子和电工机械专用设备制造	744	646	53
农、林、牧、渔专用机械制造	966	843	64
医疗仪器设备及器械制造	3302	2871	238
环保、邮政、社会公共服务及其他专用设备制造	4225	3546	369
汽车制造业	16855	14663	1222
汽车整车制造	67	52	6
汽车用发动机制造	34	30	2
改装汽车制造	25	20	4
低速汽车制造	1	1	
电车制造	11	10	1
汽车车身、挂车制造	138	128	6
汽车零部件及配件制造	16579	14422	1203
铁路、船舶、航空航天和其他运输设备制造业	4276	3535	475
铁路运输设备制造	154	130	17
城市轨道交通设备制造	25	21	1
船舶及相关装置制造	872	701	105
航空、航天器及设备制造	55	38	3
摩托车制造	1321	1160	95
自行车和残疾人座车制造	621	459	130
助动车制造	702	566	81
非公路休闲车及零配件制造	426	378	33
潜水救捞及其他未列明运输设备制造	100	82	10
电气机械和器材制造业	37694	31803	3271
电机制造	3364	2932	212
输配电及控制设备制造	16222	13925	1077
电线、电缆、光缆及电工器材制造	3122	2682	288
电池制造	431	335	55
家用电力器具制造	6935	5518	941
非电力家用器具制造	836	680	103
照明器具制造	5552	4752	509
其他电气机械及器材制造	1232	979	86

筹建	当年关闭	当年破产	当年注销	当年吊销	其　他
1231	782	56	594	44	1
13	9	1	6	1	
113	79	10	68	5	
56	25	1	23		
304	204	12	101	10	
92	84	15	45	5	1
119	70	5	57	1	
10	6	1	7	1	
385	284	9	249	17	
139	21	2	38	4	
674	319	14	249	22	1
28	14	1	10	3	1
157	85	9	95	6	
18	13	1	10	1	
30	18		11	3	
62	53	1	39	3	
31	9		5		
29	18		12		
112	51	1	26	3	
207	58	1	41	3	
509	230	15	197	18	1
7	2				
2					
1					
2	2				
497	226	15	197	18	1
111	77	12	62	4	
5	1			1	
3					
28	18	8	11	1	
9	4		1		
20	25		20	1	
18	6		8		
18	15	2	19	1	
9	2	1	3		
1	6	1			
1125	989	54	430	20	2
86	99	5	27	3	
475	556	22	158	8	1
59	56	4	31	2	
28	8		4		1
255	103	9	107	2	
21	22	1	9		
97	108	10	72	4	
104	37	3	22	1	

4-06 续表 5

行业中类	法人单位数（个）	正常运营	停业(歇业)
计算机、通信和其他电子设备制造业	10798	9090	1010
计算机制造	425	333	54
通信设备制造	963	762	133
广播电视设备制造	201	181	13
雷达及配套设备制造	11	10	
非专业视听设备制造	523	462	42
智能消费设备制造	434	338	37
电子器件制造	1413	1198	120
电子元件及电子专用材料制造	6088	5216	537
其他电子设备制造	740	590	74
仪器仪表制造业	5642	4908	423
通用仪器仪表制造	4175	3634	300
专用仪器仪表制造	638	552	59
钟表与计时仪器制造	146	111	26
光学仪器制造	246	212	19
衡器制造	194	188	3
其他仪器仪表制造业	243	211	16
其他制造业	7010	5918	500
日用杂品制造	5045	4565	278
核辐射加工	4	3	1
其他未列明制造业	1961	1350	221
废弃资源综合利用业	705	557	83
金属废料和碎屑加工处理	285	225	30
非金属废料和碎屑加工处理	420	332	53
金属制品、机械和设备修理业	2108	1733	244
金属制品修理	46	38	8
通用设备修理	282	249	22
专用设备修理	264	219	33
铁路、船舶、航空航天等运输设备修理	910	718	130
电气设备修理	149	119	15
仪器仪表修理	21	19	1
其他机械和设备修理业	436	371	35
电力、热力、燃气及水生产和供应业	**5142**	**4459**	**323**
电力、热力生产和供应业	3642	3152	217
电力生产	3354	2934	184
电力供应	151	106	21
热力生产和供应	137	112	12
燃气生产和供应业	273	233	15
燃气生产和供应业	263	225	15
生物质燃气生产和供应业	10	8	
水的生产和供应业	1227	1074	91
自来水生产和供应	530	480	36
污水处理及其再生利用	580	485	52
海水淡化处理	3	2	
其他水的处理、利用与分配	114	107	3
建筑业	**48943**	**39331**	**5064**
房屋建筑业	6425	5115	607

筹建	当年关闭	当年破产	当年注销	当年吊销	其　他
415	138	12	121	12	
29	4	1	4		
43	14		10	1	
2	3	1		1	
	1				
7	5	1	6		
48	5		6		
65	12	3	15		
166	87	6	69	7	
55	7		11	3	
158	96	4	52	1	
120	79	4	37	1	
13	9		5		
2	5		2		
9	1		5		
2			1		
12	2		2		
410	89	4	87	2	
103	60	2	36	1	
307	29	2	51	1	
30	25		8	2	
16	9		4	1	
14	16		4	1	
73	26	1	30		1
8	2		1		
9	1		2		
27	15	1	19		
8	2		5		
1					
20	6		3		1
251	**54**		**51**	**3**	**1**
194	44		32	2	1
168	40		25	2	1
15	2		7		
11	2				
20			5		
18			5		
2					
37	10		14	1	
7	1		5	1	
27	7		9		
1					
2	2				
3236	**474**	**13**	**776**	**44**	**5**
541	59	3	91	8	1

4-06 续表 6

行业中类	法人单位数（个）	正常运营	停业(歇业)
住宅房屋建筑	5520	4384	535
体育场馆建筑	11	7	1
其他房屋建筑业	894	724	71
土木工程建筑业	11067	9052	1015
铁路、道路、隧道和桥梁工程建筑	4714	3892	457
水利和水运工程建筑	671	549	66
海洋工程建筑	50	36	4
工矿工程建筑	162	134	12
架线和管道工程建筑	815	710	56
节能环保工程施工	364	304	29
电力工程施工	345	275	29
其他土木工程建筑	3946	3152	362
建筑安装业	6655	5701	537
电气安装	2360	2031	184
管道和设备安装	1930	1659	163
其他建筑安装业	2365	2011	190
建筑装饰、装修和其他建筑业	24796	19463	2905
建筑装饰和装修业	18967	15465	1854
建筑物拆除和场地准备活动	3776	2499	879
提供施工设备服务	203	168	16
其他未列明建筑业	1850	1331	156
批发和零售业	**451021**	**358394**	**50397**
批发业	284286	228882	30612
农、林、牧、渔产品批发	4740	3715	635
食品、饮料及烟草制品批发	17928	14065	2318
纺织、服装及家庭用品批发	90597	71442	10717
文化、体育用品及器材批发	15608	13118	1283
医药及医疗器材批发	6544	5515	563
矿产品、建材及化工产品批发	65711	54068	6733
机械设备、五金产品及电子产品批发	55976	47251	5282
贸易经纪与代理	6842	4395	1049
其他批发业	20340	15313	2032
零售业	166735	129512	19785
综合零售	3448	2355	508
食品、饮料及烟草制品专门零售	14970	11256	1976
纺织、服装及日用品专门零售	26133	18169	4442
文化、体育用品及器材专门零售	9002	7123	1021
医药及医疗器材专门零售	12440	11421	448
汽车、摩托车、零配件和燃料及其他动力销售	14160	11153	1746
家用电器及电子产品专门零售	14219	11531	1599
五金、家具及室内装饰材料专门零售	20213	16640	2096
货摊、无店铺及其他零售业	52150	39864	5949
交通运输、仓储和邮政业	**31548**	**26901**	**2493**
铁路运输业			
铁路旅客运输			
铁路货物运输			
铁路运输辅助活动			

筹建	当年关闭	当年破产	当年注销	当年吊销	其　他
464	48	3	79	6	1
1	1		1		
76	10		11	2	
748	95	7	140	9	1
278	32	4	49	1	1
42	1		12	1	
9	1				
10	2		4		
31	9		7	2	
23	2		5	1	
24	7		10		
331	41	3	53	4	
270	63		77	7	
85	26		31	3	
69	16		21	2	
116	21		25	2	
1677	257	3	468	20	3
1169	201	3	257	16	2
168	35		190	4	1
14			5		
326	21		16		
27180	**5847**	**126**	**8656**	**411**	**10**
16195	3358	86	4863	285	5
205	69	1	111	4	
873	238	6	416	12	
5446	1262	19	1620	89	2
828	111	5	253	9	1
304	44	2	110	6	
2911	766	27	1112	93	1
1946	591	16	834	55	1
1125	104	2	159	8	
2557	173	8	248	9	
10985	2489	40	3793	126	5
336	83	3	160	3	
708	264	5	747	13	1
2116	521	3	857	25	
526	140	1	185	6	
247	116	6	196	5	1
684	272	3	285	16	1
634	172	2	272	7	2
845	276	5	338	13	
4889	645	12	753	38	
1437	**268**	**6**	**413**	**29**	**1**

4-06 续表 7

行业中类	法人单位数(个)		
		正常运营	停业(歇业)
道路运输业	19204	16194	1585
城市公共交通运输	531	482	31
公路旅客运输	449	411	20
道路货物运输	17178	14405	1443
道路运输辅助活动	1046	896	91
水上运输业	1278	1095	92
水上旅客运输	84	70	7
水上货物运输	831	728	51
水上运输辅助活动	363	297	34
航空运输业	122	95	17
航空客货运输	54	42	9
通用航空服务	40	31	6
航空运输辅助活动	28	22	2
管道运输业	4	3	
海底管道运输	1	1	
陆地管道运输	3	2	
多式联运和运输代理业	6907	6103	445
多式联运	19	14	
运输代理业	6888	6089	445
装卸搬运和仓储业	2568	2098	260
装卸搬运	1256	1000	153
通用仓储	551	474	45
低温仓储	98	77	10
危险品仓储	67	55	6
谷物、棉花等农产品仓储	131	119	6
中药材仓储	1	1	
其他仓储业	464	372	40
邮政业	1465	1313	94
邮政基本服务	17	16	1
快递服务	1437	1288	92
其他寄递服务	11	9	1
住宿和餐饮业	**24318**	**19237**	**2452**
住宿业	8824	7369	579
旅游饭店	1657	1333	144
一般旅馆	5965	5222	324
民宿服务	977	647	97
露营地服务	9	4	1
其他住宿业	216	163	13
餐饮业	15494	11868	1873
正餐服务	11894	9282	1358
快餐服务	1097	846	132
饮料及冷饮服务	764	566	108
餐饮配送及外卖送餐服务	352	249	57
其他餐饮业	1387	925	218
信息传输、软件和信息技术服务业	**53992**	**38444**	**8532**
电信、广播电视和卫星传输服务	791	687	67
电信	702	612	58

筹建	当年关闭	当年破产	当年注销	当年吊销	其　他
981	172	4	253	14	1
13	2		2		1
4	6		7	1	
926	153	4	234	13	
38	11		10		
63	12	1	14	1	
3	3		1		
37	6	1	7	1	
23	3		6		
9				1	
3					
3					
3				1	
1					
1					
229	42	1	78	9	
5					
224	42	1	78	9	
131	28		49	2	
54	17		31	1	
24	2		6		
8			2	1	
5			1		
2	3		1		
38	6		8		
23	14		19	2	
22	14		19	2	
1					
1599	**452**	**10**	**549**	**19**	
662	106	5	98	5	
138	22	4	16		
269	73	1	71	5	
215	10		8		
4					
36	1		3		
937	346	5	451	14	
642	264	3	334	11	
55	24		39	1	
39	20	1	29	1	
30	8		8		
171	30	1	41	1	
4987	**547**	**11**	**1424**	**42**	**5**
19	9		9		
18	9		5		

4-06 续表 8

行业中类	法人单位数（个）	正常运营	停业(歇业)
广播电视传输服务	77	65	8
卫星传输服务	12	10	1
互联网和相关服务	5389	3995	676
互联网接入及相关服务	329	256	46
互联网信息服务	2919	2133	376
互联网平台	729	581	72
互联网安全服务	62	55	2
互联网数据服务	195	150	24
其他互联网服务	1155	820	156
软件和信息技术服务业	47812	33762	7789
软件开发	33847	24052	5768
集成电路设计	254	203	28
信息系统集成和物联网技术服务	1817	1348	252
运行维护服务	306	242	37
信息处理和存储支持服务	308	225	42
信息技术咨询服务	7620	5276	1161
数字内容服务	530	422	60
其他信息技术服务业	3130	1994	441
金融业	**16196**	**14149**	**960**
货币金融服务	1307	1151	95
中央银行服务			
货币银行服务	261	261	
非货币银行服务	1046	890	95
银行理财服务			
银行监管服务			
资本市场服务	13038	11492	656
证券市场服务			
公开募集证券投资基金			
非公开募集证券投资基金	1921	1916	
期货市场服务			
证券期货监管服务			
资本投资服务	1532	1008	307
其他资本市场服务	9585	8568	349
保险业	758	726	13
人身保险	251	251	
财产保险	290	290	
再保险			
商业养老金	11	11	
保险中介服务	116	116	
保险资产管理	1	1	
保险监管服务			
其他保险活动	89	57	13
其他金融业	1093	780	196
金融信托与管理服务	70	52	13
控股公司服务	345	222	78
非金融机构支付服务	8	8	
金融信息服务	260	173	52
金融资产管理公司	9	8	
其他未列明金融业	401	317	53

筹建	当年关闭	当年破产	当年注销	当年吊销	其　他
			4		
1					
511	61	3	136	6	1
16	2		6	3	
274	45	2	87	2	
64	3		9		
5					
20			1		
132	11	1	33	1	1
4457	477	8	1279	36	4
2742	338	4	911	29	3
16	4		3		
133	30		52	2	
17	3		7		
33			8		
872	85	3	218	5	
35	3		10		
609	14	1	70		1
894	**72**	**4**	**107**	**5**	**5**
37	15		7	2	
37	15		7	2	
795	26	1	63		5
					5
177	7		33		
618	19	1	30		
12	2		5		
12	2		5		
50	29	3	32	3	
3	1		1		
16	13	1	15		
17	9	1	7	1	
1					
13	6	1	9	2	

4-06 续表 9

行业中类	法人单位数（个）		
		正常运营	停业(歇业)
房地产业	**33016**	**26371**	**3384**
房地产业	33016	26371	3384
房地产开发经营	7943	6514	731
物业管理	8444	6769	870
房地产中介服务	15982	12610	1720
房地产租赁经营			
其他房地产业	647	478	63
租赁和商务服务业	**126533**	**94953**	**16850**
租赁业	9138	7262	1012
机械设备经营租赁	8660	6861	968
文体设备和用品出租	410	342	39
日用品出租	68	59	5
商务服务业	117395	87691	15838
组织管理服务	33224	23496	5307
综合管理服务	3644	2933	278
法律服务	422	315	66
咨询与调查	37681	26873	5907
广告业	19653	16422	1925
人力资源服务	5557	4450	519
安全保护服务	1320	1186	77
会议、展览及相关服务	2324	1852	270
其他商务服务业	13570	10164	1489
科学研究和技术服务业	**57417**	**43518**	**7258**
研究和试验发展	9220	6833	1090
自然科学研究和试验发展	355	217	45
工程和技术研究和试验发展	7169	5412	803
农业科学研究和试验发展	396	264	68
医学研究和试验发展	1268	917	170
社会人文科学研究	32	23	4
专业技术服务业	28192	22655	3167
气象服务	39	27	3
地震服务	5	2	1
海洋服务	54	42	8
测绘地理信息服务	513	468	23
质检技术服务	2335	2050	150
环境与生态监测检测服务	556	459	57
地质勘查	78	72	2
工程技术与设计服务	13411	10927	1445
工业与专业设计及其他专业技术服务	11201	8608	1478
科技推广和应用服务业	20005	14030	3001
技术推广服务	15048	10390	2444
知识产权服务	1717	1458	125
科技中介服务	541	437	54
创业空间服务	180	154	14
其他科技推广服务业	2519	1591	364

筹建	当年关闭	当年破产	当年注销	当年吊销	其　他
2151	**364**	**30**	**587**	**35**	**94**
2151	364	30	587	35	94
414	78	21	89	3	93
589	70	2	134	9	1
1060	206	7	357	22	
88	10		7	1	
10617	**1306**	**39**	**2661**	**104**	**3**
573	119	6	160	6	
548	118	6	153	6	
22	1		6		
3			1		
10044	1187	33	2501	98	3
3404	303	9	680	25	
351	34	1	44	2	1
25	6		10		
3340	439	13	1071	37	1
766	209	5	309	16	1
428	41	1	115	3	
43	8		6		
148	17		32	5	
1539	130	4	234	10	
4987	**564**	**12**	**1041**	**35**	**2**
1027	106	4	151	7	2
80	8		5		
742	82	4	117	7	2
52	4		8		
149	12		20		
4			1		
1652	243	4	452	19	
1			8		
2					
3			1		
15	1		6		
99	15		19	2	
23	4		12	1	
3			1		
687	130	4	210	8	
819	93		195	8	
2308	215	4	438	9	
1677	171	4	353	9	
91	21		22		
37	5		8		
11			1		
492	18		54		

4-06 续表 10

行业中类	法人单位数（个）	正常运营	停业(歇业)
水利、环境和公共设施管理业	**6904**	**5376**	**711**
水利管理业	361	313	23
防洪除涝设施管理	73	64	5
水资源管理	103	93	3
天然水收集与分配	41	37	
水文服务	12	10	1
其他水利管理业	132	109	14
生态保护和环境治理业	1146	897	116
生态保护	54	48	2
环境治理业	1092	849	114
公共设施管理业	4969	3803	552
市政设施管理	664	557	61
环境卫生管理	1196	954	139
城乡市容管理	72	55	8
绿化管理	1832	1477	192
城市公园管理	55	48	4
游览景区管理	1150	712	148
土地管理业	428	363	20
土地整治服务	326	278	12
土地调查评估服务	47	44	3
土地登记服务	5	3	2
土地登记代理服务	22	18	
其他土地管理服务	28	20	3
居民服务、修理和其他服务业	**24472**	**20243**	**2202**
居民服务业	10752	8397	1200
家庭服务	2295	1774	296
托儿所服务	179	148	14
洗染服务	437	374	43
理发及美容服务	2050	1528	247
洗浴和保健养生服务	1988	1505	242
摄影扩印服务	1330	1077	144
婚姻服务	1009	799	105
殡葬服务	384	299	27
其他居民服务业	1080	893	82
机动车、电子产品和日用产品修理业	9307	8320	535
汽车、摩托车等修理与维护	7272	6567	371
计算机和办公设备维修	832	710	77
家用电器修理	1009	888	70
其他日用产品修理业	194	155	17
其他服务业	4413	3526	467
清洁服务	3277	2666	355
宠物服务	196	157	13
其他未列明服务业	940	703	99
教育			
教育			
学前教育			
初等教育			

筹建	当年关闭	当年破产	当年注销	当年吊销	其　他
598	**94**	**5**	**115**	**5**	
17	4		4		
2	1		1		
6	1				
3	1				
			1		
6	1		2		
97	16		17	3	
4					
93	16		17	3	
446	72	5	89	2	
30	7		9		
58	14		31		
5	1		3		
104	28	2	27	2	
2	1				
247	21	3	19		
38	2		5		
33			3		
1	1		2		
4	1				
1241	**312**	**5**	**443**	**26**	
713	163	1	262	16	
153	22	1	43	6	
15	1		1		
12	5		3		
166	39		69	1	
135	48		56	2	
71	11		27		
59	15		30	1	
41	7		9	1	
61	15		24	5	
243	97	3	104	5	
182	69	3	77	3	
19	13		12	1	
27	12		11	1	
15	3		4		
285	52	1	77	5	
161	42	1	48	4	
21	2		3		
103	8		26	1	

4-06 续表 11

行业中类	法人单位数（个）		
		正常运营	停业(歇业)
中等教育			
高等教育			
特殊教育			
技能培训、教育辅助及其他教育			
卫生和社会工作	**745**	**534**	**65**
卫生	162	160	
医院	86	84	
基层医疗卫生服务	64	64	
专业公共卫生服务	2	2	
其他卫生活动	10	10	
社会工作	583	374	65
提供住宿社会工作	532	337	61
不提供住宿社会工作	51	37	4
文化、体育和娱乐业	**32284**	**24815**	**3539**
新闻和出版业	163	146	7
新闻业	15	11	3
出版业	148	135	4
广播、电视、电影和录音制作业	7240	5831	504
广播	192	150	32
电视	139	109	16
影视节目制作	5877	4661	404
广播电视集成播控	8	7	
电影和广播电视节目发行	243	205	21
电影放映	706	639	28
录音制作	75	60	3
文化艺术业	5593	4036	683
文艺创作与表演	2395	1770	250
艺术表演场馆	50	40	7
图书馆与档案馆	230	204	13
文物及非物质文化遗产保护	46	38	2
博物馆	28	19	4
烈士陵园、纪念馆	4	4	
群众文体活动	493	365	62
其他文化艺术业	2347	1596	345
体育	2968	2291	342
体育组织	495	384	48
体育场地设施管理	199	171	16
健身休闲活动	2185	1672	268
其他体育	89	64	10
娱乐业	16320	12511	2003
室内娱乐活动	7744	6403	734
游乐园	195	135	29
休闲观光活动	752	424	145
彩票活动	12	9	
文化体育娱乐活动与经纪代理服务	7540	5489	1083
其他娱乐业	77	51	12

筹建	当年关闭	当年破产	当年注销	当年吊销	其　他
124	**11**		**11**		
	1		1		
	1		1		
124	10		10		
116	9		9		
8	1		1		
2670	**471**	**7**	**745**	**37**	
6	1		3		
1					
5	1		3		
690	34	1	176	4	
7	2		1		
6	1		7		
634	21	1	154	2	
1					
13			3	1	
23	10		5	1	
6			6		
699	63	2	109	1	
310	28	1	35	1	
2			1		
10			3		
5	1				
5					
42	11		13		
325	23	1	57		
213	69	1	41	11	
46	5		11	1	
10	2				
143	62	1	29	10	
14			1		
1062	304	3	416	21	
151	206	2	235	13	
23	6		2		
158	18	1	6		
3					
717	72		171	8	
10	2		2		

4-07 按行业(中类)、运营状态分组的

行业中类	从业人员期末人数(人)	正常运营	停业(歇业)
总　计	**13495456**	**13182022**	**175025**
农、林、牧、渔业	**2943**	**2712**	**99**
农业			
谷物种植			
豆类、油料和薯类种植			
棉、麻、糖、烟草种植			
蔬菜、食用菌及园艺作物种植			
水果种植			
坚果、含油果、香料和饮料作物种植			
中药材种植			
草种植及割草			
其他农业			
林业			
林木育种和育苗			
造林和更新			
森林经营、管护和改培			
木材和竹材采运			
林产品采集			
畜牧业			
牲畜饲养			
家禽饲养			
狩猎和捕捉动物			
其他畜牧业			
渔业			
水产养殖			
水产捕捞			
农、林、牧、渔专业及辅助性活动	2943	2712	99
农业专业及辅助性活动	1766	1608	51
林业专业及辅助性活动	630	588	33
畜牧专业及辅助性活动	202	186	12
渔业专业及辅助性活动	345	330	3
采矿业	**15340**	**14614**	**458**
煤炭开采和洗选业	21	19	1
烟煤和无烟煤开采洗选	5	4	
褐煤开采洗选	1		1
其他煤炭采选	15	15	
石油和天然气开采业	1	1	
石油开采	1	1	
天然气开采			
黑色金属矿采选业	278	278	
铁矿采选	278	278	
锰矿、铬矿采选			
其他黑色金属矿采选			
有色金属矿采选业	1782	1700	82
常用有色金属矿采选	1205	1123	82
贵金属矿采选	57	57	
稀有稀土金属矿采选	520	520	

小微企业法人从业人员数

筹建	当年关闭	当年破产	当年注销	当年吊销	其　他
69212	**33085**	**2966**	**30232**	**1220**	**1694**
98	**21**		**13**		
98	21		13		
88	7		12		
5	3		1		
4					
1	11				
184	**48**		**18**	**18**	
1					
1					

4-07 续表 1

行业中类	从业人员期末人数（人）		
		正常运营	停业(歇业)
非金属矿采选业	13173	12559	367
土砂石开采	11929	11341	364
化学矿开采	169	169	
采盐	34	34	
石棉及其他非金属矿采选	1041	1015	3
开采专业及辅助性活动	25	15	8
煤炭开采和洗选专业及辅助性活动	3		3
石油和天然气开采专业及辅助性活动	11	11	
其他开采专业及辅助性活动	11	4	5
其他采矿业	60	42	
其他采矿业	60	42	
制造业	**7429239**	**7309366**	**65398**
农副食品加工业	84699	83491	660
谷物磨制	2302	2270	29
饲料加工	10841	10726	57
植物油加工	3472	3436	17
制糖业	448	448	
屠宰及肉类加工	15191	14969	46
水产品加工	29696	29360	184
蔬菜、菌类、水果和坚果加工	15158	14883	192
其他农副食品加工	7591	7399	135
食品制造业	49873	48892	491
焙烤食品制造	13056	12734	185
糖果、巧克力及蜜饯制造	4203	4195	5
方便食品制造	7146	7098	23
乳制品制造	1313	1298	
罐头食品制造	4776	4675	29
调味品、发酵制品制造	3230	3183	32
其他食品制造	16149	15709	217
酒、饮料和精制茶制造业	33312	32599	457
酒的制造	9514	9341	85
饮料制造	12024	11690	239
精制茶加工	11774	11568	133
烟草制品业			
烟叶复烤			
卷烟制造			
其他烟草制品制造			
纺织业	578479	569041	4889
棉纺织及印染精加工	183338	179879	2129
毛纺织及染整精加工	26466	26096	124
麻纺织及染整精加工	1865	1810	33
丝绢纺织及印染精加工	27885	27475	199
化纤织造及印染精加工	79143	77513	647
针织或钩针编织物及其制品制造	111621	110491	602
家用纺织制成品制造	79036	77819	672
产业用纺织制成品制造	69125	67958	483
纺织服装、服饰业	586849	579195	4714
机织服装制造	270661	266407	2702

筹建	当年关闭	当年破产	当年注销	当年吊销	其 他
163	48		18	18	
150	48		18	8	
13				10	
2					
2					
18					
18					
24050	**16806**	**1589**	**10961**	**673**	**396**
277	214		55	2	
			3		
22	29		7		
9	5		5		
135	14		27		
28	123		1		
63	20				
20	23		12	2	
292	147	1	43	7	
68	38		31		
			3		
11	10	1	3		
13				2	
	72				
12	2		1		
188	25		5	5	
153	71	1	27	4	
76	11	1			
51	43		1		
26	17		26	4	
1942	1789	68	688	62	
523	518		266	23	
106	12		124	4	
	16		6		
19	159	18	14	1	
439	471	1	52	20	
250	155	35	74	14	
107	308	14	116		
498	150		36		
539	928	39	1212	175	47
191	497	3	701	113	47

4-07 续表 2

行业中类	从业人员期末人数(人)	正常运营	停业(歇业)
针织或钩针编织服装制造	164388	163148	711
服饰制造	151800	149640	1301
皮革、毛皮、羽毛及其制品和制鞋业	461744	451993	4746
皮革鞣制加工	12931	12292	312
皮革制品制造	100254	99235	583
毛皮鞣制及制品加工	10488	10335	116
羽毛(绒)加工及制品制造	7139	7029	108
制鞋业	330932	323102	3627
木材加工和木、竹、藤、棕、草制品业	103947	101623	1153
木材加工	13298	12960	201
人造板制造	16114	15837	120
木质制品制造	53228	52116	611
竹、藤、棕、草等制品制造	21307	20710	221
家具制造业	154727	152370	1294
木质家具制造	82489	80795	873
竹、藤家具制造	4694	4654	24
金属家具制造	38484	38172	214
塑料家具制造	4829	4816	11
其他家具制造	24231	23933	172
造纸和纸制品业	173907	171214	1786
纸浆制造	315	303	12
造纸	46869	46046	637
纸制品制造	126723	124865	1137
印刷和记录媒介复制业	152129	150055	1379
印刷	145379	143435	1307
装订及印刷相关服务	6638	6513	67
记录媒介复制	112	107	5
文教、工美、体育和娱乐用品制造业	318764	314257	2820
文教办公用品制造	56877	55987	630
乐器制造	5250	5182	58
工艺美术及礼仪用品制造	154804	152621	1231
体育用品制造	38634	38047	323
玩具制造	51326	50652	502
游艺器材及娱乐用品制造	11873	11768	76
石油、煤炭及其他燃料加工业	5637	5482	97
精炼石油产品制造	3720	3629	57
煤炭加工	534	514	17
核燃料加工	18		
生物质燃料加工	1365	1339	23
化学原料和化学制品制造业	177325	173107	1878
基础化学原料制造	28624	27590	417
肥料制造	2663	2562	69
农药制造	5079	4943	136
涂料、油墨、颜料及类似产品制造	36217	35466	435
合成材料制造	33141	32441	209
专用化学产品制造	44423	43362	442
炸药、火工及焰火产品制造	998	980	
日用化学产品制造	26180	25763	170

筹建	当年关闭	当年破产	当年注销	当年吊销	其　他
140	233	21	106	29	
208	198	15	405	33	
214	1297	79	3386	29	
16	19		284	8	
74	233	1	122	6	
16	20		1		
1	1				
107	1024	78	2979	15	
400	407	6	347	11	
28	57		52		
1	132		24		
77	179	6	238	1	
294	39		33	10	
490	354	5	214		
424	318	3	76		
1	8		7		
4	3	2	89		
	2				
61	23		42		
454	239		204	10	
53	75		52	6	
401	164		152	4	
232	224	48	190	1	
226	187	48	175	1	
6	37		15		
731	461	153	307	35	
125	70		54	11	
8	2				
396	319	4	209	24	
84	11	146	23		
101	49	3	19		
17	10		2		
52	5		1		
33			1		
	3				
18					
1	2				
1932	284	28	84	12	
539	43	1	30	4	
30	2				
183	112	10	11		
451	37		3		
496	84	17	14	8	
18					
215	6		26		

4-07 续表 3

行业中类	从业人员期末人数(人)		
		正常运营	停业(歇业)
医药制造业	52449	51882	160
化学药品原料药制造	10292	10225	34
化学药品制剂制造	8051	7981	6
中药饮片加工	5158	5150	1
中成药生产	5036	4870	4
兽用药品制造	3019	2968	25
生物药品制品制造	7329	7269	44
卫生材料及医药用品制造	8713	8577	44
药用辅料及包装材料	4851	4842	2
化学纤维制造业	46543	45487	449
纤维素纤维原料及纤维制造	1320	1304	14
合成纤维制造	44388	43370	427
生物基材料制造	835	813	8
橡胶和塑料制品业	498885	492711	3745
橡胶制品业	60207	59531	439
塑料制品业	438678	433180	3306
非金属矿物制品业	244874	239615	2542
水泥、石灰和石膏制造	17754	17410	82
石膏、水泥制品及类似制品制造	85108	83632	445
砖瓦、石材等建筑材料制造	47251	45333	1073
玻璃制造	9823	9687	68
玻璃制品制造	34679	34232	234
玻璃纤维和玻璃纤维增强塑料制品制造	10023	9840	147
陶瓷制品制造	15409	15020	301
耐火材料制品制造	11317	11209	56
石墨及其他非金属矿物制品制造	13510	13252	136
黑色金属冶炼和压延加工业	54738	54029	545
炼铁	92	90	
炼钢	118	117	1
钢压延加工	52180	51520	498
铁合金冶炼	2348	2302	46
有色金属冶炼和压延加工业	70080	69002	579
常用有色金属冶炼	3195	3148	11
贵金属冶炼	635	635	
稀有稀土金属冶炼	256	235	7
有色金属合金制造	12110	11866	124
有色金属压延加工	53884	53118	437
金属制品业	624779	614765	6349
结构性金属制品制造	109360	106941	1656
金属工具制造	73796	72857	613
集装箱及金属包装容器制造	17142	16861	144
金属丝绳及其制品制造	13750	13528	167
建筑、安全用金属制品制造	152799	150209	1490
金属表面处理及热处理加工	65667	64343	850
搪瓷制品制造	6496	6417	47
金属制日用品制造	74804	73979	506
铸造及其他金属制品制造	110965	109630	876

筹建	当年关闭	当年破产	当年注销	当年吊销	其　他
359	37		11		
25	8				
64					
7					
150	12				
13	4		9		
14			2		
79	13				
7					
252	44	259	52		
			2		
238	44	259	50		
14					
1185	779	26	423	16	
90	94	2	51		
1095	685	24	372	16	
1336	831	300	164	80	6
32	50	180			
765	158	73	26	3	6
365	342		78	60	
27	23		18		
49	80	47	37		
19	2			15	
27	59		2		
33	16		3		
19	101			2	
32	83	7	32	10	
	2				
32	81	7	32	10	
190	262		41	6	
27	9				
14					
54	65		1		
95	188		40	6	
1748	1233	41	628	15	
428	169	18	148		
147	138	5	36		
93	41		3		
33	13		8	1	
586	283	4	223	4	
136	319		18	1	
7	24		1		
141	94	10	65	9	
177	152	4	126		

4-07 续表 4

行业中类	从业人员期末人数(人)	正常运营	停业(歇业)
通用设备制造业	884542	872362	7149
锅炉及原动设备制造	16886	16501	357
金属加工机械制造	79926	78755	596
物料搬运设备制造	48915	48356	300
泵、阀门、压缩机及类似机械制造	238349	235951	1671
轴承、齿轮和传动部件制造	122623	121578	806
烘炉、风机、包装等设备制造	114728	112727	811
文化、办公用机械制造	11122	11073	28
通用零部件制造	228621	224653	2239
其他通用设备制造业	23372	22768	341
专用设备制造业	436852	430973	3462
采矿、冶金、建筑专用设备制造	21285	20954	124
化工、木材、非金属加工专用设备制造	147731	146029	1284
食品、饮料、烟草及饲料生产专用设备制造	12394	12201	78
印刷、制药、日化及日用品生产专用设备制造	21101	20834	139
纺织、服装和皮革加工专用设备制造	61645	60825	480
电子和电工机械专用设备制造	13658	13455	91
农、林、牧、渔专用机械制造	20720	20527	119
医疗仪器设备及器械制造	77932	76966	447
环保、邮政、社会公共服务及其他专用设备制造	60386	59182	700
汽车制造业	389615	384701	2137
汽车整车制造	2145	1988	1
汽车用发动机制造	2228	2168	12
改装汽车制造	1500	1413	43
低速汽车制造	1	1	
电车制造	53	41	12
汽车车身、挂车制造	5473	5421	24
汽车零部件及配件制造	378215	373669	2045
铁路、船舶、航空航天和其他运输设备制造业	93159	91067	1217
铁路运输设备制造	4236	4197	11
城市轨道交通设备制造	1030	1027	
船舶及相关装置制造	20176	19548	322
航空、航天器及设备制造	1381	1243	
摩托车制造	30596	30066	414
自行车和残疾人座车制造	12901	12543	207
助动车制造	11435	11260	118
非公路休闲车及零配件制造	8930	8799	58
潜水救捞及其他未列明运输设备制造	2474	2384	87
电气机械和器材制造业	680551	667024	5989
电机制造	84155	83045	369
输配电及控制设备制造	249148	242297	2624
电线、电缆、光缆及电工器材制造	68426	67563	597
电池制造	16415	15843	107
家用电力器具制造	125624	123710	1071
非电力家用器具制造	15229	14991	146
照明器具制造	106438	105008	986
其他电气机械及器材制造	15116	14567	89

筹建	当年关闭	当年破产	当年注销	当年吊销	其　他
2801	1178	29	961	57	5
16	6			6	
289	165	12	101	8	
106	69		84		
308	219	5	181	14	
128	76	7	21	2	5
992	142	1	55		
5	9		7		
780	475	4	443	27	
177	17		69		
1275	778	7	283	33	41
116	25	5	18	2	41
128	215		75		
29	61		20	5	
61	53			14	
173	119		45	3	
41	55		16		
39	16		19		
333	134		44	8	
355	100	2	46	1	
2207	356	9	92	10	103
155	1				
48					
44					
22	6				
1938	349	9	92	10	103
432	321	85	31	6	
23				5	
3					
60	158	85	3		
118	20				
19	77		19	1	
96	50		5		
42	12		3		
71	1		1		
	3				
2658	3426	381	819	60	194
211	503		6	21	
1433	2151	23	596	24	
93	155		18		
263	6		2		194
449	261		123	10	
24	30	17	21		
127	235	37	42	3	
58	85	304	11	2	

4-07 续表 5

行业中类	从业人员期末人数(人)		
		正常运营	停业(歇业)
计算机、通信和其他电子设备制造业	233421	230313	1592
计算机制造	10761	10683	48
通信设备制造	22746	22337	263
广播电视设备制造	7677	7608	40
雷达及配套设备制造	460	459	
非专业视听设备制造	13545	13390	122
智能消费设备制造	11799	11578	74
电子器件制造	36669	36070	165
电子元件及电子专用材料制造	118535	117097	810
其他电子设备制造	11229	11091	70
仪器仪表制造业	107933	106247	933
通用仪器仪表制造	78260	77110	639
专用仪器仪表制造	14370	14042	136
钟表与计时仪器制造	2808	2781	18
光学仪器制造	5865	5734	120
衡器制造	4130	4125	4
其他仪器仪表制造业	2500	2455	16
其他制造业	82758	81629	590
日用杂品制造	70289	69568	442
核辐射加工	7	7	
其他未列明制造业	12462	12054	148
废弃资源综合利用业	13078	12691	183
金属废料和碎屑加工处理	7413	7252	85
非金属废料和碎屑加工处理	5665	5439	98
金属制品、机械和设备修理业	33590	31549	1413
金属制品修理	363	344	19
通用设备修理	2262	2217	39
专用设备修理	1640	1535	59
铁路、船舶、航空航天等运输设备修理	25599	24072	1151
电气设备修理	944	753	20
仪器仪表修理	137	136	
其他机械和设备修理业	2645	2492	125
电力、热力、燃气及水生产和供应业	**89108**	**86954**	**545**
电力、热力生产和供应业	51589	49910	427
电力生产	38815	37889	247
电力供应	8335	7873	27
热力生产和供应	4439	4148	153
燃气生产和供应业	8721	8570	37
燃气生产和供应业	8665	8526	37
生物质燃气生产和供应业	56	44	
水的生产和供应业	28798	28474	81
自来水生产和供应	16835	16756	15
污水处理及其再生利用	11060	10823	63
海水淡化处理	34	34	
其他水的处理、利用与分配	869	861	3
建筑业	**1234861**	**1213046**	**16980**
房屋建筑业	548339	538070	9570

筹建	当年关闭	当年破产	当年注销	当年吊销	其　他
986	288	17	198	27	
24	3		3		
72	29		45		
22	4			3	
	1				
2	5	15	11		
139	7		1		
378	14	1	41		
305	220	1	90	12	
44	5		7	12	
393	286		74		
202	269		40		
184	8				
	3		6		
3	6		2		
1					
3			26		
310	148		81		
135	120		24		
175	28		57		
95	80		24	5	
57	14		5		
38	66		19	5	
83	256		289		
6					
46					
4	251		121		
1	2		168		
1					
25	3				
955	**141**		**513**		
651	126		475		
504	126		49		
9			426		
138					
101			13		
89			13		
12					
203	15		25		
41			23		
161	11		2		
1	4				
2674	**832**	**19**	**1247**	**12**	**51**
448	110	3	115		23

4-07 续表 6

行业中类	从业人员期末人数(人)		
		正常运营	停业(歇业)
住宅房屋建筑	455123	445000	9495
体育场馆建筑	551	551	
其他房屋建筑业	92665	92519	75
土木工程建筑业	338378	332951	3664
铁路、道路、隧道和桥梁工程建筑	226892	225838	462
水利和水运工程建筑	28111	27712	345
海洋工程建筑	512	507	1
工矿工程建筑	6551	6504	26
架线和管道工程建筑	15857	15579	56
节能环保工程施工	2859	2819	18
电力工程施工	3827	3395	46
其他土木工程建筑	53769	50597	2710
建筑安装业	91276	89867	891
电气安装	38988	38481	200
管道和设备安装	20518	19946	474
其他建筑安装业	31770	31440	217
建筑装饰、装修和其他建筑业	256868	252158	2855
建筑装饰和装修业	174039	170634	2079
建筑物拆除和场地准备活动	39756	39099	468
提供施工设备服务	4078	4019	12
其他未列明建筑业	38995	38406	296
批发和零售业	**1736138**	**1660741**	**42897**
批发业	1162960	1115647	27287
农、林、牧、渔产品批发	20288	19482	410
食品、饮料及烟草制品批发	77136	73927	1773
纺织、服装及家庭用品批发	372570	357746	7955
文化、体育用品及器材批发	62332	60043	1344
医药及医疗器材批发	35262	34287	490
矿产品、建材及化工产品批发	275040	263541	7055
机械设备、五金产品及电子产品批发	233938	224813	5910
贸易经纪与代理	22175	20654	832
其他批发业	64219	61154	1518
零售业	573178	545094	15610
综合零售	16326	15453	403
食品、饮料及烟草制品专门零售	46430	43698	1416
纺织、服装及日用品专门零售	77981	72060	3430
文化、体育用品及器材专门零售	33745	32005	886
医药及医疗器材专门零售	44618	43408	638
汽车、摩托车、零配件和燃料及其他动力销售	75326	72949	1361
家用电器及电子产品专门零售	59519	56976	1581
五金、家具及室内装饰材料专门零售	63081	60245	1708
货摊、无店铺及其他零售业	156152	148300	4187
交通运输、仓储和邮政业	**377210**	**370443**	**4064**
铁路运输业			
铁路旅客运输			
铁路货物运输			
铁路运输辅助活动			

筹建	当年关闭	当年破产	当年注销	当年吊销	其　他
397	90	3	115		23
51	20				
844	324		588	5	2
402	107		76	5	2
47			7		
4					
13	6		2		
27	110		85		
12			10		
65	9		312		
274	92		96		
231	82		205		
130	29		148		
39	19		40		
62	34		17		
1151	316	16	339	7	26
811	229	16	247	7	16
108	40		31		10
20			27		
212	47		34		
14468	**8042**	**1134**	**8499**	**303**	**54**
8524	5276	1101	4848	246	31
166	156		73	1	
563	364	15	490	4	
2406	1732	898	1730	89	14
367	127	6	432	9	4
349	57		79		
1667	1584	149	943	101	
1376	1011	30	751	34	13
539	77	1	65	7	
1091	168	2	285	1	
5944	2766	33	3651	57	23
160	122		187	1	
363	292	3	634	14	10
1004	608	2	868	9	
495	157	2	195	5	
178	142	9	239	4	
502	261	7	239	6	1
428	208	1	305	8	12
571	310	6	239	2	
2243	666	3	745	8	
1583	**687**	**5**	**419**	**9**	

4-07 续表 7

行业中类	从业人员期末人数（人）	正常运营	停业(歇业)
道路运输业	213279	208685	2804
城市公共交通运输	23194	23041	40
公路旅客运输	18975	18948	14
道路货物运输	151267	147287	2423
道路运输辅助活动	19843	19409	327
水上运输业	36682	36401	130
水上旅客运输	3137	3135	1
水上货物运输	25757	25548	117
水上运输辅助活动	7788	7718	12
航空运输业	2357	2319	17
航空客货运输	862	855	4
通用航空服务	467	438	13
航空运输辅助活动	1028	1026	
管道运输业	72	66	
海底管道运输	10	10	
陆地管道运输	62	56	
多式联运和运输代理业	58368	57553	507
多式联运	383	382	
运输代理业	57985	57171	507
装卸搬运和仓储业	31142	30335	445
装卸搬运	14026	13552	316
通用仓储	7422	7296	61
低温仓储	927	894	5
危险品仓储	1590	1501	32
谷物、棉花等农产品仓储	2956	2941	10
中药材仓储	96	96	
其他仓储业	4125	4055	21
邮政业	35310	35084	161
邮政基本服务	468	468	
快递服务	34507	34284	159
其他寄递服务	335	332	2
住宿和餐饮业	**241354**	**233606**	**3521**
住宿业	94181	91285	1015
旅游饭店	39370	38267	360
一般旅馆	48772	47334	625
民宿服务	4155	3835	28
露营地服务	60	40	
其他住宿业	1824	1809	2
餐饮业	147173	142321	2506
正餐服务	125169	121333	2018
快餐服务	8401	8139	108
饮料及冷饮服务	4389	4136	125
餐饮配送及外卖送餐服务	3443	3340	81
其他餐饮业	5771	5373	174
信息传输、软件和信息技术服务业	**285146**	**271612**	**8363**
电信、广播电视和卫星传输服务	7990	7911	46
电信	6000	5932	40

筹建	当年关闭	当年破产	当年注销	当年吊销	其　他
1069	456	5	253	7	
100	13				
3	8		2		
916	423	5	206	7	
50	12		45		
55	95		1		
1					
22	69		1		
32	26				
21					
3					
16					
2					
6					
6					
132	87		88	1	
1					
131	87		88	1	
295	24		43		
102	24		32		
59			6		
23			5		
57					
5					
49					
5	25		34	1	
4	25		34	1	
1					
2233	**1123**	**27**	**842**	**2**	
1347	407	20	107		
532	179	20	12		
519	203		91		
265	25		2		
20					
11			2		
886	716	7	735	2	
694	620	7	496	1	
53	35		65	1	
21	10		97		
18	3		1		
100	48		76		
3302	**768**	**3**	**1081**	**17**	
17	12		4		
12	12		4		

4-07 续表 8

行业中类	从业人员期末人数(人)		
		正常运营	停业(歇业)
广播电视传输服务	1797	1791	6
卫星传输服务	193	188	
互联网和相关服务	34716	33416	691
互联网接入及相关服务	1864	1764	60
互联网信息服务	16000	15286	347
互联网平台	8449	8182	167
互联网安全服务	424	424	
互联网数据服务	1859	1835	12
其他互联网服务	6120	5925	105
软件和信息技术服务业	242440	230285	7626
软件开发	177061	168323	5788
集成电路设计	1689	1643	28
信息系统集成和物联网技术服务	12530	12053	312
运行维护服务	2319	2275	18
信息处理和存储支持服务	3209	2989	88
信息技术咨询服务	31046	29177	1054
数字内容服务	3725	3641	40
其他信息技术服务业	10861	10184	298
金融业	**26134**	**25302**	**454**
货币金融服务	8647	8515	75
中央银行服务			
货币银行服务	5	5	
非货币银行服务	8642	8510	75
银行理财服务			
银行监管服务			
资本市场服务	5366	4923	227
证券市场服务			
公开募集证券投资基金			
非公开募集证券投资基金			
期货市场服务			
证券期货监管服务			
资本投资服务	2874	2668	155
其他资本市场服务	2492	2255	72
保险业	445	429	9
人身保险			
财产保险			
再保险			
商业养老金			
保险中介服务			
保险资产管理			
保险监管服务			
其他保险活动	445	429	9
其他金融业	11676	11435	143
金融信托与管理服务	308	303	5
控股公司服务	3727	3687	21
非金融机构支付服务			
金融信息服务	2204	2117	45
金融资产管理公司	176	176	
其他未列明金融业	5261	5152	72

筹建	当年关闭	当年破产	当年注销	当年吊销	其　他
5					
392	96		120	1	
15	20		4	1	
224	67		76		
79	6		15		
12					
62	3		25		
2893	660	3	957	16	
1796	490	1	650	13	
17			1		
65	49		49	2	
5	2		19		
131			1		
543	110	2	159	1	
8	4		32		
328	5		46		
233	**84**	**4**	**39**	**18**	
32	25				
32	25				
161	33		22		
38	4		9		
123	29		13		
4			3		
4			3		
36	26	4	14	18	
7	5	4	3		
13	20		9		
16	1		2	18	

4-07 续表 9

行业中类	从业人员期末人数(人)	正常运营	停业(歇业)
房地产业	**320349**	**311358**	**4140**
房地产业	320349	311358	4140
房地产开发经营	87702	84291	1203
物业管理	161113	158716	1329
房地产中介服务	67643	64631	1557
房地产租赁经营			
其他房地产业	3891	3720	51
租赁和商务服务业	**1035906**	**1008029**	**15081**
租赁业	44527	42907	1034
机械设备经营租赁	42136	40589	994
文体设备和用品出租	1851	1788	37
日用品出租	540	530	3
商务服务业	991379	965122	14047
组织管理服务	151896	144643	3875
综合管理服务	44100	43190	437
法律服务	5254	5194	24
咨询与调查	156954	147802	5402
广告业	84634	81802	1791
人力资源服务	313684	311124	797
安全保护服务	149555	149349	132
会议、展览及相关服务	11760	11380	232
其他商务服务业	73542	70638	1357
科学研究和技术服务业	**333984**	**320899**	**7093**
研究和试验发展	47332	44889	1182
自然科学研究和试验发展	1304	1180	42
工程和技术研究和试验发展	36464	34704	878
农业科学研究和试验发展	1797	1717	50
医学研究和试验发展	7651	7174	210
社会人文科学研究	116	114	2
专业技术服务业	205499	199528	3473
气象服务	163	161	1
地震服务	1	1	
海洋服务	388	382	1
测绘地理信息服务	7662	7599	33
质检技术服务	32911	32405	321
环境与生态监测检测服务	5232	5116	41
地质勘查	1111	1080	2
工程技术与设计服务	107201	104145	1763
工业与专业设计及其他专业技术服务	50830	48639	1311
科技推广和应用服务业	81153	76482	2438
技术推广服务	62217	58325	2084
知识产权服务	8344	8164	91
科技中介服务	2452	2369	65
创业空间服务	920	885	11
其他科技推广服务业	7220	6739	187

筹建	当年关闭	当年破产	当年注销	当年吊销	其 他
2236	**642**	**71**	**674**	**44**	**1184**
2236	642	71	674	44	1184
729	170	50	71	4	1184
540	185	13	304	26	
878	264	8	291	14	
89	23		8		
7228	**1887**	**66**	**3541**	**65**	**9**
346	126	15	99		
318	123	15	97		
22	3		1		
6			1		
6882	1761	51	3442	65	9
2415	393	15	534	21	
351	51		56	6	9
20	1		15		
1967	701	19	1033	30	
440	324	6	269	2	
430	48		1285		
55	9		10		
94	18		33	3	
1110	216	11	207	3	
4156	**749**	**2**	**1058**	**27**	
983	133	1	141	3	
46	36				
688	79	1	111	3	
24	3		3		
225	15		27		
1466	408	1	610	13	
			1		
5					
30					
146	11		28		
43	11		18	3	
29					
684	249	1	349	10	
529	137		214		
1707	208		307	11	
1376	170		251	11	
55	21		13		
14	3		1		
23			1		
239	14		41		

4-07 续表 10

行业中类	从业人员期末人数(人)		
		正常运营	停业(歇业)
水利、环境和公共设施管理业	**59834**	**57582**	**832**
水利管理业	3504	3441	16
防洪除涝设施管理	699	690	5
水资源管理	1213	1193	9
天然水收集与分配	727	700	
水文服务	46	46	
其他水利管理业	819	812	2
生态保护和环境治理业	9787	9414	82
生态保护	632	631	1
环境治理业	9155	8783	81
公共设施管理业	43238	41495	698
市政设施管理	6340	6142	124
环境卫生管理	11651	11345	112
城乡市容管理	503	482	6
绿化管理	13618	13269	207
城市公园管理	565	561	1
游览景区管理	10561	9696	248
土地管理业	3305	3232	36
土地整治服务	2313	2250	35
土地调查评估服务	506	506	
土地登记服务	5	5	
土地登记代理服务	196	189	
其他土地管理服务	285	282	1
居民服务、修理和其他服务业	**154139**	**149756**	**2159**
居民服务业	65125	62783	1140
家庭服务	14549	14165	258
托儿所服务	949	929	8
洗染服务	4496	4422	40
理发及美容服务	11595	10905	247
洗浴和保健养生服务	16572	16042	258
摄影扩印服务	5894	5657	118
婚姻服务	4008	3866	40
殡葬服务	2766	2713	21
其他居民服务业	4296	4084	150
机动车、电子产品和日用产品修理业	58374	57240	546
汽车、摩托车等修理与维护	49580	48758	397
计算机和办公设备维修	3385	3212	85
家用电器修理	4773	4666	48
其他日用产品修理业	636	604	16
其他服务业	30640	29733	473
清洁服务	25403	24749	332
宠物服务	1234	1104	101
其他未列明服务业	4003	3880	40
教育			
教育			
学前教育			
初等教育			

筹建	当年关闭	当年破产	当年注销	当年吊销	其　他
1101	**112**	**33**	**168**	**6**	
40	6		1		
3	1				
9	2				
27					
1	3		1		
254	15		20	2	
254	15		20	2	
777	89	33	142	4	
21	18		35		
131	30		33		
7	2		6		
70	6	2	60	4	
	3				
548	30	31	8		
30	2		5		
28					
	2		5		
2					
1180	**532**	**8**	**482**	**22**	
637	258	6	290	11	
75	30	6	5	10	
12					
33	1				
255	82		106		
121	75		76		
58	28		33		
31	23		48		
26	2		4		
26	17		18	1	
318	147	1	121	1	
244	105	1	74	1	
48	7		33		
13	32		14		
13	3				
225	127	1	71	10	
139	118	1	54	10	
24	1		4		
62	8		13		

4-07 续表 11

行业中类	从业人员期末人数（人）		
		正常运营	停业(歇业)
中等教育			
高等教育			
特殊教育			
技能培训、教育辅助及其他教育			
卫生和社会工作	**14613**	**14219**	**96**
卫生	9925	9925	
医院	5906	5906	
基层医疗卫生服务	3359	3359	
专业公共卫生服务	88	88	
其他卫生活动	572	572	
社会工作	4688	4294	96
提供住宿社会工作	4447	4078	93
不提供住宿社会工作	241	216	3
文化、体育和娱乐业	**139158**	**131783**	**2845**
新闻和出版业	2593	2572	12
新闻业	185	182	3
出版业	2408	2390	9
广播、电视、电影和录音制作业	30258	28937	441
广播	593	527	56
电视	529	517	5
影视节目制作	16967	15923	321
广播电视集成播控	165	163	
电影和广播电视节目发行	703	665	11
电影放映	11069	10915	44
录音制作	232	227	4
文化艺术业	23729	21713	407
文艺创作与表演	12404	11072	118
艺术表演场馆	781	777	4
图书馆与档案馆	1832	1808	19
文物及非物质文化遗产保护	235	227	
博物馆	168	167	
烈士陵园、纪念馆	23	23	
群众文体活动	1812	1710	31
其他文化艺术业	6474	5929	235
体育	15744	15317	266
体育组织	2169	2103	31
体育场地设施管理	1387	1375	10
健身休闲活动	11927	11593	214
其他体育	261	246	11
娱乐业	66834	63244	1719
室内娱乐活动	37129	35941	591
游乐园	1884	1627	84
休闲观光活动	3419	3016	61
彩票活动	61	61	
文化体育娱乐活动与经纪代理服务	23809	22186	884
其他娱乐业	532	413	99

筹建	当年关闭	当年破产	当年注销	当年吊销	其　他
274	**13**		**11**		
274	13		11		
252	13		11		
22					
3257	**598**	**5**	**666**	**4**	
			9		
			9		
670	91		118	1	
2	8				
3			4		
592	32		99		
2					
26			1		
45	51		13	1	
			1		
1415	59		135		
1181	13		20		
2			3		
8					
1					
46	9		16		
177	37		96		
94	47		20		
22	6		7		
2					
66	41		13		
4					
1078	401	5	384	3	
156	228	3	207	3	
151	22				
306	34	2			
445	117		177		
20					

4-08 按行业(中类)、开业(成立)时间分组的

行业中类	法人单位数（个）	1949年以前	1950-1977年	1978-1991年
总　计	**1333713**	**43**	**529**	**7728**
农、林、牧、渔业	**916**		**4**	**9**
农业	35			
谷物种植	1			
豆类、油料和薯类种植				
棉、麻、糖、烟草种植				
蔬菜、食用菌及园艺作物种植	18			
水果种植	5			
坚果、含油果、香料和饮料作物种植	3			
中药材种植	7			
草种植及割草				
其他农业	1			
林业	4			1
林木育种和育苗	2			
造林和更新				
森林经营、管护和改培	2			1
木材和竹材采运				
林产品采集				
畜牧业	14			
牲畜饲养	9			
家禽饲养	4			
狩猎和捕捉动物				
其他畜牧业	1			
渔业	18			
水产养殖	17			
水产捕捞	1			
农、林、牧、渔专业及辅助性活动	845		4	8
农业专业及辅助性活动	577		2	4
林业专业及辅助性活动	154			1
畜牧专业及辅助性活动	38			1
渔业专业及辅助性活动	76		2	2
采矿业	**837**		**6**	**16**
煤炭开采和洗选业	7			
烟煤和无烟煤开采洗选	5			
褐煤开采洗选	1			
其他煤炭采选	1			
石油和天然气开采业	1			
石油开采	1			
天然气开采				
黑色金属矿采选业	17			1
铁矿采选	17			1
锰矿、铬矿采选				
其他黑色金属矿采选				
有色金属矿采选业	46		1	1
常用有色金属矿采选	31		1	1
贵金属矿采选	3			
稀有稀土金属矿采选	12			

小微企业法人单位数

1992-2000年	2001年	2002年	2003年	2004年	2005年	2006年	2007年
58746	**16353**	**21294**	**24433**	**21794**	**22667**	**27973**	**27911**
39	**8**	**11**	**10**	**12**	**12**	**12**	**12**
	1	1	1	2	2	3	3
	1	1		1	1		3
						1	
			1		1		
				1		2	
1							
1							
3		1			1	1	
2		1				1	
1					1		
4	2	2		1	1	1	
4	2	1		1	1	1	
		1					
31	5	7	9	9	8	7	9
19	3	4	4	3	4	3	5
4		1	1	2	2	2	1
4	1		4	2	2		1
4	1	2		2		2	2
64	**20**	**39**	**33**	**23**	**32**	**30**	**18**
	1				1		
					1		
	1						
2						1	
2						1	
8	2	3	3	3	3	5	1
6	2	2	1	1	3	2	1
		1					
2			2	2		3	

4-08 续表 1

行业中类	法　人 单位数 （个）	1949年以前	1950-1977年	1978-1991年
非金属矿采选业	746		5	14
土砂石开采	693		2	13
化学矿开采	3			
采盐	5		1	1
石棉及其他非金属矿采选	45		2	
开采专业及辅助性活动	10			
煤炭开采和洗选专业及辅助性活动	1			
石油和天然气开采专业及辅助性活动	3			
其他开采专业及辅助性活动	6			
其他采矿业	10			
其他采矿业	10			
制造业	**419429**	**12**	**251**	**5119**
农副食品加工业	4464		8	111
谷物磨制	207		2	2
饲料加工	386		1	14
植物油加工	163		1	1
制糖业	39			
屠宰及肉类加工	706		2	9
水产品加工	1332			64
蔬菜、菌类、水果和坚果加工	941		1	13
其他农副食品加工	690		1	8
食品制造业	2916		8	55
焙烤食品制造	893		2	8
糖果、巧克力及蜜饯制造	179			6
方便食品制造	472		1	6
乳制品制造	30			2
罐头食品制造	180			5
调味品、发酵制品制造	208		5	7
其他食品制造	954			21
酒、饮料和精制茶制造业	2176	1	9	68
酒的制造	525	1	6	50
饮料制造	583			7
精制茶加工	1068		3	11
烟草制品业				
烟叶复烤				
卷烟制造				
其他烟草制品制造				
纺织业	32233		4	207
棉纺织及印染精加工	8876		1	75
毛纺织及染整精加工	1059			20
麻纺织及染整精加工	66			1
丝绢纺织及印染精加工	1054		1	17
化纤织造及印染精加工	4454			14
针织或钩针编织物及其制品制造	8156			29
家用纺织制成品制造	4715		2	12
产业用纺织制成品制造	3853			39
纺织服装、服饰业	30382		3	160
机织服装制造	13522		3	87

1992-2000年	2001年	2002年	2003年	2004年	2005年	2006年	2007年
54	17	36	29	20	28	24	17
45	14	34	26	17	25	22	15
1							
2	1						
6	2	2	3	3	3	2	2
			1				
			1				
36192	**9915**	**12723**	**13372**	**11438**	**11614**	**14515**	**13996**
765	209	164	180	132	127	113	109
37	17	13	12	8	2	6	4
72	17	14	13	13	15	11	14
25	5	5	4	4	10	10	2
2	2	2		1		3	
86	28	28	26	16	24	18	20
317	54	43	58	34	35	30	31
159	65	50	41	41	23	26	20
67	21	9	26	15	18	9	18
328	91	66	85	64	65	76	87
72	19	11	16	13	11	15	33
42	6	3	3	3	10	4	10
27	10	9	12	8	4	17	13
6		2	1				
41	8	9	10	9	7	10	5
35	14	8	9	6	7	2	4
105	34	24	34	25	26	28	22
369	102	88	70	79	77	75	61
158	27	18	15	8	13	12	8
101	25	21	20	34	23	17	14
110	50	49	35	37	41	46	39
2334	776	1158	1208	956	1045	1401	1203
769	239	376	407	292	330	448	371
151	36	45	47	41	27	52	48
10	1	3	5	4	2	1	2
197	71	80	72	50	72	56	38
331	143	196	207	181	183	217	168
332	121	232	224	171	202	310	280
271	80	104	128	113	122	145	140
273	85	122	118	104	107	172	156
2002	578	790	852	721	682	875	835
933	247	325	369	336	329	375	377

4-08 续表 2

行业中类	法 人单位数（个）			
		1949年以前	1950-1977年	1978-1991年
针织或钩针编织服装制造	7121			36
服饰制造	9739			37
皮革、毛皮、羽毛及其制品和制鞋业	19569	2	4	171
皮革鞣制加工	545			21
皮革制品制造	5164	1		16
毛皮鞣制及制品加工	1226			
羽毛(绒)加工及制品制造	343			3
制鞋业	12291	1	4	131
木材加工和木、竹、藤、棕、草制品业	6794		2	41
木材加工	1136			15
人造板制造	578			4
木质制品制造	3601			13
竹、藤、棕、草等制品制造	1479		2	9
家具制造业	7057		2	29
木质家具制造	4502		1	17
竹、藤家具制造	183			3
金属家具制造	1113			5
塑料家具制造	159			2
其他家具制造	1100		1	2
造纸和纸制品业	12789		9	104
纸浆制造	15		1	
造纸	1715		1	25
纸制品制造	11059		7	79
印刷和记录媒介复制业	10993	2	10	271
印刷	10258	1	10	259
装订及印刷相关服务	725	1		10
记录媒介复制	10			2
文教、工美、体育和娱乐用品制造业	21951	2		177
文教办公用品制造	3627			30
乐器制造	250			4
工艺美术及礼仪用品制造	12086	1		100
体育用品制造	2295	1		14
玩具制造	2791			27
游艺器材及娱乐用品制造	902			2
石油、煤炭及其他燃料加工业	436		1	5
精炼石油产品制造	231		1	4
煤炭加工	47			1
核燃料加工	1			
生物质燃料加工	157			
化学原料和化学制品制造业	8444		10	169
基础化学原料制造	961		3	28
肥料制造	240			5
农药制造	78		2	8
涂料、油墨、颜料及类似产品制造	2096		1	33
合成材料制造	1217			11
专用化学产品制造	2529		1	55
炸药、火工及焰火产品制造	15		1	2
日用化学产品制造	1308		2	27

1992-2000年	2001年	2002年	2003年	2004年	2005年	2006年	2007年
490	153	208	221	181	159	233	199
579	178	257	262	204	194	267	259
1472	291	375	377	342	403	489	424
121	16	18	20	10	10	9	16
304	83	105	115	124	117	142	134
31	13	27	36	38	61	96	67
61	20	21	11	17	19	12	15
955	159	204	195	153	196	230	192
399	131	176	172	150	191	225	205
53	13	21	36	23	30	40	28
55	18	28	33	16	13	27	28
152	49	80	63	66	88	91	106
139	51	47	40	45	60	67	43
359	63	131	161	120	132	214	158
218	39	87	101	74	69	119	87
8		3	4	3	4	6	4
74	16	26	33	26	27	55	39
14	1	2	6	5	8	6	4
45	7	13	17	12	24	28	24
975	242	401	441	322	320	397	399
2							
174	53	80	104	46	36	59	45
799	189	321	337	276	284	338	354
1610	403	803	543	443	361	365	420
1521	380	751	497	402	327	331	392
88	22	51	46	41	34	33	27
1	1	1				1	1
1429	413	568	686	508	579	738	665
342	101	111	158	128	106	123	115
26	7	17	13	14	5	8	6
764	207	316	373	249	330	443	385
123	34	48	50	55	69	68	52
141	59	69	83	49	61	75	88
33	5	7	9	13	8	21	19
31	8	7	13	11	11	15	13
25	6	6	11	10	11	13	9
6	1	1	2	1		1	
	1					1	4
1184	339	438	393	323	314	353	309
178	48	51	61	41	49	41	35
23	6	11	5	4	8	1	7
30	3	4	5	2		1	2
323	108	139	105	75	76	92	77
106	36	48	46	37	34	35	47
383	107	147	136	126	111	138	100
5						1	
136	31	38	35	38	36	44	41

4-08 续表 3

行业中类	法人单位数（个）	1949年以前	1950-1977年	1978-1991年
医药制造业	1147		6	24
化学药品原料药制造	183			5
化学药品制剂制造	95		3	4
中药饮片加工	106			2
中成药生产	83		2	2
兽用药品制造	63			4
生物药品制品制造	212			
卫生材料及医药用品制造	314			5
药用辅料及包装材料	91		1	2
化学纤维制造业	1749			17
纤维素纤维原料及纤维制造	61			
合成纤维制造	1633			17
生物基材料制造	55			
橡胶和塑料制品业	33802		9	454
橡胶制品业	3958		1	71
塑料制品业	29844		8	383
非金属矿物制品业	12958		11	238
水泥、石灰和石膏制造	505		4	23
石膏、水泥制品及类似制品制造	2834		1	54
砖瓦、石材等建筑材料制造	4110		1	79
玻璃制造	437			
玻璃制品制造	1997		2	12
玻璃纤维和玻璃纤维增强塑料制品制造	462			13
陶瓷制品制造	1054		1	10
耐火材料制品制造	617		1	31
石墨及其他非金属矿物制品制造	942		1	16
黑色金属冶炼和压延加工业	2383		2	39
炼铁	10			
炼钢	12			
钢压延加工	2299		2	35
铁合金冶炼	62			4
有色金属冶炼和压延加工业	3083	1	4	44
常用有色金属冶炼	130			6
贵金属冶炼	9			2
稀有稀土金属冶炼	16		1	
有色金属合金制造	700		2	5
有色金属压延加工	2228	1	1	31
金属制品业	39860	1	18	476
结构性金属制品制造	8451		2	49
金属工具制造	4533		3	39
集装箱及金属包装容器制造	681			12
金属丝绳及其制品制造	993		1	21
建筑、安全用金属制品制造	11772	1	2	140
金属表面处理及热处理加工	2567		3	71
搪瓷制品制造	423			
金属制日用品制造	3812		3	24
铸造及其他金属制品制造	6628		4	120

1992-2000年	2001年	2002年	2003年	2004年	2005年	2006年	2007年
190	52	59	68	44	33	48	37
49	13	16	15	8	5	9	8
18	5	5	6	5	1	1	3
10	2	7	8	1	5	5	6
21	3	1	2	3	3	1	
13	4	2	5	3	2	5	3
20	7	5	9	11	5	7	8
37	10	15	17	10	7	17	7
22	8	8	6	3	5	3	2
156	40	82	94	48	51	78	69
10	2	5	1	4	1	3	1
144	38	75	90	44	50	74	67
2		2	3			1	1
3142	885	1149	1188	988	1038	1298	1217
465	100	139	156	144	142	141	139
2677	785	1010	1032	844	896	1157	1078
1104	299	414	491	398	317	495	430
89	18	25	27	30	14	19	21
237	68	98	152	104	69	138	139
299	63	136	147	97	80	139	94
22	9	11	7	15	13	23	22
86	38	41	44	42	41	58	53
45	16	17	19	20	22	25	18
87	22	26	27	36	25	41	38
103	31	29	32	31	27	32	16
136	34	31	36	23	26	20	29
265	81	91	113	90	88	97	103
3	1	2	1				
1			2		1		
251	77	88	106	88	84	94	99
10	3	1	4	2	3	3	4
363	124	126	108	98	89	116	118
20	7	6	5	3	8	9	4
2		1				1	
2	1						
72	20	17	20	17	16	26	21
267	96	102	83	78	65	80	93
3503	1002	1184	1277	1127	1199	1399	1459
550	148	200	236	175	221	263	316
455	120	131	157	147	160	192	185
74	18	26	24	30	29	30	26
125	35	42	44	33	41	47	48
993	317	380	324	337	355	419	431
320	96	99	139	86	90	96	93
21	9	5	13	7	10	13	14
233	71	82	81	91	95	106	99
732	188	219	259	221	198	233	247

4-08 续表 4

行业中类	法人单位数（个）			
		1949年以前	1950-1977年	1978-1991年
通用设备制造业	52928	1	50	799
锅炉及原动设备制造	585		4	18
金属加工机械制造	5254		7	65
物料搬运设备制造	1855		4	21
泵、阀门、压缩机及类似机械制造	12069		12	249
轴承、齿轮和传动部件制造	5191		5	79
烘炉、风机、包装等设备制造	5869	1	5	74
文化、办公用机械制造	442			4
通用零部件制造	19430		13	271
其他通用设备制造业	2233			18
专用设备制造业	26227		18	349
采矿、冶金、建筑专用设备制造	1010		4	27
化工、木材、非金属加工专用设备制造	10742		2	84
食品、饮料、烟草及饲料生产专用设备制造	782			32
印刷、制药、日化及日用品生产专用设备制造	1087			24
纺织、服装和皮革加工专用设备制造	3369		6	81
电子和电工机械专用设备制造	744			9
农、林、牧、渔专用机械制造	966		1	17
医疗仪器设备及器械制造	3302		1	43
环保、邮政、社会公共服务及其他专用设备制造	4225		4	32
汽车制造业	16855	1	14	317
汽车整车制造	67			
汽车用发动机制造	34			1
改装汽车制造	25			1
低速汽车制造	1			
电车制造	11			
汽车车身、挂车制造	138			2
汽车零部件及配件制造	16579	1	14	313
铁路、船舶、航空航天和其他运输设备制造业	4276	1	7	62
铁路运输设备制造	154			3
城市轨道交通设备制造	25			
船舶及相关装置制造	872	1	3	14
航空、航天器及设备制造	55			
摩托车制造	1321		4	38
自行车和残疾人座车制造	621			4
助动车制造	702			1
非公路休闲车及零配件制造	426			1
潜水救捞及其他未列明运输设备制造	100			1
电气机械和器材制造业	37694		23	420
电机制造	3364		6	54
输配电及控制设备制造	16222		7	205
电线、电缆、光缆及电工器材制造	3122		1	45
电池制造	431		2	4
家用电力器具制造	6935		4	61
非电力家用器具制造	836			3
照明器具制造	5552		1	31
其他电气机械及器材制造	1232		2	17

1992-2000年	2001年	2002年	2003年	2004年	2005年	2006年	2007年
4769	1229	1551	1656	1626	1561	1901	1986
92	26	20	26	29	26	25	20
394	102	112	146	110	101	179	130
162	47	55	65	59	52	70	78
1161	247	379	352	396	357	378	452
620	170	180	222	225	192	253	283
557	163	194	170	152	190	196	194
43	20	13	17	15	15	14	17
1647	430	570	624	615	593	745	774
93	24	28	34	25	35	41	38
2000	625	647	744	679	694	831	811
120	27	34	41	34	29	29	43
612	224	220	268	238	279	337	341
109	29	21	19	17	16	25	18
147	31	34	46	43	37	26	31
380	104	145	149	140	140	162	126
53	18	20	17	16	17	28	30
69	21	17	29	31	25	32	26
286	105	86	94	75	71	88	70
224	66	70	81	85	80	104	126
1483	332	443	571	485	483	636	599
2	1	2	2	1	2	3	3
3				2	2	1	2
2	2			1		3	
						2	
14	2	2	3	4	7	14	8
1462	327	439	566	477	472	613	586
571	122	126	147	129	146	200	155
24	4	2	4	3	8	8	3
1				1			
75	18	20	23	36	39	60	48
5	2	1			2		1
288	40	45	50	36	54	59	49
113	35	27	27	19	18	24	16
34	12	20	19	19	14	35	25
19	7	8	17	12	8	9	11
12	4	3	7	3	3	5	2
3194	845	1005	1050	892	928	1175	1250
370	76	122	116	88	101	141	141
1272	320	371	386	337	352	415	446
417	125	112	124	91	116	132	159
39	7	14	15	12	11	19	13
551	157	195	192	173	161	224	209
55	18	11	20	16	31	21	36
416	128	167	176	151	127	187	214
74	14	13	21	24	29	36	32

4-08 续表 5

行业中类	法人单位数（个）	1949年以前	1950-1977年	1978-1991年
计算机、通信和其他电子设备制造业	10798		3	100
计算机制造	425			4
通信设备制造	963			5
广播电视设备制造	201			1
雷达及配套设备制造	11			
非专业视听设备制造	523		1	8
智能消费设备制造	434			
电子器件制造	1413			14
电子元件及电子专用材料制造	6088		2	63
其他电子设备制造	740			5
仪器仪表制造业	5642		13	129
通用仪器仪表制造	4175		10	86
专用仪器仪表制造	638		2	22
钟表与计时仪器制造	146			8
光学仪器制造	246			2
衡器制造	194		1	2
其他仪器仪表制造业	243			9
其他制造业	7010			44
日用杂品制造	5045			33
核辐射加工	4			1
其他未列明制造业	1961			10
废弃资源综合利用业	705			4
金属废料和碎屑加工处理	285			1
非金属废料和碎屑加工处理	420			3
金属制品、机械和设备修理业	2108		3	35
金属制品修理	46			
通用设备修理	282			1
专用设备修理	264		1	4
铁路、船舶、航空航天等运输设备修理	910		2	22
电气设备修理	149			3
仪器仪表修理	21			
其他机械和设备修理业	436			5
电力、热力、燃气及水生产和供应业	**5142**	**2**	**59**	**315**
电力、热力生产和供应业	3642	2	45	216
电力生产	3354	1	35	200
电力供应	151	1	10	13
热力生产和供应	137			3
燃气生产和供应业	273			6
燃气生产和供应业	263			6
生物质燃气生产和供应业	10			
水的生产和供应业	1227		14	93
自来水生产和供应	530		14	84
污水处理及其再生利用	580			
海水淡化处理	3			
其他水的处理、利用与分配	114			9
建筑业	**48943**	**2**	**37**	**193**
房屋建筑业	6425	1	32	68

1992-2000年	2001年	2002年	2003年	2004年	2005年	2006年	2007年
893	274	307	280	282	284	375	380
28	12	16	8	12	10	8	13
129	33	31	37	26	29	32	27
33	9	7	9	7	9	8	7
2			1	1			
61	26	29	23	28	22	23	26
13	5	4	5	5	5	8	7
95	27	36	33	34	33	48	48
494	143	174	153	152	168	221	231
38	19	10	11	17	8	27	21
683	177	178	167	127	140	165	171
479	120	126	101	90	97	113	111
67	25	23	29	17	22	24	32
34	5	7	5	4	9	4	6
42	13	8	15	7	4	6	8
26	8	6	8	3	2	8	10
35	6	8	9	6	6	10	4
463	142	150	183	191	198	290	243
368	120	126	154	174	163	242	220
1							
94	22	24	29	17	35	48	23
43	12	17	21	25	24	19	26
10	5	8	10	17	15	10	12
33	7	9	11	8	9	9	14
113	28	29	33	38	34	56	54
3			2			3	1
13	3	4	3	6	1	3	3
11	6	4	1	6	3	5	3
63	14	16	16	16	25	34	37
11	3	3	3	4	1	3	1
1			1	1			3
11	2	2	7	5	4	8	6
921	**158**	**203**	**222**	**199**	**162**	**144**	**106**
728	124	162	176	141	114	96	52
687	118	158	165	137	112	91	49
25	5	1	3	2	1	1	1
16	1	3	8	2	1	4	2
31	6	7	12	14	13	8	8
31	6	7	12	14	12	7	8
					1	1	
162	28	34	34	44	35	40	46
104	20	18	21	23	19	18	16
15	5	15	10	19	13	20	26
					1		
43	3	1	3	2	2	2	4
1539	**348**	**536**	**680**	**607**	**604**	**670**	**702**
259	50	54	91	96	85	103	101

4-08 续表 6

行业中类	法人单位数（个）	1949年以前	1950-1977年	1978-1991年
住宅房屋建筑	5520	1	25	57
体育场馆建筑	11			
其他房屋建筑业	894		7	11
土木工程建筑业	11067		3	51
铁路、道路、隧道和桥梁工程建筑	4714			15
水利和水运工程建筑	671		2	19
海洋工程建筑	50			
工矿工程建筑	162		1	
架线和管道工程建筑	815			7
节能环保工程施工	364			
电力工程施工	345			
其他土木工程建筑	3946			10
建筑安装业	6655	1	1	41
电气安装	2360		1	13
管道和设备安装	1930	1		16
其他建筑安装业	2365			12
建筑装饰、装修和其他建筑业	24796		1	33
建筑装饰和装修业	18967		1	24
建筑物拆除和场地准备活动	3776			3
提供施工设备服务	203			
其他未列明建筑业	1850			6
批发和零售业	**451021**	**19**	**97**	**1047**
批发业	284286	5	43	557
农、林、牧、渔产品批发	4740		4	35
食品、饮料及烟草制品批发	17928	1	13	58
纺织、服装及家庭用品批发	90597		1	61
文化、体育用品及器材批发	15608		1	15
医药及医疗器材批发	6544	1	1	12
矿产品、建材及化工产品批发	65711	2	14	246
机械设备、五金产品及电子产品批发	55976	1	4	95
贸易经纪与代理	6842			4
其他批发业	20340		5	31
零售业	166735	14	54	490
综合零售	3448	1	11	65
食品、饮料及烟草制品专门零售	14970	1	4	61
纺织、服装及日用品专门零售	26133	2	8	79
文化、体育用品及器材专门零售	9002	4	15	38
医药及医疗器材专门零售	12440	5	7	96
汽车、摩托车、零配件和燃料及其他动力销售	14160		3	47
家用电器及电子产品专门零售	14219	1		19
五金、家具及室内装饰材料专门零售	20213		3	54
货摊、无店铺及其他零售业	52150		3	31
交通运输、仓储和邮政业	**31548**		**23**	**213**
铁路运输业				
铁路旅客运输				
铁路货物运输				
铁路运输辅助活动				

1992-2000年	2001年	2002年	2003年	2004年	2005年	2006年	2007年
222	37	38	67	81	61	78	84
					1		
37	13	16	24	15	23	25	17
382	92	140	188	160	155	160	176
180	31	66	83	73	64	81	78
30	8	10	12	11	14	8	13
3			1	1	2	1	3
8	2	3	3	6	3	7	4
43	12	12	25	17	11	21	21
15	1	1	3	1	6	9	7
4	2	3	3	1	2	1	4
99	36	45	58	50	53	32	46
312	74	96	123	100	117	122	141
95	28	30	51	40	40	50	51
106	23	27	35	31	36	38	39
111	23	39	37	29	41	34	51
586	132	246	278	251	247	285	284
489	111	155	183	159	179	207	223
69	15	81	77	63	42	51	44
7	2		5	7	5	2	4
21	4	10	13	22	21	25	13
10651	**3136**	**4261**	**5200**	**4951**	**5548**	**7203**	**7534**
7629	2285	2934	3543	3506	3905	5362	5583
195	51	55	72	52	66	78	73
560	160	178	201	157	201	255	276
1340	481	543	769	738	1044	1553	1644
307	92	144	133	137	162	221	247
142	42	48	69	89	89	110	113
2971	785	1052	1123	1057	1107	1563	1550
1612	543	735	937	1021	968	1211	1293
95	43	35	58	55	79	118	146
407	88	144	181	200	189	253	241
3022	851	1327	1657	1445	1643	1841	1951
114	34	37	34	37	44	36	42
299	95	195	184	129	160	168	191
379	109	123	148	137	167	213	262
200	50	61	98	67	87	92	97
193	54	385	423	434	533	431	378
588	147	146	236	162	160	213	247
389	139	124	210	189	178	244	302
591	157	186	262	201	242	325	290
269	66	70	62	89	72	119	142
1362	**351**	**444**	**520**	**645**	**568**	**671**	**637**

4-08 续表 7

行业中类	法人单位数（个）	1949年以前	1950-1977年	1978-1991年
道路运输业	19204		9	124
城市公共交通运输	531			20
公路旅客运输	449		2	19
道路货物运输	17178		4	71
道路运输辅助活动	1046		3	14
水上运输业	1278		5	23
水上旅客运输	84			10
水上货物运输	831		2	8
水上运输辅助活动	363		3	5
航空运输业	122			1
航空客货运输	54			
通用航空服务	40			
航空运输辅助活动	28			1
管道运输业	4			
海底管道运输	1			
陆地管道运输	3			
多式联运和运输代理业	6907			24
多式联运	19			
运输代理业	6888			24
装卸搬运和仓储业	2568		9	40
装卸搬运	1256		3	19
通用仓储	551		2	5
低温仓储	98			
危险品仓储	67			
谷物、棉花等农产品仓储	131		3	13
中药材仓储	1			
其他仓储业	464		1	3
邮政业	1465			1
邮政基本服务	17			1
快递服务	1437			
其他寄递服务	11			
住宿和餐饮业	**24318**		**6**	**113**
住宿业	8824		4	75
旅游饭店	1657		2	25
一般旅馆	5965		2	49
民宿服务	977			1
露营地服务	9			
其他住宿业	216			
餐饮业	15494		2	38
正餐服务	11894		2	32
快餐服务	1097			1
饮料及冷饮服务	764			
餐饮配送及外卖送餐服务	352			
其他餐饮业	1387			5
信息传输、软件和信息技术服务业	**53992**	**1**		**25**
电信、广播电视和卫星传输服务	791			13
电信	702			8

1992-2000年	2001年	2002年	2003年	2004年	2005年	2006年	2007年
773	213	282	318	317	298	370	329
133	24	19	25	17	7	18	16
104	29	34	21	12	14	20	13
442	137	191	228	265	248	312	280
94	23	38	44	23	29	20	20
117	27	35	47	60	41	54	60
13	3	1	5	3		2	3
79	20	27	27	41	28	31	37
25	4	7	15	16	13	21	20
6	3	3	4	1		2	4
1	2	1	1	1			2
3			1			1	1
2	1	2	2			1	1
2							
2							
240	56	62	88	195	151	161	144
1	1			1	1		1
239	55	62	88	194	150	161	143
199	51	54	53	65	61	69	71
77	21	29	22	30	23	34	28
25	10	10	13	14	14	17	20
8	2	1	2	5	2	3	4
8	5	3	2	5	8	6	6
59	3	2	9	2	1		1
22	10	9	5	9	13	9	12
25	1	8	10	7	17	15	29
10				1	1	1	1
14	1	8	10	6	16	14	27
1							1
658	**189**	**220**	**284**	**293**	**339**	**373**	**392**
444	99	116	163	175	188	216	203
132	26	34	42	38	45	49	52
297	70	80	116	133	137	163	144
6	3	2	2	2	3	2	2
9			3	2	3	2	5
214	90	104	121	118	151	157	189
171	74	89	93	94	123	136	163
20	6	8	9	10	8	6	10
3	4	3	9	5	8	6	7
4		2		4	4	1	2
16	6	2	10	5	8	8	7
399	**187**	**232**	**295**	**358**	**383**	**469**	**472**
40	4	18	15	21	17	17	17
28	3	15	14	21	15	15	15

4-08 续表 8

行业中类	法人单位数（个）	1949年以前	1950-1977年	1978-1991年
广播电视传输服务	77			4
卫星传输服务	12			1
互联网和相关服务	5389			1
互联网接入及相关服务	329			
互联网信息服务	2919			1
互联网平台	729			
互联网安全服务	62			
互联网数据服务	195			
其他互联网服务	1155			
软件和信息技术服务业	47812	1		11
软件开发	33847	1		6
集成电路设计	254			
信息系统集成和物联网技术服务	1817			2
运行维护服务	306			1
信息处理和存储支持服务	308			
信息技术咨询服务	7620			2
数字内容服务	530			
其他信息技术服务业	3130			
金融业	**16196**			**30**
货币金融服务	1307			22
中央银行服务				
货币银行服务	261			16
非货币银行服务	1046			6
银行理财服务				
银行监管服务				
资本市场服务	13038			1
证券市场服务				
公开募集证券投资基金				
非公开募集证券投资基金	1921			
期货市场服务				
证券期货监管服务				
资本投资服务	1532			1
其他资本市场服务	9585			
保险业	758			1
人身保险	251			
财产保险	290			1
再保险				
商业养老金	11			
保险中介服务	116			
保险资产管理	1			
保险监管服务				
其他保险活动	89			
其他金融业	1093			6
金融信托与管理服务	70			2
控股公司服务	345			4
非金融机构支付服务	8			
金融信息服务	260			
金融资产管理公司	9			
其他未列明金融业	401			

1992-2000年	2001年	2002年	2003年	2004年	2005年	2006年	2007年
11	1	3	1		2	2	2
1							
32	22	24	30	29	43	54	31
5	2	6	1	7	2	3	3
16	12	10	21	14	26	40	19
2			3	3	4	1	1
		1	1				1
1	3		1				2
8	5	7	3	5	11	10	5
327	161	190	250	308	323	398	424
232	126	136	171	218	228	294	309
1	1	3	3	4	1	5	4
29	17	16	27	22	30	33	19
4		1	2	4	2	3	7
2			2		1	1	3
47	8	27	27	40	41	42	53
	2		6	8	5	6	11
12	7	7	12	12	15	14	18
143	**23**	**81**	**94**	**72**	**120**	**112**	**180**
51	3	15	19	5	47	25	39
24	1			2	29	1	8
27	2	15	19	3	18	24	31
34	7	9	12	17	15	22	37
7	4	4	2	9	9	9	14
19	2	3	7	7	3	10	18
8	1	2	3	1	3	3	5
33	5	48	46	37	45	52	85
13	3	25	17	11	11	21	25
20	2	21	17	15	23	22	41
							8
			11	10	9	9	11
		2	1	1	2		
25	8	9	17	13	13	13	19
2	1						
7	4	2	4	4	1	1	3
		1				2	
1							2
			1				
15	3	6	12	9	12	10	14

4-08 续表 9

行业中类	法 人单位数（个）			
		1949年以前	1950-1977年	1978-1991年
房地产业	**33016**	**1**	**3**	**63**
房地产业	33016	1	3	63
房地产开发经营	7943			39
物业管理	8444			14
房地产中介服务	15982	1	2	9
房地产租赁经营				
其他房地产业	647		1	1
租赁和商务服务业	**126533**	**3**	**27**	**260**
租赁业	9138		1	8
机械设备经营租赁	8660			8
文体设备和用品出租	410			
日用品出租	68		1	
商务服务业	117395	3	26	252
组织管理服务	33224	3	17	94
综合管理服务	3644		5	37
法律服务	422			7
咨询与调查	37681		1	17
广告业	19653			16
人力资源服务	5557		1	7
安全保护服务	1320			23
会议、展览及相关服务	2324			6
其他商务服务业	13570		2	45
科学研究和技术服务业	**57417**	**1**	**4**	**145**
研究和试验发展	9220			6
自然科学研究和试验发展	355			1
工程和技术研究和试验发展	7169			4
农业科学研究和试验发展	396			1
医学研究和试验发展	1268			
社会人文科学研究	32			
专业技术服务业	28192	1	4	116
气象服务	39			
地震服务	5			
海洋服务	54			
测绘地理信息服务	513			5
质检技术服务	2335			14
环境与生态监测检测服务	556			
地质勘查	78			4
工程技术与设计服务	13411	1	2	78
工业与专业设计及其他专业技术服务	11201		2	15
科技推广和应用服务业	20005			23
技术推广服务	15048			18
知识产权服务	1717			1
科技中介服务	541			2
创业空间服务	180			1
其他科技推广服务业	2519			1

1992–2000年	2001年	2002年	2003年	2004年	2005年	2006年	2007年
1390	**379**	**445**	**556**	**546**	**500**	**566**	**681**
1390	379	445	556	546	500	566	681
731	168	179	214	204	180	197	283
470	128	125	198	187	170	206	199
156	75	125	121	141	132	144	190
33	8	16	23	14	18	19	9
3140	**840**	**939**	**1421**	**1221**	**1275**	**1560**	**1692**
131	51	43	59	53	60	65	67
122	48	40	56	50	56	61	63
9	1	2	2	2	3	4	4
	2	1	1	1	1		
3009	789	896	1362	1168	1215	1495	1625
1061	217	280	306	206	237	291	350
271	88	81	330	78	79	98	69
44	12	1	6	4	5	5	4
531	113	147	214	272	286	391	433
563	163	172	224	302	296	352	399
55	25	33	37	59	59	70	73
55	11	3	11	13	16	21	20
26	18	29	24	22	42	36	43
403	142	150	210	212	195	231	234
939	**338**	**365**	**591**	**547**	**579**	**600**	**652**
82	24	35	40	41	49	58	64
6	2	1	1		2	2	4
47	17	24	30	26	32	41	51
9	2	3	1	8	1	5	1
18	3	6	8	7	13	10	8
2		1			1		
689	255	279	440	414	423	411	448
4		4	3		1	1	1
			1				
2	1				1	1	1
43	14	11	44	26	24	12	5
81	30	35	64	82	58	66	64
7	1	2	5	6	8	11	12
12	2	2	3	1	4	4	4
420	149	177	241	220	227	230	231
120	58	48	79	79	100	86	130
168	59	51	111	92	107	131	140
141	45	34	56	56	80	90	93
11	9	14	42	30	20	28	33
5	4	1	5	3	4	7	6
2		1	1				2
9	1	1	7	3	3	6	6

4-08 续表 10

行业中类	法人单位数（个）			
		1949年以前	1950-1977年	1978-1991年
水利、环境和公共设施管理业	**6904**		**4**	**21**
水利管理业	361		4	8
防洪除涝设施管理	73		1	1
水资源管理	103		1	1
天然水收集与分配	41		2	4
水文服务	12			
其他水利管理业	132			2
生态保护和环境治理业	1146			2
生态保护	54			
环境治理业	1092			2
公共设施管理业	4969			11
市政设施管理	664			1
环境卫生管理	1196			2
城乡市容管理	72			
绿化管理	1832			6
城市公园管理	55			
游览景区管理	1150			2
土地管理业	428			
土地整治服务	326			
土地调查评估服务	47			
土地登记服务	5			
土地登记代理服务	22			
其他土地管理服务	28			
居民服务、修理和其他服务业	**24472**	**1**	**4**	**104**
居民服务业	10752	1	4	32
家庭服务	2295			
托儿所服务	179			
洗染服务	437			2
理发及美容服务	2050		1	3
洗浴和保健养生服务	1988			1
摄影扩印服务	1330	1	1	5
婚姻服务	1009			
殡葬服务	384		2	19
其他居民服务业	1080			2
机动车、电子产品和日用产品修理业	9307			66
汽车、摩托车等修理与维护	7272			60
计算机和办公设备维修	832			1
家用电器修理	1009			4
其他日用产品修理业	194			1
其他服务业	4413			6
清洁服务	3277			6
宠物服务	196			
其他未列明服务业	940			
教育				
教育				
学前教育				
初等教育				

1992-2000年	2001年	2002年	2003年	2004年	2005年	2006年	2007年
289	**110**	**133**	**124**	**111**	**109**	**125**	**135**
43	11	4	7	5	13	8	6
11	3	2	1		2	4	
12	3		3	2	5	1	1
4	2	1	1	1	1	1	3
2							
14	3	1	2	2	5	2	2
20	14	7	9	10	9	24	19
8	1		1	1	2	3	2
12	13	7	8	9	7	21	17
208	77	101	101	89	81	89	104
38	8	21	15	14	13	19	25
13	10	8	3	11	21	14	18
3		2	1		1		1
104	33	50	53	44	27	33	32
8	1		3	1	1	2	
42	25	20	26	19	18	21	28
18	8	21	7	7	6	4	6
6	3	6	3	1		2	4
6	1	12	3	4	2	2	1
1					1		
3	2	2		1	3		
2	2	1	1	1			1
716	**180**	**247**	**335**	**308**	**340**	**434**	**379**
212	59	98	96	83	101	122	106
19	10	19	21	12	16	31	28
							2
22	9	9	10	5	9	10	11
22	11	23	16	18	28	13	13
24	10	15	21	19	21	32	19
47	4	10	8	12	5	16	15
7	2	2	6	9	9	11	10
60	10	12	10	3	8	4	5
11	3	8	4	5	5	5	3
444	101	119	194	173	169	230	203
367	76	91	155	136	118	170	153
28	4	7	18	15	21	26	24
42	18	18	15	20	27	30	25
7	3	3	6	2	3	4	1
60	20	30	45	52	70	82	70
41	8	15	24	37	36	54	60
2	1	1	1			1	2
17	11	14	20	15	34	27	8

4-08 续表 11

行业中类	法人单位数（个）	1949年以前	1950-1977年	1978-1991年
中等教育				
高等教育				
特殊教育				
技能培训、教育辅助及其他教育				
卫生和社会工作	**745**		**1**	**1**
卫生	162			
医院	86			
基层医疗卫生服务	64			
专业公共卫生服务	2			
其他卫生活动	10			
社会工作	583		1	1
提供住宿社会工作	532		1	1
不提供住宿社会工作	51			
文化、体育和娱乐业	**32284**	**1**	**3**	**54**
新闻和出版业	163			7
新闻业	15			
出版业	148			7
广播、电视、电影和录音制作业	7240		2	26
广播	192			
电视	139			
影视节目制作	5877			
广播电视集成播控	8			
电影和广播电视节目发行	243			2
电影放映	706		2	24
录音制作	75			
文化艺术业	5593		1	11
文艺创作与表演	2395		1	2
艺术表演场馆	50			7
图书馆与档案馆	230			1
文物及非物质文化遗产保护	46			
博物馆	28			
烈士陵园、纪念馆	4			
群众文体活动	493			1
其他文化艺术业	2347			
体育	2968			3
体育组织	495			1
体育场地设施管理	199			
健身休闲活动	2185			2
其他体育	89			
娱乐业	16320	1		7
室内娱乐活动	7744	1		2
游乐园	195			
休闲观光活动	752			1
彩票活动	12			
文化体育娱乐活动与经纪代理服务	7540			4
其他娱乐业	77			

1992-2000年	2001年	2002年	2003年	2004年	2005年	2006年	2007年
22	**4**	**3**	**11**	**6**	**8**	**10**	**9**
3	1	1	7	6	7	6	6
2		1	4	1	6	3	5
	1		3	5	1	2	1
1						1	
19	3	2	4		1	4	3
13	2	2	3		1	4	2
6	1		1				1
282	**167**	**412**	**685**	**457**	**474**	**479**	**314**
15	4	10	3	8	10	4	5
2	1						
13	3	10	3	8	10	4	5
36	5	12	17	24	22	47	44
1				2	1	1	1
3			1	2			
14	4	3	6	14	16	20	30
		2	2	2	1	9	2
18	1	7	7	3	3	17	11
			1	1	1		
41	11	17	18	24	22	27	24
20	4	9	6	13	11	11	10
2	2	2	1	1	1	3	2
6		2	1			3	1
3		1	1	1	1	1	2
1	2		1	2	2	1	1
6		1	3	2	4	2	3
3	3	2	5	5	3	6	5
15	10	5	22	14	19	34	21
			1		4	2	2
5	1	2	2	2	1	1	1
8	7	3	19	11	14	30	17
2	2			1		1	1
175	137	368	625	387	401	367	220
150	126	350	603	360	372	325	170
4	1	2	1	1			1
3	4		4	5	7	15	16
1							
15	6	15	17	21	22	25	31
2		1				2	2

4-08 续表 12

行业中类	2008年	2009年	2010年	2011年
总　计	**28742**	**36364**	**48543**	**50560**
农、林、牧、渔业	**18**	**23**	**24**	**23**
农业		3	3	
谷物种植				
豆类、油料和薯类种植				
棉、麻、糖、烟草种植				
蔬菜、食用菌及园艺作物种植		2	1	
水果种植		1		
坚果、含油果、香料和饮料作物种植			1	
中药材种植				
草种植及割草				
其他农业			1	
林业				1
林木育种和育苗				1
造林和更新				
森林经营、管护和改培				
木材和竹材采运				
林产品采集				
畜牧业	1	1	1	
牲畜饲养		1	1	
家禽饲养				
狩猎和捕捉动物				
其他畜牧业	1			
渔业	2	1		
水产养殖	2	1		
水产捕捞				
农、林、牧、渔专业及辅助性活动	15	18	20	22
农业专业及辅助性活动	7	10	9	16
林业专业及辅助性活动	4	4	5	3
畜牧专业及辅助性活动		1	2	1
渔业专业及辅助性活动	4	3	4	2
采矿业	**42**	**40**	**28**	**38**
煤炭开采和洗选业			1	1
烟煤和无烟煤开采洗选			1	1
褐煤开采洗选				
其他煤炭采选				
石油和天然气开采业				1
石油开采				1
天然气开采				
黑色金属矿采选业	3	3	1	1
铁矿采选	3	3	1	1
锰矿、铬矿采选				
其他黑色金属矿采选				
有色金属矿采选业	2	1	3	1
常用有色金属矿采选	1	1		1
贵金属矿采选			1	
稀有稀土金属矿采选	1		2	

2012年	2013年	2014年	2015年	2016年	2017年	2018年	无开业年份
51473	**87793**	**104680**	**109845**	**157657**	**211240**	**215146**	**2199**
37	**59**	**70**	**94**	**104**	**161**	**170**	**4**
5	3	1	1	2	3	1	
					1		
2	3		1	1	1		
				1	1	1	
3		1					
1							
1							
1	1	1	1			1	
1		1	1				
	1					1	
	2	1	1				
	2	1	1				
30	53	67	91	102	158	168	4
23	34	41	69	67	113	133	4
7	5	16	17	22	30	27	
	6	4	2	5	1	1	
	8	6	3	8	14	7	
39	**72**	**77**	**56**	**50**	**54**	**60**	
		1		1		1	
		1		1		1	
3		1	1				
3		1	1				
1	1	3	2	1	1		
1	1	2	2	1	1		
		1					

4-08 续表 13

行业中类				
	2008年	2009年	2010年	2011年
非金属矿采选业	37	35	22	33
土砂石开采	35	31	21	32
化学矿开采				
采盐				
石棉及其他非金属矿采选	2	4	1	1
开采专业及辅助性活动		1	1	
煤炭开采和洗选专业及辅助性活动				
石油和天然气开采专业及辅助性活动		1	1	
其他开采专业及辅助性活动				
其他采矿业				1
其他采矿业				1
制造业	**13331**	**15126**	**20551**	**18892**
农副食品加工业	142	133	186	160
谷物磨制	4	9	5	4
饲料加工	12	10	23	14
植物油加工	6	9	9	4
制糖业	1			3
屠宰及肉类加工	24	15	34	38
水产品加工	36	41	43	44
蔬菜、菌类、水果和坚果加工	28	36	44	32
其他农副食品加工	31	13	28	21
食品制造业	69	68	106	104
焙烤食品制造	21	18	25	37
糖果、巧克力及蜜饯制造	4	3	4	4
方便食品制造	12	15	18	11
乳制品制造	1	1	2	5
罐头食品制造	6	3	12	5
调味品、发酵制品制造	3	4	5	6
其他食品制造	22	24	40	36
酒、饮料和精制茶制造业	56	56	51	60
酒的制造	7	9	10	6
饮料制造	24	17	12	21
精制茶加工	25	30	29	33
烟草制品业				
烟叶复烤				
卷烟制造				
其他烟草制品制造				
纺织业	1034	1251	1655	1550
棉纺织及印染精加工	302	320	467	436
毛纺织及染整精加工	31	38	47	48
麻纺织及染整精加工	3	3	1	1
丝绢纺织及印染精加工	27	29	37	27
化纤织造及印染精加工	126	186	244	189
针织或钩针编织物及其制品制造	221	347	443	447
家用纺织制成品制造	168	183	242	238
产业用纺织制成品制造	156	145	174	164
纺织服装、服饰业	719	881	1321	1237
机织服装制造	300	351	564	573

2012年	2013年	2014年	2015年	2016年	2017年	2018年	无开业年份
35	69	70	51	47	50	53	
35	65	69	48	47	47	50	
	1		1				
	3	1	2		3	3	
		1	1		2	4	
		1					
					1		
			1		1	4	
	2	1	1	1	1	2	
	2	1	1	1	1	2	
17925	**31622**	**31875**	**27229**	**33392**	**42349**	**37533**	**457**
227	339	283	294	265	299	205	13
7	16	19	11	11	10	7	1
15	24	27	22	20	21	14	
17	6	10	7	10	8	9	1
3	8	4	4	4	2		
37	48	48	73	46	56	30	
54	94	69	51	59	95	71	9
50	82	41	58	58	52	21	
44	61	65	68	57	55	53	2
168	215	206	282	276	281	212	4
61	95	94	104	85	93	59	1
12	9	12	17	8	12	7	
30	36	53	51	61	47	31	
1	1	1	3		2	2	
10	9	4	14	5	8		
7	18	10	16	12	17	12	1
47	47	32	77	105	102	101	2
105	202	112	107	163	143	119	3
16	20	30	21	33	31	26	
41	41	34	24	44	34	28	1
48	141	48	62	86	78	65	2
1337	2441	2220	2037	2528	2956	2896	36
343	754	545	479	561	708	643	10
31	60	63	53	77	83	61	
4	3	4	6	6	6		
21	56	49	42	46	46	19	1
181	355	306	263	302	326	335	1
381	559	600	619	792	902	940	4
205	379	375	340	428	508	523	9
171	275	278	235	316	377	375	11
1173	2834	2656	2307	2931	3315	3488	22
539	1509	1287	1092	1318	1362	1235	11

4-08 续表 14

行业中类	2008年	2009年	2010年	2011年
针织或钩针编织服装制造	167	231	297	244
服饰制造	252	299	460	420
皮革、毛皮、羽毛及其制品和制鞋业	383	515	821	853
皮革鞣制加工	11	13	21	20
皮革制品制造	142	146	216	260
毛皮鞣制及制品加工	37	41	84	59
羽毛(绒)加工及制品制造	9	12	19	17
制鞋业	184	303	481	497
木材加工和木、竹、藤、棕、草制品业	258	261	328	255
木材加工	49	38	44	38
人造板制造	29	27	29	20
木质制品制造	130	150	191	146
竹、藤、棕、草等制品制造	50	46	64	51
家具制造业	174	230	308	280
木质家具制造	102	135	177	184
竹、藤家具制造	2	9	10	6
金属家具制造	34	46	63	42
塑料家具制造	8	5	6	7
其他家具制造	28	35	52	41
造纸和纸制品业	386	468	625	453
纸浆制造				1
造纸	45	68	82	53
纸制品制造	341	400	543	399
印刷和记录媒介复制业	302	358	454	373
印刷	277	334	427	343
装订及印刷相关服务	24	23	27	30
记录媒介复制	1	1		
文教、工美、体育和娱乐用品制造业	595	654	917	837
文教办公用品制造	95	127	145	140
乐器制造	3	6	10	17
工艺美术及礼仪用品制造	367	351	518	454
体育用品制造	52	77	109	101
玩具制造	60	75	114	90
游艺器材及娱乐用品制造	18	18	21	35
石油、煤炭及其他燃料加工业	11	14	12	8
精炼石油产品制造	7	6	7	4
煤炭加工	2	4		1
核燃料加工				
生物质燃料加工	2	4	5	3
化学原料和化学制品制造业	300	358	339	289
基础化学原料制造	29	38	43	37
肥料制造	7	16	7	16
农药制造	1		1	1
涂料、油墨、颜料及类似产品制造	80	88	70	64
合成材料制造	28	55	70	48
专用化学产品制造	108	119	102	81
炸药、火工及焰火产品制造				
日用化学产品制造	47	42	46	42

2012年	2013年	2014年	2015年	2016年	2017年	2018年	无开业年份
269	537	492	453	617	839	1091	4
365	788	877	762	996	1114	1162	7
796	1896	3067	1512	1404	1981	1976	15
19	42	53	27	33	35	30	
246	503	437	404	453	533	681	2
84	118	118	77	72	77	90	
12	21	13	14	7	22	18	
435	1212	2446	990	839	1314	1157	13
266	642	577	459	621	831	594	10
36	130	108	81	103	131	117	2
31	42	38	29	51	40	20	
144	303	311	253	370	536	352	7
55	167	120	96	97	124	105	1
304	665	583	594	693	1134	713	10
180	428	376	359	461	819	462	7
7	26	16	19	15	19	18	1
56	101	97	106	98	103	66	
10	15	12	11	8	17	12	
51	95	82	99	111	176	155	2
509	945	930	849	1052	1380	1572	10
1	2	2	1	3		2	
68	135	108	101	129	163	139	1
440	808	820	747	920	1217	1431	9
317	604	537	509	704	798	798	8
297	541	503	479	673	751	754	8
20	63	34	29	31	47	44	
			1				
949	1742	1719	1619	2120	2657	2360	17
140	269	274	244	275	348	352	4
9	7	14	10	16	31	27	
542	1043	924	845	1151	1444	1268	11
112	167	203	193	265	267	234	1
107	209	199	236	296	390	362	1
39	47	105	91	117	177	117	
22	28	42	42	59	49	34	
15	10	13	15	24	22	12	
1	9	6	2	5	2	2	
						1	
6	9	23	25	30	25	19	
300	425	423	431	576	660	496	15
27	42	29	36	49	52	40	4
13	7	22	18	28	22	14	
	1	4	3	2	4	4	
63	117	105	102	118	157	100	3
48	75	70	73	109	128	110	3
86	115	104	110	141	158	98	3
	1	2		1	2		
63	67	87	89	128	137	130	2

4-08 续表 15

行业中类				
	2008年	2009年	2010年	2011年
医药制造业	26	43	39	34
化学药品原料药制造	3	5	4	5
化学药品制剂制造		2	2	2
中药饮片加工	3	1	3	2
中成药生产	2	3	2	
兽用药品制造	3	5	2	2
生物药品制品制造	3	6	8	10
卫生材料及医药用品制造	7	19	14	9
药用辅料及包装材料	5	2	4	4
化学纤维制造业	62	69	140	115
纤维素纤维原料及纤维制造	1	2	1	4
合成纤维制造	59	66	135	109
生物基材料制造	2	1	4	2
橡胶和塑料制品业	1142	1311	1779	1423
橡胶制品业	136	137	211	183
塑料制品业	1006	1174	1568	1240
非金属矿物制品业	457	463	615	548
水泥、石灰和石膏制造	23	18	23	17
石膏、水泥制品及类似制品制造	118	90	128	136
砖瓦、石材等建筑材料制造	120	151	171	146
玻璃制造	17	24	39	20
玻璃制品制造	48	62	86	83
玻璃纤维和玻璃纤维增强塑料制品制造	16	22	17	26
陶瓷制品制造	52	40	83	44
耐火材料制品制造	32	25	31	26
石墨及其他非金属矿物制品制造	31	31	37	50
黑色金属冶炼和压延加工业	102	97	99	95
炼铁	2			
炼钢	1			
钢压延加工	98	96	93	93
铁合金冶炼	1	1	6	2
有色金属冶炼和压延加工业	123	124	152	137
常用有色金属冶炼	6	4	2	6
贵金属冶炼			1	
稀有稀土金属冶炼			1	1
有色金属合金制造	30	34	46	27
有色金属压延加工	87	86	102	103
金属制品业	1357	1456	1961	1801
结构性金属制品制造	293	352	425	364
金属工具制造	160	154	240	229
集装箱及金属包装容器制造	22	23	39	33
金属丝绳及其制品制造	43	44	50	46
建筑、安全用金属制品制造	435	448	578	603
金属表面处理及热处理加工	86	67	129	83
搪瓷制品制造	14	14	29	19
金属制日用品制造	95	126	191	169
铸造及其他金属制品制造	209	228	280	255

2012年	2013年	2014年	2015年	2016年	2017年	2018年	无开业年份
37	47	54	58	92	103	48	5
5	1	5	6	7	8	5	1
4	3	4	8	7	6	4	2
5	8	4	6	14	9	5	
2	4	2	2	7	17	4	
2	2	1	2		1	2	
9	5	15	11	27	30	16	
8	21	19	20	28	30	12	2
2	3	4	3	2	2		
62	128	99	85	97	128	127	2
3	1	5	5	7	1	4	
55	121	82	78	88	122	118	1
4	6	12	2	2	5	5	1
1421	2561	2452	2003	2558	3128	2629	27
163	287	244	197	260	327	312	3
1258	2274	2208	1806	2298	2801	2317	24
569	1169	890	728	1078	1224	1009	11
17	27	24	19	28	22	17	
127	249	171	149	172	244	187	3
201	334	345	280	361	450	410	6
21	25	26	31	33	47	32	
68	320	134	106	293	215	165	
29	33	26	18	29	29	21	1
46	85	80	57	71	110	72	1
19	23	35	20	24	25	24	
41	73	49	48	67	82	81	
98	134	133	136	151	198	170	1
1							
	2			2	2	1	
96	131	130	134	146	191	166	1
1	1	3	2	3	5	3	
137	231	204	157	198	234	192	3
4	7	3	4	9	6	11	
	2						
		2	2	2	1	3	
29	50	50	34	57	70	55	2
104	172	149	117	130	157	123	1
1778	2968	2875	2433	3099	3963	3480	44
385	648	633	576	757	999	851	8
217	315	257	269	352	394	352	5
39	42	43	48	45	44	34	
31	75	64	41	65	59	38	
509	952	930	711	957	1115	830	5
164	239	153	103	132	189	122	7
18	38	47	36	38	49	28	1
188	258	307	297	336	489	469	2
227	401	441	352	417	625	756	16

4-08 续表 16

行业中类				
	2008年	2009年	2010年	2011年
通用设备制造业	1945	1994	2743	2861
锅炉及原动设备制造	25	18	32	28
金属加工机械制造	175	192	285	303
物料搬运设备制造	59	100	128	112
泵、阀门、压缩机及类似机械制造	457	477	609	646
轴承、齿轮和传动部件制造	229	177	270	298
烘炉、风机、包装等设备制造	201	218	299	316
文化、办公用机械制造	19	20	29	12
通用零部件制造	727	732	1014	1049
其他通用设备制造业	53	60	77	97
专用设备制造业	790	994	1303	1268
采矿、冶金、建筑专用设备制造	37	46	52	48
化工、木材、非金属加工专用设备制造	325	378	542	535
食品、饮料、烟草及饲料生产专用设备制造	22	36	40	34
印刷、制药、日化及日用品生产专用设备制造	40	52	56	61
纺织、服装和皮革加工专用设备制造	104	128	173	192
电子和电工机械专用设备制造	17	32	40	45
农、林、牧、渔专用机械制造	38	41	56	50
医疗仪器设备及器械制造	86	111	144	136
环保、邮政、社会公共服务及其他专用设备制造	121	170	200	167
汽车制造业	640	642	978	839
汽车整车制造	1	2	1	2
汽车用发动机制造	1	2	1	1
改装汽车制造	3	2		
低速汽车制造		1		
电车制造	1			2
汽车车身、挂车制造	6	4	12	9
汽车零部件及配件制造	628	631	964	825
铁路、船舶、航空航天和其他运输设备制造业	162	169	191	176
铁路运输设备制造	6	4	7	9
城市轨道交通设备制造			1	3
船舶及相关装置制造	64	42	43	39
航空、航天器及设备制造	1	1	1	1
摩托车制造	36	41	61	42
自行车和残疾人座车制造	22	31	26	23
助动车制造	24	37	39	36
非公路休闲车及零配件制造	4	8	10	15
潜水救捞及其他未列明运输设备制造	5	5	3	8
电气机械和器材制造业	1247	1529	2109	1944
电机制造	128	154	184	189
输配电及控制设备制造	493	628	929	919
电线、电缆、光缆及电工器材制造	117	139	175	146
电池制造	15	17	18	11
家用电力器具制造	214	262	343	290
非电力家用器具制造	47	72	62	44
照明器具制造	202	229	345	282
其他电气机械及器材制造	31	28	53	63

2012年	2013年	2014年	2015年	2016年	2017年	2018年	无开业年份
2407	3817	3894	3156	3638	5005	4293	46
16	28	32	33	33	26	27	1
242	433	425	398	423	555	469	8
101	112	148	86	138	150	107	1
564	792	890	723	755	1171	994	8
234	318	287	235	260	375	278	1
261	423	424	388	440	556	443	4
31	28	27	21	35	37	24	1
856	1560	1478	1097	1343	1793	1483	16
102	123	183	175	211	342	468	6
1145	1919	1946	1693	2208	3084	2448	31
40	59	82	44	67	69	77	1
502	871	838	727	987	1403	1024	5
31	44	63	58	58	63	43	4
46	86	68	53	65	78	61	2
126	234	185	149	176	276	192	1
31	37	52	40	70	73	98	1
42	67	76	73	76	106	67	6
141	286	257	216	293	417	293	3
186	235	325	333	416	599	593	8
734	1322	1111	1013	1246	1666	1271	29
	4	4	6	8	10	13	
4	1	3	1	4	3	2	
	1	1	3		4	2	
	1		1	1	1	2	
3	10	8	6	7	13	3	1
727	1305	1095	996	1226	1635	1249	28
158	276	280	281	315	353	244	5
2	5	10	14	14	14	10	
	1	4	3	4	4	2	1
25	45	59	44	54	54	65	1
1	2	7	4	4	8	14	
47	108	62	53	78	79	51	
20	26	40	45	44	45	16	
39	64	52	56	59	80	35	2
21	19	38	55	50	65	49	
3	6	8	7	8	4	2	1
1793	2389	2764	2681	3239	4001	3170	46
150	218	226	204	213	272	205	6
832	949	1247	1228	1541	1941	1392	12
109	195	176	171	213	203	156	
8	17	25	31	59	55	38	1
327	458	536	556	612	784	619	7
45	74	54	49	53	82	39	4
278	411	418	353	457	536	438	5
44	67	82	89	91	128	283	11

4-08 续表 17

行业中类	2008年	2009年	2010年	2011年
计算机、通信和其他电子设备制造业	382	448	619	539
计算机制造	10	14	16	25
通信设备制造	32	35	68	45
广播电视设备制造	11	6	8	7
雷达及配套设备制造		1	2	
非专业视听设备制造	28	26	27	21
智能消费设备制造	6	11	14	13
电子器件制造	57	69	87	71
电子元件及电子专用材料制造	213	262	351	333
其他电子设备制造	25	24	46	24
仪器仪表制造业	163	187	227	240
通用仪器仪表制造	115	136	160	188
专用仪器仪表制造	19	24	25	20
钟表与计时仪器制造	3	3	5	5
光学仪器制造	9	8	12	9
衡器制造	10	11	13	5
其他仪器仪表制造业	7	5	12	13
其他制造业	222	260	344	299
日用杂品制造	192	221	290	245
核辐射加工				
其他未列明制造业	30	39	54	54
废弃资源综合利用业	28	17	34	26
金属废料和碎屑加工处理	18	7	24	10
非金属废料和碎屑加工处理	10	10	10	16
金属制品、机械和设备修理业	54	76	95	88
金属制品修理	1	3	1	1
通用设备修理	5	8	13	13
专用设备修理	5	7	12	12
铁路、船舶、航空航天等运输设备修理	29	42	37	37
电气设备修理	3	2	11	7
仪器仪表修理			2	1
其他机械和设备修理业	11	14	19	17
电力、热力、燃气及水生产和供应业	**131**	**119**	**129**	**118**
电力、热力生产和供应业	61	66	70	65
电力生产	56	63	64	56
电力供应	3		1	
热力生产和供应	2	3	5	9
燃气生产和供应业	10	16	14	12
燃气生产和供应业	10	16	13	12
生物质燃气生产和供应业			1	
水的生产和供应业	60	37	45	41
自来水生产和供应	18	17	18	9
污水处理及其再生利用	37	19	27	28
海水淡化处理	1			
其他水的处理、利用与分配	4	1		4
建筑业	**769**	**1135**	**1632**	**1673**
房屋建筑业	96	178	249	243

2012年	2013年	2014年	2015年	2016年	2017年	2018年	无开业年份
470	665	706	710	840	1180	1045	16
14	26	37	36	34	53	48	1
33	43	51	73	65	90	75	4
9	13	12	11	9	13	12	
	2			1		1	
19	28	17	26	32	29	23	
14	20	27	43	37	101	95	1
64	90	83	93	109	176	142	4
280	399	427	381	493	633	509	6
37	44	52	47	60	85	140	
246	340	375	408	440	587	477	2
181	259	296	323	346	466	370	2
29	31	43	41	44	58	41	
7	7	6	7	9	10	2	
12	11	12	14	17	19	18	
6	17	10	12	13	10	13	
11	15	8	11	11	24	33	
282	470	507	398	529	646	1125	24
229	364	390	277	391	453	389	4
	2						
53	104	117	121	138	193	736	20
27	61	68	68	50	72	63	
10	29	21	29	9	20	20	
17	32	47	39	41	52	43	
88	147	162	179	222	293	279	2
2	6	6	2	5	6	4	
14	20	32	20	41	43	36	
6	17	24	25	28	41	43	
40	63	46	85	82	108	94	2
6	12	18	15	12	14	17	
1	1	1	3	1	4	1	
19	28	35	29	53	77	84	
116	**181**	**206**	**279**	**427**	**584**	**358**	**3**
64	101	126	162	328	470	270	3
56	93	110	130	292	433	246	2
1	2	6	14	22	22	16	1
7	6	10	18	14	15	8	
21	19	13	10	11	16	26	
21	17	12	9	11	15	24	
	2	1	1		1	2	
31	61	67	107	88	98	62	
15	14	15	31	16	22	18	
14	34	46	70	68	75	39	
						1	
2	13	6	6	4	1	4	
1797	**2409**	**4093**	**3698**	**6268**	**9562**	**9898**	**91**
244	276	419	319	683	1282	1488	8

4-08 续表 18

行业中类				
	2008年	2009年	2010年	2011年
住宅房屋建筑	79	147	206	202
体育场馆建筑	1	1	2	
其他房屋建筑业	16	30	41	41
土木工程建筑业	174	313	390	446
铁路、道路、隧道和桥梁工程建筑	79	139	182	204
水利和水运工程建筑	14	30	21	39
海洋工程建筑		3	1	
工矿工程建筑	5	5	4	8
架线和管道工程建筑	23	31	37	37
节能环保工程施工	9	13	5	16
电力工程施工	3	1	5	3
其他土木工程建筑	41	91	135	139
建筑安装业	140	198	274	249
电气安装	47	67	102	90
管道和设备安装	41	54	78	81
其他建筑安装业	52	77	94	78
建筑装饰、装修和其他建筑业	359	446	719	735
建筑装饰和装修业	266	376	577	598
建筑物拆除和场地准备活动	67	48	98	96
提供施工设备服务	4	5	4	10
其他未列明建筑业	22	17	40	31
批发和零售业	**8348**	**11639**	**15365**	**18264**
批发业	6160	8573	11247	13039
农、林、牧、渔产品批发	103	99	188	196
食品、饮料及烟草制品批发	335	523	632	788
纺织、服装及家庭用品批发	1805	2609	3581	4385
文化、体育用品及器材批发	279	345	475	622
医药及医疗器材批发	121	196	263	292
矿产品、建材及化工产品批发	1656	2162	2667	2986
机械设备、五金产品及电子产品批发	1390	1963	2591	2918
贸易经纪与代理	143	204	289	234
其他批发业	328	472	561	618
零售业	2188	3066	4118	5225
综合零售	48	57	74	83
食品、饮料及烟草制品专门零售	253	312	369	498
纺织、服装及日用品专门零售	299	404	661	886
文化、体育用品及器材专门零售	117	199	232	330
医药及医疗器材专门零售	398	420	482	492
汽车、摩托车、零配件和燃料及其他动力销售	233	375	460	511
家用电器及电子产品专门零售	327	532	580	584
五金、家具及室内装饰材料专门零售	334	457	640	675
货摊、无店铺及其他零售业	179	310	620	1166
交通运输、仓储和邮政业	**623**	**979**	**1402**	**1048**
铁路运输业				
铁路旅客运输				
铁路货物运输				
铁路运输辅助活动				

2012年	2013年	2014年	2015年	2016年	2017年	2018年	无开业年份
215	237	369	280	600	1156	1271	7
1		1			2	2	
28	39	49	39	83	124	215	1
482	656	970	789	1300	2003	2014	23
247	303	463	310	549	884	676	7
41	57	53	41	68	90	90	
2	3	6	3	8	7	6	
4	5	16	17	11	28	21	1
30	45	68	66	97	115	96	1
6	14	36	29	42	63	88	
7	15	17	29	60	105	80	
145	214	311	294	465	711	957	14
298	308	548	515	846	1079	1061	11
120	115	192	214	317	381	314	2
89	101	172	139	231	306	282	4
89	92	184	162	298	392	465	5
773	1169	2156	2075	3439	5198	5335	49
609	855	1481	1626	2802	4087	3928	31
127	250	559	351	454	777	498	6
6	8	11	11	28	43	41	
31	56	105	87	155	291	868	12
19220	**33980**	**39916**	**39326**	**58380**	**74662**	**81435**	**839**
13722	21921	25002	24223	33860	42471	48153	563
244	651	459	398	543	624	551	3
971	1806	1881	1760	2233	2544	2374	21
4865	7563	8677	8346	11476	13653	15288	175
639	1266	1265	1308	2179	2720	3005	46
271	441	584	613	818	947	1276	6
3092	4729	5416	5016	7186	9474	9785	72
2771	4095	4892	4787	6415	8319	7359	56
294	409	560	618	795	959	1628	76
575	961	1268	1377	2215	3231	6887	108
5498	12059	14914	15103	24520	32191	33282	276
101	316	301	293	456	567	684	13
636	1665	1818	1315	1877	2553	2171	16
874	1738	2379	2362	4019	5200	5638	46
328	556	777	811	1328	1733	1777	5
537	678	1567	1451	1155	1247	1065	9
505	962	1135	1253	1762	2643	2356	16
641	1040	1128	1227	1796	2286	2268	15
740	2762	1759	1574	2415	3389	3140	17
1136	2342	4050	4817	9712	12573	14183	139
1065	**1581**	**2288**	**2769**	**3831**	**5376**	**5081**	**71**

4-08 续表 19

行业中类	2008年	2009年	2010年	2011年
道路运输业	323	563	726	546
城市公共交通运输	17	8	21	17
公路旅客运输	11	13	11	13
道路货物运输	271	516	665	491
道路运输辅助活动	24	26	29	25
水上运输业	54	68	57	57
水上旅客运输	2	2	3	1
水上货物运输	41	37	45	39
水上运输辅助活动	11	29	9	17
航空运输业	3	5	4	5
航空客货运输	2	4	4	3
通用航空服务	1			2
航空运输辅助活动		1		
管道运输业				
海底管道运输				
陆地管道运输				
多式联运和运输代理业	151	207	259	289
多式联运	1	2		
运输代理业	150	205	259	289
装卸搬运和仓储业	60	69	88	84
装卸搬运	31	28	37	35
通用仓储	8	14	19	22
低温仓储	2	4	8	6
危险品仓储	3	2	1	4
谷物、棉花等农产品仓储	2	2	3	1
中药材仓储				1
其他仓储业	14	19	20	15
邮政业	32	67	268	67
邮政基本服务	1			
快递服务	29	67	268	67
其他寄递服务	2			
住宿和餐饮业	**434**	**557**	**716**	**767**
住宿业	212	222	311	358
旅游饭店	42	59	54	71
一般旅馆	161	156	243	268
民宿服务	5	4	7	12
露营地服务				
其他住宿业	4	3	7	7
餐饮业	222	335	405	409
正餐服务	183	268	341	342
快餐服务	21	19	29	22
饮料及冷饮服务	5	25	15	21
餐饮配送及外卖送餐服务	6	6	7	9
其他餐饮业	7	17	13	15
信息传输、软件和信息技术服务业	**580**	**804**	**1008**	**1194**
电信、广播电视和卫星传输服务	23	26	33	33
电信	18	25	31	33

2012年	2013年	2014年	2015年	2016年	2017年	2018年	无开业年份
595	907	1315	1579	2461	3713	3391	52
18	27	24	39	28	24	29	
10	11	21	18	23	22	28	
531	828	1193	1449	2299	3504	3203	50
36	41	77	73	111	163	131	2
36	42	63	84	103	127	114	4
2	3		6	5	11	9	
23	25	41	55	77	79	66	3
11	14	22	23	21	37	39	1
3	5	9	9	18	17	20	
	2	6	2	10	7	6	
1	3	2	4	4	7	10	
2		1	3	4	3	4	
			1		1		
			1				
					1		
268	435	636	708	808	998	1019	8
	1		1	2		7	
268	434	636	707	806	998	1012	8
96	114	188	244	227	358	362	6
43	72	97	127	102	187	207	4
19	19	47	58	71	83	60	1
6	8	5	11	5	7	9	
3	1	1	3		3	2	1
6	1	3	6	7	5	2	
19	13	35	39	42	73	82	
67	78	77	144	214	162	175	1
				1			
67	78	77	142	212	159	174	1
			2	1	3	1	
921	**2261**	**2035**	**2254**	**3277**	**4135**	**4034**	**60**
374	1031	678	784	1069	1127	948	27
64	106	105	131	200	231	145	4
293	880	510	527	598	621	505	12
13	32	50	111	242	248	222	8
		1	1	3	1	3	
4	13	12	14	26	26	73	3
547	1230	1357	1470	2208	3008	3086	33
433	997	1066	1125	1731	2291	2115	25
34	87	95	106	168	214	222	2
33	67	77	77	88	152	159	
11	18	29	43	54	71	81	
36	61	90	119	167	280	509	6
1329	**1939**	**3866**	**5960**	**8708**	**12249**	**13419**	**115**
36	52	46	80	98	132	70	
26	39	40	74	90	125	67	

4-08 续表 20

行业中类	2008年	2009年	2010年	2011年
广播电视传输服务	4	1	1	
卫星传输服务	1		1	
互联网和相关服务	46	75	70	106
互联网接入及相关服务	10	5	5	11
互联网信息服务	23	41	40	47
互联网平台	2	10	8	20
互联网安全服务			1	1
互联网数据服务	3	5	1	4
其他互联网服务	8	14	15	23
软件和信息技术服务业	511	703	905	1055
软件开发	355	520	662	774
集成电路设计	3	4	11	16
信息系统集成和物联网技术服务	41	36	56	65
运行维护服务	11	5	7	11
信息处理和存储支持服务	2	3	4	6
信息技术咨询服务	60	94	109	120
数字内容服务	15	14	17	16
其他信息技术服务业	24	27	39	47
金融业	**208**	**205**	**274**	**359**
货币金融服务	64	100	87	108
中央银行服务				
货币银行服务	17	13	25	36
非货币银行服务	47	87	62	72
银行理财服务				
银行监管服务				
资本市场服务	39	49	124	168
证券市场服务				
公开募集证券投资基金				
非公开募集证券投资基金	19	22	64	81
期货市场服务				
证券期货监管服务				
资本投资服务	14	17	32	40
其他资本市场服务	6	10	28	47
保险业	76	36	21	37
人身保险	35	12	5	11
财产保险	28	12	12	16
再保险				
商业养老金	1			
保险中介服务	11	11	4	10
保险资产管理				
保险监管服务				
其他保险活动	1	1		
其他金融业	29	20	42	46
金融信托与管理服务				1
控股公司服务	9	3	24	17
非金融机构支付服务	1	1		2
金融信息服务			2	1
金融资产管理公司			1	
其他未列明金融业	19	16	15	25

2012年	2013年	2014年	2015年	2016年	2017年	2018年	无开业年份
10	13	6	4	5	4	3	
			2	3	3		
119	169	360	595	782	1183	1607	11
13	18	38	32	37	54	77	
63	89	198	338	441	637	839	4
20	28	58	79	113	165	209	3
		7	8	11	18	13	
3	3	3	17	30	47	72	
20	31	56	121	150	262	397	4
1174	1718	3460	5285	7828	10934	11742	104
861	1251	2553	3876	5932	8059	7239	44
9	17	24	20	29	45	54	
56	84	152	164	227	344	389	8
8	9	32	38	43	52	66	
9	9	23	29	53	78	83	
170	245	480	842	1127	1752	2312	22
13	21	36	48	74	102	136	
48	82	160	268	343	502	1463	30
338	**434**	**803**	**1857**	**3759**	**4532**	**2560**	**12**
131	129	95	88	70	105	101	3
10	26	20	13	9	6	5	
121	103	75	75	61	99	96	3
148	209	561	1535	3485	4222	2335	9
65	88	245	500	402	334	43	
33	33	84	200	286	456	266	1
50	88	232	835	2797	3432	2026	8
25	43	33	39	44	31	21	
9	12	10	13	11	4	3	
9	17	8	9	7	7	3	
1			1				
5	5	4	7	6	2	1	
					1		
1	9	11	9	20	17	14	
34	53	114	195	160	174	103	
2	6	6	12	14	14	10	
14	16	32	54	56	67	23	
1							
3	10	46	86	44	37	28	
			2	2	2	1	
14	21	30	41	44	54	41	

4-08 续表 21

行业中类	2008年	2009年	2010年	2011年
房地产业	**628**	**983**	**1260**	**1210**
房地产业	628	983	1260	1210
房地产开发经营	241	383	492	418
物业管理	218	271	339	304
房地产中介服务	160	315	415	472
房地产租赁经营				
其他房地产业	9	14	14	16
租赁和商务服务业	**1950**	**2520**	**3329**	**3709**
租赁业	116	178	223	281
机械设备经营租赁	105	169	206	257
文体设备和用品出租	10	9	15	18
日用品出租	1		2	6
商务服务业	1834	2342	3106	3428
组织管理服务	372	511	754	850
综合管理服务	69	106	91	95
法律服务	6	6	1	11
咨询与调查	512	632	818	1008
广告业	408	573	732	733
人力资源服务	110	118	183	167
安全保护服务	22	28	46	57
会议、展览及相关服务	58	78	79	80
其他商务服务业	277	290	402	427
科学研究和技术服务业	**714**	**1081**	**1390**	**1697**
研究和试验发展	73	146	182	243
自然科学研究和试验发展	3	4	3	3
工程和技术研究和试验发展	51	113	137	202
农业科学研究和试验发展	10	12	16	10
医学研究和试验发展	9	17	24	28
社会人文科学研究			2	
专业技术服务业	457	681	837	967
气象服务	1			1
地震服务				
海洋服务		2		2
测绘地理信息服务	4	14	9	11
质检技术服务	57	82	77	105
环境与生态监测检测服务	12	9	14	14
地质勘查	1	4	2	2
工程技术与设计服务	224	330	447	464
工业与专业设计及其他专业技术服务	158	240	288	368
科技推广和应用服务业	184	254	371	487
技术推广服务	121	181	253	351
知识产权服务	45	36	65	68
科技中介服务	9	9	10	12
创业空间服务	2	6	5	
其他科技推广服务业	7	22	38	56

2012年	2013年	2014年	2015年	2016年	2017年	2018年	无开业年份
1000	**1722**	**1717**	**1929**	**3594**	**6675**	**7116**	**52**
1000	1722	1717	1929	3594	6675	7116	52
281	440	329	265	577	1185	1128	9
348	486	629	686	940	1211	1294	21
349	771	735	954	2015	4196	4485	19
22	25	24	24	62	83	209	3
3978	**5568**	**8613**	**12614**	**18497**	**26280**	**26845**	**252**
324	457	659	872	1229	2086	2166	9
310	423	618	822	1158	2005	2074	9
11	31	36	44	62	70	77	
3	3	5	6	9	11	15	
3654	5111	7954	11742	17268	24194	24679	243
728	989	1880	3844	5785	7822	6567	60
91	143	188	230	318	508	654	15
4	10	28	49	87	79	52	1
1099	1709	2711	3918	5786	8643	8361	79
912	1179	1683	1782	2499	3260	3378	27
187	252	301	425	695	1173	1519	8
70	111	103	136	187	206	180	1
122	124	186	219	321	390	418	3
441	594	874	1139	1590	2113	3550	49
1867	**2614**	**4390**	**5394**	**8153**	**11600**	**13627**	**129**
264	373	731	924	1496	2008	2350	31
7	8	26	27	42	62	149	2
191	284	597	735	1200	1590	1775	22
27	26	24	40	46	57	96	1
38	54	81	119	203	292	324	6
1	1	3	3	5	7	6	
1048	1502	2237	2483	3632	5148	5681	39
	2	6	5	3	4	3	
	1			1	1	1	
4	5	6	8	6	7	8	
10	24	56	30	45	65	61	
113	99	211	206	261	314	311	5
19	35	35	66	80	124	96	
1	3	4	1	6	9	9	
491	691	960	1130	1686	2563	2435	14
410	642	959	1037	1544	2061	2757	20
555	739	1422	1987	3025	4444	5596	59
388	578	1088	1550	2417	3540	3925	43
75	82	152	169	229	301	307	
27	28	48	59	77	103	119	3
2		7	21	41	46	43	
63	51	127	188	261	454	1202	13

4-08 续表 22

行业中类	2008年	2009年	2010年	2011年
水利、环境和公共设施管理业	**151**	**183**	**209**	**231**
水利管理业	14	7	8	8
防洪除涝设施管理	4	4	2	1
水资源管理	4	1	4	1
天然水收集与分配		1		
水文服务				1
其他水利管理业	6	1	2	5
生态保护和环境治理业	30	26	27	34
生态保护	1	2	1	
环境治理业	29	24	26	34
公共设施管理业	101	141	165	183
市政设施管理	16	34	34	31
环境卫生管理	33	33	33	26
城乡市容管理	2	1	5	4
绿化管理	22	44	62	83
城市公园管理	2	1		2
游览景区管理	26	28	31	37
土地管理业	6	9	9	6
土地整治服务	6	6	4	3
土地调查评估服务		3		1
土地登记服务				
土地登记代理服务			1	
其他土地管理服务			4	2
居民服务、修理和其他服务业	**458**	**552**	**688**	**732**
居民服务业	142	173	245	265
家庭服务	21	42	53	59
托儿所服务	1	2	3	2
洗染服务	15	12	14	7
理发及美容服务	26	26	34	44
洗浴和保健养生服务	35	43	68	65
摄影扩印服务	17	14	22	31
婚姻服务	12	18	21	29
殡葬服务	8	10	15	5
其他居民服务业	7	6	15	23
机动车、电子产品和日用产品修理业	215	280	302	339
汽车、摩托车等修理与维护	155	217	225	247
计算机和办公设备维修	27	24	32	42
家用电器修理	31	35	35	45
其他日用产品修理业	2	4	10	5
其他服务业	101	99	141	128
清洁服务	87	81	118	97
宠物服务	3	1	2	3
其他未列明服务业	11	17	21	28
教育				
教育				
学前教育				
初等教育				

2012年	2013年	2014年	2015年	2016年	2017年	2018年	无开业年份
267	**385**	**469**	**604**	**929**	**1237**	**1065**	**13**
15	21	21	27	47	44	40	
3	3	5	5	9	10	2	
6	6	7	6	9	13	17	
1	2	2	3	2	4	6	
1	1	2	3			2	
4	9	5	10	27	17	13	
41	64	95	93	161	235	224	2
1	4	2	5	1	10	9	
40	60	93	88	160	225	215	2
201	283	341	463	690	859	670	11
28	56	45	48	60	85	72	1
40	56	88	137	205	253	191	1
5	2	9	7	5	15	9	
76	118	129	155	236	293	229	3
5	3	3	5	8	5	5	
47	48	67	111	176	208	164	6
10	17	12	21	31	99	131	
9	13	9	18	27	88	118	
1	1		1	1	6	2	
		1				2	
	1	2	1	2	2	2	
	2		1	1	3	7	
800	**1672**	**2002**	**2172**	**3091**	**4608**	**4607**	**42**
320	601	799	914	1430	2462	2460	27
76	94	200	235	328	524	502	5
2	6	6	17	27	35	75	1
23	24	38	37	68	61	51	
45	117	123	165	254	482	576	10
72	185	166	155	255	359	419	4
39	61	116	108	208	255	334	1
39	62	76	113	156	203	221	3
4	12	25	20	44	45	61	2
20	40	49	64	90	498	221	1
327	844	793	813	1076	1379	1232	8
242	711	629	632	850	1069	961	8
40	63	72	79	96	119	94	
36	58	79	93	113	164	121	
9	12	13	9	17	27	56	
153	227	410	445	585	767	915	7
120	175	342	363	446	572	592	3
4	17	6	9	22	54	67	
29	35	62	73	117	141	256	4

4-08 续表 23

行业中类	2008年	2009年	2010年	2011年
中等教育				
高等教育				
特殊教育				
技能培训、教育辅助及其他教育				
卫生和社会工作	**11**	**5**	**12**	**14**
卫生	5	4	7	7
医院	2	3		2
基层医疗卫生服务	3	1	7	5
专业公共卫生服务				
其他卫生活动				
社会工作	6	1	5	7
提供住宿社会工作	4	1	4	6
不提供住宿社会工作	2		1	1
文化、体育和娱乐业	**346**	**413**	**526**	**591**
新闻和出版业	6	9	7	3
新闻业	1		1	
出版业	5	9	6	3
广播、电视、电影和录音制作业	60	61	103	134
广播	1	1		3
电视	1	3		5
影视节目制作	41	41	60	84
广播电视集成播控		1		1
电影和广播电视节目发行	8	1	10	6
电影放映	8	14	30	31
录音制作	1		3	4
文化艺术业	32	50	69	93
文艺创作与表演	13	24	22	42
艺术表演场馆		1	1	2
图书馆与档案馆	3	4	8	5
文物及非物质文化遗产保护		1	2	2
博物馆	1		2	
烈士陵园、纪念馆				
群众文体活动	5	5	8	15
其他文化艺术业	10	15	26	27
体育	31	46	51	36
体育组织	2	3	4	5
体育场地设施管理	2	4	11	3
健身休闲活动	26	37	36	27
其他体育	1	2		1
娱乐业	217	247	296	325
室内娱乐活动	153	149	161	175
游乐园	1	8	2	6
休闲观光活动	18	17	38	31
彩票活动				
文化体育娱乐活动与经纪代理服务	43	71	95	111
其他娱乐业	2	2		2

2012年	2013年	2014年	2015年	2016年	2017年	2018年	无开业年份
13	**25**	**48**	**87**	**129**	**159**	**165**	**2**
4	9	24	29	25	9	2	
3	6	10	19	13	5	1	
1	3	10	9	10	1	1	
		1			1		
		3	1	2	2		
9	16	24	58	104	150	163	2
9	14	20	55	97	140	151	2
	2	4	3	7	10	12	
761	**1269**	**2212**	**3523**	**5068**	**7017**	**7173**	**57**
6	7	12	11	14	10	12	
	1	3		1	3	2	
6	6	9	11	13	7	10	
166	253	390	645	1329	1906	1955	3
1	1	4	7	45	74	49	
3	9	19	10	21	27	35	
118	185	280	520	1071	1617	1750	3
			1	1	2	2	
4	12	22	15	57	52	36	
39	46	62	86	121	116	60	
1		3	6	13	18	23	
121	160	308	477	851	1256	1963	17
41	58	103	206	355	551	884	9
1	5	4		7	1	7	
11	8	17	21	32	49	58	
2	2	4	4	7	9	3	
1		2	1	3	4	4	
1	1				2		
18	26	42	58	90	106	97	1
46	60	136	187	357	534	910	7
59	153	221	270	499	702	746	11
6	11	16	39	100	140	156	3
5	6	21	18	35	33	45	1
46	134	181	210	355	513	504	5
2	2	3	3	9	16	41	2
409	696	1281	2120	2375	3143	2497	26
192	356	614	1200	1054	729	496	6
1	10	23	25	34	34	41	
37	50	85	104	88	116	110	3
		4	1	1		4	1
177	273	550	786	1193	2249	1820	16
2	7	5	4	5	15	26	

4-09 按行业(中类)、开业(成立)时间

行业中类	从业人员期末人数(人)	1949年以前	1950-1977年	1978-1991年
总 计	**13495456**	**1322**	**33322**	**229080**
农、林、牧、渔业	**2943**		**8**	**25**
农业				
谷物种植				
豆类、油料和薯类种植				
棉、麻、糖、烟草种植				
蔬菜、食用菌及园艺作物种植				
水果种植				
坚果、含油果、香料和饮料作物种植				
中药材种植				
草种植及割草				
其他农业				
林业				
林木育种和育苗				
造林和更新				
森林经营、管护和改培				
木材和竹材采运				
林产品采集				
畜牧业				
牲畜饲养				
家禽饲养				
狩猎和捕捉动物				
其他畜牧业				
渔业				
水产养殖				
水产捕捞				
农、林、牧、渔专业及辅助性活动	2943		8	25
农业专业及辅助性活动	1766		4	6
林业专业及辅助性活动	630			
畜牧专业及辅助性活动	202			4
渔业专业及辅助性活动	345		4	15
采矿业	**15340**		**834**	**489**
煤炭开采和洗选业	21			
烟煤和无烟煤开采洗选	5			
褐煤开采洗选	1			
其他煤炭采选	15			
石油和天然气开采业	1			
石油开采	1			
天然气开采				
黑色金属矿采选业	278			
铁矿采选	278			
锰矿、铬矿采选				
其他黑色金属矿采选				
有色金属矿采选业	1782		244	172
常用有色金属矿采选	1205		244	172
贵金属矿采选	57			
稀有稀土金属矿采选	520			

分组的小微企业法人从业人员数

1992-2000年	2001年	2002年	2003年	2004年	2005年	2006年	2007年
1480692	**374128**	**449848**	**512698**	**486751**	**430550**	**521933**	**488212**
110	**25**	**42**	**31**	**30**	**33**	**14**	**30**
110	25	42	31	30	33	14	30
50	15	12	15	3	21	1	16
10		15	8	14	10	10	1
33	3		8	6	2		4
17	7	15		7		3	9
1637	**208**	**1253**	**704**	**289**	**381**	**443**	**536**
	15				1		
					1		
	15						
404	5	134	56	24	23	182	
404	5	79		4	23	7	
		55					
			56	20		175	

4-09 续表 1

行业中类	从业人员期末人数(人)	1949年以前	1950-1977年	1978-1991年
非金属矿采选业	13173		590	317
土砂石开采	11929		169	309
化学矿开采	169			
采盐	34		22	8
石棉及其他非金属矿采选	1041		399	
开采专业及辅助性活动	25			
煤炭开采和洗选专业及辅助性活动	3			
石油和天然气开采专业及辅助性活动	11			
其他开采专业及辅助性活动	11			
其他采矿业	60			
其他采矿业	60			
制造业	**7429239**	**294**	**13004**	**130658**
农副食品加工业	84699		407	2532
谷物磨制	2302		24	16
饲料加工	10841		14	493
植物油加工	3472		8	3
制糖业	448			
屠宰及肉类加工	15191		112	608
水产品加工	29696			1113
蔬菜、菌类、水果和坚果加工	15158		121	254
其他农副食品加工	7591		128	45
食品制造业	49873		182	901
焙烤食品制造	13056		10	99
糖果、巧克力及蜜饯制造	4203			131
方便食品制造	7146		3	85
乳制品制造	1313			42
罐头食品制造	4776			40
调味品、发酵制品制造	3230		169	121
其他食品制造	16149			383
酒、饮料和精制茶制造业	33312	31	615	1306
酒的制造	9514	31	491	768
饮料制造	12024			309
精制茶加工	11774		124	229
烟草制品业				
烟叶复烤				
卷烟制造				
其他烟草制品制造				
纺织业	578479		22	7555
棉纺织及印染精加工	183338		5	3633
毛纺织及染整精加工	26466			1454
麻纺织及染整精加工	1865			71
丝绢纺织及印染精加工	27885			440
化纤织造及印染精加工	79143			411
针织或钩针编织物及其制品制造	111621			679
家用纺织制成品制造	79036		17	96
产业用纺织制成品制造	69125			771
纺织服装、服饰业	586849		182	5367
机织服装制造	270661		182	3208

1992-2000年	2001年	2002年	2003年	2004年	2005年	2006年	2007年
1233	188	1119	648	265	357	261	536
927	153	1114	593	147	309	258	521
163							
	4						
143	31	5	55	118	48	3	15
1050583	**278556**	**335273**	**363853**	**295544**	**280514**	**332512**	**305006**
19778	6223	3881	3803	2527	3164	2947	2557
713	209	195	93	67	1	207	91
2651	322	482	350	215	497	396	673
1056	344	85	92	6	250	249	6
79	8	23		8		52	
2082	955	600	540	490	651	299	550
8272	2985	1221	1310	1101	1207	946	648
3497	1051	1213	833	496	429	494	298
1428	349	62	585	144	129	304	291
9729	2946	1400	1951	2267	2105	2021	2049
1955	417	214	285	327	739	437	977
1133	282	12	90	123	224	188	352
744	246	246	469	303	117	604	95
350		58					
1786	319	291	85	472	89	221	38
881	308	100	115	242	113	20	22
2880	1374	479	907	800	823	551	565
8476	2017	1272	1544	1136	1489	2308	1159
3596	477	189	167	248	204	1072	182
2500	553	346	812	509	858	709	280
2380	987	737	565	379	427	527	697
81296	24651	38738	37129	26920	24782	30268	22699
30725	8089	14417	12579	10352	9189	10556	7785
5461	1660	1885	1874	1389	505	1949	1031
146	6	84	198	212	12		16
7595	2953	2366	2502	1013	2425	1188	945
11169	3837	5652	6598	4674	4432	3558	2795
9589	3985	7197	5806	3026	3625	5778	4228
7239	1685	3931	4361	3193	2646	3120	3027
9372	2436	3206	3211	3061	1948	4119	2872
72356	19985	29601	27933	21857	17382	21731	18644
34543	9670	12915	12812	9371	9391	9979	9769

4-09 续表 2

行业中类	从业人员期末人数（人）			
		1949年以前	1950-1977年	1978-1991年
针织或钩针编织服装制造	164388			1166
服饰制造	151800			993
皮革、毛皮、羽毛及其制品和制鞋业	461744	82	99	5215
皮革鞣制加工	12931			295
皮革制品制造	100254	12		488
毛皮鞣制及制品加工	10488			
羽毛(绒)加工及制品制造	7139			87
制鞋业	330932	70	99	4345
木材加工和木、竹、藤、棕、草制品业	103947		8	521
木材加工	13298			83
人造板制造	16114			55
木质制品制造	53228			107
竹、藤、棕、草等制品制造	21307		8	276
家具制造业	154727		202	651
木质家具制造	82489		37	405
竹、藤家具制造	4694			152
金属家具制造	38484			26
塑料家具制造	4829			33
其他家具制造	24231		165	35
造纸和纸制品业	173907		164	3321
纸浆制造	315		12	
造纸	46869		48	1402
纸制品制造	126723		104	1919
印刷和记录媒介复制业	152129	17	510	4974
印刷	145379	15	510	4873
装订及印刷相关服务	6638	2		90
记录媒介复制	112			11
文教、工美、体育和娱乐用品制造业	318764	8		3289
文教办公用品制造	56877			249
乐器制造	5250			190
工艺美术及礼仪用品制造	154804	3		1658
体育用品制造	38634	5		549
玩具制造	51326			631
游艺器材及娱乐用品制造	11873			12
石油、煤炭及其他燃料加工业	5637			76
精炼石油产品制造	3720			76
煤炭加工	534			
核燃料加工	18			
生物质燃料加工	1365			
化学原料和化学制品制造业	177325		1186	5665
基础化学原料制造	28624		5	1376
肥料制造	2663			16
农药制造	5079		471	433
涂料、油墨、颜料及类似产品制造	36217		203	1285
合成材料制造	33141			281
专用化学产品制造	44423		266	1472
炸药、火工及焰火产品制造	998		233	78
日用化学产品制造	26180		8	724

1992-2000年	2001年	2002年	2003年	2004年	2005年	2006年	2007年
22028	6165	9046	9225	7482	4003	5972	4608
15785	4150	7640	5896	5004	3988	5780	4267
55599	10685	14756	13460	10907	12498	11477	11749
3374	726	503	463	318	346	41	244
12227	3558	4353	3774	4950	3538	3380	2829
1400	185	474	665	355	738	846	800
1270	652	767	285	265	466	661	502
37328	5564	8659	8273	5019	7410	6549	7374
7727	2900	3371	3618	2943	4557	5098	5697
484	134	191	440	198	261	507	512
1315	607	806	1449	588	629	973	1664
3750	1351	1973	1239	1155	2502	2529	2518
2178	808	401	490	1002	1165	1089	1003
12493	1741	5239	6742	4113	5115	8014	4445
7009	933	2932	3476	2541	2262	3103	2066
253		28	123	8	24	440	22
3135	515	1316	2304	1070	1064	2950	1588
455	15	66	125	30	584	214	269
1641	278	897	714	464	1181	1307	500
23421	5566	7120	11972	6668	4712	7185	7049
43							
7854	2450	2615	6970	2495	1264	1534	1125
15524	3116	4505	5002	4173	3448	5651	5924
31249	7904	11313	7712	6528	5482	5312	6550
30333	7415	10813	7125	6178	5191	5076	6351
906	486	480	587	350	291	223	193
10	3	20				13	6
39966	10668	14765	16921	13453	11988	15769	12782
9299	2155	3363	3127	3592	2250	2683	2937
686	141	485	405	692	97	399	228
19240	4802	6755	8900	5926	5355	7396	6085
3121	1434	1124	1511	1595	1958	1992	1079
6017	1820	2745	2759	1027	2031	2171	1925
1603	316	293	219	621	297	1128	528
450	208	80	385	192	373	353	192
436	193	78	321	188	373	174	68
14		2	64	4		115	
	15					64	124
33969	8537	8987	11055	8204	8150	8061	7031
6103	2142	1710	2027	1731	1418	1331	1353
714	260	97	43	65	155		97
2539	193	31	443	35		26	287
8119	2506	2512	2061	2110	1468	1645	930
4482	838	1298	1796	888	1469	1761	1144
7551	1757	2556	3075	2505	2611	2162	2241
596						25	
3865	841	783	1610	870	1029	1111	979

4-09 续表 3

行业中类	从业人员期末人数(人)			
		1949年以前	1950-1977年	1978-1991年
医药制造业	52449		845	1771
化学药品原料药制造	10292			331
化学药品制剂制造	8051		493	405
中药饮片加工	5158			483
中成药生产	5036		296	190
兽用药品制造	3019			164
生物药品制品制造	7329			
卫生材料及医药用品制造	8713			98
药用辅料及包装材料	4851		56	100
化学纤维制造业	46543			970
纤维素纤维原料及纤维制造	1320			
合成纤维制造	44388			970
生物基材料制造	835			
橡胶和塑料制品业	498885		319	8992
橡胶制品业	60207		50	1496
塑料制品业	438678		269	7496
非金属矿物制品业	244874		171	3945
水泥、石灰和石膏制造	17754		149	630
石膏、水泥制品及类似制品制造	85108			442
砖瓦、石材等建筑材料制造	47251			1172
玻璃制造	9823			
玻璃制品制造	34679		6	296
玻璃纤维和玻璃纤维增强塑料制品制造	10023			123
陶瓷制品制造	15409		2	419
耐火材料制品制造	11317		13	689
石墨及其他非金属矿物制品制造	13510		1	174
黑色金属冶炼和压延加工业	54738		23	1730
炼铁	92			
炼钢	118			
钢压延加工	52180		23	1632
铁合金冶炼	2348			98
有色金属冶炼和压延加工业	70080	10	119	1222
常用有色金属冶炼	3195			128
贵金属冶炼	635			92
稀有稀土金属冶炼	256		79	
有色金属合金制造	12110		5	101
有色金属压延加工	53884	10	35	901
金属制品业	624779	3	1207	10338
结构性金属制品制造	109360		6	496
金属工具制造	73796		185	1218
集装箱及金属包装容器制造	17142			622
金属丝绳及其制品制造	13750		2	391
建筑、安全用金属制品制造	152799	3	7	1950
金属表面处理及热处理加工	65667		679	2669
搪瓷制品制造	6496			
金属制日用品制造	74804		61	680
铸造及其他金属制品制造	110965		267	2312

1992-2000年	2001年	2002年	2003年	2004年	2005年	2006年	2007年
13738	2479	4551	4321	2942	2053	2444	2776
2505	461	1332	1344	525	283	670	767
2302	552	618	841	537	122	10	252
677	11	651	285	3	114	445	888
2641	259		119	120	35	73	
686	184	56	324	188	276	230	112
1563	561	511	378	676	588	233	391
1946	154	755	618	675	218	700	186
1418	297	628	412	218	417	83	180
5905	1486	2900	4954	1513	949	2576	2136
85	192	264	3	64	167	61	4
5818	1294	2612	4924	1449	782	2510	2128
2		24	27			5	4
71835	20250	22250	24917	21466	20356	22871	20347
12785	2254	2712	2581	3119	2398	2136	2200
59050	17996	19538	22336	18347	17958	20735	18147
24405	7967	10362	16895	11214	7795	12945	11685
3945	1104	1560	2631	1582	651	595	740
5396	2592	4496	6680	4487	2846	5367	6157
3815	993	1590	2641	1323	1273	2105	1403
891	129	227	281	282	350	849	573
2649	878	894	1327	721	1295	1105	1383
982	496	514	817	540	585	988	333
1742	444	380	993	1139	311	720	431
2808	836	299	422	748	305	694	368
2177	495	402	1103	392	179	522	297
6406	1853	3345	4063	3296	2810	2173	2950
39		22	7				
1			73				
6131	1737	3303	3577	3042	2727	2147	2806
235	116	20	406	254	83	26	144
11603	3795	4061	2764	3052	2497	2561	4161
489	315	190	229	119	264	157	111
244		28				24	
8	8						
1473	666	545	386	500	447	619	361
9389	2806	3298	2149	2433	1786	1761	3689
86135	22345	26502	27465	24282	25684	28561	26085
10022	2587	3829	3314	2659	3811	5298	4746
14419	3419	3003	2936	3719	3693	3826	3825
2523	642	1240	1061	1231	944	639	627
1880	672	901	669	773	525	968	712
18940	6075	6501	5235	5268	6295	7227	6879
11301	2788	3212	4366	2379	2470	2020	1937
561	228	71	326	115	479	158	168
6291	1731	2646	3092	3475	2691	3707	2241
20198	4203	5099	6466	4663	4776	4718	4950

4-09 续表 4

行业中类	从业人员期末人数（人）			
		1949年以前	1950–1977年	1978–1991年
通用设备制造业	884542	15	2139	19622
锅炉及原动设备制造	16886		149	299
金属加工机械制造	79926		140	1187
物料搬运设备制造	48915		325	734
泵、阀门、压缩机及类似机械制造	238349		748	7229
轴承、齿轮和传动部件制造	122623		124	2375
烘炉、风机、包装等设备制造	114728	15	181	2404
文化、办公用机械制造	11122			84
通用零部件制造	228621		472	5022
其他通用设备制造业	23372			288
专用设备制造业	436852		957	7933
采矿、冶金、建筑专用设备制造	21285		351	616
化工、木材、非金属加工专用设备制造	147731		4	1695
食品、饮料、烟草及饲料生产专用设备制造	12394			621
印刷、制药、日化及日用品生产专用设备制造	21101			548
纺织、服装和皮革加工专用设备制造	61645		180	2223
电子和电工机械专用设备制造	13658			202
农、林、牧、渔专用机械制造	20720		20	242
医疗仪器设备及器械制造	77932		21	1377
环保、邮政、社会公共服务及其他专用设备制造	60386		381	409
汽车制造业	389615	4	1257	11379
汽车整车制造	2145			
汽车用发动机制造	2228			184
改装汽车制造	1500			15
低速汽车制造	1			
电车制造	53			
汽车车身、挂车制造	5473			256
汽车零部件及配件制造	378215	4	1257	10924
铁路、船舶、航空航天和其他运输设备制造业	93159	124	551	1804
铁路运输设备制造	4236			253
城市轨道交通设备制造	1030			
船舶及相关装置制造	20176	124	241	258
航空、航天器及设备制造	1381			
摩托车制造	30596		310	866
自行车和残疾人座车制造	12901			396
助动车制造	11435			
非公路休闲车及零配件制造	8930			23
潜水救捞及其他未列明运输设备制造	2474			8
电气机械和器材制造业	680551		1046	13125
电机制造	84155		584	2064
输配电及控制设备制造	249148		166	7187
电线、电缆、光缆及电工器材制造	68426		2	1232
电池制造	16415		108	321
家用电力器具制造	125624		152	1025
非电力家用器具制造	15229			120
照明器具制造	106438		22	873
其他电气机械及器材制造	15116		12	303

1992-2000年	2001年	2002年	2003年	2004年	2005年	2006年	2007年
133037	34082	39057	41767	39406	35806	43323	40852
3497	1569	790	1008	791	619	1519	630
9904	2875	2439	3513	2704	2420	3879	2298
6190	1672	1902	1777	1882	2338	2693	2725
40421	8395	12551	11673	12816	10324	10424	12596
21205	6060	6084	7158	5975	5032	7458	7041
19945	4760	4902	3918	4817	5559	5162	4280
1377	473	688	1064	609	502	698	867
28727	7643	9162	11262	9317	8530	10972	9755
1771	635	539	394	495	482	518	660
59375	17347	17561	21082	17809	16953	18152	17345
4057	718	770	1327	1179	597	538	721
17380	5745	5858	7920	5576	5352	6333	7028
2214	482	726	455	430	194	380	289
4971	976	739	1522	879	710	459	800
9161	3012	3204	3052	3655	3993	3451	2755
1206	587	626	200	594	558	923	568
1586	652	1027	1115	1308	943	918	915
11951	3595	2398	2731	2474	2695	2879	1804
6849	1580	2213	2760	1714	1911	2271	2465
52253	11932	13772	17662	16909	14789	19623	16840
68	26	20	3	85	172	36	315
171				222	98	38	24
186	313			91		218	
						9	
831	57	15	306	60	209	651	423
50997	11536	13737	17353	16451	14310	18671	16078
16641	2920	3065	3276	4206	4453	5143	3916
1268	105	16	66	202	298	270	59
23				22			
2166	507	504	695	1200	1699	1700	1361
90	86	3			71		83
9390	619	1405	1318	1214	1472	1705	1226
2089	1180	605	258	372	161	555	206
582	120	257	165	450	200	634	379
353	253	199	474	669	431	220	509
680	50	76	300	77	121	59	93
99897	27102	26985	30765	26472	25265	31630	32573
13734	2977	3628	4305	3396	3237	3252	4863
39468	7862	8498	11444	8478	9009	9765	10074
11315	3863	4121	3576	2981	3542	4753	3711
1126	769	300	1004	559	753	1008	824
18185	5991	4822	5529	5960	3908	5292	6433
1975	802	344	262	588	746	575	962
12216	4573	4909	4146	3912	3478	6392	5410
1878	265	363	499	598	592	593	296

4-09 续表 5

行业中类	从业人员期末人数（人）			
		1949年以前	1950-1977年	1978-1991年
计算机、通信和其他电子设备制造业	233421		508	1758
计算机制造	10761			10
通信设备制造	22746			96
广播电视设备制造	7677			
雷达及配套设备制造	460			
非专业视听设备制造	13545		219	73
智能消费设备制造	11799			
电子器件制造	36669			210
电子元件及电子专用材料制造	118535		289	1338
其他电子设备制造	11229			31
仪器仪表制造业	107933		267	3433
通用仪器仪表制造	78260		168	2341
专用仪器仪表制造	14370		53	516
钟表与计时仪器制造	2808			328
光学仪器制造	5865			28
衡器制造	4130		46	106
其他仪器仪表制造业	2500			114
其他制造业	82758			609
日用杂品制造	70289			539
核辐射加工	7			
其他未列明制造业	12462			70
废弃资源综合利用业	13078			141
金属废料和碎屑加工处理	7413			115
非金属废料和碎屑加工处理	5665			26
金属制品、机械和设备修理业	33590		18	513
金属制品修理	363			
通用设备修理	2262			6
专用设备修理	1640		2	27
铁路、船舶、航空航天等运输设备修理	25599		16	459
电气设备修理	944			16
仪器仪表修理	137			
其他机械和设备修理业	2645			5
电力、热力、燃气及水生产和供应业	**89108**	**254**	**4995**	**7508**
电力、热力生产和供应业	51589	254	2826	4371
电力生产	38815	4	534	2250
电力供应	8335	250	2292	1942
热力生产和供应	4439			179
燃气生产和供应业	8721			364
燃气生产和供应业	8665			364
生物质燃气生产和供应业	56			
水的生产和供应业	28798		2169	2773
自来水生产和供应	16835		2169	2712
污水处理及其再生利用	11060			
海水淡化处理	34			
其他水的处理、利用与分配	869			61
建筑业	**1234861**	**307**	**10554**	**36301**
房屋建筑业	548339	307	10059	22491

1992-2000年	2001年	2002年	2003年	2004年	2005年	2006年	2007年
36047	11403	10696	10269	7476	9405	10042	10199
1621	61	1032	187	190	501	115	283
4108	1147	1158	1064	572	653	1034	1265
1909	443	437	583	208	587	580	194
6			250	3			
2481	981	713	721	519	436	642	751
1278	703	340	283	319	285	600	514
3863	2062	1281	1677	1106	1360	1366	1204
19782	5814	5241	5023	4200	5222	5271	5476
999	192	494	481	359	361	434	512
21603	5882	5233	4757	3173	5388	4523	4906
15469	4595	4328	2617	2465	3641	3466	3731
2486	688	696	1006	436	1150	487	602
1043	31	37	56	107	157	139	123
1177	209	71	318	40	307	220	247
750	278	75	536	44	95	131	190
678	81	26	224	81	38	80	13
12207	3062	3514	3976	3510	3495	3469	3015
11524	2882	3338	3584	3368	3264	2995	2779
1							
682	180	176	392	142	231	474	236
1308	184	311	377	480	408	808	776
391	73	166	338	382	204	567	582
917	111	145	39	98	204	241	194
1679	436	585	318	623	611	1124	1841
17			17			38	28
294	43	59	20	67		29	4
77	48	33	5	31	32	53	12
1007	322	459	210	472	378	939	1580
53	18	28	45	9	167	10	3
2			5	6			28
229	5	6	16	38	34	55	186
18046	**3763**	**3788**	**4813**	**4816**	**3807**	**2800**	**2093**
12266	1836	2052	3410	2590	1620	1252	714
9596	1547	1842	2985	2335	1553	1157	579
1911	262		45	17	48	1	
759	27	210	380	238	19	94	135
1632	302	309	657	1002	1014	171	387
1632	302	309	657	1002	1010	168	387
					4	3	
4148	1625	1427	746	1224	1173	1377	992
3092	968	669	483	650	559	810	429
706	624	746	236	556	569	560	529
					29		
350	33	12	27	18	16	7	34
144369	**21983**	**33049**	**48467**	**90068**	**44673**	**69424**	**70646**
59365	8198	9568	16197	48199	18651	41847	38031

4-09 续表 6

行业中类	从业人员期末人数（人）			
		1949年以前	1950-1977年	1978-1991年
住宅房屋建筑	455123	307	7327	19888
体育场馆建筑	551			
其他房屋建筑业	92665		2732	2603
土木工程建筑业	338378		474	9537
铁路、道路、隧道和桥梁工程建筑	226892			3201
水利和水运工程建筑	28111		410	1757
海洋工程建筑	512			
工矿工程建筑	6551		64	
架线和管道工程建筑	15857			255
节能环保工程施工	2859			
电力工程施工	3827			
其他土木工程建筑	53769			4324
建筑安装业	91276		18	939
电气安装	38988		18	531
管道和设备安装	20518			259
其他建筑安装业	31770			149
建筑装饰、装修和其他建筑业	256868		3	3334
建筑装饰和装修业	174039		3	2848
建筑物拆除和场地准备活动	39756			248
提供施工设备服务	4078			
其他未列明建筑业	38995			238
批发和零售业	**1736138**	**327**	**1566**	**7490**
批发业	1162960	155	667	4641
农、林、牧、渔产品批发	20288		73	454
食品、饮料及烟草制品批发	77136	2	347	706
纺织、服装及家庭用品批发	372570			453
文化、体育用品及器材批发	62332		2	183
医药及医疗器材批发	35262	150	2	162
矿产品、建材及化工产品批发	275040	3	176	1938
机械设备、五金产品及电子产品批发	233938		25	560
贸易经纪与代理	22175			49
其他批发业	64219		42	136
零售业	573178	172	899	2849
综合零售	16326	8	200	502
食品、饮料及烟草制品专门零售	46430	1	17	259
纺织、服装及日用品专门零售	77981	4	76	368
文化、体育用品及器材专门零售	33745	129	428	356
医药及医疗器材专门零售	44618	19	74	374
汽车、摩托车、零配件和燃料及其他动力销售	75326		52	420
家用电器及电子产品专门零售	59519	11		92
五金、家具及室内装饰材料专门零售	63081		42	167
货摊、无店铺及其他零售业	156152		10	311
交通运输、仓储和邮政业	**377210**		**1437**	**6372**
铁路运输业				
铁路旅客运输				
铁路货物运输				
铁路运输辅助活动				

1992-2000年	2001年	2002年	2003年	2004年	2005年	2006年	2007年
55515	7230	7781	12808	42580	12933	28045	17573
					30		
3850	968	1787	3389	5619	5688	13802	20458
43486	5768	15375	18842	14318	10913	14705	11276
31404	2797	10650	14664	9993	6880	10825	7890
3537	792	727	554	1991	334	537	1448
6			4		12	49	52
278	479	97	151	154	5	828	635
3285	309	325	1776	536	534	439	353
262	2	4	27	2	32	147	178
282	41	84	65	131	11	17	223
4432	1348	3488	1601	1511	3105	1863	497
10901	3889	2530	4030	3119	1904	2715	2059
3078	1379	880	1831	1189	727	1332	715
3752	1175	498	642	1103	520	895	301
4071	1335	1152	1557	827	657	488	1043
30617	4128	5576	9398	24432	13205	10157	19280
27003	3702	4324	6761	21392	4778	3345	3727
1808	188	994	1136	847	2794	999	14312
82	33		21	421	137	1255	18
1724	205	258	1480	1772	5496	4558	1223
76263	**20634**	**24286**	**30806**	**28789**	**30278**	**40748**	**40488**
54154	14897	17164	21505	20927	22701	31622	30137
1474	344	378	373	397	420	499	307
4540	1068	1240	1571	1012	1484	1992	1735
10377	3314	3128	4945	5062	6285	9300	9673
2484	465	1097	868	948	1109	1415	1543
1730	392	637	649	933	720	1161	881
20658	4668	5639	6424	5703	5779	8136	7681
10225	3791	4171	5294	5534	5763	7068	6848
624	435	196	260	285	340	796	567
2042	420	678	1121	1053	801	1255	902
22109	5737	7122	9301	7862	7577	9126	10351
773	205	347	179	215	201	350	367
1828	554	683	610	449	522	665	1020
1865	656	556	645	680	775	998	1268
1992	354	404	528	278	401	471	516
956	322	1683	2055	2187	1823	1667	1393
6689	1481	1195	2164	1432	1274	1742	1870
3229	1008	892	1578	1389	1141	1406	1901
2274	591	732	1140	753	1032	1206	1155
2503	566	630	402	479	408	621	861
36809	**10716**	**10475**	**11402**	**12502**	**11643**	**13253**	**15503**

4-09 续表 7

行业中类	从业人员期末人数（人）			
		1949年以前	1950-1977年	1978-1991年
道路运输业	213279		586	3383
城市公共交通运输	23194			170
公路旅客运输	18975		69	1843
道路货物运输	151267		257	722
道路运输辅助活动	19843		260	648
水上运输业	36682		550	1382
水上旅客运输	3137			559
水上货物运输	25757		275	281
水上运输辅助活动	7788		275	542
航空运输业	2357			13
航空客货运输	862			
通用航空服务	467			
航空运输辅助活动	1028			13
管道运输业	72			
海底管道运输	10			
陆地管道运输	62			
多式联运和运输代理业	58368			874
多式联运	383			
运输代理业	57985			874
装卸搬运和仓储业	31142		301	707
装卸搬运	14026		203	256
通用仓储	7422		64	98
低温仓储	927			
危险品仓储	1590			
谷物、棉花等农产品仓储	2956		27	278
中药材仓储	96			
其他仓储业	4125		7	75
邮政业	35310			13
邮政基本服务	468			13
快递服务	34507			
其他寄递服务	335			
住宿和餐饮业	**241354**		**245**	**2422**
住宿业	94181		195	1971
旅游饭店	39370		82	1206
一般旅馆	48772		113	762
民宿服务	4155			3
露营地服务	60			
其他住宿业	1824			
餐饮业	147173		50	451
正餐服务	125169		50	429
快餐服务	8401			2
饮料及冷饮服务	4389			
餐饮配送及外卖送餐服务	3443			
其他餐饮业	5771			20
信息传输、软件和信息技术服务业	**285146**	**3**		**413**
电信、广播电视和卫星传输服务	7990			240
电信	6000			216

1992-2000年	2001年	2002年	2003年	2004年	2005年	2006年	2007年
20060	6411	7154	6524	6696	6046	7766	7837
3780	940	809	628	442	145	1112	2516
6041	1605	1430	817	564	597	699	528
7374	2598	3391	3374	4783	4522	5552	4166
2865	1268	1524	1705	907	782	403	627
6664	1148	1286	2018	2217	1712	1684	1910
1006	41	3	223	215		12	86
4448	950	1079	1439	1433	1274	1220	1343
1210	157	204	356	569	438	452	481
353	51	8	303	65			8
	49	2	15	65			6
131			20				2
222	2	6	268				
56							
56							
4409	1824	980	1483	2141	2471	1896	2002
26	10			123	14		3
4383	1814	980	1483	2018	2457	1896	1999
4315	1281	495	834	1209	1187	1368	1555
1387	852	275	362	473	598	674	774
339	133	103	198	260	228	331	313
71	4	5	61	98	4	55	34
195	143	54	14	225	268	81	237
2072	37	10	174	44	12		22
251	112	48	25	109	77	227	175
952	1	552	240	174	227	539	2191
72				52	4	1	269
871	1	552	240	122	223	538	1624
9							298
12483	**3941**	**4129**	**4192**	**4690**	**5000**	**5955**	**6252**
8002	1870	2232	2241	2716	2995	3109	3223
5355	1411	1540	1417	1806	1823	1441	1561
2403	443	682	795	903	1147	1651	1623
58	16	10	18	6	17	11	9
186			11	1	8	6	30
4481	2071	1897	1951	1974	2005	2846	3029
3816	1929	1670	1701	1620	1733	2644	2868
460	84	126	154	88	119	42	70
29	38	26	57	18	45	12	65
94		52		182	66		7
82	20	23	39	66	42	148	19
5529	**2684**	**2958**	**3672**	**3976**	**4371**	**4415**	**4395**
548	27	392	207	218	280	116	197
391	20	306	207	218	216	107	157

4-09 续表 8

行业中类	从业人员期末人数（人）			
		1949年以前	1950-1977年	1978-1991年
广播电视传输服务	1797			22
卫星传输服务	193			2
互联网和相关服务	34716			2
互联网接入及相关服务	1864			
互联网信息服务	16000			2
互联网平台	8449			
互联网安全服务	424			
互联网数据服务	1859			
其他互联网服务	6120			
软件和信息技术服务业	242440	3		171
软件开发	177061	3		124
集成电路设计	1689			
信息系统集成和物联网技术服务	12530			5
运行维护服务	2319			38
信息处理和存储支持服务	3209			
信息技术咨询服务	31046			4
数字内容服务	3725			
其他信息技术服务业	10861			
金融业	**26134**			**106**
货币金融服务	8647			57
中央银行服务				
货币银行服务	5			
非货币银行服务	8642			57
银行理财服务				
银行监管服务				
资本市场服务	5366			19
证券市场服务				
公开募集证券投资基金				
非公开募集证券投资基金				
期货市场服务				
证券期货监管服务				
资本投资服务	2874			19
其他资本市场服务	2492			
保险业	445			
人身保险				
财产保险				
再保险				
商业养老金				
保险中介服务				
保险资产管理				
保险监管服务				
其他保险活动	445			
其他金融业	11676			30
金融信托与管理服务	308			
控股公司服务	3727			30
非金融机构支付服务				
金融信息服务	2204			
金融资产管理公司	176			
其他未列明金融业	5261			

1992-2000年	2001年	2002年	2003年	2004年	2005年	2006年	2007年
132	7	86			64	9	40
25							
549	305	253	563	219	403	387	385
18	4	19	2	29	9	37	26
366	250	97	319	104	315	274	274
45			177	71	28	19	65
		44	27				
70	29		21				7
50	22	93	17	15	51	57	13
4432	2352	2313	2902	3539	3688	3912	3813
3141	1768	1823	1967	2560	2776	2830	2917
	3	22	12	21	18	102	10
648	487	226	517	267	371	516	160
46		16	9	48	3	64	84
11			21		59	42	17
483	38	206	169	388	393	258	382
	8		57	82	27	56	103
103	48	20	150	173	41	44	140
1294	**393**	**608**	**1817**	**399**	**450**	**299**	**563**
181	12	136	178	74	69	123	133
181	12	136	178	74	69	123	133
150	14	37	30	125	36	27	87
128	1	11	21	125	36	24	70
22	13	26	9			3	17
		5	7	64	163		
		5	7	64	163		
963	367	430	1602	136	182	149	343
8	2						
868	343	186	1404	39		1	18
4							71
			9				
83	22	244	189	97	182	148	254

4-09 续表 9

行业中类	从业人员期末人数（人）	1949年以前	1950-1977年	1978-1991年
房地产业	**320349**	**64**	**26**	**1130**
房地产业	320349	64	26	1130
房地产开发经营	87702			699
物业管理	161113			225
房地产中介服务	67643	64	12	114
房地产租赁经营				
其他房地产业	3891		14	92
租赁和商务服务业	**1035906**	**61**	**220**	**29868**
租赁业	44527		4	86
机械设备经营租赁	42136			86
文体设备和用品出租	1851			
日用品出租	540		4	
商务服务业	991379	61	216	29782
组织管理服务	151896	61	180	1467
综合管理服务	44100		16	320
法律服务	5254			458
咨询与调查	156954		16	200
广告业	84634			165
人力资源服务	313684		1	365
安全保护服务	149555			25922
会议、展览及相关服务	11760			133
其他商务服务业	73542		3	752
科学研究和技术服务业	**333984**		**81**	**3773**
研究和试验发展	47332			5
自然科学研究和试验发展	1304			
工程和技术研究和试验发展	36464			4
农业科学研究和试验发展	1797			1
医学研究和试验发展	7651			
社会人文科学研究	116			
专业技术服务业	205499		81	3658
气象服务	163			
地震服务	1			
海洋服务	388			
测绘地理信息服务	7662			247
质检技术服务	32911			316
环境与生态监测检测服务	5232			
地质勘查	1111			138
工程技术与设计服务	107201		11	2807
工业与专业设计及其他专业技术服务	50830		70	150
科技推广和应用服务业	81153			110
技术推广服务	62217			21
知识产权服务	8344			
科技中介服务	2452			21
创业空间服务	920			61
其他科技推广服务业	7220			7

1992-2000年	2001年	2002年	2003年	2004年	2005年	2006年	2007年
29912	**8493**	**8269**	**11507**	**9539**	**8171**	**8793**	**9490**
29912	8493	8269	11507	9539	8171	8793	9490
7139	1271	1501	1783	1524	1195	1297	1539
20933	6188	5755	8683	6997	5689	6284	6426
1513	988	942	916	863	1014	1093	1426
327	46	71	125	155	273	119	99
69994	**11776**	**12590**	**14774**	**21640**	**25053**	**27192**	**18377**
1203	329	402	459	273	680	600	387
1165	327	380	419	247	648	588	380
38		7	14	9	31	12	7
	2	15	26	17	1		
68791	11447	12188	14315	21367	24373	26592	17990
10188	2364	2775	2401	2478	2711	5343	2085
4666	1500	1037	3040	976	1112	1528	1048
2406	235	1	57	120	107	220	172
10634	1115	1443	1833	2423	2759	2954	3698
3680	770	1220	1730	1773	1472	1979	2175
7246	345	3670	1451	9003	9200	10842	5176
23899	3375	35	1264	1985	4263	1333	1495
368	231	390	228	223	560	338	273
5704	1512	1617	2311	2386	2189	2055	1868
18193	**6283**	**6639**	**8569**	**7604**	**8239**	**7492**	**7404**
693	258	208	318	290	347	446	483
22	10	19	2		33	5	25
435	237	151	232	226	212	245	358
22	2	19	17	58	20	138	4
196	9	18	67	6	78	58	96
18		1			4		
16426	5349	5847	7302	6310	7011	6048	6107
7		8	5		33	8	
15	35				19	2	30
1060	325	165	867	579	344	209	210
1669	682	940	1447	2010	1206	1379	1328
179	26	22	73	159	78	84	173
345	65	26	13	8	90	48	27
11966	3706	4167	4259	2877	4321	3631	3458
1185	510	519	638	677	920	687	881
1074	676	584	949	1004	881	998	814
934	401	249	565	685	720	663	617
68	246	243	256	272	130	280	158
22	28	15	48	42	23	17	10
12		50	8				2
38	1	27	72	5	8	38	27

4-09 续表 10

行业中类	从业人员期末人数（人）			
		1949年以前	1950-1977年	1978-1991年
水利、环境和公共设施管理业	**59834**		**101**	**334**
水利管理业	3504		101	88
防洪除涝设施管理	699		5	1
水资源管理	1213		18	5
天然水收集与分配	727		78	81
水文服务	46			
其他水利管理业	819			1
生态保护和环境治理业	9787			54
生态保护	632			
环境治理业	9155			54
公共设施管理业	43238			192
市政设施管理	6340			34
环境卫生管理	11651			19
城乡市容管理	503			
绿化管理	13618			133
城市公园管理	565			
游览景区管理	10561			6
土地管理业	3305			
土地整治服务	2313			
土地调查评估服务	506			
土地登记服务	5			
土地登记代理服务	196			
其他土地管理服务	285			
居民服务、修理和其他服务业	**154139**	**12**	**105**	**1213**
居民服务业	65125	12	105	323
家庭服务	14549			
托儿所服务	949			
洗染服务	4496			45
理发及美容服务	11595		22	18
洗浴和保健养生服务	16572			1
摄影扩印服务	5894	12	57	36
婚姻服务	4008			
殡葬服务	2766		26	193
其他居民服务业	4296			30
机动车、电子产品和日用产品修理业	58374			788
汽车、摩托车等修理与维护	49580			718
计算机和办公设备维修	3385			24
家用电器修理	4773			44
其他日用产品修理业	636			2
其他服务业	30640			102
清洁服务	25403			102
宠物服务	1234			
其他未列明服务业	4003			
教育				
教育				
学前教育				
初等教育				

1992-2000年	2001年	2002年	2003年	2004年	2005年	2006年	2007年
4887	**1949**	**2085**	**1965**	**1599**	**1592**	**1537**	**1507**
467	92	46	27	103	99	151	105
86	11	36	4		1	66	
162	6		21	70	59	30	58
52	13	10	2	4	19	38	45
8							
159	62			29	20	17	2
402	227	117	193	156	199	349	226
205	12		5		46	26	16
197	215	117	188	156	153	323	210
3587	1452	1675	1641	1151	1279	996	1069
596	200	334	160	174	104	261	225
117	216	77	7	206	506	231	155
79		2			15		
1750	369	905	790	462	399	283	218
170	6		51	17	10	4	
875	661	357	633	292	245	217	471
431	178	247	104	189	15	41	107
248	33	78	94	77		21	85
153	5	108	10	91	3	20	21
					2		
20	78	15		20	10		
10	62	46		1			1
7517	**1821**	**2381**	**3151**	**2668**	**3303**	**3909**	**3357**
2210	550	1022	997	717	1030	1120	1028
168	104	246	212	182	312	344	285
							2
366	68	96	127	81	58	107	208
271	74	254	188	144	170	211	68
334	92	167	274	191	293	261	253
324	52	118	25	46	12	82	96
56	10		29	27	69	61	29
662	133	83	109	21	72	47	69
29	17	58	33	25	44	7	18
4212	995	1039	1687	1306	1376	1942	1660
3673	821	824	1226	1187	1123	1635	1384
229	11	41	245	72	71	139	63
287	132	159	147	42	164	159	212
23	31	15	69	5	18	9	1
1095	276	320	467	645	897	847	669
922	173	201	358	557	657	733	621
10	2		11			11	20
163	101	119	98	88	240	103	28

4-09 续表 11

行业中类	从业人员期末人数（人）	1949年以前	1950-1977年	1978-1991年
中等教育				
高等教育				
特殊教育				
技能培训、教育辅助及其他教育				
卫生和社会工作	**14613**		**39**	
卫生	9925			
医院	5906			
基层医疗卫生服务	3359			
专业公共卫生服务	88			
其他卫生活动	572			
社会工作	4688		39	
提供住宿社会工作	4447		39	
不提供住宿社会工作	241			
文化、体育和娱乐业	**139158**		**107**	**978**
新闻和出版业	2593			258
新闻业	185			
出版业	2408			258
广播、电视、电影和录音制作业	30258		71	494
广播	593			
电视	529			
影视节目制作	16967			
广播电视集成播控	165			
电影和广播电视节目发行	703			15
电影放映	11069		71	479
录音制作	232			
文化艺术业	23729		36	129
文艺创作与表演	12404		36	8
艺术表演场馆	781			78
图书馆与档案馆	1832			5
文物及非物质文化遗产保护	235			
博物馆	168			
烈士陵园、纪念馆	23			
群众文体活动	1812			38
其他文化艺术业	6474			
体育	15744			81
体育组织	2169			43
体育场地设施管理	1387			
健身休闲活动	11927			38
其他体育	261			
娱乐业	66834			16
室内娱乐活动	37129			6
游乐园	1884			
休闲观光活动	3419			4
彩票活动	61			
文化体育娱乐活动与经纪代理服务	23809			6
其他娱乐业	532			

1992-2000年	2001年	2002年	2003年	2004年	2005年	2006年	2007年
455	**56**	**97**	**346**	**350**	**454**	**361**	**304**
261	38	85	290	350	454	331	277
164		85	159	81	397	185	233
	38		131	269	57	56	44
97						90	
194	18	12	56			30	27
160	18	12	53			30	24
34			3				3
2611	**847**	**1926**	**2629**	**2248**	**2588**	**2786**	**2261**
354	54	65	12	173	444	96	131
20	11						
334	43	65	12	173	444	96	131
340	19	261	270	367	282	669	434
8				37	8	1	3
7			10	17			
99	18	8	26	214	225	233	264
		23	19	78	3	29	3
226	1	230	162	21	44	406	164
			53		2		
183	149	77	78	173	259	377	307
107	13	18	21	119	175	179	125
3	86	18	2	3	31	43	78
29		16	8			76	1
29		20		4	1	20	22
6	8			3	36	25	4
1			7	5	15	15	53
8	42	5	40	39	1	19	24
62	125	173	312	179	256	251	191
			2		118	11	93
30	30	65	7	97	3	9	4
31	93	108	303	82	135	231	93
1	2						1
1672	500	1350	1957	1356	1347	1393	1198
1423	390	1126	1835	1165	1187	1241	791
85	13	21	11	14			17
13	76		7	53	12	57	112
14							
103	21	139	104	124	148	93	254
34		64				2	24

4-09 续表 12

行业中类	2008年	2009年	2010年	2011年
总 计	**433234**	**536349**	**680718**	**632605**
农、林、牧、渔业	**98**	**44**	**71**	**98**
农业				
谷物种植				
豆类、油料和薯类种植				
棉、麻、糖、烟草种植				
蔬菜、食用菌及园艺作物种植				
水果种植				
坚果、含油果、香料和饮料作物种植				
中药材种植				
草种植及割草				
其他农业				
林业				
林木育种和育苗				
造林和更新				
森林经营、管护和改培				
木材和竹材采运				
林产品采集				
畜牧业				
牲畜饲养				
家禽饲养				
狩猎和捕捉动物				
其他畜牧业				
渔业				
水产养殖				
水产捕捞				
农、林、牧、渔专业及辅助性活动	98	44	71	98
农业专业及辅助性活动	59	18	30	71
林业专业及辅助性活动	16	21	24	12
畜牧专业及辅助性活动		3	4	
渔业专业及辅助性活动	23	2	13	15
采矿业	**667**	**481**	**641**	**762**
煤炭开采和洗选业			4	
烟煤和无烟煤开采洗选			4	
褐煤开采洗选				
其他煤炭采选				
石油和天然气开采业				1
石油开采				1
天然气开采				
黑色金属矿采选业	34	71	35	45
铁矿采选	34	71	35	45
锰矿、铬矿采选				
其他黑色金属矿采选				
有色金属矿采选业	194	1	250	60
常用有色金属矿采选	175	1		60
贵金属矿采选				
稀有稀土金属矿采选	19		250	

2012年	2013年	2014年	2015年	2016年	2017年	2018年	无开业年份
584712	**817217**	**880658**	**840618**	**1018455**	**1221332**	**839578**	**1444**
151	**254**	**182**	**378**	**300**	**589**	**430**	
151	254	182	378	300	589	430	
106	117	76	294	174	338	340	
45	11	48	54	84	164	83	
	60	33	18	18	6		
	66	25	12	24	81	7	
1108	**918**	**1466**	**1014**	**554**	**422**	**533**	
						1	
						1	
37		51	5				
37		51	5				
	1	30	1	1			
	1	28	1	1			
		2					

4-09 续表 13

行业中类				
	2008年	2009年	2010年	2011年
非金属矿采选业	439	399	352	636
土砂石开采	434	344	326	605
化学矿开采				
采盐				
石棉及其他非金属矿采选	5	55	26	31
开采专业及辅助性活动		10		
煤炭开采和洗选专业及辅助性活动				
石油和天然气开采专业及辅助性活动		10		
其他开采专业及辅助性活动				
其他采矿业				20
其他采矿业				20
制造业	**269884**	**316830**	**392494**	**325265**
农副食品加工业	3245	2888	3459	2060
谷物磨制	25	104	24	28
饲料加工	437	273	843	410
植物油加工	340	102	108	8
制糖业	4			45
屠宰及肉类加工	710	417	732	519
水产品加工	737	1191	858	626
蔬菜、菌类、水果和坚果加工	608	587	669	294
其他农副食品加工	384	214	225	130
食品制造业	1331	1603	1893	1870
焙烤食品制造	171	376	413	659
糖果、巧克力及蜜饯制造	13	44	144	133
方便食品制造	255	455	318	120
乳制品制造	207	11	158	265
罐头食品制造	235	37	109	185
调味品、发酵制品制造	44	28	103	49
其他食品制造	406	652	648	459
酒、饮料和精制茶制造业	732	1013	749	596
酒的制造	104	315	197	154
饮料制造	358	340	274	198
精制茶加工	270	358	278	244
烟草制品业				
烟叶复烤				
卷烟制造				
其他烟草制品制造				
纺织业	18206	23153	28631	24960
棉纺织及印染精加工	4881	6748	8263	6593
毛纺织及染整精加工	719	642	979	988
麻纺织及染整精加工	86	151	16	76
丝绢纺织及印染精加工	411	444	674	776
化纤织造及印染精加工	1665	4242	4051	2807
针织或钩针编织物及其制品制造	3493	4713	6166	5659
家用纺织制成品制造	3499	3706	4405	5079
产业用纺织制成品制造	3452	2507	4077	2982
纺织服装、服饰业	17065	18153	28446	21962
机织服装制造	6943	7416	12497	9467

2012年	2013年	2014年	2015年	2016年	2017年	2018年	无开业年份
1071	899	1382	1007	549	415	510	
1071	861	1370	982	549	380	507	
	5		1				
	33	12	24		35	3	
		3	1		5	6	
		3					
					1		
			1		4	6	
	18			4	2	16	
	18			4	2	16	
295369	**439458**	**450899**	**393850**	**423543**	**455662**	**279510**	**678**
4122	4158	4720	3957	3576	3085	1597	13
101	83	89	80	104	28	20	
464	581	519	457	391	234	139	
219	134	311	26	86	15	23	1
39	79	21	60	17	13		
536	544	1427	1436	564	922	497	
1442	1077	1306	731	1038	1226	650	11
774	1228	514	549	761	367	121	
547	432	533	618	615	280	147	1
3213	2999	2528	2940	2454	2217	1274	
631	887	1527	820	719	931	462	
125	194	193	661	32	87	42	
769	287	435	391	556	398	250	
	8		205		7	2	
428	194	16	92	63	76		
182	208	43	201	71	97	113	
1078	1221	314	570	1013	621	405	
1472	1416	1194	1178	1474	1409	726	
80	125	310	157	246	155	246	
1062	486	434	463	652	718	163	
330	805	450	558	576	536	317	
20021	28967	31471	27740	30893	29888	20473	16
5795	7592	8014	7309	8103	7835	4874	1
528	870	894	971	1141	958	568	
21	14	147	201	332	76		
271	872	620	905	669	670	146	
2588	4608	4221	3134	3468	2991	2242	
4552	6862	6975	6420	8527	8430	5911	
3573	4855	5961	4781	4811	5246	3802	3
2693	3294	4639	4019	3842	3682	2930	12
23035	45404	40382	36838	45432	42912	32176	6
10240	24109	19498	17319	20596	17673	13063	

4-09 续表 14

行业中类	2008年	2009年	2010年	2011年
针织或钩针编织服装制造	6010	5620	7662	6048
服饰制造	4112	5117	8287	6447
皮革、毛皮、羽毛及其制品和制鞋业	10323	14938	22149	22273
皮革鞣制加工	164	76	305	645
皮革制品制造	3508	4314	4475	5636
毛皮鞣制及制品加工	248	355	643	362
羽毛(绒)加工及制品制造	83	484	191	158
制鞋业	6320	9709	16535	15472
木材加工和木、竹、藤、棕、草制品业	4639	4979	5304	3844
木材加工	618	483	915	465
人造板制造	955	464	902	660
木质制品制造	2366	3162	2855	1895
竹、藤、棕、草等制品制造	700	870	632	824
家具制造业	4658	7520	8691	6361
木质家具制造	2036	4023	4256	3198
竹、藤家具制造	245	511	497	156
金属家具制造	1254	1695	2695	1915
塑料家具制造	277	138	146	316
其他家具制造	846	1153	1097	776
造纸和纸制品业	5403	8215	9401	6426
纸浆制造				
造纸	1315	2440	1896	1311
纸制品制造	4088	5775	7505	5115
印刷和记录媒介复制业	4220	5406	5904	5662
印刷	3802	5184	5755	5402
装订及印刷相关服务	373	220	149	260
记录媒介复制	45	2		
文教、工美、体育和娱乐用品制造业	11175	12371	17283	14032
文教办公用品制造	1655	1980	2349	2251
乐器制造	117	52	46	420
工艺美术及礼仪用品制造	6787	5552	8785	6640
体育用品制造	863	2056	2880	1588
玩具制造	1283	2288	2734	2314
游艺器材及娱乐用品制造	470	443	489	819
石油、煤炭及其他燃料加工业	194	144	130	129
精炼石油产品制造	166	41	91	84
煤炭加工	9	86		15
核燃料加工				
生物质燃料加工	19	17	39	30
化学原料和化学制品制造业	6852	8452	7836	7459
基础化学原料制造	942	1154	1979	1402
肥料制造	23	182	45	122
农药制造	58		132	29
涂料、油墨、颜料及类似产品制造	1136	1573	1113	923
合成材料制造	966	2066	1848	1724
专用化学产品制造	1969	2843	1538	2505
炸药、火工及焰火产品制造				
日用化学产品制造	1758	634	1181	754

2012年	2013年	2014年	2015年	2016年	2017年	2018年	无开业年份
6546	11082	9368	8462	12467	12891	8532	5
6249	10213	11516	11057	12369	12348	10581	1
17736	35340	56379	32761	30771	41633	30914	
433	1157	962	829	710	1041	299	
4720	7295	6381	7300	6213	6764	4539	
466	518	657	392	520	442	422	
98	300	271	57	87	222	233	
12019	26070	48108	24183	23241	33164	25421	
4362	7803	7606	6861	7731	9014	5363	1
497	1832	1194	819	1103	1301	1261	
410	652	1350	879	975	583	198	
2599	3097	3865	3698	4295	5521	2750	1
856	2222	1197	1465	1358	1609	1154	
7578	12829	11885	13268	11586	15083	6511	2
3030	7150	6507	6597	6808	10327	3792	1
161	428	336	442	341	334	192	1
2633	2763	2929	3690	2461	1835	646	
635	491	274	94	114	289	264	
1119	1997	1839	2445	1862	2298	1617	
7821	9032	10043	9430	10818	11597	8511	32
	25	230		4		1	
2357	1285	1489	1992	2067	1738	1220	2
5464	7722	8324	7438	8747	9859	7290	30
3913	6564	6773	6906	7748	7157	4322	3
3786	6158	6444	6715	7386	6814	4050	3
127	406	329	189	362	343	272	
			2				
13249	19201	19026	16810	20007	21812	14186	3
1679	2953	3072	2773	2831	3383	2296	
165	149	117	43	341	328	149	
7199	9867	8581	7827	9459	11045	6939	3
1972	2420	3243	2341	2965	2179	1759	
1786	3133	3191	3231	3763	3928	2549	
448	679	822	595	648	949	494	
227	247	476	570	470	518	223	
179	115	208	382	179	286	82	
4	82	90	13	29	7		
						18	
44	50	178	175	262	225	123	
6022	7014	6380	7970	7550	7014	3910	21
616	461	486	966	825	367	228	2
183	64	138	193	124	86	56	
		217	62	48	58	17	
1066	1396	1255	1413	1069	1526	906	2
1571	2103	1209	2407	2088	2141	1057	4
1004	1638	1835	1377	1599	1393	513	13
	18	12		15	21		
1582	1334	1228	1552	1782	1422	1133	

4-09 续表 15

行业中类	2008年	2009年	2010年	2011年
医药制造业	1153	1871	1085	936
化学药品原料药制造	106	434	18	26
化学药品制剂制造		272	54	258
中药饮片加工	67		68	5
中成药生产	77	122	249	
兽用药品制造	12	398	7	106
生物药品制品制造	167	98	271	220
卫生材料及医药用品制造	316	408	327	226
药用辅料及包装材料	408	139	91	95
化学纤维制造业	1448	1886	3228	2964
纤维素纤维原料及纤维制造		24	4	60
合成纤维制造	1402	1748	3210	2877
生物基材料制造	46	114	14	27
橡胶和塑料制品业	18405	23514	27926	17804
橡胶制品业	2352	2877	2702	1952
塑料制品业	16053	20637	25224	15852
非金属矿物制品业	11541	11399	13496	12205
水泥、石灰和石膏制造	949	514	288	316
石膏、水泥制品及类似制品制造	4813	3751	5157	5360
砖瓦、石材等建筑材料制造	1911	2365	2453	2304
玻璃制造	657	614	932	622
玻璃制品制造	1349	1598	1985	1205
玻璃纤维和玻璃纤维增强塑料制品制造	355	579	383	420
陶瓷制品制造	390	888	1237	517
耐火材料制品制造	738	466	345	251
石墨及其他非金属矿物制品制造	379	624	716	1210
黑色金属冶炼和压延加工业	2856	2418	2276	1761
炼铁	19			
炼钢				
钢压延加工	2754	2408	2050	1652
铁合金冶炼	83	10	226	109
有色金属冶炼和压延加工业	2594	2379	3280	3200
常用有色金属冶炼	52	11		215
贵金属冶炼			175	
稀有稀土金属冶炼			80	23
有色金属合金制造	653	608	1000	439
有色金属压延加工	1889	1760	2025	2523
金属制品业	25467	26901	33485	27089
结构性金属制品制造	5515	6325	7409	5291
金属工具制造	2756	2246	4083	2672
集装箱及金属包装容器制造	786	752	640	850
金属丝绳及其制品制造	633	670	441	616
建筑、安全用金属制品制造	5978	6688	6960	7736
金属表面处理及热处理加工	2328	1512	3615	1550
搪瓷制品制造	112	118	480	930
金属制日用品制造	2215	3722	4918	3503
铸造及其他金属制品制造	5144	4868	4939	3941

2012年	2013年	2014年	2015年	2016年	2017年	2018年	无开业年份
1453	1518	1659	1816	1271	1439	320	8
216	18	303	246	303	389	7	8
187	56	191	687	93	108	13	
164	476	203	127	270	59	162	
80	185	4	167	153	266		
219	22	19	5		1	10	
462	118	416	163	174	277	62	
103	520	464	359	244	330	66	
22	123	59	62	34	9		
1465	1857	2943	1892	1483	2247	1741	
7	2	95	190	27	12	59	
1189	1814	2766	1684	1440	2177	1594	
269	41	82	18	16	58	88	
20322	30582	31131	25469	26008	28240	15857	24
2241	3663	3419	2588	2423	2296	1963	
18081	26919	27712	22881	23585	25944	13894	24
10604	16984	12502	10336	15700	14519	7940	264
157	317	282	470	402	297	175	
4205	4789	3807	3157	4812	4480	2057	257
2326	3225	3325	2962	3528	3998	2532	7
356	393	696	448	468	499	556	
1034	5261	2054	1137	4191	2971	1340	
640	483	434	453	456	280	162	
779	1045	823	801	843	1134	371	
426	577	431	230	222	246	203	
681	894	650	678	778	614	544	
1921	2361	2415	2818	2326	3139	1797	1
5							
	16			15	13		
1865	2343	2391	2775	2250	3029	1537	1
51	2	24	43	61	97	260	
2456	5191	3607	3136	3490	3450	1446	6
56	275	31	24	264	41	224	
	72						
		25	1	3	14	15	
455	552	656	525	871	941	301	6
1945	4292	2895	2586	2352	2454	906	
28197	38310	36930	32631	34593	39217	23290	62
5477	6187	7565	6986	8128	8833	4859	17
2742	3927	2791	3239	3615	3515	1967	
648	696	875	1003	527	513	323	
532	524	494	548	1002	537	260	
6817	9960	9381	8073	9380	10634	6807	5
4234	7140	3678	1819	1859	2764	1310	37
341	302	653	249	360	629	216	
3837	4412	5275	5973	4972	5817	3543	2
3569	5162	6218	4741	4750	5975	4005	1

4-09 续表 16

行业中类	2008年	2009年	2010年	2011年
通用设备制造业	36890	37764	48764	41514
锅炉及原动设备制造	887	342	1053	516
金属加工机械制造	3439	3395	4551	4722
物料搬运设备制造	1776	2355	3562	3220
泵、阀门、压缩机及类似机械制造	9848	10604	13337	9646
轴承、齿轮和传动部件制造	6134	4066	5547	5819
烘炉、风机、包装等设备制造	4488	4352	6379	5319
文化、办公用机械制造	442	637	1027	202
通用零部件制造	9196	11012	12008	11322
其他通用设备制造业	680	1001	1300	748
专用设备制造业	16288	21421	24598	20254
采矿、冶金、建筑专用设备制造	592	1024	1295	1255
化工、木材、非金属加工专用设备制造	5670	6829	8567	7045
食品、饮料、烟草及饲料生产专用设备制造	407	576	845	378
印刷、制药、日化及日用品生产专用设备制造	1027	599	1236	953
纺织、服装和皮革加工专用设备制造	2110	2599	3083	2653
电子和电工机械专用设备制造	375	1089	833	1020
农、林、牧、渔专用机械制造	1002	924	2139	819
医疗仪器设备及器械制造	2634	4017	3259	3240
环保、邮政、社会公共服务及其他专用设备制造	2471	3764	3341	2891
汽车制造业	14474	18062	24729	19892
汽车整车制造	32	215		91
汽车用发动机制造	1	116	10	13
改装汽车制造	151	115		
低速汽车制造		1		
电车制造	7			5
汽车车身、挂车制造	491	213	494	229
汽车零部件及配件制造	13792	17402	24225	19554
铁路、船舶、航空航天和其他运输设备制造业	3964	4123	3727	4226
铁路运输设备制造	230	121	165	95
城市轨道交通设备制造			25	204
船舶及相关装置制造	1794	738	622	919
航空、航天器及设备制造	6	241	24	71
摩托车制造	549	999	1350	1121
自行车和残疾人座车制造	429	350	539	337
助动车制造	372	1162	754	848
非公路休闲车及零配件制造	223	295	223	596
潜水救捞及其他未列明运输设备制造	361	217	25	35
电气机械和器材制造业	27389	34633	40463	34319
电机制造	3540	4354	4384	5051
输配电及控制设备制造	10739	12015	16729	13898
电线、电缆、光缆及电工器材制造	1943	2948	3780	2564
电池制造	614	558	630	293
家用电力器具制造	4430	6197	7192	5642
非电力家用器具制造	686	1775	711	411
照明器具制造	4946	6304	6303	5397
其他电气机械及器材制造	491	482	734	1063

2012年	2013年	2014年	2015年	2016年	2017年	2018年	无开业年份
35449	46869	47464	42093	42795	47794	28003	37
432	525	664	378	406	491	321	
3608	4497	5104	5127	5387	5388	3345	4
2201	2886	3185	1815	2478	1905	1293	1
9010	11462	10851	10935	8757	10920	5800	2
4544	6210	5674	4634	4575	4503	2404	1
4623	5996	6304	6556	5462	5891	3402	13
730	372	234	309	337	286	184	
9174	13575	13814	10420	13200	15060	8964	14
1127	1346	1634	1919	2193	3350	2290	2
18118	26069	25580	21252	24537	28248	15928	45
1206	866	1371	531	987	755	525	4
6452	8606	7936	7485	9484	10900	5862	4
524	775	1089	668	523	572	239	7
963	1310	1283	607	674	558	287	
2194	2734	2470	1798	2561	2582	2175	
328	717	748	664	1329	599	492	
495	1272	1592	1362	731	1084	564	10
3014	6338	5090	4460	4492	6587	2874	2
2942	3451	4001	3677	3756	4611	2910	18
16158	23081	20017	19018	21424	24238	12026	76
	248	25	248	257	130	174	
103	7	116	2	178	293	652	
	158	72	69		67	45	
	3		3	12	9	5	
77	267	318	123	150	261	42	
15978	22398	19486	18573	20827	23478	11108	76
2506	5002	5492	5549	5981	4137	2337	16
83	61	122	132	381	196	113	
	242	270	58	97	84	5	
283	696	1440	1038	952	445	779	15
97	1	192	113	50	90	163	
635	1858	1025	1062	1289	786	397	
568	496	939	937	1456	731	297	
454	1117	855	849	751	1289	196	1
351	523	597	1302	850	484	355	
35	8	52	58	155	32	32	
26646	37027	36856	34757	36840	37394	19338	29
3346	4370	4334	3849	3753	3737	1393	4
9526	12035	13981	12240	13742	14280	7998	14
2366	3248	2969	2948	2636	2577	1351	
183	1093	1189	1309	1864	1382	526	2
4899	7246	7684	7787	6897	7184	3165	4
591	1152	600	614	1238	592	485	
4904	6915	5390	5054	5915	6395	2981	3
831	968	709	956	795	1247	1439	2

4-09 续表 17

行业中类	2008年	2009年	2010年	2011年
计算机、通信和其他电子设备制造业	11146	11257	13657	10482
计算机制造	432	261	566	1092
通信设备制造	515	1317	1845	1184
广播电视设备制造	454	111	386	83
雷达及配套设备制造		3	19	
非专业视听设备制造	972	347	762	475
智能消费设备制造	427	460	262	633
电子器件制造	2355	2183	3203	1025
电子元件及电子专用材料制造	5663	6154	5507	5407
其他电子设备制造	328	421	1107	583
仪器仪表制造业	4225	4856	4438	4768
通用仪器仪表制造	2733	3062	3059	3942
专用仪器仪表制造	929	1035	607	155
钟表与计时仪器制造	75	33	15	174
光学仪器制造	195	346	423	124
衡器制造	205	349	259	150
其他仪器仪表制造业	88	31	75	223
其他制造业	2745	3311	4595	3220
日用杂品制造	2313	2878	4042	2650
核辐射加工				
其他未列明制造业	432	433	553	570
废弃资源综合利用业	454	722	1163	498
金属废料和碎屑加工处理	363	444	1104	264
非金属废料和碎屑加工处理	91	278	59	234
金属制品、机械和设备修理业	802	1478	1708	2499
金属制品修理	6	14	13	5
通用设备修理	42	45	73	115
专用设备修理	14	82	53	58
铁路、船舶、航空航天等运输设备修理	622	1213	1276	2193
电气设备修理	10	10	85	47
仪器仪表修理			5	6
其他机械和设备修理业	108	114	203	75
电力、热力、燃气及水生产和供应业	**3497**	**2042**	**2950**	**1899**
电力、热力生产和供应业	1376	682	1172	1040
电力生产	1233	610	1118	938
电力供应	38		8	
热力生产和供应	105	72	46	102
燃气生产和供应业	303	558	246	272
燃气生产和供应业	303	558	234	272
生物质燃气生产和供应业			12	
水的生产和供应业	1818	802	1532	587
自来水生产和供应	1060	411	835	105
污水处理及其再生利用	713	371	697	455
海水淡化处理	5			
其他水的处理、利用与分配	40	20		27
建筑业	**46449**	**58512**	**81168**	**96411**
房屋建筑业	18990	23522	48784	56256

2012年	2013年	2014年	2015年	2016年	2017年	2018年	无开业年份
9092	11732	12242	12112	12478	13882	7535	3
324	566	1017	704	788	570	441	
750	952	803	1524	810	1552	394	3
120	217	480	234	235	175	241	
	162			3		14	
396	548	251	703	776	571	208	
384	652	851	1199	490	1524	595	
1825	2367	1522	1611	2866	2395	1188	
4568	5644	6771	5571	5760	6148	3686	
725	624	547	566	750	947	768	
3011	5047	4266	5015	4919	5297	2925	1
2070	3590	3192	3912	3789	3962	2127	1
285	617	535	370	661	761	295	
117	114	93	30	35	91	10	
394	286	272	462	209	245	292	
30	305	106	133	185	61	96	
115	135	68	108	40	177	105	
3065	4060	5550	4051	5280	5184	4831	9
2753	3407	4762	3146	4158	3856	2049	2
	6						
312	647	788	905	1122	1328	2782	7
282	651	1232	1687	559	693	344	
123	263	680	958	81	213	102	
159	388	552	729	478	480	242	
1853	2143	2150	2989	3349	3205	3666	
18	72	47	20	44	15	9	
169	146	232	295	310	173	140	
215	88	142	258	141	170	99	
1338	1653	1441	2098	2470	2380	3073	
25	41	62	172	84	29	30	
5	8	17	26	7	21	1	
83	135	209	120	293	417	314	
2756	**2264**	**3533**	**4231**	**4191**	**3382**	**1650**	**30**
1904	1280	2436	2307	2637	2396	1138	30
1462	1186	1677	1083	2272	1826	999	29
15	13	344	759	151	211	27	1
427	81	415	465	214	359	112	
413	360	157	198	79	176	121	
413	351	148	185	79	171	120	
	9	9	13		5	1	
439	624	940	1726	1475	810	391	
123	164	261	827	294	138	76	
307	365	651	858	1141	669	307	
9	95	28	41	40	3	8	
62631	**49765**	**51259**	**33498**	**53786**	**86272**	**45241**	**28**
26623	15349	16693	7124	14861	33315	13904	5

4-09 续表 18

行业中类	2008年	2009年	2010年	2011年
住宅房屋建筑	17107	19783	41299	49006
体育场馆建筑	185	125	200	
其他房屋建筑业	1698	3614	7285	7250
土木工程建筑业	13643	21044	19826	18953
铁路、道路、隧道和桥梁工程建筑	8274	14958	14145	13148
水利和水运工程建筑	3472	3341	606	1946
海洋工程建筑		26	5	
工矿工程建筑	321	68	26	133
架线和管道工程建筑	534	834	1140	514
节能环保工程施工	177	156	107	492
电力工程施工	10	23	85	78
其他土木工程建筑	855	1638	3712	2642
建筑安装业	3565	5047	4102	13843
电气安装	1422	1417	1729	11354
管道和设备安装	545	981	1218	631
其他建筑安装业	1598	2649	1155	1858
建筑装饰、装修和其他建筑业	10251	8899	8456	7359
建筑装饰和装修业	3597	7784	6711	5511
建筑物拆除和场地准备活动	2159	790	751	690
提供施工设备服务	9	138	90	797
其他未列明建筑业	4486	187	904	361
批发和零售业	**44331**	**60692**	**75625**	**86597**
批发业	33278	44892	55680	61771
农、林、牧、渔产品批发	563	483	1022	867
食品、饮料及烟草制品批发	2370	2991	3549	3972
纺织、服装及家庭用品批发	10036	14792	18704	20829
文化、体育用品及器材批发	1512	1887	2646	3154
医药及医疗器材批发	1072	1338	1855	2273
矿产品、建材及化工产品批发	8566	10092	12148	13224
机械设备、五金产品及电子产品批发	7359	10486	12475	13807
贸易经纪与代理	657	1149	1157	1174
其他批发业	1143	1674	2124	2471
零售业	11053	15800	19945	24826
综合零售	426	292	422	421
食品、饮料及烟草制品专门零售	1223	1246	1465	1869
纺织、服装及日用品专门零售	1492	1973	2939	4147
文化、体育用品及器材专门零售	529	1585	1152	1613
医药及医疗器材专门零售	1526	1595	1849	1912
汽车、摩托车、零配件和燃料及其他动力销售	1756	2515	3796	4261
家用电器及电子产品专门零售	1901	2990	3021	2953
五金、家具及室内装饰材料专门零售	1232	1891	2304	2488
货摊、无店铺及其他零售业	968	1713	2997	5162
交通运输、仓储和邮政业	**11339**	**18003**	**27988**	**16462**
铁路运输业				
铁路旅客运输				
铁路货物运输				
铁路运输辅助活动				

2012年	2013年	2014年	2015年	2016年	2017年	2018年	无开业年份
24017	13548	14633	6217	13848	30967	12707	4
					8	3	
2606	1801	2060	907	1013	2340	1194	1
26093	21651	17868	12263	14461	18927	8951	4
20496	15150	12752	6074	8955	10929	3704	3
1437	1683	955	637	729	654	564	
3	15	76	28	118	27	91	
24	41	261	2069	76	762	78	1
456	1010	729	533	1016	879	400	
149	42	182	102	243	304	251	
302	325	220	713	341	625	251	
3226	3385	2693	2107	2983	4747	3612	
3402	4190	4482	4219	6166	5892	4261	3
1247	1021	1761	1851	2370	1914	1222	
711	543	1117	1107	1622	1800	1097	1
1444	2626	1604	1261	2174	2178	1942	2
6513	8575	12216	9892	18298	28138	18125	16
5361	6161	8728	8114	13185	18248	12742	14
593	1007	1425	1194	2462	3590	1769	
38	57	137	57	330	185	273	
521	1350	1926	527	2321	6115	3341	2
85853	**131875**	**158045**	**150557**	**208123**	**241842**	**190606**	**317**
62823	89677	105054	97976	130517	148673	113865	184
934	2766	1863	1222	1934	2161	1753	1
4581	6721	7552	6768	8557	8415	5958	5
23547	31925	37410	34454	44411	48285	35612	28
3003	5016	4864	5237	7976	9395	7510	18
1642	2568	3560	3125	3738	3385	3287	2
13405	19068	22220	20994	29023	34527	24942	26
12437	16559	20517	18551	24560	29469	18420	19
1020	1368	1901	2314	2654	3058	2142	29
2254	3686	5167	5311	7664	9978	14241	56
23030	42198	52991	52581	77606	93169	76741	133
429	1362	1552	1514	2068	2325	2164	4
2099	4707	5237	4061	5931	7105	4858	21
3066	5767	7215	7564	11437	12923	11559	8
1244	2165	2874	2666	4503	5176	4380	1
2084	2416	5410	5140	3676	3904	2543	10
3536	4892	5948	5586	7367	10557	6787	6
3041	4359	4526	4818	6517	7357	5383	6
2688	7091	5907	4795	7756	10389	7436	12
4843	9439	14322	16437	28351	33433	31631	65
14577	**17564**	**23551**	**26320**	**29954**	**37797**	**23515**	**28**

4-09 续表 19

行业中类	2008年	2009年	2010年	2011年
道路运输业	5830	9601	13015	8475
城市公共交通运输	990	259	1631	851
公路旅客运输	307	501	494	580
道路货物运输	3847	8332	9928	6542
道路运输辅助活动	686	509	962	502
水上运输业	1851	2208	2014	1752
水上旅客运输	36	46	14	156
水上货物运输	1582	1445	1681	1315
水上运输辅助活动	233	717	319	281
航空运输业	21	76	19	318
航空客货运输	13	76	19	297
通用航空服务	8			21
航空运输辅助活动				
管道运输业				
海底管道运输				
陆地管道运输				
多式联运和运输代理业	1778	2438	2747	2775
多式联运	105	65		
运输代理业	1673	2373	2747	2775
装卸搬运和仓储业	842	745	1082	1351
装卸搬运	561	227	447	343
通用仓储	86	164	384	518
低温仓储	6	18	13	137
危险品仓储	58	46	63	90
谷物、棉花等农产品仓储	13	11	22	5
中药材仓储				96
其他仓储业	118	279	153	162
邮政业	1017	2935	9111	1791
邮政基本服务	57			
快递服务	960	2935	9111	1791
其他寄递服务				
住宿和餐饮业	**6351**	**8346**	**8823**	**9878**
住宿业	2968	3037	3345	4191
旅游饭店	1267	1705	1085	1525
一般旅馆	1656	1194	2180	2510
民宿服务	15	58	22	57
露营地服务				
其他住宿业	30	80	58	99
餐饮业	3383	5309	5478	5687
正餐服务	2742	4476	4930	5183
快餐服务	414	355	329	180
饮料及冷饮服务	41	182	79	180
餐饮配送及外卖送餐服务	147	141	86	91
其他餐饮业	39	155	54	53
信息传输、软件和信息技术服务业	**5477**	**6687**	**7445**	**9123**
电信、广播电视和卫星传输服务	283	113	199	268
电信	249	110	198	268

2012年	2013年	2014年	2015年	2016年	2017年	2018年	无开业年份
8146	9890	13751	14266	17363	25387	15075	17
1028	812	703	750	582	2956	2090	
468	123	661	376	382	631	259	
5961	8022	11572	12435	15474	20591	11816	8
689	933	815	705	925	1209	910	9
782	1341	989	1544	1425	1506	699	
52	6		37	89	355	201	
528	1240	575	1387	1048	873	341	
202	95	414	120	288	278	157	
106	62	46	111	247	458	92	
	12	14	18	209	33	34	
50	50	1	66	21	82	15	
56		31	27	17	343	43	
			10		6		
			10				
					6		
2485	3621	4892	4701	5458	5642	3748	3
	1		18	8		10	
2485	3620	4892	4683	5450	5642	3738	3
1176	1487	2233	2800	1834	2574	1758	8
528	910	1199	936	777	1293	951	
137	382	793	1153	600	761	377	
26	54	35	153	112	5	36	
50	2	2	10		10	34	8
67		40	34	26	41	21	
368	139	164	514	319	464	339	
1882	1163	1640	2888	3627	2224	2143	
1882	1163	1640	2884	3624	2204	2142	
			4	3	20	1	
13238	**21550**	**19334**	**21094**	**28750**	**31057**	**23610**	**14**
4436	7455	6234	8188	10187	9717	5858	11
1501	2157	1954	2430	3069	3264	1766	5
2801	5094	3846	5017	5759	5212	2977	4
63	151	272	673	1130	978	588	
		30	4	8	5	13	
71	53	132	64	221	258	514	2
8802	14095	13100	12906	18563	21340	17752	3
7455	11837	11004	10862	16071	17962	14185	2
360	1003	829	538	1123	1223	902	
260	722	357	558	387	746	587	
538	224	411	329	351	271	453	
189	309	499	619	631	1138	1625	1
9871	**15576**	**25230**	**35546**	**42954**	**53044**	**41741**	**36**
434	944	725	1097	752	601	349	
152	233	598	831	600	581	342	

4-09 续表 20

行业中类	2008年	2009年	2010年	2011年
广播电视传输服务	5	3		
卫星传输服务	29		1	
互联网和相关服务	521	925	615	1185
互联网接入及相关服务	84	62	50	114
互联网信息服务	304	443	325	510
互联网平台	2	315	84	328
互联网安全服务			18	36
互联网数据服务	86	49	50	80
其他互联网服务	45	56	88	117
软件和信息技术服务业	4673	5649	6631	7670
软件开发	3098	4130	4665	5375
集成电路设计	54	51	78	167
信息系统集成和物联网技术服务	502	425	634	647
运行维护服务	136	117	48	60
信息处理和存储支持服务	137	7	58	142
信息技术咨询服务	316	527	747	735
数字内容服务	280	83	260	292
其他信息技术服务业	150	309	141	252
金融业	**852**	**1172**	**937**	**1285**
货币金融服务	529	682	609	497
中央银行服务				
货币银行服务				3
非货币银行服务	529	682	609	494
银行理财服务				
银行监管服务				
资本市场服务	38	168	67	153
证券市场服务				
公开募集证券投资基金				
非公开募集证券投资基金				
期货市场服务				
证券期货监管服务				
资本投资服务	35	154	36	124
其他资本市场服务	3	14	31	29
保险业	8			
人身保险				
财产保险				
再保险				
商业养老金				
保险中介服务				
保险资产管理				
保险监管服务				
其他保险活动	8			
其他金融业	277	322	261	635
金融信托与管理服务				1
控股公司服务	30	7	64	57
非金融机构支付服务				
金融信息服务			3	
金融资产管理公司			46	
其他未列明金融业	247	315	148	577

2012年	2013年	2014年	2015年	2016年	2017年	2018年	无开业年份
282	711	127	216	81	5	7	
			50	71	15		
854	2430	2946	4156	5027	6625	6359	7
56	124	183	254	229	297	267	
441	897	1613	1874	2341	2553	2695	3
206	892	763	1132	1139	1763	1420	
		46	27	66	146	14	
31	82	103	107	301	424	419	
120	435	238	762	951	1442	1544	4
8583	12202	21559	30293	37175	45818	35033	29
6462	9213	16218	23196	27848	34128	22809	10
59	52	126	150	239	315	210	
292	731	943	876	1321	1634	1328	
89	145	285	257	401	279	194	
224	119	458	299	506	674	435	
1143	1405	2523	3910	4703	6417	6293	6
60	133	225	344	608	613	494	
254	404	781	1261	1549	1758	3270	13
1496	**1806**	**2859**	**3494**	**2267**	**2496**	**1540**	**1**
1073	832	944	1159	452	529	377	1
			2				
1073	832	944	1157	452	529	377	1
278	168	409	868	966	1127	599	
153	45	280	585	488	341	198	
125	123	129	283	478	786	401	
4	17	41	15	34	66	21	
4	17	41	15	34	66	21	
141	789	1465	1452	815	774	543	
10	9	53	34	94	53	44	
24	43	220	147	147	58	41	
28	273	585	723	145	163	209	
			71		50		
79	464	607	477	429	450	249	

4-09 续表 21

行业中类	2008年	2009年	2010年	2011年
房地产业	**9068**	**10588**	**14065**	**12949**
房地产业	9068	10588	14065	12949
房地产开发经营	1623	2579	3532	3296
物业管理	6560	6084	8303	7703
房地产中介服务	838	1798	2049	1888
房地产租赁经营				
其他房地产业	47	127	181	62
租赁和商务服务业	**19393**	**31292**	**43888**	**44420**
租赁业	792	894	1381	1744
机械设备经营租赁	722	837	1166	1559
文体设备和用品出租	66	57	168	115
日用品出租	4		47	70
商务服务业	18601	30398	42507	42676
组织管理服务	2348	2790	4931	4753
综合管理服务	1097	1107	1353	1417
法律服务	140	17	33	79
咨询与调查	3227	3804	5366	5463
广告业	2215	3221	4059	3680
人力资源服务	6443	13395	20457	8270
安全保护服务	576	2490	2976	15353
会议、展览及相关服务	425	649	445	460
其他商务服务业	2130	2925	2887	3201
科学研究和技术服务业	**7045**	**10292**	**11813**	**13578**
研究和试验发展	631	1346	1233	1894
自然科学研究和试验发展	20	26	2	13
工程和技术研究和试验发展	543	992	830	1610
农业科学研究和试验发展	41	127	75	41
医学研究和试验发展	27	201	326	230
社会人文科学研究				
专业技术服务业	5065	7323	8337	8516
气象服务				2
地震服务				
海洋服务		21		52
测绘地理信息服务	28	371	172	140
质检技术服务	953	1408	2038	2085
环境与生态监测检测服务	51	194	305	192
地质勘查	7	40	14	15
工程技术与设计服务	2949	3713	4071	3795
工业与专业设计及其他专业技术服务	1077	1576	1737	2235
科技推广和应用服务业	1349	1623	2243	3168
技术推广服务	916	1058	1764	2608
知识产权服务	326	274	282	284
科技中介服务	83	76	65	67
创业空间服务	1	115	10	
其他科技推广服务业	23	100	122	209

2012年	2013年	2014年	2015年	2016年	2017年	2018年	无开业年份
13603	**17157**	**18354**	**17897**	**31212**	**47422**	**32606**	**34**
13603	17157	18354	17897	31212	47422	32606	34
2636	4383	3698	3841	11053	21251	11862	
8617	8976	10606	9028	10762	10158	7107	29
2162	3557	3917	4847	8965	15548	13124	5
188	241	133	181	432	465	513	
55099	**76146**	**68440**	**86229**	**103297**	**158541**	**117515**	**101**
1586	2550	4218	3938	6004	10019	6974	4
1542	2291	4071	3757	5754	9588	6605	4
37	111	134	159	213	361	312	
7	148	13	22	37	70	57	
53513	73596	64222	82291	97293	148522	110541	97
3594	5134	7330	14339	14565	48154	11891	14
1150	1742	2560	2803	3711	9599	2313	5
8	59	200	149	287	327	177	2
5513	7534	11946	17245	21546	28069	20154	12
4501	5607	7572	7251	10027	12204	9322	11
17283	32557	17028	26582	35822	34464	54084	
17966	16953	11497	6631	4149	5658	1696	39
607	570	886	1193	1093	1429	1257	2
2891	3440	5203	6098	6093	8618	9647	12
14329	**17764**	**27812**	**29494**	**40887**	**47747**	**38848**	**98**
1827	2960	5028	5382	7947	9043	6963	30
59	90	170	125	231	208	240	4
1254	2250	3910	4173	6094	7185	5497	26
125	106	125	242	135	249	250	
389	509	820	812	1470	1370	969	
	5	3	30	17	31	7	
8811	10702	15961	15383	20138	23022	18089	13
	2	14	52	14	15	3	
	1						
34	17	47	19	50	18	29	
161	342	742	312	510	501	377	
1789	1413	3298	2454	3138	2105	1253	
329	575	531	813	553	624	271	
11	33	38	14	42	101	36	
4092	5105	6629	6791	8697	11463	8691	2
2395	3214	4662	4928	7134	8195	7429	11
3691	4102	6823	8729	12802	15682	13796	55
2603	3316	5319	6724	10396	12592	10017	49
502	497	681	850	1047	1080	868	
308	121	214	309	288	320	375	
2		11	102	220	177	149	
276	168	598	744	851	1513	2387	6

4-09 续表 22

行业中类	2008年	2009年	2010年	2011年
水利、环境和公共设施管理业	**1974**	**2097**	**2532**	**2453**
水利管理业	164	135	121	61
防洪除涝设施管理	16	42	93	
水资源管理	88	52	25	1
天然水收集与分配		28		
水文服务				9
其他水利管理业	60	13	3	51
生态保护和环境治理业	452	231	391	515
生态保护	3	73	11	
环境治理业	449	158	380	515
公共设施管理业	1253	1649	1942	1831
市政设施管理	97	394	191	300
环境卫生管理	484	428	579	459
城乡市容管理	32	3	63	15
绿化管理	132	301	594	710
城市公园管理	29	1		8
游览景区管理	479	522	515	339
土地管理业	105	82	78	46
土地整治服务	105	70	47	16
土地调查评估服务		12		3
土地登记服务				
土地登记代理服务			3	
其他土地管理服务			28	27
居民服务、修理和其他服务业	**4110**	**5583**	**5700**	**6177**
居民服务业	1672	2141	1976	2695
家庭服务	349	667	548	789
托儿所服务	15	13	17	28
洗染服务	269	108	108	40
理发及美容服务	229	268	141	443
洗浴和保健养生服务	417	695	808	846
摄影扩印服务	78	70	74	121
婚姻服务	71	91	86	195
殡葬服务	142	197	122	48
其他居民服务业	102	32	72	185
机动车、电子产品和日用产品修理业	1420	2508	2229	2383
汽车、摩托车等修理与维护	1163	2105	1866	1953
计算机和办公设备维修	107	176	138	127
家用电器修理	142	215	188	292
其他日用产品修理业	8	12	37	11
其他服务业	1018	934	1495	1099
清洁服务	957	816	1364	908
宠物服务	12	8	2	16
其他未列明服务业	49	110	129	175
教育				
教育				
学前教育				
初等教育				

2012年	2013年	2014年	2015年	2016年	2017年	2018年	无开业年份
2368	**3642**	**3586**	**4662**	**7309**	**7210**	**4437**	**8**
97	228	179	206	410	253	371	
17	105	7	54	114	36	5	
40	59	42	58	194	85	140	
24	3	115	16	6	33	160	
2		2	20			5	
14	61	13	58	96	99	61	
528	713	745	908	1379	1232	762	8
21	65	10	61		64	14	
507	648	735	847	1379	1168	748	8
1636	2634	2516	3474	5340	5062	2859	
176	587	264	480	475	862	426	
372	700	1112	1014	2178	1777	1014	
73	2	55	18	55	50	41	
577	717	685	1030	1538	1264	761	
41	12	7	103	25	28	53	
397	616	393	829	1069	1081	564	
107	67	146	74	180	663	445	
101	48	135	68	115	577	395	
6	6			23	30	15	
		3					
	2	8	6	28	4	2	
	11			14	52	33	
6274	**11864**	**13338**	**14109**	**18026**	**22360**	**17147**	**14**
2606	4986	5614	5903	8455	11148	8804	11
561	839	1426	1395	1893	2547	1681	1
30	32	40	81	242	186	257	6
378	203	414	445	634	468	273	
305	1030	860	1065	1324	2487	2022	1
757	1995	1438	1390	1854	2384	2122	
215	265	560	475	1106	1041	1029	
167	242	320	481	654	823	594	3
71	134	121	56	206	100	154	
122	246	435	515	542	1112	672	
2209	5027	4807	5014	5915	6860	4996	1
1818	4440	4241	4379	5025	5779	4219	1
213	298	249	255	333	332	262	
154	240	290	352	488	655	411	
24	49	27	28	69	94	104	
1459	1851	2917	3192	3656	4352	3347	2
1306	1511	2716	2905	2883	3337	2375	1
44	140	21	47	151	456	283	
109	200	180	240	622	559	689	1

4-09 续表 23

行业中类				
	2008年	2009年	2010年	2011年
中等教育				
高等教育				
特殊教育				
技能培训、教育辅助及其他教育				
卫生和社会工作	**372**	**291**	**330**	**502**
卫生	319	291	308	476
医院	132	258		151
基层医疗卫生服务	187	33	308	325
专业公共卫生服务				
其他卫生活动				
社会工作	53		22	26
提供住宿社会工作	36		21	25
不提供住宿社会工作	17		1	1
文化、体育和娱乐业	**2327**	**3397**	**4248**	**4746**
新闻和出版业	84	185	74	65
新闻业			40	
出版业	84	185	34	65
广播、电视、电影和录音制作业	519	543	1153	1234
广播	5	1		17
电视	1	13		99
影视节目制作	361	230	351	493
广播电视集成播控		39		81
电影和广播电视节目发行	18	1	19	53
电影放映	124	259	765	485
录音制作	10		18	6
文化艺术业	300	651	483	707
文艺创作与表演	171	386	200	420
艺术表演场馆		68	50	
图书馆与档案馆	31	30	65	49
文物及非物质文化遗产保护		11	10	5
博物馆	8		15	
烈士陵园、纪念馆				
群众文体活动	24	65	35	85
其他文化艺术业	66	91	108	148
体育	239	411	438	223
体育组织	6	25	4	15
体育场地设施管理	12	15	211	42
健身休闲活动	219	363	223	162
其他体育	2	8		4
娱乐业	1185	1607	2100	2517
室内娱乐活动	928	998	1362	1549
游乐园	16	152	58	197
休闲观光活动	61	80	144	158
彩票活动				
文化体育娱乐活动与经纪代理服务	173	364	536	604
其他娱乐业	7	13		9

2012年	2013年	2014年	2015年	2016年	2017年	2018年	无开业年份
449	**946**	**1442**	**2601**	**2823**	**1400**	**995**	
204	569	1314	1964	1805	446	143	
187	431	537	1385	1063	365	93	
17	138	485	508	674	39	50	
		48			40		
		244	71	68	2		
245	377	128	637	1018	954	852	
245	368	115	626	961	905	809	
	9	13	11	57	49	43	
5540	**8668**	**11328**	**15644**	**20479**	**24089**	**19654**	**57**
70	100	84	98	92	104	50	
	35	7		1	61	10	
70	65	77	98	91	43	40	
1236	1735	2213	3052	4801	5951	4614	
3	2	21	7	194	181	105	
16	42	23	35	35	131	100	
467	804	931	1807	2675	3971	3790	
				14	3	28	
3	28	22	28	191	101	69	
735	859	1206	1161	1677	1501	493	
12		10	14	15	63	29	
1135	1217	1905	2384	3495	4204	5457	23
622	595	1022	1206	1774	2037	3147	23
	113	74		72	4	58	
275	120	241	159	183	302	242	
6	29	10	19	25	22	2	
3		15	10	1	27	7	
5	8				10		
54	92	147	264	338	333	241	
170	260	396	726	1102	1469	1760	
392	750	1350	1671	2527	3614	2499	
48	130	108	162	336	540	528	
13	10	127	138	262	169	143	
317	609	1105	1363	1864	2853	1735	
14	1	10	8	65	52	93	
2707	4866	5776	8439	9564	10216	7034	34
1513	3162	2960	4945	4370	3880	2282	16
	38	207	305	278	279	193	
179	260	448	575	389	481	309	1
		27	1			19	
1005	1274	2124	2587	4474	5529	4130	17
10	132	10	26	53	47	101	

4-10 按行业(中类)、登记注册类型

行业中类	法人单位数(个)					
		内资企业				
			国有企业	集体企业	股份合作企业	联营企业
总计	**1333713**	**1317951**	**1596**	**4318**	**5705**	**138**
农、林、牧、渔业	**916**	**909**	**18**	**17**	**2**	**1**
农业	35	32				
谷物种植	1	1				
豆类、油料和薯类种植						
棉、麻、糖、烟草种植						
蔬菜、食用菌及园艺作物种植	18	16				
水果种植	5	5				
坚果、含油果、香料和饮料作物种植	3	3				
中药材种植	7	6				
草种植及割草						
其他农业	1	1				
林业	4	4	2			
林木育种和育苗	2	2				
造林和更新						
森林经营、管护和改培	2	2	2			
木材和竹材采运						
林产品采集						
畜牧业	14	14				
牲畜饲养	9	9				
家禽饲养	4	4				
狩猎和捕捉动物						
其他畜牧业	1	1				
渔业	18	18	1			
水产养殖	17	17	1			
水产捕捞	1	1				
农、林、牧、渔专业及辅助性活动	845	841	15	17	2	1
农业专业及辅助性活动	577	573	7	12	1	1
林业专业及辅助性活动	154	154	5	1		
畜牧专业及辅助性活动	38	38	3	1	1	
渔业专业及辅助性活动	76	76		3		
采矿业	**837**	**832**	**3**	**15**	**5**	**1**
煤炭开采和洗选业	7	7				
烟煤和无烟煤开采洗选	5	5				
褐煤开采洗选	1	1				
其他煤炭采选	1	1				
石油和天然气开采业	1	1				
石油开采	1	1				
天然气开采						
黑色金属矿采选业	17	17			1	
铁矿采选	17	17			1	
锰矿、铬矿采选						
其他黑色金属矿采选						

分组的小微企业法人单位数

国有联营企业	集体联营企业	国有与集体联营企业	其他联营企业	有限责任公司	国有独资公司	其他有限责任公司	股份有限公司	私营企业	私营独资企业
18	**68**	**27**	**25**	**63000**	**3798**	**59202**	**8829**	**1234363**	**120249**
	1			**76**	**11**	**65**	**8**	**787**	**68**
				2		2		30	4
								1	
				2		2		14	2
								5	1
								3	1
								6	
								1	
								2	
								2	
				2		2		12	1
				2		2		7	
								4	
								1	1
								17	1
								16	1
								1	
	1			72	11	61	8	726	62
	1			61	8	53	6	485	35
				6	1	5		142	5
				2		2		31	8
				3	2	1	2	68	14
		1		**70**	**11**	**59**	**12**	**726**	**118**
				2	1	1		5	
				1	1			4	
				1		1			
								1	
				1		1			
				1		1			
				1	1			15	
				1	1			15	

4-10 续表 1

行业中类	法人单位数(个)	内资企业	国有企业	集体企业	股份合作企业	联营企业
有色金属矿采选业	46	46				
常用有色金属矿采选	31	31				
贵金属矿采选	3	3				
稀有稀土金属矿采选	12	12				
非金属矿采选业	746	741	3	15	4	1
土砂石开采	693	688	2	10	3	1
化学矿开采	3	3				
采盐	5	5		4		
石棉及其他非金属矿采选	45	45	1	1	1	
开采专业及辅助性活动	10	10				
煤炭开采和洗选专业及辅助性活动	1	1				
石油和天然气开采专业及辅助性活动	3	3				
其他开采专业及辅助性活动	6	6				
其他采矿业	10	10				
其他采矿业	10	10				
制造业	**419429**	**411657**	**99**	**784**	**4385**	**22**
农副食品加工业	4464	4381	10	20	101	1
谷物磨制	207	207	1	1	8	
饲料加工	386	372		1	9	
植物油加工	163	158			1	
制糖业	39	39		1		
屠宰及肉类加工	706	684	7	3	12	
水产品加工	1332	1310	1	10	62	
蔬菜、菌类、水果和坚果加工	941	927		3	6	
其他农副食品加工	690	684	1	1	3	1
食品制造业	2916	2797	4	12	31	
焙烤食品制造	893	870	1	3	1	
糖果、巧克力及蜜饯制造	179	173		1	3	
方便食品制造	472	457	1	1	1	
乳制品制造	30	28	2			
罐头食品制造	180	167		1	3	
调味品、发酵制品制造	208	201		1	2	
其他食品制造	954	901		5	21	
酒、饮料和精制茶制造业	2176	2115	10	16	19	1
酒的制造	525	509	1	7	12	1
饮料制造	583	547	2	2	3	
精制茶加工	1068	1059	7	7	4	
烟草制品业						
烟叶复烤						
卷烟制造						
其他烟草制品制造						
纺织业	32233	31570	4	31	103	
棉纺织及印染精加工	8876	8662	1	6	27	
毛纺织及染整精加工	1059	1019		3	9	

国有联营企业	集体联营企业	国有与集体联营企业	其他联营企业	有限责任公司	国有独资公司	其他有限责任公司	股份有限公司	私营企业	私营独资企业
				5		5	2	39	4
				3		3	2	26	4
								3	
				2		2		10	
		1		60	9	51	10	648	112
		1		58	8	50	9	605	107
				1	1			2	
								1	
				1		1	1	40	5
								10	
								1	
								3	
								6	
				1		1		9	2
				1		1		9	2
1	**16**	**2**	**3**	**14711**	**95**	**14616**	**2988**	**388668**	**73568**
	1			241	7	234	43	3965	935
				11	1	10	3	183	49
				32		32	12	318	17
				19		19	5	133	18
				1		1	1	36	13
				61	5	56	9	592	107
				47	1	46	8	1182	246
				41		41	2	875	301
	1			29		29	3	646	184
				113	4	109	28	2609	435
				22	1	21	4	839	190
				11		11	2	156	24
				13	1	12	4	437	71
				3		3		23	1
				13		13	2	148	25
				10		10	2	186	40
				41	2	39	14	820	84
1				109	3	106	17	1943	582
1				29	1	28	5	454	104
				34		34	4	502	101
				46	2	44	8	987	377
				853	3	850	165	30414	4775
				276	2	274	44	8308	1744
				24		24	5	978	157

4-10 续表 2

行业中类	法人单位数(个)					
		内资企业				
			国有企业	集体企业	股份合作企业	联营企业
麻纺织及染整精加工	66	61				
丝绢纺织及印染精加工	1054	1013	1	4	8	
化纤织造及印染精加工	4454	4391		2	9	
针织或钩针编织物及其制品制造	8156	8040		8	9	
家用纺织制成品制造	4715	4608	1	6	10	
产业用纺织制成品制造	3853	3776	1	2	31	
纺织服装、服饰业	30382	29510	6	11	124	1
机织服装制造	13522	13088	4	6	44	
针织或钩针编织服装制造	7121	6899	1	2	44	
服饰制造	9739	9523	1	3	36	1
皮革、毛皮、羽毛及其制品和制鞋业	19569	19360	2	15	202	1
皮革鞣制加工	545	521		2	31	
皮革制品制造	5164	5068	2	5	21	
毛皮鞣制及制品加工	1226	1211			1	
羽毛(绒)加工及制品制造	343	324				
制鞋业	12291	12236		8	149	1
木材加工和木、竹、藤、棕、草制品业	6794	6711	1	17	15	
木材加工	1136	1131	1	6	4	
人造板制造	578	557		1	3	
木质制品制造	3601	3573		2	3	
竹、藤、棕、草等制品制造	1479	1450		8	5	
家具制造业	7057	6919		1	18	
木质家具制造	4502	4439		1	9	
竹、藤家具制造	183	177			1	
金属家具制造	1113	1078			5	
塑料家具制造	159	153			1	
其他家具制造	1100	1072			2	
造纸和纸制品业	12789	12679		16	139	
纸浆制造	15	15		1		
造纸	1715	1675		1	16	
纸制品制造	11059	10989		14	123	
印刷和记录媒介复制业	10993	10949	7	49	221	1
印刷	10258	10217	6	48	207	1
装订及印刷相关服务	725	722	1	1	14	
记录媒介复制	10	10				
文教、工美、体育和娱乐用品制造业	21951	21587	2	27	175	
文教办公用品制造	3627	3557		4	15	
乐器制造	250	237		1		
工艺美术及礼仪用品制造	12086	11932	2	19	143	
体育用品制造	2295	2240		2	4	
玩具制造	2791	2729		1	11	
游艺器材及娱乐用品制造	902	892			2	
石油、煤炭及其他燃料加工业	436	424			5	
精炼石油产品制造	231	219			3	

国有联营企业	集体联营企业	国有与集体联营企业	其他联营企业	有限责任公司	国有独资公司	其他有限责任公司	股份有限公司	私营企业	私营独资企业
				6		6	1	54	12
				56	1	55	9	935	189
				76		76	11	4293	555
				142		142	48	7833	767
				144		144	21	4426	551
				129		129	26	3587	800
	1			682	7	675	136	28550	5582
				305	5	300	73	12656	3200
				117	1	116	18	6717	853
	1			260	1	259	45	9177	1529
	1			463		463	79	18598	3539
				34		34	6	448	59
				127		127	25	4888	798
				12		12		1198	286
				9		9	2	313	39
	1			281		281	46	11751	2357
				174		174	50	6454	1768
				24		24	7	1089	336
				22		22	4	527	109
				87		87	23	3458	843
				41		41	16	1380	480
				246		246	49	6605	1030
				154		154	31	4244	675
				4		4	1	171	34
				44		44	11	1018	164
				8		8		144	25
				36		36	6	1028	132
				416	1	415	78	12030	2969
								14	
				90		90	13	1555	296
				326	1	325	65	10461	2673
			1	433	5	428	69	10169	2800
			1	414	5	409	65	9476	2546
				18		18	4	684	251
				1		1		9	3
				538	2	536	136	20709	4118
				118		118	23	3397	605
				5		5	2	229	31
				297	2	295	74	11397	2509
				45		45	20	2169	262
				55		55	16	2646	677
				18		18	1	871	34
				23		23	6	390	36
				13		13	5	198	21

4-10 续表 3

行业中类	法人单位数(个)	内资企业	国有企业	集体企业	股份合作企业	联营企业
煤炭加工	47	47			2	
核燃料加工	1	1				
生物质燃料加工	157	157				
化学原料和化学制品制造业	8444	8042	4	26	105	1
基础化学原料制造	961	893		7	15	
肥料制造	240	236	1		3	
农药制造	78	69		1	1	
涂料、油墨、颜料及类似产品制造	2096	2024	1	4	20	1
合成材料制造	1217	1147		3	14	
专用化学产品制造	2529	2402	1	7	37	
炸药、火工及焰火产品制造	15	15				
日用化学产品制造	1308	1256	1	4	15	
医药制造业	1147	1059	2	2	18	
化学药品原料药制造	183	168	1		4	
化学药品制剂制造	95	83				
中药饮片加工	106	100			2	
中成药生产	83	78				
兽用药品制造	63	56	1		3	
生物药品制品制造	212	191			2	
卫生材料及医药用品制造	314	297		1	6	
药用辅料及包装材料	91	86		1	1	
化学纤维制造业	1749	1683		1	3	
纤维素纤维原料及纤维制造	61	58				
合成纤维制造	1633	1571		1	3	
生物基材料制造	55	54				
橡胶和塑料制品业	33802	33369	2	57	513	2
橡胶制品业	3958	3909		13	68	
塑料制品业	29844	29460	2	44	445	2
非金属矿物制品业	12958	12777	3	101	125	1
水泥、石灰和石膏制造	505	501	1	5	4	
石膏、水泥制品及类似制品制造	2834	2794		21	22	
砖瓦、石材等建筑材料制造	4110	4080		46	51	1
玻璃制造	437	430			3	
玻璃制品制造	1997	1962	1	3	12	
玻璃纤维和玻璃纤维增强塑料制品制造	462	440		4	5	
陶瓷制品制造	1054	1032	1	4	8	
耐火材料制品制造	617	608		13	11	
石墨及其他非金属矿物制品制造	942	930		5	9	
黑色金属冶炼和压延加工业	2383	2336		4	43	1
炼铁	10	10		1		
炼钢	12	12				
钢压延加工	2299	2252		3	41	
铁合金冶炼	62	62			2	1
有色金属冶炼和压延加工业	3083	3024		11	46	

国有联营企业	集体联营企业	国有与集体联营企业	其他联营企业	有限责任公司	国有独资公司	其他有限责任公司	股份有限公司	私营企业	私营独资企业
				5		5		40	11
				1		1			
				4		4	1	152	4
	1			445	5	440	126	7335	1138
				64	2	62	22	785	88
				15		15	3	214	20
				8		8	5	54	4
	1			92		92	21	1885	352
				74	1	73	27	1029	108
				137	2	135	37	2183	419
				5		5		10	1
				50		50	11	1175	146
				134	2	132	49	854	60
				30		30	7	126	7
				22		22	4	57	3
				18	2	16	4	76	6
				15		15	9	54	4
				5		5	1	46	3
				26		26	14	149	3
				14		14	8	268	27
				4		4	2	78	7
				67	2	65	14	1598	237
								58	7
				66	2	64	13	1488	213
				1		1	1	52	17
	2			1092	2	1090	173	31530	8064
				105		105	20	3703	968
	2			987	2	985	153	27827	7096
		1		652	13	639	108	11787	2106
				68	3	65	6	417	66
				257	8	249	28	2466	484
		1		138	2	136	31	3813	714
				16		16	3	408	26
				52		52	9	1885	191
				19		19	3	409	88
				41		41	6	972	165
				17		17	11	556	140
				44		44	11	861	232
			1	101	1	100	19	2168	271
				1		1		8	3
				2		2		10	1
				97	1	96	18	2093	263
			1	1		1	1	57	4
				163		163	44	2760	494

4-10 续表 4

行业中类	法人单位数（个）	内资企业				
			国有企业	集体企业	股份合作企业	联营企业
常用有色金属冶炼	130	128			7	
贵金属冶炼	9	9				
稀有稀土金属冶炼	16	15				
有色金属合金制造	700	683		4	5	
有色金属压延加工	2228	2189		7	34	
金属制品业	39860	39356	6	74	410	2
结构性金属制品制造	8451	8381	3	20	51	
金属工具制造	4533	4456	1	6	19	
集装箱及金属包装容器制造	681	654	1	2	3	
金属丝绳及其制品制造	993	982		1	14	
建筑、安全用金属制品制造	11772	11627		15	94	1
金属表面处理及热处理加工	2567	2529	1	13	88	
搪瓷制品制造	423	418				
金属制日用品制造	3812	3761		4	22	
铸造及其他金属制品制造	6628	6548		13	119	1
通用设备制造业	52928	52041	8	98	705	4
锅炉及原动设备制造	585	562	1	1	12	1
金属加工机械制造	5254	5156	1	18	71	
物料搬运设备制造	1855	1771	1	1	19	
泵、阀门、压缩机及类似机械制造	12069	11884		21	226	1
轴承、齿轮和传动部件制造	5191	5064		9	51	2
烘炉、风机、包装等设备制造	5869	5739		5	52	
文化、办公用机械制造	442	431			6	
通用零部件制造	19430	19230	5	39	256	
其他通用设备制造业	2233	2204		4	12	
专用设备制造业	26227	25689	5	51	364	3
采矿、冶金、建筑专用设备制造	1010	986	1	8	29	
化工、木材、非金属加工专用设备制造	10742	10574	1	6	124	1
食品、饮料、烟草及饲料生产专用设备制造	782	767		2	37	
印刷、制药、日化及日用品生产专用设备制造	1087	1075		4	14	
纺织、服装和皮革加工专用设备制造	3369	3289	1	8	59	1
电子和电工机械专用设备制造	744	724		2	6	
农、林、牧、渔专用机械制造	966	931	1	6	12	
医疗仪器设备及器械制造	3302	3214		10	58	1
环保、邮政、社会公共服务及其他专用设备制造	4225	4129	1	5	25	
汽车制造业	16855	16416	1	17	241	
汽车整车制造	67	58				
汽车用发动机制造	34	28				
改装汽车制造	25	23				
低速汽车制造	1	1				
电车制造	11	10				
汽车车身、挂车制造	138	127				
汽车零部件及配件制造	16579	16169	1	17	241	
铁路、船舶、航空航天和其他运输设备制造业	4276	4199	3	10	87	

国有联营企业	集体联营企业	国有与集体联营企业	其他联营企业	有限责任公司	国有独资公司	其他有限责任公司	股份有限公司	私营企业	私营独资企业
				8		8	3	110	11
				3		3		6	1
				3		3		12	1
				29		29	11	634	99
				120		120	30	1998	382
	2			1187	9	1178	232	37445	8359
				249	4	245	61	7997	1388
				128		128	28	4274	1034
				45		45	1	602	77
				34		34	4	929	274
	1			285	3	282	59	11173	2930
				84		84	14	2329	588
				17		17	2	399	37
				129		129	23	3583	525
	1			216	2	214	40	6159	1506
	3	1		1651	4	1647	366	49209	10229
	1			27		27	14	506	77
				164		164	44	4858	862
				100		100	22	1628	310
	1			476	2	474	90	11070	1400
	1	1		180	1	179	40	4782	1039
				178	1	177	47	5457	818
				26		26	2	397	73
				393		393	90	18447	5458
				107		107	17	2064	192
	3			868	9	859	230	24168	3993
				60		60	11	877	132
	1			267	3	264	60	10115	2072
				17		17	6	705	108
				59		59	8	990	122
	1			88		88	31	3101	680
				40		40	11	665	50
				44		44	14	854	123
	1			99		99	31	3015	476
				194	6	188	58	3846	230
				741	4	737	127	15289	2770
				9		9		49	
				2		2		26	1
				3		3	1	19	
								1	
								10	1
				9		9	2	116	26
				718	4	714	124	15068	2742
				181	4	177	27	3891	583

4-10 续表 5

行业中类	法人单位数(个)	内资企业	国有企业	集体企业	股份合作企业	联营企业
铁路运输设备制造	154	152		2	4	
城市轨道交通设备制造	25	24				
船舶及相关装置制造	872	852	3	4	19	
航空、航天器及设备制造	55	51				
摩托车制造	1321	1309		2	57	
自行车和残疾人座车制造	621	597		1	3	
助动车制造	702	698		1	2	
非公路休闲车及零配件制造	426	419				
潜水救捞及其他未列明运输设备制造	100	97			2	
电气机械和器材制造业	37694	37012	6	59	328	3
电机制造	3364	3296		6	45	
输配电及控制设备制造	16222	16018	3	24	162	1
电线、电缆、光缆及电工器材制造	3122	3043		10	48	1
电池制造	431	400	1		6	
家用电力器具制造	6935	6812		11	32	
非电力家用器具制造	836	821		1		
照明器具制造	5552	5417	1	6	21	
其他电气机械及器材制造	1232	1205	1	1	14	1
计算机、通信和其他电子设备制造业	10798	10413	1	20	59	
计算机制造	425	398		1	1	
通信设备制造	963	935		1	3	
广播电视设备制造	201	188				
雷达及配套设备制造	11	10			1	
非专业视听设备制造	523	485		3	3	
智能消费设备制造	434	418			1	
电子器件制造	1413	1336		2	6	
电子元件及电子专用材料制造	6088	5926	1	11	39	
其他电子设备制造	740	717		2	5	
仪器仪表制造业	5642	5510	5	16	95	
通用仪器仪表制造	4175	4088	3	12	66	
专用仪器仪表制造	638	614	2	1	11	
钟表与计时仪器制造	146	141		1	4	
光学仪器制造	246	237			5	
衡器制造	194	190		1	3	
其他仪器仪表制造业	243	240		1	6	
其他制造业	7010	6943	1	2	57	
日用杂品制造	5045	4994		1	40	
核辐射加工	4	4				
其他未列明制造业	1961	1945	1	1	17	
废弃资源综合利用业	705	690			2	
金属废料和碎屑加工处理	285	273				
非金属废料和碎屑加工处理	420	417			2	
金属制品、机械和设备修理业	2108	2096	6	20	31	
金属制品修理	46	46				

国有联营企业	集体联营企业	国有与集体联营企业	其他联营企业	有限责任公司	国有独资公司	其他有限责任公司	股份有限公司	私营企业	私营独资企业
				13	1	12	2	131	12
				4	2	2		20	1
				37	1	36	6	783	88
				2		2	1	48	2
				74		74	9	1167	265
				12		12	3	578	88
				26		26	4	665	85
				11		11	2	406	28
				2		2		93	14
	2		1	1962	2	1960	392	34262	3793
				112		112	35	3098	559
	1			1143		1143	202	14483	1157
			1	194		194	35	2755	382
				33	1	32	8	352	15
				204	1	203	45	6520	692
				25		25	7	788	101
				198		198	44	5147	808
	1			53		53	16	1119	79
				522	4	518	111	9700	1090
				27		27	8	361	25
				49	2	47	11	871	76
				11		11	2	175	22
				1		1		8	
				12		12	6	461	123
				39	1	38	10	368	4
				70		70	16	1242	63
				275	1	274	55	5545	738
				38		38	3	669	39
				313	1	312	66	5015	682
				251	1	250	55	3701	466
				31		31	6	563	64
				3		3		133	32
				16		16	3	213	28
				8		8		178	27
				4		4	2	227	65
				203	1	202	34	6646	825
				127	1	126	22	4804	654
								4	1
				76		76	12	1838	170
				66		66	5	617	95
				44		44	2	227	38
				22		22	3	390	57
				72		72	9	1958	210
				3		3		43	5

4-10 续表 6

行业中类	法人单位数（个）	内资企业	国有企业	集体企业	股份合作企业	联营企业
通用设备修理	282	282	1	1		
专用设备修理	264	262	3	6	4	
铁路、船舶、航空航天等运输设备修理	910	903	2	10	22	
电气设备修理	149	148		3	2	
仪器仪表修理	21	21				
其他机械和设备修理业	436	434			3	
电力、热力、燃气及水生产和供应业	**5142**	**4993**	**96**	**492**	**181**	**15**
电力、热力生产和供应业	3642	3566	60	354	150	15
电力生产	3354	3282	52	341	149	15
电力供应	151	150	8	13	1	
热力生产和供应	137	134				
燃气生产和供应业	273	230	1	4	2	
燃气生产和供应业	263	221	1	4	2	
生物质燃气生产和供应业	10	9				
水的生产和供应业	1227	1197	35	134	29	
自来水生产和供应	530	526	31	130	5	
污水处理及其再生利用	580	554	4	2		
海水淡化处理	3	3				
其他水的处理、利用与分配	114	114		2	24	
建筑业	**48943**	**48881**	**35**	**103**	**28**	**1**
房屋建筑业	6425	6417	5	32	2	1
住宅房屋建筑	5520	5516	5	29	1	1
体育场馆建筑	11	11				
其他房屋建筑业	894	890		3	1	
土木工程建筑业	11067	11044	20	33	4	
铁路、道路、隧道和桥梁工程建筑	4714	4707	3	13	3	
水利和水运工程建筑	671	670	12	4	1	
海洋工程建筑	50	49	1			
工矿工程建筑	162	161		2		
架线和管道工程建筑	815	812		6		
节能环保工程施工	364	361				
电力工程施工	345	341				
其他土木工程建筑	3946	3943	4	8		
建筑安装业	6655	6642	4	16	10	
电气安装	2360	2356	2	8	3	
管道和设备安装	1930	1928	1	6	5	
其他建筑安装业	2365	2358	1	2	2	
建筑装饰、装修和其他建筑业	24796	24778	6	22	12	
建筑装饰和装修业	18967	18952	2	11	7	
建筑物拆除和场地准备活动	3776	3775	4	8	2	
提供施工设备服务	203	202			1	
其他未列明建筑业	1850	1849		3	2	
批发和零售业	**451021**	**446388**	**247**	**786**	**624**	**39**
批发业	284286	279968	158	452	377	9

国有联营企业	集体联营企业	国有与集体联营企业	其他联营企业	有限责任公司	国有独资公司	其他有限责任公司	股份有限公司	私营企业	私营独资企业
				11		11	3	266	17
				12		12	1	236	32
				20		20	1	848	95
				11		11		132	24
				1		1		20	2
				14		14	4	413	35
	11	**1**	**3**	**966**	**216**	**750**	**67**	**3176**	**356**
	11	1	3	516	79	437	44	2427	285
	11	1	3	426	60	366	38	2261	283
				38	14	24	5	85	2
				52	5	47	1	81	
				72	13	59	6	145	18
				72	13	59	6	136	15
								9	3
				378	124	254	17	604	53
				217	79	138	6	137	20
				158	43	115	10	380	8
				1	1			2	
				2	1	1	1	85	25
			1	**2402**	**176**	**2226**	**263**	**46049**	**438**
			1	424	21	403	63	5890	67
			1	351	18	333	52	5077	63
				1		1	1	9	
				72	3	69	10	804	4
				807	124	683	62	10118	90
				396	67	329	32	4260	21
				88	26	62	6	559	10
				7	1	6		41	
				13		13		146	3
				78	7	71	4	724	6
				17		17		344	1
				17	2	15	4	320	4
				191	21	170	16	3724	45
				353	10	343	31	6228	84
				115	2	113	8	2220	22
				104	6	98	6	1806	32
				134	2	132	17	2202	30
				818	21	797	107	23813	197
				601	1	600	81	18250	81
				121	18	103	13	3627	102
				10		10	3	188	4
				86	2	84	10	1748	10
3	**17**	**12**	**7**	**15676**	**226**	**15450**	**2181**	**426835**	**25816**
	4	3	2	9865	147	9718	1220	267887	10217

4-10 续表 7

行业中类	法人单位数（个）	内资企业	国有企业	集体企业	股份合作企业	联营企业
农、林、牧、渔产品批发	4740	4723	26	37	3	1
食品、饮料及烟草制品批发	17928	17822	35	31	24	1
纺织、服装及家庭用品批发	90597	87891	9	45	30	
文化、体育用品及器材批发	15608	15341	5	10	19	
医药及医疗器材批发	6544	6489	4	3	5	
矿产品、建材及化工产品批发	65711	65442	40	256	167	5
机械设备、五金产品及电子产品批发	55976	55336	30	39	104	2
贸易经纪与代理	6842	6692	4	3	1	
其他批发业	20340	20232	5	28	24	
零售业	166735	166420	89	334	247	30
综合零售	3448	3431	11	72	11	4
食品、饮料及烟草制品专门零售	14970	14938	24	60	20	1
纺织、服装及日用品专门零售	26133	26046	3	51	16	6
文化、体育用品及器材专门零售	9002	8976	19	20	12	1
医药及医疗器材专门零售	12440	12437	17	45	54	1
汽车、摩托车、零配件和燃料及其他动力销售	14160	14130	8	32	60	13
家用电器及电子产品专门零售	14219	14200	1	8	15	
五金、家具及室内装饰材料专门零售	20213	20185	3	29	44	3
货摊、无店铺及其他零售业	52150	52077	3	17	15	1
交通运输、仓储和邮政业	**31548**	**31337**	**81**	**245**	**124**	**6**
铁路运输业						
铁路旅客运输						
铁路货物运输						
铁路运输辅助活动						
道路运输业	19204	19166	37	151	79	3
城市公共交通运输	531	527	5	17	6	
公路旅客运输	449	449	7	16	1	1
道路货物运输	17178	17149	6	46	63	1
道路运输辅助活动	1046	1041	19	72	9	1
水上运输业	1278	1262	11	12	1	
水上旅客运输	84	84	5	6		
水上货物运输	831	829	3	3	1	
水上运输辅助活动	363	349	3	3		
航空运输业	122	117	1			
航空客货运输	54	51				
通用航空服务	40	38				
航空运输辅助活动	28	28	1			
管道运输业	4	3				
海底管道运输	1					
陆地管道运输	3	3				
多式联运和运输代理业	6907	6867	6	9	29	1
多式联运	19	19				
运输代理业	6888	6848	6	9	29	1
装卸搬运和仓储业	2568	2461	25	68	15	2

国有联营企业	集体联营企业	国有与集体联营企业	其他联营企业	有限责任公司	国有独资公司	其他有限责任公司	股份有限公司	私营企业	私营独资企业
			1	215	25	190	17	4424	630
		1		782	27	755	107	16842	1243
				2266	4	2262	336	85205	1887
				416	5	411	81	14810	794
				382		382	37	6058	165
	3	2		2721	60	2661	317	61936	2886
	1		1	2151	9	2142	227	52783	1411
				250	8	242	26	6408	100
				682	9	673	72	19421	1101
3	13	9	5	5811	79	5732	961	158948	15599
	4			180	1	179	24	3129	380
1				628	12	616	104	14101	1825
	2	4		933		933	142	24895	2200
	1			427	35	392	100	8397	424
	1			431	4	427	100	11789	4983
2	1	5	5	986	16	970	118	12913	849
				583	3	580	81	13512	552
	3			535	3	532	77	19494	3456
	1			1108	5	1103	215	50718	930
2		**1**	**3**	**2344**	**299**	**2045**	**205**	**28332**	**986**
2		1		1314	158	1156	123	17459	565
				167	54	113	10	322	2
1				156	17	139	8	260	1
		1		766	22	744	92	16175	529
1				225	65	160	13	702	33
				188	28	160	10	1040	19
				27	9	18	2	44	1
				87	7	80	6	729	12
				74	12	62	2	267	6
				27	11	16	1	88	
				10	3	7		41	
				6	2	4	1	31	
				11	6	5		16	
				1		1		2	
				1		1		2	
			1	390	31	359	40	6392	305
				4	1	3		15	
			1	386	30	356	40	6377	305
			2	324	69	255	19	2008	83

4-10 续表 8

行业中类	法人单位数（个）	内资企业	国有企业	集体企业	股份合作企业	联营企业
装卸搬运	1256	1247	2	63	8	1
通用仓储	551	503	1	2		1
低温仓储	98	96	1		1	
危险品仓储	67	53				
谷物、棉花等农产品仓储	131	129	21		4	
中药材仓储	1	1				
其他仓储业	464	432		3	2	
邮政业	1465	1461	1	5		
邮政基本服务	17	17	1	5		
快递服务	1437	1433				
其他寄递服务	11	11				
住宿和餐饮业	**24318**	**24106**	**82**	**90**	**70**	**6**
住宿业	8824	8757	62	64	56	4
旅游饭店	1657	1623	26	18	8	2
一般旅馆	5965	5937	35	36	43	1
民宿服务	977	972	1	9		
露营地服务	9	9				
其他住宿业	216	216		1	5	1
餐饮业	15494	15349	20	26	14	2
正餐服务	11894	11786	20	19	9	2
快餐服务	1097	1090		2	2	
饮料及冷饮服务	764	749		1		
餐饮配送及外卖送餐服务	352	351				
其他餐饮业	1387	1373		4	3	
信息传输、软件和信息技术服务业	**53992**	**53484**	**15**	**33**	**1**	**1**
电信、广播电视和卫星传输服务	791	785	6	19		
电信	702	696	1	19		
广播电视传输服务	77	77	5			
卫星传输服务	12	12				
互联网和相关服务	5389	5362	1	3		
互联网接入及相关服务	329	329				
互联网信息服务	2919	2913		2		
互联网平台	729	724				
互联网安全服务	62	62				
互联网数据服务	195	187				
其他互联网服务	1155	1147	1	1		
软件和信息技术服务业	47812	47337	8	11	1	1
软件开发	33847	33495	4	3	1	1
集成电路设计	254	236				
信息系统集成和物联网技术服务	1817	1800				
运行维护服务	306	305		1		
信息处理和存储支持服务	308	304				
信息技术咨询服务	7620	7554	3	7		
数字内容服务	530	528				
其他信息技术服务业	3130	3115	1			

国有联营企　业	集体联营企　业	国有与集体联营企业	其他联营企　业	有限责任公　司	国有独资公　司	其他有限责任公司	股份有限公　司	私营企业	私营独资企　业
			1	73	1	72	7	1093	63
			1	76	6	70	3	420	6
				9		9	2	83	6
				24	2	22	1	28	1
				69	52	17	2	33	
				1	1				
				72	7	65	4	351	7
				100	2	98	12	1343	14
				6	1	5		5	2
				90		90	11	1332	11
				4	1	3	1	6	1
1	**2**	**2**	**1**	**1391**	**40**	**1351**	**175**	**22292**	**4064**
1	2	1		597	27	570	77	7897	2038
1		1		234	15	219	23	1312	99
	1			302	9	293	37	5483	1836
				47	1	46	16	899	67
								9	
	1			14	2	12	1	194	36
		1	1	794	13	781	98	14395	2026
		1	1	636	12	624	82	11018	1609
				44		44	7	1035	139
				40	1	39	4	704	133
				17		17	2	332	8
				57		57	3	1306	137
	1			**2956**	**42**	**2914**	**375**	**50103**	**304**
				97	17	80	14	649	15
				60	6	54	12	604	13
				34	11	23	2	36	2
				3		3		9	
				382	5	377	45	4931	39
				15		15	2	312	
				208	2	206	29	2674	22
				62	3	59	6	656	
				1		1		61	
				29		29	4	154	
				67		67	4	1074	17
	1			2477	20	2457	316	44523	250
	1			1735	11	1724	223	31528	84
				14		14	4	218	2
				111	2	109	17	1672	9
				19		19	1	284	
				27	2	25	3	274	
				375	4	371	48	7121	101
				31		31	5	492	3
				165	1	164	15	2934	51

4-10 续表 9

行业中类	法人单位数（个）	内资企业	国有企业	集体企业	股份合作企业	联营企业
金融业	**16196**	**15895**	**80**	**13**	**12**	**3**
货币金融服务	1307	1187	4	5	11	
中央银行服务						
货币银行服务	261	242		5	10	
非货币银行服务	1046	945	4		1	
银行理财服务						
银行监管服务						
资本市场服务	13038	12948	7	1	1	3
证券市场服务						
公开募集证券投资基金						
非公开募集证券投资基金	1921	1907	1			
期货市场服务						
证券期货监管服务						
资本投资服务	1532	1527	6		1	1
其他资本市场服务	9585	9514		1		2
保险业	758	673	65	3		
人身保险	251	188	10			
财产保险	290	271	50	3		
再保险						
商业养老金	11	11				
保险中介服务	116	114	4			
保险资产管理	1					
保险监管服务						
其他保险活动	89	89	1			
其他金融业	1093	1087	4	4		
金融信托与管理服务	70	70	1	1		
控股公司服务	345	343		1		
非金融机构支付服务	8	8	1			
金融信息服务	260	259		1		
金融资产管理公司	9	9				
其他未列明金融业	401	398	2	1		
房地产业	**33016**	**32698**	**82**	**84**	**14**	**2**
房地产业	33016	32698	82	84	14	2
房地产开发经营	7943	7702	35	24	2	1
物业管理	8444	8389	27	39	1	
房地产中介服务	15982	15969	9	10	10	
房地产租赁经营						
其他房地产业	647	638	11	11	1	1
租赁和商务服务业	**126533**	**125825**	**300**	**1197**	**102**	**25**
租赁业	9138	9103	1	10	2	1
机械设备经营租赁	8660	8626	1	9	2	

国有联营企业	集体联营企业	国有与集体联营企业	其他联营企业	有限责任公司	国有独资公司	其他有限责任公司	股份有限公司	私营企业	私营独资企业
3				**871**	**50**	**821**	**719**	**14196**	**78**
				201	1	200	329	637	28
				11	1	10	213	3	
				190		190	116	634	28
3				412	10	402	25	12499	11
				192		192	11	1703	5
1				102	6	96	7	1410	1
2				118	4	114	7	9386	5
				103	11	92	344	157	38
				28		28	150		
				42	11	31	176		
							11		
				31		31	5	74	
				2		2	2	83	38
				155	28	127	21	903	1
				6		6	2	60	
				29	7	22	4	309	
				5		5		2	
				20		20	8	230	
				5	3	2	1	3	
				90	18	72	6	299	1
	1	**1**		**4087**	**245**	**3842**	**236**	**28193**	**933**
	1	1		4087	245	3842	236	28193	933
		1		2229	142	2087	77	5334	
				1158	67	1091	77	7087	24
				592	9	583	80	15268	901
	1			108	27	81	2	504	8
3	**13**	**5**	**4**	**9944**	**1597**	**8347**	**776**	**113480**	**2323**
			1	412	28	384	54	8623	140
				385	24	361	50	8179	132

4-10 续表 10

行业中类	法人单位数(个)	内资企业	国有企业	集体企业	股份合作企业	联营企业
文体设备和用品出租	410	409				1
日用品出租	68	68		1		
商务服务业	117395	116722	299	1187	100	24
组织管理服务	33224	32980	120	576	15	9
综合管理服务	3644	3617	29	430	15	10
法律服务	422	421	3	2		
咨询与调查	37681	37390	38	55	17	1
广告业	19653	19636	13	12	12	1
人力资源服务	5557	5549	21	40	5	1
安全保护服务	1320	1316	22	2	1	
会议、展览及相关服务	2324	2316	9	1	1	
其他商务服务业	13570	13497	44	69	34	2
科学研究和技术服务业	**57417**	**56727**	**285**	**162**	**47**	**8**
研究和试验发展	9220	8935	9	8	17	1
自然科学研究和试验发展	355	350		1	2	
工程和技术研究和试验发展	7169	6980	6	4	9	1
农业科学研究和试验发展	396	389		3	2	
医学研究和试验发展	1268	1184	1		4	
社会人文科学研究	32	32	2			
专业技术服务业	28192	28027	232	91	27	4
气象服务	39	39	5	1		
地震服务	5	5				
海洋服务	54	54	2			
测绘地理信息服务	513	513	24	20	1	
质检技术服务	2335	2307	42	30	8	2
环境与生态监测检测服务	556	556	2			
地质勘查	78	78	8	3		
工程技术与设计服务	13411	13373	137	26	11	2
工业与专业设计及其他专业技术服务	11201	11102	12	11	7	
科技推广和应用服务业	20005	19765	44	63	3	3
技术推广服务	15048	14829	38	55	3	2
知识产权服务	1717	1714	2	3		
科技中介服务	541	539	3	2		1
创业空间服务	180	178	1			
其他科技推广服务业	2519	2505		3		
水利、环境和公共设施管理业	**6904**	**6869**	**41**	**79**	**4**	**2**
水利管理业	361	359	20	15		1
防洪除涝设施管理	73	73	1	6		1
水资源管理	103	102	4	4		
天然水收集与分配	41	41	6	3		
水文服务	12	12	2			
其他水利管理业	132	131	7	2		
生态保护和环境治理业	1146	1137	5	2	1	

国有联营企业	集体联营企业	国有与集体联营企业	其他联营企业	有限责任公司	国有独资公司	其他有限责任公司	股份有限公司	私营企业	私营独资企业
			1	24	3	21	2	382	6
				3	1	2	2	62	2
3	13	5	3	9532	1569	7963	722	104857	2183
2	5	2		4273	1206	3067	255	27732	129
	7	1	2	680	68	612	47	2406	28
				14		14	1	400	27
			1	1962	55	1907	168	35149	824
		1		869	48	821	92	18637	363
	1			325	32	293	33	5124	31
				144	50	94	8	1139	8
				190	17	173	16	2099	30
1		1		1075	93	982	102	12171	743
4	**1**	**2**	**1**	**3689**	**269**	**3420**	**381**	**52155**	**609**
	1			528	15	513	70	8302	66
				22		22	3	322	2
	1			394	11	383	53	6513	22
				26	4	22	6	352	16
				85		85	8	1086	25
				1		1		29	1
3		1		2000	189	1811	170	25503	294
				10		10		23	
								5	
				7		7	2	43	
				54	10	44	4	410	1
1		1		306	45	261	18	1901	13
				34	7	27	3	517	2
				15	4	11	1	51	
2				992	109	883	88	12117	107
				582	14	568	54	10436	171
1		1	1	1161	65	1096	141	18350	249
		1	1	886	46	840	115	13730	211
				83	6	77	8	1618	27
1				33	5	28	4	496	5
				24	2	22	2	151	1
				135	6	129	12	2355	5
	2			**1238**	**360**	**878**	**87**	**5418**	**70**
	1			141	68	73	5	177	4
	1			32	16	16		33	
				44	23	21	1	49	1
				23	8	15	2	7	
				2		2	1	7	
				40	21	19	1	81	3
				133	23	110	10	986	16

4-10 续表 11

行业中类	法人单位数(个)	内资企业	国有企业	集体企业	股份合作企业	联营企业
生态保护	54	54	4	1		
环境治理业	1092	1083	1	1	1	
公共设施管理业	4969	4945	15	60		1
市政设施管理	664	661	5	6		
环境卫生管理	1196	1195	2	33		
城乡市容管理	72	72		2		
绿化管理	1832	1831	8	6		
城市公园管理	55	55		1		
游览景区管理	1150	1131		12		1
土地管理业	428	428	1	2	3	
土地整治服务	326	326		1		
土地调查评估服务	47	47			1	
土地登记服务	5	5		1		
土地登记代理服务	22	22	1		2	
其他土地管理服务	28	28				
居民服务、修理和其他服务业	**24472**	**24430**	**38**	**149**	**75**	**3**
居民服务业	10752	10727	26	96	13	3
家庭服务	2295	2294	1	4		
托儿所服务	179	179				
洗染服务	437	437		2		
理发及美容服务	2050	2042	1			
洗浴和保健养生服务	1988	1983		1	5	
摄影扩印服务	1330	1328	2	3	3	
婚姻服务	1009	1005	2		1	
殡葬服务	384	381	17	78	3	3
其他居民服务业	1080	1078	3	8	1	
机动车、电子产品和日用产品修理业	9307	9297	8	29	55	
汽车、摩托车等修理与维护	7272	7265	7	26	47	
计算机和办公设备维修	832	831			2	
家用电器修理	1009	1007	1	3	5	
其他日用产品修理业	194	194			1	
其他服务业	4413	4406	4	24	7	
清洁服务	3277	3276	2	20		
宠物服务	196	196		1	1	
其他未列明服务业	940	934	2	3	6	
教育						
教育						
学前教育						
初等教育						
中等教育						
高等教育						
特殊教育						
技能培训、教育辅助及其他教育						

国有联营企业	集体联营企业	国有与集体联营企业	其他联营企业	有限责任公司	国有独资公司	其他有限责任公司	股份有限公司	私营企业	私营独资企业
				11	4	7	1	37	
				122	19	103	9	949	16
	1			888	228	660	68	3913	49
				315	111	204	8	327	3
				104	18	86	17	1039	8
				17	9	8	1	52	
				133	15	118	17	1667	28
				16	1	15	1	37	1
	1			303	74	229	24	791	9
				76	41	35	4	342	1
				47	28	19	4	274	1
				11	2	9		35	
								4	
				1	1			18	
				17	10	7		11	
	2		**1**	**999**	**43**	**956**	**128**	**23038**	**2650**
	2		1	409	20	389	52	10128	1125
				77	2	75	16	2196	50
				7		7		172	4
				18	1	17	3	414	45
				86		86	11	1944	214
				60	1	59	9	1908	479
				42	1	41	2	1276	64
				34		34	2	966	26
	2		1	42	9	33	2	236	16
				43	6	37	7	1016	227
				379	11	368	52	8774	1409
				292	9	283	43	6850	1296
				37	1	36	4	788	21
				47	1	46	4	947	75
				3		3	1	189	17
				211	12	199	24	4136	116
				126	7	119	13	3115	58
				14	1	13	3	177	25
				71	4	67	8	844	33

4-10 续表 12

行业中类	法人单位数(个)	内资企业	国有企业	集体企业	股份合作企业	联营企业
卫生和社会工作	**745**	**734**	**12**	**6**		**1**
卫生	162	162	1			
医院	86	86	1			
基层医疗卫生服务	64	64				
专业公共卫生服务	2	2				
其他卫生活动	10	10				
社会工作	583	572	11	6		1
提供住宿社会工作	532	523	5	5		1
不提供住宿社会工作	51	49	6	1		
文化、体育和娱乐业	**32284**	**32186**	**82**	**63**	**31**	**2**
新闻和出版业	163	163	21	4		
新闻业	15	15	2			
出版业	148	148	19	4		
广播、电视、电影和录音制作业	7240	7223	30	10	2	1
广播	192	192	1			
电视	139	139	3	1		
影视节目制作	5877	5864			2	
广播电视集成播控	8	8				
电影和广播电视节目发行	243	243	3			
电影放映	706	702	23	9		1
录音制作	75	75				
文化艺术业	5593	5573	21	20	4	1
文艺创作与表演	2395	2381	4	4	1	
艺术表演场馆	50	50	9	3		
图书馆与档案馆	230	230	4	8	1	
文物及非物质文化遗产保护	46	46				1
博物馆	28	28	1	1		
烈士陵园、纪念馆	4	4		2		
群众文体活动	493	492	3	2	1	
其他文化艺术业	2347	2342			1	
体育	2968	2946	6	10	2	
体育组织	495	491				
体育场地设施管理	199	197	3	4	1	
健身休闲活动	2185	2169	3	6	1	
其他体育	89	89				
娱乐业	16320	16281	4	19	23	
室内娱乐活动	7744	7737	1	11	23	
游乐园	195	194	1	1		
休闲观光活动	752	749		3		
彩票活动	12	12	1			
文化体育娱乐活动与经纪代理服务	7540	7513	1	3		
其他娱乐业	77	76		1		

国有联营企业	集体联营企业	国有与集体联营企业	其他联营企业	有限责任公司	国有独资公司	其他有限责任公司	股份有限公司	私营企业	私营独资企业
	1			**83**	**5**	**78**	**16**	**616**	**56**
				32		32	2	127	9
				13		13		72	7
				16		16	1	47	2
								2	
				3		3	1	6	
	1			51	5	46	14	489	47
	1			48	5	43	14	450	46
				3		3		39	1
1			**1**	**1497**	**113**	**1384**	**212**	**30299**	**7812**
				65	16	49		73	3
				2		2		11	
				63	16	47		62	3
1				361	31	330	71	6748	2014
				12		12	1	178	6
				8	1	7		127	30
				192	8	184	60	5610	1908
				2		2		6	
				12	2	10	2	226	51
1				133	20	113	8	528	7
				2		2		73	12
			1	319	28	291	49	5159	510
				106	12	94	15	2251	407
				14	5	9	2	22	2
				13		13	4	200	7
			1	15	5	10		30	1
				4	1	3	1	21	4
				1	1			1	
				36		36	4	446	13
				130	4	126	23	2188	76
				171	18	153	24	2733	221
				30	3	27	5	456	9
				26	6	20	2	161	10
				109	8	101	16	2034	202
				6	1	5	1	82	
				581	20	561	68	15586	5064
				170	1	169	16	7516	4451
				17	3	14	2	173	9
				47	5	42	10	689	27
				6	5	1		5	
				334	6	328	39	7136	575
				7		7	1	67	2

4-10 续表 13

行业中类	私营合伙企业	私营有限责任公司	私营股份有限公司	其他企业	港、澳、台商投资企业	与港澳台商合资经营企业
总　计	**41446**	**1064351**	**8317**	**2**	**5953**	**2393**
农、林、牧、渔业	**7**	**695**	**17**		**5**	**2**
农业	2	24			2	
谷物种植		1				
豆类、油料和薯类种植						
棉、麻、糖、烟草种植						
蔬菜、食用菌及园艺作物种植	2	10			2	
水果种植		4				
坚果、含油果、香料和饮料作物种植		2				
中药材种植		6				
草种植及割草						
其他农业		1				
林业		2				
林木育种和育苗		2				
造林和更新						
森林经营、管护和改培						
木材和竹材采运						
林产品采集						
畜牧业	1	10				
牲畜饲养	1	6				
家禽饲养		4				
狩猎和捕捉动物						
其他畜牧业						
渔业	2	14				
水产养殖	2	13				
水产捕捞		1				
农、林、牧、渔专业及辅助性活动	2	645	17		3	2
农业专业及辅助性活动		436	14		3	2
林业专业及辅助性活动		136	1			
畜牧专业及辅助性活动	1	21	1			
渔业专业及辅助性活动	1	52	1			
采矿业	**32**	**570**	**6**		**1**	**1**
煤炭开采和洗选业		5				
烟煤和无烟煤开采洗选		4				
褐煤开采洗选						
其他煤炭采选		1				
石油和天然气开采业						
石油开采						
天然气开采						
黑色金属矿采选业	1	14				
铁矿采选	1	14				
锰矿、铬矿采选						
其他黑色金属矿采选						

与港澳台商合作经营企业	港澳台商独资经营企业	港澳台商投资股份有限公司	其他港澳台投资企业	外商投资企业	中外合资经营企业	中外合作经营企业	外资企业	外商投资股份有限公司	其他外商投资
71	**3307**	**92**	**90**	**9809**	**3069**	**63**	**5137**	**166**	**1374**
	2		**1**	**2**	**1**		**1**		
	2			1	1				
	2								
				1	1				
			1	1			1		
			1	1			1		
				4	**2**		**2**		

4-10 续表 14

行业中类	私营合伙企业	私营有限责任公司	私营股份有限公司	其他企业	港、澳、台商投资企业	与港澳台商合资经营企业
有色金属矿采选业	1	34				
常用有色金属矿采选	1	21				
贵金属矿采选		3				
稀有稀土金属矿采选		10				
非金属矿采选业	30	500	6		1	1
土砂石开采	28	464	6		1	1
化学矿开采		2				
采盐		1				
石棉及其他非金属矿采选	2	33				
开采专业及辅助性活动		10				
煤炭开采和洗选专业及辅助性活动		1				
石油和天然气开采专业及辅助性活动		3				
其他开采专业及辅助性活动		6				
其他采矿业		7				
其他采矿业		7				
制造业	**12929**	**298975**	**3196**		**3784**	**1711**
农副食品加工业	90	2893	47		30	15
谷物磨制	9	125				
饲料加工	5	287	9		5	1
植物油加工	1	110	4		2	
制糖业	1	22				
屠宰及肉类加工	16	458	11		11	5
水产品加工	39	888	9		8	5
蔬菜、菌类、水果和坚果加工	4	561	9		2	2
其他农副食品加工	15	442	5		2	2
食品制造业	42	2093	39		46	21
焙烤食品制造	10	632	7		13	4
糖果、巧克力及蜜饯制造	3	127	2		1	1
方便食品制造	2	359	5		9	4
乳制品制造		21	1			
罐头食品制造	2	118	3		1	1
调味品、发酵制品制造	2	143	1		2	
其他食品制造	23	693	20		20	11
酒、饮料和精制茶制造业	46	1291	24		21	6
酒的制造	17	330	3		7	1
饮料制造	11	382	8		9	3
精制茶加工	18	579	13		5	2
烟草制品业						
烟叶复烤						
卷烟制造						
其他烟草制品制造						
纺织业	401	25075	163		383	186
棉纺织及印染精加工	127	6394	43		121	71
毛纺织及染整精加工	16	802	3		29	12

与港澳台商合作经营企业	港澳台商独资经营企业	港澳台商投资股份有限公司	其他港澳台投资企业	外商投资企业	中外合资经营企业	中外合作经营企业	外资企业	外商投资股份有限公司	其他外商投资
				4	2		2		
				4	2		2		
46	**1943**	**49**	**35**	**3988**	**1924**	**38**	**1902**	**53**	**71**
	14	1		53	32		20		1
	4			9	7		2		
	2			3	2		1		
	5	1		11	6		5		
	3			14	9		4		1
				12	6		6		
				4	2		2		
	24	1		73	27	1	43	1	1
	9			10	3		6		1
				5			5		
	5			6	2		4		
				2			2		
				12	6		6		
	2			5	2	1	2		
	8	1		33	14		18	1	
	15			40	22		16		2
	6			9	2		7		
	6			27	18		7		2
	3			4	2		2		
4	187	4	2	280	152	1	118	3	6
	48	2		93	49		40		4
	17			11	8		3		

4-10 续表 15

行业中类	私营合伙企业	私营有限责任公司	私营股份有限公司	其他企业	港、澳、台商投资企业	与港澳台商合资经营企业
麻纺织及染整精加工	3	39			3	
丝绢纺织及印染精加工	12	727	7		23	17
化纤织造及印染精加工	36	3676	26		37	16
针织或钩针编织物及其制品制造	73	6960	33		73	33
家用纺织制成品制造	51	3794	30		55	22
产业用纺织制成品制造	83	2683	21		42	15
纺织服装、服饰业	320	22468	180		507	249
机织服装制造	129	9230	97		250	109
针织或钩针编织服装制造	95	5748	21		130	60
服饰制造	96	7490	62		127	80
皮革、毛皮、羽毛及其制品和制鞋业	482	14470	107		84	48
皮革鞣制加工	10	376	3		7	6
皮革制品制造	52	4002	36		41	20
毛皮鞣制及制品加工	7	902	3		8	
羽毛(绒)加工及制品制造	8	266			11	10
制鞋业	405	8924	65		17	12
木材加工和木、竹、藤、棕、草制品业	132	4506	48		38	16
木材加工	13	736	4		2	
人造板制造	13	399	6		15	8
木质制品制造	61	2526	28		12	5
竹、藤、棕、草等制品制造	45	845	10		9	3
家具制造业	94	5432	49		69	29
木质家具制造	56	3487	26		30	10
竹、藤家具制造	3	132	2		3	2
金属家具制造	21	825	8		18	12
塑料家具制造	1	117	1		5	1
其他家具制造	13	871	12		13	4
造纸和纸制品业	482	8500	79		61	36
纸浆制造		14				
造纸	33	1209	17		25	16
纸制品制造	449	7277	62		36	20
印刷和记录媒介复制业	419	6895	55		24	13
印刷	395	6486	49		24	13
装订及印刷相关服务	23	404	6			
记录媒介复制	1	5				
文教、工美、体育和娱乐用品制造业	501	15944	146		194	85
文教办公用品制造	71	2697	24		36	19
乐器制造	5	192	1		4	3
工艺美术及礼仪用品制造	357	8447	84		86	36
体育用品制造	28	1857	22		19	4
玩具制造	39	1917	13		41	23
游艺器材及娱乐用品制造	1	834	2		8	
石油、煤炭及其他燃料加工业	4	342	8		8	4
精炼石油产品制造	3	166	8		8	4

与港澳台商合作经营企业	港澳台商独资经营企业	港澳台商投资股份有限公司	其他港澳台投资企业	外商投资企业	中外合资经营企业	中外合作经营企业	外资企业	外商投资股份有限公司	其他外商投资
	3			2	1		1		
1	5			18	13		4	1	
1	19	1		26	18	1	7		
	40			43	22		21		
1	30	1	1	52	29		21	1	1
1	25		1	35	12		21	1	1
6	243	6	3	365	192	2	161	4	6
2	138		1	184	98		80	2	4
2	61	5	2	92	44	1	45	1	1
2	44	1		89	50	1	36	1	1
1	33	1	1	125	77	1	46	1	
	1			17	11		6		
	20	1		55	27		28		
	8			7	4		3		
	1			8	6		2		
1	3		1	38	29	1	7	1	
	20	2		45	22	3	18		2
	2			3			3		
	6	1		6	2		4		
	6	1		16	10		6		
	6			20	10	3	5		2
	40			69	29		37		3
	20			33	15		17		1
	1			3	1		2		
	6			17	4		12		1
	4			1	1				
	9			15	8		6		1
	25			49	24	1	23		1
	9			15	11		4		
	16			34	13	1	19		1
1	10			20	11		9		
1	10			17	9		8		
				3	2		1		
3	97	5	4	170	86	3	76	1	4
2	12	2	1	34	17		17		
	1			9	4		5		
1	45	2	2	68	37		28	1	2
	15			36	20	1	15		
	17		1	21	7	2	10		2
	7	1		2	1		1		
	4			4	1		1	1	1
	4			4	1		1	1	1

4-10 续表 16

行业中类	私营合伙企业	私营有限责任公司	私营股份有限公司	其他企业	港、澳、台商投资企业	与港澳台商合资经营企业
煤炭加工	1	28				
核燃料加工						
生物质燃料加工		148				
化学原料和化学制品制造业	193	5898	106		170	84
基础化学原料制造	26	656	15		33	19
肥料制造	3	190	1		1	1
农药制造		48	2		4	2
涂料、油墨、颜料及类似产品制造	57	1454	22		36	15
合成材料制造	24	882	15		28	15
专用化学产品制造	61	1668	35		54	23
炸药、火工及焰火产品制造		9				
日用化学产品制造	22	991	16		14	9
医药制造业	15	752	27		30	18
化学药品原料药制造	5	109	5		7	7
化学药品制剂制造		52	2		3	
中药饮片加工		68	2		1	1
中成药生产		46	4			
兽用药品制造		40	3		2	2
生物药品制品制造	1	141	4		6	2
卫生材料及医药用品制造	6	229	6		9	4
药用辅料及包装材料	3	67	1		2	2
化学纤维制造业	37	1318	6		41	22
纤维素纤维原料及纤维制造	1	50				
合成纤维制造	35	1234	6		40	22
生物基材料制造	1	34			1	
橡胶和塑料制品业	1757	21453	256		210	94
橡胶制品业	257	2436	42		17	9
塑料制品业	1500	19017	214		193	85
非金属矿物制品业	298	9264	119		87	38
水泥、石灰和石膏制造	9	336	6		1	1
石膏、水泥制品及类似制品制造	70	1888	24		30	14
砖瓦、石材等建筑材料制造	110	2953	36		17	6
玻璃制造	8	371	3		5	2
玻璃制品制造	31	1651	12		11	4
玻璃纤维和玻璃纤维增强塑料制品制造	16	300	5		9	3
陶瓷制品制造	11	786	10		11	7
耐火材料制品制造	20	380	16		1	
石墨及其他非金属矿物制品制造	23	599	7		2	1
黑色金属冶炼和压延加工业	100	1780	17		29	18
炼铁	1	4				
炼钢	1	8				
钢压延加工	95	1718	17		29	18
铁合金冶炼	3	50				
有色金属冶炼和压延加工业	100	2133	33		27	10

与港澳台商合作经营企业	港澳台商独资经营企业	港澳台商投资股份有限公司	其他港澳台投资企业	外商投资企业	中外合资经营企业	中外合作经营企业	外资企业	外商投资股份有限公司	其他外商投资
5	78	2	1	232	108	1	113	6	4
2	11	1		35	18		16	1	
				3	2		1		
	1	1		5	4		1		
2	19			36	24		11	1	
1	12			42	17		23	1	1
	30		1	73	32		37	3	1
	5			38	11	1	24		2
	12			58	39		18	1	
				8	5		2	1	
	3			9	7		2		
				5	4		1		
				5	3		2		
				5	4		1		
	4			15	10		5		
	5			8	4		4		
				3	2		1		
1	18			25	14		10		1
				3	3				
1	17			22	11		10		1
	1								
4	110	1	1	223	109	4	103	2	5
	8			32	13		19		
4	102	1	1	191	96	4	84	2	5
	47	1	1	94	48	2	42	2	
				3			3		
	16			10	6		4		
	10		1	13	6		6	1	
	3			2	1		1		
	7			24	12	1	11		
	6			13	7		5	1	
	4			11	6		5		
		1		8	6	1	1		
	1			10	4		6		
	11			18	11		7		
	11			18	11		7		
	15		2	32	14	2	16		

4-10 续表 17

行业中类	私营合伙企业	私营有限责任公司	私营股份有限公司	其他企业	港、澳、台商投资企业	与港澳台商合资经营企业
常用有色金属冶炼	4	95			2	
贵金属冶炼		5				
稀有稀土金属冶炼		11			1	1
有色金属合金制造	20	507	8		7	2
有色金属压延加工	76	1515	25		17	7
金属制品业	1604	27246	236		245	106
结构性金属制品制造	202	6358	49		37	13
金属工具制造	122	3086	32		36	18
集装箱及金属包装容器制造	13	502	10		19	8
金属丝绳及其制品制造	37	615	3		7	3
建筑、安全用金属制品制造	686	7493	64		61	25
金属表面处理及热处理加工	186	1543	12		16	8
搪瓷制品制造	9	349	4		3	3
金属制日用品制造	56	2976	26		28	12
铸造及其他金属制品制造	293	4324	36		38	16
通用设备制造业	1995	36566	419		383	169
锅炉及原动设备制造	13	414	2		10	5
金属加工机械制造	138	3800	58		42	13
物料搬运设备制造	39	1265	14		49	17
泵、阀门、压缩机及类似机械制造	314	9237	119		78	38
轴承、齿轮和传动部件制造	315	3403	25		48	29
烘炉、风机、包装等设备制造	110	4467	62		60	23
文化、办公用机械制造	7	314	3		3	2
通用零部件制造	1022	11844	123		86	40
其他通用设备制造业	37	1822	13		7	2
专用设备制造业	807	19143	225		254	84
采矿、冶金、建筑专用设备制造	27	705	13		12	6
化工、木材、非金属加工专用设备制造	392	7601	50		82	26
食品、饮料、烟草及饲料生产专用设备制造	6	582	9		7	3
印刷、制药、日化及日用品生产专用设备制造	22	832	14		7	5
纺织、服装和皮革加工专用设备制造	194	2192	35		49	14
电子和电工机械专用设备制造	13	592	10		8	1
农、林、牧、渔专用机械制造	32	691	8		10	1
医疗仪器设备及器械制造	80	2429	30		40	12
环保、邮政、社会公共服务及其他专用设备制造	41	3519	56		39	16
汽车制造业	636	11715	168		196	73
汽车整车制造		47	2		5	1
汽车用发动机制造		25			3	3
改装汽车制造		19				
低速汽车制造	1					
电车制造		9				
汽车车身、挂车制造	7	83			5	1
汽车零部件及配件制造	628	11532	166		183	68
铁路、船舶、航空航天和其他运输设备制造业	123	3147	38		23	10

与港澳台商合作经营企业	港澳台商独资经营企业	港澳台商投资股份有限公司	其他港澳台投资企业	外商投资企业	中外合资经营企业	中外合作经营企业	外资企业	外商投资股份有限公司	其他外商投资
	2								
	4		1	10	5	1	4		
	9		1	22	9	1	12		
3	129	4	3	259	114	4	130	5	6
	23	1		33	18		14		1
	17	1		41	17		22	1	1
1	10			8	3		5		
	3	1		4	2		2		
1	33	1	1	84	36	2	42	2	2
1	6		1	22	8	1	11	1	1
				2	1				1
	16			23	15	1	7		
	21		1	42	14		27	1	
2	204	4	4	504	213	3	278	5	5
1	4			13	7		6		
	28	1		56	11		43	2	
	30	1	1	35	10	1	23		1
	38	1	1	107	50		56		1
	19			79	44	1	33	1	
	36	1		70	28	1	41		
	1			8	4		4		
1	43		2	114	49		61	2	2
	5			22	10		11		1
6	159	2	3	284	120	2	152	6	4
	6			12	6	1	5		
1	52	1	2	86	33		51	2	
2	2			8	5		3		
	1		1	5	4		1		
	34	1		31	9		21		1
1	6			12	5		6	1	
1	8			25	7		15	3	
1	27			48	25		22		1
	23			57	26	1	28		2
	117	3	3	243	93	4	137	3	6
	3	1		4	2		1	1	
				3	1		2		
				2	1		1		
				1			1		
	4			6	1		5		
	110	2	3	227	88	4	127	2	6
1	8	1	3	54	29	1	22	1	1

4-10 续表 18

行业中类	私营合伙企业	私营有限责任公司	私营股份有限公司	其他企业	港、澳、台商投资企业	与港澳台商合资经营企业
铁路运输设备制造	1	114	4		1	1
城市轨道交通设备制造		19				
船舶及相关装置制造	21	662	12		4	1
航空、航天器及设备制造	1	45			1	1
摩托车制造	63	832	7		3	
自行车和残疾人座车制造	16	472	2		11	5
助动车制造	18	554	8			
非公路休闲车及零配件制造	3	370	5		2	2
潜水救捞及其他未列明运输设备制造		79			1	
电气机械和器材制造业	836	29284	349		346	165
电机制造	98	2394	47		33	15
输配电及控制设备制造	257	12919	150		105	53
电线、电缆、光缆及电工器材制造	77	2262	34		35	16
电池制造	2	327	8		10	5
家用电力器具制造	230	5553	45		64	32
非电力家用器具制造	5	675	7		7	1
照明器具制造	152	4138	49		83	36
其他电气机械及器材制造	15	1016	9		9	7
计算机、通信和其他电子设备制造业	195	8290	125		183	78
计算机制造	4	328	4		12	3
通信设备制造	16	768	11		12	6
广播电视设备制造	1	149	3		3	2
雷达及配套设备制造	1	7			1	1
非专业视听设备制造	9	329			18	7
智能消费设备制造	3	349	12		7	2
电子器件制造	14	1138	27		33	16
电子元件及电子专用材料制造	140	4604	63		85	38
其他电子设备制造	7	618	5		12	3
仪器仪表制造业	132	4147	54		58	26
通用仪器仪表制造	89	3101	45		38	16
专用仪器仪表制造	12	480	7		9	4
钟表与计时仪器制造	5	96			3	1
光学仪器制造	14	170	1		6	5
衡器制造	2	148	1		1	
其他仪器仪表制造业	10	152			1	
其他制造业	1037	4735	49		31	6
日用杂品制造	1005	3121	24		25	5
核辐射加工		3				
其他未列明制造业	32	1611	25		6	1
废弃资源综合利用业	11	503	8		2	1
金属废料和碎屑加工处理	1	186	2		2	1
非金属废料和碎屑加工处理	10	317	6			
金属制品、机械和设备修理业	40	1692	16		4	1
金属制品修理		38				

与港澳台商合作经营企业	港澳台商独资经营企业	港澳台商投资股份有限公司	其他港澳台投资企业	外商投资企业	中外合资经营企业	中外合作经营企业	外资企业	外商投资股份有限公司	其他外商投资
				1			1		
				1	1				
	3			16	9		5	1	1
				3	1		2		
	1	1	1	9	5		4		
1	3		2	13	7	1	5		
				4	3		1		
				5	2		3		
	1			2	1		1		
4	168	5	4	336	183	3	139	6	5
	16	2		35	17		18		
2	49		1	99	57		38	2	2
	18	1		44	22	2	18	2	
	5			21	12		7		2
1	29		2	59	33		26		
	6			8	2		6		
1	44	1	1	52	30	1	19	1	1
	1	1		18	10		7	1	
2	97	6		202	89		108	2	3
	8	1		15	5		10		
	6			16	4		12		
		1		10	3		7		
	11			20	9		10		1
	4	1		9	3		5		1
	16	1		44	25		18		1
2	43	2		77	34		41	2	
	9			11	6		5		
3	29			74	34		37	1	2
2	20			49	24		23	1	1
1	4			15	4		11		
	2			2	1		1		
	1			3	3				
	1			3	1		1		1
	1			2	1		1		
	25			36	16		16	2	2
	20			26	13		10	2	1
	5			10	3		6		1
	1			13	8		5		
	1			10	6		4		
				3	2		1		
	3			8	7		1		

4-10 续表 19

行业中类						
					港、澳、台商投资企业	与港澳台商合资经营企业
	私营合伙企业	私营有限责任公司	私营股份有限公司	其他企业		
通用设备修理	2	241	6			
专用设备修理	1	200	3			
铁路、船舶、航空航天等运输设备修理	33	717	3		2	1
电气设备修理	1	106	1		1	
仪器仪表修理		18				
其他机械和设备修理业	3	372	3		1	
电力、热力、燃气及水生产和供应业	**564**	**2203**	**53**		**68**	**40**
电力、热力生产和供应业	513	1591	38		37	21
电力生产	511	1433	34		35	20
电力供应	2	78	3			
热力生产和供应		80	1		2	1
燃气生产和供应业	9	118			24	15
燃气生产和供应业	8	113			23	15
生物质燃气生产和供应业	1	5			1	
水的生产和供应业	42	494	15		7	4
自来水生产和供应	17	93	7		1	1
污水处理及其再生利用	5	361	6		6	3
海水淡化处理		2				
其他水的处理、利用与分配	20	38	2			
建筑业	**55**	**45248**	**308**		**31**	**13**
房屋建筑业	3	5777	43		6	4
住宅房屋建筑	3	4973	38		4	3
体育场馆建筑		9				
其他房屋建筑业		795	5		2	1
土木工程建筑业	9	9949	70		11	5
铁路、道路、隧道和桥梁工程建筑	2	4212	25		4	2
水利和水运工程建筑	1	543	5		1	1
海洋工程建筑		41				
工矿工程建筑		142	1		1	
架线和管道工程建筑	1	713	4		2	1
节能环保工程施工		339	4		1	1
电力工程施工	1	312	3		1	
其他土木工程建筑	4	3647	28		1	
建筑安装业	13	6083	48		6	1
电气安装	6	2182	10		1	
管道和设备安装	2	1757	15		1	
其他建筑安装业	5	2144	23		4	1
建筑装饰、装修和其他建筑业	30	23439	147		8	3
建筑装饰和装修业	19	18041	109		6	2
建筑物拆除和场地准备活动	8	3491	26			
提供施工设备服务		184			1	
其他未列明建筑业	3	1723	12		1	1
批发和零售业	**1699**	**397251**	**2069**		**734**	**151**
批发业	705	255720	1245		618	120

与港澳台商合作经营企业	港澳台商独资经营企业	港澳台商投资股份有限公司	其他港澳台投资企业	外商投资企业	中外合资经营企业	中外合作经营企业	外资企业	外商投资股份有限公司	其他外商投资
				2	2				
	1			5	5				
	1								
	1			1			1		
2	**26**			**81**	**40**	**4**	**33**	**2**	**2**
2	14			39	19	2	16		2
2	13			37	17	2	16		2
				1	1				
	1			1	1				
	9			19	12		6	1	
	8			19	12		6	1	
	1								
	3			23	9	2	11	1	
				3		2	1		
	3			20	9		10	1	
	18			**31**	**14**		**16**	**1**	
	2			2			2		
	1								
	1			2			2		
	6			12	7		5		
	2			3	1		2		
				1			1		
	1								
	1			1	1				
				2	2				
	1			3	1		2		
	1			2	2				
	5			7	2		5		
	1			3			3		
	1			1	1				
	3			3	1		2		
	5			10	5		4	1	
	4			9	5		4		
				1				1	
	1								
7	**540**	**21**	**15**	**3899**	**361**	**7**	**2372**	**61**	**1098**
7	463	15	13	3700	310	7	2261	55	1067

4-10 续表 20

行业中类	私营合伙企业	私营有限责任公司	私营股份有限公司	其他企业	港、澳、台商投资企业	与港澳台商合资经营企业
农、林、牧、渔产品批发	33	3736	25		6	1
食品、饮料及烟草制品批发	64	15415	120		32	8
纺织、服装及家庭用品批发	126	82848	344		223	38
文化、体育用品及器材批发	30	13909	77		35	6
医药及医疗器材批发	7	5856	30		17	6
矿产品、建材及化工产品批发	225	58539	286		109	25
机械设备、五金产品及电子产品批发	128	50996	248		139	26
贸易经纪与代理	9	6260	39		28	4
其他批发业	83	18161	76		29	6
零售业	994	141531	824		116	31
综合零售	21	2709	19		8	
食品、饮料及烟草制品专门零售	48	12144	84		13	4
纺织、服装及日用品专门零售	77	22467	151		33	11
文化、体育用品及器材专门零售	26	7893	54		9	2
医药及医疗器材专门零售	460	6279	67		1	1
汽车、摩托车、零配件和燃料及其他动力销售	80	11896	88		10	2
家用电器及电子产品专门零售	36	12860	64		9	1
五金、家具及室内装饰材料专门零售	83	15863	92		13	4
货摊、无店铺及其他零售业	163	49420	205		20	6
交通运输、仓储和邮政业	**334**	**26808**	**204**		**118**	**47**
铁路运输业						
铁路旅客运输						
铁路货物运输						
铁路运输辅助活动						
道路运输业	144	16625	125		23	8
城市公共交通运输	2	307	11		3	2
公路旅客运输	4	254	1			
道路货物运输	121	15416	109		18	5
道路运输辅助活动	17	648	4		2	1
水上运输业	1	1011	9		8	8
水上旅客运输		41	2			
水上货物运输	1	711	5		1	1
水上运输辅助活动		259	2		7	7
航空运输业		86	2		3	2
航空客货运输		40	1		2	1
通用航空服务		30	1		1	1
航空运输辅助活动		16				
管道运输业		2				
海底管道运输						
陆地管道运输		2				
多式联运和运输代理业	120	5922	45		20	10
多式联运		14	1			
运输代理业	120	5908	44		20	10
装卸搬运和仓储业	66	1847	12		63	19

与港澳台商合作经营企业	港澳台商独资经营企业	港澳台商投资股份有限公司	其他港澳台投资企业	外商投资企业	中外合资经营企业	中外合作经营企业	外资企业	外商投资股份有限公司	其他外商投资
1	4			11	2		7		2
1	21	1	1	74	26		40	1	7
2	171	4	8	2483	94	3	1513	34	839
	29			232	16	1	131	2	82
	11			38	16		18		4
1	81	1	1	160	43	1	104	4	8
1	102	7	3	501	81	1	303	10	106
1	22	1		122	15		97	3	7
	22	1		79	17	1	48	1	12
	77	6	2	199	51		111	6	31
	8			9	5		4		
	7	1	1	19	5		10	1	3
	21	1		54	10		36	1	7
	6		1	17	5		10		2
				2	1		1		
	7	1		20	5		8	1	6
	8			10			9	1	
	7	2		15	3		11	1	
	13	1		53	17		22	1	13
1	**66**	**1**	**3**	**93**	**37**	**2**	**49**	**1**	**4**
1	13		1	15	6		9		
1				1			1		
	12		1	11	4		7		
	1			3	2		1		
				8	4	1	3		
				1			1		
				7	4	1	2		
	1			2	2				
	1			1	1				
				1	1				
				1	1				
				1	1				
	8		2	20	4		13		3
	8		2	20	4		13		3
	43	1		44	20	1	21	1	1

4-10 续表 21

行业中类	私营合伙企业	私营有限责任公司	私营股份有限公司	其他企业	港、澳、台商投资企业	与港澳台商合资经营企业
装卸搬运	61	962	7		5	3
通用仓储		411	3		29	5
低温仓储	2	74	1		2	1
危险品仓储		27			8	6
谷物、棉花等农产品仓储		33				
中药材仓储						
其他仓储业	3	340	1		19	4
邮政业	3	1315	11		1	
邮政基本服务		3				
快递服务	3	1309	9		1	
其他寄递服务		3	2			
住宿和餐饮业	**533**	**17526**	**169**		**76**	**31**
住宿业	332	5465	62		35	14
旅游饭店	30	1171	12		17	8
一般旅馆	289	3320	38		16	6
民宿服务	8	813	11		2	
露营地服务		9				
其他住宿业	5	152	1			
餐饮业	201	12061	107		41	17
正餐服务	158	9169	82		26	11
快餐服务	12	880	4		4	1
饮料及冷饮服务	22	544	5		7	3
餐饮配送及外卖送餐服务		322	2			
其他餐饮业	9	1146	14		4	2
信息传输、软件和信息技术服务业	**363**	**49061**	**375**		**200**	**47**
电信、广播电视和卫星传输服务	4	625	5			
电信	4	582	5			
广播电视传输服务		34				
卫星传输服务		9				
互联网和相关服务	26	4825	41		14	2
互联网接入及相关服务	2	309	1			
互联网信息服务	12	2615	25		1	
互联网平台	2	649	5		3	
互联网安全服务	1	60				
互联网数据服务	2	149	3		5	1
其他互联网服务	7	1043	7		5	1
软件和信息技术服务业	333	43611	329		186	45
软件开发	214	30995	235		132	35
集成电路设计	1	212	3		6	2
信息系统集成和物联网技术服务	6	1641	16		8	2
运行维护服务	3	279	2		1	
信息处理和存储支持服务		271	3		1	1
信息技术咨询服务	88	6884	48		28	1
数字内容服务		483	6		1	
其他信息技术服务业	21	2846	16		9	4

与港澳台商合作经营企业	港澳台商独资经营企业	港澳台商投资股份有限公司	其他港澳台投资企业	外商投资企业	中外合资经营企业	中外合作经营企业	外资企业	外商投资股份有限公司	其他外商投资
	2			4	1		3		
	24			19	6		12	1	
	1								
	2			6	5		1		
				2	1	1			
	14	1		13	7		5		1
	1			3			3		
	1			3			3		
2	**40**	**2**	**1**	**136**	**20**	**1**	**93**	**4**	**18**
2	19			32	8		21	2	1
	9			17	5		11	1	
2	8			12	2		8	1	1
	2			3	1		2		
	21	2	1	104	12	1	72	2	17
	14	1		82	10	1	56	2	13
	3			3			3		
	3	1		8			7		1
				1					1
	1		1	10	2		6		2
1	**146**	**2**	**4**	**308**	**129**		**164**	**5**	**10**
				6			6		
				6			6		
	12			13	5		7		1
	1			5	2		2		1
	3			2	1		1		
	4			3	1		2		
	4			3	1		2		
1	134	2	4	289	124		151	5	9
1	93	1	2	220	96		117	2	5
	4			12	7		5		
	6			9	1		6		2
	1								
				3	2		1		
	25	1	1	38	15		19	2	2
	1			1	1				
	4		1	6	2		3	1	

4-10 续表 22

行业中类	私营合伙企业	私营有限责任公司	私营股份有限公司	其他企业	港、澳、台商投资企业	与港澳台商合资经营企业
金融业	**8796**	**5229**	**93**	**1**	**119**	**70**
货币金融服务	6	542	61		90	58
中央银行服务						
货币银行服务	1	2			7	
非货币银行服务	5	540	61		83	58
银行理财服务						
银行监管服务						
资本市场服务	8656	3814	18		17	6
证券市场服务						
公开募集证券投资基金						
非公开募集证券投资基金	154	1537	7		4	4
期货市场服务						
证券期货监管服务						
资本投资服务	852	547	10		4	1
其他资本市场服务	7650	1730	1		9	1
保险业	1	114	4	1	8	6
人身保险					6	4
财产保险					1	1
再保险						
商业养老金						
保险中介服务	1	69	4		1	1
保险资产管理						
保险监管服务						
其他保险活动		45		1		
其他金融业	133	759	10		4	
金融信托与管理服务	16	43	1			
控股公司服务	105	202	2		1	
非金融机构支付服务		2				
金融信息服务	7	220	3		1	
金融资产管理公司		3				
其他未列明金融业	5	289	4		2	
房地产业	**932**	**26126**	**202**		**173**	**66**
房地产业	932	26126	202		173	66
房地产开发经营	2	5275	57		139	61
物业管理	19	6986	58		24	4
房地产中介服务	905	13378	84		6	1
房地产租赁经营						
其他房地产业	6	487	3		4	
租赁和商务服务业	**13690**	**96699**	**768**	**1**	**313**	**97**
租赁业	42	8391	50		25	13
机械设备经营租赁	34	7969	44		24	12

与港澳台商合作经营企业	港澳台商独资经营企业	港澳台商投资股份有限公司	其他港澳台投资企业	外商投资企业	中外合资经营企业	中外合作经营企业	外资企业	外商投资股份有限公司	其他外商投资
	43	**2**	**4**	**182**	**79**	**3**	**45**	**13**	**42**
	29	2	1	30	15		15		
	7			12	3		9		
	22	2	1	18	12		6		
	11			73	9	3	19		42
				10	3	3	4		
	3			1					1
	8			62	6		15		41
			2	77	54		10	13	
			2	57	46			11	
				18	7		9	2	
				1	1				
				1			1		
	3		1	2	1		1		
	1			1	1				
			1						
	2			1			1		
4	**97**	**4**	**2**	**145**	**62**	**2**	**65**	**3**	**13**
4	97	4	2	145	62	2	65	3	13
	74	4		102	52	1	37	3	9
3	16		1	31	6		21		4
1	3		1	7	2	1	4		
	4			5	2		3		
3	**195**	**5**	**13**	**395**	**121**	**4**	**179**	**8**	**83**
	11		1	10	5		4		1
	11		1	10	5		4		1

4-10 续表 23

行业中类	私营合伙企业	私营有限责任公司	私营股份有限公司	其他企业	港、澳、台商投资企业	与港澳台商合资经营企业
文体设备和用品出租	8	363	5		1	1
日用品出租		59	1			
商务服务业	13648	88308	718	1	288	84
组织管理服务	10454	16947	202		111	39
综合管理服务	52	2300	26		13	3
法律服务	94	278	1	1		
咨询与调查	2774	31340	211		124	26
广告业	37	18122	115		6	4
人力资源服务	66	4990	37		3	2
安全保护服务	4	1115	12			
会议、展览及相关服务	14	2047	8		4	1
其他商务服务业	153	11169	106		27	9
科学研究和技术服务业	**403**	**50688**	**455**		**244**	**82**
研究和试验发展	67	8088	81		97	38
自然科学研究和试验发展	4	315	1		3	2
工程和技术研究和试验发展	38	6390	63		73	24
农业科学研究和试验发展	5	325	6		3	1
医学研究和试验发展	19	1031	11		18	11
社会人文科学研究	1	27				
专业技术服务业	162	24854	193		66	19
气象服务		23				
地震服务		5				
海洋服务		43				
测绘地理信息服务	3	403	3			
质检技术服务	18	1856	14		6	3
环境与生态监测检测服务	2	511	2			
地质勘查		51				
工程技术与设计服务	53	11856	101		17	5
工业与专业设计及其他专业技术服务	86	10106	73		43	11
科技推广和应用服务业	174	17746	181		81	25
技术推广服务	58	13332	129		75	25
知识产权服务	79	1503	9		1	
科技中介服务	5	478	8		1	
创业空间服务	12	136	2		1	
其他科技推广服务业	20	2297	33		3	
水利、环境和公共设施管理业	**23**	**5265**	**60**		**18**	**9**
水利管理业	2	170	1			
防洪除涝设施管理	2	30	1			
水资源管理		48				
天然水收集与分配		7				
水文服务		7				
其他水利管理业		78				
生态保护和环境治理业	2	950	18		1	1

与港澳台商合作经营企业	港澳台商独资经营企业	港澳台商投资股份有限公司	其他港澳台投资企业	外商投资企业	中外合资经营企业	中外合作经营企业	外资企业	外商投资股份有限公司	其他外商投资
3	184	5	12	385	116	4	175	8	82
1	63	3	5	133	41	2	48	2	40
	9		1	14	8		4		2
				1	1				
1	91	2	4	167	45	2	88	2	30
	2			11	1		8		2
1				5	2		2	1	
				4	2		1		1
	2		1	4	2		1		1
	17		1	46	14		23	3	6
2	**147**	**5**	**8**	**446**	**246**	**1**	**178**	**12**	**9**
	57		2	188	114		70	4	
	1			2	2				
	48		1	116	71		44	1	
	2			4	2		2		
	6		1	66	39		24	3	
1	45	1		99	39		53	4	3
	3			22	10		11	1	
1	11			21	12		8	1	
	31	1		56	17		34	2	3
1	45	4	6	159	93	1	55	4	6
1	42	3	4	144	85	1	49	3	6
			1	2	1		1		
	1			1	1				
	1			1				1	
	1	1	1	11	6		5		
1	**6**		**2**	**17**	**10**		**6**		**1**
				2	1				1
				1	1				
				1					1
				8	5		3		

4-10 续表 24

行业中类	私营合伙企业	私营有限责任公司	私营股份有限公司	其他企业	港、澳、台商投资企业	与港澳台商合资经营企业
生态保护		37				
环境治理业	2	913	18		1	1
公共设施管理业	10	3814	40		17	8
市政设施管理		324			1	1
环境卫生管理		1024	7		1	
城乡市容管理		52				
绿化管理	1	1625	13		1	
城市公园管理	1	34	1			
游览景区管理	8	755	19		14	7
土地管理业	9	331	1			
土地整治服务		273				
土地调查评估服务	6	29				
土地登记服务	1	3				
土地登记代理服务	1	16	1			
其他土地管理服务	1	10				
居民服务、修理和其他服务业	**345**	**19919**	**124**		**15**	**4**
居民服务业	161	8788	54		12	3
家庭服务	7	2131	8			
托儿所服务	3	163	2			
洗染服务	7	360	2			
理发及美容服务	30	1691	9		1	
洗浴和保健养生服务	68	1350	11		3	1
摄影扩印服务	8	1194	10		1	
婚姻服务	28	904	8		4	1
殡葬服务	4	213	3		2	1
其他居民服务业	6	782	1		1	
机动车、电子产品和日用产品修理业	169	7147	49		2	1
汽车、摩托车等修理与维护	154	5364	36		1	1
计算机和办公设备维修	5	755	7		1	
家用电器修理	9	859	4			
其他日用产品修理业	1	169	2			
其他服务业	15	3984	21		1	
清洁服务	8	3032	17			
宠物服务	3	149				
其他未列明服务业	4	803	4		1	
教育						
教育						
学前教育						
初等教育						
中等教育						
高等教育						
特殊教育						
技能培训、教育辅助及其他教育						

与港澳台商合作经营企业	港澳台商独资经营企业	港澳台商投资股份有限公司	其他港澳台投资企业	外商投资企业	中外合资经营企业	中外合作经营企业	外资企业	外商投资股份有限公司	其他外商投资
				8	5		3		
1	6		2	7	4		3		
				2	1		1		
			1						
			1						
1	6			5	3		2		
	11			**27**	**10**		**11**	**1**	**5**
	9			13	5		5		3
				1			1		
	1			7	3		2		2
	2			2			1		1
	1			1	1				
	3								
	1			1	1				
	1			1			1		
	1			8	4		2	1	1
				6	3		1	1	1
	1								
				2	1		1		
	1			6	1		4		1
				1					1
	1			5	1		4		

4-10 续表 25

行业中类						
	私营合伙企业	私营有限责任公司	私营股份有限公司	其他企业	港、澳、台商投资企业	与港澳台商合资经营企业
卫生和社会工作	**27**	**524**	**9**		**9**	**4**
卫生	16	101	1			
医院	11	53	1			
基层医疗卫生服务	5	40				
专业公共卫生服务		2				
其他卫生活动		6				
社会工作	11	423	8		9	4
提供住宿社会工作	9	387	8		7	4
不提供住宿社会工作	2	36			2	
文化、体育和娱乐业	**714**	**21564**	**209**		**45**	**18**
新闻和出版业		69	1			
新闻业		11				
出版业		58	1			
广播、电视、电影和录音制作业	42	4631	61		6	5
广播	3	168	1			
电视		96	1			
影视节目制作	28	3625	49		3	3
广播电视集成播控		6				
电影和广播电视节目发行	2	171	2			
电影放映	8	505	8		3	2
录音制作	1	60				
文化艺术业	63	4552	34		10	2
文艺创作与表演	42	1788	14		5	2
艺术表演场馆	2	18				
图书馆与档案馆	2	191				
文物及非物质文化遗产保护	2	26	1			
博物馆	1	15	1			
烈士陵园、纪念馆		1				
群众文体活动	3	427	3		1	
其他文化艺术业	11	2086	15		4	
体育	35	2460	17		9	5
体育组织	4	437	6		1	1
体育场地设施管理	5	145	1		2	1
健身休闲活动	25	1797	10		6	3
其他体育	1	81				
娱乐业	574	9852	96		20	6
室内娱乐活动	521	2521	23		2	
游乐园	2	159	3		1	
休闲观光活动	2	652	8		3	
彩票活动		5				
文化体育娱乐活动与经纪代理服务	49	6450	62		14	6
其他娱乐业		65				

与港澳台商合作经营企业	港澳台商独资经营企业	港澳台商投资股份有限公司	其他港澳台投资企业	外商投资企业	中外合资经营企业	中外合作经营企业	外资企业	外商投资股份有限公司	其他外商投资
	5			**2**	**1**	**1**			
	5			2	1	1			
	3			2	1	1			
	2								
2	**22**	**1**	**2**	**53**	**12**		**21**	**2**	**18**
			1	11	1				10
				10					10
			1	1	1				
	7		1	10			3		7
	3			9			2		7
	1								
	3		1	1			1		
1	2	1		13	4		8		1
				3			2		1
	1								
1	1	1		10	4		6		
1	13			19	7		10	2	
1	1			5	2		2	1	
	1								
	3								
	8			13	5		8		
				1				1	

4-11 按行业(中类)、登记注册类型分组的

行业中类	从业人员期末人数(人)	内资企业	国有企业	集体企业	股份合作企业	联营企业
总　计	**13495456**	**12934220**	**52498**	**39454**	**77922**	**6260**
农、林、牧、渔业	**2943**	**2939**	**38**	**36**	**9**	**3**
农业						
谷物种植						
豆类、油料和薯类种植						
棉、麻、糖、烟草种植						
蔬菜、食用菌及园艺作物种植						
水果种植						
坚果、含油果、香料和饮料作物种植						
中药材种植						
草种植及割草						
其他农业						
林业						
林木育种和育苗						
造林和更新						
森林经营、管护和改培						
木材和竹材采运						
林产品采集						
畜牧业						
牲畜饲养						
家禽饲养						
狩猎和捕捉动物						
其他畜牧业						
渔业						
水产养殖						
水产捕捞						
农、林、牧、渔专业及辅助性活动	2943	2939	38	36	9	3
农业专业及辅助性活动	1766	1762	14	15	6	3
林业专业及辅助性活动	630	630	10	3		
畜牧专业及辅助性活动	202	202	14	1	3	
渔业专业及辅助性活动	345	345		17		
采矿业	**15340**	**14888**	**356**	**175**	**28**	
煤炭开采和洗选业	21	21				
烟煤和无烟煤开采洗选	5	5				
褐煤开采洗选	1	1				
其他煤炭采选	15	15				
石油和天然气开采业	1	1				
石油开采	1	1				
天然气开采						
黑色金属矿采选业	278	278				
铁矿采选	278	278				
锰矿、铬矿采选						
其他黑色金属矿采选						

小微企业法人从业人员数

国有联营企业	集体联营企业	国有与集体联营企业	其他联营企业	有限责任公司	国有独资公司	其他有限责任公司	股份有限公司	私营企业	私营独资企业
323	**5216**	**335**	**386**	**1335124**	**131339**	**1203785**	**199645**	**11223290**	**810278**
	3			**266**	**51**	**215**	**38**	**2549**	**290**
	3			266	51	215	38	2549	290
	3			211	36	175	21	1492	158
				19		19		598	32
				14		14		170	39
				22	15	7	17	289	61
				2637	**761**	**1876**	**407**	**11285**	**906**
				1		1		20	
								5	
				1		1			
								15	
				1		1			
				1		1			
								278	
								278	

4-11 续表 1

行业中类	从业人员期末人数(人)	内资企业	国有企业	集体企业	股份合作企业	联营企业
有色金属矿采选业	1782	1782				
常用有色金属矿采选	1205	1205				
贵金属矿采选	57	57				
稀有稀土金属矿采选	520	520				
非金属矿采选业	13173	12721	356	175	28	
土砂石开采	11929	11477	6	135	28	
化学矿开采	169	169				
采盐	34	34		30		
石棉及其他非金属矿采选	1041	1041	350	10		
开采专业及辅助性活动	25	25				
煤炭开采和洗选专业及辅助性活动	3	3				
石油和天然气开采专业及辅助性活动	11	11				
其他开采专业及辅助性活动	11	11				
其他采矿业	60	60				
其他采矿业	60	60				
制造业	**7429239**	**6941231**	**2318**	**7271**	**68017**	**283**
农副食品加工业	84699	77972	450	155	1364	
谷物磨制	2302	2302	89		125	
饲料加工	10841	10098			79	
植物油加工	3472	2836			14	
制糖业	448	448		30		
屠宰及肉类加工	15191	13423	358	55	145	
水产品加工	29696	27368	1	51	895	
蔬菜、菌类、水果和坚果加工	15158	14224		13	60	
其他农副食品加工	7591	7273	2	6	46	
食品制造业	49873	43044	45	96	263	
焙烤食品制造	13056	11436		20	1	
糖果、巧克力及蜜饯制造	4203	3760		21	28	
方便食品制造	7146	6296	3	1	5	
乳制品制造	1313	879	42			
罐头食品制造	4776	4103		5	63	
调味品、发酵制品制造	3230	2851		10	10	
其他食品制造	16149	13719		39	156	
酒、饮料和精制茶制造业	33312	28098	211	222	101	56
酒的制造	9514	7652		45	81	56
饮料制造	12024	8988	51	30	7	
精制茶加工	11774	11458	160	147	13	
烟草制品业						
烟叶复烤						
卷烟制造						
其他烟草制品制造						
纺织业	578479	536142	40	173	2102	
棉纺织及印染精加工	183338	167102	4	93	813	
毛纺织及染整精加工	26466	24175		4	185	

国有联营企业	集体联营企业	国有与集体联营企业	其他联营企业	有限责任公司	国有独资公司	其他有限责任公司	股份有限公司	私营企业	私营独资企业
				338		338	235	1209	55
				173		173	235	797	55
								57	
				165		165		355	
				2285	761	1524	172	9705	847
				2046	598	1448	167	9095	813
				163	163			6	
								4	
				76		76	5	600	34
								25	
								3	
								11	
								11	
				12		12		48	4
				12		12		48	4
56	**156**	**35**	**36**	**567630**	**5403**	**562227**	**128000**	**6167712**	**647169**
				9993	246	9747	2533	63477	6665
				213		213	173	1702	233
				1138		1138	883	7998	93
				1140		1140	422	1260	82
				8		8	5	405	92
				3268	232	3036	604	8993	715
				2035	14	2021	188	24198	1674
				1483		1483	92	12576	2813
				708		708	166	6345	963
				5874	138	5736	1649	35117	2540
				875	80	795	359	10181	1009
				716		716	59	2936	165
				605	1	604	78	5604	507
				483		483		354	3
				840		840	347	2848	220
				527		527	280	2024	217
				1828	57	1771	526	11170	419
56				3421	136	3285	602	23485	3210
56				1684	105	1579	318	5468	691
				840		840	161	7899	457
				897	31	866	123	10118	2062
				31563	7	31556	5642	496622	40815
				10984	1	10983	1216	153992	14753
				923		923	496	22567	1571

4-11 续表 2

行业中类	从业人员期末人数（人）	内资企业	国有企业	集体企业	股份合作企业	联营企业
麻纺织及染整精加工	1865	1648				
丝绢纺织及印染精加工	27885	24984	9	11	155	
化纤织造及印染精加工	79143	75246		1	144	
针织或钩针编织物及其制品制造	111621	105220		53	197	
家用纺织制成品制造	79036	73017	7	11	86	
产业用纺织制成品制造	69125	64750	20		522	
纺织服装、服饰业	586849	526837	151	166	1709	11
机织服装制造	270661	239811	141	128	689	
针织或钩针编织服装制造	164388	147687			506	
服饰制造	151800	139339	10	38	514	11
皮革、毛皮、羽毛及其制品和制鞋业	461744	446197	8	106	3455	1
皮革鞣制加工	12931	11741		11	212	
皮革制品制造	100254	92755	8	45	381	
毛皮鞣制及制品加工	10488	9541			16	
羽毛(绒)加工及制品制造	7139	5771				
制鞋业	330932	326389		50	2846	1
木材加工和木、竹、藤、棕、草制品业	103947	100195	5	84	195	
木材加工	13298	13104	5	39	16	
人造板制造	16114	14994		27	11	
木质制品制造	53228	51574		3	160	
竹、藤、棕、草等制品制造	21307	20523		15	8	
家具制造业	154727	145272		5	297	
木质家具制造	82489	78419		5	53	
竹、藤家具制造	4694	4382			4	
金属家具制造	38484	35407			219	
塑料家具制造	4829	4503			21	
其他家具制造	24231	22561				
造纸和纸制品业	173907	165425		199	2339	
纸浆制造	315	315		12		
造纸	46869	42700		48	706	
纸制品制造	126723	122410		139	1633	
印刷和记录媒介复制业	152129	148995	133	501	2758	8
印刷	145379	142432	102	499	2623	8
装订及印刷相关服务	6638	6451	31	2	135	
记录媒介复制	112	112				
文教、工美、体育和娱乐用品制造业	318764	296516	15	232	3089	
文教办公用品制造	56877	53253		3	72	
乐器制造	5250	4205				
工艺美术及礼仪用品制造	154804	146268	15	191	2462	
体育用品制造	38634	35621		12	95	
玩具制造	51326	46754		26	457	
游艺器材及娱乐用品制造	11873	10415			3	
石油、煤炭及其他燃料加工业	5637	5168			48	
精炼石油产品制造	3720	3251			46	

国有联营企业	集体联营企业	国有与集体联营企业	其他联营企业	有限责任公司	国有独资公司	其他有限责任公司	股份有限公司	私营企业	私营独资企业
				395		395		1253	123
				3569	6	3563	349	20891	2479
				2391		2391	736	71974	5099
				3674		3674	1014	100282	5587
				4111		4111	669	68133	4813
				5516		5516	1162	57530	6390
	11			20732	236	20496	3919	500149	67679
				10503	236	10267	2185	226165	41876
				4954		4954	542	141685	12025
	11			5275		5275	1192	132299	13778
	1			21842		21842	2601	418184	45406
				2681		2681	30	8807	504
				5332		5332	788	86201	9223
				702		702		8823	1245
				547		547	28	5196	403
	1			12580		12580	1755	309157	34031
				4280		4280	1515	94116	16207
				321		321	53	12670	3509
				1137		1137	227	13592	1285
				1803		1803	854	48754	7036
				1019		1019	381	19100	4377
				11820		11820	2309	130841	11457
				6546		6546	1100	70715	5969
				158		158	211	4009	304
				2640		2640	886	31662	3384
				984		984		3498	209
				1492		1492	112	20957	1591
				13170	3	13167	3072	146645	20986
								303	
				4818		4818	1425	35703	2185
				8352	3	8349	1647	110639	18801
			8	14700	268	14432	2314	128581	20797
			8	14529	268	14261	2297	122374	19480
				151		151	17	6115	1302
				20		20		92	15
				13802	13	13789	3678	275700	39762
				3200		3200	302	49676	4942
				435		435	8	3762	248
				6635	13	6622	1661	135304	23979
				1452		1452	813	33249	2177
				1297		1297	705	44269	8055
				783		783	189	9440	361
				796		796	319	4005	209
				440		440	309	2456	145

4-11 续表 3

行业中类	从业人员期末人数（人）	内资企业	国有企业	集体企业	股份合作企业	联营企业
煤炭加工	534	534			2	
核燃料加工	18	18				
生物质燃料加工	1365	1365				
化学原料和化学制品制造业	177325	155689	33	288	1233	1
基础化学原料制造	28624	24794		167	175	
肥料制造	2663	2627			12	
农药制造	5079	4460		9	18	
涂料、油墨、颜料及类似产品制造	36217	32302	6	13	291	1
合成材料制造	33141	29363		7	299	
专用化学产品制造	44423	37620	18	84	369	
炸药、火工及焰火产品制造	998	998				
日用化学产品制造	26180	23525	9	8	69	
医药制造业	52449	45895	26	7	291	
化学药品原料药制造	10292	9143	26		22	
化学药品制剂制造	8051	7080				
中药饮片加工	5158	4774			13	
中成药生产	5036	4829				
兽用药品制造	3019	2426			164	
生物药品制品制造	7329	5694			2	
卫生材料及医药用品制造	8713	7707		6	67	
药用辅料及包装材料	4851	4242		1	23	
化学纤维制造业	46543	41866			107	
纤维素纤维原料及纤维制造	1320	1151				
合成纤维制造	44388	39994			107	
生物基材料制造	835	721				
橡胶和塑料制品业	498885	472202	2	513	8251	5
橡胶制品业	60207	57365		88	1153	
塑料制品业	438678	414837	2	425	7098	5
非金属矿物制品业	244874	233968	50	886	999	35
水泥、石灰和石膏制造	17754	17422	28	30	16	
石膏、水泥制品及类似制品制造	85108	82078		113	120	
砖瓦、石材等建筑材料制造	47251	46068		528	467	35
玻璃制造	9823	9299			17	
玻璃制品制造	34679	32196	1	12	117	
玻璃纤维和玻璃纤维增强塑料制品制造	10023	8644		16	29	
陶瓷制品制造	15409	14051	21	10	68	
耐火材料制品制造	11317	11128		169	128	
石墨及其他非金属矿物制品制造	13510	13082		8	37	
黑色金属冶炼和压延加工业	54738	51614		62	535	4
炼铁	92	92		10		
炼钢	118	118				
钢压延加工	52180	49056		52	497	
铁合金冶炼	2348	2348			38	4
有色金属冶炼和压延加工业	70080	66596		110	1088	

国有联营企业	集体联营企业	国有与集体联营企业	其他联营企业	有限责任公司	国有独资公司	其他有限责任公司	股份有限公司	私营企业	私营独资企业
				156		156		376	42
				18		18			
				182		182	10	1173	22
	1			23023	338	22685	8916	122195	6862
				3587	81	3506	2800	18065	799
				329		329	33	2253	107
				1069		1069	406	2958	12
	1			3752		3752	1041	27198	2005
				5138	143	4995	2594	21325	748
				6598	114	6484	1866	28685	2137
				796		796		202	8
				1754		1754	176	21509	1046
				12274	355	11919	6392	26905	548
				3021		3021	761	5313	68
				3435		3435	764	2881	15
				1686	355	1331	617	2458	14
				1361		1361	1508	1960	23
				656		656	5	1601	42
				1680		1680	1191	2821	32
				165		165	1281	6188	305
				270		270	265	3683	49
				3876	148	3728	1497	36386	2424
								1151	42
				3871	148	3723	1246	34770	2270
				5		5	251	465	112
	5			37389	256	37133	5171	420871	59290
				3150		3150	698	52276	7801
	5			34239	256	33983	4473	368595	51489
		35		34657	969	33688	4708	192633	15124
				6982	384	6598	927	9439	356
				17061	521	16540	1464	63320	2948
		35		3291	64	3227	584	41163	5298
				765		765	267	8250	265
				1644		1644	501	29921	1769
				710		710	261	7628	665
				1246		1246	26	12680	1100
				1622		1622	485	8724	1163
				1336		1336	193	11508	1560
			4	5315	6	5309	775	44923	2644
								82	32
				2		2		116	
				5208	6	5202	691	42608	2568
			4	105		105	84	2117	44
				8864		8864	1717	54817	4683

4-11 续表 4

行业中类	从业人员期末人数（人）	内资企业	国有企业	集体企业	股份合作企业	联营企业
常用有色金属冶炼	3195	3110			232	
贵金属冶炼	635	635				
稀有稀土金属冶炼	256	249				
有色金属合金制造	12110	11290		34	92	
有色金属压延加工	53884	51312		76	764	
金属制品业	624779	598115	49	1086	9355	25
结构性金属制品制造	109360	106040	4	123	587	
金属工具制造	73796	69495	4	19	127	
集装箱及金属包装容器制造	17142	15965	6	93	153	
金属丝绳及其制品制造	13750	13084		8	111	
建筑、安全用金属制品制造	152799	146005		128	1440	11
金属表面处理及热处理加工	65667	63996	35	353	3575	
搪瓷制品制造	6496	6179				
金属制日用品制造	74804	71720		175	267	
铸造及其他金属制品制造	110965	105631		187	3095	14
通用设备制造业	884542	829505	265	742	10467	41
锅炉及原动设备制造	16886	14842	11	2	108	
金属加工机械制造	79926	74646		139	979	
物料搬运设备制造	48915	43708	36		473	
泵、阀门、压缩机及类似机械制造	238349	224844		222	3752	16
轴承、齿轮和传动部件制造	122623	114560		67	951	25
烘炉、风机、包装等设备制造	114728	106839		31	930	
文化、办公用机械制造	11122	10057			135	
通用零部件制造	228621	217348	218	253	3081	
其他通用设备制造业	23372	22661		28	58	
专用设备制造业	436852	407906	193	389	4908	67
采矿、冶金、建筑专用设备制造	21285	19952	180	32	571	
化工、木材、非金属加工专用设备制造	147731	138444	12	15	1503	4
食品、饮料、烟草及饲料生产专用设备制造	12394	11863		3	324	
印刷、制药、日化及日用品生产专用设备制造	21101	20261		6	163	
纺织、服装和皮革加工专用设备制造	61645	58259		190	660	7
电子和电工机械专用设备制造	13658	12538		5	83	
农、林、牧、渔专用机械制造	20720	18327	1	15	235	
医疗仪器设备及器械制造	77932	72741		82	1044	56
环保、邮政、社会公共服务及其他专用设备制造	60386	55521		41	325	
汽车制造业	389615	357026		121	4165	
汽车整车制造	2145	1661				
汽车用发动机制造	2228	1849				
改装汽车制造	1500	1200				
低速汽车制造	1	1				
电车制造	53	50				
汽车车身、挂车制造	5473	4437				
汽车零部件及配件制造	378215	347828		121	4165	
铁路、船舶、航空航天和其他运输设备制造业	93159	89735	239	60	1101	

国有联营企业	集体联营企业	国有与集体联营企业	其他联营企业	有限责任公司	国有独资公司	其他有限责任公司	股份有限公司	私营企业	私营独资企业
				533		533	67	2278	90
				335		335		300	1
				17		17		232	10
				1350		1350	505	9309	971
				6629		6629	1145	42698	3611
	25			32860	472	32388	5978	548762	71926
				5456	194	5262	1421	98449	9621
				3355		3355	1077	64913	9762
				2153		2153	105	13455	846
				1152		1152	69	11744	2067
	11			6018	17	6001	1375	137033	21066
				4040		4040	348	55645	9291
				485		485	34	5660	303
				2636		2636	237	68405	4712
	14			7565	261	7304	1312	93458	14258
	41			67121	67	67054	16214	734655	84779
				1830		1830	1227	11664	698
				3904		3904	1673	67951	6380
				5504		5504	1952	35743	2823
	16			24552	14	24538	4609	191693	12914
	25			10234	1	10233	2318	100965	11301
				8040	52	7988	2499	95339	8199
				1913		1913	78	7931	855
				8369		8369	1607	203820	40554
				2775		2775	251	19549	1055
	67			31145	444	30701	9892	361312	33494
				2426		2426	970	15773	1037
	4			9252	15	9237	1817	125841	14887
				168		168	85	11283	701
				1886		1886	115	18091	673
	7			4618		4618	1552	51232	6152
				2273		2273	597	9580	611
				1616		1616	795	15665	942
	56			3961		3961	1396	66202	6607
				4945	429	4516	2565	47645	1884
				34045	153	33892	5969	312726	26739
				490		490		1171	
				155		155		1694	16
				424		424	32	744	
								1	
								50	5
				644		644	94	3699	280
				32332	153	32179	5843	305367	26438
				10428	412	10016	1200	76707	5892

4-11 续表 5

行业中类	从业人员期末人数(人)	内资企业				
			国有企业	集体企业	股份合作企业	联营企业
铁路运输设备制造	4236	4206		11	96	
城市轨道交通设备制造	1030	987				
船舶及相关装置制造	20176	18887	239	43	322	
航空、航天器及设备制造	1381	1353				
摩托车制造	30596	30052		5	627	
自行车和残疾人座车制造	12901	11888		1	31	
助动车制造	11435	11240			23	
非公路休闲车及零配件制造	8930	8778				
潜水救捞及其他未列明运输设备制造	2474	2344			2	
电气机械和器材制造业	680551	637781	191	560	4465	29
电机制造	84155	78576		68	717	
输配电及控制设备制造	249148	237517	136	182	1852	5
电线、电缆、光缆及电工器材制造	68426	61580		99	721	24
电池制造	16415	14406	48		136	
家用电力器具制造	125624	118736		117	411	
非电力家用器具制造	15229	14035		2		
照明器具制造	106438	98884	7	87	409	
其他电气机械及器材制造	15116	14047		5	219	
计算机、通信和其他电子设备制造业	233421	209319	8	195	591	
计算机制造	10761	9015		5		
通信设备制造	22746	21126			44	
广播电视设备制造	7677	6109				
雷达及配套设备制造	460	210			1	
非专业视听设备制造	13545	10764		13	33	
智能消费设备制造	11799	10883			2	
电子器件制造	36669	31977		27	28	
电子元件及电子专用材料制造	118535	109107	8	126	468	
其他电子设备制造	11229	10128		24	15	
仪器仪表制造业	107933	100085	47	116	1906	
通用仪器仪表制造	78260	72678	2	87	1468	
专用仪器仪表制造	14370	13425	45	5	157	
钟表与计时仪器制造	2808	2378		1	79	
光学仪器制造	5865	5477			25	
衡器制造	4130	3752		21	106	
其他仪器仪表制造业	2500	2375		2	71	
其他制造业	82758	78608	6	20	468	
日用杂品制造	70289	66478		5	415	
核辐射加工	7	7				
其他未列明制造业	12462	12123	6	15	53	
废弃资源综合利用业	13078	12615			6	
金属废料和碎屑加工处理	7413	6973				
非金属废料和碎屑加工处理	5665	5642			6	
金属制品、机械和设备修理业	33590	32845	151	177	361	
金属制品修理	363	363				

国有联营企业	集体联营企业	国有与集体联营企业	其他联营企业	有限责任公司	国有独资公司	其他有限责任公司	股份有限公司	私营企业	私营独资企业
				1185	43	1142	63	2851	210
				619	245	374		368	22
				1488	124	1364	383	16412	761
				65		65	97	1191	6
				5198		5198	452	23770	2733
				310		310	18	11528	725
				946		946	151	10120	589
				538		538	36	8204	338
				79		79		2263	508
	5		24	68468	99	68369	17179	546889	33268
				7574		7574	3317	66900	6187
	5			31403		31403	7059	196880	9620
			24	9082		9082	1943	49711	3150
				2428	21	2407	557	11237	120
				8142	78	8064	1772	108294	5847
				1259		1259	425	12349	914
				7917		7917	1157	89307	6784
				663		663	949	12211	646
				22871	488	22383	7065	178589	10081
				1940		1940	694	6376	250
				1878	415	1463	807	18397	480
				735		735	101	5273	271
				158		158		51	
				512		512	639	9567	1423
				1649	13	1636	747	8485	25
				3833		3833	1738	26351	407
				11048	60	10988	2099	95358	6891
				1118		1118	240	8731	334
				14463	91	14372	3923	79630	5749
				11862	91	11771	3239	56020	4018
				1328		1328	668	11222	642
				233		233		2065	163
				774		774	15	4663	263
				253		253		3372	315
				13		13	1	2288	348
				4090	58	4032	929	73095	6422
				3562	58	3504	688	61808	5449
								7	1
				528		528	241	11280	972
				2984		2984	280	9345	470
				2298		2298	212	4463	138
				686		686	68	4882	332
				1764		1764	42	30350	1041
				21		21		342	37

4-11 续表 6

行业中类	从业人员期末人数（人）	内资企业				
			国有企业	集体企业	股份合作企业	联营企业
通用设备修理	2262	2262	6	21		
专用设备修理	1640	1492	34	39	17	
铁路、船舶、航空航天等运输设备修理	25599	25039	111	111	321	
电气设备修理	944	928		6	16	
仪器仪表修理	137	137				
其他机械和设备修理业	2645	2624			7	
电力、热力、燃气及水生产和供应业	**89108**	**81469**	**4333**	**3968**	**1103**	**63**
电力、热力生产和供应业	51589	47603	3287	1966	876	63
电力生产	38815	34962	1926	1611	873	63
电力供应	8335	8335	1361	355	3	
热力生产和供应	4439	4306				
燃气生产和供应业	8721	5858	49	120	4	
燃气生产和供应业	8665	5814	49	120	4	
生物质燃气生产和供应业	56	44				
水的生产和供应业	28798	28008	997	1882	223	
自来水生产和供应	16835	16632	954	1850	61	
污水处理及其再生利用	11060	10473	43	20		
海水淡化处理	34	34				
其他水的处理、利用与分配	869	869		12	162	
建筑业	**1234861**	**1234334**	**817**	**5042**	**1422**	**138**
房屋建筑业	548339	548267	360	2570	717	138
住宅房屋建筑	455123	455111	360	2553	715	138
体育场馆建筑	551	551				
其他房屋建筑业	92665	92605		17	2	
土木工程建筑业	338378	338159	328	2206	143	
铁路、道路、隧道和桥梁工程建筑	226892	226836	20	451	138	
水利和水运工程建筑	28111	28088	288	95	5	
海洋工程建筑	512	512	6			
工矿工程建筑	6551	6548		73		
架线和管道工程建筑	15857	15835		135		
节能环保工程施工	2859	2851				
电力工程施工	3827	3825				
其他土木工程建筑	53769	53664	14	1452		
建筑安装业	91276	91157	108	88	248	
电气安装	38988	38966		66	208	
管道和设备安装	20518	20498	62	6	38	
其他建筑安装业	31770	31693	46	16	2	
建筑装饰、装修和其他建筑业	256868	256751	21	178	314	
建筑装饰和装修业	174039	173940	3	81	110	
建筑物拆除和场地准备活动	39756	39756	18	39	130	
提供施工设备服务	4078	4075			5	
其他未列明建筑业	38995	38980		58	69	
批发和零售业	**1736138**	**1713882**	**2889**	**4437**	**3474**	**378**
批发业	1162960	1143426	2055	2480	1896	61

国有联营企业	集体联营企业	国有与集体联营企业	其他联营企业	有限责任公司	国有独资公司	其他有限责任公司	股份有限公司	私营企业	私营独资企业
				277		277	21	1937	59
				118		118	3	1281	95
				996		996	5	23495	642
				57		57		849	78
				2		2		135	8
				293		293	13	2311	122
	46	**10**	**7**	**43592**	**15209**	**28383**	**2370**	**26040**	**1240**
	46	10	7	21597	5654	15943	1576	18238	894
	46	10	7	14136	2335	11801	1036	15317	884
				4879	3094	1785	536	1201	10
				2582	225	2357	4	1720	
				3752	399	3353	328	1605	63
				3752	399	3353	328	1561	38
								44	25
				18243	9156	9087	466	6197	283
				12458	6799	5659	193	1116	82
				5749	2322	3427	271	4390	35
				29	29			5	
				7	6	1	2	686	166
			138	**174725**	**5052**	**169673**	**14026**	**1038164**	**1689**
			138	78529	613	77916	7963	457990	231
			138	56090	577	55513	5955	389300	225
				30		30	185	336	
				22409	36	22373	1823	68354	6
				50838	3685	47153	2422	282222	318
				34698	2409	32289	1615	189914	86
				4914	589	4325	393	22393	14
				32		32		474	
				1830		1830		4645	17
				3335	261	3074	153	12212	23
				101		101		2750	1
				941	75	866	6	2878	10
				4987	351	4636	255	46956	167
				8633	217	8416	382	81698	485
				2806	55	2751	205	35681	84
				1903	128	1775	37	18452	116
				3924	34	3890	140	27565	285
				36725	537	36188	3259	216254	655
				28121	23	28098	2092	143533	228
				1611	487	1124	60	37898	221
				234		234	6	3830	169
				6759	27	6732	1101	30993	37
50	**128**	**139**	**61**	**92814**	**4175**	**88639**	**14104**	**1595786**	**72970**
	20	35	6	56293	1912	54381	7985	1072656	30594

4-11 续表 7

行业中类	从业人员期末人数（人）	内资企业	国有企业	集体企业	股份合作企业	联营企业
农、林、牧、渔产品批发	20288	20165	219	138	14	
食品、饮料及烟草制品批发	77136	76454	308	104	104	12
纺织、服装及家庭用品批发	372570	361843	101	416	194	
文化、体育用品及器材批发	62332	61015	38	156	74	
医药及医疗器材批发	35262	34936	26	16	25	
矿产品、建材及化工产品批发	275040	273553	1181	1426	837	25
机械设备、五金产品及电子产品批发	233938	230431	150	112	483	24
贸易经纪与代理	22175	21432	15		99	
其他批发业	64219	63597	17	112	66	
零售业	573178	570456	834	1957	1578	317
综合零售	16326	16095	144	621	62	38
食品、饮料及烟草制品专门零售	46430	46216	202	262	92	5
纺织、服装及日用品专门零售	77981	77229	19	246	66	62
文化、体育用品及器材专门零售	33745	33490	136	120	82	
医药及医疗器材专门零售	44618	44606	165	223	203	2
汽车、摩托车、零配件和燃料及其他动力销售	75326	74862	75	307	723	200
家用电器及电子产品专门零售	59519	59426	9	41	85	
五金、家具及室内装饰材料专门零售	63081	62900	7	76	129	8
货摊、无店铺及其他零售业	156152	155632	77	61	136	2
交通运输、仓储和邮政业	**377210**	**371333**	**3935**	**3590**	**677**	**43**
铁路运输业						
铁路旅客运输						
铁路货物运输						
铁路运输辅助活动						
道路运输业	213279	210043	2022	1345	449	23
城市公共交通运输	23194	21131	31	138	18	
公路旅客运输	18975	18975	726	230	1	10
道路货物运输	151267	150427	73	335	383	
道路运输辅助活动	19843	19510	1192	642	47	13
水上运输业	36682	35993	1103	440		
水上旅客运输	3137	3137	511	118		
水上货物运输	25757	25744	279	239		
水上运输辅助活动	7788	7112	313	83		
航空运输业	2357	2284	13			
航空客货运输	862	839				
通用航空服务	467	417				
航空运输辅助活动	1028	1028	13			
管道运输业	72	62				
海底管道运输	10					
陆地管道运输	62	62				
多式联运和运输代理业	58368	57723	63	150	134	3
多式联运	383	383				
运输代理业	57985	57340	63	150	134	3
装卸搬运和仓储业	31142	29922	465	1583	94	17

国有联营企业	集体联营企业	国有与集体联营企业	其他联营企业	有限责任公司	国有独资公司	其他有限责任公司	股份有限公司	私营企业	私营独资企业
				1669	492	1177	76	18049	2555
		12		5333	593	4740	515	70078	3868
				12366	26	12340	2002	346764	6378
				2642	83	2559	385	57720	2916
				2629		2629	332	31908	498
	2	23		15392	575	14817	2878	251814	7621
	18		6	11252	37	11215	1388	217022	4091
				1691	52	1639	105	19522	56
				3319	54	3265	304	59779	2611
50	108	104	55	36521	2263	34258	6119	523130	42376
	38			1468	5	1463	226	13536	1664
5				3355	399	2956	468	41832	4694
	40	22		3991		3991	470	72375	5492
				3113	1044	2069	958	29081	1444
	2			2647	50	2597	483	40883	14263
45	18	82	55	11377	616	10761	1708	60472	2744
				3218	60	3158	420	55653	1799
	8			2265	9	2256	393	60022	7493
	2			5087	80	5007	993	149276	2783
23			**20**	**77263**	**20563**	**56700**	**5586**	**280239**	**4344**
23				45836	13201	32635	3994	156374	2617
				12190	7144	5046	376	8378	10
10				9159	1737	7422	873	7976	6
				13561	796	12765	2457	133618	2458
13				10926	3524	7402	288	6402	143
				9755	2392	7363	301	24394	63
				1667	462	1205	163	678	3
				3987	674	3313	136	21103	27
				4101	1256	2845	2	2613	33
				1450	898	552	22	799	
				652	461	191		187	
				141	28	113	22	254	
				657	409	248		358	
				50		50		12	
				50		50		12	
			3	8289	1226	7063	864	48220	1242
				198	48	150		185	
			3	8091	1178	6913	864	48035	1242
			17	7798	2529	5269	197	19768	387

4-11 续表 8

行业中类	从业人员期末人数（人）	内资企业	国有企业	集体企业	股份合作企业	联营企业
装卸搬运	14026	13793	21	1493	58	14
通用仓储	7422	7119	1	10		3
低温仓储	927	915	4		12	
危险品仓储	1590	1244				
谷物、棉花等农产品仓储	2956	2915	439		14	
中药材仓储	96	96				
其他仓储业	4125	3840		80	10	
邮政业	35310	35306	269	72		
邮政基本服务	468	468	269	72		
快递服务	34507	34503				
其他寄递服务	335	335				
住宿和餐饮业	**241354**	**237681**	**2744**	**1154**	**851**	**148**
住宿业	94181	92361	2407	914	546	109
旅游饭店	39370	38079	1282	674	299	103
一般旅馆	48772	48255	1086	197	239	3
民宿服务	4155	4143	39	43		
露营地服务	60	60				
其他住宿业	1824	1824			8	3
餐饮业	147173	145320	337	240	305	39
正餐服务	125169	123886	337	229	239	39
快餐服务	8401	8166		5	57	
饮料及冷饮服务	4389	4175				
餐饮配送及外卖送餐服务	3443	3443				
其他餐饮业	5771	5650		6	9	
信息传输、软件和信息技术服务业	**285146**	**278178**	**192**	**589**		**7**
电信、广播电视和卫星传输服务	7990	7666	75	566		
电信	6000	5676	20	566		
广播电视传输服务	1797	1797	55			
卫星传输服务	193	193				
互联网和相关服务	34716	34519	4	6		
互联网接入及相关服务	1864	1864				
互联网信息服务	16000	15948		2		
互联网平台	8449	8409				
互联网安全服务	424	424				
互联网数据服务	1859	1818				
其他互联网服务	6120	6056	4	4		
软件和信息技术服务业	242440	235993	113	17		7
软件开发	177061	171708	107			7
集成电路设计	1689	1549				
信息系统集成和物联网技术服务	12530	12260				
运行维护服务	2319	2251		8		
信息处理和存储支持服务	3209	3171				
信息技术咨询服务	31046	30573	6	9		
数字内容服务	3725	3724				
其他信息技术服务业	10861	10757				

国有联营企业	集体联营企业	国有与集体联营企业	其他联营企业	有限责任公司	国有独资公司	其他有限责任公司	股份有限公司	私营企业	私营独资企业
			14	1549	88	1461	46	10612	322
			3	1775	219	1556	5	5325	28
				300		300	20	579	20
				879	81	798	63	302	2
				2266	1927	339	10	186	
				96	96				
				933	118	815	53	2764	15
				4085	317	3768	208	30672	35
				124	19	105		3	2
				3653		3653	208	30642	29
				308	298	10		27	4
45	**6**	**94**	**3**	**25568**	**1720**	**23848**	**2679**	**204537**	**29049**
45	6	58		13669	1184	12485	1288	73428	10386
45		58		8707	741	7966	582	26432	1645
	3			4272	275	3997	536	41922	8289
				288	4	284	42	3731	335
								60	
	3			402	164	238	128	1283	117
		36	3	11899	536	11363	1391	131109	18663
		36	3	10409	531	9878	1319	111314	15978
				710		710	46	7348	1135
				310	5	305	7	3858	887
				172		172	4	3267	42
				298		298	15	5322	621
	7			**28807**	**1097**	**27710**	**6116**	**242467**	**509**
				2132	508	1624	506	4387	55
				825	50	775	365	3900	53
				1223	458	765	141	378	2
				84		84		109	
				4141	98	4043	968	29400	106
				90		90	6	1768	
				1854	41	1813	640	13452	59
				980	57	923	217	7212	
				44		44		380	
				538		538	94	1186	
				635		635	11	5402	47
	7			22534	491	22043	4642	208680	348
	7			16600	235	16365	3363	151631	115
				78		78	151	1320	3
				1584	83	1501	556	10120	10
				224		224	6	2013	
				483	88	395	119	2569	
				2255	85	2170	283	28020	211
				366		366	99	3259	2
				944		944	65	9748	7

4-11 续表 9

行业中类	从业人员期末人数（人）	内资企业	国有企业	集体企业	股份合作企业	联营企业
金融业	**26134**	**25550**	**14**	**15**		
货币金融服务	8647	8138				
中央银行服务						
货币银行服务	5	5				
非货币银行服务	8642	8133				
银行理财服务						
银行监管服务						
资本市场服务	5366	5306		5		
证券市场服务						
公开募集证券投资基金						
非公开募集证券投资基金						
期货市场服务						
证券期货监管服务						
资本投资服务	2874	2831				
其他资本市场服务	2492	2475		5		
保险业	445	445				
人身保险						
财产保险						
再保险						
商业养老金						
保险中介服务						
保险资产管理						
保险监管服务						
其他保险活动	445	445				
其他金融业	11676	11661	14	10		
金融信托与管理服务	308	308	8			
控股公司服务	3727	3724		6		
非金融机构支付服务						
金融信息服务	2204	2194				
金融资产管理公司	176	176				
其他未列明金融业	5261	5259	6	4		
房地产业	**320349**	**315201**	**1201**	**1133**	**37**	**22**
房地产业	320349	315201	1201	1133	37	22
房地产开发经营	87702	84575	452	117	18	14
物业管理	161113	159343	498	726	4	
房地产中介服务	67643	67484	80	135	15	
房地产租赁经营						
其他房地产业	3891	3799	171	155		8
租赁和商务服务业	**1035906**	**1023475**	**25632**	**7881**	**839**	**5026**
租赁业	44527	44107	242	115	17	
机械设备经营租赁	42136	41732	242	111	17	

国有联营企　业	集体联营企　业	国有与集体联营企业	其他联营企　业	有限责任公　司	国有独资公　司	其他有限责任公司	股份有限公　司	私营企业	私营独资企　业
				5620	**722**	**4898**	**2656**	**17245**	**118**
				1473		1473	1421	5244	19
								5	
				1473		1473	1421	5239	19
				1011	122	889	49	4241	3
				716	96	620	39	2076	
				295	26	269	10	2165	3
				5		5	163	277	95
				5		5	163	277	95
				3131	600	2531	1023	7483	1
				16		16	18	266	
				913	407	506	508	2297	
				424		424	327	1443	
				123	55	68	44	9	
				1655	138	1517	126	3468	1
	8	**14**		**73028**	**5273**	**67755**	**3820**	**235960**	**2156**
	8	14		73028	5273	67755	3820	235960	2156
		14		26453	2077	24376	1197	56324	
				42145	2894	39251	2242	113728	228
				3782	135	3647	377	63095	1915
	8			648	167	481	4	2813	13
97	**4832**	**18**	**79**	**159957**	**57183**	**102774**	**11694**	**812419**	**5806**
				3513	794	2719	1452	38768	517
				3300	746	2554	1412	36650	501

4-11 续表 10

行业中类	从业人员期末人数（人）	内资企业	国有企业	集体企业	股份合作企业	联营企业
文体设备和用品出租	1851	1835				
日用品出租	540	540		4		
商务服务业	991379	979368	25390	7766	822	5026
组织管理服务	151896	149903	816	3798	157	9
综合管理服务	44100	43752	557	2557	109	86
法律服务	5254	5249	61	19		
咨询与调查	156954	155229	227	312	63	61
广告业	84634	84525	59	64	97	6
人力资源服务	313684	306572	1395	525	139	4766
安全保护服务	149555	149475	21790	13	32	
会议、展览及相关服务	11760	11717	188	6		
其他商务服务业	73542	72946	297	472	225	98
科学研究和技术服务业	**333984**	**328140**	**5912**	**1276**	**575**	**73**
研究和试验发展	47332	45084	61	8	93	
自然科学研究和试验发展	1304	1257			3	
工程和技术研究和试验发展	36464	35051	43	4	70	
农业科学研究和试验发展	1797	1753		4	6	
医学研究和试验发展	7651	6907			14	
社会人文科学研究	116	116	18			
专业技术服务业	205499	203607	5732	1162	476	58
气象服务	163	163	10			
地震服务	1	1				
海洋服务	388	388	40			
测绘地理信息服务	7662	7662	773	428	30	
质检技术服务	32911	32262	892	459	184	30
环境与生态监测检测服务	5232	5232	80			
地质勘查	1111	1111	175	83		
工程技术与设计服务	107201	106643	3651	165	215	28
工业与专业设计及其他专业技术服务	50830	50145	111	27	47	
科技推广和应用服务业	81153	79449	119	106	6	15
技术推广服务	62217	60659	97	87	6	8
知识产权服务	8344	8307	5	8		
科技中介服务	2452	2447	6	3		7
创业空间服务	920	919	11			
其他科技推广服务业	7220	7117		8		
水利、环境和公共设施管理业	**59834**	**59491**	**468**	**959**	**30**	**1**
水利管理业	3504	3465	256	102		1
防洪除涝设施管理	699	699	5	6		1
水资源管理	1213	1179	45	40		
天然水收集与分配	727	727	163	9		
水文服务	46	46	8			
其他水利管理业	819	814	35	47		
生态保护和环境治理业	9787	9702	71	65	7	

国有联营企业	集体联营企业	国有与集体联营企业	其他联营企业	有限责任公司	国有独资公司	其他有限责任公司	股份有限公司	私营企业	私营独资企业
				196	32	164	34	1605	15
				17	16	1	6	513	1
97	4832	18	79	156444	56389	100055	10242	773651	5289
	9			34723	13241	21482	4079	106321	519
	57	11	18	11778	1672	10106	741	27924	66
				93		93	3	5046	210
			61	14134	529	13605	1061	139371	1562
		6		7929	1434	6495	598	75772	1133
	4766			21604	3128	18476	1727	276416	79
				52199	34397	17802	303	75138	22
				2654	483	2171	132	8737	60
97		1		11330	1505	9825	1598	58926	1638
41		**25**	**7**	**39528**	**4503**	**35025**	**4749**	**276027**	**1866**
				3977	255	3722	656	40289	143
				109		109		1145	12
				2845	234	2611	469	31620	60
				155	21	134	86	1502	28
				868		868	101	5924	39
								98	4
34		24		28129	3623	24506	2821	165229	1010
				94		94		59	
								1	
				52		52	28	268	
				1122	163	959	73	5236	7
6		24		6864	1279	5585	390	23443	100
				465	100	365	130	4557	4
				260	122	138	4	589	
28				15357	1809	13548	1558	85669	349
				3915	150	3765	638	45407	550
7		1	7	7422	625	6797	1272	70509	713
		1	7	5845	364	5481	1098	53518	626
				664	98	566	56	7574	47
7				289	63	226	84	2058	28
				153	8	145	9	746	5
				471	92	379	25	6613	7
	1			**16902**	**5695**	**11207**	**973**	**40158**	**407**
	1			1747	936	811	120	1239	36
	1			481	245	236		206	
				551	358	193	6	537	30
				395	164	231	82	78	
				18		18		20	
				302	169	133	32	398	6
				1927	327	1600	181	7451	128

4-11 续表 11

行业中类	从业人员期末人数（人）	内资企业	国有企业	集体企业	股份合作企业	联营企业
生态保护	632	632	71	64		
环境治理业	9155	9070		1	7	
公共设施管理业	43238	43019	135	792		
市政设施管理	6340	6282	51	107		
环境卫生管理	11651	11651	18	565		
城乡市容管理	503	503				
绿化管理	13618	13574	66	85		
城市公园管理	565	565		1		
游览景区管理	10561	10444		34		
土地管理业	3305	3305	6		23	
土地整治服务	2313	2313				
土地调查评估服务	506	506			8	
土地登记服务	5	5				
土地登记代理服务	196	196	6		15	
其他土地管理服务	285	285				
居民服务、修理和其他服务业	**154139**	**153576**	**503**	**1552**	**630**	**54**
居民服务业	65125	64731	367	818	132	54
家庭服务	14549	14536	1	24		
托儿所服务	949	949				
洗染服务	4496	4496		45		
理发及美容服务	11595	11525	11			
洗浴和保健养生服务	16572	16452		3	94	
摄影扩印服务	5894	5870	67	20	25	
婚姻服务	4008	3986	5		2	
殡葬服务	2766	2713	257	714	9	54
其他居民服务业	4296	4204	26	12	2	
机动车、电子产品和日用产品修理业	58374	58270	97	308	488	
汽车、摩托车等修理与维护	49580	49526	97	273	402	
计算机和办公设备维修	3385	3377			26	
家用电器修理	4773	4731		35	54	
其他日用产品修理业	636	636			6	
其他服务业	30640	30575	39	426	10	
清洁服务	25403	25402	23	417		
宠物服务	1234	1234		1	2	
其他未列明服务业	4003	3939	16	8	8	
教育						
教育						
学前教育						
初等教育						
中等教育						
高等教育						
特殊教育						
技能培训、教育辅助及其他教育						

国有联营企业	集体联营企业	国有与集体联营企业	其他联营企业	有限责任公司	国有独资公司	其他有限责任公司	股份有限公司	私营企业	私营独资企业
				123	29	94	5	369	
				1804	298	1506	176	7082	128
				11968	3603	8365	666	29458	242
				3284	1418	1866	129	2711	11
				1560	242	1318	124	9384	34
				200	136	64		303	
				1883	293	1590	133	11407	103
				312	39	273	6	246	2
				4729	1475	3254	274	5407	92
				1260	829	431	6	2010	1
				934	578	356	6	1373	1
				76	24	52		422	
								5	
				45	45			130	
				205	182	23		80	
	25		**29**	**9367**	**1095**	**8272**	**1011**	**140459**	**16531**
	25		29	3539	498	3041	377	59444	7628
				678	58	620	71	13762	380
				24		24		925	29
				287	12	275	29	4135	323
				510		510	96	10908	1613
				551	46	505	74	15730	4500
				261	18	243		5497	274
				215		215	3	3761	75
	25		29	488	199	289	14	1177	162
				525	165	360	90	3549	272
				3512	373	3139	431	53434	8308
				2884	300	2584	379	45491	7949
				225	27	198	6	3120	42
				397	46	351	44	4201	263
				6		6	2	622	54
				2316	224	2092	203	27581	595
				1666	179	1487	92	23204	380
				84	8	76	43	1104	135
				566	37	529	68	3273	80

4-11 续表 12

行业中类	从业人员期末人数（人）	内资企业	国有企业	集体企业	股份合作企业	联营企业
卫生和社会工作	**14613**	**14524**	**123**	**29**		**4**
卫生	9925	9925	89			
医院	5906	5906	89			
基层医疗卫生服务	3359	3359				
专业公共卫生服务	88	88				
其他卫生活动	572	572				
社会工作	4688	4599	34	29		4
提供住宿社会工作	4447	4372		29		4
不提供住宿社会工作	241	227	34			
文化、体育和娱乐业	**139158**	**138328**	**1023**	**347**	**230**	**17**
新闻和出版业	2593	2593	193	32		
新闻业	185	185	20			
出版业	2408	2408	173	32		
广播、电视、电影和录音制作业	30258	30053	541	103	16	11
广播	593	593	8			
电视	529	529	17			
影视节目制作	16967	16948			16	
广播电视集成播控	165	165				
电影和广播电视节目发行	703	703	17			
电影放映	11069	10883	499	103		11
录音制作	232	232				
文化艺术业	23729	23696	162	118	13	6
文艺创作与表演	12404	12383	20	40		
艺术表演场馆	781	781	86	3		
图书馆与档案馆	1832	1832	18	54	10	
文物及非物质文化遗产保护	235	235				6
博物馆	168	168		8		
烈士陵园、纪念馆	23	23		13		
群众文体活动	1812	1808	38			
其他文化艺术业	6474	6466			3	
体育	15744	15471	84	33	8	
体育组织	2169	2161				
体育场地设施管理	1387	1385	49	21		
健身休闲活动	11927	11664	35	12	8	
其他体育	261	261				
娱乐业	66834	66515	43	61	193	
室内娱乐活动	37129	36982	6	51	193	
游乐园	1884	1817	13	6		
休闲观光活动	3419	3411				
彩票活动	61	61	14			
文化体育娱乐活动与经纪代理服务	23809	23713	10	4		
其他娱乐业	532	531				

国有联营企业	集体联营企业	国有与集体联营企业	其他联营企业	有限责任公司	国有独资公司	其他有限责任公司	股份有限公司	私营企业	私营独资企业
	4			**2810**	**155**	**2655**	**110**	**11448**	**754**
				2087		2087	84	7665	510
				968		968		4849	399
				856		856		2503	111
								88	
				263		263	84	225	
	4			723	155	568	26	3783	244
	4			703	155	548	26	3610	243
				20		20		173	1
11			**6**	**14610**	**2682**	**11928**	**1306**	**120795**	**24474**
				1763	616	1147		605	14
				46		46		119	
				1717	616	1101		486	14
11				4881	744	4137	485	24016	3085
				42		42		543	4
				132	89	43		380	33
				1204	146	1058	386	15342	2958
				120		120		45	
				158	15	143	16	512	53
11				3219	494	2725	83	6968	28
				6		6		226	9
			6	2549	499	2050	324	20524	4870
				1016	193	823	122	11185	4597
				517	183	334	10	165	5
				179		179	40	1531	43
			6	80	18	62		149	
				39	36	3	15	106	18
				2	2			8	
				208		208	18	1544	59
				508	67	441	119	5836	148
				1830	516	1314	113	13403	551
				396	95	301	22	1743	19
				496	260	236	8	811	26
				904	154	750	82	10623	506
				34	7	27	1	226	
				3587	307	3280	384	62247	15954
				1004	4	1000	113	35615	15701
				393	120	273	26	1379	39
				324	50	274	83	3004	47
				32	27	5		15	
				1799	106	1693	150	21750	166
				35		35	12	484	1

4-11 续表 13

行业中类	私营合伙企业	私营有限责任公司	私营股份有限公司	其他企业	港、澳、台商投资企业	与港澳台商合资经营企业
总　计	**176613**	**10051098**	**185301**	**27**	**271161**	**129983**
农、林、牧、渔业	**14**	**2215**	**30**		**4**	**4**
农业						
谷物种植						
豆类、油料和薯类种植						
棉、麻、糖、烟草种植						
蔬菜、食用菌及园艺作物种植						
水果种植						
坚果、含油果、香料和饮料作物种植						
中药材种植						
草种植及割草						
其他农业						
林业						
林木育种和育苗						
造林和更新						
森林经营、管护和改培						
木材和竹材采运						
林产品采集						
畜牧业						
牲畜饲养						
家禽饲养						
狩猎和捕捉动物						
其他畜牧业						
渔业						
水产养殖						
水产捕捞						
农、林、牧、渔专业及辅助性活动	14	2215	30		4	4
农业专业及辅助性活动		1307	27		4	4
林业专业及辅助性活动		564	2			
畜牧专业及辅助性活动	9	122				
渔业专业及辅助性活动	5	222	1			
采矿业	**215**	**10068**	**96**		**205**	**205**
煤炭开采和洗选业		20				
烟煤和无烟煤开采洗选		5				
褐煤开采洗选						
其他煤炭采选		15				
石油和天然气开采业						
石油开采						
天然气开采						
黑色金属矿采选业	5	273				
铁矿采选	5	273				
锰矿、铬矿采选						
其他黑色金属矿采选						

与港澳台商合作经营企业	港澳台商独资经营企业	港澳台商投资股份有限公司	其他港澳台投资企业	外商投资企业	中外合资经营企业	中外合作经营企业	外资企业	外商投资股份有限公司	其他外商投资
7835	127111	3856	2376	290075	130313	3260	142117	4714	9671
				247	63		184		

4-11 续表 14

行业中类	私营合伙企业	私营有限责任公司	私营股份有限公司	其他企业	港、澳、台商投资企业	与港澳台商合资经营企业
有色金属矿采选业		1154				
常用有色金属矿采选		742				
贵金属矿采选		57				
稀有稀土金属矿采选		355				
非金属矿采选业	210	8552	96		205	205
土砂石开采	185	8001	96		205	205
化学矿开采		6				
采盐		4				
石棉及其他非金属矿采选	25	541				
开采专业及辅助性活动		25				
煤炭开采和洗选专业及辅助性活动		3				
石油和天然气开采专业及辅助性活动		11				
其他开采专业及辅助性活动		11				
其他采矿业		44				
其他采矿业		44				
制造业	**127723**	**5274665**	**118155**		**236253**	**113742**
农副食品加工业	585	53663	2564		2081	1133
谷物磨制	51	1418				
饲料加工	16	7075	814		106	3
植物油加工	5	1007	166		243	
制糖业	2	311				
屠宰及肉类加工	96	7735	447		1091	563
水产品加工	251	21591	682		422	348
蔬菜、菌类、水果和坚果加工	24	9582	157		217	217
其他农副食品加工	140	4944	298		2	2
食品制造业	308	30504	1765		2452	1287
焙烤食品制造	79	8962	131		1071	614
糖果、巧克力及蜜饯制造	24	2536	211			
方便食品制造	34	4958	105		476	121
乳制品制造		351				
罐头食品制造	8	2575	45			
调味品、发酵制品制造	6	1799	2		92	
其他食品制造	157	9323	1271		813	552
酒、饮料和精制茶制造业	282	19591	402		2250	589
酒的制造	79	4650	48		795	
饮料制造	61	7281	100		1188	422
精制茶加工	142	7660	254		267	167
烟草制品业						
烟叶复烤						
卷烟制造						
其他烟草制品制造						
纺织业	5168	445381	5258		25522	12745
棉纺织及印染精加工	1939	136097	1203		8971	5425
毛纺织及染整精加工	309	20528	159		1515	675

与港澳台商合作经营企业	港澳台商独资经营企业	港澳台商投资股份有限公司	其他港澳台投资企业	外商投资企业	中外合资经营企业	中外合作经营企业	外资企业	外商投资股份有限公司	其他外商投资
				247	63		184		
				247	63		184		
3477	**113664**	**3406**	**1964**	**251755**	**117411**	**3006**	**122500**	**3890**	**4948**
	919	29		4646	2348		2095		203
	103			637	345		292		
	243			393	233		160		
	499	29		677	282		395		
	74			1906	1015		688		203
				717	439		278		
				316	34		282		
	1036	129		4377	1610	34	2657	26	50
	457			549	62		437		50
				443			443		
	355			374	108		266		
				434			434		
				673	373		300		
	92			287	228	34	25		
	132	129		1617	839		752	26	
	1661			2964	1509		1218		237
	795			1067	56		1011		
	766			1848	1427		184		237
	100			49	26		23		
335	11855	502	85	16815	8341	43	7815	138	478
	3323	223		7265	3150		3740		375
	840			776	712		64		

4-11 续表 15

行业中类	私营合伙企业	私营有限责任公司	私营股份有限公司	其他企业	港、澳、台商投资企业	与港澳台商合资经营企业
麻纺织及染整精加工	44	1086			187	
丝绢纺织及印染精加工	74	17895	443		1700	1350
化纤织造及印染精加工	666	65240	969		2493	1101
针织或钩针编织物及其制品制造	846	92810	1039		4784	1657
家用纺织制成品制造	485	62162	673		3512	1285
产业用纺织制成品制造	805	49563	772		2360	1252
纺织服装、服饰业	4275	423106	5089		34126	17376
机织服装制造	1638	179722	2929		16928	8028
针织或钩针编织服装制造	1677	127235	748		9325	4567
服饰制造	960	116149	1412		7873	4781
皮革、毛皮、羽毛及其制品和制鞋业	7990	360779	4009		7153	3941
皮革鞣制加工	120	8134	49		326	322
皮革制品制造	769	75547	662		3391	1397
毛皮鞣制及制品加工	27	7505	46		647	
羽毛(绒)加工及制品制造	107	4686			865	860
制鞋业	6967	264907	3252		1924	1362
木材加工和木、竹、藤、棕、草制品业	1361	75070	1478		1423	507
木材加工	127	9006	28		86	
人造板制造	229	11666	412		621	372
木质制品制造	587	40609	522		503	121
竹、藤、棕、草等制品制造	418	13789	516		213	14
家具制造业	1480	116566	1338		4803	1705
木质家具制造	732	63276	738		2039	574
竹、藤家具制造	27	3594	84		308	176
金属家具制造	317	27549	412		1354	765
塑料家具制造	15	3273	1		262	56
其他家具制造	389	18874	103		840	134
造纸和纸制品业	4278	119354	2027		5186	4157
纸浆制造		303				
造纸	348	32431	739		3089	2673
纸制品制造	3930	86620	1288		2097	1484
印刷和记录媒介复制业	3667	103070	1047		1499	747
印刷	3471	98470	953		1499	747
装订及印刷相关服务	191	4528	94			
记录媒介复制	5	72				
文教、工美、体育和娱乐用品制造业	6726	225240	3972		11279	4779
文教办公用品制造	633	43428	673		1497	998
乐器制造	35	3408	71		260	159
工艺美术及礼仪用品制造	5430	103833	2062		4238	1674
体育用品制造	197	30463	412		1117	249
玩具制造	427	35084	703		2955	1699
游艺器材及娱乐用品制造	4	9024	51		1212	
石油、煤炭及其他燃料加工业	16	3344	436		311	135
精炼石油产品制造	16	1859	436		311	135

与港澳台商合作经营企业	港澳台商独资经营企业	港澳台商投资股份有限公司	其他港澳台投资企业	外商投资企业	中外合资经营企业	中外合作经营企业	外资企业	外商投资股份有限公司	其他外商投资
	187			30	29		1		
70	280			1201	980		209	12	
126	1038	228		1404	904	43	457		
	3127			1617	875		742		
116	2035	51	25	2507	1317		973	116	101
23	1025		60	2015	374		1629	10	2
701	15365	593	91	25886	14899	53	9653	594	687
285	8615			13922	7494		5561	344	523
352	3890	425	91	7376	4245	45	2808	158	120
64	2860	168		4588	3160	8	1284	92	44
4	2891	203	114	8394	5356	185	2743	110	
	4			864	593		271		
	1791	203		4108	2281		1827		
	647			300	137		163		
	5			503	382		121		
4	444		114	2619	1963	185	361	110	
	704	212		2329	1368	123	821		17
	86			108			108		
	191	58		499	236		263		
	228	154		1151	780		371		
	199			571	352	123	79		17
	3098			4652	1939		2578		135
	1465			2031	1179		848		4
	132			4			4		
	589			1723	303		1289		131
	206			64	64				
	706			830	393		437		
	1029			3296	2155	242	884		15
	416			1080	857		223		
	613			2216	1298	242	661		15
	752			1635	853		782		
	752			1448	684		764		
				187	169		18		
35	6249	147	69	10969	5254	427	4752	125	411
33	443	18	5	2127	1022		1105		
	101			785	293		492		
2	2488	10	64	4298	2413		1519	125	241
	868			1896	1067	131	698		
	1256			1617	370	296	781		170
	1093	119		246	89		157		
	176			158	2		86	58	12
	176			158	2		86	58	12

4-11 续表 16

行业中类	私营合伙企业	私营有限责任公司	私营股份有限公司	其他企业	港、澳、台商投资企业	与港澳台商合资经营企业
煤炭加工		334				
核燃料加工						
生物质燃料加工		1151				
化学原料和化学制品制造业	1613	107106	6614		9268	5177
基础化学原料制造	258	15861	1147		1724	1052
肥料制造	14	2132			5	5
农药制造		2567	379		112	66
涂料、油墨、颜料及类似产品制造	483	23610	1100		2343	875
合成材料制造	208	18678	1691		1885	1266
专用化学产品制造	503	24437	1608		2625	1519
炸药、火工及焰火产品制造		194				
日用化学产品制造	147	19627	689		574	394
医药制造业	150	23674	2533		2342	1569
化学药品原料药制造	27	4333	885		694	694
化学药品制剂制造		2668	198		217	
中药饮片加工		2262	182		10	10
中成药生产		1564	373			
兽用药品制造		1342	217		26	26
生物药品制品制造	1	2465	323		654	416
卫生材料及医药用品制造	27	5689	167		503	185
药用辅料及包装材料	95	3351	188		238	238
化学纤维制造业	342	33353	267		2760	1493
纤维素纤维原料及纤维制造	6	1103				
合成纤维制造	336	31897	267		2646	1493
生物基材料制造		353			114	
橡胶和塑料制品业	14871	338416	8294		14104	6931
橡胶制品业	2351	40305	1819		608	283
塑料制品业	12520	298111	6475		13496	6648
非金属矿物制品业	3263	169075	5171		5237	2044
水泥、石灰和石膏制造	112	8597	374		24	24
石膏、水泥制品及类似制品制造	490	58336	1546		2090	733
砖瓦、石材等建筑材料制造	1612	33392	861		312	95
玻璃制造	53	7872	60		385	163
玻璃制品制造	370	27207	575		928	220
玻璃纤维和玻璃纤维增强塑料制品制造	179	6432	352		570	283
陶瓷制品制造	78	11067	435		703	341
耐火材料制品制造	194	6514	853		25	
石墨及其他非金属矿物制品制造	175	9658	115		200	185
黑色金属冶炼和压延加工业	941	40661	677		2098	1525
炼铁	24	26				
炼钢		116				
钢压延加工	893	38470	677		2098	1525
铁合金冶炼	24	2049				
有色金属冶炼和压延加工业	1432	47359	1343		1840	681

与港澳台商合作经营企业	港澳台商独资经营企业	港澳台商投资股份有限公司	其他港澳台投资企业	外商投资企业	中外合资经营企业	中外合作经营企业	外资企业	外商投资股份有限公司	其他外商投资
673	3136	177	105	12368	5783	157	5653	555	220
320	220	132		2106	979		1005	122	
				31	24		7		
	1	45		507	402		105		
343	1125			1572	1164		407	1	
10	609			1893	629		1221	4	39
	1001		105	4178	1947		1699	428	104
	180			2081	638	157	1209		77
	773			4212	2209		1906	97	
				455	123		235	97	
	217			754	589		165		
				374	238		136		
				207	47		160		
				567	295		272		
	238			981	587		394		
	318			503	161		342		
				371	169		202		
33	1234			1917	740		1167		10
				169	169				
33	1120			1748	571		1167		10
	114								
401	6757	15		12579	6185	222	5910	49	213
	325			2234	1023		1211		
401	6432	15		10345	5162	222	4699	49	213
	3168	25		5669	3014	136	2336	183	
				308			308		
	1357			940	650		290		
	217			871	342		515	14	
	222			139	139				
	708			1555	862	32	661		
	287			809	489		151	169	
	362			655	414		241		
		25		164	59	104	1		
	15			228	59		169		
	573			1026	422		604		
	573			1026	422		604		
	1030		129	1644	442	177	1025		

4-11 续表 17

行业中类						
	私营合伙企业	私营有限责任公司	私营股份有限公司	其他企业	港、澳、台商投资企业	与港澳台商合资经营企业
常用有色金属冶炼	8	2180			85	
贵金属冶炼		299				
稀有稀土金属冶炼		222			7	7
有色金属合金制造	236	7955	147		109	12
有色金属压延加工	1188	36703	1196		1639	662
金属制品业	17541	453055	6240		13020	6626
结构性金属制品制造	1591	86257	980		1158	468
金属工具制造	1341	53145	665		1940	1352
集装箱及金属包装容器制造	131	12310	168		907	375
金属丝绳及其制品制造	345	9166	166		570	260
建筑、安全用金属制品制造	6097	108271	1599		3570	1584
金属表面处理及热处理加工	3987	41912	455		768	541
搪瓷制品制造	74	5136	147		139	139
金属制日用品制造	580	62271	842		1279	488
铸造及其他金属制品制造	3395	74587	1218		2689	1419
通用设备制造业	19605	615248	15023		21333	10515
锅炉及原动设备制造	145	10773	48		1082	561
金属加工机械制造	1409	57898	2264		1974	566
物料搬运设备制造	562	32078	280		2821	1188
泵、阀门、压缩机及类似机械制造	3802	169758	5219		4875	2384
轴承、齿轮和传动部件制造	3579	84621	1464		2341	1687
烘炉、风机、包装等设备制造	1096	83814	2230		4029	1704
文化、办公用机械制造	21	6904	151		398	280
通用零部件制造	8781	151386	3099		3757	2126
其他通用设备制造业	210	18016	268		56	19
专用设备制造业	8016	312156	7646		13320	4528
采矿、冶金、建筑专用设备制造	150	14234	352		526	353
化工、木材、非金属加工专用设备制造	3533	106670	751		4398	1199
食品、饮料、烟草及饲料生产专用设备制造	41	10348	193		301	107
印刷、制药、日化及日用品生产专用设备制造	268	16521	629		757	498
纺织、服装和皮革加工专用设备制造	2384	41202	1494		1666	624
电子和电工机械专用设备制造	81	8597	291		431	59
农、林、牧、渔专用机械制造	398	13821	504		678	
医疗仪器设备及器械制造	929	57443	1223		2575	731
环保、邮政、社会公共服务及其他专用设备制造	232	43320	2209		1988	957
汽车制造业	7455	269720	8812		13543	5859
汽车整车制造		1092	79		220	
汽车用发动机制造		1678			258	258
改装汽车制造		744				
低速汽车制造	1					
电车制造		45				
汽车车身、挂车制造	67	3352			561	108
汽车零部件及配件制造	7387	262809	8733		12504	5493
铁路、船舶、航空航天和其他运输设备制造业	1425	66861	2529		509	199

与港澳台商合作经营企业	港澳台商独资经营企业	港澳台商投资股份有限公司	其他港澳台投资企业	外商投资企业	中外合资经营企业	中外合作经营企业	外资企业	外商投资股份有限公司	其他外商投资
	85								
	63		34	711	61	177	473		
	882		95	933	381		552		
78	6105	93	118	13644	5987	571	6425	187	474
	625	65		2162	1406		631		125
	568	20		2361	1026		1211	18	106
3	529			270	58		212		
	307	3		96	27		69		
75	1811	5	95	3224	1047	182	1815	83	97
	212		15	903	225	163	345	85	85
				178	117				61
	791			1805	1008	226	571		
	1262		8	2645	1073		1571	1	
137	10317	216	148	33704	13566	26	19557	137	418
61	460			962	489		473		
	1355	53		3306	433		2850	23	
	1585	30	18	2386	793	3	1515		75
	2438	47	6	8630	4103		4478		49
	654			5722	3195	8	2518	1	
	2239	86		3860	1083	15	2762		
	118			667	208		459		
76	1431		124	7516	3010		4291	113	102
	37			655	252		211		192
538	7748	6	500	15626	5615	78	9137	618	178
	173			807	274	78	455		
7	2910	6	276	4889	1793		2907	189	
99	95			230	160		70		
	35		224	83	64		19		
	1042			1720	173		1464		83
115	257			689	300		247	142	
258	420			1715	332		1096	287	
59	1785			2616	1285		1322		9
	1031			2877	1234		1557		86
	7058	191	435	19046	7952	412	10188	239	255
	89	131		264	85		101	78	
				121	20		101		
				300	181		119		
				3			3		
	453			475	120		355		
	6516	60	435	17883	7546	412	9509	161	255
	187	63	60	2915	951		1657	267	40

4-11 续表 18

行业中类	私营合伙企业	私营有限责任公司	私营股份有限公司	其他企业	港、澳、台商投资企业	与港澳台商合资经营企业
铁路运输设备制造	3	2269	369		30	30
城市轨道交通设备制造		346				
船舶及相关装置制造	184	14759	708		133	111
航空、航天器及设备制造	71	1114			17	17
摩托车制造	854	19872	311		133	
自行车和残疾人座车制造	92	10485	226		173	30
助动车制造	215	8790	526			
非公路休闲车及零配件制造	6	7471	389		11	11
潜水救捞及其他未列明运输设备制造		1755			12	
电气机械和器材制造业	7646	492650	13325		20929	10009
电机制造	1145	57580	1988		2598	1550
输配电及控制设备制造	2275	178906	6079		5958	3247
电线、电缆、光缆及电工器材制造	510	44859	1192		2592	958
电池制造	20	9895	1202		349	320
家用电力器具制造	1917	99631	899		3878	1815
非电力家用器具制造	45	11276	114		610	12
照明器具制造	1592	79149	1782		4652	1821
其他电气机械及器材制造	142	11354	69		292	286
计算机、通信和其他电子设备制造业	1658	160998	5852		11838	4898
计算机制造	17	5904	205		878	261
通信设备制造	94	17313	510		559	283
广播电视设备制造	12	4876	114		133	42
雷达及配套设备制造	3	48			250	250
非专业视听设备制造	125	8019			1425	499
智能消费设备制造	21	7854	585		225	60
电子器件制造	94	24533	1317		2394	981
电子元件及电子专用材料制造	1269	84402	2796		5408	2468
其他电子设备制造	23	8049	325		566	54
仪器仪表制造业	987	69975	2919		4059	2213
通用仪器仪表制造	671	48981	2350		2869	1606
专用仪器仪表制造	74	9983	523		466	148
钟表与计时仪器制造	27	1875			388	280
光学仪器制造	156	4236	8		203	179
衡器制造	7	3012	38		13	
其他仪器仪表制造业	52	1888			120	
其他制造业	4256	61358	1059		1601	194
日用杂品制造	4037	51508	814		1508	159
核辐射加工		6				
其他未列明制造业	219	9844	245		93	35
废弃资源综合利用业	67	8440	368		235	115
金属废料和碎屑加工处理	2	4120	203		235	115
非金属废料和碎屑加工处理	65	4320	165			
金属制品、机械和设备修理业	319	28892	98		132	65
金属制品修理		305				

与港澳台商合作经营企业	港澳台商独资经营企业	港澳台商投资股份有限公司	其他港澳台投资企业	外商投资企业	中外合资经营企业	中外合作经营企业	外资企业	外商投资股份有限公司	其他外商投资
				43	43				
	22			1156	315		534	267	40
				11			11		
	18	63	52	411	115		296		
	135		8	840	380		460		
				195	55		140		
				141	10		131		
	12			118	33		85		
41	10629	140	110	21841	11187	120	10036	197	301
	1046	2		2981	1067		1914		
10	2636		65	5673	3491		2027	38	117
	1624	10		4254	2041	100	1984	129	
	29			1660	823		653		184
6	2012		45	3010	1407		1603		
	598			584	298		286		
25	2678	128		2902	1929	20	928	25	
	6			777	131		641	5	
149	6126	665		12264	4580		7327	152	205
	392	225		868	160		708		
	276			1061	488		573		
		91		1435	377		1058		
	926			1356	579		729		48
	21	144		691	39		500		152
	1228	185		2298	1282		1011		5
149	2771	20		4020	1408		2460	152	
	512			535	247		288		
352	1494			3789	1546		1842	57	344
349	914			2713	1221		1337	57	98
3	315			479	92		387		
	108			42	35		7		
	24			185	185				
	13			365	8		111		246
	120			5	5				
	1407			2549	877		1526	101	45
	1349			2303	839		1346	101	17
	58			246	38		180		28
	120			228	128		100		
	120			205	116		89		
				23	12		11		
	67			613	593		20		

4-11 续表 19

行业中类	私营合伙企业	私营有限责任公司	私营股份有限公司	其他企业	港、澳、台商投资企业	与港澳台商合资经营企业
通用设备修理	7	1849	22			
专用设备修理	2	1183	1			
铁路、船舶、航空航天等运输设备修理	297	22511	45		115	65
电气设备修理	2	763	6		16	
仪器仪表修理		127				
其他机械和设备修理业	11	2154	24		1	
电力、热力、燃气及水生产和供应业	**2695**	**21506**	**599**		**3721**	**2937**
电力、热力生产和供应业	2298	14596	450		2314	1944
电力生产	2272	11935	226		2206	1846
电力供应	26	1017	148			
热力生产和供应		1644	76		108	98
燃气生产和供应业	42	1500			1235	864
燃气生产和供应业	41	1482			1223	864
生物质燃气生产和供应业	1	18			12	
水的生产和供应业	355	5410	149		172	129
自来水生产和供应	105	881	48		49	49
污水处理及其再生利用	42	4232	81		123	80
海水淡化处理		5				
其他水的处理、利用与分配	208	292	20			
建筑业	**385**	**1019700**	**16390**		**360**	**107**
房屋建筑业	7	447476	10276		44	17
住宅房屋建筑	7	382402	6666		12	12
体育场馆建筑		336				
其他房屋建筑业		64738	3610		32	5
土木工程建筑业	50	279116	2738		154	39
铁路、道路、隧道和桥梁工程建筑	18	188402	1408		33	3
水利和水运工程建筑		22036	343		23	23
海洋工程建筑		474				
工矿工程建筑		4626	2		3	
架线和管道工程建筑	5	12080	104		11	11
节能环保工程施工		2692	57		2	2
电力工程施工	1	2859	8			
其他土木工程建筑	26	45947	816		82	
建筑安装业	51	80352	810		74	11
电气安装	32	35159	406		16	
管道和设备安装	16	18189	131		8	
其他建筑安装业	3	27004	273		50	11
建筑装饰、装修和其他建筑业	277	212756	2566		88	40
建筑装饰和装修业	242	140698	2365		70	25
建筑物拆除和场地准备活动	24	37492	161			
提供施工设备服务		3661			3	
其他未列明建筑业	11	30905	40		15	15
批发和零售业	**6709**	**1505318**	**10789**		**5589**	**1283**
批发业	2918	1032389	6755		4352	965

与港澳台商合作经营企业	港澳台商独资经营企业	港澳台商投资股份有限公司	其他港澳台投资企业	外商投资企业	中外合资经营企业	中外合作经营企业	外资企业	外商投资股份有限公司	其他外商投资
				148	148				
	50			445	445				
	16								
	1			20			20		
34	**750**			**3918**	**2114**	**142**	**1496**	**136**	**30**
34	336			1672	777	21	844		30
34	326			1647	752	21	844		30
	10			25	25				
	371			1628	1173		409	46	
	359			1628	1173		409	46	
	12								
	43			618	164	121	243	90	
				154		121	33		
	43			464	164		210	90	
	253			**167**	**82**		**85**		
	27			28			28		
	27			28			28		
	115			65	61		4		
	30			23	20		3		
	3								
				11	11				
				6	6				
				2	1		1		
	82			23	23				
	63			45	12		33		
	16			6			6		
	8			12	12				
	39			27			27		
	48			29	9		20		
	45			29	9		20		
	3								
49	**3944**	**231**	**82**	**16667**	**2580**	**41**	**9806**	**254**	**3986**
49	3203	59	76	15182	2092	41	8994	225	3830

4-11 续表 20

行业中类	私营合伙企业	私营有限责任公司	私营股份有限公司	其他企业	港、澳、台商投资企业	与港澳台商合资经营企业
农、林、牧、渔产品批发	139	15163	192		34	3
食品、饮料及烟草制品批发	308	65180	722		330	66
纺织、服装及家庭用品批发	399	338156	1831		1434	293
文化、体育用品及器材批发	168	54100	536		236	98
医药及医疗器材批发	10	31036	364		105	32
矿产品、建材及化工产品批发	976	241846	1371		574	154
机械设备、五金产品及电子产品批发	576	210974	1381		1018	196
贸易经纪与代理	8	19386	72		322	26
其他批发业	334	56548	286		299	97
零售业	3791	472929	4034		1237	318
综合零售	109	11650	113		70	
食品、饮料及烟草制品专门零售	203	36597	338		43	27
纺织、服装及日用品专门零售	227	66148	508		409	110
文化、体育用品及器材专门零售	89	27253	295		185	4
医药及医疗器材专门零售	1354	25004	262		11	11
汽车、摩托车、零配件和燃料及其他动力销售	484	56550	694		264	49
家用电器及电子产品专门零售	236	53187	431		63	35
五金、家具及室内装饰材料专门零售	306	51798	425		54	25
货摊、无店铺及其他零售业	783	144742	968		138	57
交通运输、仓储和邮政业	**1677**	**269637**	**4581**		**4174**	**1615**
铁路运输业						
铁路旅客运输						
铁路货物运输						
铁路运输辅助活动						
道路运输业	617	150581	2559		2615	426
城市公共交通运输	4	7101	1263		2057	310
公路旅客运输	23	7874	73			
道路货物运输	520	129465	1175		376	93
道路运输辅助活动	70	6141	48		182	23
水上运输业	6	24024	301		464	464
水上旅客运输		631	44			
水上货物运输	6	20821	249		10	10
水上运输辅助活动		2572	8		454	454
航空运输业		785	14		57	52
航空客货运输		184	3		7	2
通用航空服务		243	11		50	50
航空运输辅助活动		358				
管道运输业		12				
海底管道运输						
陆地管道运输		12				
多式联运和运输代理业	630	45059	1289		364	294
多式联运		80	105			
运输代理业	630	44979	1184		364	294
装卸搬运和仓储业	422	18827	132		670	379

与港澳台商合作经营企业	港澳台商独资经营企业	港澳台商投资股份有限公司	其他港澳台投资企业	外商投资企业	中外合资经营企业	中外合作经营企业	外资企业	外商投资股份有限公司	其他外商投资
	31			89	9		73		7
3	256	5		352	154		166		32
16	1054	26	45	9293	740	14	5446	148	2945
	138			1081	169	3	630	5	274
	73			221	130		72		19
16	403	1		913	306	5	545	33	24
11	753	27	31	2489	474	8	1561	36	410
3	293			421	71		285	3	62
	202			323	39	11	216		57
	741	172	6	1485	488		812	29	156
	70			161	102		59		
	13	2	1	171	21		140	2	8
	168	131		343	102		196		45
	176		5	70	7		59		4
				1	1				
	179	36		200	91		92		17
	28			30			27	3	
	28	1		127	5		98	24	
	79	2		382	159		141		82
1747	**807**		**5**	**1703**	**1052**	**12**	**600**		**39**
1747	441		1	621	386		235		
1747				6			6		
	282		1	464	264		200		
	159			151	122		29		
				225	55	11	159		
				3			3		
				222	55	11	156		
	5			16	16				
	5			16	16				
				10	10				
				10	10				
	66		4	281	143		129		9
	66		4	281	143		129		9
	291			550	442	1	77		30

4-11 续表 21

行业中类	私营合伙企业	私营有限责任公司	私营股份有限公司	其他企业	港、澳、台商投资企业	与港澳台商合资经营企业
装卸搬运	410	9816	64		161	87
通用仓储		5239	58		182	67
低温仓储	2	555	2		12	12
危险品仓储		300			220	158
谷物、棉花等农产品仓储		186				
中药材仓储						
其他仓储业	10	2731	8		95	55
邮政业	2	30349	286		4	
邮政基本服务		1				
快递服务	2	30341	270		4	
其他寄递服务		7	16			
住宿和餐饮业	**5372**	**167982**	**2134**		**1883**	**876**
住宿业	2847	59262	933		957	431
旅游饭店	704	23778	305		705	343
一般旅馆	2080	31025	528		247	88
民宿服务	25	3275	96		5	
露营地服务		60				
其他住宿业	38	1124	4			
餐饮业	2525	108720	1201		926	445
正餐服务	2200	92245	891		557	285
快餐服务	149	6048	16		175	37
饮料及冷饮服务	113	2722	136		153	115
餐饮配送及外卖送餐服务		3222	3			
其他餐饮业	63	4483	155		41	8
信息传输、软件和信息技术服务业	**480**	**237325**	**4153**		**3356**	**557**
电信、广播电视和卫星传输服务	6	4297	29			
电信	6	3812	29			
广播电视传输服务		376				
卫星传输服务		109				
互联网和相关服务	74	28922	298		95	14
互联网接入及相关服务	5	1759	4			
互联网信息服务	58	13112	223		1	
互联网平台		7174	38		8	
互联网安全服务		380				
互联网数据服务	2	1163	21		34	
其他互联网服务	9	5334	12		52	14
软件和信息技术服务业	400	204106	3826		3261	543
软件开发	253	148244	3019		2659	488
集成电路设计		1272	45		37	4
信息系统集成和物联网技术服务	10	9778	322		225	1
运行维护服务	2	2009	2		68	
信息处理和存储支持服务		2530	39		19	19
信息技术咨询服务	121	27507	181		196	8
数字内容服务		3210	47			
其他信息技术服务业	14	9556	171		57	23

与港澳台商合作经营企业	港澳台商独资经营企业	港澳台商投资股份有限公司	其他港澳台投资企业	外商投资企业	中外合资经营企业	中外合作经营企业	外资企业	外商投资股份有限公司	其他外商投资
	74			72	28		44		
	115			121	105		16		
	62			126	126				
				41	40	1			
	40			190	143		17		30
	4								
	4								
61	**893**	**50**	**3**	**1790**	**478**	**5**	**1121**	**42**	**144**
61	465			863	278		562		23
	362			586	185		401		
61	98			270	89		158		23
	5			7	4		3		
	428	50	3	927	200	5	559	42	121
	222	50		726	192	5	401	42	86
	138			60			60		
	38			61			35		26
	30		3	80	8		63		9
152	**2602**		**45**	**3612**	**1882**		**1617**	**33**	**80**
				324			324		
				324			324		
	81			102	79		17		6
	1			51	39		6		6
	8			32	30		2		
	34			7	7				
	38			12	3		9		
152	2521		45	3186	1803		1276	33	74
152	2005		14	2694	1491		1106	29	68
	33			103	56		47		
	224			45			45		
	68								
				19	19				
	188			277	191		76	4	6
				1	1				
	3		31	47	45		2		

4-11 续表 22

行业中类	私营合伙企业	私营有限责任公司	私营股份有限公司	其他企业	港、澳、台商投资企业	与港澳台商合资经营企业
金融业	**1371**	**14954**	**802**		**491**	**320**
货币金融服务	36	4530	659		430	319
中央银行服务						
货币银行服务	2	3				
非货币银行服务	34	4527	659		430	319
银行理财服务						
银行监管服务						
资本市场服务	1164	3044	30		47	1
证券市场服务						
公开募集证券投资基金						
非公开募集证券投资基金						
期货市场服务						
证券期货监管服务						
资本投资服务	338	1709	29		43	1
其他资本市场服务	826	1335	1		4	
保险业		182				
人身保险						
财产保险						
再保险						
商业养老金						
保险中介服务						
保险资产管理						
保险监管服务						
其他保险活动		182				
其他金融业	171	7198	113		14	
金融信托与管理服务	9	257				
控股公司服务	143	2150	4		2	
非金融机构支付服务						
金融信息服务	19	1410	14		10	
金融资产管理公司		9				
其他未列明金融业		3372	95		2	
房地产业	**2345**	**229410**	**2049**		**2853**	**839**
房地产业	2345	229410	2049		2853	839
房地产开发经营		55839	485		1923	689
物业管理	49	112393	1058		760	90
房地产中介服务	2221	58463	496		135	60
房地产租赁经营						
其他房地产业	75	2715	10		35	
租赁和商务服务业	**17469**	**770560**	**18584**	**27**	**9529**	**6164**
租赁业	62	37720	469		206	164
机械设备经营租赁	44	35676	429		190	148

与港澳台商合作经营企业	港澳台商独资经营企业	港澳台商投资股份有限公司	其他港澳台投资企业	外商投资企业	中外合资经营企业	中外合作经营企业	外资企业	外商投资股份有限公司	其他外商投资
	115	**30**	**26**	**93**	**70**		**19**		**4**
	65	30	16	79	68		11		
	65	30	16	79	68		11		
	46			13	1		8		4
	42								
	4			13	1		8		4
	4		10	1	1				
	2			1	1				
			10						
	2								
253	**1641**	**115**	**5**	**2295**	**839**	**21**	**1232**	**22**	**181**
253	1641	115	5	2295	839	21	1232	22	181
	1119	115		1204	721	21	384	22	56
252	418			1010	57		828		125
1	69		5	24	5		19		
	35			57	56		1		
1951	**1326**	**9**	**79**	**2902**	**985**	**5**	**1599**	**155**	**158**
	17		25	214	142		68		4
	17		25	214	142		68		4

4-11 续表 23

行业中类	私营合伙企业	私营有限责任公司	私营股份有限公司	其他企业	港、澳、台商投资企业	与港澳台商合资经营企业
文体设备和用品出租	18	1537	35		16	16
日用品出租		507	5			
商务服务业	17407	732840	18115	27	9323	6000
组织管理服务	5979	98958	865		603	295
综合管理服务	142	27387	329		74	28
法律服务	4013	822	1	27		
咨询与调查	6754	129597	1458		1138	330
广告业	88	73798	753		68	67
人力资源服务	138	267283	8916		7083	5148
安全保护服务	7	69983	5126			
会议、展览及相关服务	43	8594	40		33	1
其他商务服务业	243	56418	627		324	131
科学研究和技术服务业	**1921**	**268502**	**3738**		**1859**	**900**
研究和试验发展	174	39357	615		722	356
自然科学研究和试验发展	1	1132			23	23
工程和技术研究和试验发展	67	31089	404		497	172
农业科学研究和试验发展	22	1425	27		3	1
医学研究和试验发展	84	5617	184		199	160
社会人文科学研究		94				
专业技术服务业	745	161290	2184		795	428
气象服务		59				
地震服务		1				
海洋服务		268				
测绘地理信息服务	13	5081	135			
质检技术服务	109	22978	256		163	114
环境与生态监测检测服务	5	4475	73			
地质勘查		589				
工程技术与设计服务	365	83710	1245		342	169
工业与专业设计及其他专业技术服务	253	44129	475		290	145
科技推广和应用服务业	1002	67855	939		342	116
技术推广服务	87	52036	769		307	116
知识产权服务	864	6626	37		18	
科技中介服务	12	2001	17		1	
创业空间服务	10	727	4		1	
其他科技推广服务业	29	6465	112		15	
水利、环境和公共设施管理业	**161**	**39099**	**491**		**197**	**136**
水利管理业	9	1192	2			
防洪除涝设施管理	9	195	2			
水资源管理		507				
天然水收集与分配		78				
水文服务		20				
其他水利管理业		392				
生态保护和环境治理业	10	7200	113		39	39

与港澳台商合作经营企业	港澳台商独资经营企业	港澳台商投资股份有限公司	其他港澳台投资企业	外商投资企业	中外合资经营企业	中外合作经营企业	外资企业	外商投资股份有限公司	其他外商投资
1951	1309	9	54	2688	843	5	1531	155	154
	259	3	46	1390	437		803	108	42
	46			274	68		192		14
				5	5				
16	779	6	7	587	107	5	399	1	75
	1			41	8		24		9
1935				29	9			20	
				80	73		1		6
	31		1	10	2		4		4
	193			272	134		108	26	4
3	**854**	**15**	**87**	**3985**	**2348**	**28**	**1450**	**108**	**51**
	317		49	1526	1020		476	30	
				24	24				
	282		43	916	586		330		
	2			41	1		40		
	33		6	545	409		106	30	
1	366			1097	521		533	14	29
	49			486	215		270	1	
1	172			216	139		74	3	
	145			395	167		189	10	29
2	171	15	38	1362	807	28	441	64	22
2	168	2	19	1251	767	28	370	64	22
			18	19	2		17		
	1			4	4				
	1								
	1	13	1	88	34		54		
10	**7**		**44**	**146**	**76**		**65**		**5**
				39	34				5
				34	34				
				5					5
				46	31		15		

4-11 续表 24

行业中类	私营合伙企业	私营有限责任公司	私营股份有限公司	其他企业	港、澳、台商投资企业	与港澳台商合资经营企业
生态保护		369				
环境治理业	10	6831	113		39	39
公共设施管理业	91	28762	363		158	97
市政设施管理		2700				
环境卫生管理		9327	23			
城乡市容管理		303				
绿化管理	1	11163	140		44	
城市公园管理	30	214				
游览景区管理	60	5055	200		114	97
土地管理业	51	1945	13			
土地整治服务		1372				
土地调查评估服务	21	401				
土地登记服务	3	2				
土地登记代理服务	2	115	13			
其他土地管理服务	25	55				
居民服务、修理和其他服务业	**2945**	**119967**	**1016**		**170**	**77**
居民服务业	1683	49667	466		141	74
家庭服务	41	13316	25			
托儿所服务	10	876	10			
洗染服务	66	3672	74			
理发及美容服务	395	8795	105		7	
洗浴和保健养生服务	984	10110	136		76	68
摄影扩印服务	34	5134	55		4	
婚姻服务	104	3531	51		22	
殡葬服务	22	984	9		24	6
其他居民服务业	27	3249	1		8	
机动车、电子产品和日用产品修理业	1183	43592	351		11	3
汽车、摩托车等修理与维护	1150	36103	289		3	3
计算机和办公设备维修	11	3055	12		8	
家用电器修理	20	3893	25			
其他日用产品修理业	2	541	25			
其他服务业	79	26708	199		18	
清洁服务	42	22613	169			
宠物服务	2	967				
其他未列明服务业	35	3128	30		18	
教育						
教育						
学前教育						
初等教育						
中等教育						
高等教育						
特殊教育						
技能培训、教育辅助及其他教育						

与港澳台商合作经营企业	港澳台商独资经营企业	港澳台商投资股份有限公司	其他港澳台投资企业	外商投资企业	中外合资经营企业	中外合作经营企业	外资企业	外商投资股份有限公司	其他外商投资
				46	31		15		
10	7		44	61	11		50		
				58	8		50		
			44						
10	7			3	3				
	93			**393**	**158**		**194**	**9**	**32**
	67			253	77		145		31
				13			13		
	7			63	28		16		19
	8			44			32		12
	4			20	20				
	22								
	18			29	29				
	8			84			84		
	8			93	78		6	9	
				51	41		1	9	
	8								
				42	37		5		
	18			47	3		43		1
				1					1
	18			46	3		43		

4-11 续表 25

行业中类	私营合伙企业	私营有限责任公司	私营股份有限公司	其他企业	港、澳、台商投资企业	与港澳台商合资经营企业
卫生和社会工作	**870**	**9559**	**265**		**89**	**74**
卫生	845	6235	75			
医院	624	3751	75			
基层医疗卫生服务	221	2171				
专业公共卫生服务		88				
其他卫生活动		225				
社会工作	25	3324	190		89	74
提供住宿社会工作	16	3161	190		75	74
不提供住宿社会工作	9	163			14	
文化、体育和娱乐业	**4261**	**90631**	**1429**		**428**	**147**
新闻和出版业		527	64			
新闻业		119				
出版业		408	64			
广播、电视、电影和录音制作业	120	20457	354		150	114
广播	15	516	8			
电视		342	5			
影视节目制作	28	12088	268		13	13
广播电视集成播控		45				
电影和广播电视节目发行		458	1			
电影放映	77	6791	72		137	101
录音制作		217				
文化艺术业	464	15028	162		23	7
文艺创作与表演	328	6179	81		13	7
艺术表演场馆	71	89				
图书馆与档案馆	15	1473				
文物及非物质文化遗产保护	25	123	1			
博物馆		82	6			
烈士陵园、纪念馆		8				
群众文体活动	7	1475	3		4	
其他文化艺术业	18	5599	71		6	
体育	137	12603	112		112	12
体育组织	15	1638	71		2	2
体育场地设施管理	20	759	6		2	1
健身休闲活动	100	9982	35		108	9
其他体育	2	224				
娱乐业	3540	42016	737		143	14
室内娱乐活动	3424	16297	193			
游乐园	31	1275	34		67	
休闲观光活动	9	2914	34		8	
彩票活动		15				
文化体育娱乐活动与经纪代理服务	76	21032	476		68	14
其他娱乐业		483				

与港澳台商合作经营企业	港澳台商独资经营企业	港澳台商投资股份有限公司	其他港澳台投资企业	外商投资企业	中外合资经营企业	中外合作经营企业	外资企业	外商投资股份有限公司	其他外商投资
	15								
	15								
	1								
	14								
98	**147**		**36**	**402**	**175**		**149**	**65**	**13**
			36	55	49				6
				6					6
			36	49	49				
	16			10			4		6
	6			8			2		6
	4								
	6			2			2		
98	2			161	77		83		1
				6			5		1
	1								
98	1			155	77		78		
	129			176	49		62	65	
				147	32		51	64	
	67								
	8								
	54			28	17		11		
				1				1	

4-12 按行业(中类)、控股情况分组的小微企业法人单位数

行业中类	法人单位数（个）	国有控股	集体控股	私人控股	港澳台商控股	外商控股	其他
总计	**1333713**	**9888**	**10711**	**1289769**	**4752**	**7425**	**11168**
农、林、牧、渔业	**916**	**39**	**25**	**836**	**3**	**1**	**12**
农业	35		1	32	2		
谷物种植	1			1			
豆类、油料和薯类种植							
棉、麻、糖、烟草种植							
蔬菜、食用菌及园艺作物种植	18		1	15	2		
水果种植	5			5			
坚果、含油果、香料和饮料作物种植	3			3			
中药材种植	7			7			
草种植及割草							
其他农业	1			1			
林业	4	2		2			
林木育种和育苗	2			2			
造林和更新							
森林经营、管护和改培	2	2					
木材和竹材采运							
林产品采集							
畜牧业	14	2		12			
牲畜饲养	9	2		7			
家禽饲养	4			4			
狩猎和捕捉动物							
其他畜牧业	1			1			
渔业	18	1		17			
水产养殖	17	1		16			
水产捕捞	1			1			
农、林、牧、渔专业及辅助性活动	845	34	24	773	1	1	12
农业专业及辅助性活动	577	23	17	524	1	1	11
林业专业及辅助性活动	154	6	2	146			
畜牧专业及辅助性活动	38	3	2	32			1
渔业专业及辅助性活动	76	2	3	71			
采矿业	**837**	**24**	**26**	**774**		**3**	**10**
煤炭开采和洗选业	7	2		5			
烟煤和无烟煤开采洗选	5	1		4			
褐煤开采洗选	1	1					
其他煤炭采选	1			1			
石油和天然气开采业	1						1
石油开采	1						1
天然气开采							
黑色金属矿采选业	17	1	1	15			
铁矿采选	17	1	1	15			
锰矿、铬矿采选							
其他黑色金属矿采选							
有色金属矿采选业	46	1		45			
常用有色金属矿采选	31	1		30			
贵金属矿采选	3			3			
稀有稀土金属矿采选	12			12			

4-12　续表 1

行业中类	法人单位数（个）	国有控股	集体控股	私人控股	港澳台商控股	外商控股	其他
非金属矿采选业	746	20	25	689		3	9
土砂石开采	693	18	19	644		3	9
化学矿开采	3	1		2			
采盐	5		4	1			
石棉及其他非金属矿采选	45	1	2	42			
开采专业及辅助性活动	10			10			
煤炭开采和洗选专业及辅助性活动	1			1			
石油和天然气开采专业及辅助性活动	3			3			
其他开采专业及辅助性活动	6			6			
其他采矿业	10			10			
其他采矿业	10			10			
制造业	**419429**	**528**	**4309**	**406137**	**2840**	**2684**	**2931**
农副食品加工业	4464	38	101	4232	22	34	37
谷物磨制	207	5	9	193			
饲料加工	386		11	359	5	6	5
植物油加工	163	4	1	151	2	3	2
制糖业	39		1	38			
屠宰及肉类加工	706	17	17	645	9	6	12
水产品加工	1332	8	43	1263	4	7	7
蔬菜、菌类、水果和坚果加工	941	1	13	914		7	6
其他农副食品加工	690	3	6	669	2	5	5
食品制造业	2916	16	35	2740	39	56	30
焙烤食品制造	893	3	2	862	13	9	4
糖果、巧克力及蜜饯制造	179		4	167	1	5	2
方便食品制造	472	3	2	454	5	4	4
乳制品制造	30	2		25		2	1
罐头食品制造	180	1	2	167		7	3
调味品、发酵制品制造	208		2	199	2	2	3
其他食品制造	954	7	23	866	18	27	13
酒、饮料和精制茶制造业	2176	20	39	2044	17	28	28
酒的制造	525	5	17	482	7	7	7
饮料制造	583	4	5	538	7	18	11
精制茶加工	1068	11	17	1024	3	3	10
烟草制品业							
烟叶复烤							
卷烟制造							
其他烟草制品制造							
纺织业	32233	9	124	31504	276	176	144
棉纺织及印染精加工	8876	3	33	8666	79	53	42
毛纺织及染整精加工	1059		13	1009	23	9	5
麻纺织及染整精加工	66			59	3	2	2
丝绢纺织及印染精加工	1054	2	16	1009	8	8	11
化纤织造及印染精加工	4454		8	4386	30	14	16
针织或钩针编织物及其制品制造	8156	1	14	8029	58	31	23
家用纺织制成品制造	4715	1	16	4600	42	33	23
产业用纺织制成品制造	3853	2	24	3746	33	26	22
纺织服装、服饰业	30382	19	106	29542	360	219	136
机织服装制造	13522	12	46	13101	187	118	58

4-12 续表 2

行业中类	法人单位数(个)	国有控股	集体控股	私人控股	港澳台商控股	外商控股	其他
针织或钩针编织服装制造	7121	2	30	6910	101	58	20
服饰制造	9739	5	30	9531	72	43	58
皮革、毛皮、羽毛及其制品和制鞋业	19569	3	186	19207	58	64	51
皮革鞣制加工	545		32	498	2	9	4
皮革制品制造	5164	2	27	5048	32	34	21
毛皮鞣制及制品加工	1226		1	1212	8	4	1
羽毛(绒)加工及制品制造	343			330	8	4	1
制鞋业	12291	1	126	12119	8	13	24
木材加工和木、竹、藤、棕、草制品业	6794	1	35	6673	28	27	30
木材加工	1136	1	9	1118	2	3	3
人造板制造	578		4	558	8	4	4
木质制品制造	3601		8	3566	10	8	9
竹、藤、棕、草等制品制造	1479		14	1431	8	12	14
家具制造业	7057		19	6882	59	47	50
木质家具制造	4502		13	4406	28	20	35
竹、藤家具制造	183		1	175	2	3	2
金属家具制造	1113		5	1074	12	15	7
塑料家具制造	159			154	4	1	
其他家具制造	1100			1073	13	8	6
造纸和纸制品业	12789	3	101	12548	44	38	55
纸浆制造	15		1	14			
造纸	1715	2	14	1667	16	8	8
纸制品制造	11059	1	86	10867	28	30	47
印刷和记录媒介复制业	10993	25	239	10634	16	15	64
印刷	10258	23	226	9922	16	14	57
装订及印刷相关服务	725	2	13	702		1	7
记录媒介复制	10			10			
文教、工美、体育和娱乐用品制造业	21951	9	107	21496	145	109	85
文教办公用品制造	3627	2	14	3546	20	24	21
乐器制造	250	1	1	237	1	8	2
工艺美术及礼仪用品制造	12086	6	77	11854	68	42	39
体育用品制造	2295		7	2240	18	19	11
玩具制造	2791		6	2730	30	14	11
游艺器材及娱乐用品制造	902		2	889	8	2	1
石油、煤炭及其他燃料加工业	436	4	3	412	8	4	5
精炼石油产品制造	231	2	2	212	7	4	4
煤炭加工	47	1	1	44			1
核燃料加工	1	1					
生物质燃料加工	157			156	1		
化学原料和化学制品制造业	8444	51	129	7891	126	166	81
基础化学原料制造	961	21	21	865	23	25	6
肥料制造	240	1	3	231		2	3
农药制造	78	1	3	66	4	3	1
涂料、油墨、颜料及类似产品制造	2096	2	25	2004	26	19	20
合成材料制造	1217	8	19	1117	23	31	19
专用化学产品制造	2529	12	41	2358	40	54	24
炸药、火工及焰火产品制造	15	3		12			
日用化学产品制造	1308	3	17	1238	10	32	8

4-12　续表 3

行业中类	法人单位数（个）	国有控股	集体控股	私人控股	港澳台商控股	外商控股	其他
医药制造业	1147	13	20	1027	22	33	32
化学药品原料药制造	183	1	2	167	6	6	1
化学药品制剂制造	95	1	2	75	3	4	10
中药饮片加工	106	5	4	91		4	2
中成药生产	83	3	1	73		2	4
兽用药品制造	63	2	1	54		2	4
生物药品制品制造	212	1	2	190	4	8	7
卫生材料及医药用品制造	314		7	292	7	5	3
药用辅料及包装材料	91		1	85	2	2	1
化学纤维制造业	1749	3	5	1690	28	13	10
纤维素纤维原料及纤维制造	61	1		59		1	
合成纤维制造	1633	2	5	1577	27	12	10
生物基材料制造	55			54	1		
橡胶和塑料制品业	33802	12	393	32914	151	155	177
橡胶制品业	3958	1	69	3825	11	26	26
塑料制品业	29844	11	324	29089	140	129	151
非金属矿物制品业	12958	90	217	12436	63	57	95
水泥、石灰和石膏制造	505	36	11	450		3	5
石膏、水泥制品及类似制品制造	2834	41	52	2684	22	6	29
砖瓦、石材等建筑材料制造	4110	7	90	3966	14	8	25
玻璃制造	437		4	427	3	1	2
玻璃制品制造	1997	2	10	1952	7	15	11
玻璃纤维和玻璃纤维增强塑料制品制造	462		8	433	10	8	3
陶瓷制品制造	1054	1	11	1022	5	6	9
耐火材料制品制造	617		19	591	1	2	4
石墨及其他非金属矿物制品制造	942	3	12	911	1	8	7
黑色金属冶炼和压延加工业	2383	9	42	2289	19	12	12
炼铁	10		1	9			
炼钢	12	1		11			
钢压延加工	2299	8	39	2209	19	12	12
铁合金冶炼	62		2	60			
有色金属冶炼和压延加工业	3083	5	46	2951	23	21	37
常用有色金属冶炼	130		3	124	2		1
贵金属冶炼	9			9			
稀有稀土金属冶炼	16			13	1		2
有色金属合金制造	700	2	9	667	7	7	8
有色金属压延加工	2228	3	34	2138	13	14	26
金属制品业	39860	30	398	38860	193	170	209
结构性金属制品制造	8451	9	64	8270	32	19	57
金属工具制造	4533	1	22	4434	23	32	21
集装箱及金属包装容器制造	681	4	5	647	15	5	5
金属丝绳及其制品制造	993		11	973	5	2	2
建筑、安全用金属制品制造	11772	5	105	11500	49	55	58
金属表面处理及热处理加工	2567	3	84	2440	13	13	14
搪瓷制品制造	423			417	2	1	3
金属制日用品制造	3812		23	3740	23	12	14
铸造及其他金属制品制造	6628	8	84	6439	31	31	35

4-12 续表 4

行业中类	法人单位数(个)	国有控股	集体控股	私人控股	港澳台商控股	外商控股	其他
通用设备制造业	52928	32	688	51226	285	370	327
锅炉及原动设备制造	585	4	13	546	8	8	6
金属加工机械制造	5254	1	77	5060	36	49	31
物料搬运设备制造	1855	3	11	1752	41	30	18
泵、阀门、压缩机及类似机械制造	12069	7	218	11602	57	80	105
轴承、齿轮和传动部件制造	5191	3	51	5024	32	52	29
烘炉、风机、包装等设备制造	5869	7	47	5691	44	51	29
文化、办公用机械制造	442		7	425	1	5	4
通用零部件制造	19430	5	246	18959	60	80	80
其他通用设备制造业	2233	2	18	2167	6	15	25
专用设备制造业	26227	27	313	25299	204	213	171
采矿、冶金、建筑专用设备制造	1010	2	32	947	10	9	10
化工、木材、非金属加工专用设备制造	10742	6	73	10473	68	69	53
食品、饮料、烟草及饲料生产专用设备制造	782		27	746	3	5	1
印刷、制药、日化及日用品生产专用设备制造	1087	1	18	1053	3	4	8
纺织、服装和皮革加工专用设备制造	3369	1	44	3242	40	26	16
电子和电工机械专用设备制造	744		7	715	7	9	6
农、林、牧、渔专用机械制造	966	3	16	907	9	19	12
医疗仪器设备及器械制造	3302	1	67	3150	34	31	19
环保、邮政、社会公共服务及其他专用设备制造	4225	13	29	4066	30	41	46
汽车制造业	16855	14	213	16105	159	178	186
汽车整车制造	67	2		54	4	4	3
汽车用发动机制造	34			28	3	2	1
改装汽车制造	25	1		23		1	
低速汽车制造	1			1			
电车制造	11			10		1	
汽车车身、挂车制造	138			127	4	6	1
汽车零部件及配件制造	16579	11	213	15862	148	164	181
铁路、船舶、航空航天和其他运输设备制造业	4276	12	69	4124	15	31	25
铁路运输设备制造	154	3	6	142	1	1	1
城市轨道交通设备制造	25	3		21		1	
船舶及相关装置制造	872	5	15	828	4	10	10
航空、航天器及设备制造	55	1		50		3	1
摩托车制造	1321		39	1268	2	5	7
自行车和残疾人座车制造	621		4	604	6	5	2
助动车制造	702		2	696		2	2
非公路休闲车及零配件制造	426		1	419	1	3	2
潜水救捞及其他未列明运输设备制造	100		2	96	1	1	
电气机械和器材制造业	37694	32	382	36197	266	216	601
电机制造	3364	2	43	3256	26	22	15
输配电及控制设备制造	16222	11	208	15415	84	64	440
电线、电缆、光缆及电工器材制造	3122	7	49	2973	28	33	32
电池制造	431	6	6	392	7	12	8
家用电力器具制造	6935	1	41	6768	45	38	42
非电力家用器具制造	836	1	1	818	6	7	3
照明器具制造	5552	1	18	5396	64	29	44
其他电气机械及器材制造	1232	3	16	1179	6	11	17

4-12　续表 5

行业中类	法　人 单位数 (个)	国有控股	集体控股	私人控股	港澳台商 控　　股	外商控股	其　他
计算机、通信和其他电子设备制造业	10798	21	85	10304	144	138	106
计算机制造	425	1	2	392	12	12	6
通信设备制造	963	4	7	921	10	13	8
广播电视设备制造	201			187	2	8	4
雷达及配套设备制造	11	1	1	8			1
非专业视听设备制造	523	1	7	486	15	11	3
智能消费设备制造	434	2	1	411	6	7	7
电子器件制造	1413	8	10	1327	25	26	17
电子元件及电子专用材料制造	6088	4	50	5859	63	55	57
其他电子设备制造	740		7	713	11	6	3
仪器仪表制造业	5642	9	97	5338	40	59	99
通用仪器仪表制造	4175	7	69	3944	26	39	90
专用仪器仪表制造	638	2	9	600	7	15	5
钟表与计时仪器制造	146		6	136	3	1	
光学仪器制造	246		4	236	2		4
衡器制造	194		3	187	1	3	
其他仪器仪表制造业	243		6	235	1	1	
其他制造业	7010	5	60	6874	26	23	22
日用杂品制造	5045	2	41	4950	21	16	15
核辐射加工	4			4			
其他未列明制造业	1961	3	19	1920	5	7	7
废弃资源综合利用业	705	5	3	677	1	9	10
金属废料和碎屑加工处理	285	2		266	1	7	9
非金属废料和碎屑加工处理	420	3	3	411		2	1
金属制品、机械和设备修理业	2108	11	54	2021	3	3	16
金属制品修理	46	1		43			2
通用设备修理	282	2	2	276			2
专用设备修理	264	4	8	250		1	1
铁路、船舶、航空航天等运输设备修理	910	2	34	866	1	1	6
电气设备修理	149	1	6	139	1		2
仪器仪表修理	21			21			
其他机械和设备修理业	436	1	4	426	1	1	3
电力、热力、燃气及水生产和供应业	**5142**	**613**	**720**	**3600**	**49**	**52**	**108**
电力、热力生产和供应业	3642	287	537	2707	25	23	63
电力生产	3354	228	518	2504	24	23	57
电力供应	151	32	17	99			3
热力生产和供应	137	27	2	104	1		3
燃气生产和供应业	273	55	11	167	17	14	9
燃气生产和供应业	263	55	11	158	16	14	9
生物质燃气生产和供应业	10			9	1		
水的生产和供应业	1227	271	172	726	7	15	36
自来水生产和供应	530	179	158	171	2	1	19
污水处理及其再生利用	580	90	8	446	5	14	17
海水淡化处理	3	1		2			
其他水的处理、利用与分配	114	1	6	107			
建筑业	**48943**	**373**	**215**	**47929**	**30**	**26**	**370**
房屋建筑业	6425	40	50	6272	5	2	56

4-12 续表 6

行业中类	法人单位数（个）	国有控股	集体控股	私人控股	港澳台商控股	外商控股	其他
住宅房屋建筑	5520	33	44	5392	3		48
体育场馆建筑	11			11			
其他房屋建筑业	894	7	6	869	2	2	8
土木工程建筑业	11067	245	79	10630	10	10	93
铁路、道路、隧道和桥梁工程建筑	4714	117	35	4521	3	2	36
水利和水运工程建筑	671	55	10	598	1		7
海洋工程建筑	50	5		44		1	
工矿工程建筑	162	1	2	154	1		4
架线和管道工程建筑	815	25	16	766	2	1	5
节能环保工程施工	364			358	1	2	3
电力工程施工	345	3	2	335	1	2	2
其他土木工程建筑	3946	39	14	3854	1	2	36
建筑安装业	6655	33	41	6498	7	7	69
电气安装	2360	8	19	2308	2	3	20
管道和设备安装	1930	18	14	1876	2	1	19
其他建筑安装业	2365	7	8	2314	3	3	30
建筑装饰、装修和其他建筑业	24796	55	45	24529	8	7	152
建筑装饰和装修业	18967	11	23	18810	6	6	111
建筑物拆除和场地准备活动	3776	33	14	3706		1	22
提供施工设备服务	203	1	2	195	1		4
其他未列明建筑业	1850	10	6	1818	1		15
批发和零售业	**451021**	**1008**	**1668**	**441516**	**687**	**3366**	**2776**
批发业	284286	538	1012	277288	579	3213	1656
农、林、牧、渔产品批发	4740	59	51	4586	5	9	30
食品、饮料及烟草制品批发	17928	97	80	17522	29	58	142
纺织、服装及家庭用品批发	90597	38	105	87622	212	2202	418
文化、体育用品及器材批发	15608	19	31	15259	32	194	73
医药及医疗器材批发	6544	12	15	6410	16	26	65
矿产品、建材及化工产品批发	65711	213	503	64315	98	138	444
机械设备、五金产品及电子产品批发	55976	63	157	54857	133	417	349
贸易经纪与代理	6842	16	8	6640	25	111	42
其他批发业	20340	21	62	20077	29	58	93
零售业	166735	470	656	164228	108	153	1120
综合零售	3448	19	93	3288	8	8	32
食品、饮料及烟草制品专门零售	14970	50	101	14655	13	18	133
纺织、服装及日用品专门零售	26133	13	79	25747	28	45	221
文化、体育用品及器材专门零售	9002	70	36	8784	9	11	92
医药及医疗器材专门零售	12440	46	98	12202		1	93
汽车、摩托车、零配件和燃料及其他动力销售	14160	242	102	13620	10	12	174
家用电器及电子产品专门零售	14219	6	27	14059	9	10	108
五金、家具及室内装饰材料专门零售	20213	7	80	20008	11	12	95
货摊、无店铺及其他零售业	52150	17	40	51865	20	36	172
交通运输、仓储和邮政业	**31548**	**739**	**434**	**29808**	**100**	**75**	**392**
铁路运输业							
铁路旅客运输							
铁路货物运输							
铁路运输辅助活动							

4-12　续表 7

行业中类	法人单位数(个)	国有控股	集体控股	私人控股	港澳台商控股	外商控股	其他
道路运输业	19204	365	272	18297	19	16	235
城市公共交通运输	531	88	37	385	2	1	18
公路旅客运输	449	59	33	329			28
道路货物运输	17178	68	114	16804	15	11	166
道路运输辅助活动	1046	150	88	779	2	4	23
水上运输业	1278	97	20	1125	4	5	27
水上旅客运输	84	22	7	51			4
水上货物运输	831	26	6	782	1	1	15
水上运输辅助活动	363	49	7	292	3	4	8
航空运输业	122	19	1	98	3	1	
航空客货运输	54	4	1	47	2		
通用航空服务	40	3		35	1	1	
航空运输辅助活动	28	12		16			
管道运输业	4	1		2		1	
海底管道运输	1					1	
陆地管道运输	3	1		2			
多式联运和运输代理业	6907	106	46	6675	12	17	51
多式联运	19	3		15			1
运输代理业	6888	103	46	6660	12	17	50
装卸搬运和仓储业	2568	143	90	2181	61	32	61
装卸搬运	1256	15	72	1142	5	4	18
通用仓储	551	17	6	470	30	15	13
低温仓储	98	4	1	91	1		1
危险品仓储	67	10		42	8	4	3
谷物、棉花等农产品仓储	131	78	6	39		1	7
中药材仓储	1	1					
其他仓储业	464	18	5	397	17	8	19
邮政业	1465	8	5	1430	1	3	18
邮政基本服务	17	3	5	6			3
快递服务	1437	2		1416	1	3	15
其他寄递服务	11	3		8			
住宿和餐饮业	**24318**	**189**	**192**	**23413**	**64**	**126**	**334**
住宿业	8824	137	139	8346	26	29	147
旅游饭店	1657	70	38	1462	13	15	59
一般旅馆	5965	62	82	5727	11	12	71
民宿服务	977	3	11	944	2	2	15
露营地服务	9			9			
其他住宿业	216	2	8	204			2
餐饮业	15494	52	53	15067	38	97	187
正餐服务	11894	46	41	11543	24	79	161
快餐服务	1097	2	4	1079	4	3	5
饮料及冷饮服务	764	3	1	737	7	8	8
餐饮配送及外卖送餐服务	352	1		350			1
其他餐饮业	1387		7	1358	3	7	12
信息传输、软件和信息技术服务业	**53992**	**173**	**69**	**52874**	**177**	**263**	**436**
电信、广播电视和卫星传输服务	791	56	20	696	1	6	12
电信	702	23	20	645	1	6	7

4-12 续表 8

行业中类	法人单位数（个）	国有控股	集体控股	私人控股	港澳台商控股	外商控股	其他
广播电视传输服务	77	33		40			4
卫星传输服务	12			11			1
互联网和相关服务	5389	25	7	5281	12	13	51
互联网接入及相关服务	329	2	1	323		1	2
互联网信息服务	2919	9	4	2875	1	4	26
互联网平台	729	6	1	710	3	2	7
互联网安全服务	62	1		61			
互联网数据服务	195	5		177	4	3	6
其他互联网服务	1155	2	1	1135	4	3	10
软件和信息技术服务业	47812	92	42	46897	164	244	373
软件开发	33847	44	23	33210	118	188	264
集成电路设计	254	2		236	5	9	2
信息系统集成和物联网技术服务	1817	14	2	1765	8	7	21
运行维护服务	306	3	2	297	1		3
信息处理和存储支持服务	308	5		296		3	4
信息技术咨询服务	7620	20	12	7476	27	31	54
数字内容服务	530	1	1	515	1	1	11
其他信息技术服务业	3130	3	2	3102	4	5	14
金融业	**16196**	**594**	**69**	**15063**	**76**	**59**	**335**
货币金融服务	1307	72	52	1069	53	20	41
中央银行服务							
货币银行服务	261	48	35	160	7	9	2
非货币银行服务	1046	24	17	909	46	11	39
银行理财服务							
银行监管服务							
资本市场服务	13038	129	4	12765	15	19	106
证券市场服务							
公开募集证券投资基金							
非公开募集证券投资基金	1921	91		1737	3	4	86
期货市场服务							
证券期货监管服务							
资本投资服务	1532	29	3	1485	4		11
其他资本市场服务	9585	9	1	9543	8	15	9
保险业	758	329	4	240	4	19	162
人身保险	251	129		46	3	7	66
财产保险	290	188	3	10		11	78
再保险							
商业养老金	11	1		1			9
保险中介服务	116	8	1	96	1	1	9
保险资产管理	1	1					
保险监管服务							
其他保险活动	89	2		87			
其他金融业	1093	64	9	989	4	1	26
金融信托与管理服务	70	3	2	64			1
控股公司服务	345	11	2	328	1		3
非金融机构支付服务	8	2		6			
金融信息服务	260	2	2	250	1		5
金融资产管理公司	9	6		3			
其他未列明金融业	401	40	3	338	2	1	17

4-12 续表 9

行业中类	法人单位数（个）	国有控股	集体控股	私人控股	港澳台商控股	外商控股	其他
房地产业	**33016**	**668**	**316**	**31041**	**163**	**110**	**718**
房地产业	33016	668	316	31041	163	110	718
房地产开发经营	7943	374	119	6860	127	75	388
物业管理	8444	216	155	7791	23	25	234
房地产中介服务	15982	30	25	15836	9	6	76
房地产租赁经营							
其他房地产业	647	48	17	554	4	4	20
租赁和商务服务业	**126533**	**3037**	**1830**	**119637**	**277**	**264**	**1488**
租赁业	9138	55	19	8967	13	9	75
机械设备经营租赁	8660	49	17	8504	13	9	68
文体设备和用品出租	410	5	1	398			6
日用品出租	68	1	1	65			1
商务服务业	117395	2982	1811	110670	264	255	1413
组织管理服务	33224	2037	885	29631	97	74	500
综合管理服务	3644	177	556	2785	14	7	105
法律服务	422	3	2	414			3
咨询与调查	37681	164	98	36833	117	119	350
广告业	19653	137	34	19305	5	12	160
人力资源服务	5557	83	56	5350	3	5	60
安全保护服务	1320	90	4	1202		4	20
会议、展览及相关服务	2324	50	9	2245	3	2	15
其他商务服务业	13570	241	167	12905	25	32	200
科学研究和技术服务业	**57417**	**820**	**301**	**55158**	**214**	**323**	**601**
研究和试验发展	9220	41	35	8843	78	132	91
自然科学研究和试验发展	355	1	3	343	3		5
工程和技术研究和试验发展	7169	29	20	6924	59	74	63
农业科学研究和试验发展	396	5	6	374	2	3	6
医学研究和试验发展	1268	4	5	1173	14	55	17
社会人文科学研究	32	2	1	29			
专业技术服务业	28192	620	174	26951	63	80	304
气象服务	39	12	2	24			1
地震服务	5			5			
海洋服务	54	4		47			3
测绘地理信息服务	513	43	24	437			9
质检技术服务	2335	153	50	2072	4	20	36
环境与生态监测检测服务	556	13		540			3
地质勘查	78	15	4	58			1
工程技术与设计服务	13411	337	69	12808	18	16	163
工业与专业设计及其他专业技术服务	11201	43	25	10960	41	44	88
科技推广和应用服务业	20005	159	92	19364	73	111	206
技术推广服务	15048	120	81	14513	67	101	166
知识产权服务	1717	10	4	1680	2	1	20
科技中介服务	541	15	2	520	1		3
创业空间服务	180	6		170	1	1	2
其他科技推广服务业	2519	8	5	2481	2	8	15

4-12 续表 10

行业中类	法人单位数(个)	国有控股	集体控股	私人控股	港澳台商控股	外商控股	其他
水利、环境和公共设施管理业	**6904**	**617**	**171**	**5908**	**10**	**10**	**188**
水利管理业	361	110	24	214			13
防洪除涝设施管理	73	20	11	40			2
水资源管理	103	34	7	56			6
天然水收集与分配	41	21	3	16			1
水文服务	12	2		9			1
其他水利管理业	132	33	3	93			3
生态保护和环境治理业	1146	51	8	1063	1	3	20
生态保护	54	11	1	40			2
环境治理业	1092	40	7	1023	1	3	18
公共设施管理业	4969	403	131	4272	9	7	147
市政设施管理	664	182	38	402	1	2	39
环境卫生管理	1196	35	37	1100	1		23
城乡市容管理	72	11	3	57			1
绿化管理	1832	51	11	1752		1	17
城市公园管理	55	3	2	48			2
游览景区管理	1150	121	40	913	7	4	65
土地管理业	428	53	8	359			8
土地整治服务	326	38	3	280			5
土地调查评估服务	47	2	1	43			1
土地登记服务	5		1	4			
土地登记代理服务	22	2	2	18			
其他土地管理服务	28	11	1	14			2
居民服务、修理和其他服务业	**24472**	**117**	**236**	**23885**	**14**	**22**	**198**
居民服务业	10752	62	117	10470	11	12	80
家庭服务	2295	7	6	2266		1	15
托儿所服务	179			178			1
洗染服务	437	2	2	431			2
理发及美容服务	2050	1	1	2025	1	7	15
洗浴和保健养生服务	1988	2	5	1961	3	2	15
摄影扩印服务	1330	3	6	1312	1	1	7
婚姻服务	1009	3	1	995	4		6
殡葬服务	384	33	84	256	1		10
其他居民服务业	1080	11	12	1046	1	1	9
机动车、电子产品和日用产品修理业	9307	30	77	9109	2	6	83
汽车、摩托车等修理与维护	7272	27	66	7102	1	5	71
计算机和办公设备维修	832	1	2	825	1		3
家用电器修理	1009	2	8	989		1	9
其他日用产品修理业	194		1	193			
其他服务业	4413	25	42	4306	1	4	35
清洁服务	3277	14	26	3214			23
宠物服务	196	1	2	190			3
其他未列明服务业	940	10	14	902	1	4	9
教育							
教育							
学前教育							
初等教育							

4-12　续表 11

行业中类	法人单位数(个)	国有控股	集体控股	私人控股	港澳台商控股	外商控股	其他
中等教育							
高等教育							
特殊教育							
技能培训、教育辅助及其他教育							
卫生和社会工作	**745**	**20**	**12**	**682**	**9**	**1**	**21**
卫生	162	2	3	147			10
医院	86	1	1	83			1
基层医疗卫生服务	64		2	54			8
专业公共卫生服务	2			2			
其他卫生活动	10	1		8			1
社会工作	583	18	9	535	9	1	11
提供住宿社会工作	532	12	8	495	7	1	9
不提供住宿社会工作	51	6	1	40	2		2
文化、体育和娱乐业	**32284**	**329**	**118**	**31508**	**39**	**40**	**250**
新闻和出版业	163	62	5	91			5
新闻业	15	3		12			
出版业	148	59	5	79			5
广播、电视、电影和录音制作业	7240	117	19	7048	3	3	50
广播	192	2		188			2
电视	139	6	1	131			1
影视节目制作	5877	22	7	5813	3	2	30
广播电视集成播控	8	2		6			
电影和广播电视节目发行	243	10		233			
电影放映	706	75	11	602		1	17
录音制作	75			75			
文化艺术业	5593	73	32	5419	9	6	54
文艺创作与表演	2395	23	6	2339	4	4	19
艺术表演场馆	50	18	4	27			1
图书馆与档案馆	230	6	9	214			1
文物及非物质文化遗产保护	46	8	3	34			1
博物馆	28	3	1	24			
烈士陵园、纪念馆	4	1	2	1			
群众文体活动	493	5	5	474	1		8
其他文化艺术业	2347	9	2	2306	4	2	24
体育	2968	35	15	2868	6	11	33
体育组织	495	5	1	482		2	5
体育场地设施管理	199	15	6	174	1		3
健身休闲活动	2185	13	7	2126	5	9	25
其他体育	89	2	1	86			
娱乐业	16320	42	47	16082	21	20	108
室内娱乐活动	7744	2	32	7663	1	5	41
游乐园	195	5	1	186	1		2
休闲观光活动	752	5	8	727	3		9
彩票活动	12	6		6			
文化体育娱乐活动与经纪代理服务	7540	23	5	7427	16	14	55
其他娱乐业	77	1	1	73		1	1

4-13 按行业(中类)、企业控股情况分组的小微企业法人从业人员数

行业中类	从业人员期末人数(人)	国有控股	集体控股	私人控股	港澳台商控股	外商控股	其他
总　计	**13495456**	**329650**	**156249**	**12396746**	**203014**	**213391**	**196406**
农、林、牧、渔业	**2943**	**97**	**69**	**2739**			**38**
农业							
谷物种植							
豆类、油料和薯类种植							
棉、麻、糖、烟草种植							
蔬菜、食用菌及园艺作物种植							
水果种植							
坚果、含油果、香料和饮料作物种植							
中药材种植							
草种植及割草							
其他农业							
林业							
林木育种和育苗							
造林和更新							
森林经营、管护和改培							
木材和竹材采运							
林产品采集							
畜牧业							
牲畜饲养							
家禽饲养							
狩猎和捕捉动物							
其他畜牧业							
渔业							
水产养殖							
水产捕捞							
农、林、牧、渔专业及辅助性活动	2943	97	69	2739			38
农业专业及辅助性活动	1766	58	37	1634			37
林业专业及辅助性活动	630	10	11	609			
畜牧专业及辅助性活动	202	14	4	183			1
渔业专业及辅助性活动	345	15	17	313			
采矿业	**15340**	**1436**	**314**	**13057**		**389**	**144**
煤炭开采和洗选业	21	1		20			
烟煤和无烟煤开采洗选	5			5			
褐煤开采洗选	1	1					
其他煤炭采选	15			15			
石油和天然气开采业	1						1
石油开采	1						1
天然气开采							
黑色金属矿采选业	278			278			
铁矿采选	278			278			
锰矿、铬矿采选							
其他黑色金属矿采选							
有色金属矿采选业	1782	60		1722			
常用有色金属矿采选	1205	60		1145			
贵金属矿采选	57			57			
稀有稀土金属矿采选	520			520			

4-13　续表 1

行业中类	从业人员期末人数(人)	国有控股	集体控股	私人控股	港澳台商控股	外商控股	其他
非金属矿采选业	13173	1375	314	10952		389	143
土砂石开采	11929	862	274	10261		389	143
化学矿开采	169	163		6			
采盐	34		30	4			
石棉及其他非金属矿采选	1041	350	10	681			
开采专业及辅助性活动	25			25			
煤炭开采和洗选专业及辅助性活动	3			3			
石油和天然气开采专业及辅助性活动	11			11			
其他开采专业及辅助性活动	11			11			
其他采矿业	60			60			
其他采矿业	60			60			
制造业	**7429239**	**38016**	**74881**	**6872090**	**173839**	**181744**	**88669**
农副食品加工业	84699	2666	1578	74451	1295	3416	1293
谷物磨制	2302	212	125	1965			
饲料加工	10841		146	9946	106	604	39
植物油加工	3472	494		2335	243	393	7
制糖业	448		30	418			
屠宰及肉类加工	15191	1157	573	11505	837	405	714
水产品加工	29696	561	364	27219	100	1357	95
蔬菜、菌类、水果和坚果加工	15158	87	317	14310		298	146
其他农副食品加工	7591	155	23	6753	9	359	292
食品制造业	49873	1044	499	40831	2261	3446	1792
焙烤食品制造	13056	246	8	11180	1049	545	28
糖果、巧克力及蜜饯制造	4203		49	3631		443	80
方便食品制造	7146	177	6	6138	355	266	204
乳制品制造	1313	42		679		434	158
罐头食品制造	4776	45	39	3852		395	445
调味品、发酵制品制造	3230		10	2905	92	25	198
其他食品制造	16149	534	387	12446	765	1338	679
酒、饮料和精制茶制造业	33312	779	774	27244	1799	2132	584
酒的制造	9514	491	272	6626	795	1011	319
饮料制造	12024	93	37	9781	904	1074	135
精制茶加工	11774	195	465	10837	100	47	130
烟草制品业							
烟叶复烤							
卷烟制造							
其他烟草制品制造							
纺织业	578479	57	3019	541249	17973	11817	4364
棉纺织及印染精加工	183338	5	1275	169524	5949	5033	1552
毛纺织及染整精加工	26466		355	24000	1262	624	225
麻纺织及染整精加工	1865			1571	187	30	77
丝绢纺织及印染精加工	27885	15	666	25693	678	525	308
化纤织造及印染精加工	79143		111	75733	1856	970	473
针织或钩针编织物及其制品制造	111621		247	105784	4209	1071	310
家用纺织制成品制造	79036	7	97	74165	2390	1695	682
产业用纺织制成品制造	69125	30	268	64779	1442	1869	737
纺织服装、服饰业	586849	772	2454	538707	23447	16240	5229
机织服装制造	270661	642	1099	244489	12124	9507	2800

4-13 续表 2

行业中类	从业人员期末人数（人）	国有控股	集体控股	私人控股	港澳台商控股	外商控股	其他
针织或钩针编织服装制造	164388		1008	150940	7047	4661	732
服饰制造	151800	130	347	143278	4276	2072	1697
皮革、毛皮、羽毛及其制品和制鞋业	461744	178	2949	446100	5558	4726	2233
皮革鞣制加工	12931		221	11903	18	632	157
皮革制品制造	100254	8	349	92867	3020	2753	1257
毛皮鞣制及制品加工	10488		16	9608	647	213	4
羽毛(绒)加工及制品制造	7139			6154	711	148	126
制鞋业	330932	170	2363	325568	1162	980	689
木材加工和木、竹、藤、棕、草制品业	103947	5	494	99797	1241	1223	1187
木材加工	13298	5	53	13004	86	108	42
人造板制造	16114		38	15192	334	263	287
木质制品制造	53228		379	51114	617	520	598
竹、藤、棕、草等制品制造	21307		24	20487	204	332	260
家具制造业	154727		315	144616	4226	3670	1900
木质家具制造	82489		194	77924	2089	1187	1095
竹、藤家具制造	4694		4	4359	172	140	19
金属家具制造	38484		117	35386	935	1607	439
塑料家具制造	4829			4559	206	64	
其他家具制造	24231			22388	824	672	347
造纸和纸制品业	173907	125	1977	165117	2523	2781	1384
纸浆制造	315		12	303			
造纸	46869	122	1085	43430	1155	660	417
纸制品制造	126723	3	880	121384	1368	2121	967
印刷和记录媒介复制业	152129	1543	2934	143948	958	1272	1474
印刷	145379	1484	2802	137468	958	1254	1413
装订及印刷相关服务	6638	59	132	6368		18	61
记录媒介复制	112			112			
文教、工美、体育和娱乐用品制造业	318764	256	1244	298840	8697	7272	2455
文教办公用品制造	56877	30	51	53506	976	1667	647
乐器制造	5250	63		4002	101	740	344
工艺美术及礼仪用品制造	154804	163	831	147287	3435	2422	666
体育用品制造	38634		209	35962	1053	1220	190
玩具制造	51326		150	47682	1920	977	597
游艺器材及娱乐用品制造	11873		3	10401	1212	246	11
石油、煤炭及其他燃料加工业	5637	416	47	4484	322	158	210
精炼石油产品制造	3720	283	47	2787	258	158	187
煤炭加工	534	115		396			23
核燃料加工	18	18					
生物质燃料加工	1365			1301	64		
化学原料和化学制品制造业	177325	3342	4249	150642	6417	9271	3404
基础化学原料制造	28624	1355	801	23479	969	1536	484
肥料制造	2663		60	2563		13	27
农药制造	5079	141	209	4175	253	283	18
涂料、油墨、颜料及类似产品制造	36217	46	1225	32052	1690	642	562
合成材料制造	33141	790	904	27272	1567	1841	767
专用化学产品制造	44423	651	988	36729	1606	3182	1267
炸药、火工及焰火产品制造	998	311		687			
日用化学产品制造	26180	48	62	23685	332	1774	279

4-13　续表 3

行业中类	从业人员期末人数(人)	国有控股	集体控股	私人控股	港澳台商控股	外商控股	其他
医药制造业	52449	1664	1070	42070	1554	3118	2973
化学药品原料药制造	10292	26	97	8782	524	617	246
化学药品制剂制造	8051	194	385	5916	217	243	1096
中药饮片加工	5158	632	171	3875		371	109
中成药生产	5036	554	264	3583		160	475
兽用药品制造	3019	258	3	2149		385	224
生物药品制品制造	7329		76	5713	238	601	701
卫生材料及医药用品制造	8713		73	7819	337	448	36
药用辅料及包装材料	4851		1	4233	238	293	86
化学纤维制造业	46543	315	504	42476	1816	1233	199
纤维素纤维原料及纤维制造	1320	167		1153			
合成纤维制造	44388	148	504	40602	1702	1233	199
生物基材料制造	835			721	114		
橡胶和塑料制品业	498885	1071	5841	469155	9752	9087	3979
橡胶制品业	60207		1024	56527	473	1721	462
塑料制品业	438678	1071	4817	412628	9279	7366	3517
非金属矿物制品业	244874	8755	3966	221365	3686	3117	3985
水泥、石灰和石膏制造	17754	5111	127	11966		308	242
石膏、水泥制品及类似制品制造	85108	3095	1828	77005	1489	445	1246
砖瓦、石材等建筑材料制造	47251	263	1015	44417	222	606	728
玻璃制造	9823		158	9242	222		201
玻璃制品制造	34679	102	262	32202	708	857	548
玻璃纤维和玻璃纤维增强塑料制品制造	10023		199	8674	587	439	124
陶瓷制品制造	15409	21	76	14188	418	251	455
耐火材料制品制造	11317		272	10726	25	1	293
石墨及其他非金属矿物制品制造	13510	163	29	12945	15	210	148
黑色金属冶炼和压延加工业	54738	355	938	50473	1442	864	666
炼铁	92		10	82			
炼钢	118	1		117			
钢压延加工	52180	354	922	47932	1442	864	666
铁合金冶炼	2348		6	2342			
有色金属冶炼和压延加工业	70080	441	837	65121	1437	1456	788
常用有色金属冶炼	3195		150	2947	85		13
贵金属冶炼	635			635			
稀有稀土金属冶炼	256			232	7		17
有色金属合金制造	12110	85	126	10980	109	677	133
有色金属压延加工	53884	356	561	50327	1236	779	625
金属制品业	624779	1538	7146	590804	10317	9200	5774
结构性金属制品制造	109360	227	630	104801	990	1200	1512
金属工具制造	73796	4	233	69802	1080	1768	909
集装箱及金属包装容器制造	17142	272	246	15414	688	212	310
金属丝绳及其制品制造	13750		105	13217	351	69	8
建筑、安全用金属制品制造	152799	59	1169	145214	2867	2497	993
金属表面处理及热处理加工	65667	177	2556	61079	723	520	612
搪瓷制品制造	6496			6201	112	61	122
金属制日用品制造	74804		425	71970	951	1099	359
铸造及其他金属制品制造	110965	799	1782	103106	2555	1774	949

4-13 续表 4

行业中类	从业人员期末人数（人）	国有控股	集体控股	私人控股	港澳台商控股	外商控股	其他
通用设备制造业	884542	2713	10409	817397	15406	26546	12071
锅炉及原动设备制造	16886	196	108	14662	1001	735	184
金属加工机械制造	79926		739	73580	1815	3059	733
物料搬运设备制造	48915	269	441	43000	2210	2159	836
泵、阀门、压缩机及类似机械制造	238349	947	3573	220071	3773	6302	3683
轴承、齿轮和传动部件制造	122623	139	1304	112947	1457	4514	2262
烘炉、风机、包装等设备制造	114728	686	925	105210	2923	3231	1753
文化、办公用机械制造	11122		404	9943	118	459	198
通用零部件制造	228621	218	2803	216042	2013	5630	1915
其他通用设备制造业	23372	258	112	21942	96	457	507
专用设备制造业	436852	1389	5249	402368	10074	13035	4737
采矿、冶金、建筑专用设备制造	21285	190	365	19364	487	777	102
化工、木材、非金属加工专用设备制造	147731	243	1095	137174	3853	4160	1206
食品、饮料、烟草及饲料生产专用设备制造	12394		277	11822	147	133	15
印刷、制药、日化及日用品生产专用设备制造	21101	112	167	20194	263	68	297
纺织、服装和皮革加工专用设备制造	61645		1013	56424	1331	1886	991
电子和电工机械专用设备制造	13658		42	12771	316	471	58
农、林、牧、渔专用机械制造	20720	105	345	18176	420	1526	148
医疗仪器设备及器械制造	77932	23	1281	71988	1905	1640	1095
环保、邮政、社会公共服务及其他专用设备制造	60386	716	664	54455	1352	2374	825
汽车制造业	389615	922	3752	353561	10890	13671	6819
汽车整车制造	2145	279		1301	220	264	81
汽车用发动机制造	2228			1849	258	101	20
改装汽车制造	1500	181		1200		119	
低速汽车制造	1			1			
电车制造	53			50		3	
汽车车身、挂车制造	5473			4490	453	475	55
汽车零部件及配件制造	378215	462	3752	344670	9959	12709	6663
铁路、船舶、航空航天和其他运输设备制造业	93159	1105	919	87206	416	2219	1294
铁路运输设备制造	4236	265	129	3757	30		55
城市轨道交通设备制造	1030	402		585		43	
船舶及相关装置制造	20176	437	128	17688	133	1025	765
航空、航天器及设备制造	1381	1		1272		11	97
摩托车制造	30596		384	29519	81	319	293
自行车和残疾人座车制造	12901		32	12193	151	460	65
助动车制造	11435		1	11286		145	3
非公路休闲车及零配件制造	8930		243	8531	9	131	16
潜水救捞及其他未列明运输设备制造	2474		2	2375	12	85	
电气机械和器材制造业	680551	3262	5700	628437	17233	15719	10200
电机制造	84155	193	770	77930	1881	2161	1220
输配电及控制设备制造	249148	930	2885	231673	5075	3798	4787
电线、电缆、光缆及电工器材制造	68426	1175	639	60282	2460	3173	697
电池制造	16415	839	455	13662	177	1050	232
家用电力器具制造	125624	78	477	118495	3001	2401	1172
非电力家用器具制造	15229	12	2	13946	598	566	105
照明器具制造	106438	7	248	98692	3817	1845	1829
其他电气机械及器材制造	15116	28	224	13757	224	725	158

4-13　续表 5

行业中类	从业人员期末人数（人）	国有控股	集体控股	私人控股	港澳台商控股	外商控股	其　他
计算机、通信和其他电子设备制造业	233421	2308	2338	206938	9048	9284	3505
计算机制造	10761	181	5	8714	878	789	194
通信设备制造	22746	561	417	20243	534	763	228
广播电视设备制造	7677			5884	128	1305	360
雷达及配套设备制造	460	158	1	51			250
非专业视听设备制造	13545	219	345	10876	1150	729	226
智能消费设备制造	11799	46	164	10502	219	654	214
电子器件制造	36669	1030	257	31008	1909	1736	729
电子元件及电子专用材料制造	118535	113	1110	109341	3666	3014	1291
其他电子设备制造	11229		39	10319	564	294	13
仪器仪表制造业	107933	267	2213	97068	2440	3509	2436
通用仪器仪表制造	78260	222	1623	70368	1438	2538	2071
专用仪器仪表制造	14370	45	66	13187	338	599	135
钟表与计时仪器制造	2808		259	2154	388	7	
光学仪器制造	5865		159	5333	143		230
衡器制造	4130		42	3710	13	365	
其他仪器仪表制造业	2500		64	2316	120		
其他制造业	82758	78	491	77941	1424	1876	948
日用杂品制造	70289	62	420	65907	1366	1668	866
核辐射加工	7			7			
其他未列明制造业	12462	16	71	12027	58	208	82
废弃资源综合利用业	13078	313	25	12197	120	215	208
金属废料和碎屑加工处理	7413	156		6751	120	194	192
非金属废料和碎屑加工处理	5665	157	25	5446		21	16
金属制品、机械和设备修理业	33590	337	950	31487	67	171	578
金属制品修理	363	15		342			6
通用设备修理	2262	138	45	2039			40
专用设备修理	1640	62	49	1527			2
铁路、船舶、航空航天等运输设备修理	25599	111	602	24171	50	151	514
电气设备修理	944	2	62	856	16		8
仪器仪表修理	137			137			
其他机械和设备修理业	2645	9	192	2415	1	20	8
电力、热力、燃气及水生产和供应业	**89108**	**38615**	**7946**	**35579**	**2053**	**2508**	**2407**
电力、热力生产和供应业	51589	18690	4787	24758	1025	1147	1182
电力生产	38815	11140	3642	20762	1015	1147	1109
电力供应	8335	6237	804	1290			4
热力生产和供应	4439	1313	341	2706	10		69
燃气生产和供应业	8721	3513	493	2471	799	973	472
燃气生产和供应业	8665	3513	493	2427	787	973	472
生物质燃气生产和供应业	56			44	12		
水的生产和供应业	28798	16412	2666	8350	229	388	753
自来水生产和供应	16835	12138	2417	1758	85	33	404
污水处理及其再生利用	11060	4239	218	5755	144	355	349
海水淡化处理	34	29		5			
其他水的处理、利用与分配	869	6	31	832			
建筑业	**1234861**	**10977**	**12778**	**1185612**	**427**	**145**	**24922**
房屋建筑业	548339	1044	3797	526269	34	28	17167

4-13 续表 6

行业中类	从业人员期末人数(人)	国有控股	集体控股	私人控股	港澳台商控股	外商控股	其他
住宅房屋建筑	455123	1004	3638	438543	2		11936
体育场馆建筑	551			551			
其他房屋建筑业	92665	40	159	87175	32	28	5231
土木工程建筑业	338378	7499	6962	320696	152	44	3025
铁路、道路、隧道和桥梁工程建筑	226892	4018	1437	219652	31	3	1751
水利和水运工程建筑	28111	1634	1552	24720	23		182
海洋工程建筑	512	29		483			
工矿工程建筑	6551	47	73	6047	3		381
架线和管道工程建筑	15857	1178	1102	13508	11	11	47
节能环保工程施工	2859			2826	2	6	25
电力工程施工	3827	87	425	3313		1	1
其他土木工程建筑	53769	506	2373	50147	82	23	638
建筑安装业	91276	1180	744	86597	165	45	2545
电气安装	38988	384	349	37578	115	6	556
管道和设备安装	20518	672	96	19534	11	12	193
其他建筑安装业	31770	124	299	29485	39	27	1796
建筑装饰、装修和其他建筑业	256868	1254	1275	252050	76	28	2185
建筑装饰和装修业	174039	224	873	171347	58	28	1509
建筑物拆除和场地准备活动	39756	680	51	38900			125
提供施工设备服务	4078	24	31	3944	3		76
其他未列明建筑业	38995	326	320	37859	15		475
批发和零售业	**1736138**	**15342**	**10281**	**1675761**	**4966**	**14141**	**15647**
批发业	1162960	7369	6099	1123442	3814	12963	9273
农、林、牧、渔产品批发	20288	779	265	18957	34	80	173
食品、饮料及烟草制品批发	77136	1408	405	73905	318	277	823
纺织、服装及家庭用品批发	372570	399	953	359499	1289	8008	2422
文化、体育用品及器材批发	62332	215	263	60478	144	996	236
医药及医疗器材批发	35262	204	126	34056	96	147	633
矿产品、建材及化工产品批发	275040	3728	2970	264654	480	814	2394
机械设备、五金产品及电子产品批发	233938	392	706	227869	929	2033	2009
贸易经纪与代理	22175	139	129	21088	304	357	158
其他批发业	64219	105	282	62936	220	251	425
零售业	573178	7973	4182	552319	1152	1178	6374
综合零售	16326	206	822	14808	70	148	272
食品、饮料及烟草制品专门零售	46430	912	465	44348	27	160	518
纺织、服装及日用品专门零售	77981	103	449	75814	336	337	942
文化、体育用品及器材专门零售	33745	1502	233	31313	185	60	452
医药及医疗器材专门零售	44618	696	446	42958			518
汽车、摩托车、零配件和燃料及其他动力销售	75326	4187	1118	67799	278	100	1844
家用电器及电子产品专门零售	59519	82	155	58508	63	30	681
五金、家具及室内装饰材料专门零售	63081	27	246	62274	43	122	369
货摊、无店铺及其他零售业	156152	258	248	154497	150	221	778
交通运输、仓储和邮政业	**377210**	**44978**	**6651**	**310969**	**3374**	**1178**	**10060**
铁路运输业							
铁路旅客运输							
铁路货物运输							
铁路运输辅助活动							

4-13　续表 7

行业中类	从业人员期末人数（人）	国有控股	集体控股	私人控股	港澳台商控股	外商控股	其　他
道路运输业	213279	26061	3776	174507	2420	467	6048
城市公共交通运输	23194	9542	799	10383	1889	6	575
公路旅客运输	18975	4999	859	11483			1634
道路货物运输	151267	2144	1082	144822	366	315	2538
道路运输辅助活动	19843	9376	1036	7819	165	146	1301
水上运输业	36682	7216	607	27081	200	209	1369
水上旅客运输	3137	1815	118	816			388
水上货物运输	25757	1944	297	22969	10	3	534
水上运输辅助活动	7788	3457	192	3296	190	206	447
航空运输业	2357	1204		1096	57		
航空客货运输	862	506		349	7		
通用航空服务	467	28		389	50		
航空运输辅助活动	1028	670		358			
管道运输业	72	50		12		10	
海底管道运输	10					10	
陆地管道运输	62	50		12			
多式联运和运输代理业	58368	4639	363	52225	98	162	881
多式联运	383	172		185			26
运输代理业	57985	4467	363	52040	98	162	855
装卸搬运和仓储业	31142	4756	1833	22218	595	330	1410
装卸搬运	14026	528	1565	11315	161	72	385
通用仓储	7422	637	107	5951	179	77	471
低温仓储	927	138	12	765			12
危险品仓储	1590	470		748	215	47	110
谷物、棉花等农产品仓储	2956	2463	51	287		40	115
中药材仓储	96	96					
其他仓储业	4125	424	98	3152	40	94	317
邮政业	35310	1052	72	33830	4		352
邮政基本服务	468	345	72	6			45
快递服务	34507	400		33796	4		307
其他寄递服务	335	307		28			
住宿和餐饮业	**241354**	**7154**	**3090**	**221892**	**1454**	**1684**	**6080**
住宿业	94181	5457	2191	81631	640	823	3439
旅游饭店	39370	3483	1565	31025	487	573	2237
一般旅馆	48772	1767	565	45039	148	247	1006
民宿服务	4155	43	50	3944	5	3	110
露营地服务	60			60			
其他住宿业	1824	164	11	1563			86
餐饮业	147173	1697	899	140261	814	861	2641
正餐服务	125169	1345	870	119367	465	692	2430
快餐服务	8401	294	14	7818	175	60	40
饮料及冷饮服务	4389	45		4086	136	40	82
餐饮配送及外卖送餐服务	3443	13		3410			20
其他餐饮业	5771		15	5580	38	69	69
信息传输、软件和信息技术服务业	**285146**	**4782**	**1098**	**268407**	**2869**	**2988**	**5002**
电信、广播电视和卫星传输服务	7990	1772	570	5095	6	324	223
电信	6000	495	570	4497	6	324	108

4-13 续表 8

行业中类	从业人员期末人数（人）	国有控股	集体控股	私人控股	港澳台商控股	外商控股	其他
广播电视传输服务	1797	1277		415			105
卫星传输服务	193			183			10
互联网和相关服务	34716	706	57	32881	81	107	884
互联网接入及相关服务	1864	5	1	1830		11	17
互联网信息服务	16000	334	52	15092	1	45	476
互联网平台	8449	106		8135	8	32	168
互联网安全服务	424	44		380			
互联网数据服务	1859	201		1469	34	7	148
其他互联网服务	6120	16	4	5975	38	12	75
软件和信息技术服务业	242440	2304	471	230431	2782	2557	3895
软件开发	177061	1227	338	168132	2253	2213	2898
集成电路设计	1689	10		1481	37	101	60
信息系统集成和物联网技术服务	12530	566	6	11530	225	45	158
运行维护服务	2319	67	8	2126	68		50
信息处理和存储支持服务	3209	188		2879		19	123
信息技术咨询服务	31046	220	76	29996	196	176	382
数字内容服务	3725	8	34	3585		1	97
其他信息技术服务业	10861	18	9	10702	3	2	127
金融业	**26134**	**1603**	**475**	**22414**	**306**	**65**	**1271**
货币金融服务	8647	185	169	7592	245	57	399
中央银行服务							
货币银行服务	5			5			
非货币银行服务	8642	185	169	7587	245	57	399
银行理财服务							
银行监管服务							
资本市场服务	5366	357	6	4752	47	8	196
证券市场服务							
公开募集证券投资基金							
非公开募集证券投资基金							
期货市场服务							
证券期货监管服务							
资本投资服务	2874	285	1	2447	43		98
其他资本市场服务	2492	72	5	2305	4	8	98
保险业	445			445			
人身保险							
财产保险							
再保险							
商业养老金							
保险中介服务							
保险资产管理							
保险监管服务							
其他保险活动	445			445			
其他金融业	11676	1061	300	9625	14		676
金融信托与管理服务	308	8		282			18
控股公司服务	3727	472	260	2973	2		20
非金融机构支付服务							
金融信息服务	2204	20		1941	10		233
金融资产管理公司	176	167		9			
其他未列明金融业	5261	394	40	4420	2		405

4-13　续表 9

行业中类	从业人员期末人数（人）	国有控股	集体控股	私人控股	港澳台商控股	外商控股	其他
房地产业	**320349**	**15806**	**6314**	**279225**	**2531**	**1936**	**14537**
房地产业	320349	15806	6314	279225	2531	1936	14537
房地产开发经营	87702	5164	936	74489	1780	858	4475
物业管理	161113	9947	4914	135417	576	994	9265
房地产中介服务	67643	302	266	66149	140	69	717
房地产租赁经营							
其他房地产业	3891	393	198	3170	35	15	80
租赁和商务服务业	**1035906**	**114520**	**23502**	**870702**	**8926**	**2611**	**15645**
租赁业	44527	2361	210	41275	19	210	452
机械设备经营租赁	42136	2198	206	39071	19	210	432
文体设备和用品出租	1851	147		1685			19
日用品出租	540	16	4	519			1
商务服务业	991379	112159	23292	829427	8907	2401	15193
组织管理服务	151896	21636	7234	118023	483	1210	3310
综合管理服务	44100	4044	4725	33198	132	323	1678
法律服务	5254	61	19	5136			38
咨询与调查	156954	1784	578	150738	889	479	2486
广告业	84634	3407	315	79418	8	130	1356
人力资源服务	313684	10460	8765	286276	7083	29	1071
安全保护服务	149555	64858	48	81173		80	3396
会议、展览及相关服务	11760	1401	155	10008	39	6	151
其他商务服务业	73542	4508	1453	65457	273	144	1707
科学研究和技术服务业	**333984**	**16728**	**3526**	**303516**	**1660**	**2962**	**5592**
研究和试验发展	47332	664	175	44017	570	1079	827
自然科学研究和试验发展	1304	19	4	1225	23		33
工程和技术研究和试验发展	36464	540	143	34351	397	565	468
农业科学研究和试验发展	1797	22	10	1657	2	41	65
医学研究和试验发展	7651	65	18	6686	148	473	261
社会人文科学研究	116	18		98			
专业技术服务业	205499	14584	3045	182963	723	883	3301
气象服务	163	79	25	59			
地震服务	1			1			
海洋服务	388	48		330			10
测绘地理信息服务	7662	1243	472	5789			158
质检技术服务	32911	4660	1060	26246	62	446	437
环境与生态监测检测服务	5232	260		4924			48
地质勘查	1111	356	108	645			2
工程技术与设计服务	107201	7345	1190	96112	336	160	2058
工业与专业设计及其他专业技术服务	50830	593	190	48857	325	277	588
科技推广和应用服务业	81153	1480	306	76536	367	1000	1464
技术推广服务	62217	973	279	58457	308	905	1295
知识产权服务	8344	109	13	8036	43	17	126
科技中介服务	2452	223	3	2220	1		5
创业空间服务	920	71		841	1		7
其他科技推广服务业	7220	104	11	6982	14	78	31

4-13 续表 10

行业中类	从业人员期末人数（人）	国有控股	集体控股	私人控股	港澳台商控股	外商控股	其他
水利、环境和公共设施管理业	**59834**	**9527**	**1893**	**46039**	**48**	**258**	**2069**
水利管理业	3504	1522	258	1687			37
防洪除涝设施管理	699	347	17	333			2
水资源管理	1213	452	137	605			19
天然水收集与分配	727	498	9	216			4
水文服务	46	8		36			2
其他水利管理业	819	217	95	497			10
生态保护和环境治理业	9787	845	142	8483	39	15	263
生态保护	632	133	64	379			56
环境治理业	9155	712	78	8104	39	15	207
公共设施管理业	43238	6135	1442	33697	9	243	1712
市政设施管理	6340	2136	387	3358		58	401
环境卫生管理	11651	584	583	10012			472
城乡市容管理	503	138		342			23
绿化管理	13618	776	129	12439		44	230
城市公园管理	565	110	30	400			25
游览景区管理	10561	2391	313	7146	9	141	561
土地管理业	3305	1025	51	2172			57
土地整治服务	2313	768	25	1491			29
土地调查评估服务	506	24	8	463			11
土地登记服务	5			5			
土地登记代理服务	196	51	15	130			
其他土地管理服务	285	182	3	83			17
居民服务、修理和其他服务业	**154139**	**2335**	**2351**	**147173**	**164**	**341**	**1775**
居民服务业	65125	1154	961	61858	135	232	785
家庭服务	14549	110	27	14237		13	162
托儿所服务	949			947			2
洗染服务	4496	60	45	4348			43
理发及美容服务	11595	11	3	11378	7	71	125
洗浴和保健养生服务	16572	70	27	16218	76	44	137
摄影扩印服务	5894	85	45	5732	4	20	8
婚姻服务	4008	5	2	3936	22		43
殡葬服务	2766	537	796	1311	18		104
其他居民服务业	4296	276	16	3751	8	84	161
机动车、电子产品和日用产品修理业	58374	749	805	56149	11	66	594
汽车、摩托车等修理与维护	49580	676	684	47709	3	61	447
计算机和办公设备维修	3385	27	26	3302	8		22
家用电器修理	4773	46	89	4508		5	125
其他日用产品修理业	636		6	630			
其他服务业	30640	432	585	29166	18	43	396
清洁服务	25403	333	547	24232			291
宠物服务	1234	8	3	1205			18
其他未列明服务业	4003	91	35	3729	18	43	87
教育							
教育							
学前教育							
初等教育							

4-13 续表 11

行业中类	从业人员期末人数（人）	国有控股	集体控股	私人控股	港澳台商控股	外商控股	其他
中等教育							
高等教育							
特殊教育							
技能培训、教育辅助及其他教育							
卫生和社会工作	**14613**	**416**	**239**	**13038**	**89**	**54**	**777**
卫生	9925	186	180	8937			622
医院	5906	89	94	5628			95
基层医疗卫生服务	3359		86	2822			451
专业公共卫生服务	88			88			
其他卫生活动	572	97		399			76
社会工作	4688	230	59	4101	89	54	155
提供住宿社会工作	4447	196	59	3912	75	54	151
不提供住宿社会工作	241	34		189	14		4
文化、体育和娱乐业	**139158**	**7318**	**841**	**128533**	**308**	**387**	**1771**
新闻和出版业	2593	1736	41	738			78
新闻业	185	55		130			
出版业	2408	1681	41	608			78
广播、电视、电影和录音制作业	30258	2730	216	26557	17	48	690
广播	593	15		573			5
电视	529	106		421			2
影视节目制作	16967	299	34	16421	17		196
广播电视集成播控	165	120		45			
电影和广播电视节目发行	703	135		568			
电影放映	11069	2055	182	8297		48	487
录音制作	232			232			
文化艺术业	23729	1316	244	21834	23	7	305
文艺创作与表演	12404	543	79	11710	13	3	56
艺术表演场馆	781	437	29	275			40
图书馆与档案馆	1832	56	64	1634			78
文物及非物质文化遗产保护	235	47	23	160			5
博物馆	168	36	8	124			
烈士陵园、纪念馆	23	2	13	8			
群众文体活动	1812	94	14	1668	4		32
其他文化艺术业	6474	101	14	6255	6	4	94
体育	15744	864	83	14317	109	155	216
体育组织	2169	179	22	1934		5	29
体育场地设施管理	1387	483	22	866	1		15
健身休闲活动	11927	195	20	11282	108	150	172
其他体育	261	7	19	235			
娱乐业	66834	672	257	65087	159	177	482
室内娱乐活动	37129	10	212	36547		147	213
游乐园	1884	226	6	1543	67		42
休闲观光活动	3419	50	17	3311	8		33
彩票活动	61	41		20			
文化体育娱乐活动与经纪代理服务	23809	343	22	23142	84	29	189
其他娱乐业	532	2		524		1	5

4-14 按行业(中类)、营业收入组距

行业中类	法人单位数（个）	100万元及以下	100-200万元
总 计	**1333713**	**711404**	**154453**
农、林、牧、渔业	**916**	**740**	**92**
农业	35	35	
谷物种植	1	1	
豆类、油料和薯类种植			
棉、麻、糖、烟草种植			
蔬菜、食用菌及园艺作物种植	18	18	
水果种植	5	5	
坚果、含油果、香料和饮料作物种植	3	3	
中药材种植	7	7	
草种植及割草			
其他农业	1	1	
林业	4	4	
林木育种和育苗	2	2	
造林和更新			
森林经营、管护和改培	2	2	
木材和竹材采运			
林产品采集			
畜牧业	14	14	
牲畜饲养	9	9	
家禽饲养	4	4	
狩猎和捕捉动物			
其他畜牧业	1	1	
渔业	18	18	
水产养殖	17	17	
水产捕捞	1	1	
农、林、牧、渔专业及辅助性活动	845	669	92
农业专业及辅助性活动	577	470	54
林业专业及辅助性活动	154	119	22
畜牧专业及辅助性活动	38	27	4
渔业专业及辅助性活动	76	53	12
采矿业	**837**	**342**	**48**
煤炭开采和洗选业	7	6	
烟煤和无烟煤开采洗选	5	5	
褐煤开采洗选	1	1	
其他煤炭采选	1		
石油和天然气开采业	1		
石油开采	1		
天然气开采			
黑色金属矿采选业	17	6	1
铁矿采选	17	6	1
锰矿、铬矿采选			
其他黑色金属矿采选			
有色金属矿采选业	46	24	1
常用有色金属矿采选	31	17	1
贵金属矿采选	3	2	
稀有稀土金属矿采选	12	5	

分组的小微企业法人单位数

200-500万元	500-1000万元	1000-2000万元	2000-5000万元	5000万元-1亿元	1亿元以上
206840	**106889**	**70668**	**51458**	**17501**	**14500**
84					
84					
53					
13					
7					
11					
111	**89**	**83**	**78**	**46**	**40**
			1		
			1		
	1				
	1				
1	4	3	2		
1	4	3	2		
2	3	5	5	4	2
1	2	3	3	2	2
1					
	1	2	2	2	

4-14 续表 1

行业中类	法人单位数（个）	100万元及以下	100-200万元
非金属矿采选业	746	293	44
土砂石开采	693	272	40
化学矿开采	3	1	
采盐	5	4	
石棉及其他非金属矿采选	45	16	4
开采专业及辅助性活动	10	6	1
煤炭开采和洗选专业及辅助性活动	1	1	
石油和天然气开采专业及辅助性活动	3	2	
其他开采专业及辅助性活动	6	3	1
其他采矿业	10	7	1
其他采矿业	10	7	1
制造业	**419429**	**144073**	**56998**
农副食品加工业	4464	1847	517
谷物磨制	207	83	16
饲料加工	386	121	20
植物油加工	163	81	11
制糖业	39	15	7
屠宰及肉类加工	706	321	74
水产品加工	1332	538	178
蔬菜、菌类、水果和坚果加工	941	324	103
其他农副食品加工	690	364	108
食品制造业	2916	1509	336
焙烤食品制造	893	507	115
糖果、巧克力及蜜饯制造	179	82	19
方便食品制造	472	252	47
乳制品制造	30	14	2
罐头食品制造	180	72	20
调味品、发酵制品制造	208	106	24
其他食品制造	954	476	109
酒、饮料和精制茶制造业	2176	1187	257
酒的制造	525	303	53
饮料制造	583	344	56
精制茶加工	1068	540	148
烟草制品业			
烟叶复烤			
卷烟制造			
其他烟草制品制造			
纺织业	32233	10513	3417
棉纺织及印染精加工	8876	2828	955
毛纺织及染整精加工	1059	348	94
麻纺织及染整精加工	66	22	2
丝绢纺织及印染精加工	1054	294	81
化纤织造及印染精加工	4454	1118	437
针织或钩针编织物及其制品制造	8156	2614	869
家用纺织制成品制造	4715	2022	476
产业用纺织制成品制造	3853	1267	503
纺织服装、服饰业	30382	11197	3586
机织服装制造	13522	4990	1564

200-500万元	500-1000万元	1000-2000万元	2000-5000万元	5000万元-1亿元	1亿元以上
107	78	74	70	42	38
96	76	67	66	38	38
	1			1	
1					
10	1	7	4	3	
1	1	1			
		1			
1	1				
	2				
	2				
86697	**53098**	**35769**	**26776**	**9376**	**6642**
596	484	308	359	171	182
27	23	12	28	7	11
45	33	34	52	36	45
16	12	14	14	2	13
9	3	3		1	1
99	75	47	38	14	38
157	133	91	120	63	52
138	155	74	91	38	18
105	50	33	16	10	4
397	209	164	166	83	52
120	49	47	35	16	4
26	14	9	16	8	5
69	44	23	23	8	6
2	2	1		4	5
29	12	14	23	7	3
29	17	11	14	6	1
122	71	59	55	34	28
284	136	111	98	43	60
64	34	26	24	7	14
65	34	20	24	11	29
155	68	65	50	25	17
5715	4343	3319	3138	1121	667
1636	1168	868	832	353	236
144	117	128	148	39	41
13	10	5	8	4	2
178	146	103	144	80	28
762	660	565	592	212	108
1522	1172	880	735	231	133
722	564	383	401	101	46
738	506	387	278	101	73
5548	4299	3246	1869	494	143
2176	2086	1691	738	230	47

4-14 续表 2

行业中类	法人单位数（个）	100万元及以下	100-200万元
针织或钩针编织服装制造	7121	2676	773
服饰制造	9739	3531	1249
皮革、毛皮、羽毛及其制品和制鞋业	19569	6086	2113
皮革鞣制加工	545	180	66
皮革制品制造	5164	1962	610
毛皮鞣制及制品加工	1226	646	160
羽毛(绒)加工及制品制造	343	130	27
制鞋业	12291	3168	1250
木材加工和木、竹、藤、棕、草制品业	6794	2465	982
木材加工	1136	409	153
人造板制造	578	146	69
木质制品制造	3601	1295	535
竹、藤、棕、草等制品制造	1479	615	225
家具制造业	7057	2509	883
木质家具制造	4502	1715	600
竹、藤家具制造	183	69	21
金属家具制造	1113	265	104
塑料家具制造	159	39	22
其他家具制造	1100	421	136
造纸和纸制品业	12789	4257	1996
纸浆制造	15	5	2
造纸	1715	488	201
纸制品制造	11059	3764	1793
印刷和记录媒介复制业	10993	3740	1725
印刷	10258	3387	1602
装订及印刷相关服务	725	350	123
记录媒介复制	10	3	
文教、工美、体育和娱乐用品制造业	21951	9038	3250
文教办公用品制造	3627	1279	573
乐器制造	250	115	33
工艺美术及礼仪用品制造	12086	5201	1862
体育用品制造	2295	875	351
玩具制造	2791	1053	368
游艺器材及娱乐用品制造	902	515	63
石油、煤炭及其他燃料加工业	436	136	54
精炼石油产品制造	231	73	29
煤炭加工	47	20	8
核燃料加工	1	1	
生物质燃料加工	157	42	17
化学原料和化学制品制造业	8444	2672	920
基础化学原料制造	961	255	75
肥料制造	240	102	22
农药制造	78	14	4
涂料、油墨、颜料及类似产品制造	2096	669	254
合成材料制造	1217	350	129
专用化学产品制造	2529	772	269
炸药、火工及焰火产品制造	15	3	1
日用化学产品制造	1308	507	166

200-500万元	500-1000万元	1000-2000万元	2000-5000万元	5000万元-1亿元	1亿元以上
1290	826	713	664	135	44
2082	1387	842	467	129	52
4241	2918	2578	1258	291	84
90	64	64	42	17	22
979	682	452	349	101	29
182	108	73	40	10	7
53	35	35	29	16	18
2937	2029	1954	798	147	8
1295	789	472	640	100	51
193	124	86	157	10	4
69	54	61	122	33	24
751	430	224	301	46	19
282	181	101	60	11	4
1306	859	592	652	189	67
885	554	326	347	53	22
26	15	24	21	7	
194	148	125	176	80	21
24	19	17	26	8	4
177	123	100	82	41	20
3111	1570	825	515	237	278
5	1	1		1	
334	181	117	145	87	162
2772	1388	707	370	149	116
2535	1509	796	502	117	69
2393	1437	764	492	114	69
141	68	30	10	3	
1	4	2			
4397	2492	1499	915	270	90
817	464	265	168	52	9
42	19	16	17	7	1
2418	1288	751	418	108	40
447	248	179	147	37	11
572	372	222	131	54	19
101	101	66	34	12	10
72	58	40	32	14	30
31	22	20	19	14	23
9	3		2		5
32	33	20	11		2
1446	1034	776	733	367	496
122	109	120	95	60	125
51	32	16	8	5	4
8	7	5	3	12	25
384	288	188	169	73	71
199	130	115	106	79	109
453	306	234	257	105	133
3	3			2	3
226	159	98	95	31	26

4-14 续表 3

行业中类	法人单位数（个）		
		100万元及以下	100-200万元
医药制造业	1147	355	93
化学药品原料药制造	183	51	11
化学药品制剂制造	95	31	4
中药饮片加工	106	28	13
中成药生产	83	27	6
兽用药品制造	63	19	7
生物药品制品制造	212	87	14
卫生材料及医药用品制造	314	104	31
药用辅料及包装材料	91	8	7
化学纤维制造业	1749	362	118
纤维素纤维原料及纤维制造	61	22	5
合成纤维制造	1633	320	105
生物基材料制造	55	20	8
橡胶和塑料制品业	33802	11699	5183
橡胶制品业	3958	1428	627
塑料制品业	29844	10271	4556
非金属矿物制品业	12958	4787	1580
水泥、石灰和石膏制造	505	170	32
石膏、水泥制品及类似制品制造	2834	914	273
砖瓦、石材等建筑材料制造	4110	1751	530
玻璃制造	437	114	45
玻璃制品制造	1997	666	345
玻璃纤维和玻璃纤维增强塑料制品制造	462	137	53
陶瓷制品制造	1054	511	106
耐火材料制品制造	617	187	68
石墨及其他非金属矿物制品制造	942	337	128
黑色金属冶炼和压延加工业	2383	541	227
炼铁	10	3	1
炼钢	12	7	1
钢压延加工	2299	519	219
铁合金冶炼	62	12	6
有色金属冶炼和压延加工业	3083	762	299
常用有色金属冶炼	130	44	6
贵金属冶炼	9	1	
稀有稀土金属冶炼	16	8	1
有色金属合金制造	700	200	86
有色金属压延加工	2228	509	206
金属制品业	39860	13999	5981
结构性金属制品制造	8451	3295	1253
金属工具制造	4533	1438	713
集装箱及金属包装容器制造	681	186	75
金属丝绳及其制品制造	993	285	140
建筑、安全用金属制品制造	11772	4383	1878
金属表面处理及热处理加工	2567	696	329
搪瓷制品制造	423	150	52
金属制日用品制造	3812	1215	626
铸造及其他金属制品制造	6628	2351	915

200-500万元	500-1000万元	1000-2000万元	2000-5000万元	5000万元-1亿元	1亿元以上
126	128	99	137	103	106
12	16	21	25	22	25
8	7	4	7	15	19
7	6	13	14	12	13
9	3	4	11	13	10
7	6	3	9	3	9
17	22	14	23	15	20
56	49	29	25	12	8
10	19	11	23	11	2
243	219	214	306	120	167
9	7	8	3	2	5
225	203	201	301	118	160
9	9	5	2		2
7362	4193	2576	1812	604	373
856	485	288	190	62	22
6506	3708	2288	1622	542	351
2294	1372	968	815	423	719
72	38	25	34	25	109
347	225	179	195	186	515
744	452	305	229	74	25
80	65	67	50	13	3
451	245	144	106	30	10
94	55	49	42	23	9
183	114	76	47	10	7
146	72	52	44	25	23
177	106	71	68	37	18
438	295	273	270	142	197
2	3	1			
	2	1			1
430	284	263	261	138	185
6	6	8	9	4	11
500	370	375	365	152	260
14	11	16	16	5	18
		1		3	4
2	2		3		
141	81	79	59	14	40
343	276	279	287	130	198
8568	4860	3268	2198	664	322
1710	946	692	384	114	57
1106	583	358	242	66	27
123	94	68	93	24	18
205	125	106	81	22	29
2687	1415	797	447	115	50
510	394	313	225	67	33
98	44	57	16	5	1
789	436	323	277	107	39
1340	823	554	433	144	68

4-14 续表 4

行业中类	法人单位数（个）		
		100万元及以下	100-200万元
通用设备制造业	52928	17593	7657
锅炉及原动设备制造	585	161	77
金属加工机械制造	5254	1748	770
物料搬运设备制造	1855	475	197
泵、阀门、压缩机及类似机械制造	12069	3528	1568
轴承、齿轮和传动部件制造	5191	1441	629
烘炉、风机、包装等设备制造	5869	1759	845
文化、办公用机械制造	442	157	51
通用零部件制造	19430	7224	3214
其他通用设备制造业	2233	1100	306
专用设备制造业	26227	9021	3907
采矿、冶金、建筑专用设备制造	1010	310	126
化工、木材、非金属加工专用设备制造	10742	3773	1818
食品、饮料、烟草及饲料生产专用设备制造	782	271	108
印刷、制药、日化及日用品生产专用设备制造	1087	370	140
纺织、服装和皮革加工专用设备制造	3369	1121	520
电子和电工机械专用设备制造	744	274	93
农、林、牧、渔专用机械制造	966	335	139
医疗仪器设备及器械制造	3302	941	374
环保、邮政、社会公共服务及其他专用设备制造	4225	1626	589
汽车制造业	16855	5272	2346
汽车整车制造	67	27	5
汽车用发动机制造	34	7	
改装汽车制造	25	4	2
低速汽车制造	1	1	
电车制造	11	5	2
汽车车身、挂车制造	138	31	16
汽车零部件及配件制造	16579	5197	2321
铁路、船舶、航空航天和其他运输设备制造业	4276	1468	513
铁路运输设备制造	154	52	13
城市轨道交通设备制造	25	6	3
船舶及相关装置制造	872	350	111
航空、航天器及设备制造	55	27	5
摩托车制造	1321	344	182
自行车和残疾人座车制造	621	246	54
助动车制造	702	283	80
非公路休闲车及零配件制造	426	128	54
潜水救捞及其他未列明运输设备制造	100	32	11
电气机械和器材制造业	37694	10890	5328
电机制造	3364	805	391
输配电及控制设备制造	16222	3652	2659
电线、电缆、光缆及电工器材制造	3122	765	350
电池制造	431	157	32
家用电力器具制造	6935	2887	851
非电力家用器具制造	836	308	104
照明器具制造	5552	1766	779
其他电气机械及器材制造	1232	550	162

200-500万元	500-1000万元	1000-2000万元	2000-5000万元	5000万元-1亿元	1亿元以上
11692	6833	4327	3179	1053	594
116	69	41	69	26	26
1236	669	414	280	86	51
358	228	196	225	108	68
2774	1699	1102	921	305	172
1142	753	530	471	147	78
1248	843	530	394	162	88
84	51	34	39	15	11
4338	2307	1361	719	178	89
396	214	119	61	26	11
5757	3397	2098	1331	457	259
200	141	100	79	28	26
2572	1261	708	390	146	74
153	114	73	49	11	3
237	132	96	74	28	10
725	417	267	220	60	39
158	83	48	55	19	14
169	131	72	66	35	19
684	637	419	182	44	21
859	481	315	216	86	53
3469	2180	1528	1242	495	323
4	7	10	5	1	8
3	10	4	7	1	2
2	1	1	6	2	7
4					
17	22	12	22	9	9
3439	2140	1501	1202	482	297
849	528	389	338	118	73
28	15	12	19	7	8
3	8	1	1		3
164	88	69	42	26	22
7	4	5	4	2	1
298	194	135	122	29	17
116	73	60	47	20	5
131	76	63	44	19	6
84	52	37	51	12	8
18	18	7	8	3	3
9275	5093	3122	2432	955	599
762	553	346	312	120	75
4923	2277	1338	830	340	203
599	455	336	318	142	157
60	39	38	45	20	40
1286	794	476	399	172	70
145	103	71	78	20	7
1250	745	436	406	126	44
250	127	81	44	15	3

4-14 续表 5

行业中类	法人单位数（个）	100万元及以下	100-200万元
计算机、通信和其他电子设备制造业	10798	3687	1404
计算机制造	425	168	53
通信设备制造	963	358	90
广播电视设备制造	201	58	25
雷达及配套设备制造	11	3	4
非专业视听设备制造	523	142	50
智能消费设备制造	434	198	36
电子器件制造	1413	473	172
电子元件及电子专用材料制造	6088	1949	881
其他电子设备制造	740	338	93
仪器仪表制造业	5642	1904	851
通用仪器仪表制造	4175	1372	654
专用仪器仪表制造	638	232	78
钟表与计时仪器制造	146	59	18
光学仪器制造	246	87	30
衡器制造	194	38	37
其他仪器仪表制造业	243	116	34
其他制造业	7010	3110	1101
日用杂品制造	5045	1832	892
核辐射加工	4	2	1
其他未列明制造业	1961	1276	208
废弃资源综合利用业	705	258	82
金属废料和碎屑加工处理	285	110	22
非金属废料和碎屑加工处理	420	148	60
金属制品、机械和设备修理业	2108	1209	292
金属制品修理	46	28	6
通用设备修理	282	158	46
专用设备修理	264	178	38
铁路、船舶、航空航天等运输设备修理	910	449	131
电气设备修理	149	97	18
仪器仪表修理	21	13	1
其他机械和设备修理业	436	286	52
电力、热力、燃气及水生产和供应业	**5142**	**2576**	**623**
电力、热力生产和供应业	3642	2060	459
电力生产	3354	1952	444
电力供应	151	74	13
热力生产和供应	137	34	2
燃气生产和供应业	273	76	10
燃气生产和供应业	263	72	9
生物质燃气生产和供应业	10	4	1
水的生产和供应业	1227	440	154
自来水生产和供应	530	192	58
污水处理及其再生利用	580	210	64
海水淡化处理	3	1	1
其他水的处理、利用与分配	114	37	31
建筑业	**48943**	**29290**	**5445**
房屋建筑业	6425	3184	548

200-500万元	500-1000万元	1000-2000万元	2000-5000万元	5000万元-1亿元	1亿元以上
2197	1350	851	765	336	208
77	42	26	24	25	10
168	119	96	70	39	23
37	19	12	26	18	6
1		1			2
123	78	57	39	18	16
61	35	28	43	15	18
284	153	102	128	64	37
1313	828	485	404	143	85
133	76	44	31	14	11
1238	662	417	326	143	101
961	494	279	225	107	83
111	67	62	55	20	13
32	14	17	5	1	
46	33	18	21	7	4
37	32	27	16	6	1
51	22	14	4	2	
1344	687	384	314	58	12
1080	574	316	286	54	11
1					
263	113	68	28	4	1
90	71	61	44	44	55
21	10	29	16	31	46
69	61	32	28	13	9
312	160	93	25	12	5
6	5		1		
51	21	4		2	
28	12	7	1		
142	92	68	14	9	5
18	7	5	3	1	
4	1	1	1		
63	22	8	5		
605	**349**	**260**	**278**	**161**	**290**
388	201	137	144	83	170
369	181	117	113	65	113
7	8	7	8	6	28
12	12	13	23	12	29
16	21	24	25	27	74
14	20	23	24	27	74
2	1	1	1		
201	127	99	109	51	46
76	52	44	49	29	30
83	71	54	60	22	16
1					
41	4	1			
6272	**2590**	**1971**	**2249**	**838**	**288**
759	438	388	637	303	168

4-14 续表 6

行业中类	法人单位数（个）	100万元及以下	100-200万元
住宅房屋建筑	5520	2749	477
体育场馆建筑	11	7	1
其他房屋建筑业	894	428	70
土木工程建筑业	11067	5768	1104
铁路、道路、隧道和桥梁工程建筑	4714	2117	401
水利和水运工程建筑	671	330	43
海洋工程建筑	50	31	6
工矿工程建筑	162	81	14
架线和管道工程建筑	815	394	111
节能环保工程施工	364	242	39
电力工程施工	345	202	31
其他土木工程建筑	3946	2371	459
建筑安装业	6655	3563	913
电气安装	2360	1238	312
管道和设备安装	1930	1054	288
其他建筑安装业	2365	1271	313
建筑装饰、装修和其他建筑业	24796	16775	2880
建筑装饰和装修业	18967	12881	2318
建筑物拆除和场地准备活动	3776	2603	353
提供施工设备服务	203	111	20
其他未列明建筑业	1850	1180	189
批发和零售业	**451021**	**247219**	**53030**
批发业	284286	136614	31556
农、林、牧、渔产品批发	4740	2670	531
食品、饮料及烟草制品批发	17928	10656	1801
纺织、服装及家庭用品批发	90597	43900	9601
文化、体育用品及器材批发	15608	7412	1852
医药及医疗器材批发	6544	3205	752
矿产品、建材及化工产品批发	65711	26091	6571
机械设备、五金产品及电子产品批发	55976	25992	7774
贸易经纪与代理	6842	4405	521
其他批发业	20340	12283	2153
零售业	166735	110605	21474
综合零售	3448	2347	373
食品、饮料及烟草制品专门零售	14970	10880	1621
纺织、服装及日用品专门零售	26133	19189	2707
文化、体育用品及器材专门零售	9002	5846	1198
医药及医疗器材专门零售	12440	9344	1541
汽车、摩托车、零配件和燃料及其他动力销售	14160	7681	1750
家用电器及电子产品专门零售	14219	8231	1939
五金、家具及室内装饰材料专门零售	20213	12766	2792
货摊、无店铺及其他零售业	52150	34321	7553
交通运输、仓储和邮政业	**31548**	**13555**	**3972**
铁路运输业			
铁路旅客运输			
铁路货物运输			
铁路运输辅助活动			

200-500万元	500-1000万元	1000-2000万元	2000-5000万元	5000万元-1亿元	1亿元以上
651	384	327	539	253	140
	1			1	1
108	53	61	98	49	27
1435	748	736	920	307	49
609	361	432	566	194	34
75	31	65	90	34	3
2	4	5	2		
24	15	11	11	4	2
128	68	34	56	23	1
45	20	6	10	2	
48	19	19	22	2	2
504	230	164	163	48	7
1053	468	314	258	73	13
380	159	128	111	29	3
307	126	80	52	20	3
366	183	106	95	24	7
3025	936	533	434	155	58
2302	666	367	306	99	28
461	164	92	73	26	4
37	13	8	10	2	2
225	93	66	45	28	24
68765	**33527**	**23024**	**15561**	**4897**	**4998**
45926	27889	19877	13665	4169	4590
695	372	234	165	28	45
2312	1339	934	659	112	115
14944	9117	6865	4332	1163	675
2851	1684	1081	479	140	109
1015	676	483	338	47	28
10103	7124	5658	4965	2047	3152
10358	5471	3438	2131	490	322
766	569	303	176	52	50
2882	1537	881	420	90	94
22839	5638	3147	1896	728	408
395	179	90	50	7	7
1615	490	218	112	25	9
3036	657	339	160	31	14
1322	318	201	93	18	6
1094	254	118	60	23	6
1931	736	626	697	466	273
2345	884	499	245	52	24
3098	920	433	174	19	11
8003	1200	623	305	87	58
5637	**3325**	**2242**	**1763**	**591**	**463**

4-14 续表 7

行业中类	法人单位数（个）		
		100万元及以下	100-200万元
道路运输业	19204	8382	2422
城市公共交通运输	531	222	60
公路旅客运输	449	126	33
道路货物运输	17178	7454	2214
道路运输辅助活动	1046	580	115
水上运输业	1278	444	87
水上旅客运输	84	39	8
水上货物运输	831	225	51
水上运输辅助活动	363	180	28
航空运输业	122	66	14
航空客货运输	54	22	10
通用航空服务	40	27	4
航空运输辅助活动	28	17	
管道运输业	4	2	
海底管道运输	1		
陆地管道运输	3	2	
多式联运和运输代理业	6907	2797	990
多式联运	19	10	
运输代理业	6888	2787	990
装卸搬运和仓储业	2568	1345	285
装卸搬运	1256	772	145
通用仓储	551	233	49
低温仓储	98	57	16
危险品仓储	67	21	6
谷物、棉花等农产品仓储	131	38	13
中药材仓储	1		
其他仓储业	464	224	56
邮政业	1465	519	174
邮政基本服务	17	9	3
快递服务	1437	506	167
其他寄递服务	11	4	4
住宿和餐饮业	**24318**	**15588**	**3477**
住宿业	8824	5467	1258
旅游饭店	1657	719	185
一般旅馆	5965	3774	937
民宿服务	977	803	110
露营地服务	9	8	
其他住宿业	216	163	26
餐饮业	15494	10121	2219
正餐服务	11894	7340	1824
快餐服务	1097	781	156
饮料及冷饮服务	764	602	75
餐饮配送及外卖送餐服务	352	225	33
其他餐饮业	1387	1173	131
信息传输、软件和信息技术服务业	**53992**	**40389**	**4419**
电信、广播电视和卫星传输服务	791	451	84
电信	702	411	77

200-500万元	500-1000万元	1000-2000万元	2000-5000万元	5000万元-1亿元	1亿元以上
3584	2072	1344	963	265	172
100	57	54	28	6	4
82	81	53	52	20	2
3266	1864	1198	839	209	134
136	70	39	44	30	32
140	127	118	186	95	81
15	6	7	5	4	
78	95	94	147	73	68
47	26	17	34	18	13
9	10	4	11	4	4
7	7	1	3	1	3
2	2	1	3	1	
	1	2	5	2	1
	1				1
	1				
					1
1247	738	483	371	140	141
1	3		4		1
1246	735	483	367	140	140
394	187	158	113	46	40
205	57	37	20	12	8
76	62	70	38	14	9
15	5	1	2	1	1
9	7	5	12	2	5
13	12	14	16	13	12
			1		
76	44	31	24	4	5
263	190	135	119	41	24
2	2				1
260	187	134	119	41	23
1	1	1			
3027	**1210**	**796**	**207**	**12**	**1**
1186	483	343	83	3	1
276	198	219	58	1	1
841	271	117	23	2	
52	9	2	1		
1					
16	5	5	1		
1841	727	453	124	9	
1575	639	403	105	8	
101	33	20	6		
54	23	6	4		
44	19	22	8	1	
67	13	2	1		
5018	**1964**	**1056**	**720**	**246**	**180**
107	40	39	36	13	21
99	36	26	23	11	19

4-14 续表 8

行业中类	法人单位数（个）	100万元及以下	100-200万元
广播电视传输服务	77	34	6
卫星传输服务	12	6	1
互联网和相关服务	5389	3982	448
互联网接入及相关服务	329	225	29
互联网信息服务	2919	2158	259
互联网平台	729	512	56
互联网安全服务	62	36	7
互联网数据服务	195	131	14
其他互联网服务	1155	920	83
软件和信息技术服务业	47812	35956	3887
软件开发	33847	25354	2792
集成电路设计	254	168	12
信息系统集成和物联网技术服务	1817	1176	187
运行维护服务	306	214	28
信息处理和存储支持服务	308	206	12
信息技术咨询服务	7620	5905	598
数字内容服务	530	374	44
其他信息技术服务业	3130	2559	214
金融业	**16196**	**13370**	**448**
货币金融服务	1307	508	88
中央银行服务			
货币银行服务	261	6	2
非货币银行服务	1046	502	86
银行理财服务			
银行监管服务			
资本市场服务	13038	12014	261
证券市场服务			
公开募集证券投资基金			
非公开募集证券投资基金	1921	1345	170
期货市场服务			
证券期货监管服务			
资本投资服务	1532	1371	38
其他资本市场服务	9585	9298	53
保险业	758	113	23
人身保险	251	4	4
财产保险	290	9	2
再保险			
商业养老金	11		
保险中介服务	116	23	11
保险资产管理	1		
保险监管服务			
其他保险活动	89	77	6
其他金融业	1093	735	76
金融信托与管理服务	70	57	1
控股公司服务	345	250	21
非金融机构支付服务	8	2	
金融信息服务	260	189	11
金融资产管理公司	9	5	
其他未列明金融业	401	232	43

200-500万元	500-1000万元	1000-2000万元	2000-5000万元	5000万元-1亿元	1亿元以上
7	3	12	11	2	2
1	1	1	2		
494	200	91	89	43	42
44	21	4	3	3	
266	100	47	44	22	23
61	32	20	24	9	15
10	5	3	1		
18	10	5	11	3	3
95	32	12	6	6	1
4417	1724	926	595	190	117
3145	1259	672	416	127	82
36	14	10	8	3	3
197	98	70	52	25	12
31	14	10	5	2	2
34	17	16	17	5	1
697	228	101	63	16	12
64	21	11	9	4	3
213	73	36	25	8	2
561	**351**	**318**	**373**	**248**	**527**
123	95	108	143	74	168
4	4	13	51	44	137
119	91	95	92	30	31
291	158	108	97	42	67
191	98	61	37	5	14
36	24	16	26	8	13
64	36	31	34	29	40
29	36	64	102	114	277
4	8	11	26	45	149
7	13	30	65	54	110
		2	4	1	4
17	14	18	6	14	13
			1		
1	1	3			1
118	62	38	31	18	15
7	1	1	1		2
31	18	9	8	3	5
	1		2	2	1
35	9	6	5	3	2
				3	1
45	33	22	15	7	4

4-14 续表 9

行业中类	法人单位数（个）		
		100万元及以下	100-200万元
房地产业	**33016**	**24102**	**2619**
房地产业	33016	24102	2619
房地产开发经营	7943	5679	410
物业管理	8444	5015	994
房地产中介服务	15982	12978	1156
房地产租赁经营			
其他房地产业	647	430	59
租赁和商务服务业	**126533**	**94082**	**10854**
租赁业	9138	5963	1205
机械设备经营租赁	8660	5614	1156
文体设备和用品出租	410	307	38
日用品出租	68	42	11
商务服务业	117395	88119	9649
组织管理服务	33224	27709	1520
综合管理服务	3644	2059	380
法律服务	422	309	24
咨询与调查	37681	29955	2865
广告业	19653	13369	2666
人力资源服务	5557	3121	472
安全保护服务	1320	667	157
会议、展览及相关服务	2324	1497	268
其他商务服务业	13570	9433	1297
科学研究和技术服务业	**57417**	**39004**	**5885**
研究和试验发展	9220	6450	882
自然科学研究和试验发展	355	276	28
工程和技术研究和试验发展	7169	4918	722
农业科学研究和试验发展	396	311	29
医学研究和试验发展	1268	919	101
社会人文科学研究	32	26	2
专业技术服务业	28192	17899	3188
气象服务	39	27	5
地震服务	5	4	1
海洋服务	54	34	4
测绘地理信息服务	513	172	82
质检技术服务	2335	1113	277
环境与生态监测检测服务	556	333	66
地质勘查	78	30	13
工程技术与设计服务	13411	8152	1565
工业与专业设计及其他专业技术服务	11201	8034	1175
科技推广和应用服务业	20005	14655	1815
技术推广服务	15048	10828	1373
知识产权服务	1717	1271	178
科技中介服务	541	383	65
创业空间服务	180	129	24
其他科技推广服务业	2519	2044	175

200-500万元	500-1000万元	1000-2000万元	2000-5000万元	5000万元-1亿元	1亿元以上
3268	**1652**	**660**	**470**	**130**	**115**
3268	1652	660	470	130	115
706	616	184	189	75	84
1270	631	313	180	30	11
1199	374	142	95	23	15
93	31	21	6	2	5
12367	**4202**	**2099**	**1617**	**628**	**684**
1341	354	162	75	16	22
1283	343	156	71	16	21
51	9	4	1		
7	2	2	3		1
11026	3848	1937	1542	612	662
1898	860	458	398	160	221
488	298	155	168	56	40
16	5	19	40	4	5
3380	872	311	190	56	52
2538	633	241	119	44	43
639	346	301	304	166	208
172	103	67	84	46	24
332	104	60	40	18	5
1563	627	325	199	62	64
7270	**2798**	**1406**	**780**	**163**	**111**
1052	458	220	114	26	18
26	15	3	5	2	
842	380	183	93	17	14
36	15	2	2	1	
146	46	32	14	6	4
2	2				
4101	1526	852	469	91	66
3	3	1			
5	4	6	1		
140	62	41	14	2	
473	242	155	61	10	4
80	35	26	14	2	
16	6	9	4		
2086	768	451	287	57	45
1298	406	163	88	20	17
2117	814	334	197	46	27
1684	664	273	166	35	25
177	56	23	10	2	
62	17	5	6	2	1
13	5	7	2		
181	72	26	13	7	1

4-14 续表 10

行业中类	法人单位数（个）		
		100万元及以下	100-200万元
水利、环境和公共设施管理业	**6904**	**4426**	**659**
水利管理业	361	244	25
防洪除涝设施管理	73	50	3
水资源管理	103	66	9
天然水收集与分配	41	24	3
水文服务	12	8	
其他水利管理业	132	96	10
生态保护和环境治理业	1146	691	106
生态保护	54	31	3
环境治理业	1092	660	103
公共设施管理业	4969	3240	476
市政设施管理	664	417	53
环境卫生管理	1196	776	145
城乡市容管理	72	41	8
绿化管理	1832	1120	182
城市公园管理	55	32	5
游览景区管理	1150	854	83
土地管理业	428	251	52
土地整治服务	326	194	41
土地调查评估服务	47	20	7
土地登记服务	5	5	
土地登记代理服务	22	13	4
其他土地管理服务	28	19	
居民服务、修理和其他服务业	**24472**	**17699**	**2983**
居民服务业	10752	8294	1101
家庭服务	2295	1866	191
托儿所服务	179	159	7
洗染服务	437	260	52
理发及美容服务	2050	1642	170
洗浴和保健养生服务	1988	1491	209
摄影扩印服务	1330	1077	124
婚姻服务	1009	819	98
殡葬服务	384	236	31
其他居民服务业	1080	744	219
机动车、电子产品和日用产品修理业	9307	6186	1375
汽车、摩托车等修理与维护	7272	4719	1122
计算机和办公设备维修	832	597	101
家用电器修理	1009	704	137
其他日用产品修理业	194	166	15
其他服务业	4413	3219	507
清洁服务	3277	2345	389
宠物服务	196	152	22
其他未列明服务业	940	722	96
教育			
教育			
学前教育			
初等教育			

200-500万元	500-1000万元	1000-2000万元	2000-5000万元	5000万元-1亿元	1亿元以上
897	**442**	**223**	**141**	**47**	**69**
47	21	8	9	3	4
11	3	2	1	2	1
16	6	4	1		1
1	5	2	4		2
3	1				
16	6		3	1	
166	74	58	37	11	3
10	4	2	2	1	1
156	70	56	35	10	2
615	325	155	88	31	39
83	47	22	14	15	13
154	69	33	15	2	2
10	8	3			2
247	141	64	50	11	17
8	4	2		2	2
113	56	31	9	1	3
69	22	2	7	2	23
50	18	1	3	2	17
11	3		3		3
5					
3	1	1	1		3
2918	**514**	**225**	**105**	**19**	**9**
1054	155	90	47	7	4
188	30	16	3		1
11	2				
86	28	8	3		
199	23	10	5	1	
250	21	13	4		
116	4	5	4		
80	8	2	2		
50	28	25	11	3	
74	11	11	15	3	3
1337	257	96	42	10	4
1114	212	70	26	8	1
98	17	8	8	1	2
118	24	16	8	1	1
7	4	2			
527	102	39	16	2	1
418	82	28	13	2	
19	3				
90	17	11	3		1

4-14 续表 11

行业中类	法人单位数（个）	100万元及以下	100-200万元
中等教育			
高等教育			
特殊教育			
技能培训、教育辅助及其他教育			
卫生和社会工作	**745**	**473**	**48**
卫生	162	3	1
医院	86	2	1
基层医疗卫生服务	64	1	
专业公共卫生服务	2		
其他卫生活动	10		
社会工作	583	470	47
提供住宿社会工作	532	427	44
不提供住宿社会工作	51	43	3
文化、体育和娱乐业	**32284**	**24476**	**2853**
新闻和出版业	163	54	22
新闻业	15	9	1
出版业	148	45	21
广播、电视、电影和录音制作业	7240	4407	726
广播	192	152	13
电视	139	92	7
影视节目制作	5877	3741	616
广播电视集成播控	8	6	
电影和广播电视节目发行	243	157	16
电影放映	706	196	69
录音制作	75	63	5
文化艺术业	5593	4510	469
文艺创作与表演	2395	1902	228
艺术表演场馆	50	25	5
图书馆与档案馆	230	164	31
文物及非物质文化遗产保护	46	27	7
博物馆	28	23	3
烈士陵园、纪念馆	4	4	
群众文体活动	493	401	47
其他文化艺术业	2347	1964	148
体育	2968	2452	232
体育组织	495	414	39
体育场地设施管理	199	140	18
健身休闲活动	2185	1817	171
其他体育	89	81	4
娱乐业	16320	13053	1404
室内娱乐活动	7744	6265	698
游乐园	195	138	20
休闲观光活动	752	614	57
彩票活动	12	8	
文化体育娱乐活动与经纪代理服务	7540	5966	626
其他娱乐业	77	62	3

200-500万元	500-1000万元	1000-2000万元	2000-5000万元	5000万元-1亿元	1亿元以上
35	**26**	**76**	**77**	**10**	
4	6	66	73	9	
2	4	39	35	3	
1	2	24	31	5	
1		1			
		2	7	1	
31	20	10	4	1	
29	19	9	3	1	
2	1	1	1		
3308	**752**	**460**	**263**	**89**	**83**
34	10	11	15	10	7
2	2	1			
32	8	10	15	10	7
1192	358	273	164	58	62
21	1	3	2		
12	6	12	6	4	
939	209	149	119	50	54
					2
39	7	12	6	1	5
176	134	96	31	3	1
5	1	1			
470	81	40	15	4	4
199	41	12	7	3	3
12	2	6			
29	5	1			
9	1	2			
2					
31	8	4	1		1
188	24	15	7	1	
203	46	23	12		
18	10	6	8		
22	8	7	4		
159	28	10			
4					
1409	257	113	57	17	10
617	107	41	13	1	2
21	7	8		1	
60	11	5	3		2
3			1		
697	132	58	40	15	6
11		1			

4-15 按行业(中类)、资产总计组距分组的小微企业法人单位数

行业中类	法人单位数(个)	50万元及以下	50-100万元	100-500万元	500-1000万元	1000-5000万元	5000万元-1亿元	1亿元以上
总计	**1333713**	**614405**	**152980**	**314432**	**97618**	**107319**	**20623**	**26336**
农、林、牧、渔业	**916**	**595**	**86**	**145**	**43**	**38**	**4**	**5**
农业	35	35						
谷物种植	1	1						
豆类、油料和薯类种植								
棉、麻、糖、烟草种植								
蔬菜、食用菌及园艺作物种植	18	18						
水果种植	5	5						
坚果、含油果、香料和饮料作物种植	3	3						
中药材种植	7	7						
草种植及割草								
其他农业	1	1						
林业	4	4						
林木育种和育苗	2	2						
造林和更新								
森林经营、管护和改培	2	2						
木材和竹材采运								
林产品采集								
畜牧业	14	14						
牲畜饲养	9	9						
家禽饲养	4	4						
狩猎和捕捉动物								
其他畜牧业	1	1						
渔业	18	18						
水产养殖	17	17						
水产捕捞	1	1						
农、林、牧、渔专业及辅助性活动	845	524	86	145	43	38	4	5
农业专业及辅助性活动	577	362	58	97	30	21	4	5
林业专业及辅助性活动	154	112	13	24	3	2		
畜牧专业及辅助性活动	38	12	4	12	4	6		
渔业专业及辅助性活动	76	38	11	12	6	9		
采矿业	**837**	**218**	**43**	**164**	**96**	**181**	**54**	**81**
煤炭开采和洗选业	7	3		2		1		1
烟煤和无烟煤开采洗选	5	3		2				
褐煤开采洗选	1							1
其他煤炭采选	1					1		
石油和天然气开采业	1				1			
石油开采	1				1			
天然气开采								
黑色金属矿采选业	17	6		2		6	3	
铁矿采选	17	6		2		6	3	
锰矿、铬矿采选								
其他黑色金属矿采选								
有色金属矿采选业	46	14	1	5	7	8	3	8
常用有色金属矿采选	31	9	1	4	5	5	2	5
贵金属矿采选	3	1		1		1		
稀有稀土金属矿采选	12	4			2	2	1	3

4-15　续表 1

行业中类	法人单位数（个）	50万元及以下	50-100万元	100-500万元	500-1000万元	1000-5000万元	5000万元-1亿元	1亿元以上
非金属矿采选业	746	186	41	150	85	165	48	71
土砂石开采	693	175	37	139	81	150	45	66
化学矿开采	3	1			1			1
采盐	5	2	1		1	1		
石棉及其他非金属矿采选	45	8	3	11	2	14	3	4
开采专业及辅助性活动	10	6	1	2	1			
煤炭开采和洗选专业及辅助性活动	1			1				
石油和天然气开采专业及辅助性活动	3	2			1			
其他开采专业及辅助性活动	6	4	1	1				
其他采矿业	10	3		3	2	1		1
其他采矿业	10	3		3	2	1		1
制造业	**419429**	**112198**	**51026**	**136777**	**45788**	**55411**	**10395**	**7834**
农副食品加工业	4464	1361	382	1059	471	826	196	169
谷物磨制	207	59	18	48	25	43	2	12
饲料加工	386	67	28	79	37	111	31	33
植物油加工	163	53	8	35	16	29	11	11
制糖业	39	14	8	9	2	6		
屠宰及肉类加工	706	238	62	164	63	115	40	24
水产品加工	1332	404	88	302	166	249	63	60
蔬菜、菌类、水果和坚果加工	941	228	86	258	107	199	40	23
其他农副食品加工	690	298	84	164	55	74	9	6
食品制造业	2916	1088	320	667	248	404	98	91
焙烤食品制造	893	406	113	203	60	79	26	6
糖果、巧克力及蜜饯制造	179	54	25	45	15	27	6	7
方便食品制造	472	191	58	107	38	57	11	10
乳制品制造	30	10	1	6	3	2	1	7
罐头食品制造	180	47	11	44	16	46	9	7
调味品、发酵制品制造	208	72	18	45	20	41	7	5
其他食品制造	954	308	94	217	96	152	38	49
酒、饮料和精制茶制造业	2176	780	240	535	184	263	75	99
酒的制造	525	156	54	141	45	76	25	28
饮料制造	583	209	79	129	39	58	25	44
精制茶加工	1068	415	107	265	100	129	25	27
烟草制品业								
烟叶复烤								
卷烟制造								
其他烟草制品制造								
纺织业	32233	7549	3063	9829	4171	5743	1127	751
棉纺织及印染精加工	8876	1967	796	2679	1131	1609	384	310
毛纺织及染整精加工	1059	220	75	258	134	254	68	50
麻纺织及染整精加工	66	14	3	21	8	11	7	2
丝绢纺织及印染精加工	1054	171	60	305	144	277	61	36
化纤织造及印染精加工	4454	699	331	1362	699	1060	196	107
针织或钩针编织物及其制品制造	8156	1772	824	2736	1135	1334	220	135
家用纺织制成品制造	4715	1669	506	1264	496	643	96	41
产业用纺织制成品制造	3853	1037	468	1204	424	555	95	70
纺织服装、服饰业	30382	10013	3973	8786	3374	3512	487	237
机织服装制造	13522	4715	1997	3623	1400	1487	205	95

4-15 续表 2

行业中类	法人单位数(个)	50万元及以下	50-100万元	100-500万元	500-1000万元	1000-5000万元	5000万元-1亿元	1亿元以上
针织或钩针编织服装制造	7121	2206	774	2082	833	1001	155	70
服饰制造	9739	3092	1202	3081	1141	1024	127	72
皮革、毛皮、羽毛及其制品和制鞋业	19569	6532	2496	6322	1817	2021	262	119
皮革鞣制加工	545	195	54	137	40	74	17	28
皮革制品制造	5164	1867	691	1384	510	607	70	35
毛皮鞣制及制品加工	1226	463	166	330	104	135	18	10
羽毛(绒)加工及制品制造	343	68	30	72	44	72	34	23
制鞋业	12291	3939	1555	4399	1119	1133	123	23
木材加工和木、竹、藤、棕、草制品业	6794	1983	761	2283	764	833	111	59
木材加工	1136	351	117	353	159	149	6	1
人造板制造	578	104	30	158	84	150	32	20
木质制品制造	3601	1054	442	1247	366	399	63	30
竹、藤、棕、草等制品制造	1479	474	172	525	155	135	10	8
家具制造业	7057	2019	832	2100	746	1067	204	89
木质家具制造	4502	1391	536	1398	470	566	91	50
竹、藤家具制造	183	56	18	59	20	23	6	1
金属家具制造	1113	196	138	284	144	268	60	23
塑料家具制造	159	24	22	40	20	42	8	3
其他家具制造	1100	352	118	319	92	168	39	12
造纸和纸制品业	12789	3670	1583	4725	1153	1154	240	264
纸浆制造	15	5	2	3	2	3		
造纸	1715	426	172	459	145	267	90	156
纸制品制造	11059	3239	1409	4263	1006	884	150	108
印刷和记录媒介复制业	10993	2708	1461	4222	1161	1187	157	97
印刷	10258	2434	1341	3989	1108	1136	155	95
装订及印刷相关服务	725	273	118	230	51	49	2	2
记录媒介复制	10	1	2	3	2	2		
文教、工美、体育和娱乐用品制造业	21951	8378	2910	6429	1833	1977	289	135
文教办公用品制造	3627	1072	499	1248	354	391	48	15
乐器制造	250	96	17	71	27	30	7	2
工艺美术及礼仪用品制造	12086	4920	1688	3372	957	929	140	80
体育用品制造	2295	701	294	751	220	278	39	12
玩具制造	2791	1063	318	834	224	293	43	16
游艺器材及娱乐用品制造	902	526	94	153	51	56	12	10
石油、煤炭及其他燃料加工业	436	82	36	138	62	70	22	26
精炼石油产品制造	231	42	15	57	27	51	21	18
煤炭加工	47	15	6	10	6	5	1	4
核燃料加工	1							1
生物质燃料加工	157	25	15	71	29	14		3
化学原料和化学制品制造业	8444	1701	758	2437	958	1636	438	516
基础化学原料制造	961	146	61	208	111	234	78	123
肥料制造	240	57	18	69	39	49	4	4
农药制造	78	9	1	7	7	17	10	27
涂料、油墨、颜料及类似产品制造	2096	413	217	662	248	389	89	78
合成材料制造	1217	206	103	341	113	256	92	106
专用化学产品制造	2529	440	214	772	324	513	121	145
炸药、火工及焰火产品制造	15	3		2	2	1	4	3
日用化学产品制造	1308	427	144	376	114	177	40	30

4-15　续表 3

行业中类	法　人 单位数 (个)	50万元及以下	50-100万元	100-500万元	500-1000万元	1000-5000万元	5000万元-1亿元	1亿元以上
医药制造业	1147	197	62	210	117	264	110	187
化学药品原料药制造	183	24	6	17	20	45	18	53
化学药品制剂制造	95	16	1	7	1	22	14	34
中药饮片加工	106	17	6	15	12	25	13	18
中成药生产	83	20	3	8	5	12	18	17
兽用药品制造	63	6	2	14	8	15	8	10
生物药品制品制造	212	48	11	34	23	46	16	34
卫生材料及医药用品制造	314	61	30	94	43	58	15	13
药用辅料及包装材料	91	5	3	21	5	41	8	8
化学纤维制造业	1749	233	72	411	276	486	99	172
纤维素纤维原料及纤维制造	61	15	6	14	10	12	1	3
合成纤维制造	1633	206	60	374	263	468	97	165
生物基材料制造	55	12	6	23	3	6	1	4
橡胶和塑料制品业	33802	8704	4624	11982	3578	3885	629	400
橡胶制品业	3958	1011	558	1385	436	448	76	44
塑料制品业	29844	7693	4066	10597	3142	3437	553	356
非金属矿物制品业	12958	3533	1431	3546	1272	1896	613	667
水泥、石灰和石膏制造	505	112	43	97	36	80	46	91
石膏、水泥制品及类似制品制造	2834	654	243	601	212	443	280	401
砖瓦、石材等建筑材料制造	4110	1320	500	1176	405	532	121	56
玻璃制造	437	69	34	122	78	98	18	18
玻璃制品制造	1997	561	312	632	183	251	31	27
玻璃纤维和玻璃纤维增强塑料制品制造	462	94	27	148	49	106	26	12
陶瓷制品制造	1054	398	114	291	97	121	23	10
耐火材料制品制造	617	105	49	208	90	112	25	28
石墨及其他非金属矿物制品制造	942	220	109	271	122	153	43	24
黑色金属冶炼和压延加工业	2383	417	225	697	292	472	147	133
炼铁	10	2		4	2	2		
炼钢	12	6		4				2
钢压延加工	2299	399	219	679	283	453	141	125
铁合金冶炼	62	10	6	10	7	17	6	6
有色金属冶炼和压延加工业	3083	511	266	869	462	670	150	155
常用有色金属冶炼	130	28	8	24	22	25	8	15
贵金属冶炼	9			1		4		4
稀有稀土金属冶炼	16	3	2	4	1	2	1	3
有色金属合金制造	700	133	70	223	114	111	20	29
有色金属压延加工	2228	347	186	617	325	528	121	104
金属制品业	39860	10331	5026	14134	4409	4896	715	349
结构性金属制品制造	8451	2497	1075	2854	881	927	129	88
金属工具制造	4533	1050	587	1751	504	536	75	30
集装箱及金属包装容器制造	681	119	65	192	89	157	33	26
金属丝绳及其制品制造	993	202	108	358	136	148	28	13
建筑、安全用金属制品制造	11772	3157	1616	4419	1277	1122	128	53
金属表面处理及热处理加工	2567	455	249	868	308	552	94	41
搪瓷制品制造	423	141	67	113	45	49	4	4
金属制日用品制造	3812	994	450	1344	407	504	88	25
铸造及其他金属制品制造	6628	1716	809	2235	762	901	136	69

4-15 续表 4

行业中类	法人单位数(个)	50万元及以下	50–100万元	100–500万元	500–1000万元	1000–5000万元	5000万元–1亿元	1亿元以上
通用设备制造业	52928	12584	6688	18443	6264	6994	1146	809
锅炉及原动设备制造	585	97	45	174	74	114	41	40
金属加工机械制造	5254	1223	628	1883	653	675	110	82
物料搬运设备制造	1855	283	161	556	231	415	111	98
泵、阀门、压缩机及类似机械制造	12069	3038	1469	3890	1386	1784	298	204
轴承、齿轮和传动部件制造	5191	864	524	1758	737	1001	190	117
烘炉、风机、包装等设备制造	5869	1295	699	2001	721	871	161	121
文化、办公用机械制造	442	111	63	130	42	61	20	15
通用零部件制造	19430	4880	2793	7379	2232	1855	182	109
其他通用设备制造业	2233	793	306	672	188	218	33	23
专用设备制造业	26227	6438	3403	9188	2920	3263	605	410
采矿、冶金、建筑专用设备制造	1010	202	107	291	124	201	46	39
化工、木材、非金属加工专用设备制造	10742	2760	1574	3924	1140	1054	162	128
食品、饮料、烟草及饲料生产专用设备制造	782	198	98	234	105	120	23	4
印刷、制药、日化及日用品生产专用设备制造	1087	275	127	358	104	170	38	15
纺织、服装和皮革加工专用设备制造	3369	658	411	1210	419	517	96	58
电子和电工机械专用设备制造	744	188	85	230	86	107	25	23
农、林、牧、渔专用机械制造	966	219	104	314	114	146	43	26
医疗仪器设备及器械制造	3302	759	381	1278	378	403	71	32
环保、邮政、社会公共服务及其他专用设备制造	4225	1179	516	1349	450	545	101	85
汽车制造业	16855	3800	1842	5399	1983	2764	580	487
汽车整车制造	67	16	2	8	4	13	3	21
汽车用发动机制造	34	1		6	6	11	6	4
改装汽车制造	25	2	1	5	1	4	3	9
低速汽车制造	1		1					
电车制造	11	3		5		1		2
汽车车身、挂车制造	138	21	15	36	10	31	13	12
汽车零部件及配件制造	16579	3757	1823	5339	1962	2704	555	439
铁路、船舶、航空航天和其他运输设备制造业	4276	1069	423	1300	495	725	133	131
铁路运输设备制造	154	24	10	40	19	37	14	10
城市轨道交通设备制造	25	4	1	5	5	4	2	4
船舶及相关装置制造	872	237	81	249	87	131	28	59
航空、航天器及设备制造	55	15	3	10	7	8	8	4
摩托车制造	1321	306	146	422	166	217	45	19
自行车和残疾人座车制造	621	136	42	218	74	122	16	13
助动车制造	702	216	92	186	76	108	12	12
非公路休闲车及零配件制造	426	107	45	137	46	78	5	8
潜水救捞及其他未列明运输设备制造	100	24	3	33	15	20	3	2
电气机械和器材制造业	37694	9007	4697	12775	4238	5167	1070	740
电机制造	3364	630	359	1084	457	623	125	86
输配电及控制设备制造	16222	3494	2350	6037	1757	1877	417	290
电线、电缆、光缆及电工器材制造	3122	521	270	992	424	635	140	140
电池制造	431	85	23	80	41	101	31	70
家用电力器具制造	6935	2081	841	2174	734	854	172	79
非电力家用器具制造	836	184	86	253	107	162	36	8
照明器具制造	5552	1597	610	1776	598	778	133	60
其他电气机械及器材制造	1232	415	158	379	120	137	16	7

4-15　续表 5

行业中类	法人单位数（个）	50万元及以下	50-100万元	100-500万元	500-1000万元	1000-5000万元	5000万元-1亿元	1亿元以上
计算机、通信和其他电子设备制造业	10798	2571	1257	3448	1174	1635	385	328
计算机制造	425	118	44	119	36	65	22	21
通信设备制造	963	219	77	235	117	211	47	57
广播电视设备制造	201	26	14	79	18	48	10	6
雷达及配套设备制造	11	2	3	3	1			2
非专业视听设备制造	523	77	61	208	67	70	21	19
智能消费设备制造	434	146	28	96	43	78	26	17
电子器件制造	1413	313	148	419	158	230	76	69
电子元件及电子专用材料制造	6088	1436	782	2064	673	849	164	120
其他电子设备制造	740	234	100	225	61	84	19	17
仪器仪表制造业	5642	1408	796	1844	561	730	173	130
通用仪器仪表制造	4175	1033	584	1440	400	483	132	103
专用仪器仪表制造	638	165	85	153	61	131	22	21
钟表与计时仪器制造	146	52	15	35	18	23	2	1
光学仪器制造	246	54	30	72	30	46	10	4
衡器制造	194	28	34	69	31	25	6	1
其他仪器仪表制造业	243	76	48	75	21	22	1	
其他制造业	7010	2330	1026	2272	626	659	73	24
日用杂品制造	5045	1275	801	1823	513	562	55	16
核辐射加工	4	1		2	1			
其他未列明制造业	1961	1054	225	447	112	97	18	8
废弃资源综合利用业	705	195	63	166	68	129	40	44
金属废料和碎屑加工处理	285	80	22	41	24	60	29	29
非金属废料和碎屑加工处理	420	115	41	125	44	69	11	15
金属制品、机械和设备修理业	2108	1006	310	561	111	83	21	16
金属制品修理	46	25	5	12	2	2		
通用设备修理	282	130	40	92	16	4		
专用设备修理	264	136	48	61	10	7	1	1
铁路、船舶、航空航天等运输设备修理	910	399	137	228	62	55	16	13
电气设备修理	149	86	14	41	2	3	2	1
仪器仪表修理	21	8	6	3	1	3		
其他机械和设备修理业	436	222	60	124	18	9	2	1
电力、热力、燃气及水生产和供应业	**5142**	**1110**	**418**	**1352**	**493**	**741**	**276**	**752**
电力、热力生产和供应业	3642	815	322	1092	376	464	138	435
电力生产	3354	745	309	1033	362	429	115	361
电力供应	151	50	11	33	7	15	5	30
热力生产和供应	137	20	2	26	7	20	18	44
燃气生产和供应业	273	61	8	26	14	49	40	75
燃气生产和供应业	263	57	6	25	13	49	40	73
生物质燃气生产和供应业	10	4	2	1	1			2
水的生产和供应业	1227	234	88	234	103	228	98	242
自来水生产和供应	530	83	22	98	48	122	43	114
污水处理及其再生利用	580	129	37	93	43	98	53	127
海水淡化处理	3	1				2		
其他水的处理、利用与分配	114	21	29	43	12	6	2	1
建筑业	**48943**	**24843**	**5689**	**9361**	**3074**	**4768**	**641**	**567**
房屋建筑业	6425	2618	576	1079	489	1279	207	177

4-15 续表 6

行业中类	法人单位数（个）	50万元及以下	50-100万元	100-500万元	500-1000万元	1000-5000万元	5000万元-1亿元	1亿元以上
住宅房屋建筑	5520	2275	498	953	417	1058	169	150
体育场馆建筑	11	7				2	2	
其他房屋建筑业	894	336	78	126	72	219	36	27
土木工程建筑业	11067	4544	1010	2156	928	1865	271	293
铁路、道路、隧道和桥梁工程建筑	4714	1653	348	821	459	1091	171	171
水利和水运工程建筑	671	217	55	93	60	170	32	44
海洋工程建筑	50	21	5	8	1	6	2	7
工矿工程建筑	162	62	8	39	20	26	4	3
架线和管道工程建筑	815	299	109	205	64	109	16	13
节能环保工程施工	364	173	49	91	23	26	2	
电力工程施工	345	166	26	60	41	41	7	4
其他土木工程建筑	3946	1953	410	839	260	396	37	51
建筑安装业	6655	2893	876	1666	556	578	57	29
电气安装	2360	982	305	602	197	247	19	8
管道和设备安装	1930	852	250	513	163	134	11	7
其他建筑安装业	2365	1059	321	551	196	197	27	14
建筑装饰、装修和其他建筑业	24796	14788	3227	4460	1101	1046	106	68
建筑装饰和装修业	18967	11336	2638	3367	788	728	79	31
建筑物拆除和场地准备活动	3776	2292	385	691	176	185	18	29
提供施工设备服务	203	89	24	51	16	21	2	
其他未列明建筑业	1850	1071	180	351	121	112	7	8
批发和零售业	**451021**	**242215**	**55128**	**98420**	**28199**	**21403**	**2909**	**2747**
批发业	284286	129169	36186	72986	23218	17752	2478	2497
农、林、牧、渔产品批发	4740	2236	496	1176	375	359	50	48
食品、饮料及烟草制品批发	17928	9376	2041	4036	1214	1018	140	103
纺织、服装及家庭用品批发	90597	44247	12011	22073	6875	4522	498	371
文化、体育用品及器材批发	15608	9137	2279	2755	728	587	69	53
医药及医疗器材批发	6544	2521	847	1972	593	534	46	31
矿产品、建材及化工产品批发	65711	21844	7452	19185	7613	6868	1235	1514
机械设备、五金产品及电子产品批发	55976	22622	8210	17045	4611	2915	310	263
贸易经纪与代理	6842	4111	672	1290	375	306	42	46
其他批发业	20340	13075	2178	3454	834	643	88	68
零售业	166735	113046	18942	25434	4981	3651	431	250
综合零售	3448	2145	362	634	161	106	19	21
食品、饮料及烟草制品专门零售	14970	10181	1693	2277	472	296	37	14
纺织、服装及日用品专门零售	26133	19141	2623	3325	610	378	33	23
文化、体育用品及器材专门零售	9002	5827	1079	1604	256	179	44	13
医药及医疗器材专门零售	12440	9052	1518	1500	232	123	12	3
汽车、摩托车、零配件和燃料及其他动力销售	14160	7345	1578	2891	820	1277	167	82
家用电器及电子产品专门零售	14219	7365	2051	3500	802	449	32	20
五金、家具及室内装饰材料专门零售	20213	11602	2939	4398	844	375	30	25
货摊、无店铺及其他零售业	52150	40388	5099	5305	784	468	57	49
交通运输、仓储和邮政业	**31548**	**12128**	**3917**	**8208**	**3161**	**2786**	**513**	**835**
铁路运输业								
铁路旅客运输								
铁路货物运输								
铁路运输辅助活动								

4-15　续表 7

行业中类	法人单位数（个）						
		50万元及以下	50-100万元	100-500万元	500-1000万元	1000-5000万元	5000万元-1亿元	1亿元以上
道路运输业	19204	7078	2405	5435	2017	1755	228	286
城市公共交通运输	531	85	47	151	77	108	26	37
公路旅客运输	449	85	27	102	65	119	24	27
道路货物运输	17178	6450	2217	4973	1825	1440	152	121
道路运输辅助活动	1046	458	114	209	50	88	26	101
水上运输业	1278	288	80	179	125	262	126	218
水上旅客运输	84	22	6	14	15	17	3	7
水上货物运输	831	156	38	114	78	195	104	146
水上运输辅助活动	363	110	36	51	32	50	19	65
航空运输业	122	45	11	22	8	16	6	14
航空客货运输	54	20	6	17	2	6		3
通用航空服务	40	12	5	4	3	7	2	7
航空运输辅助活动	28	13		1	3	3	4	4
管道运输业	4	1				1		2
海底管道运输	1					1		
陆地管道运输	3	1						2
多式联运和运输代理业	6907	3128	889	1615	742	408	49	76
多式联运	19	9		1	5	1		3
运输代理业	6888	3119	889	1614	737	407	49	73
装卸搬运和仓储业	2568	1074	266	501	172	244	89	222
装卸搬运	1256	717	153	245	57	53	12	19
通用仓储	551	142	53	114	52	88	32	70
低温仓储	98	30	12	28	6	12	6	4
危险品仓储	67	11	3	2	5	13	7	26
谷物、棉花等农产品仓储	131	22	5	14	7	17	12	54
中药材仓储	1							1
其他仓储业	464	152	40	98	45	61	20	48
邮政业	1465	514	266	456	97	100	15	17
邮政基本服务	17	8	2	2	1	3		1
快递服务	1437	502	264	448	95	97	15	16
其他寄递服务	11	4		6	1			
住宿和餐饮业	**24318**	**14129**	**2863**	**4763**	**1188**	**1103**	**140**	**132**
住宿业	8824	4136	1017	2096	657	707	108	103
旅游饭店	1657	482	129	382	192	334	58	80
一般旅馆	5965	3047	792	1403	361	298	44	20
民宿服务	977	478	72	265	92	64	3	3
露营地服务	9	4	1	2		2		
其他住宿业	216	125	23	44	12	9	3	
餐饮业	15494	9993	1846	2667	531	396	32	29
正餐服务	11894	7280	1484	2246	462	362	32	28
快餐服务	1097	800	124	140	25	8		
饮料及冷饮服务	764	534	80	116	23	11		
餐饮配送及外卖送餐服务	352	218	43	68	14	9		
其他餐饮业	1387	1161	115	97	7	6		1
信息传输、软件和信息技术服务业	**53992**	**34686**	**5514**	**8633**	**2207**	**2167**	**394**	**391**
电信、广播电视和卫星传输服务	791	355	87	187	48	61	29	24
电信	702	327	81	173	45	47	16	13

4-15 续表 8

行业中类	法人单位数(个)	50万元及以下	50-100万元	100-500万元	500-1000万元	1000-5000万元	5000万元-1亿元	1亿元以上
广播电视传输服务	77	26	5	10	3	10	12	11
卫星传输服务	12	2	1	4		4	1	
互联网和相关服务	5389	3504	555	806	193	224	58	49
互联网接入及相关服务	329	191	44	63	16	14	1	
互联网信息服务	2919	1951	302	421	90	101	31	23
互联网平台	729	400	68	136	35	60	15	15
互联网安全服务	62	34	7	13	4	4		
互联网数据服务	195	95	18	29	19	21	4	9
其他互联网服务	1155	833	116	144	29	24	7	2
软件和信息技术服务业	47812	30827	4872	7640	1966	1882	307	318
软件开发	33847	21410	3523	5585	1513	1365	219	232
集成电路设计	254	122	23	60	18	22	6	3
信息系统集成和物联网技术服务	1817	971	206	369	106	123	19	23
运行维护服务	306	186	28	58	13	18		3
信息处理和存储支持服务	308	173	27	44	20	25	8	11
信息技术咨询服务	7620	5340	725	1064	199	214	43	35
数字内容服务	530	322	59	93	22	25	4	5
其他信息技术服务业	3130	2303	281	367	75	90	8	6
金融业	**16196**	**6834**	**442**	**1916**	**1194**	**2688**	**899**	**2223**
货币金融服务	1307	248	35	72	89	240	67	556
中央银行服务								
货币银行服务	261	1			1	5	2	252
非货币银行服务	1046	247	35	72	88	235	65	304
银行理财服务								
银行监管服务								
资本市场服务	13038	6024	329	1607	974	2179	674	1251
证券市场服务								
公开募集证券投资基金								
非公开募集证券投资基金	1921	296	51	559	333	481	90	111
期货市场服务								
证券期货监管服务								
资本投资服务	1532	703	42	124	113	253	88	209
其他资本市场服务	9585	5025	236	924	528	1445	496	931
保险业	758	96	25	117	59	142	87	232
人身保险	251	3	4	12	17	45	24	146
财产保险	290	25	8	57	21	68	35	76
再保险								
商业养老金	11				2	2	3	4
保险中介服务	116	4	5	37	18	24	25	3
保险资产管理	1							1
保险监管服务								
其他保险活动	89	64	8	11	1	3		2
其他金融业	1093	466	53	120	72	127	71	184
金融信托与管理服务	70	34	5	6	7	7	5	6
控股公司服务	345	126	15	49	26	52	16	61
非金融机构支付服务	8					1	2	5
金融信息服务	260	152	16	33	21	18	8	12
金融资产管理公司	9	1		1	1			6
其他未列明金融业	401	153	17	31	17	49	40	94

4-15　续表 9

行业中类	法人单位数(个)	50万元及以下	50-100万元	100-500万元	500-1000万元	1000-5000万元	5000万元-1亿元	1亿元以上
房地产业	**33016**	**18556**	**2472**	**3592**	**1255**	**2476**	**987**	**3678**
房地产业	33016	18556	2472	3592	1255	2476	987	3678
房地产开发经营	7943	1452	134	316	344	1544	793	3360
物业管理	8444	4192	1114	1737	570	538	128	165
房地产中介服务	15982	12592	1165	1443	310	337	49	86
房地产租赁经营								
其他房地产业	647	320	59	96	31	57	17	67
租赁和商务服务业	**126533**	**73305**	**11651**	**19592**	**5634**	**8253**	**2507**	**5591**
租赁业	9138	4716	1175	2113	523	433	82	96
机械设备经营租赁	8660	4441	1108	2010	509	424	75	93
文体设备和用品出租	410	242	56	87	12	5	6	2
日用品出租	68	33	11	16	2	4	1	1
商务服务业	117395	68589	10476	17479	5111	7820	2425	5495
组织管理服务	33224	16036	1562	3654	1857	4202	1579	4334
综合管理服务	3644	1381	259	708	309	515	161	311
法律服务	422	281	25	47	19	42	7	1
咨询与调查	37681	26117	3290	4720	1175	1485	358	536
广告业	19653	11892	3014	3713	571	361	49	53
人力资源服务	5557	2603	451	1723	343	360	54	23
安全保护服务	1320	543	144	258	166	188	18	3
会议、展览及相关服务	2324	1345	318	427	105	96	13	20
其他商务服务业	13570	8391	1413	2229	566	571	186	214
科学研究和技术服务业	**57417**	**32359**	**6422**	**11523**	**3144**	**2988**	**451**	**530**
研究和试验发展	9220	4753	950	2070	626	627	98	96
自然科学研究和试验发展	355	226	30	58	17	20	1	3
工程和技术研究和试验发展	7169	3666	760	1665	487	451	75	65
农业科学研究和试验发展	396	218	37	65	33	35	3	5
医学研究和试验发展	1268	620	123	275	88	120	19	23
社会人文科学研究	32	23		7	1	1		
专业技术服务业	28192	15457	3358	5906	1573	1446	191	261
气象服务	39	23	3	10	2	1		
地震服务	5	4	1					
海洋服务	54	21	8	12	4	6	1	2
测绘地理信息服务	513	158	73	177	50	48	3	4
质检技术服务	2335	866	254	679	256	241	28	11
环境与生态监测检测服务	556	289	54	131	37	41	3	1
地质勘查	78	19	10	22	12	10	3	2
工程技术与设计服务	13411	7027	1661	2880	787	748	111	197
工业与专业设计及其他专业技术服务	11201	7050	1294	1995	425	351	42	44
科技推广和应用服务业	20005	12149	2114	3547	945	915	162	173
技术推广服务	15048	8717	1608	2829	811	803	140	140
知识产权服务	1717	1215	203	246	28	18	4	3
科技中介服务	541	336	56	113	12	11	1	12
创业空间服务	180	84	15	38	9	18	6	10
其他科技推广服务业	2519	1797	232	321	85	65	11	8

4-15 续表 10

行业中类	法人单位数（个）	50万元及以下	50-100万元	100-500万元	500-1000万元	1000-5000万元	5000万元-1亿元	1亿元以上
水利、环境和公共设施管理业	**6904**	**3146**	**692**	**1268**	**394**	**611**	**162**	**631**
水利管理业	361	134	32	58	17	29	9	82
防洪除涝设施管理	73	25	6	13	4	5	1	19
水资源管理	103	34	8	16	6	10	5	24
天然水收集与分配	41	8	4	3	2	7	1	16
水文服务	12	7	2	2	1			
其他水利管理业	132	60	12	24	4	7	2	23
生态保护和环境治理业	1146	545	111	211	74	119	29	57
生态保护	54	20	3	7	5	9	3	7
环境治理业	1092	525	108	204	69	110	26	50
公共设施管理业	4969	2249	497	925	292	455	119	432
市政设施管理	664	183	59	80	30	59	31	222
环境卫生管理	1196	659	153	265	35	52	6	26
城乡市容管理	72	32	6	11	7	4	1	11
绿化管理	1832	864	216	381	128	162	32	49
城市公园管理	55	22	5	15	4	4	2	3
游览景区管理	1150	489	58	173	88	174	47	121
土地管理业	428	218	52	74	11	8	5	60
土地整治服务	326	180	46	48	4	4	4	40
土地调查评估服务	47	13	5	17	6	2	1	3
土地登记服务	5	4			1			
土地登记代理服务	22	13		6		1		2
其他土地管理服务	28	8	1	3		1		15
居民服务、修理和其他服务业	**24472**	**16144**	**3129**	**4055**	**641**	**418**	**46**	**39**
居民服务业	10752	7897	1083	1343	230	156	25	18
家庭服务	2295	1790	208	242	33	21		1
托儿所服务	179	154	10	12	2	1		
洗染服务	437	209	60	130	23	14	1	
理发及美容服务	2050	1532	203	254	36	21	3	1
洗浴和保健养生服务	1988	1308	256	326	65	27	4	2
摄影扩印服务	1330	1049	128	129	17	7		
婚姻服务	1009	774	121	99	7	6	2	
殡葬服务	384	198	34	52	32	45	12	11
其他居民服务业	1080	883	63	99	15	14	3	3
机动车、电子产品和日用产品修理业	9307	5346	1510	1949	285	194	13	10
汽车、摩托车等修理与维护	7272	4094	1216	1564	228	152	10	8
计算机和办公设备维修	832	523	115	156	17	19	1	1
家用电器修理	1009	596	156	196	36	22	2	1
其他日用产品修理业	194	133	23	33	4	1		
其他服务业	4413	2901	536	763	126	68	8	11
清洁服务	3277	2147	428	585	82	31	2	2
宠物服务	196	127	22	36	6	4	1	
其他未列明服务业	940	627	86	142	38	33	5	9
教育								
教育								
学前教育								
初等教育								

4-15　续表 11

行业中类	法人单位数（个）	50万元及以下	50-100万元	100-500万元	500-1000万元	1000-5000万元	5000万元-1亿元	1亿元以上
中等教育								
高等教育								
特殊教育								
技能培训、教育辅助及其他教育								
卫生和社会工作	**745**	**333**	**58**	**106**	**70**	**134**	**23**	**21**
卫生	162	4		13	41	94	6	4
医院	86	3		6	18	55	3	1
基层医疗卫生服务	64	1		7	22	30	3	1
专业公共卫生服务	2				1	1		
其他卫生活动	10					8		2
社会工作	583	329	58	93	29	40	17	17
提供住宿社会工作	532	294	54	89	26	37	16	16
不提供住宿社会工作	51	35	4	4	3	3	1	1
文化、体育和娱乐业	**32284**	**21606**	**3430**	**4557**	**1037**	**1153**	**222**	**279**
新闻和出版业	163	39	13	45	14	24	12	16
新闻业	15	8		4	2	1		
出版业	148	31	13	41	12	23	12	16
广播、电视、电影和录音制作业	7240	4057	622	1201	427	632	133	168
广播	192	128	13	30	10	8	2	1
电视	139	67	9	31	12	14	5	1
影视节目制作	5877	3560	532	874	258	402	99	152
广播电视集成播控	8	4	1				1	2
电影和广播电视节目发行	243	105	20	51	20	32	7	8
电影放映	706	134	42	206	126	175	19	4
录音制作	75	59	5	9	1	1		
文化艺术业	5593	4166	485	663	119	112	20	28
文艺创作与表演	2395	1773	220	291	53	44	7	7
艺术表演场馆	50	16	5	13	6	8		2
图书馆与档案馆	230	155	26	37	9	2	1	
文物及非物质文化遗产保护	46	23	5	5	5	4	1	3
博物馆	28	13	2	4	3	4		2
烈士陵园、纪念馆	4	2				1		1
群众文体活动	493	362	45	56	11	12	4	3
其他文化艺术业	2347	1822	182	257	32	37	7	10
体育	2968	2110	286	395	91	61	8	17
体育组织	495	370	50	48	14	8	3	2
体育场地设施管理	199	112	25	27	14	11	3	7
健身休闲活动	2185	1558	204	310	63	42	2	6
其他体育	89	70	7	10				2
娱乐业	16320	11234	2024	2253	386	324	49	50
室内娱乐活动	7744	5178	1229	1128	132	68	4	5
游乐园	195	94	20	34	15	17	5	10
休闲观光活动	752	373	80	150	46	80	11	12
彩票活动	12	8		3			1	
文化体育娱乐活动与经纪代理服务	7540	5529	687	926	191	158	27	22
其他娱乐业	77	52	8	12	2	1	1	1

4-16 按行业(中类)、从业人员组距分组的

行业中类	法人单位数(个)	7人及以下	8-19人	20-49人
总　计	**1333713**	**986908**	**205170**	**90568**
农、林、牧、渔业	**916**	**799**	**106**	**11**
农业	35	35		
谷物种植	1	1		
豆类、油料和薯类种植				
棉、麻、糖、烟草种植				
蔬菜、食用菌及园艺作物种植	18	18		
水果种植	5	5		
坚果、含油果、香料和饮料作物种植	3	3		
中药材种植	7	7		
草种植及割草				
其他农业	1	1		
林业	4	4		
林木育种和育苗	2	2		
造林和更新				
森林经营、管护和改培	2	2		
木材和竹材采运				
林产品采集				
畜牧业	14	14		
牲畜饲养	9	9		
家禽饲养	4	4		
狩猎和捕捉动物				
其他畜牧业	1	1		
渔业	18	18		
水产养殖	17	17		
水产捕捞	1	1		
农、林、牧、渔专业及辅助性活动	845	728	106	11
农业专业及辅助性活动	577	512	60	5
林业专业及辅助性活动	154	125	25	4
畜牧专业及辅助性活动	38	30	7	1
渔业专业及辅助性活动	76	61	14	1
采矿业	**837**	**438**	**179**	**145**
煤炭开采和洗选业	7	6	1	
烟煤和无烟煤开采洗选	5	5		
褐煤开采洗选	1	1		
其他煤炭采选	1		1	
石油和天然气开采业	1	1		
石油开采	1	1		
天然气开采				
黑色金属矿采选业	17	9	3	3
铁矿采选	17	9	3	3
锰矿、铬矿采选				
其他黑色金属矿采选				
有色金属矿采选业	46	24	4	4
常用有色金属矿采选	31	18	3	3
贵金属矿采选	3	2		
稀有稀土金属矿采选	12	4	1	1

小微企业法人单位数

50-99人	100-299人	300-499人	500-999人	1000-4999人	5000-9999人	10000人及以上
32290	**17331**	**615**	**461**	**324**	**34**	**12**
42	**32**	**1**				
2						
2						
8	6					
2	5					
1						
5	1					

4-16 续表 1

行业中类	法人单位数（个）	7人及以下	8-19人	20-49人
非金属矿采选业	746	382	168	137
土砂石开采	693	358	154	126
化学矿开采	3	2		
采盐	5	3	1	1
石棉及其他非金属矿采选	45	19	13	10
开采专业及辅助性活动	10	9	1	
煤炭开采和洗选专业及辅助性活动	1	1		
石油和天然气开采专业及辅助性活动	3	2	1	
其他开采专业及辅助性活动	6	6		
其他采矿业	10	7	2	1
其他采矿业	10	7	2	1
制造业	**419429**	**224377**	**100926**	**57068**
农副食品加工业	4464	2342	1063	626
谷物磨制	207	115	64	21
饲料加工	386	158	83	81
植物油加工	163	100	26	23
制糖业	39	18	14	5
屠宰及肉类加工	706	385	147	92
水产品加工	1332	650	327	191
蔬菜、菌类、水果和坚果加工	941	449	278	145
其他农副食品加工	690	467	124	68
食品制造业	2916	1744	591	324
焙烤食品制造	893	565	182	83
糖果、巧克力及蜜饯制造	179	94	37	21
方便食品制造	472	283	114	40
乳制品制造	30	15	2	6
罐头食品制造	180	89	38	30
调味品、发酵制品制造	208	123	36	35
其他食品制造	954	575	182	109
酒、饮料和精制茶制造业	2176	1390	422	210
酒的制造	525	317	103	59
饮料制造	583	349	110	62
精制茶加工	1068	724	209	89
烟草制品业				
烟叶复烤				
卷烟制造				
其他烟草制品制造				
纺织业	32233	16798	8232	4416
棉纺织及印染精加工	8876	4589	2208	1145
毛纺织及染整精加工	1059	449	266	195
麻纺织及染整精加工	66	30	15	11
丝绢纺织及印染精加工	1054	437	253	201
化纤织造及印染精加工	4454	2213	1187	681
针织或钩针编织物及其制品制造	8156	4507	2251	961
家用纺织制成品制造	4715	2588	1077	655
产业用纺织制成品制造	3853	1985	975	567
纺织服装、服饰业	30382	14564	7774	5043
机织服装制造	13522	5987	3777	2422

50-99人	100-299人	300-499人	500-999人	1000-4999人	5000-9999人	10000人及以上
32	26	1				
30	25					
	1					
2		1				
23170	**13861**	**21**	**6**			
259	174					
5	2					
40	24					
4	10					
2						
45	37					
89	75					
52	17					
22	9					
145	112					
38	25					
18	9					
18	17					
1	6					
9	14					
9	5					
52	36					
84	70					
23	23					
30	32					
31	15					
1645	1140	2				
470	464					
89	60					
5	5					
98	65					
244	128	1				
287	150					
247	147	1				
205	121					
1923	1078					
836	500					

4-16 续表 2

行业中类	法人单位数（个）			
		7人及以下	8-19人	20-49人
针织或钩针编织服装制造	7121	3497	1466	1200
服饰制造	9739	5080	2531	1421
皮革、毛皮、羽毛及其制品和制鞋业	19569	8544	4536	3604
皮革鞣制加工	545	276	109	88
皮革制品制造	5164	2614	1214	790
毛皮鞣制及制品加工	1226	924	184	83
羽毛(绒)加工及制品制造	343	199	64	41
制鞋业	12291	4531	2965	2602
木材加工和木、竹、藤、棕、草制品业	6794	3572	1718	1068
木材加工	1136	647	255	205
人造板制造	578	223	133	121
木质制品制造	3601	1973	897	504
竹、藤、棕、草等制品制造	1479	729	433	238
家具制造业	7057	3348	1698	1167
木质家具制造	4502	2243	1148	712
竹、藤家具制造	183	79	40	36
金属家具制造	1113	396	247	221
塑料家具制造	159	68	27	34
其他家具制造	1100	562	236	164
造纸和纸制品业	12789	7797	3080	1184
纸浆制造	15	8	3	2
造纸	1715	889	341	206
纸制品制造	11059	6900	2736	976
印刷和记录媒介复制业	10993	6126	2951	1317
印刷	10258	5643	2775	1256
装订及印刷相关服务	725	477	174	59
记录媒介复制	10	6	2	2
文教、工美、体育和娱乐用品制造业	21951	12789	5140	2615
文教办公用品制造	3627	1905	1000	477
乐器制造	250	136	58	25
工艺美术及礼仪用品制造	12086	7382	2767	1307
体育用品制造	2295	1293	488	310
玩具制造	2791	1456	671	415
游艺器材及娱乐用品制造	902	617	156	81
石油、煤炭及其他燃料加工业	436	249	112	53
精炼石油产品制造	231	128	49	35
煤炭加工	47	31	9	6
核燃料加工	1		1	
生物质燃料加工	157	90	53	12
化学原料和化学制品制造业	8444	4342	1960	1190
基础化学原料制造	961	430	198	157
肥料制造	240	144	71	16
农药制造	78	21	10	14
涂料、油墨、颜料及类似产品制造	2096	1147	506	268
合成材料制造	1217	541	282	212
专用化学产品制造	2529	1394	574	330
炸药、火工及焰火产品制造	15	2	6	2
日用化学产品制造	1308	663	313	191

50-99人	100-299人	300-499人	500-999人	1000-4999人	5000-9999人	10000人及以上
580	378					
507	200					
2066	818	1				
42	30					
371	174	1				
24	11					
19	20					
1610	583					
305	131					
26	3					
64	37					
155	72					
60	19					
506	338					
253	146					
17	11					
139	110					
17	13					
80	58					
428	300					
1	1					
143	136					
284	163					
414	185					
405	179					
9	6					
900	507					
158	87					
21	10					
419	211					
138	66					
141	108					
23	25					
15	7					
13	6					
	1					
2						
537	413	2				
86	89	1				
6	3					
13	20					
103	72					
98	83	1				
149	82					
2	3					
80	61					

4-16 续表 3

行业中类	法人单位数（个）			
		7人及以下	8-19人	20-49人
医药制造业	1147	457	190	167
化学药品原料药制造	183	73	26	23
化学药品制剂制造	95	29	9	7
中药饮片加工	106	43	14	17
中成药生产	83	33	6	10
兽用药品制造	63	24	14	7
生物药品制品制造	212	100	35	30
卫生材料及医药用品制造	314	137	75	52
药用辅料及包装材料	91	18	11	21
化学纤维制造业	1749	726	451	333
纤维素纤维原料及纤维制造	61	38	8	8
合成纤维制造	1633	656	428	320
生物基材料制造	55	32	15	5
橡胶和塑料制品业	33802	19465	8090	4055
橡胶制品业	3958	2267	919	491
塑料制品业	29844	17198	7171	3564
非金属矿物制品业	12958	6999	2769	1756
水泥、石灰和石膏制造	505	252	69	68
石膏、水泥制品及类似制品制造	2834	1335	476	361
砖瓦、石材等建筑材料制造	4110	2570	878	454
玻璃制造	437	178	109	97
玻璃制品制造	1997	937	557	347
玻璃纤维和玻璃纤维增强塑料制品制造	462	220	109	76
陶瓷制品制造	1054	653	202	124
耐火材料制品制造	617	308	164	96
石墨及其他非金属矿物制品制造	942	546	205	133
黑色金属冶炼和压延加工业	2383	1114	516	433
炼铁	10	6	2	2
炼钢	12	8	3	
钢压延加工	2299	1080	501	415
铁合金冶炼	62	20	10	16
有色金属冶炼和压延加工业	3083	1374	750	571
常用有色金属冶炼	130	61	28	22
贵金属冶炼	9	1	1	2
稀有稀土金属冶炼	16	9	3	2
有色金属合金制造	700	345	185	113
有色金属压延加工	2228	958	533	432
金属制品业	39860	22066	9672	5199
结构性金属制品制造	8451	5112	1902	988
金属工具制造	4533	2410	1214	579
集装箱及金属包装容器制造	681	288	155	127
金属丝绳及其制品制造	993	555	266	117
建筑、安全用金属制品制造	11772	6682	3084	1425
金属表面处理及热处理加工	2567	1016	635	495
搪瓷制品制造	423	248	89	55
金属制日用品制造	3812	2134	768	514
铸造及其他金属制品制造	6628	3621	1559	899

50-99人	100-299人	300-499人	500-999人	1000-4999人	5000-9999人	10000人及以上
145	186	1	1			
21	40					
14	34	1	1			
14	18					
14	20					
5	13					
22	25					
27	23					
28	13					
114	124	1				
2	5					
111	117	1				
1	2					
1387	805					
178	103					
1209	702					
993	441					
67	49					
450	212					
175	33					
38	15					
110	46					
40	17					
48	27					
28	21					
37	21					
203	117					
1						
193	110					
9	7					
245	143					
12	7					
2	3					
2						
40	17					
189	116					
1941	981	1				
314	135					
201	129					
73	38					
36	19					
411	169	1				
287	134					
20	11					
230	166					
369	180					

4-16 续表 4

行业中类	法人单位数（个）			
		7人及以下	8-19人	20-49人
通用设备制造业	52928	28329	13363	7071
锅炉及原动设备制造	585	258	137	86
金属加工机械制造	5254	2836	1374	696
物料搬运设备制造	1855	804	410	332
泵、阀门、压缩机及类似机械制造	12069	6025	3010	1769
轴承、齿轮和传动部件制造	5191	2239	1396	877
烘炉、风机、包装等设备制造	5869	2954	1485	879
文化、办公用机械制造	442	227	93	54
通用零部件制造	19430	11505	4998	2165
其他通用设备制造业	2233	1481	460	213
专用设备制造业	26227	14227	6388	3527
采矿、冶金、建筑专用设备制造	1010	504	246	144
化工、木材、非金属加工专用设备制造	10742	6393	2637	1112
食品、饮料、烟草及饲料生产专用设备制造	782	416	194	113
印刷、制药、日化及日用品生产专用设备制造	1087	546	270	150
纺织、服装和皮革加工专用设备制造	3369	1752	865	424
电子和电工机械专用设备制造	744	404	172	92
农、林、牧、渔专用机械制造	966	520	199	132
医疗仪器设备及器械制造	3302	1194	839	867
环保、邮政、社会公共服务及其他专用设备制造	4225	2498	966	493
汽车制造业	16855	7952	4125	2627
汽车整车制造	67	28	8	17
汽车用发动机制造	34	10	6	7
改装汽车制造	25	6	3	4
低速汽车制造	1	1		
电车制造	11	9	2	
汽车车身、挂车制造	138	50	23	27
汽车零部件及配件制造	16579	7848	4083	2572
铁路、船舶、航空航天和其他运输设备制造业	4276	2084	1014	661
铁路运输设备制造	154	65	32	28
城市轨道交通设备制造	25	9	4	7
船舶及相关装置制造	872	427	208	116
航空、航天器及设备制造	55	27	8	9
摩托车制造	1321	574	352	225
自行车和残疾人座车制造	621	336	129	87
助动车制造	702	393	158	96
非公路休闲车及零配件制造	426	205	102	75
潜水救捞及其他未列明运输设备制造	100	48	21	18
电气机械和器材制造业	37694	20757	8837	4697
电机制造	3364	1460	888	560
输配电及控制设备制造	16222	9573	3782	1738
电线、电缆、光缆及电工器材制造	3122	1428	811	519
电池制造	431	188	79	71
家用电力器具制造	6935	4049	1418	802
非电力家用器具制造	836	490	167	103
照明器具制造	5552	2762	1464	779
其他电气机械及器材制造	1232	807	228	125

50-99人	100-299人	300-499人	500-999人	1000-4999人	5000-9999人	10000人及以上
2646	1518		1			
56	48					
236	112					
190	119					
795	470					
403	276					
329	221		1			
40	28					
542	220					
55	24					
1329	754	2				
69	47					
371	227	2				
42	17					
72	49					
208	120					
51	25					
65	50					
275	127					
176	92					
1258	888	3	2			
9	5					
5	5		1			
5	7					
20	18					
1219	853	3	1			
319	197		1			
19	10					
2	3					
79	41		1			
10	1					
104	66					
40	29					
35	20					
25	19					
5	8					
2001	1397	5				
258	198					
666	463					
233	130	1				
46	45	2				
373	292	1				
42	34					
335	212					
48	23	1				

4-16 续表 5

行业中类	法人单位数（个）	7人及以下	8-19人	20-49人
计算机、通信和其他电子设备制造业	10798	5653	2456	1449
计算机制造	425	247	77	44
通信设备制造	963	492	206	127
广播电视设备制造	201	85	51	17
雷达及配套设备制造	11	7	2	
非专业视听设备制造	523	232	131	92
智能消费设备制造	434	232	77	55
电子器件制造	1413	695	322	196
电子元件及电子专用材料制造	6088	3192	1454	843
其他电子设备制造	740	471	136	75
仪器仪表制造业	5642	3120	1270	700
通用仪器仪表制造	4175	2344	959	487
专用仪器仪表制造	638	327	134	94
钟表与计时仪器制造	146	81	25	21
光学仪器制造	246	118	49	44
衡器制造	194	86	51	36
其他仪器仪表制造业	243	164	52	18
其他制造业	7010	4659	1289	697
日用杂品制造	5045	3146	989	573
核辐射加工	4	4		
其他未列明制造业	1961	1509	300	124
废弃资源综合利用业	705	410	134	88
金属废料和碎屑加工处理	285	153	43	37
非金属废料和碎屑加工处理	420	257	91	51
金属制品、机械和设备修理业	2108	1380	335	220
金属制品修理	46	32	9	5
通用设备修理	282	193	63	23
专用设备修理	264	221	26	14
铁路、船舶、航空航天等运输设备修理	910	444	149	157
电气设备修理	149	123	18	6
仪器仪表修理	21	15	5	1
其他机械和设备修理业	436	352	65	14
电力、热力、燃气及水生产和供应业	**5142**	**3263**	**973**	**450**
电力、热力生产和供应业	3642	2600	603	191
电力生产	3354	2468	545	159
电力供应	151	87	17	13
热力生产和供应	137	45	41	19
燃气生产和供应业	273	102	54	60
燃气生产和供应业	263	96	50	60
生物质燃气生产和供应业	10	6	4	
水的生产和供应业	1227	561	316	199
自来水生产和供应	530	219	125	87
污水处理及其再生利用	580	276	144	108
海水淡化处理	3	2		1
其他水的处理、利用与分配	114	64	47	3
建筑业	**48943**	**35656**	**6603**	**3103**
房屋建筑业	6425	3807	852	536

50-99人	100-299人	300-499人	500-999人	1000-4999人	5000-9999人	10000人及以上
643	597					
25	32					
71	67					
24	24					
	2					
30	38					
31	39					
100	100					
326	273					
36	22					
303	249					
199	186					
50	33					
15	4					
22	13					
11	10					
6	3					
262	103					
241	96					
21	7					
45	28					
33	19					
12	9					
109	60	3	1			
1	2					
1	2					
105	51	3	1			
	2					
2	3					
233	**222**	**1**				
115	132	1				
89	93					
4	29	1				
22	10					
37	20					
37	20					
81	70					
48	51					
33	19					
1572	**1296**	**359**	**221**	**118**	**11**	**4**
379	453	177	128	81	10	2

4-16 续表 6

行业中类	法人单位数（个）	7人及以下	8-19人	20-49人
住宅房屋建筑	5520	3288	755	459
体育场馆建筑	11	7		1
其他房屋建筑业	894	512	97	76
土木工程建筑业	11067	7025	1628	1009
铁路、道路、隧道和桥梁工程建筑	4714	2552	692	522
水利和水运工程建筑	671	371	82	77
海洋工程建筑	50	36	7	5
工矿工程建筑	162	89	30	19
架线和管道工程建筑	815	484	164	77
节能环保工程施工	364	284	49	20
电力工程施工	345	259	42	23
其他土木工程建筑	3946	2950	562	266
建筑安装业	6655	4713	1108	516
电气安装	2360	1659	375	203
管道和设备安装	1930	1410	333	116
其他建筑安装业	2365	1644	400	197
建筑装饰、装修和其他建筑业	24796	20111	3015	1042
建筑装饰和装修业	18967	15453	2297	758
建筑物拆除和场地准备活动	3776	3074	459	176
提供施工设备服务	203	142	30	21
其他未列明建筑业	1850	1442	229	87
批发和零售业	**451021**	**396974**	**44201**	**9023**
批发业	284286	245793	32285	5462
农、林、牧、渔产品批发	4740	4080	513	127
食品、饮料及烟草制品批发	17928	15320	2054	476
纺织、服装及家庭用品批发	90597	78412	10014	1892
文化、体育用品及器材批发	15608	13796	1524	248
医药及医疗器材批发	6544	5197	1073	239
矿产品、建材及化工产品批发	65711	55940	8625	1022
机械设备、五金产品及电子产品批发	55976	48218	6504	1136
贸易经纪与代理	6842	6156	591	80
其他批发业	20340	18674	1387	242
零售业	166735	151181	11916	3561
综合零售	3448	2885	373	181
食品、饮料及烟草制品专门零售	14970	13713	1001	252
纺织、服装及日用品专门零售	26133	24041	1666	415
文化、体育用品及器材专门零售	9002	8044	723	230
医药及医疗器材专门零售	12440	11584	663	188
汽车、摩托车、零配件和燃料及其他动力销售	14160	11698	1529	925
家用电器及电子产品专门零售	14219	12244	1539	432
五金、家具及室内装饰材料专门零售	20213	18607	1377	226
货摊、无店铺及其他零售业	52150	48365	3045	712
交通运输、仓储和邮政业	**31548**	**21353**	**5778**	**2870**
铁路运输业				
铁路旅客运输				
铁路货物运输				
铁路运输辅助活动				

50-99人	100-299人	300-499人	500-999人	1000-4999人	5000-9999人	10000人及以上
317	364	154	105	69	8	1
	3					
62	86	23	23	12	2	1
669	517	130	67	22		
409	371	104	49	15		
78	48	6	7	2		
1	1					
12	6	3	3			
57	29	3	1			
9	1	1				
15	6					
88	55	13	7	5		
184	113	13	6	1	1	
78	39	3	2		1	
34	31	5	1			
72	43	5	3	1		
340	213	39	20	14		2
266	150	28	8	6		1
41	17	2	4	2		1
3	5	1		1		
30	41	8	8	5		
713	**97**	**7**	**6**			
652	86	4	4			
15	5					
71	6	1				
248	30		1			
36	4					
32	2	1				
109	11	1	3			
100	17	1				
10	5					
31	6					
61	11	3	2			
8	1					
2	2					
9	1		1			
3	1		1			
4	1					
3	2	3				
3	1					
3						
26	2					
998	**525**	**18**	**4**	**2**		

4-16 续表 7

行业中类	法人单位数（个）	7人及以下	8-19人	20-49人
道路运输业	19204	13284	3515	1625
城市公共交通运输	531	260	104	64
公路旅客运输	449	153	77	97
道路货物运输	17178	12209	3173	1338
道路运输辅助活动	1046	662	161	126
水上运输业	1278	580	222	238
水上旅客运输	84	36	16	14
水上货物运输	831	342	132	182
水上运输辅助活动	363	202	74	42
航空运输业	122	74	23	13
航空客货运输	54	37	11	2
通用航空服务	40	22	9	7
航空运输辅助活动	28	15	3	4
管道运输业	4	2	1	
海底管道运输	1		1	
陆地管道运输	3	2		
多式联运和运输代理业	6907	5065	1253	432
多式联运	19	11	4	2
运输代理业	6888	5054	1249	430
装卸搬运和仓储业	2568	1661	449	308
装卸搬运	1256	878	194	121
通用仓储	551	336	102	70
低温仓储	98	65	21	8
危险品仓储	67	22	16	20
谷物、棉花等农产品仓储	131	42	28	46
中药材仓储	1			
其他仓储业	464	318	88	43
邮政业	1465	687	315	254
邮政基本服务	17	11	2	1
快递服务	1437	668	311	253
其他寄递服务	11	8	2	
住宿和餐饮业	**24318**	**16152**	**4992**	**2293**
住宿业	8824	5757	1844	852
旅游饭店	1657	728	334	322
一般旅馆	5965	4034	1353	493
民宿服务	977	822	123	29
露营地服务	9	7	1	1
其他住宿业	216	166	33	7
餐饮业	15494	10395	3148	1441
正餐服务	11894	7576	2584	1277
快餐服务	1097	780	226	68
饮料及冷饮服务	764	612	102	42
餐饮配送及外卖送餐服务	352	258	56	22
其他餐饮业	1387	1169	180	32
信息传输、软件和信息技术服务业	**53992**	**44779**	**6002**	**2398**
电信、广播电视和卫星传输服务	791	558	109	86
电信	702	508	100	71

50-99人	100-299人	300-499人	500-999人	1000-4999人	5000-9999人	10000人及以上
474	285	15	4	2		
38	49	11	3	2		
66	54	2				
323	133	1	1			
47	49	1				
153	85					
6	12					
119	56					
28	17					
5	7					
2	2					
2						
1	5					
1						
1						
96	61					
	2					
96	59					
135	12	3				
50	10	3				
41	2					
4						
9						
15						
1						
15						
134	75					
2	1					
132	73					
	1					
730	**148**	**3**				
298	72	1				
217	55	1				
72	13					
3						
6	4					
432	76	2				
389	66	2				
18	5					
7	1					
13	3					
5	1					
751	**58**	**2**	**1**	**1**		
37	1					
23						

4-16 续表 8

行业中类	法人单位数（个）	7人及以下	8-19人	20-49人
广播电视传输服务	77	44	8	10
卫星传输服务	12	6	1	5
互联网和相关服务	5389	4302	659	315
互联网接入及相关服务	329	263	46	15
互联网信息服务	2919	2418	317	135
互联网平台	729	487	123	80
互联网安全服务	62	47	8	7
互联网数据服务	195	139	28	18
其他互联网服务	1155	948	137	60
软件和信息技术服务业	47812	39919	5234	1997
软件开发	33847	28001	3861	1502
集成电路设计	254	196	36	18
信息系统集成和物联网技术服务	1817	1409	257	101
运行维护服务	306	234	41	17
信息处理和存储支持服务	308	218	47	24
信息技术咨询服务	7620	6646	689	221
数字内容服务	530	405	78	38
其他信息技术服务业	3130	2810	225	76
金融业	**16196**	**14188**	**920**	**324**
货币金融服务	1307	671	284	111
中央银行服务				
货币银行服务	261	13	6	32
非货币银行服务	1046	658	278	79
银行理财服务				
银行监管服务				
资本市场服务	13038	12529	425	63
证券市场服务				
公开募集证券投资基金				
非公开募集证券投资基金	1921	1553	323	33
期货市场服务				
证券期货监管服务				
资本投资服务	1532	1453	54	18
其他资本市场服务	9585	9523	48	12
保险业	758	152	66	88
人身保险	251	7	9	16
财产保险	290	40	32	38
再保险				
商业养老金	11		1	6
保险中介服务	116	23	20	26
保险资产管理	1			1
保险监管服务				
其他保险活动	89	82	4	1
其他金融业	1093	836	145	62
金融信托与管理服务	70	58	7	3
控股公司服务	345	303	27	8
非金融机构支付服务	8		1	3
金融信息服务	260	206	30	11
金融资产管理公司	9	5	1	2
其他未列明金融业	401	264	79	35

50-99人	100-299人	300-499人	500-999人	1000-4999人	5000-9999人	10000人及以上
14	1					
101	11	1				
5						
46	3					
33	5	1				
10						
7	3					
613	46	1	1	1		
448	33	1		1		
4						
49	1					
13	1					
17	2					
58	5		1			
8	1					
16	3					
191	**242**	**93**	**120**	**95**	**18**	**5**
70	70	34	50	17		
50	62	32	50	16		
20	8	2		1		
18	2	1				
10	2					
6		1				
2						
75	150	58	69	77	18	5
27	56	30	40	49	13	4
33	75	23	26	21	2	
1	2	1				
13	16	4	3	7	3	1
1	1					
28	20		1	1		
1	1					
1	4		1	1		
2	2					
9	4					
1						
14	9					

4-16 续表 9

行业中类	法人单位数（个）	7人及以下	8-19人	20-49人
房地产业	**33016**	**23936**	**5125**	**2647**
房地产业	33016	23936	5125	2647
房地产开发经营	7943	4687	1847	1124
物业管理	8444	4904	1635	1009
房地产中介服务	15982	13836	1555	473
房地产租赁经营				
其他房地产业	647	509	88	41
租赁和商务服务业	**126533**	**107452**	**13068**	**4073**
租赁业	9138	7678	1101	292
机械设备经营租赁	8660	7270	1048	279
文体设备和用品出租	410	353	45	9
日用品出租	68	55	8	4
商务服务业	117395	99774	11967	3781
组织管理服务	33224	29676	2343	865
综合管理服务	3644	2435	676	341
法律服务	422	328	23	32
咨询与调查	37681	32696	3627	1087
广告业	19653	16922	2266	371
人力资源服务	5557	3891	761	387
安全保护服务	1320	795	191	100
会议、展览及相关服务	2324	1928	293	86
其他商务服务业	13570	11103	1787	512
科学研究和技术服务业	**57417**	**46030**	**7496**	**2981**
研究和试验发展	9220	7484	1246	403
自然科学研究和试验发展	355	302	42	11
工程和技术研究和试验发展	7169	5824	971	312
农业科学研究和试验发展	396	336	45	9
医学研究和试验发展	1268	995	184	70
社会人文科学研究	32	27	4	1
专业技术服务业	28192	21312	4215	1967
气象服务	39	32	4	3
地震服务	5	5		
海洋服务	54	39	7	8
测绘地理信息服务	513	212	166	113
质检技术服务	2335	1245	507	429
环境与生态监测检测服务	556	377	99	59
地质勘查	78	37	21	15
工程技术与设计服务	13411	9964	2039	986
工业与专业设计及其他专业技术服务	11201	9401	1372	354
科技推广和应用服务业	20005	17234	2035	611
技术推广服务	15048	12898	1586	459
知识产权服务	1717	1432	207	70
科技中介服务	541	460	60	18
创业空间服务	180	153	19	4
其他科技推广服务业	2519	2291	163	60

50-99人	100-299人	300-499人	500-999人	1000-4999人	5000-9999人	10000人及以上
904	**396**	**8**				
904	396	8				
255	29	1				
522	367	7				
118						
9						
1165	**454**	**102**	**103**	**108**	**5**	**3**
49	17		1			
48	14		1			
1	2					
	1					
1116	437	102	102	108	5	3
265	64	5	3	2		1
168	22	1			1	
32	7					
201	67	2	1			
79	14	1				
192	153	48	55	64	4	2
43	65	41	43	42		
12	5					
124	40	4				
910						
87						
62						
6						
19						
698						
22						
154						
21						
5						
422						
74						
125						
105						
8						
3						
4						
5						

4-16 续表 10

行业中类	法人单位数（个）	7人及以下	8-19人	20-49人
水利、环境和公共设施管理业	**6904**	**4877**	**1150**	**636**
水利管理业	361	237	70	42
防洪除涝设施管理	73	49	14	7
水资源管理	103	60	26	11
天然水收集与分配	41	21	7	10
水文服务	12	9	3	
其他水利管理业	132	98	20	14
生态保护和环境治理业	1146	801	202	107
生态保护	54	30	15	5
环境治理业	1092	771	187	102
公共设施管理业	4969	3526	816	444
市政设施管理	664	469	92	74
环境卫生管理	1196	824	220	94
城乡市容管理	72	55	7	9
绿化管理	1832	1332	308	155
城市公园管理	55	35	8	10
游览景区管理	1150	811	181	102
土地管理业	428	313	62	43
土地整治服务	326	248	44	27
土地调查评估服务	47	27	11	7
土地登记服务	5	5		
土地登记代理服务	22	15	4	3
其他土地管理服务	28	18	3	6
居民服务、修理和其他服务业	**24472**	**18574**	**4237**	**1360**
居民服务业	10752	8376	1600	626
家庭服务	2295	1821	299	127
托儿所服务	179	144	25	9
洗染服务	437	259	111	52
理发及美容服务	2050	1600	342	84
洗浴和保健养生服务	1988	1327	404	221
摄影扩印服务	1330	1116	168	42
婚姻服务	1009	864	119	25
殡葬服务	384	277	66	36
其他居民服务业	1080	968	66	30
机动车、电子产品和日用产品修理业	9307	6861	1943	452
汽车、摩托车等修理与维护	7272	5119	1714	393
计算机和办公设备维修	832	729	77	24
家用电器修理	1009	837	137	32
其他日用产品修理业	194	176	15	3
其他服务业	4413	3337	694	282
清洁服务	3277	2391	562	230
宠物服务	196	135	50	9
其他未列明服务业	940	811	82	43
教育				
教育				
学前教育				
初等教育				

50-99人	100-299人	300-499人	500-999人	1000-4999人	5000-9999人	10000人及以上
241						
12						
3						
6						
3						
36						
4						
32						
183						
29						
58						
1						
37						
2						
56						
10						
7						
2						
1						
301						
150						
48						
1						
15						
24						
36						
4						
1						
5						
16						
51						
46						
2						
3						
100						
94						
2						
4						

4-16 续表 11

行业中类	法人单位数（个）	7人及以下	8-19人	20-49人
中等教育				
高等教育				
特殊教育				
技能培训、教育辅助及其他教育				
卫生和社会工作	**745**	**447**	**79**	**82**
卫生	162	6	3	41
医院	86	3		11
基层医疗卫生服务	64	1	3	26
专业公共卫生服务	2			2
其他卫生活动	10	2		2
社会工作	583	441	76	41
提供住宿社会工作	532	401	67	39
不提供住宿社会工作	51	40	9	2
文化、体育和娱乐业	**32284**	**27613**	**3335**	**1104**
新闻和出版业	163	93	29	23
新闻业	15	7	5	3
出版业	148	86	24	20
广播、电视、电影和录音制作业	7240	6165	722	295
广播	192	172	16	3
电视	139	124	9	5
影视节目制作	5877	5356	400	91
广播电视集成播控	8	4	1	2
电影和广播电视节目发行	243	219	20	3
电影放映	706	221	272	190
录音制作	75	69	4	1
文化艺术业	5593	4793	553	208
文艺创作与表演	2395	1979	255	136
艺术表演场馆	50	29	7	9
图书馆与档案馆	230	162	45	18
文物及非物质文化遗产保护	46	38	5	3
博物馆	28	20	5	3
烈士陵园、纪念馆	4	2	2	
群众文体活动	493	426	55	10
其他文化艺术业	2347	2137	179	29
体育	2968	2371	441	124
体育组织	495	429	47	15
体育场地设施管理	199	150	34	10
健身休闲活动	2185	1710	354	98
其他体育	89	82	6	1
娱乐业	16320	14191	1590	454
室内娱乐活动	7744	6608	812	279
游乐园	195	130	34	21
休闲观光活动	752	631	85	31
彩票活动	12	8	4	
文化体育娱乐活动与经纪代理服务	7540	6755	645	117
其他娱乐业	77	59	10	6

50-99人	100-299人	300-499人	500-999人	1000-4999人	5000-9999人	10000人及以上
137						
112						
72						
34						
6						
25						
25						
232						
18						
18						
58						
1						
1						
30						
1						
1						
23						
1						
39						
25						
5						
5						
2						
2						
32						
4						
5						
23						
85						
45						
10						
5						
23						
2						

4-17 按地区、运营状态分组的小微企业法人单位数

地　区	法　人 单位数 (个)								
		正常运营	停业(歇业)	筹建	当年关闭	当年破产	当年注销	当年吊销	其他
全　省	**1333713**	**1077085**	**140886**	**73462**	**17744**	**696**	**22503**	**1198**	**139**
杭州市	**316734**	**232362**	**58531**	**17935**	**2052**	**119**	**5483**	**228**	**24**
上城区	11798	9325	1372	920	35	4	138	2	2
下城区	20838	16781	2798	1086	15	1	154	2	1
江干区	37823	30692	3979	2561	116	5	462	5	3
拱墅区	26628	20426	5125	322	165	5	564	17	4
西湖区	35873	24765	9451	769	204	6	638	38	2
滨江区	22879	17031	3882	1463	43	5	453	1	1
萧山区	54435	37485	12015	3529	481	39	813	71	2
余杭区	50151	35140	9275	4160	264	14	1235	61	2
富阳区	18787	14569	3563	236	149	3	255	11	1
临安区	10327	8827	922	189	82	4	302		1
桐庐县	12712	8500	2996	817	138	16	231	14	
淳安县	7127	4342	854	1726	73	9	118		5
建德市	7356	4479	2299	157	287	8	120	6	
宁波市	**259646**	**214968**	**26024**	**12842**	**1744**	**94**	**3697**	**263**	**14**
海曙区	32615	26819	3467	1583	202	4	444	94	2
江北区	19130	16933	850	1127	85	2	131		2
北仑区	37379	35801	799	617	18	2	136	5	1
镇海区	15372	13541	975	622	80	4	136	13	1
鄞州区	67906	53051	7994	4464	514	18	1730	131	4
奉化区	10517	8144	1479	546	188	7	152	1	
象山县	10870	7382	1953	1161	114	20	235	5	
宁海县	11556	10410	605	337	96	6	100	1	1
余姚市	21880	19350	1886	349	109	13	159	12	2
慈溪市	32421	23537	6016	2036	338	18	474	1	1
温州市	**175555**	**134956**	**18891**	**11607**	**5424**	**204**	**4091**	**354**	**28**
鹿城区	24988	18310	3031	1115	1163	10	1333	22	4
龙湾区	20115	16741	2358	278	354	19	264	98	3
瓯海区	15486	11609	2375	746	395	21	334	3	3
洞头区	2297	1482	402	270	40	2	99	1	1
永嘉县	15021	10617	2153	1531	344	4	311	58	3
平阳县	12790	9038	1822	1364	321	7	200	34	4
苍南县	21704	17821	1495	1722	363	12	277	7	7
文成县	2043	1607	135	233	18		49	1	
泰顺县	2416	1570	324	380	84		58		
瑞安市	24489	16827	3035	2592	1022	91	794	127	1
乐清市	34206	29334	1761	1376	1320	38	372	3	2
嘉兴市	**107076**	**89433**	**7793**	**6858**	**1683**	**17**	**1266**	**26**	
南湖区	19788	16182	1171	1905	269	2	257	2	
秀洲区	13528	12152	613	474	183		102	4	
嘉善县	14092	12377	639	602	274	2	198		
海盐县	8166	6882	474	434	215	3	155	3	
海宁市	19321	15966	1493	1345	259	9	234	15	
平湖市	13582	9883	2149	1119	261	1	167	2	
桐乡市	18599	15991	1254	979	222		153		
湖州市	**49375**	**42438**	**3428**	**2077**	**697**	**33**	**649**	**24**	**29**
吴兴区	14774	12130	1527	708	192	3	188	7	19
南浔区	6972	6259	323	154	146	1	87	1	1
德清县	7719	6785	408	368	80	5	66	6	1
长兴县	12198	10565	637	560	194	15	214	6	7
安吉县	7712	6699	533	287	85	9	94	4	1

4-17　续表

地　区	法　人单位数(个)	正常运营	停业(歇业)	筹建	当年关闭	当年破产	当年注销	当年吊销	其他
绍兴市	**116045**	**96493**	**9744**	**4685**	**2514**	**69**	**2333**	**190**	**17**
越城区	19888	17356	1075	1010	217	13	205	11	1
柯桥区	38743	29163	5680	2542	711	6	579	51	11
上虞区	15850	15287	280	147	78	2	55		1
新昌县	5984	4930	461	94	343	2	139	15	
诸暨市	24579	20190	1674	737	732	45	1139	61	1
嵊州市	11001	9567	574	155	433	1	216	52	3
金华市	**147386**	**129976**	**5475**	**9108**	**893**	**66**	**1832**	**27**	**9**
婺城区	12605	10815	751	752	106	6	171	2	2
金东区	8221	7577	202	287	38	1	109	5	2
武义县	5498	4910	365	143	34	11	32	2	1
浦江县	6592	5904	384	183	80	7	33		1
磐安县	3205	2705	328	144	7	5	16		
兰溪市	6128	4728	615	396	238	15	132	4	
义乌市	72163	63226	1533	6292	124	16	965	6	1
东阳市	11811	10114	606	828	74	3	182	2	2
永康市	21163	19997	691	83	192	2	192	6	
衢州市	**23751**	**19471**	**2260**	**1283**	**242**	**23**	**456**	**13**	**3**
柯城区	8270	6774	880	389	85	2	137	3	
衢江区	3201	2814	216	110	19	1	39	1	1
常山县	2117	1764	232	66	15	4	33	3	
开化县	1916	1576	161	124	28	2	24		1
龙游县	3443	2863	299	123	66	4	87	1	
江山市	4804	3680	472	471	29	10	136	5	1
舟山市	**19067**	**13662**	**1872**	**2810**	**142**	**17**	**551**	**5**	**8**
定海区	11628	8077	1049	2026	41	5	423	3	4
普陀区	4676	3487	576	447	56	8	98		4
岱山县	1970	1478	184	247	38	4	18	1	
嵊泗县	793	620	63	90	7		12	1	
台州市	**99565**	**86958**	**5558**	**2940**	**2157**	**43**	**1866**	**39**	**4**
椒江区	11325	10125	554	319	135		191		1
黄岩区	12231	10543	710	537	74	1	349	17	
路桥区	13861	11817	748	298	623	9	366		
三门县	4762	3495	622	358	192	7	78	10	
天台县	7831	6520	643	319	235	5	106	2	1
仙居县	4518	3289	775	376	43	1	33	1	
温岭市	20476	18046	1027	370	585	14	430	3	1
临海市	12333	11223	304	285	240	4	270	6	1
玉环市	12228	11900	175	78	30	2	43		
丽水市	**19513**	**16368**	**1310**	**1317**	**196**	**11**	**279**	**29**	**3**
莲都区	4592	4329	89	121	13		37	2	1
青田县	3683	2196	657	541	106	5	151	27	
缙云县	2928	2642	141	115	20		10		
遂昌县	1720	1241	156	268	32	2	21		
松阳县	1239	1183	21	28	2		4		1
云和县	1647	1455	79	82	9	2	19		1
庆元县	1159	970	93	68	6		22		
景宁畲族自治县	654	600	17	35		1	1		
龙泉市	1891	1752	57	59	8	1	14		

4-18 按地区、运营状态分组的小微企业法人从业人员数

地 区	从业人员期末人数（人）								
		正常运营	停业(歇业)	筹建	当年关闭	当年破产	当年注销	当年吊销	其他
全 省	**13495456**	**13182022**	**175025**	**69212**	**33085**	**2966**	**30232**	**1220**	**1694**
杭州市	**2594628**	**2504667**	**68035**	**13145**	**3477**	**1417**	**3415**	**93**	**379**
上城区	110688	109246	775	457	60	3	129	2	16
下城区	134897	129462	3995	1180	28	12	217	3	
江干区	299699	293610	4341	1469	56	16	152	1	54
拱墅区	200300	192317	6977	393	191	29	227	21	145
西湖区	274386	260551	12434	808	385		203	5	
滨江区	165733	162149	2573	696	45	1	222		47
萧山区	475420	451659	17138	4274	648	1159	518	22	2
余杭区	420064	409110	8266	1588	319	85	690	4	2
富阳区	192069	186793	4081	441	413	19	301	21	
临安区	129115	125365	2494	479	294	9	452		22
桐庐县	90245	88666	996	419	61	4	99		
淳安县	39738	38792	242	538	21		54		91
建德市	62274	56947	3723	403	956	80	151	14	
宁波市	**2711890**	**2684152**	**18576**	**8554**	**32**		**372**		**204**
海曙区	293429	290763	2028	570			65		3
江北区	181845	181253	270	301					21
北仑区	318727	317065	988	547	2		22		103
镇海区	184675	183255	647	736	4		28		5
鄞州区	557224	546933	7164	2872	10		216		29
奉化区	154326	153025	961	325	3		12		
象山县	127632	126680	411	541					
宁海县	165415	162626	2430	326	6		17		10
余姚市	316317	313928	1480	881			3		25
慈溪市	412300	408624	2197	1455	7		9		8
温州市	**1849992**	**1775030**	**32708**	**14926**	**14602**	**241**	**11580**	**348**	**557**
鹿城区	297765	270552	11788	1710	6294	111	7172	94	44
龙湾区	225970	219731	4116	385	635	23	656	188	236
瓯海区	179487	176027	2428	309	499	13	202		9
洞头区	21260	20625	212	251	48	3	118		3
永嘉县	127504	125685	1198	380	100		105	12	24
平阳县	129805	126134	1719	1182	467	5	241	6	51
苍南县	169120	163400	2048	2366	501	10	607	24	164
文成县	23550	20388	558	2202	51		350	1	
泰顺县	30765	29623	193	689	34		226		
瑞安市	281700	277449	1943	1035	742		518	9	4
乐清市	363066	345416	6505	4417	5231	76	1385	14	22
嘉兴市	**1212778**	**1193150**	**6525**	**8295**	**2887**	**306**	**1601**	**14**	
南湖区	180791	176886	983	2024	402	301	194	1	
秀洲区	154928	153309	696	422	443		58		
嘉善县	166876	163825	1338	884	609		220		
海盐县	115095	112929	513	545	612	1	489	6	
海宁市	236914	233661	932	1530	314	2	468	7	
平湖市	172173	168650	1067	2038	319	2	97		
桐乡市	186001	183890	996	852	188		75		
湖州市	**583080**	**573995**	**3896**	**2706**	**932**	**62**	**1333**	**61**	**95**
吴兴区	159483	157415	1012	653	76		309	12	6
南浔区	91706	90185	773	172	402		157	1	16
德清县	111394	109588	1015	560	123		83	25	
长兴县	127177	124448	844	885	298	32	582	17	71
安吉县	93320	92359	252	436	33	30	202	6	2

4-18　续表

地　区	从业人员期末人数(人)	正常运营	停业(歇业)	筹建	当年关闭	当年破产	当年注销	当年吊销	其他
绍兴市	**1127123**	**1099005**	**10532**	**8136**	**4779**	**243**	**3736**	**546**	**146**
越城区	171018	168257	1377	869	292	22	196	4	1
柯桥区	291012	287087	1569	1647	358		253	25	73
上虞区	193662	191528	696	1147	174	6	111		
新昌县	75345	73711	920	188	429	5	78	14	
诸暨市	264898	251491	4964	3790	1571	205	2666	206	5
嵊州市	131188	126931	1006	495	1955	5	432	297	67
金华市	**1357210**	**1334348**	**10055**	**5788**	**1912**	**269**	**4594**	**121**	**123**
婺城区	134998	133286	828	615	137	2	106	3	21
金东区	99685	98258	411	522	144	4	268	27	51
武义县	103983	101934	1264	145	273	198	95	60	14
浦江县	74180	73171	573	180	180	8	56		12
磐安县	50138	49317	293	399	74		55		
兰溪市	85053	82864	876	630	532		149	2	
义乌市	428635	420200	2556	2449	191	55	3163	11	10
东阳市	187998	185463	1498	671	173		176	2	15
永康市	192540	189855	1756	177	208	2	526	16	
衢州市	**279635**	**274696**	**1811**	**1777**	**410**	**201**	**702**	**6**	**32**
柯城区	70960	70007	383	373	111	6	80		
衢江区	39287	38831	204	181	33		34	4	
常山县	37703	37208	266	166	8	2	53		
开化县	22236	21604	191	321	63		41		16
龙游县	51085	49955	433	315	132	180	68	2	
江山市	58364	57091	334	421	63	13	426		16
舟山市	**205183**	**195420**	**5254**	**912**	**1336**	**206**	**2033**		**22**
定海区	101449	98536	1708	641	61	2	493		8
普陀区	63335	60619	852	171	243	3	1433		14
岱山县	32193	28256	2640	53	975	201	68		
嵊泗县	8206	8009	54	47	57		39		
台州市	**1295823**	**1274052**	**16249**	**2965**	**2439**	**4**	**63**		**51**
椒江区	156840	147160	8881	600	158				41
黄岩区	146141	145442	350	224	125				
路桥区	153027	149157	1965	521	1338		46		
三门县	59324	58381	266	516	161				
天台县	56411	55655	512	158	79		1		6
仙居县	64042	63648	209	141	28		16		
温岭市	294245	290517	3192	243	289				4
临海市	165850	164609	552	464	225				
玉环市	199943	199483	322	98	36	4			
丽水市	**278114**	**273507**	**1384**	**2008**	**279**	**17**	**803**	**31**	**85**
莲都区	71272	70431	125	323	33		326	2	32
青田县	36040	34848	552	349	111	2	149	29	
缙云县	44142	43673	174	266	22		7		
遂昌县	17254	16328	89	648	25	12	152		
松阳县	22535	22347	37	74	22		42		13
云和县	24652	24205	264	89	14	3	37		40
庆元县	18113	18022	19	50			22		
景宁畲族自治县	11159	11041	43	47			28		
龙泉市	32947	32612	81	162	52		40		

4-19 按地区、开业(成立)时间分组的

地　区	法人单位数(个)	1949年以前	1950-1977年	1978-1991年	1992-2000年	2001年	2002年	2003年	2004年	2005年	2006年
全　省	**1333713**	**43**	**529**	**7728**	**58746**	**16353**	**21294**	**24433**	**21794**	**22667**	**27973**
杭州市	**316734**	**8**	**97**	**986**	**12193**	**3732**	**4800**	**5857**	**5923**	**6005**	**6895**
上城区	11798	1	9	86	602	189	198	308	271	331	276
下城区	20838		5	88	986	316	397	502	442	428	456
江干区	37823		3	46	839	291	348	441	678	580	682
拱墅区	26628		8	73	719	267	386	522	549	647	697
西湖区	35873	1	6	97	1119	401	452	636	719	721	809
滨江区	22879	1	2	17	424	151	178	230	233	249	302
萧山区	54435	4	14	117	3144	876	1212	1294	1158	1243	1586
余杭区	50151		23	175	1785	502	541	756	711	743	910
富阳区	18787	1	3	56	828	222	343	443	381	354	367
临安区	10327		2	73	501	172	283	236	254	244	301
桐庐县	12712		10	87	641	169	273	273	256	203	240
淳安县	7127		2	39	208	57	70	75	129	82	99
建德市	7356		10	32	397	119	119	141	142	180	170
宁波市	**259646**	**9**	**125**	**1372**	**12693**	**3541**	**4343**	**4778**	**4343**	**4391**	**5609**
海曙区	32615	3	17	152	1361	386	467	565	565	574	750
江北区	19130		17	84	731	235	282	260	261	204	284
北仑区	37379	2	6	57	1155	337	393	516	379	386	553
镇海区	15372		10	120	991	309	317	400	298	269	342
鄞州区	67906	2	10	252	2291	559	812	848	852	901	1264
奉化区	10517		6	60	721	203	252	299	272	266	335
象山县	10870		2	66	652	135	167	221	224	217	287
宁海县	11556	2	4	106	616	158	173	262	241	250	285
余姚市	21880		43	189	1819	573	700	633	590	629	718
慈溪市	32421		10	286	2356	646	780	774	661	695	791
温州市	**175555**	**7**	**98**	**2423**	**10160**	**2024**	**2545**	**2982**	**2343**	**2522**	**3170**
鹿城区	24988		26	473	1696	301	408	490	310	406	458
龙湾区	20115	1	16	275	1353	294	345	330	285	298	380
瓯海区	15486		7	251	1121	238	266	264	232	209	290
洞头区	2297		5	42	146	14	24	29	24	24	42
永嘉县	15021	1	3	235	831	172	210	282	264	291	316
平阳县	12790	4	6	144	519	100	159	246	174	156	200
苍南县	21704	1	6	135	718	112	232	225	197	205	297
文成县	2043		9	25	99	23	23	33	22	34	35
泰顺县	2416		4	33	123	21	23	34	44	36	38
瑞安市	24489		9	493	1482	249	298	428	256	300	381
乐清市	34206		7	317	2072	500	557	621	535	563	733
嘉兴市	**107076**	**1**	**48**	**514**	**4287**	**1661**	**2055**	**2415**	**2165**	**2160**	**3064**
南湖区	19788		8	119	698	255	364	386	297	310	432
秀洲区	13528		4	70	462	161	260	288	247	228	323
嘉善县	14092		6	39	518	224	295	338	366	315	531
海盐县	8166		8	79	485	129	175	197	185	215	282
海宁市	19321		13	61	781	305	355	457	388	392	545
平湖市	13582		4	41	810	302	307	343	297	346	421
桐乡市	18599	1	5	105	533	285	299	406	385	354	530
湖州市	**49375**	**3**	**14**	**186**	**1793**	**674**	**762**	**815**	**744**	**770**	**876**
吴兴区	14774		4	51	483	155	179	173	155	174	201
南浔区	6972		4	39	365	125	153	155	109	127	117
德清县	7719		2	35	406	165	202	235	226	192	204
长兴县	12198		1	38	324	140	138	171	159	150	215
安吉县	7712	3	3	23	215	89	90	81	95	127	139

小微企业法人单位数

2007年	2008年	2009年	2010年	2011年	2012年	2013年	2014年	2015年	2016年	2017年	2018年	无开业年份
27911	**28742**	**36364**	**48543**	**50560**	**51473**	**87793**	**104680**	**109845**	**157657**	**211240**	**215146**	**2199**
6690	**7174**	**9600**	**12737**	**13269**	**12852**	**19018**	**24766**	**28138**	**38815**	**50712**	**46141**	**326**
251	262	359	387	476	503	608	775	1091	1470	2111	1221	13
417	464	656	810	813	769	1204	1729	2022	2564	3297	2469	4
574	664	1048	1223	1352	1432	2559	3337	3793	5027	6886	5997	23
720	805	1168	1614	1483	1269	1738	2054	2372	3279	3680	2578	
812	876	1128	1540	1667	1836	2403	3064	3602	4627	5561	3788	8
280	344	540	648	834	800	1147	2160	2615	3425	4176	4102	21
1521	1468	1835	2565	2575	2228	2957	3573	3852	5642	7491	8001	79
975	1000	1387	1961	2065	1917	2759	3570	4559	6696	8519	8528	69
337	413	476	618	649	665	1498	2092	1765	2185	2700	2388	3
328	321	404	518	475	519	603	783	757	1123	1329	1089	12
223	264	287	425	426	405	811	998	912	1424	2213	2140	32
98	115	127	150	192	245	364	288	381	660	1329	2356	61
154	178	185	278	262	264	367	343	417	693	1420	1484	1
5804	**6020**	**7263**	**9821**	**10047**	**10345**	**14680**	**19262**	**21591**	**31319**	**40950**	**41023**	**317**
816	906	969	1312	1364	1429	1981	2701	2940	3457	4832	5049	19
292	336	395	475	472	485	584	894	1101	2365	4672	4700	1
494	557	732	1212	1259	1266	1721	2604	3322	6398	7912	6107	11
313	332	374	569	589	620	873	1205	1310	1912	2030	2173	16
1410	1408	1929	2533	2755	2804	3949	5981	6565	8688	10360	11651	82
300	356	374	484	473	430	591	758	749	946	1352	1270	20
247	235	245	382	438	404	816	668	769	1150	1656	1860	29
274	288	307	414	456	506	958	857	952	1265	1609	1561	12
733	772	871	1091	1047	1105	1226	1397	1518	1854	2328	2019	25
925	830	1067	1349	1194	1296	1981	2197	2365	3284	4199	4633	102
3245	**3334**	**4464**	**6099**	**6735**	**6938**	**11389**	**16320**	**14292**	**19091**	**25191**	**29808**	**375**
450	406	538	751	739	793	999	2242	2206	3038	3786	4472	
388	395	577	627	831	900	1184	1747	1660	2031	3253	2935	10
278	271	379	564	658	635	793	1768	1283	1521	1988	2416	54
41	26	41	65	90	78	169	160	182	268	400	422	5
319	292	394	536	660	709	815	1526	1186	1500	2067	2398	14
192	208	288	391	443	485	725	956	1031	1470	2076	2787	30
348	393	453	695	660	705	1543	2257	1859	2742	3330	4543	48
21	32	48	36	75	47	92	152	184	233	362	454	4
44	37	68	75	90	93	95	282	170	224	362	519	1
428	459	587	818	871	863	3068	2567	1789	2338	2481	4127	197
736	815	1091	1541	1618	1630	1906	2663	2742	3726	5086	4735	12
2898	**2627**	**3225**	**4156**	**4202**	**4108**	**7135**	**7993**	**8175**	**11992**	**15914**	**16093**	**188**
443	429	585	698	762	657	1112	1437	1669	2548	3211	3346	22
312	303	422	557	591	541	812	1177	1184	1677	2199	1698	12
476	412	430	583	524	534	834	988	935	1447	2049	2204	44
278	258	260	320	322	341	475	606	615	879	1112	938	7
484	472	622	726	806	832	1668	1563	1368	2056	2557	2813	57
379	303	399	559	534	485	1028	916	981	1410	1883	1805	29
526	450	507	713	663	718	1206	1306	1423	1975	2903	3289	17
978	**966**	**1221**	**1614**	**1488**	**1650**	**4179**	**3652**	**4145**	**6094**	**8900**	**7775**	**76**
233	215	323	402	442	434	1279	1230	1468	2084	2705	2367	17
160	163	190	254	232	280	700	569	577	700	1208	736	9
219	169	205	313	230	277	579	518	554	793	1079	1096	20
215	246	314	400	366	369	979	821	889	1605	2136	2505	17
151	173	189	245	218	290	642	514	657	912	1772	1071	13

4-19 续表

地区	法人单位数（个）	1949年以前	1950-1977年	1978-1991年	1992-2000年	2001年	2002年	2003年	2004年	2005年	2006年
绍兴市	**116045**	**1**	**29**	**476**	**4384**	**1395**	**2234**	**2519**	**2050**	**2427**	**3039**
越城区	19888		5	72	950	314	401	537	432	583	662
柯桥区	38743		4	50	816	309	428	579	456	765	979
上虞区	15850		5	63	765	238	492	395	339	369	441
新昌县	5984		4	58	393	96	156	193	166	149	203
诸暨市	24579	1		103	795	250	436	526	357	304	436
嵊州市	11001		11	130	665	188	321	289	300	257	318
金华市	**147386**	**2**	**24**	**229**	**3998**	**1099**	**1624**	**1857**	**1568**	**1576**	**2044**
婺城区	12605	1	8	36	669	152	194	264	217	241	298
金东区	8221			10	230	63	97	163	114	94	173
武义县	5498		5	21	207	108	117	130	98	135	140
浦江县	6592		3	5	179	45	101	111	72	71	77
磐安县	3205			15	131	33	35	49	46	70	88
兰溪市	6128		1	14	334	108	130	155	94	99	168
义乌市	72163		2	36	881	229	456	391	416	351	491
东阳市	11811		3	43	595	138	199	249	144	149	186
永康市	21163	1	2	49	772	223	295	345	367	366	423
衢州市	**23751**	**2**	**21**	**75**	**837**	**357**	**389**	**495**	**347**	**365**	**537**
柯城区	8270	1	2	18	272	123	121	144	119	125	174
衢江区	3201		4	7	105	31	49	80	40	41	67
常山县	2117	1	1	8	59	34	44	46	23	33	39
开化县	1916		2	8	77	30	37	40	28	27	33
龙游县	3443		1	10	142	61	68	68	60	61	110
江山市	4804		11	24	182	78	70	117	77	78	114
舟山市	**19067**	**1**	**12**	**145**	**953**	**246**	**309**	**319**	**363**	**346**	**416**
定海区	11628		4	61	499	140	163	164	179	172	201
普陀区	4676	1	4	39	290	69	84	85	101	94	134
岱山县	1970		3	32	109	29	33	47	53	60	62
嵊泗县	793		1	13	55	8	29	23	30	20	19
台州市	**99565**	**8**	**50**	**1209**	**6428**	**1290**	**1841**	**1962**	**1552**	**1781**	**1970**
椒江区	11325	1	4	129	761	146	203	203	190	211	223
黄岩区	12231	1	9	166	848	171	258	238	146	201	268
路桥区	13861		5	133	831	166	265	291	220	245	336
三门县	4762		3	50	181	30	87	99	94	101	100
天台县	7831		5	45	271	49	77	68	44	54	80
仙居县	4518	1	4	25	350	93	116	100	67	89	85
温岭市	20476	3	4	275	1562	282	351	435	312	345	363
临海市	12333	1	10	108	598	127	179	195	159	182	178
玉环市	12228	1	6	278	1026	226	305	333	320	353	337
丽水市	**19513**	**1**	**11**	**113**	**1020**	**334**	**392**	**434**	**396**	**324**	**353**
莲都区	4592	1	2	15	214	83	89	87	89	79	94
青田县	3683		1	15	188	77	62	96	85	42	64
缙云县	2928		4	13	137	48	73	83	69	53	53
遂昌县	1720		1	14	99	15	24	32	24	33	24
松阳县	1239		1	7	62	16	23	21	23	18	23
云和县	1647			11	79	31	33	33	24	24	25
庆元县	1159		1	6	56	13	29	22	29	28	21
景宁畲族自治县	654			16	74	18	26	24	9	13	16
龙泉市	1891		1	16	111	33	33	36	44	34	33

2007年	2008年	2009年	2010年	2011年	2012年	2013年	2014年	2015年	2016年	2017年	2018年	无开业年份
3054	**2972**	**3777**	**4992**	**5171**	**5518**	**9316**	**9489**	**9302**	**12435**	**16137**	**15245**	**83**
669	573	723	866	871	977	1250	1393	1537	1942	2488	2609	34
1000	1067	1308	1834	1899	2237	3394	3346	3371	4133	4903	5821	44
439	407	519	678	638	703	1020	1125	1206	1854	2282	1871	1
206	145	189	264	297	253	430	442	404	603	799	534	
423	459	649	889	979	853	2504	2396	1924	2802	4181	3309	3
317	321	389	461	487	495	718	787	860	1101	1484	1101	1
1907	**2037**	**2595**	**3667**	**4330**	**4679**	**9791**	**9816**	**11604**	**19930**	**27584**	**34899**	**526**
264	302	327	451	447	488	737	875	980	1484	2145	2017	8
114	123	171	221	211	246	525	537	776	1088	1705	1550	10
129	101	187	214	217	263	414	451	481	602	782	694	2
82	101	130	151	181	161	582	468	465	1010	1283	1307	7
91	65	125	119	140	135	218	249	218	336	493	549	
140	177	183	233	193	225	519	457	446	696	895	807	54
502	533	679	1114	1774	1948	4382	4198	5474	10591	14696	22585	434
181	225	262	365	331	369	877	762	778	1322	2168	2456	9
404	410	531	799	836	844	1537	1819	1986	2801	3417	2934	2
512	**472**	**723**	**874**	**823**	**787**	**1633**	**1904**	**2174**	**2903**	**3860**	**3631**	**30**
173	165	245	271	294	277	451	659	766	1089	1392	1382	7
77	70	92	116	98	102	180	300	315	404	525	491	7
44	51	57	92	69	93	270	184	196	211	304	258	
29	31	63	99	83	66	181	111	158	193	321	294	5
75	58	97	130	97	104	252	275	301	465	536	469	3
114	97	169	166	182	145	299	375	438	541	782	737	8
389	**446**	**452**	**586**	**580**	**550**	**1035**	**1172**	**1243**	**1865**	**2631**	**4876**	**132**
198	204	242	330	321	301	523	657	724	1210	1660	3656	19
109	139	131	179	185	175	309	311	331	434	643	789	40
57	89	62	59	48	49	135	159	131	156	223	301	73
25	14	17	18	26	25	68	45	57	65	105	130	
2010	**2287**	**2593**	**3375**	**3262**	**3390**	**7945**	**8859**	**7544**	**11079**	**16427**	**12601**	**102**
255	257	311	381	393	413	809	931	909	1389	1902	1304	
266	269	372	432	409	420	897	849	950	1294	2086	1656	25
314	315	406	523	459	480	1215	1322	1088	1548	2103	1594	2
85	107	136	161	192	192	404	425	369	484	746	672	44
71	105	108	190	197	186	573	617	620	1208	2030	1232	1
78	100	140	150	115	128	239	311	351	542	747	676	11
390	488	572	657	700	695	1881	2439	1511	2019	3023	2157	12
182	197	242	367	347	396	909	1138	890	1468	2328	2126	6
369	449	306	514	450	480	1018	827	856	1127	1462	1184	1
424	**407**	**451**	**622**	**653**	**656**	**1672**	**1447**	**1637**	**2134**	**2934**	**3054**	**44**
112	86	103	150	141	165	378	328	409	516	775	673	3
55	51	55	79	103	117	314	345	285	425	539	673	12
63	62	81	120	124	90	205	232	228	301	406	470	13
23	36	38	56	58	56	180	110	137	164	259	322	15
26	43	23	39	31	42	160	96	101	135	152	197	
40	28	42	49	46	52	110	104	157	251	273	235	
28	19	35	33	47	53	83	86	123	93	171	183	
14	14	16	29	29	18	55	37	46	64	66	70	
63	68	58	67	74	63	187	109	151	185	293	231	1

4-20 按地区、开业(成立)时间分组的

地 区	从业人员期末人数(人)										
		1949年以前	1950-1977年	1978-1991年	1992-2000年	2001年	2002年	2003年	2004年	2005年	2006年
全 省	**13495456**	**1322**	**33322**	**229080**	**1480692**	**374128**	**449848**	**512698**	**486751**	**430550**	**521933**
杭州市	**2594628**	**86**	**5441**	**26548**	**256628**	**68410**	**79236**	**101278**	**131282**	**95434**	**111753**
上城区	110688	8	173	2727	15220	3401	2905	3236	11207	5220	6672
下城区	134897		330	1805	12815	3949	4258	7334	4695	4473	3987
江干区	299699		24	2443	19845	6197	5483	7459	19726	10062	9984
拱墅区	200300		395	1033	11360	2875	3952	5419	15502	8063	6065
西湖区	274386	64	98	1910	20146	5407	6009	8365	26441	10290	10220
滨江区	165733	1	286	738	10813	4362	3706	5870	3630	4248	4310
萧山区	475420	9	1015	2981	66864	16677	19721	20661	18007	17431	23710
余杭区	420064		844	4396	40702	10396	12786	16219	13074	12517	16603
富阳区	192069	4	46	1400	16639	5604	7834	13095	8302	11658	19193
临安区	129115		262	2546	19787	3319	5155	5356	4463	5106	5362
桐庐县	90245		848	2115	10632	2904	3822	4287	3079	2824	2831
淳安县	39738		222	898	3415	1234	1281	1545	1269	725	894
建德市	62274		898	1556	8390	2085	2324	2432	1887	2817	1922
宁波市	**2711890**	**324**	**7375**	**40367**	**302814**	**82169**	**94487**	**105532**	**97719**	**90976**	**110392**
海曙区	293429	15	384	4076	29100	8219	9031	8552	9227	9084	18604
江北区	181845		728	2862	16619	6158	5485	5656	4640	9220	4932
北仑区	318727	10	736	2335	31929	11555	11735	15260	11340	8833	12451
镇海区	184675		495	3160	21061	7520	6637	11580	7415	6753	7124
鄞州区	557224	18	641	8042	49250	12729	14409	14329	17188	15730	18641
奉化区	154326		1036	3293	19328	3992	8997	7302	6790	5418	6500
象山县	127632		146	1290	16285	3255	4720	4652	4703	3960	5337
宁海县	165415	281	146	2741	21287	4748	4785	6951	5843	5846	6647
余姚市	316317		2638	6538	42201	13537	14867	15582	13849	13845	15463
慈溪市	412300		425	6030	55754	10456	13821	15668	16724	12287	14693
温州市	**1849992**	**345**	**2263**	**61022**	**256137**	**44136**	**53338**	**57886**	**39583**	**40729**	**45821**
鹿城区	297765		318	10723	39302	5234	9055	7550	4237	5505	5585
龙湾区	225970	70	308	4902	33815	5441	7708	5805	5203	4410	6676
瓯海区	179487		82	4893	25810	5551	6060	5391	3896	5357	5488
洞头区	21260		79	941	2079	371	197	1065	167	495	924
永嘉县	127504	150	210	3959	21240	3150	4197	4481	4641	3629	3265
平阳县	129805	123	185	5402	16234	2024	2585	5982	3393	2301	2845
苍南县	169120	2	415	4798	15751	2733	3118	5319	2641	2607	3901
文成县	23550		53	396	1733	292	638	303	216	787	326
泰顺县	30765		154	641	1766	925	208	746	442	358	358
瑞安市	281700		298	14534	43567	5671	9538	9719	5807	6286	6577
乐清市	363066		161	9833	54840	12744	10034	11525	8940	8994	9876
嘉兴市	**1212778**	**2**	**2912**	**22358**	**119396**	**41117**	**52532**	**55526**	**51615**	**43996**	**58502**
南湖区	180791		135	4584	14826	6248	7620	7431	7618	7147	7825
秀洲区	154928		178	1901	15697	3405	8382	8996	6622	4788	5999
嘉善县	166876		235	1506	11288	5583	6156	7811	7662	6067	10306
海盐县	115095		171	3722	13413	4296	4949	4071	4164	3961	5574
海宁市	236914		1019	1647	26288	8963	11141	10776	11770	9270	11458
平湖市	172173		540	2512	22397	7164	7250	6511	5716	6189	7707
桐乡市	186001	2	634	6486	15487	5458	7034	9930	8063	6574	9633
湖州市	**583080**	**35**	**1155**	**4424**	**48536**	**17972**	**17095**	**21646**	**19998**	**20745**	**21284**
吴兴区	159483		620	1467	12079	4862	3739	3776	3657	4400	3821
南浔区	91706		283	860	10986	2754	3799	4218	1743	3533	2641
德清县	111394		180	1095	10509	4454	4508	5884	7578	5579	4454
长兴县	127177		49	479	8758	3104	2677	5442	4955	3837	5986
安吉县	93320	35	23	523	6204	2798	2372	2326	2065	3396	4382

小微企业法人从业人员数

2007年	2008年	2009年	2010年	2011年	2012年	2013年	2014年	2015年	2016年	2017年	2018年	无开业年份
488212	**433234**	**536349**	**680718**	**632605**	**584712**	**817217**	**880658**	**840618**	**1018455**	**1221332**	**839578**	**1444**
121164	**93492**	**104276**	**141354**	**145026**	**113032**	**124523**	**158543**	**162299**	**198398**	**223003**	**133331**	**91**
2242	3059	3433	3194	14051	2969	2985	6074	5267	5464	7540	3639	2
3755	3818	6806	5839	5467	5887	7126	9029	10040	11460	14902	7113	9
25151	9815	8655	30208	10501	11131	15012	17873	20471	23946	28303	17395	15
6041	12998	11472	13199	19062	8105	9418	13345	11525	14781	16774	8916	
8333	11170	8907	10923	22154	15227	13615	17041	19160	22709	23290	12907	
5011	4510	6292	7021	6384	6214	8515	14399	17786	19703	20492	11442	
32823	13839	21691	24779	23721	17268	19040	24097	24297	29941	33448	23364	36
17796	14776	17365	21541	20199	22998	20928	26440	27916	36976	42105	23481	6
8309	6648	5810	8711	10087	7584	8677	11512	10487	10727	11441	8300	1
5188	5140	6480	6979	5048	6493	6270	7710	5887	9013	8124	5417	10
3861	3263	3970	3905	3286	3410	8077	5561	4115	5822	6972	4653	8
870	1324	1539	2155	2015	2409	1967	2798	2200	3736	3893	3347	2
1784	3132	1856	2900	3051	3337	2893	2664	3148	4120	5719	3357	2
96516	**88708**	**101374**	**138348**	**130132**	**131998**	**160204**	**163968**	**163383**	**196005**	**248270**	**160452**	**377**
8554	11466	10308	14519	14113	13306	17034	19734	19910	25116	27421	15655	1
6865	4681	5609	6635	4908	5169	8739	7653	8186	15969	23869	27262	
11673	9366	11912	22990	14620	16244	20076	22395	21770	21064	23983	16450	
6475	5700	5651	7676	9167	8069	13076	11462	10475	12514	14554	8107	4
18700	18798	23364	28748	28886	35448	36596	39132	39506	50189	49417	37426	37
5654	5358	6054	5858	7404	5744	9059	7897	9558	8915	11394	8775	
3536	3540	2938	7458	9651	5152	7933	7321	6844	9141	10312	9450	8
7104	5369	5695	8627	8605	8613	9192	9887	9860	12549	12243	8396	
11564	12377	13867	15983	14163	15664	16497	14098	15392	16080	17992	13810	310
16391	12053	15976	19854	18615	18589	22002	24389	21882	24468	57085	15121	17
55204	**48067**	**63675**	**90697**	**84453**	**73946**	**115176**	**150092**	**124197**	**139781**	**170974**	**132238**	**232**
6100	4500	9005	10850	11472	10646	12367	27969	22858	26404	36056	32029	
7409	5463	8746	9300	11893	11152	14640	16646	14157	17760	21536	12925	5
4863	4533	5932	10070	9314	8352	10434	17095	11980	12165	13955	8255	11
638	361	508	1037	1430	1926	741	1415	978	1211	3070	1626	1
3925	4522	4393	7057	5868	5010	6207	8556	8204	8385	9488	6967	
3060	3960	4127	6140	5673	5399	9488	8937	9265	10419	13405	8848	10
6232	5441	5005	10746	6260	5573	10597	13911	15117	15154	17012	16739	48
277	192	809	468	529	756	998	2129	2171	2692	3979	3779	27
2071	284	898	2484	3643	1552	1436	2037	1078	3811	2235	3638	
10126	7690	9402	14274	10874	8970	27662	28990	17308	15446	15987	12862	112
10503	11121	14850	18271	17497	14610	20606	22407	21081	26334	34251	24570	18
46870	**39270**	**55876**	**56193**	**52025**	**46565**	**65656**	**76089**	**72210**	**84292**	**98833**	**70766**	**177**
7420	6858	9446	9382	8458	5830	8304	11681	13448	13241	13817	9427	45
5066	4366	7050	6868	7644	5925	10750	12938	7002	10139	9506	11698	8
9573	6415	7229	7620	7128	5841	7841	10938	9969	12668	12906	12109	25
4720	3645	4385	5469	5385	5056	5339	6395	9179	7545	8178	5477	1
7133	7650	9869	9740	8567	8922	13038	14842	14853	18380	21955	9620	13
5832	3654	9724	7931	6770	8784	9474	9520	8150	11003	14101	11188	56
7126	6682	8173	9183	8073	6207	10910	9775	9609	11316	18370	11247	29
20037	**16522**	**21447**	**28259**	**24359**	**23066**	**48993**	**40564**	**44155**	**48938**	**56921**	**36899**	**30**
4005	3727	4791	5370	7514	6075	17091	14074	14329	16608	15122	12342	14
3079	2308	2666	3981	3504	4255	8913	6322	5941	6536	8949	4434	1
4282	3050	4994	7114	3641	3675	5944	5687	7017	6648	9971	5124	6
4457	4498	4698	6855	6073	4388	9105	8021	9064	11621	13593	9512	5
4214	2939	4298	4939	3627	4673	7940	6460	7804	7525	9286	5487	4

4-20 续表

地 区	从业人员期末人数（人）	1949年以前	1950-1977年	1978-1991年	1992-2000年	2001年	2002年	2003年	2004年	2005年	2006年
绍兴市	**1127123**		**2038**	**10786**	**106856**	**32226**	**45951**	**53537**	**39926**	**38873**	**43699**
越城区	171018		551	2141	19522	6396	8089	9346	7760	6432	6791
柯桥区	291012		79	1411	19861	8224	8208	12420	8802	8771	12294
上虞区	193662		120	1495	17861	6890	11404	10316	7553	9283	8158
新昌县	75345		374	2066	13765	2036	3888	5421	3429	1925	3389
诸暨市	264898			2191	20518	5326	8232	10325	7710	6347	8075
嵊州市	131188		914	1482	15329	3354	6130	5709	4672	6115	4992
金华市	**1357210**	**8**	**1943**	**10179**	**127096**	**30382**	**39598**	**47368**	**37351**	**37212**	**47685**
婺城区	134998	3	729	935	20263	4817	6343	7939	4064	3779	4380
金东区	99685			93	7230	1388	1893	3959	3265	2359	3903
武义县	103983		188	753	7405	4021	4495	4946	2545	4881	5448
浦江县	74180		413	103	4793	1206	2287	2701	1810	1952	2544
磐安县	50138			186	2692	795	604	764	1813	2487	1480
兰溪市	85053		44	407	7971	2853	3198	3811	1829	3001	4563
义乌市	428635		285	1586	31775	7660	10743	9419	7989	5438	7620
东阳市	187998		224	5493	22814	2879	4893	9105	7790	7277	9305
永康市	192540	5	60	623	22153	4763	5142	4724	6246	6038	8442
衢州市	**279635**	**58**	**979**	**6165**	**23514**	**6112**	**8201**	**10276**	**6953**	**7291**	**10624**
柯城区	70960	46	73	1513	9195	876	1473	2006	1836	1789	2707
衢江区	39287		266	1540	2451	570	1285	2396	1034	702	1721
常山县	37703	12	9	1383	2047	904	1108	1050	1048	565	607
开化县	22236		160	44	3316	715	691	728	538	507	688
龙游县	51085		1	605	2704	1802	1948	1557	1263	2633	1754
江山市	58364		470	1080	3801	1245	1696	2539	1234	1095	3147
舟山市	**205183**	**11**	**413**	**6130**	**26364**	**7801**	**5537**	**5331**	**9423**	**6620**	**7871**
定海区	101449		106	2760	14933	4476	2924	2743	3828	2740	3404
普陀区	63335	11	258	1006	7571	2265	1728	1702	3178	2432	2262
岱山县	32193		39	1516	2973	920	515	594	1385	1255	1944
嵊泗县	8206		10	848	887	140	370	292	1032	193	261
台州市	**1295823**	**449**	**8309**	**37645**	**187945**	**35043**	**45725**	**43379**	**41285**	**38568**	**55277**
椒江区	156840	124	355	2521	21003	4013	5131	3721	5019	7155	13606
黄岩区	146141	2	980	6964	23974	4119	4693	4762	4034	4055	5068
路桥区	153027		260	2781	23673	3161	4584	4507	4632	4021	5668
三门县	59324		38	1510	5667	510	1881	1621	3013	2058	2164
天台县	56411		817	951	7114	1417	1162	942	1091	1216	1099
仙居县	64042	3	168	362	12342	2463	1999	2626	2192	1862	2187
温岭市	294245	313	4498	9907	40523	7988	9274	10753	7076	7570	11149
临海市	165850	2	851	3342	16567	3302	6830	5841	5959	3357	6182
玉环市	199943	5	342	9307	37082	8070	10171	8606	8269	7274	8154
丽水市	**278114**	**4**	**494**	**3456**	**25406**	**8760**	**8148**	**10939**	**11616**	**10106**	**9025**
莲都区	71272	4	279	581	5922	1383	1449	2543	2981	2944	2964
青田县	36040		20	1002	3537	1145	878	1447	2108	543	1019
缙云县	44142		166	293	3682	1753	1872	2407	2412	1261	897
遂昌县	17254		2	207	1851	424	452	689	448	753	937
松阳县	22535		24	230	1286	232	724	419	527	2129	472
云和县	24652			294	2199	1266	1220	1415	679	603	488
庆元县	18113		3	145	2269	255	683	584	970	492	703
景宁畲族自治县	11159			204	1214	218	457	357	68	390	869
龙泉市	32947			500	3446	2084	413	1078	1423	991	676

2007年	2008年	2009年	2010年	2011年	2012年	2013年	2014年	2015年	2016年	2017年	2018年	无开业年份
39896	**36899**	**48206**	**56372**	**50404**	**57445**	**74858**	**75789**	**67777**	**85404**	**95785**	**64363**	**33**
7091	5361	5577	6459	7585	10518	9321	10588	9182	11934	12767	7579	28
10294	10352	13769	16820	14782	19030	22069	21665	21113	23373	22642	15029	4
7678	6237	8211	9769	7660	8475	10497	10308	10325	14760	16082	10580	
2725	2521	4216	3559	2892	2399	3619	3606	2727	4001	4888	1899	
7347	7972	10042	13623	11592	11384	22372	21147	17077	22894	28485	22238	1
4761	4456	6391	6142	5893	5639	6980	8475	7353	8442	10921	7038	
33585	**35107**	**55287**	**65611**	**55425**	**59477**	**86970**	**80949**	**93484**	**124320**	**159016**	**128888**	**269**
4219	3444	4336	8044	6486	6421	5964	7371	9038	8639	10770	7013	1
2259	2553	3086	10028	3958	7060	7280	5676	7989	7470	10828	7401	7
4185	2194	5975	5131	4778	4535	5004	7048	8803	8597	9027	4024	
1941	2492	2565	3318	2144	2514	8122	5094	5026	8968	8360	5801	26
1222	806	9303	1856	1457	2731	3556	2607	2011	2449	8785	2534	
3022	4222	4027	6141	3400	4278	6012	4944	4877	5893	6204	4319	37
5995	6708	8115	13150	15546	16794	27424	28521	34313	51566	66059	71732	197
4999	6842	10556	8539	9481	6617	9337	6096	6663	12854	22092	14141	1
5743	5846	7324	9404	8175	8527	14271	13592	14764	17884	16891	11923	
12228	**10806**	**14688**	**15483**	**11421**	**11306**	**19884**	**22080**	**19709**	**22250**	**22938**	**16650**	**19**
3270	1904	2612	3372	2900	2014	3629	4215	5274	9398	5914	4941	3
2212	1458	1782	2078	1032	1935	2592	3240	2463	2732	3726	2060	12
2176	3339	1461	1977	1432	2131	3808	2921	2668	1414	2875	2768	
409	705	1055	2049	1163	1357	1280	980	1446	1450	1863	1090	2
1512	1418	4211	2735	1993	2068	3125	6542	3829	3983	3667	1735	
2649	1982	3567	3272	2901	1801	5450	4182	4029	3273	4893	4056	2
8400	**7630**	**10323**	**9607**	**9350**	**7164**	**13113**	**10960**	**11236**	**13634**	**15003**	**13194**	**68**
4588	3411	5596	4898	4182	3429	6371	4100	4840	6523	7361	8236	
2157	2252	3323	3719	3905	2767	3709	3892	3397	3927	4776	3044	54
1450	1835	1168	876	1051	690	2444	2703	2540	2706	2168	1407	14
205	132	236	114	212	278	589	265	459	478	698	507	
41550	**44465**	**49511**	**62729**	**57515**	**49325**	**88686**	**85755**	**64981**	**85839**	**105907**	**65822**	**113**
5509	5644	5920	6951	5277	5359	8865	8951	7748	13135	13790	7043	
5665	5195	6613	6610	3929	4399	16883	6807	6448	8725	10307	5903	6
4900	4518	5720	7290	5963	5276	9247	10687	9916	12648	14460	9098	17
1650	2293	2391	3559	3448	3579	3558	5521	2477	3250	5455	3597	84
957	1230	1910	2542	3815	2468	4343	4311	3486	4690	7153	3697	
1801	2168	3401	4428	3124	1906	3040	3374	2831	4131	4154	3480	
7933	9961	10597	12978	18982	11232	20375	26819	14617	15402	22596	13698	4
5787	4902	5903	9740	6066	8293	11028	10611	9211	13486	16311	12277	2
7348	8554	7056	8631	6911	6813	11347	8674	8247	10372	11681	7029	
12762	**12268**	**11686**	**16065**	**12495**	**11388**	**19154**	**15869**	**17187**	**19594**	**24682**	**16975**	**35**
3905	3430	3439	4460	2712	2558	5196	4362	4416	4744	6359	4632	9
1245	1335	861	1710	875	1456	3338	2223	2629	2642	4026	1998	3
1781	1733	2122	2539	2112	1359	1823	3143	2972	3356	3191	3268	
407	415	478	890	776	663	1274	833	1332	1331	1682	1387	23
1515	1258	745	630	744	1558	2295	1602	898	1713	2203	1331	
954	704	1202	919	1367	1165	1465	928	1688	2132	2623	1341	
1001	978	1105	1115	1026	754	1062	801	1222	668	1311	966	
123	143	196	1554	965	489	779	455	506	998	761	413	
1831	2272	1538	2248	1918	1386	1922	1522	1524	2010	2526	1639	

4-21 按地区、登记注册类型分组的

地区	法人单位数（个）	内资企业	国有企业	集体企业	股份合作企业	联营企业	国有联营企业
全　省	**1333713**	**1317951**	**1596**	**4318**	**5705**	**138**	**18**
杭州市	**316734**	**313932**	**407**	**762**	**140**	**30**	**7**
上城区	11798	11672	56	65	6	3	2
下城区	20838	20709	47	51	15	3	
江干区	37823	37410	62	73	8	5	3
拱墅区	26628	26495	35	39	24	4	1
西湖区	35873	35662	109	49	17	8	1
滨江区	22879	22486	10	5			
萧山区	54435	53807	25	259	19	2	
余杭区	50151	49715	9	66	40	2	
富阳区	18787	18685	9	24	4		
临安区	10327	10272	9	32	1	1	
桐庐县	12712	12603	9	35	2	2	
淳安县	7127	7091	12	34			
建德市	7356	7325	15	30	4		
宁波市	**259646**	**255440**	**226**	**940**	**739**	**25**	**2**
海曙区	32615	32262	29	112	127	4	
江北区	19130	18844	15	37	139	2	
北仑区	37379	36449	16	54	15	1	
镇海区	15372	14926	21	98	22	6	1
鄞州区	67906	66974	56	130	181	5	1
奉化区	10517	10369	16	60	4		
象山县	10870	10727	34	91	50	1	
宁海县	11556	11350	18	37	18	3	
余姚市	21880	21494	11	160	92		
慈溪市	32421	32045	10	161	91	3	
温州市	**175555**	**175141**	**252**	**786**	**2439**	**24**	**5**
鹿城区	24988	24916	84	213	347	6	
龙湾区	20115	20011	8	50	263	1	
瓯海区	15486	15442	15	67	384	2	
洞头区	2297	2277	3	26	42		
永嘉县	15021	14984	23	62	269	1	
平阳县	12790	12764	17	47	190	3	2
苍南县	21704	21679	15	46	185	4	
文成县	2043	2041	23	18	26		
泰顺县	2416	2413	15	23	21		
瑞安市	24489	24454	12	152	441	3	1
乐清市	34206	34160	37	82	271	4	2
嘉兴市	**107076**	**104590**	**103**	**302**	**312**	**1**	
南湖区	19788	19458	34	56	125		
秀洲区	13528	13158	8	27	66		
嘉善县	14092	13654	17	64	5		
海盐县	8166	8038	14	24	55	1	
海宁市	19321	18960	15	56	7		
平湖市	13582	13120	7	24	5		
桐乡市	18599	18202	8	51	49		
湖州市	**49375**	**48634**	**75**	**166**	**23**	**4**	
吴兴区	14774	14611	29	32	4		
南浔区	6972	6886	12	26			
德清县	7719	7530	14	47	4		
长兴县	12198	12006	7	35	14	2	
安吉县	7712	7601	13	26	1	2	

小微企业法人单位数

集体联营企业	国有与集体联营企业	其他联营企业	有限责任公司	国有独资公司	其他有限责任公司	股份有限公司	私营企业	私营独资企业
68	**27**	**25**	**63000**	**3798**	**59202**	**8829**	**1234363**	**120249**
11	**10**	**2**	**18585**	**581**	**18004**	**1846**	**292160**	**10278**
1			1331	61	1270	178	10033	89
2	1		1480	49	1431	138	18974	105
	2		2366	47	2319	182	34714	356
1	1	1	1024	26	998	121	25248	170
1	5	1	3443	86	3357	275	31760	298
			1871	22	1849	208	20392	126
2			2338	48	2290	252	50912	2747
2			2252	43	2209	235	47111	989
			670	39	631	44	17934	1505
1			480	35	445	55	9694	1005
1	1		539	45	494	73	11943	1637
			422	55	367	39	6584	507
			369	25	344	46	6861	744
14	**3**	**6**	**11459**	**568**	**10891**	**1544**	**240507**	**27207**
2	2		2168	28	2140	242	29580	3110
	1	1	783	29	754	70	17798	1101
		1	1794	58	1736	178	34391	1692
3		2	1168	40	1128	115	13496	1829
2		2	2494	82	2412	312	63796	6049
			356	31	325	73	9860	2736
1			401	137	264	44	10106	1748
3			427	61	366	117	10730	1809
			902	49	853	178	20151	3056
3			966	53	913	215	30599	4077
12	**3**	**4**	**9480**	**402**	**9078**	**1505**	**160655**	**12616**
4	2		1560	68	1492	331	22375	812
		1	582	70	512	121	18986	927
1		1	721	22	699	16	14237	1061
			150	29	121	29	2027	235
	1		415	25	390	65	14149	993
1			1015	33	982	93	11399	938
2		2	1412	26	1386	215	19802	1744
			117	32	85	27	1830	528
			128	33	95	14	2212	386
2			726	41	685	239	22881	3090
2			2654	23	2631	355	30757	1902
	1		**3384**	**427**	**2957**	**395**	**100093**	**11630**
			616	75	541	66	18561	1202
			420	61	359	59	12578	481
			459	32	427	70	13039	1855
	1		359	54	305	57	7528	1311
			538	67	471	62	18282	2288
			522	81	441	27	12535	3093
			470	57	413	54	17570	1400
1	**3**		**3116**	**219**	**2897**	**502**	**44748**	**10331**
			917	63	854	151	13478	3557
			393	30	363	88	6367	1702
			597	65	532	88	6780	910
1	1		609	23	586	120	11219	1968
	2		600	38	562	55	6904	2194

4-21 续表 1

地 区	法人单位数(个)	内资企业	国有企业	集体企业	股份合作企业	联营企业	国有联营企业
绍兴市	**116045**	**114389**	**96**	**485**	**34**	**24**	**2**
越城区	19888	19671	27	67	10	3	2
柯桥区	38743	37986	5	72	2	1	
上虞区	15850	15622	11	45		4	
新昌县	5984	5955	10	57	2	10	
诸暨市	24579	24319	19	99	11	2	
嵊州市	11001	10836	24	145	9	4	
金华市	**147386**	**144575**	**120**	**217**	**16**	**14**	**1**
婺城区	12605	12500	32	39	3	6	1
金东区	8221	8201	5	16	1		
武义县	5498	5480	7	28		1	
浦江县	6592	6553	9	21		2	
磐安县	3205	3199	9	6		2	
兰溪市	6128	6100	10	22	3	1	
义乌市	72163	69671	8	22	5	2	
东阳市	11811	11741	23	29	1		
永康市	21163	21130	17	34	3		
衢州市	**23751**	**23651**	**62**	**54**	**15**	**2**	
柯城区	8270	8234	12	8	1		
衢江区	3201	3186	6	8	4	1	
常山县	2117	2108	3	7	2		
开化县	1916	1912	13	8			
龙游县	3443	3430	9	7	1		
江山市	4804	4781	19	16	7	1	
舟山市	**19067**	**18919**	**49**	**134**	**31**	**5**	
定海区	11628	11550	20	53	12		
普陀区	4676	4635	9	34	16	3	
岱山县	1970	1947	6	29	1		
嵊泗县	793	787	14	18	2	2	
台州市	**99565**	**99234**	**115**	**367**	**1932**	**5**	**1**
椒江区	11325	11274	25	55	341	2	1
黄岩区	12231	12187	14	55	476		
路桥区	13861	13825	7	35	163	2	
三门县	4762	4745	7	23	38		
天台县	7831	7810	11	19	30	1	
仙居县	4518	4487	9	19	11		
温岭市	20476	20427	14	74	473		
临海市	12333	12285	24	37	41		
玉环市	12228	12194	4	50	359		
丽水市	**19513**	**19446**	**91**	**105**	**24**	**4**	
莲都区	4592	4576	11	22	3	1	
青田县	3683	3664	14	8	5		
缙云县	2928	2922	8	24	2		
遂昌县	1720	1712	11	18	4		
松阳县	1239	1237	10	5	1	1	
云和县	1647	1637	7	6			
庆元县	1159	1157	10	5	1		
景宁畲族自治县	654	653	9	8	8	1	
龙泉市	1891	1888	11	9		1	

集体联营企业	国有与集体联营企业	其他联营企业	有限责任公司	国有独资公司	其他有限责任公司	股份有限公司	私营企业	私营独资企业
15	**3**	**4**	**3978**	**256**	**3722**	**624**	**109148**	**10775**
1			1484	62	1422	243	17837	1398
1			833	62	771	113	36960	1835
1	1	2	679	54	625	83	14800	1954
8		2	198	45	153	35	5643	919
2			533	17	516	94	23561	3239
2	2		251	16	235	56	10347	1430
9	**1**	**3**	**4624**	**289**	**4335**	**1231**	**138353**	**15212**
4		1	952	70	882	228	11240	968
			351	16	335	74	7754	1345
1			120	42	78	22	5302	568
1	1		310	34	276	103	6108	646
2			329	25	304	83	2770	718
		1	294	20	274	55	5715	1457
1		1	1500	26	1474	494	67640	3523
			367	42	325	74	11247	2021
			401	14	387	98	20577	3966
	1	**1**	**1059**	**197**	**862**	**202**	**22257**	**2224**
			356	50	306	84	7773	522
		1	137	22	115	23	3007	208
			137	25	112	14	1945	294
			77	35	42	13	1801	295
			157	34	123	23	3233	484
	1		195	31	164	45	4498	421
2	**1**	**2**	**1386**	**181**	**1205**	**109**	**17205**	**2188**
			799	84	715	88	10578	1134
1	1	1	335	43	292	11	4227	504
			149	26	123	4	1758	361
1		1	103	28	75	6	642	189
2		**2**	**4632**	**394**	**4238**	**630**	**91553**	**15342**
		1	1070	101	969	76	9705	675
			301	46	255	18	11323	1735
1		1	828	35	793	139	12651	1902
			151	36	115	30	4496	659
1			212	30	182	38	7499	753
			299	37	262	68	4081	883
			495	37	458	71	19300	4366
			470	32	438	96	11617	2030
			806	40	766	94	10881	2339
2	**1**	**1**	**1297**	**284**	**1013**	**241**	**17684**	**2446**
1			447	51	396	84	4008	341
			161	34	127	24	3452	394
			103	25	78	20	2765	348
			136	28	108	24	1519	250
	1		84	27	57	6	1130	208
			104	36	68	19	1501	422
			75	25	50	15	1051	88
1			73	21	52	27	527	59
		1	114	37	77	22	1731	336

4-21 续表 2

地 区	私营合伙企 业	私营有限责任公司	私营股份有限公司	其他企业	港、澳、台商投资企业	与港澳台商合资经营企业	与港澳台商合作经营企业
全 省	**41446**	**1064351**	**8317**	**2**	**5953**	**2393**	**71**
杭州市	**4923**	**275484**	**1475**	**2**	**1222**	**485**	**16**
上城区	772	9056	116		51	17	1
下城区	238	18542	89	1	54	20	3
江干区	414	33824	120		156	54	2
拱墅区	296	24682	100		70	21	
西湖区	498	30804	160	1	96	30	3
滨江区	656	19477	133		128	49	1
萧山区	382	47552	231		330	149	3
余杭区	949	44932	241		171	50	2
富阳区	118	16256	55		44	27	
临安区	38	8585	66		21	8	
桐庐县	122	10126	58		63	43	1
淳安县	355	5665	57		19	7	
建德市	85	5983	49		19	10	
宁波市	**20038**	**191975**	**1287**		**1913**	**752**	**21**
海曙区	764	25598	108		150	56	
江北区	1142	15457	98		133	45	1
北仑区	10682	21798	219		410	149	2
镇海区	803	10742	122		207	79	4
鄞州区	1705	55703	339		384	138	5
奉化区	242	6827	55		53	25	
象山县	455	7872	31		73	39	
宁海县	424	8412	85		92	43	2
余姚市	1905	15091	99		206	78	3
慈溪市	1916	24475	131		205	100	4
温州市	**4241**	**142095**	**1703**		**177**	**98**	**5**
鹿城区	434	20869	260		20	7	
龙湾区	399	17471	189		48	29	2
瓯海区	292	12838	46		13	6	
洞头区	36	1726	30		17	3	1
永嘉县	457	12596	103		22	17	1
平阳县	411	9927	123		12	10	
苍南县	983	16855	220		17	13	
文成县	35	1246	21				
泰顺县	86	1731	9		2		
瑞安市	359	19004	428		7	2	
乐清市	749	27832	274		19	11	1
嘉兴市	**3644**	**84323**	**496**		**1117**	**337**	**8**
南湖区	1338	15958	63		138	47	1
秀洲区	90	11949	58		131	40	1
嘉善县	1435	9706	43		175	40	1
海盐县	89	6050	78		60	27	
海宁市	300	15589	105		182	59	1
平湖市	119	9254	69		186	62	3
桐乡市	273	15817	80		245	62	1
湖州市	**1439**	**32503**	**475**		**354**	**146**	**2**
吴兴区	187	9572	162		59	21	
南浔区	59	4549	57		51	25	
德清县	144	5664	62		99	52	2
长兴县	821	8280	150		79	22	
安吉县	228	4438	44		66	26	

港澳台商独资经营企　业	港澳台商投资股份有限公司	其　他港 澳 台投资企业	外商投资企　业	中外合资经营企业	中外合作经营企业	外资企业	外商投资股份有限公　司	其他外商投　资
3307	**92**	**90**	**9809**	**3069**	**63**	**5137**	**166**	**1374**
692	**16**	**13**	**1580**	**696**	**14**	**780**	**38**	**52**
31		2	75	38	3	25	3	6
29	1	1	75	28		40	2	5
96		4	257	100	3	140	5	9
43	5	1	63	27		34	1	1
61		2	115	33	2	71	5	4
73	4	1	265	106		147	5	7
174	3	1	298	138		152	5	3
117	1	1	265	123		123	6	13
17			58	35	2	19	1	1
13			34	22	2	7	3	
19			46	29	1	13	1	2
11	1		17	8		7	1	1
8	1		12	9	1	2		
1081	**24**	**35**	**2293**	**932**	**21**	**1175**	**39**	**126**
86	4	4	203	67	3	117	5	11
86	1		153	67	1	76	4	5
239	8	12	520	144	4	290	6	76
119	2	3	239	69	2	155	5	8
227	4	10	548	215	3	306	8	16
27	1		95	69		25	1	
33	1		70	50		16	2	2
45	1	1	114	64	2	46		2
122	1	2	180	89	2	81	6	2
97	1	3	171	98	4	63	2	4
58	**4**	**12**	**237**	**140**	**3**	**76**	**6**	**12**
12		1	52	32		15	4	1
17			56	31	1	21		3
7			31	13	1	16		1
3	2	8	3			1		2
2		2	15	11		3	1	
2			14	12		1		1
3	1		8	6				2
			2	2				
2			1	1				
4		1	28	16		10	1	1
6	1		27	16	1	9		1
745	**14**	**13**	**1369**	**470**	**8**	**853**	**17**	**21**
87	1	2	192	66	2	121	2	1
88	1	1	239	61	3	168	4	3
129	3	2	263	67	1	184	4	7
32	1		68	28	1	37		2
116	3	3	179	94		80	1	4
119	1	1	276	90		182	3	1
174	4	4	152	64	1	81	3	3
193	**10**	**3**	**387**	**171**	**6**	**162**	**10**	**38**
35	3		104	38	2	56	2	6
22	3	1	35	29		6		
43	1	1	90	53	2	31	2	2
55	2		113	33		47	6	27
38	1	1	45	18	2	22		3

4-21 续表 3

地 区	私营合伙企业	私营有限责任公司	私营股份有限公司	其他企业	港、澳、台商投资企业	与港澳台商合资经营企业	与港澳台商合作经营企业
绍兴市	**848**	**96829**	**696**		**677**	**327**	**8**
越城区	86	16170	183		107	46	
柯桥区	214	34806	105		194	66	2
上虞区	143	12632	71		128	63	1
新昌县	70	4598	56		11	8	
诸暨市	244	19923	155		142	78	5
嵊州市	91	8700	126		95	66	
金华市	**1223**	**121107**	**811**		**201**	**88**	**5**
婺城区	170	9972	130		45	23	
金东区	62	6254	93		9	5	
武义县	26	4686	22		5	2	
浦江县	78	5342	42		21	7	
磐安县	63	1948	41		4	2	
兰溪市	113	4116	29		13	5	
义乌市	578	63238	301		77	28	4
东阳市	42	9131	53		13	6	1
永康市	91	16420	100		14	10	
衢州市	**234**	**19574**	**225**		**41**	**23**	
柯城区	72	7110	69		10	6	
衢江区	45	2704	50		4	2	
常山县	24	1594	33		4	3	
开化县	30	1461	15		3	2	
龙游县	22	2704	23		9	4	
江山市	41	4001	35		11	6	
舟山市	**546**	**14367**	**104**		**77**	**38**	**2**
定海区	412	8958	74		40	17	1
普陀区	66	3643	14		25	19	1
岱山县	46	1344	7		8	2	
嵊泗县	22	422	9		4		
台州市	**3777**	**71545**	**889**		**148**	**89**	**4**
椒江区	293	8618	119		25	17	
黄岩区	307	9164	117		18	8	1
路桥区	571	10073	105		15	9	
三门县	67	3691	79		3		
天台县	100	6579	67		13	7	1
仙居县	449	2696	53		19	16	1
温岭市	1034	13782	118		14	11	
临海市	443	9020	124		23	11	
玉环市	513	7922	107		18	10	1
丽水市	**533**	**14549**	**156**		**26**	**10**	
莲都区	104	3519	44		5	3	
青田县	77	2934	47		6	1	
缙云县	113	2281	23		4	2	
遂昌县	60	1203	6		4		
松阳县	35	883	4		2	1	
云和县	43	1031	5		2	1	
庆元县	10	948	5		2	2	
景宁畲族自治县	56	398	14				
龙泉市	35	1352	8		1		

港澳台商独资经营企业	港澳台商投资股份有限公司	其他港澳台投资企业	外商投资企业	中外合资经营企业	中外合作经营企业	外资企业	外商投资股份有限公司	其他外商投资
325	**12**	**5**	**979**	**320**	**4**	**596**	**12**	**47**
57	4		110	55		50	2	3
121		5	563	72	2	443	8	38
60	4		100	60		38		2
3			18	13	1	3	1	
58	1		118	77	1	38		2
26	3		70	43		24	1	2
96	**5**	**7**	**2610**	**139**	**3**	**1381**	**34**	**1053**
19	2	1	60	34		23	1	2
4			11	5		6		
3			13	9		3		1
13		1	18	13		5		
2			2	2				
8			15	9		4	1	1
37	3	5	2415	45	3	1305	31	1031
6			57	12		26	1	18
4			19	10		9		
16	**2**		**59**	**36**		**14**	**3**	**6**
4			26	16		5	2	3
2			11	5		5		1
1			5	4		1		
1			1	1				
4	1		4	3			1	
4	1		12	7		3		2
36	**1**		**71**	**34**	**1**	**26**	**3**	**7**
21	1		38	16	1	13	3	5
5			16	11		4		1
6			15	6		8		1
4			2	1		1		
50	**4**	**1**	**183**	**114**	**3**	**53**	**3**	**10**
6	2		26	15		8	2	1
8	1		26	17		9		
6			21	11	1	2		7
3			14	4		10		
5			8	5	1	2		
1	1		12	10		2		
2		1	35	28		6	1	
12			25	13	1	9		2
7			16	11		5		
15		**1**	**41**	**17**		**21**	**1**	**2**
2			11	4		5	1	1
5			13	6		6		1
2			2	2				
4			4			4		
		1						
1			8	4		4		
			1			1		
1			2	1		1		

4-22 按地区、登记注册类型分组的

地区	从业人员期末人数（人）	内资企业	国有企业	集体企业	股份合作企业	联营企业	国有联营企业
全省	**13495456**	**12934220**	**52498**	**39454**	**77922**	**6260**	**323**
杭州市	**2594628**	**2490092**	**6701**	**7381**	**1755**	**5187**	**124**
上城区	110688	108973	916	882	44	4863	97
下城区	134897	131756	887	1015	106	40	
江干区	299699	281508	540	1569	77	32	
拱墅区	200300	197867	572	246	238	41	22
西湖区	274386	270695	1919	641	96	184	5
滨江区	165733	157202	313	27			
萧山区	475420	445309	194	1730	303	24	
余杭区	420064	400864	256	262	735	3	
富阳区	192069	184823	270	243	99		
临安区	129115	125335	127	166	26		
桐庐县	90245	85766	354	211	26		
淳安县	39738	39046	126	136			
建德市	62274	60948	227	253	5		
宁波市	**2711890**	**2538676**	**7413**	**6975**	**9724**	**169**	**20**
海曙区	293429	280203	322	996	982	17	
江北区	181845	170719	1616	275	2312	18	
北仑区	318727	278570	1212	525	420	9	
镇海区	184675	168242	181	733	484	74	13
鄞州区	557224	529787	2595	1084	1750	22	7
奉化区	154326	146683	246	434	98		
象山县	127632	120686	451	595	519		
宁海县	165415	154943	274	166	418	12	
余姚市	316317	293669	455	938	1122		
慈溪市	412300	395174	61	1229	1619	17	
温州市	**1849992**	**1834354**	**15171**	**9642**	**29788**	**252**	**72**
鹿城区	297765	295741	3808	2093	5662	106	
龙湾区	225970	221328	1338	564	2847	8	
瓯海区	179487	177278	2049	734	3993	1	
洞头区	21260	20834	20	129	219		
永嘉县	127504	126444	759	731	2294	24	
平阳县	129805	128314	386	1230	2292	29	28
苍南县	169120	168171	2137	410	2024	17	
文成县	23550	23479	273	177	121		
泰顺县	30765	30762	362	284	279		
瑞安市	281700	280560	2540	1952	6663	43	23
乐清市	363066	361443	1499	1338	3394	24	21
嘉兴市	**1212778**	**1087677**	**2408**	**1820**	**5347**	**36**	
南湖区	180791	169142	1718	385	2120		
秀洲区	154928	136118	35	80	1055		
嘉善县	166876	140888	114	492	109		
海盐县	115095	107796	85	116	870	36	
海宁市	236914	219577	218	394	140		
平湖市	172173	144240	114	122	63		
桐乡市	186001	169916	124	231	990		
湖州市	**583080**	**546031**	**1943**	**868**	**163**	**19**	
吴兴区	159483	152102	790	118	51		
南浔区	91706	85941	132	55			
德清县	111394	100255	469	307	26		
长兴县	127177	120040	40	297	73	1	
安吉县	93320	87693	512	91	13	18	

小微企业法人从业人员数

集体联营企业	国有与集体联营企业	其他联营企业	有限责任公司	国有独资公司	其他有限责任公司	股份有限公司	私营企业	私营独资企业
5216	**335**	**386**	**1335124**	**131339**	**1203785**	**199645**	**11223290**	**810278**
4842	**154**	**67**	**362037**	**23871**	**338166**	**44017**	**2062987**	**57879**
4766			26550	2911	23639	2964	72754	492
30	10		22209	1930	20279	2110	105389	326
	32		49987	2288	47699	3149	226154	1442
1	12	6	18368	785	17583	2125	176277	603
18	100	61	64441	3081	61360	4286	199101	914
			27525	1708	25817	5680	123657	455
24			43329	2127	41202	6872	392857	16015
3			42643	1406	41237	8867	348098	5761
			27542	942	26600	1880	154789	10095
			16272	2034	14238	2460	106284	8677
			8741	2256	6485	1845	74589	7053
			6118	1687	4431	460	32206	1714
			8312	716	7596	1319	50832	4332
95	**1**	**53**	**193086**	**21459**	**171627**	**30639**	**2290670**	**191102**
16	1		25185	1171	24014	4368	248333	22453
		18	13911	2082	11829	1030	151557	8094
		9	30134	1660	28474	3416	242854	14532
41		20	20736	1668	19068	2410	143624	13957
9		6	37307	2682	34625	6056	480973	43894
			8784	3156	5628	2659	134462	21887
			10166	4640	5526	712	108243	11601
12			9291	1627	7664	2244	142538	13201
			19778	1424	18354	3790	267586	20421
17			17794	1349	16445	3954	370500	21062
120	**42**	**18**	**219685**	**13295**	**206390**	**25681**	**1534135**	**76727**
88	18		23215	1811	21404	4518	256339	8345
		8	16546	3987	12559	3005	197020	5094
1			13301	265	13036	1175	156025	6340
			3044	827	2217	766	16656	869
	24		16887	504	16383	1291	104458	3519
1			41636	1242	40394	1466	81275	5411
7		10	26296	1125	25171	2120	135167	9212
			3966	1044	2922	390	18552	4394
			4392	1012	3380	98	25347	2334
20			14822	442	14380	4778	249762	16813
3			55580	1036	54544	6074	293534	14396
	36		**81348**	**16077**	**65271**	**15888**	**980830**	**71793**
			18573	4070	14503	3446	142900	6344
			7016	719	6297	1658	126274	3673
			9639	843	8796	2585	127949	11745
	36		9910	3000	6910	1840	94939	8999
			12108	912	11196	2503	204214	13055
			11470	2576	8894	1263	131208	20215
			12632	3957	8675	2593	153346	7762
1	**18**		**72171**	**5074**	**67097**	**14076**	**456791**	**70569**
			19959	1163	18796	4061	127123	32339
			11088	947	10141	864	73802	13655
			15029	1371	13658	3514	80910	4888
1			11389	465	10924	3875	104365	7622
	18		14706	1128	13578	1762	70591	12065

4-22 续表 1

地区	从业人员期末人数（人）	内资企业	国有企业	集体企业	股份合作企业	联营企业	国有联营企业
绍兴市	**1127123**	**1075215**	**1167**	**3250**	**560**	**199**	**62**
越城区	171018	160056	407	978	160	64	62
柯桥区	291012	281219	71	467	1		
上虞区	193662	181769	165	321		59	
新昌县	75345	73280	92	185	15	33	
诸暨市	264898	256178	230	478	300	27	
嵊州市	131188	122713	202	821	84	16	
金华市	**1357210**	**1329253**	**2107**	**3964**	**279**	**196**	
婺城区	134998	129080	581	943	63	19	
金东区	99685	98714	49	70	2		
武义县	103983	103215	114	310		4	
浦江县	74180	71944	134	151		5	
磐安县	50138	49994	178	20		7	
兰溪市	85053	83023	118	212	103	3	
义乌市	428635	416158	100	211	67	158	
东阳市	187998	186279	506	1806			
永康市	192540	190846	327	241	44		
衢州市	**279635**	**275182**	**1547**	**232**	**94**	**37**	
柯城区	70960	69886	97	14	30		
衢江区	39287	38395	79	20	13	2	
常山县	37703	37438	14	10	4		
开化县	22236	21842	239	39			
龙游县	51085	50254	216	58	11		
江山市	58364	57367	902	91	36	35	
舟山市	**205183**	**201690**	**3483**	**1572**	**490**	**59**	
定海区	101449	100031	2543	778	114		
普陀区	63335	62187	452	383	306	52	
岱山县	32193	31282	59	254	12		
嵊泗县	8206	8190	429	157	58	7	
台州市	**1295823**	**1280639**	**7814**	**2873**	**29592**	**79**	**45**
椒江区	156840	154859	497	396	3528	48	45
黄岩区	146141	144400	392	292	7658		
路桥区	153027	151472	774	376	2394	31	
三门县	59324	58664	886	97	828		
天台县	56411	55606	213	66	1053		
仙居县	64042	62603	101	101	61		
温岭市	294245	291920	2445	509	6775		
临海市	165850	163603	2470	394	985		
玉环市	199943	197512	36	642	6310		
丽水市	**278114**	**275411**	**2744**	**877**	**130**	**27**	
莲都区	71272	70391	215	165	16	4	
青田县	36040	35338	618	45	48		
缙云县	44142	43947	191	165	6		
遂昌县	17254	17128	306	140	13		
松阳县	22535	22184	94	64		10	
云和县	24652	24487	384	19			
庆元县	18113	18018	420	107	3		
景宁畲族自治县	11159	11127	147	106	44	9	
龙泉市	32947	32791	369	66		4	

集体联营企　业	国有与集体联营企业	其他联营企　业	有限责任公　司	国有独资公　司	其他有限责任公司	股份有限公　司	私营企业	私营独资企　业
90	**16**	**31**	**75864**	**7720**	**68144**	**17041**	**977134**	**68548**
2			21811	2530	19281	3621	133015	7604
			18324	1460	16864	3434	258922	9161
18	15	26	17511	1098	16413	3504	160209	12762
28		5	5750	1804	3946	3307	63898	5198
27			7628	255	7373	1738	245777	23954
15	1		4840	573	4267	1437	115313	9869
41		**155**	**91340**	**14460**	**76880**	**15878**	**1215489**	**105730**
5		14	18579	4154	14425	3099	105796	6917
			6345	651	5694	1132	91116	12061
4			2784	1091	1693	695	99308	4466
5			3349	1117	2232	906	67399	5343
7			5792	550	5242	1135	42862	6355
		3	11941	535	11406	2388	68258	10757
20		138	16429	1471	14958	3589	395604	21141
			18218	4028	14190	1542	164207	11878
			7903	863	7040	1392	180939	26812
	35	**2**	**24929**	**6626**	**18303**	**6657**	**241686**	**11345**
			7430	1964	5466	1257	61058	1744
		2	2299	862	1437	2753	33229	1294
			3798	784	3014	653	32959	1733
			2318	645	1673	220	19026	1346
			5878	1488	4390	975	43116	2554
	35		3206	883	2323	799	52298	2674
7	**23**	**29**	**35411**	**6814**	**28597**	**2098**	**158577**	**9139**
			20543	2991	17552	1159	74894	3733
	23	29	8370	1360	7010	113	52511	2412
			4718	1439	3279	47	26192	2042
7			1780	1024	756	779	4980	952
7		**27**	**150834**	**9192**	**141642**	**22462**	**1066985**	**130021**
		3	30361	2626	27735	2641	117388	5064
			16042	1633	14409	919	119097	13056
7		24	26210	498	25712	3064	118623	15497
			2676	503	2173	1526	52651	3600
			6026	766	5260	658	47590	4515
			7443	848	6595	1578	53319	12305
			13919	909	13010	2161	266111	39063
			12918	698	12220	4859	141977	17012
			35239	711	34528	5056	150229	19909
13	**10**	**4**	**28419**	**6751**	**21668**	**5208**	**238006**	**17425**
4			10266	1724	8542	1106	58619	1674
			3381	845	2536	645	30601	2676
			1796	463	1333	627	41162	3287
			3447	1081	2366	346	12876	858
	10		2363	726	1637	102	19551	1291
			1994	573	1421	996	21094	4513
			805	422	383	359	16324	658
9			2156	218	1938	588	8077	349
		4	2211	699	1512	439	29702	2119

4-22 续表 2

地　区	私营合伙企　　业	私营有限责任公司	私营股份有限公司	其他企业	港、澳、台商投资企业	与港澳台商合资经营企业	与港澳台商合作经营企业
全　省	**176613**	**10051098**	**185301**	**27**	**271161**	**129983**	**7835**
杭州市	**8411**	**1965071**	**31626**	**27**	**47443**	**23455**	**2214**
上城区	303	70788	1171		793	295	22
下城区	448	103660	955		2642	437	1764
江干区	385	223147	1180		5581	2420	18
拱墅区	606	173775	1293		1231	684	
西湖区	1356	190072	6759	27	1836	532	212
滨江区	670	119507	3025		3045	1324	6
萧山区	1720	371553	3569		14596	8498	33
余杭区	1432	336136	4769		8963	3197	159
富阳区	502	139463	4729		3256	2642	
临安区	302	95491	1814		2039	910	
桐庐县	166	66597	773		2305	1850	
淳安县	380	29659	453		368	177	
建德市	141	45223	1136		788	489	
宁波市	**58959**	**2012153**	**28456**		**89881**	**40013**	**2033**
海曙区	4649	219533	1698		6617	3136	
江北区	1109	139597	2757		5889	2617	5
北仑区	4087	220139	4096		20894	7666	109
镇海区	5709	120885	3073		7845	3413	471
鄞州区	6950	424799	5330		13596	6661	496
奉化区	1934	108916	1725		3159	1821	
象山县	1976	93303	1363		2913	2010	
宁海县	4684	122668	1985		5115	2228	267
余姚市	14530	230099	2536		14327	5022	607
慈溪市	13331	332214	3893		9526	5439	78
温州市	**25831**	**1407301**	**24276**		**7172**	**5070**	**71**
鹿城区	4000	240847	3147		320	141	
龙湾区	2911	184585	4430		2493	1692	63
瓯海区	1878	146866	941		927	594	
洞头区	84	15441	262		420	298	
永嘉县	1328	98175	1436		485	471	3
平阳县	1765	72501	1598		812	506	
苍南县	4609	119066	2280		722	664	
文成县	192	13685	281				
泰顺县	530	22108	375		1		
瑞安市	2443	225461	5045		130	69	
乐清市	6091	268566	4481		862	635	5
嘉兴市	**16231**	**882472**	**10334**		**56767**	**22886**	**2530**
南湖区	3501	131781	1274		5198	2019	23
秀洲区	824	120303	1474		6541	2344	53
嘉善县	7903	107517	784		10157	2296	1935
海盐县	1060	82463	2417		3293	1422	
海宁市	671	188869	1619		8975	3685	75
平湖市	625	108784	1584		13184	8255	411
桐乡市	1647	142755	1182		9419	2865	33
湖州市	**5537**	**369510**	**11175**		**19157**	**7648**	**145**
吴兴区	864	91445	2475		2775	835	
南浔区	291	58600	1256		3403	1631	
德清县	588	73543	1891		6622	3385	145
长兴县	2148	89754	4841		3052	779	
安吉县	1646	56168	712		3305	1018	

港澳台商独资经营企业	港澳台商投资股份有限公司	其他港澳台投资企业	外商投资企业	中外合资经营企业	中外合作经营企业	外资企业	外商投资股份有限公司	其他外商投资
127111	**3856**	**2376**	**290075**	**130313**	**3260**	**142117**	**4714**	**9671**
21198	**331**	**245**	**57093**	**26758**	**514**	**28064**	**673**	**1084**
451		25	922	663		147	45	67
392	5	44	499	136		336	20	7
3094		49	12610	5032	205	6990	23	360
545	2		1202	268		917	17	
1039		53	1855	546	3	1247	33	26
1486	225	4	5486	2176		3030	244	36
6008	5	52	15515	6509		8750	58	198
5588	1	18	10237	5201		4632	64	340
614			3990	2917		970	53	50
1129			1741	1212	32	425	72	
455			2174	1360	242	544	28	
148	43		324	235		73	16	
249	50		538	503	32	3		
45576	**1178**	**1081**	**83333**	**36982**	**1441**	**41269**	**1526**	**2115**
3175	239	67	6609	3148	185	2831	172	273
3253	14		5237	1767	104	3126	201	39
12001	597	521	19263	5199	236	13260	174	394
3775	47	139	8588	2564	165	5286	61	512
6274	22	143	13841	6561	99	6589	104	488
1329	9		4484	3290		1177	17	
689	214		4033	3077		552	267	137
2579	36	5	5357	3355	191	1795		16
8682		16	8321	4305	53	3515	429	19
3819		190	7600	3716	408	3138	101	237
1940	**71**	**20**	**8466**	**5253**	**34**	**2929**	**123**	**127**
169		10	1704	1191		446	66	1
738			2149	1295	15	829		10
333			1282	697		494		91
73	48	1	6			1		5
2		9	575	501		19	55	
306			679	663		8		8
55	3		227	224				3
			71	71				
1			2	2				
61			1010	265		739	2	4
202	20		761	344	19	393		5
30456	**466**	**429**	**68334**	**24653**	**627**	**40642**	**1303**	**1109**
2946	203	7	6451	2296	75	3958	122	
4143		1	12269	2836	88	9067	171	107
5800	12	114	15831	4625	131	10073	224	778
1871			4006	1256	288	2376		86
5019	159	37	8362	5360		2871	116	15
4446	65	7	14749	5296		9210	243	
6231	27	263	6666	2984	45	3087	427	123
10596	**643**	**125**	**17892**	**8280**	**234**	**8413**	**407**	**558**
1665	275		4606	1677	11	2706	3	209
1473	291	8	2362	1614		748		
3050	42		4517	2627	98	1663	122	7
2244	29		4085	1199		2301	282	303
2164	6	117	2322	1163	125	995		39

4-22 续表 3

地　区	私营合伙企　业	私营有限责任公司	私营股份有限公司	其他企业	港、澳、台商投资企业	与港澳台商合资经营企业	与港澳台商合作经营企业
绍兴市	**3547**	**891149**	**13890**		**29135**	**17321**	**606**
越城区	652	123000	1759		5929	2451	
柯桥区	120	248265	1376		5776	2997	116
上虞区	543	144394	2510		7027	4144	142
新昌县	392	56259	2049		841	724	
诸暨市	1197	216698	3928		3989	3007	348
嵊州市	643	102533	2268		5573	3998	
金华市	**6493**	**1090109**	**13157**		**9320**	**5454**	**56**
婺城区	1118	95840	1921		2810	1549	
金东区	614	77537	904		428	274	
武义县	189	93968	685		124	19	
浦江县	521	60644	891		1245	263	
磐安县	213	35601	693		141	140	
兰溪市	432	56376	693		491	141	
义乌市	2404	367355	4704		2406	1811	41
东阳市	192	151124	1013		662	485	15
永康市	810	151664	1653		1013	772	
衢州市	**1235**	**223333**	**5773**		**1799**	**1089**	
柯城区	334	56765	2215		204	95	
衢江区	174	30191	1570		187	53	
常山县	236	30556	434		35	21	
开化县	143	17277	260		390	287	
龙游县	119	39625	818		574	428	
江山市	229	48919	476		409	205	
舟山市	**1844**	**145739**	**1855**		**1235**	**970**	**3**
定海区	1006	69552	603		627	511	3
普陀区	293	48771	1035		471	431	
岱山县	379	23616	155		131	28	
嵊泗县	166	3800	62		6		
台州市	**44750**	**850582**	**41632**		**7990**	**5450**	**177**
椒江区	2890	105411	4023		1255	924	
黄岩区	3267	92397	10377		1006	551	120
路桥区	6804	90418	5904		832	533	
三门县	428	44932	3691		63		
天台县	523	41422	1130		399	267	
仙居县	6385	32992	1637		821	811	10
温岭市	13582	209658	3808		1340	1273	
临海市	5074	115791	4100		1171	334	
玉环市	5797	117561	6962		1103	757	47
丽水市	**3775**	**213679**	**3127**		**1262**	**627**	
莲都区	556	55628	761		347	178	
青田县	365	27027	533		102		
缙云县	1218	35859	798		178	112	
遂昌县	214	11790	14		61		
松阳县	382	17843	35		351	237	
云和县	361	16108	112		35	5	
庆元县	59	15147	460		95	95	
景宁畲族自治县	380	7256	92				
龙泉市	240	27021	322		93		

港澳台商独资经营企业	港澳台商投资股份有限公司	其他港澳台投资企业	外商投资企业	中外合资经营企业	中外合作经营企业	外资企业	外商投资股份有限公司	其他外商投资
10330	**589**	**289**	**22773**	**14252**	**274**	**7762**	**314**	**171**
3396	82		5033	2585		2152	261	35
2374		289	4017	1771	4	2164	40	38
2537	204		4866	3267		1569		30
117			1224	821	85	317	1	
632	2		4731	3681	185	809		56
1274	301		2902	2127		751	12	12
3482	**307**	**21**	**18637**	**5714**	**18**	**8550**	**206**	**4149**
975	286		3108	1523		1345		240
154			543	115		428		
105			644	443		155		46
982			991	669		322		
1			3	3				
350			1539	1139		223	110	67
512	21	21	10071	617	18	5576	94	3766
162			1057	700		325	2	30
241			681	505		176		
602	**108**		**2654**	**1584**		**946**	**84**	**40**
109			870	523		329	1	17
134			705	347		344		14
14			230	227		3		
103			4	4				
101	45		257	174			83	
141	63		588	309		270		9
261	**1**		**2258**	**999**	**23**	**1160**	**8**	**68**
112	1		791	289	23	466	8	5
40			677	424		230		23
103			780	281		459		40
6			10	5		5		
2149	**162**	**52**	**7194**	**4985**	**95**	**1812**	**70**	**232**
177	154		726	497		161	64	4
327	8		735	455		280		
299			723	611	5	21		86
63			597	146		451		
132			406	354		52		
			618	559		59		
15		52	985	898		81	6	
837			1076	479	90	365		142
299			1328	986		342		
521		**114**	**1441**	**853**		**570**		**18**
169			534	313		220		1
102			600	417		166		17
66			17	17				
61			65			65		
		114						
30			130	83		47		
			32			32		
93			63	23		40		

4-23 按地区、企业控股情况分组的小微企业法人单位数

地区	法人单位数（个）	国有控股	集体控股	私人控股	港澳台商控股	外商控股	其他
全省	**1333713**	**9888**	**10711**	**1289769**	**4752**	**7425**	**11168**
杭州市	**316734**	**2277**	**1362**	**307824**	**1052**	**1340**	**2879**
上城区	11798	284	103	10899	45	67	400
下城区	20838	296	121	20090	53	71	207
江干区	37823	276	138	36721	125	234	329
拱墅区	26628	150	90	26102	63	45	178
西湖区	35873	366	116	34710	90	108	483
滨江区	22879	102	41	21950	115	241	430
萧山区	54435	176	340	53273	297	230	119
余杭区	50151	140	152	49104	158	243	354
富阳区	18787	112	42	18474	28	43	88
临安区	10327	93	49	10099	14	18	54
桐庐县	12712	96	59	12441	36	21	59
淳安县	7127	100	60	6846	17	11	93
建德市	7356	86	51	7115	11	8	85
宁波市	**259646**	**1374**	**1944**	**251206**	**1503**	**1519**	**2100**
海曙区	32615	135	282	31459	119	153	467
江北区	19130	96	190	18463	118	110	153
北仑区	37379	172	94	36187	324	355	247
镇海区	15372	130	158	14479	167	191	247
鄞州区	67906	277	342	66189	304	366	428
奉化区	10517	66	82	10212	39	35	83
象山县	10870	195	158	10393	50	29	45
宁海县	11556	109	73	11151	73	71	79
余姚市	21880	98	282	20969	171	115	245
慈溪市	32421	96	283	31704	138	94	106
温州市	**175555**	**955**	**3076**	**169308**	**128**	**120**	**1968**
鹿城区	24988	261	583	23713	19	32	380
龙湾区	20115	95	319	19554	36	26	85
瓯海区	15486	57	457	14838	11	19	104
洞头区	2297	57	77	2134	14	1	14
永嘉县	15021	60	295	14629	8	8	21
平阳县	12790	75	252	12374	7	5	77

4-23　续表 1

地　区	法　人单位数（个）	国有控股	集体控股	私人控股	港澳台商控股	外商控股	其他
苍南县	21704	61	252	21299	9	1	82
文成县	2043	68	44	1924			7
泰顺县	2416	60	52	2283	2	2	17
瑞安市	24489	80	385	23905	6	13	100
乐清市	34206	81	360	32655	16	13	1081
嘉兴市	**107076**	**1165**	**759**	**102619**	**942**	**1068**	**523**
南湖区	19788	258	194	18996	117	149	74
秀洲区	13528	163	93	12885	110	197	80
嘉善县	14092	94	105	13423	155	230	85
海盐县	8166	127	77	7796	50	45	71
海宁市	19321	165	113	18688	153	122	80
平湖市	13582	219	47	12895	146	218	57
桐乡市	18599	139	130	17936	211	107	76
湖州市	**49375**	**589**	**336**	**47198**	**286**	**241**	**725**
吴兴区	14774	190	80	14164	55	69	216
南浔区	6972	102	43	6691	38	17	81
德清县	7719	140	88	7247	70	56	118
长兴县	12198	70	79	11727	67	67	188
安吉县	7712	87	46	7369	56	32	122
绍兴市	**116045**	**606**	**725**	**112816**	**467**	**698**	**733**
越城区	19888	222	139	18982	81	70	394
柯桥区	38743	105	108	37744	160	486	140
上虞区	15850	108	96	15403	83	52	108
新昌县	5984	69	79	5794	8	6	28
诸暨市	24579	50	127	24226	84	53	39
嵊州市	11001	52	176	10667	51	31	24
金华市	**147386**	**668**	**397**	**142942**	**165**	**2242**	**972**
婺城区	12605	181	67	12068	35	39	215
金东区	8221	32	24	8050	7	6	102
武义县	5498	70	33	5368	4	8	15
浦江县	6592	71	36	6403	18	7	57
磐安县	3205	51	20	3046	4		84
兰溪市	6128	47	39	5983	10	8	41
义乌市	72163	72	50	69507	67	2117	350
东阳市	11811	88	82	11513	14	45	69
永康市	21163	56	46	21004	6	12	39

4-23 续表 2

地 区	法人单位数（个）	国有控股	集体控股	私人控股	港澳台商控股	外商控股	其他
衢州市	**23751**	**416**	**106**	**22968**	**33**	**29**	**199**
柯城区	8270	152	23	7995	8	11	81
衢江区	3201	37	18	3124	4	8	10
常山县	2117	37	13	2003	3	2	59
开化县	1916	55	11	1844	1		5
龙游县	3443	65	13	3344	9	2	10
江山市	4804	70	28	4658	8	6	34
舟山市	**19067**	**496**	**296**	**17911**	**54**	**42**	**268**
定海区	11628	237	107	11054	29	23	178
普陀区	4676	126	109	4388	13	6	34
岱山县	1970	77	49	1792	8	12	32
嵊泗县	793	56	31	677	4	1	24
台州市	**99565**	**833**	**1488**	**96454**	**100**	**98**	**592**
椒江区	11325	260	343	10529	16	15	162
黄岩区	12231	87	66	12039	15	16	8
路桥区	13861	67	212	13503	10	6	63
三门县	4762	53	58	4633	3	11	4
天台县	7831	59	60	7673	8	5	26
仙居县	4518	71	49	4341	9	6	42
温岭市	20476	77	210	20137	5	15	32
临海市	12333	92	82	12103	19	13	24
玉环市	12228	67	408	11496	15	11	231
丽水市	**19513**	**509**	**222**	**18523**	**22**	**28**	**209**
莲都区	4592	108	38	4354	5	8	79
青田县	3683	58	19	3567	6	8	25
缙云县	2928	42	37	2831	3	1	14
遂昌县	1720	52	41	1598	4	4	21
松阳县	1239	45	15	1168	1		10
云和县	1647	56	16	1553	2	5	15
庆元县	1159	44	15	1086			14
景宁畲族自治县	654	41	23	581		1	8
龙泉市	1891	63	18	1785	1	1	23

4-24　按地区、企业控股情况分组的小微企业法人从业人员数

地　区	从业人员期末人数（人）	国有控股	集体控股	私人控股	港澳台商控股	外商控股	其他
全　省	**13495456**	**329650**	**156249**	**12396746**	**203014**	**213391**	**196406**
杭州市	**2594628**	**79856**	**27450**	**2346117**	**35219**	**44151**	**61835**
上城区	110688	9005	6471	89597	608	879	4128
下城区	134897	7658	2425	118889	2492	670	2763
江干区	299699	9185	3557	251817	3949	10711	20480
拱墅区	200300	4867	917	189523	896	1019	3078
西湖区	274386	10905	2131	251136	1505	1701	7008
滨江区	165733	5106	1149	146604	2613	4701	5560
萧山区	475420	7896	4600	434021	10755	12177	5971
余杭区	420064	7545	2834	388411	7834	8009	5431
富阳区	192069	4070	864	181331	1307	1991	2506
临安区	129115	4707	563	120266	1287	631	1661
桐庐县	90245	3566	882	82290	1430	1297	780
淳安县	39738	2551	275	35134	236	196	1346
建德市	62274	2795	782	57098	307	169	1123
宁波市	**2711890**	**49978**	**24919**	**2469847**	**68693**	**59291**	**39162**
海曙区	293429	3571	3234	270311	5125	4921	6267
江北区	181845	6095	2801	160512	4669	4439	3329
北仑区	318727	7394	1698	270048	16666	16826	6095
镇海区	184675	4550	3241	159907	6134	6561	4282
鄞州区	557224	10127	4149	515936	10411	8591	8010
奉化区	154326	4227	1093	143360	1930	1582	2134
象山县	127632	5772	1934	116244	1506	1610	566
宁海县	165415	3247	805	152539	3943	3342	1539
余姚市	316317	2757	2729	288101	11677	6120	4933
慈溪市	412300	2238	3235	392889	6632	5299	2007
温州市	**1849992**	**38292**	**38819**	**1742355**	**4723**	**5489**	**20314**
鹿城区	297765	8788	10174	273883	240	1221	3459
龙湾区	225970	6364	3604	211887	2093	1054	968
瓯海区	179487	3057	4461	169291	659	788	1231
洞头区	21260	1700	682	18415	153	1	309
永嘉县	127504	1729	2928	121711	227	511	398
平阳县	129805	2278	3546	121675	531	510	1265

4-24 续表 1

地　区	从业人员期末人数（人）	国有控股	集体控股	私人控股	港澳台商控股	外商控股	其他
苍南县	169120	3759	2453	161762	113	36	997
文成县	23550	1578	387	20625			960
泰顺县	30765	1551	590	28454	1	25	144
瑞安市	281700	4426	5761	269038	130	782	1563
乐清市	363066	3062	4233	345614	576	561	9020
嘉兴市	**1212778**	**30646**	**12179**	**1053396**	**47626**	**55084**	**13847**
南湖区	180791	10029	4141	155120	3851	5280	2370
秀洲区	154928	2157	1420	133095	5603	10666	1987
嘉善县	166876	1533	1286	138334	9358	14243	2122
海盐县	115095	3899	921	102902	2929	2807	1637
海宁市	236914	2543	1709	218101	7088	5404	2069
平湖市	172173	4622	606	142116	10990	12039	1800
桐乡市	186001	5863	2096	163728	7807	4645	1862
湖州市	**583080**	**15512**	**4657**	**521135**	**15629**	**12687**	**13460**
吴兴区	159483	3791	1336	142770	2458	3389	5739
南浔区	91706	1814	656	84120	2546	1466	1104
德清县	111394	3544	1635	94698	5105	3204	3208
长兴县	127177	2912	608	115710	2684	3045	2218
安吉县	93320	3451	422	83837	2836	1583	1191
绍兴市	**1127123**	**16578**	**7827**	**1059468**	**17728**	**13129**	**12393**
越城区	171018	6381	2145	149693	4378	3814	4607
柯桥区	291012	3018	1417	276007	4157	2897	3516
上虞区	193662	2786	1296	180637	3829	2819	2295
新昌县	75345	2454	438	70925	535	519	474
诸暨市	264898	1017	1386	258545	1573	1845	532
嵊州市	131188	922	1145	123661	3256	1235	969
金华市	**1357210**	**24655**	**12450**	**1287886**	**6161**	**14556**	**11502**
婺城区	134998	7238	1996	118129	1902	2748	2985
金东区	99685	1036	262	96938	155	428	866
武义县	103983	1423	373	101404	107	568	108
浦江县	74180	1763	336	70045	1143	415	478
磐安县	50138	1190	162	47746	23		1017
兰溪市	85053	1961	690	79788	559	773	1282
义乌市	428635	2599	855	413162	914	8556	2549
东阳市	187998	4964	7112	173040	665	507	1710
永康市	192540	2481	664	187634	693	561	507

4-24 续表 2

地　区	从业人员期末人数（人）	国有控股	集体控股	私人控股	港澳台商控股	外商控股	其他
衢州市	**279635**	**12131**	**1566**	**260529**	**1281**	**1774**	**2354**
柯城区	70960	4361	338	64794	177	669	621
衢江区	39287	1089	303	37263	150	382	100
常山县	37703	1075	157	35700	33	43	695
开化县	22236	953	213	20753	103		214
龙游县	51085	2320	96	47641	544	230	254
江山市	58364	2333	459	54378	274	450	470
舟山市	**205183**	**20860**	**5024**	**172555**	**379**	**1681**	**4684**
定海区	101449	11112	2938	83276	206	670	3247
普陀区	63335	4918	1143	56011	64	230	969
岱山县	32193	3200	539	27335	103	776	240
嵊泗县	8206	1630	404	5933	6	5	228
台州市	**1295823**	**27367**	**19192**	**1225950**	**4758**	**4588**	**13968**
椒江区	156840	5931	4177	142971	748	548	2465
黄岩区	146141	2983	732	140913	705	565	243
路桥区	153027	2362	3332	144529	720	400	1684
三门县	59324	1498	562	56454	63	536	211
天台县	56411	1766	482	53598	234	55	276
仙居县	64042	1926	469	60493	200	507	447
温岭市	294245	4273	2631	285741	120	443	1037
临海市	165850	4585	1072	157241	1019	580	1353
玉环市	199943	2043	5735	184010	949	954	6252
丽水市	**278114**	**13775**	**2166**	**257508**	**817**	**961**	**2887**
莲都区	71272	4100	494	65038	184	395	1061
青田县	36040	1658	217	33176	153	349	487
缙云县	44142	879	198	42634	176	15	240
遂昌县	17254	1672	283	14848	61	65	325
松阳县	22535	1417	124	20824	114		56
云和县	24652	1216	388	22855	36	65	92
庆元县	18113	920	175	16883			135
景宁畲族自治县	11159	594	206	10230		32	97
龙泉市	32947	1319	81	31020	93	40	394

4-25 按地区、营业收入组距分组的小微企业法人单位数

地区	法人单位数（个）	100万元及以下	100-200万元	200-500万元	500-1000万元	1000-2000万元	2000-5000万元	5000万元-1亿元	1亿元以上
全省	**1333713**	**711404**	**154453**	**206840**	**106889**	**70668**	**51458**	**17501**	**14500**
杭州市	**316734**	**199998**	**28784**	**36970**	**19341**	**13521**	**10776**	**3768**	**3576**
上城区	11798	8045	766	1093	611	487	455	157	184
下城区	20838	12930	1988	2484	1310	931	710	214	271
江干区	37823	25613	3309	3958	1957	1292	964	364	366
拱墅区	26628	16120	2449	3067	1758	1309	1119	387	419
西湖区	35873	23382	3176	4069	2009	1467	1140	335	295
滨江区	22879	16112	1660	2088	1037	848	654	237	243
萧山区	54435	32663	4856	6482	3796	2707	2232	921	778
余杭区	50151	33083	4243	5279	2970	2073	1567	502	434
富阳区	18787	11051	1826	2613	1369	854	584	240	250
临安区	10327	3697	1736	2432	1000	630	519	178	135
桐庐县	12712	8399	1370	1410	643	389	320	96	85
淳安县	7127	5160	561	663	334	205	128	43	33
建德市	7356	3743	844	1332	547	329	384	94	83
宁波市	**259646**	**155121**	**24562**	**31169**	**18036**	**12942**	**10507**	**3816**	**3493**
海曙区	32615	19999	3140	3953	2269	1526	1128	345	255
江北区	19130	12275	1625	1880	1165	827	718	298	342
北仑区	37379	24365	2487	3386	2233	1764	1502	670	972
镇海区	15372	8614	1533	1851	1141	850	763	309	311
鄞州区	67906	43502	5912	7500	4117	3095	2331	744	705
奉化区	10517	5928	1099	1398	802	595	446	164	85
象山县	10870	6971	982	1100	632	460	472	135	118
宁海县	11556	5192	1915	2161	1014	574	453	164	83
余姚市	21880	9826	2639	3705	2246	1427	1337	427	273
慈溪市	32421	18449	3230	4235	2417	1824	1357	560	349
温州市	**175555**	**83489**	**23873**	**34123**	**15934**	**10189**	**5374**	**1597**	**976**
鹿城区	24988	9806	3681	6048	2171	2361	599	198	124
龙湾区	20115	8629	2798	3711	2122	1442	841	319	253
瓯海区	15486	8985	1674	2157	1144	660	641	156	69
洞头区	2297	1596	202	225	92	83	60	20	19
永嘉县	15021	9468	1394	1675	1130	766	416	107	65
平阳县	12790	6541	1650	2203	1166	672	385	104	69

4-25　续表 1

地　区	法　人单位数(个)	100万元及以下	100-200万元	200-500万元	500-1000万元	1000-2000万元	2000-5000万元	5000万元-1亿元	1亿元以上
苍南县	21704	15211	2143	2149	1023	548	468	105	57
文成县	2043	1119	441	285	75	55	46	14	8
泰顺县	2416	1804	192	206	71	50	58	23	12
瑞安市	24489	13286	2830	3495	2233	1357	911	249	128
乐清市	34206	7044	6868	11969	4707	2195	949	302	172
嘉兴市	**107076**	**59318**	**10685**	**13947**	**8155**	**5982**	**5378**	**1970**	**1641**
南湖区	19788	12404	1829	2283	1249	880	675	247	221
秀洲区	13528	7450	1285	1698	1118	813	715	262	187
嘉善县	14092	7286	1649	2057	1116	778	710	246	250
海盐县	8166	3730	899	1285	849	587	502	177	137
海宁市	19321	10174	1820	2485	1560	1251	1205	468	358
平湖市	13582	7802	1355	1624	973	712	635	265	216
桐乡市	18599	10472	1848	2515	1290	961	936	305	272
湖州市	**49375**	**25143**	**5165**	**6796**	**4342**	**3174**	**2886**	**996**	**873**
吴兴区	14774	6280	1701	2513	1891	1393	583	189	224
南浔区	6972	3097	812	980	578	367	878	139	121
德清县	7719	3755	803	1053	614	483	519	269	223
长兴县	12198	7659	1084	1273	651	535	540	247	209
安吉县	7712	4352	765	977	608	396	366	152	96
绍兴市	**116045**	**47255**	**15645**	**23355**	**13398**	**7657**	**5768**	**1773**	**1194**
越城区	19888	9791	2211	2958	1894	1402	1030	359	243
柯桥区	38743	17735	4401	6336	4075	2919	2282	609	386
上虞区	15850	6505	2582	3142	1561	884	702	248	226
新昌县	5984	3132	752	955	449	304	241	77	74
诸暨市	24579	6746	4235	7038	3475	1535	1024	337	189
嵊州市	11001	3346	1464	2926	1944	613	489	143	76
金华市	**147386**	**63661**	**24104**	**32518**	**13148**	**7747**	**4164**	**1258**	**786**
婺城区	12605	7667	1215	1498	851	573	465	179	157
金东区	8221	3193	1351	1825	862	456	360	109	65
武义县	5498	2486	573	852	547	445	382	133	80
浦江县	6592	4136	676	798	396	272	233	56	25
磐安县	3205	1722	352	500	243	173	157	38	20
兰溪市	6128	3492	556	759	458	344	297	111	111
义乌市	72163	27267	13499	19250	6936	3895	987	240	89
东阳市	11811	6710	1140	1617	857	588	587	192	120
永康市	21163	6988	4742	5419	1998	1001	696	200	119

4-25 续表 2

地 区	法 人 单位数 (个)	100万元 及以下	100- 200万元	200- 500万元	500- 1000万元	1000- 2000万元	2000- 5000万元	5000万元- 1亿元	1亿元 以上
衢州市	**23751**	**13727**	**2365**	**2835**	**1677**	**1320**	**1112**	**382**	**333**
柯城区	8270	5268	786	897	466	363	254	113	123
衢江区	3201	1721	294	382	255	197	218	71	63
常山县	2117	1181	229	244	160	117	121	34	31
开化县	1916	1137	232	262	108	70	65	22	20
龙游县	3443	1827	380	447	281	199	178	77	54
江山市	4804	2593	444	603	407	374	276	65	42
舟山市	**19067**	**11640**	**1701**	**2038**	**1191**	**883**	**708**	**326**	**580**
定海区	11628	7047	943	1187	716	585	464	225	461
普陀区	4676	2901	477	536	286	166	157	73	80
岱山县	1970	1178	203	228	150	105	61	19	26
嵊泗县	793	514	78	87	39	27	26	9	13
台州市	**99565**	**40849**	**15656**	**20647**	**10263**	**6210**	**3849**	**1292**	**799**
椒江区	11325	6278	1213	1524	825	592	517	208	168
黄岩区	12231	5404	1786	2400	1205	732	477	146	81
路桥区	13861	4009	2573	3331	1868	1331	466	160	123
三门县	4762	2949	466	577	283	197	180	68	42
天台县	7831	4609	1058	1172	463	318	134	50	27
仙居县	4518	2502	549	601	344	289	161	44	28
温岭市	20476	5775	3894	5721	2600	1235	933	215	103
临海市	12333	4750	2235	2801	1226	661	388	158	114
玉环市	12228	4573	1882	2520	1449	855	593	243	113
丽水市	**19513**	**11203**	**1913**	**2442**	**1404**	**1043**	**936**	**323**	**249**
莲都区	4592	2466	501	611	339	252	244	86	93
青田县	3683	2600	207	319	206	160	133	31	27
缙云县	2928	1583	286	410	244	153	175	49	28
遂昌县	1720	1154	151	156	86	72	56	24	21
松阳县	1239	625	141	174	96	69	70	33	31
云和县	1647	812	233	285	135	98	54	19	11
庆元县	1159	665	111	163	83	55	50	22	10
景宁畲族自治县	654	387	83	82	29	28	20	12	13
龙泉市	1891	911	200	242	186	156	134	47	15

4-26　按地区、资产总计组距分组的小微企业法人单位数

地　区	法　人单位数（个）	50万元及以下	50-100万元	100-500万元	500-1000万元	1000-5000万元	5000万元-1亿元	1亿元以上
全　省	**1333713**	**614405**	**152980**	**314432**	**97618**	**107319**	**20623**	**26336**
杭州市	**316734**	**157531**	**32188**	**68451**	**22235**	**24451**	**4832**	**7046**
上城区	11798	5801	1018	2165	846	1154	296	518
下城区	20838	9578	2428	4954	1607	1502	290	479
江干区	37823	21072	3601	7568	2183	2127	449	823
拱墅区	26628	12355	2906	6239	2238	2084	357	449
西湖区	35873	18240	3884	7543	2403	2499	497	807
滨江区	22879	12841	1987	4083	1411	1687	342	528
萧山区	54435	24205	5576	12816	4430	5071	1026	1311
余杭区	50151	26609	4776	10264	3238	3656	684	924
富阳区	18787	8807	2036	4425	1328	1513	269	409
临安区	10327	3621	1423	2846	860	1088	225	264
桐庐县	12712	6473	1249	2769	822	945	180	274
淳安县	7127	4462	572	1075	355	456	90	117
建德市	7356	3467	732	1704	514	669	127	143
宁波市	**259646**	**118039**	**26234**	**61598**	**20353**	**22947**	**4478**	**5997**
海曙区	32615	16104	3417	7987	2291	2061	344	411
江北区	19130	9900	1829	3972	1289	1448	278	414
北仑区	37379	15321	2842	7845	3209	4878	1255	2029
镇海区	15372	6319	1635	3876	1390	1582	262	308
鄞州区	67906	35328	6699	14965	4568	4397	795	1154
奉化区	10517	4359	1182	2689	884	1019	165	219
象山县	10870	5231	994	2288	786	1018	193	360
宁海县	11556	3742	1930	3374	1037	1070	203	200
余姚市	21880	7290	2596	6701	2261	2279	409	344
慈溪市	32421	14445	3110	7901	2638	3195	574	558
温州市	**175555**	**87407**	**23045**	**41620**	**10461**	**9864**	**1581**	**1577**
鹿城区	24988	12480	3688	6148	1300	981	160	231
龙湾区	20115	8427	3136	5015	1487	1402	309	339
瓯海区	15486	8333	1859	3236	857	929	148	124
洞头区	2297	1432	203	336	99	143	29	55
永嘉县	15021	9082	1437	2599	781	869	126	127
平阳县	12790	7002	1630	2623	589	738	112	96

4-26 续表 1

地 区	法人单位数(个)	50万元及以下	50-100万元	100-500万元	500-1000万元	1000-5000万元	5000万元-1亿元	1亿元以上
苍南县	21704	15012	2196	2856	680	699	124	137
文成县	2043	873	346	530	104	134	26	30
泰顺县	2416	1551	206	337	99	170	28	25
瑞安市	24489	14011	2338	4888	1433	1470	184	165
乐清市	34206	9204	6006	13052	3032	2329	335	248
嘉兴市	**107076**	**43853**	**10821**	**26446**	**9054**	**11363**	**2392**	**3147**
南湖区	19788	9331	2068	4451	1402	1582	321	633
秀洲区	13528	5576	1412	3251	1152	1482	320	335
嘉善县	14092	5196	1585	3958	1255	1512	279	307
海盐县	8166	2512	827	2437	854	1055	205	276
海宁市	19321	7392	1796	4780	1778	2385	541	649
平湖市	13582	5756	1340	3243	1094	1382	322	445
桐乡市	18599	8090	1793	4326	1519	1965	404	502
湖州市	**49375**	**20728**	**5620**	**11133**	**4090**	**5147**	**1167**	**1490**
吴兴区	14774	6474	2003	3266	1151	1174	263	443
南浔区	6972	2480	694	1777	692	940	169	220
德清县	7719	2526	755	2060	704	1059	273	342
长兴县	12198	5691	1269	2423	960	1251	299	305
安吉县	7712	3557	899	1607	583	723	163	180
绍兴市	**116045**	**35336**	**14608**	**38313**	**12806**	**10877**	**1943**	**2162**
越城区	19888	6838	2578	6067	1884	1805	343	373
柯桥区	38743	13916	4878	11971	3739	3090	554	595
上虞区	15850	4993	2860	4598	1436	1328	285	350
新昌县	5984	2125	699	1728	492	661	111	168
诸暨市	24579	4764	1860	9636	4227	3110	478	504
嵊州市	11001	2700	1733	4313	1028	883	172	172
金华市	**147386**	**81907**	**20548**	**27255**	**6995**	**7908**	**1329**	**1444**
婺城区	12605	6312	1242	2706	868	967	213	297
金东区	8221	3952	1108	1758	523	676	101	103
武义县	5498	2133	538	1307	529	751	133	107
浦江县	6592	3694	646	1186	425	498	76	67
磐安县	3205	1312	336	761	277	396	61	62
兰溪市	6128	3044	590	1145	428	638	121	162
义乌市	72163	49164	11459	8174	1498	1406	244	218
东阳市	11811	5790	1087	2274	900	1250	228	282
永康市	21163	6506	3542	7944	1547	1326	152	146

4-26 续表 2

地 区	法人单位数(个)	50万元及以下	50-100万元	100-500万元	500-1000万元	1000-5000万元	5000万元-1亿元	1亿元以上
衢州市	**23751**	**11284**	**2335**	**4814**	**1697**	**2481**	**515**	**625**
柯城区	8270	4442	879	1557	480	586	131	195
衢江区	3201	1279	300	694	294	461	78	95
常山县	2117	936	196	427	157	276	67	58
开化县	1916	866	170	406	131	236	50	57
龙游县	3443	1569	338	695	243	393	88	117
江山市	4804	2192	452	1035	392	529	101	103
舟山市	**19067**	**9575**	**1530**	**3574**	**1233**	**1830**	**496**	**829**
定海区	11628	5877	841	2202	762	1127	300	519
普陀区	4676	2406	440	833	261	419	124	193
岱山县	1970	893	180	388	158	208	49	94
嵊泗县	793	399	69	151	52	76	23	23
台州市	**99565**	**39969**	**13912**	**27063**	**7338**	**8386**	**1426**	**1471**
椒江区	11325	5204	1170	2499	787	1051	263	351
黄岩区	12231	5149	1776	3116	903	992	154	141
路桥区	13861	4149	2656	4460	1085	1161	157	193
三门县	4762	2215	534	1036	336	445	88	108
天台县	7831	5027	799	1201	268	362	73	101
仙居县	4518	2222	422	1045	322	367	71	69
温岭市	20476	6135	3084	7062	1886	1877	218	214
临海市	12333	6245	1630	2636	658	827	168	169
玉环市	12228	3623	1841	4008	1093	1304	234	125
丽水市	**19513**	**8776**	**2139**	**4165**	**1356**	**2065**	**464**	**548**
莲都区	4592	1813	534	1057	349	521	143	175
青田县	3683	2180	348	557	214	257	50	77
缙云县	2928	1232	354	704	208	316	58	56
遂昌县	1720	859	156	294	113	213	38	47
松阳县	1239	478	163	271	78	154	40	55
云和县	1647	724	167	438	113	141	29	35
庆元县	1159	480	135	292	77	119	25	31
景宁畲族自治县	654	208	84	162	52	83	30	35
龙泉市	1891	802	198	390	152	261	51	37

4-27 按地区、从业人员组距分组的小微企业法人单位数

地区	法 人 单位数 (个)	7人及以下	8-19人	20-49人	50-99人	100-299人	300-499人	500-999人	1000-4999人	5000-9999人	10000人及以上
全 省	**1333713**	**986908**	**205170**	**90568**	**32290**	**17331**	**615**	**461**	**324**	**34**	**12**
杭州市	**316734**	**250349**	**41151**	**16712**	**5589**	**2651**	**110**	**89**	**63**	**13**	**7**
上城区	11798	9274	1546	664	227	57	8	10	10	2	
下城区	20838	16773	2756	928	281	69	12	6	9	2	2
江干区	37823	30720	4684	1622	520	236	14	13	9	2	3
拱墅区	26628	21665	3420	1121	274	116	11	12	6	3	
西湖区	35873	28705	4576	1856	545	163	10	7	9	1	1
滨江区	22879	17811	3114	1372	456	117	5	3	1		
萧山区	54435	43030	6778	2787	1099	706	16	14	4		1
余杭区	50151	38693	6904	3019	991	513	17	7	5	2	
富阳区	18787	14223	2707	1181	409	248	5	7	6	1	
临安区	10327	7056	1886	874	322	179	5	3	2		
桐庐县	12712	10451	1356	579	200	119	3	2	2		
淳安县	7127	6086	618	286	90	43	2	2			
建德市	7356	5862	806	423	175	85	2	3			
宁波市	**259646**	**191495**	**39531**	**17854**	**6586**	**3934**	**111**	**67**	**61**	**4**	**3**
海曙区	32615	24325	5141	2094	697	332	7	6	10	3	
江北区	19130	14846	2720	1059	281	196	10	7	10		1
北仑区	37379	29093	4878	2128	774	477	15	9	4	1	
镇海区	15372	10687	2781	1166	438	279	8	6	7		
鄞州区	67906	52816	9605	3696	1127	608	26	9	18		1
奉化区	10517	6888	1819	1059	472	269	5	1	4		
象山县	10870	7935	1423	911	390	197	6	6	2		
宁海县	11556	7373	2275	1151	466	283	5	3			
余姚市	21880	14408	3990	1994	891	572	9	13	3		
慈溪市	32421	23124	4899	2596	1050	721	20	7	3		1
温州市	**175555**	**125301**	**30246**	**12787**	**4873**	**2180**	**65**	**60**	**40**	**2**	**1**
鹿城区	24988	17335	4175	1927	1230	287	11	7	13	2	1
龙湾区	20115	13957	3773	1524	539	305	3	9	5		
瓯海区	15486	10867	2481	1330	532	265	3	5	3		
洞头区	2297	1847	259	115	40	32	1	2	1		
永嘉县	15021	11481	2090	995	307	136	7	3	2		
平阳县	12790	9450	2045	818	321	136	9	8	3		

4-27　续表 1

地　区	法人单位数(个)	7人及以下	8-19人	20-49人	50-99人	100-299人	300-499人	500-999人	1000-4999人	5000-9999人	10000人及以上
苍南县	21704	17297	2824	1079	326	159	7	8	4		
文成县	2043	1297	500	172	58	12	2	2			
泰顺县	2416	1889	283	148	58	24	5	6	3		
瑞安市	24489	17128	3887	2284	747	423	8	7	5		
乐清市	34206	22753	7929	2395	715	401	9	3	1		
嘉兴市	**107076**	**78554**	**15689**	**7765**	**3037**	**1929**	**36**	**30**	**34**	**2**	
南湖区	19788	15219	2720	1174	400	244	10	8	11	2	
秀洲区	13528	10091	1904	904	370	245	5	4	5		
嘉善县	14092	10124	2081	1153	434	292	3	4	1		
海盐县	8166	5317	1568	794	299	181	4	1	2		
海宁市	19321	13742	3104	1466	618	374	5	5	7		
平湖市	13582	9911	1796	1072	457	333	5	4	4		
桐乡市	18599	14150	2516	1202	459	260	4	4	4		
湖州市	**49375**	**33392**	**8657**	**4874**	**1542**	**867**	**19**	**14**	**10**		
吴兴区	14774	9430	3074	1720	351	175	9	7	8		
南浔区	6972	4514	1211	854	250	141		2			
德清县	7719	5118	1287	777	335	196	2	2	2		
长兴县	12198	8913	1878	882	323	194	7	1			
安吉县	7712	5417	1207	641	283	161	1	2			
绍兴市	**116045**	**82917**	**21988**	**7318**	**2351**	**1359**	**55**	**32**	**23**	**2**	
越城区	19888	15357	2883	1028	355	230	13	12	8	2	
柯桥区	38743	29802	6252	1874	526	265	16	1	7		
上虞区	15850	10747	3078	1245	457	315	4	3	1		
新昌县	5984	4268	890	516	192	105	4	6	3		
诸暨市	24579	15690	6227	1816	547	280	13	4	2		
嵊州市	11001	7053	2658	839	274	164	5	6	2		
金华市	**147386**	**114757**	**19404**	**8611**	**2877**	**1559**	**87**	**48**	**38**	**5**	
婺城区	12605	9248	1868	912	351	195	10	10	10	1	
金东区	8221	5569	1605	707	222	106	6	2	2	2	
武义县	5498	3035	1150	769	338	203	3				
浦江县	6592	4437	1211	636	214	86	7	1			
磐安县	3205	2235	504	307	97	55	3	1	1	2	
兰溪市	6128	4052	1081	598	238	147	9	3			
义乌市	72163	61864	6986	2266	669	360	9	7	2		
东阳市	11811	8507	1688	1007	339	191	37	20	22		
永康市	21163	15810	3311	1409	409	216	3	4	1		

4-27 续表 2

地区	法人单位数(个)	7人及以下	8-19人	20-49人	50-99人	100-299人	300-499人	500-999人	1000-4999人	5000-9999人	10000人及以上
衢州市	**23751**	**17661**	**3170**	**1747**	**690**	**406**	**38**	**27**	**11**	**1**	
柯城区	8270	6707	908	384	145	92	15	14	4	1	
衢江区	3201	2291	447	291	102	65	4		1		
常山县	2117	1391	373	192	87	62	4	5	3		
开化县	1916	1408	269	150	52	33	3		1		
龙游县	3443	2460	505	264	121	82	4	5	2		
江山市	4804	3404	668	466	183	72	8	3			
舟山市	**19067**	**14252**	**2511**	**1368**	**582**	**306**	**26**	**17**	**5**		
定海区	11628	9152	1381	660	267	138	15	11	4		
普陀区	4676	3331	618	422	181	115	6	2	1		
岱山县	1970	1225	350	218	124	46	4	3			
嵊泗县	793	544	162	68	10	7	1	1			
台州市	**99565**	**65446**	**19446**	**9548**	**3298**	**1685**	**46**	**59**	**32**	**5**	
椒江区	11325	7546	2068	1021	405	251	12	12	7	3	
黄岩区	12231	8693	1979	1008	362	176	3	8	1	1	
路桥区	13861	9221	2855	1292	334	150		5	4		
三门县	4762	3439	704	357	164	86	4	8			
天台县	7831	6394	828	437	104	62	3	2	1		
仙居县	4518	3005	719	457	227	102	3	5			
温岭市	20476	12448	4733	2253	722	282	12	11	14	1	
临海市	12333	7988	2504	1188	411	224	6	7	5		
玉环市	12228	6712	3056	1535	569	352	3	1			
丽水市	**19513**	**12784**	**3377**	**1984**	**865**	**455**	**22**	**18**	**7**		**1**
莲都区	4592	2942	819	483	190	133	8	11	6		
青田县	3683	2763	468	288	108	52	3	1			
缙云县	2928	1847	535	302	160	81	3				
遂昌县	1720	1286	238	120	49	25	1	1			
松阳县	1239	750	241	130	81	34	1	1	1		
云和县	1647	974	350	208	72	42		1			
庆元县	1159	728	204	134	67	24	1	1			
景宁畲族自治县	654	360	163	85	33	11	1	1			
龙泉市	1891	1134	359	234	105	53	4	1			1

4-28　按登记注册类型、运营状态分组的小微企业法人单位数

登记注册类型	法人单位数(个)	正常运营	停业(歇业)	筹建	当年关闭	当年破产	当年注销	当年吊销	其他
总　计	**1333713**	**1077085**	**140886**	**73462**	**17744**	**696**	**22503**	**1198**	**139**
内资企业	**1317951**	**1063846**	**139665**	**72616**	**17576**	**680**	**22257**	**1179**	**132**
国有企业	1596	1402	149	7	14		24		
集体企业	4318	3439	678	27	76	2	82	13	1
股份合作企业	5705	4734	744	12	159	8	44	4	
联营企业	138	120	13	1	1		3		
国有联营企业	18	18							
集体联营企业	68	59	6	1	1		1		
国有与集体联营企业	27	21	5				1		
其他联营企业	25	22	2				1		
有限责任公司	63000	53268	4984	3207	509	44	897	60	31
国有独资公司	3798	3457	165	133	14		26	1	2
其他有限责任公司	59202	49811	4819	3074	495	44	871	59	29
股份有限公司	8829	7633	579	416	83	13	98	3	4
私营企业	1234363	993248	132518	68946	16734	613	21109	1099	96
私营独资企业	120249	103949	9720	1522	2074	51	2798	135	
私营合伙企业	41446	33864	3943	2715	360	10	546	6	2
私营有限责任公司	1064351	848795	118138	64079	14158	547	17590	953	91
私营股份有限公司	8317	6640	717	630	142	5	175	5	3
其他企业	2	2							
港、澳、台商投资企业	**5953**	**4838**	**599**	**349**	**80**	**9**	**60**	**14**	**4**
与港澳台商合资经营企业	2393	2002	247	93	21	6	20	4	
与港澳台商合作经营企业	71	60	7	1	1		2		
港澳台商独资经营企业	3307	2632	330	240	56	3	32	10	4
港澳台商投资股份有限公司	92	76	7	5			4		
其他港澳台投资企业	90	68	8	10	2		2		
外商投资企业	**9809**	**8401**	**622**	**497**	**88**	**7**	**186**	**5**	**3**
中外合资经营企业	3069	2589	247	146	35	5	42	4	1
中外合作经营企业	63	53	8	1		1			
外资企业	5137	4374	316	319	48		77	1	2
外商投资股份有限公司	166	145	9	10			2		
其他外商投资	1374	1240	42	21	5	1	65		

4-29 按登记注册类型、运营状态分组的小微企业法人从业人员数

登记注册类型	从业人员期末人数（人）	正常运营	停业(歇业)	筹建	当年关闭	当年破产	当年注销	当年吊销	其他
总　计	**13495456**	**13182022**	**175025**	**69212**	**33085**	**2966**	**30232**	**1220**	**1694**
内资企业	**12934220**	**12627993**	**172248**	**66078**	**32528**	**2922**	**29728**	**1212**	**1511**
国有企业	52498	51988	433	9	40		28		
集体企业	39454	38217	896	10	159		92	80	
股份合作企业	77922	76316	1225	9	322	2	46	2	
联营企业	6260	6230	29		1				
国有联营企业	323	323							
集体联营企业	5216	5186	29		1				
国有与集体联营企业	335	335							
其他联营企业	386	386							
有限责任公司	1335124	1316629	9332	5819	1131	62	1884	35	232
国有独资公司	131339	129922	901	441	35		40		
其他有限责任公司	1203785	1186707	8431	5378	1096	62	1844	35	232
股份有限公司	199645	196975	807	965	129	455	269		45
私营企业	11223290	10941611	159526	59266	30746	2403	27409	1095	1234
私营独资企业	810278	790120	10642	1729	3774	68	3827	118	
私营合伙企业	176613	172337	2614	753	514	1	380	14	
私营有限责任公司	10051098	9796429	145314	55838	26252	2333	22762	962	1208
私营股份有限公司	185301	182725	956	946	206	1	440	1	26
其他企业	27	27							
港、澳、台商投资企业	**271161**	**267782**	**1256**	**1796**	**215**	**9**	**33**	**8**	**62**
与港澳台商合资经营企业	129983	128144	830	951	42	9	7		
与港澳台商合作经营企业	7835	7829	5				1		
港澳台商独资经营企业	127111	125748	411	687	173		22	8	62
港澳台商投资股份有限公司	3856	3717	3	133			3		
其他港澳台投资企业	2376	2344	7	25					
外商投资企业	**290075**	**286247**	**1521**	**1338**	**342**	**35**	**471**		**121**
中外合资经营企业	130313	128331	737	832	245		155		13
中外合作经营企业	3260	3225	3			32			
外资企业	142117	140575	748	501	97		88		108
外商投资股份有限公司	4714	4689	8	5			12		
其他外商投资	9671	9427	25			3	216		

4-30　按登记注册类型、营业收入组距分组的小微企业法人单位数

登记注册类型	法人单位数(个)	100万元及以下	100-200万元	200-500万元	500-1000万元	1000-2000万元	2000-5000万元	5000万元-1亿元	1亿元以上
总　计	**1333713**	**711404**	**154453**	**206840**	**106889**	**70668**	**51458**	**17501**	**14500**
内资企业	**1317951**	**706284**	**153339**	**204778**	**105428**	**69129**	**49513**	**16265**	**13215**
国有企业	1596	661	167	228	159	156	124	57	44
集体企业	4318	2720	463	549	277	158	103	39	9
股份合作企业	5705	2276	787	1084	703	469	283	72	31
联营企业	138	72	12	15	17	5	11	1	5
国有联营企业	18	5	2	3	4		1		3
集体联营企业	68	42	7	8	7	2	1	1	
国有与集体联营企业	27	12	2	2	5	1	3		2
其他联营企业	25	13	1	2	1	2	6		
有限责任公司	63000	29594	5463	8414	5117	4178	4855	2464	2915
国有独资公司	3798	1710	241	426	337	317	326	183	258
其他有限责任公司	59202	27884	5222	7988	4780	3861	4529	2281	2657
股份有限公司	8829	3425	831	1355	762	632	654	429	741
私营企业	1234363	667535	145616	193133	98393	63530	43483	13203	9470
私营独资企业	120249	62701	18737	23156	9805	4115	1497	192	46
私营合伙企业	41446	29883	3482	4516	1993	907	466	106	93
私营有限责任公司	1064351	571045	122625	164229	85883	57951	40963	12620	9035
私营股份有限公司	8317	3906	772	1232	712	557	557	285	296
其他企业	2	1				1			
港、澳、台商投资企业	**5953**	**1959**	**292**	**543**	**495**	**565**	**895**	**618**	**586**
与港澳台商合资经营企业	2393	708	96	196	201	235	392	275	290
与港澳台商合作经营企业	71	21	5	6	4	5	13	9	8
港澳台商独资经营企业	3307	1155	177	329	277	316	469	315	269
港澳台商投资股份有限公司	92	39	7	6	8	5	11	8	8
其他港澳台投资企业	90	36	7	6	5	4	10	11	11
外商投资企业	**9809**	**3161**	**822**	**1519**	**966**	**974**	**1050**	**618**	**699**
中外合资经营企业	3069	970	172	295	275	312	475	270	300
中外合作经营企业	63	16	7	5	3	7	9	8	8
外资企业	5137	1698	470	787	504	485	520	317	356
外商投资股份有限公司	166	53	16	19	14	15	14	10	25
其他外商投资	1374	424	157	413	170	155	32	13	10

4-31 按登记注册类型、资产总计组距分组的小微企业法人单位数

登记注册类型	法人单位数（个）	50万元及以下	50-100万元	100-500万元	500-1000万元	1000-5000万元	5000万元-1亿元	1亿元以上
总　计	**1333713**	**614405**	**152980**	**314432**	**97618**	**107319**	**20623**	**26336**
内资企业	**1317951**	**610387**	**151758**	**312512**	**96437**	**103819**	**18974**	**24064**
国有企业	1596	324	105	385	174	356	95	157
集体企业	4318	1624	404	997	357	645	115	176
股份合作企业	5705	1685	693	1814	689	714	79	31
联营企业	138	47	10	38	16	16	3	8
国有联营企业	18	1	1	4	1	6	1	4
集体联营企业	68	29	5	20	8	4	1	1
国有与集体联营企业	27	9	2	9	3	2	1	1
其他联营企业	25	8	2	5	4	4		2
有限责任公司	63000	20103	4920	12092	5100	9616	3320	7849
国有独资公司	3798	385	69	356	206	646	309	1827
其他有限责任公司	59202	19718	4851	11736	4894	8970	3011	6022
股份有限公司	8829	2709	815	1884	669	1076	438	1238
私营企业	1234363	583894	144811	295302	89432	91395	14924	14605
私营独资企业	120249	55791	17837	34893	7482	4043	161	42
私营合伙企业	41446	18384	3485	9379	2988	4317	1083	1810
私营有限责任公司	1064351	506440	122720	249331	78300	81940	13334	12286
私营股份有限公司	8317	3279	769	1699	662	1095	346	467
其他企业	2	1				1		
港、澳、台商投资企业	**5953**	**971**	**166**	**642**	**482**	**1622**	**892**	**1178**
与港澳台商合资经营企业	2393	296	55	224	197	688	392	541
与港澳台商合作经营企业	71	8	2	15	4	18	11	13
港澳台商独资经营企业	3307	611	105	385	272	877	466	591
港澳台商投资股份有限公司	92	25	1	8	7	18	14	19
其他港澳台投资企业	90	31	3	10	2	21	9	14
外商投资企业	**9809**	**3047**	**1056**	**1278**	**699**	**1878**	**757**	**1094**
中外合资经营企业	3069	441	154	451	311	884	339	489
中外合作经营企业	63	12	3	4	1	27	6	10
外资企业	5137	1747	551	699	349	872	394	525
外商投资股份有限公司	166	51	18	18	13	25	7	34
其他外商投资	1374	796	330	106	25	70	11	36

4-32　按登记注册类型、从业人员组距分组的小微企业法人单位数

地　区	法　人单位数（个）	7人及以下	8-19人	20-49人	50-99人	100-299人	300-499人	500-999人	1000-4999人	5000-9999人	10000人及以上
总　计	**1333713**	**986908**	**205170**	**90568**	**32290**	**17331**	**615**	**461**	**324**	**34**	**12**
内资企业	**1317951**	**978662**	**203204**	**88649**	**30684**	**15340**	**603**	**450**	**313**	**34**	**12**
国有企业	1596	824	313	253	121	62	7	4	12		
集体企业	4318	3114	721	345	107	27	2	1	1		
股份合作企业	5705	3299	1281	761	275	84		5			
联营企业	138	82	34	15	5	1			1		
国有联营企业	18	8	5	3	2						
集体联营企业	68	49	12	5	1				1		
国有与集体联营企业	27	12	9	5	1						
其他联营企业	25	13	8	2	1	1					
有限责任公司	63000	38543	10927	6928	3664	2709	109	57	56	6	1
国有独资公司	3798	1794	745	692	332	190	20	11	14		
其他有限责任公司	59202	36749	10182	6236	3332	2519	89	46	42	6	1
股份有限公司	8829	4828	1589	928	541	662	86	108	68	14	5
私营企业	1234363	927971	188339	79418	25971	11795	399	275	175	14	6
私营独资企业	120249	89564	21977	7323	1139	244	2				
私营合伙企业	41446	34819	4568	1654	345	60					
私营有限责任公司	1064351	798521	160299	69555	24040	11087	391	269	171	12	6
私营股份有限公司	8317	5067	1495	886	447	404	6	6	4	2	
其他企业	2	1		1							
港、澳、台商投资企业	**5953**	**2514**	**850**	**842**	**778**	**964**	**2**		**3**		
与港澳台商合资经营企业	2393	843	326	381	361	480	1		1		
与港澳台商合作经营企业	71	26	8	8	11	16			2		
港澳台商独资经营企业	3307	1556	490	429	388	443	1				
港澳台商投资股份有限公司	92	42	11	13	10	16					
其他港澳台投资企业	90	47	15	11	8	9					
外商投资企业	**9809**	**5732**	**1116**	**1077**	**828**	**1027**	**10**	**11**	**8**		
中外合资经营企业	3069	1202	440	508	405	496	8	6	4		
中外合作经营企业	63	23	9	11	8	12					
外资企业	5137	3160	589	522	384	480	1	1			
外商投资股份有限公司	166	89	21	14	16	17	1	4	4		
其他外商投资	1374	1258	57	22	15	22					

4-33 按行业(中类)、地区分组的

行业中类	资产总计（万元）			
		杭州市	宁波市	温州市
总　计	**2500420672**	**739856768**	**538620134**	**175007308**
农、林、牧、渔业	**395106**	**18192**	**31319**	**18554**
农业				
谷物种植				
豆类、油料和薯类种植				
棉、麻、糖、烟草种植				
蔬菜、食用菌及园艺作物种植				
水果种植				
坚果、含油果、香料和饮料作物种植				
中药材种植				
草种植及割草				
其他农业				
林业				
林木育种和育苗				
造林和更新				
森林经营、管护和改培				
木材和竹材采运				
林产品采集				
畜牧业				
牲畜饲养				
家禽饲养				
狩猎和捕捉动物				
其他畜牧业				
渔业				
水产养殖				
水产捕捞				
农、林、牧、渔专业及辅助性活动	395106	18192	31319	18554
农业专业及辅助性活动	335430	15530	18645	16047
林业专业及辅助性活动	16523	1019	3780	2047
畜牧专业及辅助性活动	17190	1643	4422	186
渔业专业及辅助性活动	25964		4473	274
采矿业	**4030772**	**694673**	**380657**	**92420**
煤炭开采和洗选业	13201	13066		126
烟煤和无烟煤开采洗选	242	106		126
褐煤开采洗选	10515	10515		
其他煤炭采选	2444	2444		
石油和天然气开采业	988			
石油开采	988			
天然气开采				
黑色金属矿采选业	39967	3350		
铁矿采选	39967	3350		
锰矿、铬矿采选				
其他黑色金属矿采选				
有色金属矿采选业	293723	107061		
常用有色金属矿采选	188408	107061		
贵金属矿采选	3694			
稀有稀土金属矿采选	101620			

小微企业资产总计

嘉兴市	湖州市	绍兴市	金华市	衢州市	舟山市	台州市	丽水市
263102633	**136985458**	**217776685**	**128488227**	**45254525**	**75017515**	**139994929**	**40316489**
53683	**98045**	**15430**	**31838**	**53094**	**15067**	**19418**	**40465**
53683	98045	15430	31838	53094	15067	19418	40465
46021	94991	10739	30811	47346	8478	13850	32974
3	569	912	950	1695	4	145	5398
5448	564	348	78	3816	113	28	544
2212	1921	3431		238	6472	5394	1550
16063	**733432**	**355730**	**211671**	**242856**	**789371**	**122394**	**391506**
			9				
			9				
	988						
	988						
		1887	1209	3462			30058
		1887	1209	3462			30058
		19716	225	563		4377	161780
		16022	225	563		4377	60160
		3694					
							101620

4-33 续表 1

行业中类	资产总计（万元）	杭州市	宁波市	温州市
非金属矿采选业	3619730	570468	380605	91538
土砂石开采	3436575	566194	378720	67322
化学矿开采	49558			
采盐	2582		1885	
石棉及其他非金属矿采选	131016	4274		24216
开采专业及辅助性活动	1652	538	53	2
煤炭开采和洗选专业及辅助性活动	461	461		
石油和天然气开采专业及辅助性活动	755	20		
其他开采专业及辅助性活动	436	57	53	2
其他采矿业	61511	190		753
其他采矿业	61511	190		753
制造业	**478991428**	**84152169**	**93419902**	**43873964**
农副食品加工业	9336955	1329351	1745130	605017
谷物磨制	380035	133585	47132	42510
饲料加工	1756248	66949	604199	55162
植物油加工	1681266	173072	221381	6770
制糖业	18286	4116	51	64
屠宰及肉类加工	1250016	213415	48926	126758
水产品加工	2315652	57991	456051	196929
蔬菜、菌类、水果和坚果加工	1474566	586590	293415	113935
其他农副食品加工	460887	93632	73976	62889
食品制造业	4017581	1067965	527000	193000
焙烤食品制造	561721	154876	90572	55658
糖果、巧克力及蜜饯制造	256809	100490	5886	1982
方便食品制造	460285	118404	37612	18421
乳制品制造	312501	89117	11936	5811
罐头食品制造	380999	67958	148571	2339
调味品、发酵制品制造	313338	81170	24732	31172
其他食品制造	1731928	455951	207692	77617
酒、饮料和精制茶制造业	4146480	1225873	502910	204971
酒的制造	1424254	214636	314248	150277
饮料制造	1475720	756013	94457	37819
精制茶加工	1246507	255224	94205	16875
烟草制品业				
烟叶复烤				
卷烟制造				
其他烟草制品制造				
纺织业	42078823	6860671	2682501	1055207
棉纺织及印染精加工	14855054	3238382	769593	459511
毛纺织及染整精加工	2077022	194186	451341	20051
麻纺织及染整精加工	178554	10777	200	61
丝绢纺织及印染精加工	2028559	513686	12131	4595
化纤织造及印染精加工	6847989	868030	232236	42203
针织或钩针编织物及其制品制造	8731418	406157	519496	70390
家用纺织制成品制造	3448295	916964	335082	158565
产业用纺织制成品制造	3911931	712489	362423	299832
纺织服装、服饰业	21636576	2897580	3905000	1297144
机织服装制造	8656101	1583350	1221690	810663

嘉兴市	湖州市	绍兴市	金华市	衢州市	舟山市	台州市	丽水市
14061	732120	334126	152729	238830	788665	118017	198571
14061	731775	311609	129585	155595	787968	117239	176507
			17	48763		778	
					697		
	345	22517	23127	34471			22065
	324		29		706		
			29		706		
	324						
2002			57470				1097
2002			57470				1097
63266820	**29177310**	**59671309**	**37188999**	**11852652**	**9330425**	**39425740**	**7632138**
928078	469494	534472	417226	293806	2298125	543551	172704
52105	36831	18118	6170	25340	12120	1424	4700
341370	169417	174681	83022	133623	73339	45647	8840
39018	77859	31048	4382	38058	1026805	55387	7486
5365			5829	1094		1217	550
332539	108505	75750	215001	41987	11176	45513	30447
24345	12815	51048		18627	1170583	327143	120
83414	13358	137596	67410	15668	193	50025	112960
49922	50709	46232	35413	19409	3909	17196	7601
729409	404725	215745	471164	184982	76612	108470	38509
87478	57345	19621	28882	27547	19509	13517	6715
40120	66082	22043	11878	482		7848	
158838	55438	20746	14903	26848	122	4836	4117
118488	41728		45421				
16413	13396	49811	12915	38804	102	25390	5298
21653	46279	35910	58097	6096	4614	3297	319
286419	124457	67613	299068	85206	52265	53581	22060
344850	334685	619133	254707	220340	15865	224902	198244
162602	110604	211482	41747	40956	12111	129667	35924
149856	97604	94529	43106	119046	881	58587	23822
32392	126477	313122	169854	60338	2873	36649	138498
11113408	3751403	11915035	2906541	329076	392380	880196	192405
2616111	657630	4992766	1450472	194521	214392	230654	31022
954895	225558	143509	35749	2825	2318	45140	1449
52405	28157	4868	331		81146	609	
563860	520603	396449	2604	8583	2332	3716	
2813749	1566612	1068653	106838	20667		120484	8517
2656778	272384	4474173	256003	23334	637	51958	108
548780	198856	549245	532437	28496	81976	93987	3906
906829	281604	285371	522105	50649	9578	333649	147403
4170254	1232745	4079499	3381013	197531	26153	362895	86760
1598088	988757	1241607	849577	169237	9720	141979	41432

4-33 续表 2

行业中类	资产总计(万元)	杭州市	宁波市	温州市
针织或钩针编织服装制造	6072270	563232	1834749	81304
服饰制造	6908205	750998	848562	405177
皮革、毛皮、羽毛及其制品和制鞋业	12036683	1404900	315476	4221869
皮革鞣制加工	1406039	69393	7987	590150
皮革制品制造	3182042	184699	102924	502735
毛皮鞣制及制品加工	726151	13899	37409	1339
羽毛(绒)加工及制品制造	1084199	895083	28624	10658
制鞋业	5638252	241825	138532	3116987
木材加工和木、竹、藤、棕、草制品业	4710310	481449	326618	78525
木材加工	562987	67780	19669	6955
人造板制造	980000	54012	69268	15714
木质制品制造	2344682	275521	146557	45013
竹、藤、棕、草等制品制造	822641	84136	91125	10843
家具制造业	6845595	1014740	1059709	230953
木质家具制造	3678894	552921	541345	170409
竹、藤家具制造	171411	16504	20268	180
金属家具制造	1593750	241536	269437	34366
塑料家具制造	225297	28899	82839	2558
其他家具制造	1176243	174879	145819	23440
造纸和纸制品业	12109852	4080496	1363475	693780
纸浆制造	6690	3438	1858	1331
造纸	5365270	2559334	268178	201356
纸制品制造	6737891	1517724	1093439	491093
印刷和记录媒介复制业	7554931	1252630	1503933	1591963
印刷	7300878	1199261	1473503	1533306
装订及印刷相关服务	244335	44136	30361	58619
记录媒介复制	9718	9233	69	38
文教、工美、体育和娱乐用品制造业	12085673	1362080	2257624	857369
文教办公用品制造	2038795	261329	742673	235047
乐器制造	193107	46168	53896	6857
工艺美术及礼仪用品制造	6295725	724327	511975	363087
体育用品制造	1515808	206804	487273	37557
玩具制造	1610725	67082	395099	99182
游艺器材及娱乐用品制造	431513	56369	66707	115638
石油、煤炭及其他燃料加工业	1430815	327795	551060	39046
精炼石油产品制造	1216177	300611	506562	23443
煤炭加工	89585	16846	33712	20
核燃料加工	18600			
生物质燃料加工	106452	10339	10786	15583
化学原料和化学制品制造业	28324280	5421552	4373965	975983
基础化学原料制造	6658489	1312617	1160753	116481
肥料制造	254342	50589	20161	17332
农药制造	1643077	258821	15653	120768
涂料、油墨、颜料及类似产品制造	3970463	940801	401954	166554
合成材料制造	6385956	901714	1689012	285117
专用化学产品制造	6521658	1260071	936976	243514
炸药、火工及焰火产品制造	73538	17319		334
日用化学产品制造	2816758	679620	149457	25884

嘉兴市	湖州市	绍兴市	金华市	衢州市	舟山市	台州市	丽水市
1943887	77969	524936	919781	4789	16008	101787	3828
628279	166019	2312956	1611655	23505	425	119129	41500
3182760	238293	288471	583011	42922	3136	1586238	169607
613271	53345	35982	9635	78	117	3020	23061
1687416	82758	62854	446222	9677	345	80998	21414
628905	40817	656	1716	241		288	881
52757	2128	54362	846	21451		89	18201
200411	59245	134618	124592	11476	2674	1501842	106050
706321	1564139	149390	434052	413535	12803	228735	314742
115772	228254	16358	18137	64673	3984	11756	9651
304201	301216	4251	27870	104232	3518	52380	43339
284877	865957	102334	263852	206208	2186	101919	50258
1472	168711	26447	124193	38422	3115	62681	211495
1141712	1134411	401359	794410	312116	65800	527908	162477
573069	397824	212535	454936	293702	65800	303289	113063
57102	11506	2279	27590	951		20867	14163
185948	456044	19788	239064	13917		104315	29334
5813	35832	4438	6303	12		58522	80
319781	233204	162320	66515	3533		40915	5837
1972068	525437	752877	923106	868604	51134	755314	123559
			64				
740423	159755	386402	218369	648027	32440	86599	64389
1231645	365682	366476	704673	220577	18694	668715	59171
866500	177637	651359	783421	92240	32263	524769	78215
851299	171576	622243	740929	91773	32154	507978	76858
14825	6061	29116	42492	467	109	16792	1358
377							
772255	609552	2125791	2201180	226778	22195	1089889	560962
65373	100111	68519	349396	53567	165	37338	125277
15971	56552	1495	1065	7257		3829	16
312652	290234	1856059	1061026	127127	4293	937298	107648
83266	59090	84760	477453	26712	9220	29488	14184
271035	25586	78404	276118	12114	8517	68760	308826
23958	77980	36554	36122			13174	5012
282323	57100	59555	50744	17804	7637	31433	6320
210077	46494	57339	43235	16200	2481	9569	167
24121	3832	285	2877	296	5156	874	1567
						18600	
48125	6774	1930	4632	1308		2390	4586
4640029	2078683	5015331	1715629	2185007	114966	1426044	377090
1022490	138770	837565	327559	1413876	32615	262978	32784
17666	25467	19810	26545	57501	6303	7339	5628
220518	604180	123671	130523	73893	4224	84049	6777
464734	404055	706151	333314	96047	28324	370047	58481
1543438	274692	1009512	129488	154940	486	301736	95821
1242053	511139	1073346	372566	376860	29542	316937	158653
21	10431	16001	1260		9745	5745	12683
129110	109948	1229274	394374	11889	3727	77212	6263

4-33 续表 3

行业中类	资产总计（万元）	杭州市	宁波市	温州市
医药制造业	6412434	1703411	746384	199023
化学药品原料药制造	1518813	138781	121039	43392
化学药品制剂制造	1220516	519219	40238	14489
中药饮片加工	568218	188659	83657	24323
中成药生产	605578	276273	24535	17683
兽用药品制造	373316	107691	68087	2047
生物药品制品制造	1202779	287350	262556	63544
卫生材料及医药用品制造	613955	168243	118173	22570
药用辅料及包装材料	309260	17196	28099	10975
化学纤维制造业	10061859	2660164	1209402	75869
纤维素纤维原料及纤维制造	185355	5368	114904	17934
合成纤维制造	9645441	2547302	1070271	50274
生物基材料制造	231063	107495	24227	7661
橡胶和塑料制品业	26940378	3533195	6125264	2564167
橡胶制品业	2971428	354180	625222	238646
塑料制品业	23968949	3179015	5500042	2325521
非金属矿物制品业	27659571	5683769	3662500	1378482
水泥、石灰和石膏制造	4450074	920155	320010	125023
石膏、水泥制品及类似制品制造	12519156	2907607	2182108	873319
砖瓦、石材等建筑材料制造	4087968	669791	456742	221231
玻璃制造	897806	283750	75967	16096
玻璃制品制造	1709382	341909	130060	30632
玻璃纤维和玻璃纤维增强塑料制品制造	730700	134817	98486	21716
陶瓷制品制造	864512	239448	101053	46325
耐火材料制品制造	1131892	69105	55932	1845
石墨及其他非金属矿物制品制造	1268080	117187	242144	42296
黑色金属冶炼和压延加工业	7180735	2289401	1246320	547900
炼铁	5199	2490	833	159
炼钢	140544	103695	148	339
钢压延加工	6813845	2157130	1185804	542665
铁合金冶炼	221148	26086	59534	4737
有色金属冶炼和压延加工业	7952940	1454319	1582543	672143
常用有色金属冶炼	904758	567655	107151	15436
贵金属冶炼	158373	175		
稀有稀土金属冶炼	52562	30780	20354	226
有色金属合金制造	1163381	77983	330003	139626
有色金属压延加工	5673866	777725	1125034	516854
金属制品业	29777958	4819485	6600875	2850489
结构性金属制品制造	6152386	1209451	1165891	391306
金属工具制造	2924146	549298	629655	205614
集装箱及金属包装容器制造	1370521	366538	156632	44773
金属丝绳及其制品制造	972092	261043	170021	51055
建筑、安全用金属制品制造	6245556	726881	1664333	758614
金属表面处理及热处理加工	3348227	613257	738409	814618
搪瓷制品制造	279234	69054	43449	44710
金属制日用品制造	2814511	77946	558575	104842
铸造及其他金属制品制造	5671286	946016	1473911	434957

嘉兴市	湖州市	绍兴市	金华市	衢州市	舟山市	台州市	丽水市
339803	448059	1158670	604735	179659	80872	872196	79622
35187	54607	314383	72044	35920	6460	674154	22845
45740	37586	216741	168175	82807	65808	20332	9382
48069	35374	73749	71439	31767		9079	2102
25465	37454	98552	62743	25623	1150	21934	14168
35154	18434	90428	12712	978	6344	27756	3686
37170	159098	111836	166064	2283	1097	107182	4599
95680	54549	89408	43228	282	13	9999	11809
17339	50959	163573	8330			1759	11031
1649296	291244	3539551	433613	43329	82312	60735	16344
24067	3515	8020	7750	6		32	3759
1599394	287728	3467748	425396	42189	82312	60242	12585
25836		63782	467	1134		461	
3521628	1050102	2351233	2365941	337121	73075	4658349	360303
326021	61793	126108	207524	35094	29386	947303	20151
3195607	988309	2225125	2158416	302027	43689	3711046	340152
3861555	3833119	3256389	2174355	1019749	834083	1292848	662722
665819	978550	515387	331096	396755	31135	84491	81651
1654128	953167	1580716	752866	259998	396640	734488	224120
604141	405486	570723	239365	150058	383238	201722	185472
194912	91731	104027	43223	36081	255	37854	13910
161985	259352	137140	475263	49998	8954	100335	13755
298421	40936	34175	36320	4418	3589	40908	16914
37165	169149	36276	43413	67961	1094	58211	64418
58743	712651	186501	9727	6276	1145	7019	22948
186239	222096	91444	243081	48205	8032	27820	39536
692009	570638	419464	398460	124258	20075	256269	615941
213		279	1225				
	39	36190	132				
614163	568765	380629	369111	124258	20075	256233	595013
77633	1835	2367	27992			37	20927
529697	280193	1551062	787777	161831	11704	722285	199386
1876	5401	96884	46273	11322	16	16091	36653
4025		135010		15522		3640	
614			587				
158592	11563	73866	236663	12149	2343	109133	11458
364590	263229	1245302	504254	122837	9345	593420	151274
3164136	1205443	2469933	5063214	456887	161723	2456649	529126
687966	327283	557196	1196062	133055	80121	258174	145883
209005	33727	108540	810735	15378	3156	249168	109870
199920	54004	288319	121299	45274	2114	85390	6257
116746	108609	82804	89040	6546	511	75254	10463
769575	156932	836425	600959	87288	5913	565019	73615
358331	83044	139116	124766	38905	27640	372247	37894
20727	12158	17503	32912	700		38021	
233823	59785	104202	1422870	48612	619	148412	54825
568043	369901	335829	664569	81130	41648	664963	90319

4-33 续表 4

行业中类	资产总计(万元)	杭州市	宁波市	温州市
通用设备制造业	51270357	7951883	11685925	6016020
锅炉及原动设备制造	2266595	1329835	251329	38164
金属加工机械制造	5179145	542090	1375557	331709
物料搬运设备制造	4533117	1104849	674520	107543
泵、阀门、压缩机及类似机械制造	12283921	1024027	2161856	3353654
轴承、齿轮和传动部件制造	6608330	926911	1784982	287243
烘炉、风机、包装等设备制造	7426835	1286443	1353595	457185
文化、办公用机械制造	647424	106915	140299	121167
通用零部件制造	10589601	1343329	3257043	1180854
其他通用设备制造业	1735389	287483	686745	138501
专用设备制造业	25621099	3970893	6469237	2415729
采矿、冶金、建筑专用设备制造	1716357	259041	191902	252693
化工、木材、非金属加工专用设备制造	8165077	609257	3577082	430592
食品、饮料、烟草及饲料生产专用设备制造	640507	44797	187364	145276
印刷、制药、日化及日用品生产专用设备制造	1139680	271943	105744	411869
纺织、服装和皮革加工专用设备制造	3894284	331394	512655	188887
电子和电工机械专用设备制造	1015023	291760	182310	135578
农、林、牧、渔专用机械制造	1392990	119284	333464	24954
医疗仪器设备及器械制造	2843023	570874	574981	523651
环保、邮政、社会公共服务及其他专用设备制造	4814158	1472544	803735	302229
汽车制造业	31014844	5179626	9568465	2605968
汽车整车制造	2257221	1080419	98089	29866
汽车用发动机制造	606655	13665	337257	12901
改装汽车制造	229317	125256	22190	8439
低速汽车制造	51			
电车制造	134769	640	119017	46
汽车车身、挂车制造	419533	186621	94131	1940
汽车零部件及配件制造	27367300	3773024	8897782	2552776
铁路、船舶、航空航天和其他运输设备制造业	9393522	732874	1226290	822666
铁路运输设备制造	837320	58042	93623	99906
城市轨道交通设备制造	595629	123237	40299	420136
船舶及相关装置制造	4090233	121070	432629	61776
航空、航天器及设备制造	477675	17599	14146	10
摩托车制造	1377422	49049	143813	232740
自行车和残疾人座车制造	840815	241883	410265	750
助动车制造	641087	43888	35343	5950
非公路休闲车及零配件制造	419142	38268	32711	503
潜水救捞及其他未列明运输设备制造	114199	39837	23461	894
电气机械和器材制造业	46248315	8029387	11795083	8642672
电机制造	5216642	508253	1106648	316041
输配电及控制设备制造	17440692	2616010	3265314	6580764
电线、电缆、光缆及电工器材制造	8286576	2907927	1143877	1026391
电池制造	2788484	430965	609843	93205
家用电力器具制造	6199626	648309	3688469	226052
非电力家用器具制造	886149	76588	164634	34753
照明器具制造	4721706	728694	1584854	244766
其他电气机械及器材制造	708440	112641	231443	120700

嘉兴市	湖州市	绍兴市	金华市	衢州市	舟山市	台州市	丽水市
5215433	2957409	6602911	2577427	915208	181819	6022358	1143965
164636	158952	118683	82917	25052	2987	81816	12224
599508	143397	1049543	340608	40361	15220	552857	188294
769637	1302101	178421	123967	81040		180724	10314
539873	201167	796716	149483	416523	37623	3072191	530808
537017	396889	1222451	388648	160470	16706	704717	182296
382787	493230	1448945	1210564	62189	36083	614736	81078
115255	23983	93926	9018	2137	160	34564	
1911320	189567	1535351	218882	116256	61531	668359	107110
195399	48124	158875	53341	11181	11508	112393	31840
2142693	1063993	3079334	1208236	483282	741563	3714585	331555
281303	155091	200675	131513	117969	405	109693	16072
562633	200978	302947	187673	80619	607858	1547273	58164
44993	4189	80688	21617	10069	33804	52013	15697
135018	41545	42655	51458	12504	11348	42999	12596
330190	94415	1324456	129208	9917	54144	785016	134002
152014	30751	76187	117446	8119	2834	15540	2484
17449	74033	64775	257244	92671	1395	375545	32176
200289	100086	222390	72165	29299	12690	526715	9883
418803	362904	764560	239911	122115	17084	259791	50481
2307626	1331971	2784751	2283984	137291	142606	4329531	343026
145736	71881	64339	205101	1566		560223	
28194			12605			202014	19
26748	23865		22069	499		251	
						51	
			15023				43
8123	63885	18806	34327	1877		1889	7935
2098826	1172340	2701606	1994859	133350	142606	3565102	335029
233510	108640	502297	736469	471961	2827794	1626824	104197
31527	260	3581	12126	429969		108288	
1300	524	8793	950			390	
57269	20441	25464	23500		2824941	523129	13
28411	13636	375888	7960		1697	18328	
21807	18470	29675	162133	14102		655507	50125
33599	32376	23642	75045			14063	9191
33495	22833	28048	150892	27290		291187	2160
5591	99	7076	282504			9681	42708
20510		130	21360	600	1156	6251	
4899642	2514608	3315152	1734673	1259154	144139	3440947	472859
269036	261292	1084922	425719	47997	22049	1116750	57934
1808950	743082	668738	280117	569783	61545	595902	250487
1063200	511134	343862	205546	183762	24865	805830	70183
250914	619711	155247	285472	221795	11709	77486	32137
481192	146507	469545	292328	19922	16913	186350	24039
330834	29850	114830	71123	4045	601	55698	3194
586236	186880	435162	165411	207192	825	560133	21552
109278	16151	42846	8959	4657	5633	42798	13334

4-33 续表 5

行业中类	资产总计(万元)	杭州市	宁波市	温州市
计算机、通信和其他电子设备制造业	19333040	4926692	6902845	1266342
计算机制造	1143782	610253	226337	59238
通信设备制造	2796617	1350069	956382	80369
广播电视设备制造	422844	99752	82812	3027
雷达及配套设备制造	214036	668	212679	448
非专业视听设备制造	1062041	266465	517084	26622
智能消费设备制造	729641	225779	127078	39667
电子器件制造	3295437	1171123	615574	220092
电子元件及电子专用材料制造	7045139	1025255	2007636	801177
其他电子设备制造	2623503	177328	2157262	35701
仪器仪表制造业	7407298	1781163	2268795	1227320
通用仪器仪表制造	5528057	1209026	1718514	840749
专用仪器仪表制造	1240027	416467	246267	363853
钟表与计时仪器制造	96059	15278	50250	5413
光学仪器制造	298141	94438	161632	6718
衡器制造	153799	28846	50239	220
其他仪器仪表制造业	91214	17108	41894	10367
其他制造业	3412083	315810	752832	509902
日用杂品制造	2614267	93614	458699	461980
核辐射加工	944	641		
其他未列明制造业	796873	221555	294134	47923
废弃资源综合利用业	1744368	315112	268041	12069
金属废料和碎屑加工处理	1068095	220801	152751	2621
非金属废料和碎屑加工处理	676273	94311	115290	9448
金属制品、机械和设备修理业	1246072	77904	194699	22376
金属制品修理	11794	258	9381	45
通用设备修理	44513	15529	8893	4005
专用设备修理	70100	16137	29031	2334
铁路、船舶、航空航天等运输设备修理	969748	3785	94725	12702
电气设备修理	50882	21750	9465	285
仪器仪表修理	7656	3344	2231	
其他机械和设备修理业	91380	17100	40974	3005
电力、热力、燃气及水生产和供应业	**51696398**	**7120408**	**8334519**	**4467253**
电力、热力生产和供应业	32882760	3470626	4673498	3283109
电力生产	27712068	2160149	3666773	2902706
电力供应	2797453	342451	595533	332939
热力生产和供应	2373239	968026	411193	47464
燃气生产和供应业	5266957	1973415	1059595	178272
燃气生产和供应业	5215827	1973415	1059466	178141
生物质燃气生产和供应业	51129		130	131
水的生产和供应业	13546681	1676366	2601425	1005872
自来水生产和供应	6540182	1088132	1629006	357452
污水处理及其再生利用	6864316	587757	971993	648004
海水淡化处理	6024			
其他水的处理、利用与分配	136160	477	426	416
建筑业	**67982544**	**16171505**	**12563683**	**6606987**
房屋建筑业	15182685	4649627	3013224	1420458

嘉兴市	湖州市	绍兴市	金华市	衢州市	舟山市	台州市	丽水市
2374678	550169	978643	962902	695616	41051	521988	112114
176415	11200	12573	5113	84	803	41766	
184215	28413	74792	73661	11217	8426	14095	14977
175081	874	18645	3637	33347		4377	1292
240							
98202	12555	92479	38349	36		10118	132
228422	11493	8316	17459	1344	505	65946	3632
286173	203797	301813	150040	108178	13884	195109	29654
1172986	269290	372422	639066	526378	17433	159120	54376
52945	12548	97602	35577	15032		31457	8051
666629	176705	443785	322975	29511	20205	415730	54480
539817	163005	395503	218705	22026	10395	376014	34304
86535	6455	38100	40157	6865	5315	16869	13144
1664	3543	5179	10012	210		403	4109
15523	2560	722	2959		165	10590	2834
20184	1142	379	50720	411		1658	
2907		3902	422		4330	10196	90
673993	49615	313761	508765	66598	1750	146787	72269
625359	34598	263304	428833	61662	121	130470	55628
302							
48332	15017	50457	79932	4935	1629	16318	16642
114746	153784	75647	103387	83018	20488	548758	49320
61647	63391	7580	10319	48143	1128	462013	37701
53099	90392	68067	93068	34874	19360	86745	11619
29779	13316	20707	5883	3441	826097	48557	3313
1394	421	294					
3204	531	5758	754	813	1324	2833	868
5058	6991	2257	864	1478	3992	1853	105
11410	1558	153	262	78	816824	28252	
2507	837	508	638	547	595	13718	31
16		190	1596		73	207	
6189	2977	11547	1769	525	3289	1694	2309
11543059	**3330285**	**3199261**	**2168813**	**2587859**	**1381904**	**4477451**	**3085588**
8717395	2359289	1775426	925681	2274150	614564	2025826	2763196
8205774	1815009	1501613	722074	1953449	562474	1717090	2504957
400191	256295	92413	14569	252631	6620	247653	256159
111430	287985	181400	189038	68070	45470	61083	2080
535840	217372	296631	183087	58775	559779	152262	51928
515655	217372	265969	183087	58775	559779	152240	51928
20185		30662				22	
2289825	753624	1127204	1060044	254933	207560	2299363	270464
558022	356865	485051	591095	174030	99411	1030421	170696
1636017	396759	636612	468918	80903	79530	1258054	99768
					6024		
95786		5541	31		22595	10888	
3593346	**5473357**	**5891055**	**3678094**	**1051583**	**1346709**	**9072839**	**2533386**
711382	389892	1647647	1245499	299663	144993	1253988	406312

4-33 续表 6

行业中类	资产总计（万元）		
	杭州市	宁波市	温州市
住宅房屋建筑	11902520	3973869	1810547	1216506
体育场馆建筑	18111	12119	30	
其他房屋建筑业	3262055	663640	1202648	203951
土木工程建筑业	41275698	7788314	6796450	4262838
铁路、道路、隧道和桥梁工程建筑	29128402	6441909	4284604	3385350
水利和水运工程建筑	4436021	217785	1494542	556525
海洋工程建筑	467706		101310	345
工矿工程建筑	169959	42055	32224	41210
架线和管道工程建筑	721775	161184	85645	69728
节能环保工程施工	110498	50460	20994	2701
电力工程施工	524103	45892	22542	10398
其他土木工程建筑	5717233	829029	754588	196582
建筑安装业	3167322	1030516	577683	305956
电气安装	1136157	326564	203031	126171
管道和设备安装	781016	335307	153616	63630
其他建筑安装业	1250148	368645	221037	116155
建筑装饰、装修和其他建筑业	8356839	2703048	2176326	617735
建筑装饰和装修业	4407787	1455431	1015109	398465
建筑物拆除和场地准备活动	2650218	870106	662507	116147
提供施工设备服务	91627	18632	13254	11482
其他未列明建筑业	1207207	358879	485456	91641
批发和零售业	**233079392**	**69914777**	**72040776**	**13352112**
批发业	202674547	59732130	67364571	10551765
农、林、牧、渔产品批发	2959564	777151	586127	129945
食品、饮料及烟草制品批发	8426467	3073208	2236651	569070
纺织、服装及家庭用品批发	37799880	9324286	8814921	1709343
文化、体育用品及器材批发	5418590	1488583	1807072	266717
医药及医疗器材批发	3159124	1596592	663849	147920
矿产品、建材及化工产品批发	106829037	31902169	42279485	5031928
机械设备、五金产品及电子产品批发	29260455	10098958	7717336	2427801
贸易经纪与代理	3127873	373625	1358934	107966
其他批发业	5693557	1097557	1900196	161075
零售业	30404845	10182647	4676206	2800348
综合零售	1377187	281293	305314	101731
食品、饮料及烟草制品专门零售	2295665	801537	328941	190553
纺织、服装及日用品专门零售	3581452	1752738	381546	347000
文化、体育用品及器材专门零售	1691796	617665	160548	192851
医药及医疗器材专门零售	1190094	394285	160734	183774
汽车、摩托车、零配件和燃料及其他动力销售	7181934	1881049	1219404	739210
家用电器及电子产品专门零售	3594518	1688188	412471	343938
五金、家具及室内装饰材料专门零售	3673630	1132571	717622	356756
货摊、无店铺及其他零售业	5818569	1633321	989624	344535
交通运输、仓储和邮政业	**85485141**	**18110539**	**24198961**	**6215725**
铁路运输业				
铁路旅客运输				
铁路货物运输				
铁路运输辅助活动				

嘉兴市	湖州市	绍兴市	金华市	衢州市	舟山市	台州市	丽水市
549853	239819	1043987	1217231	293825	136433	1157200	263250
							5962
161529	150072	603661	28268	5838	8560	96787	137100
2044337	4503432	3357663	1869923	626711	987954	7031621	2006455
1324114	1630439	2621963	1446975	443776	194492	5776936	1577846
212667	285063	380559	106637	19035	404068	526984	232157
					263140	102911	
1095	13525	10982	2640	16813	2702	2683	4030
76839	16686	66378	44302	31528	33486	87829	48170
4445	4743	11945	6165	5373	176	2000	1496
26252	12256	23415	140665	5003	70443	164371	2865
398925	2540720	242422	122540	105183	19447	367906	139891
329087	154301	303165	186167	32038	50087	155527	42795
140108	54165	75728	73137	6704	30573	74918	25060
52382	23376	73237	19335	14903	11407	32667	1157
136596	76760	154201	93695	10431	8108	47942	16578
508540	425733	582579	376505	93170	163675	631704	77823
336715	149945	384965	341949	78414	46404	154637	45754
120371	256164	56691	9046	11175	104067	421563	22381
21037	3627	12285	2702	431	629	7114	433
30417	15997	128638	22808	3151	12574	48390	9255
13198184	**6515804**	**23001034**	**10303257**	**3024241**	**10458009**	**9418208**	**1852990**
11759024	5139382	20152896	6937768	2102616	10162173	7598803	1173421
365306	283718	322207	158309	79251	100747	88488	68317
495929	195546	505409	429380	186812	276397	303621	154444
3317566	732118	11061561	1775710	121820	155889	664765	121900
211002	29816	512848	510094	32962	24098	494231	41167
101581	50971	216126	213773	45381	8876	91661	22394
5586624	2625235	4646716	1683492	1192887	8387069	2878348	615084
1319339	408801	2231383	1146683	299025	1085331	2463760	62037
48843	111593	261121	404154	40706	70464	328498	21969
312833	701585	395524	616172	103772	53303	285432	66108
1439160	1376422	2848138	3365489	921625	295836	1819405	679570
46316	24525	385325	44717	67681	17017	62082	41185
105672	157350	192917	141668	172954	30398	107984	65691
140730	107053	356378	230590	32064	30491	172268	30594
49776	54049	140646	139121	55191	16270	96649	169030
52931	42410	104795	100013	31851	6521	83324	29457
457323	402821	734438	745144	206908	84411	572074	139150
180203	137213	259509	209974	106348	44594	165355	46724
236544	289915	322460	241495	133742	38789	151775	51959
169664	161086	351670	1512767	114885	27344	407894	105779
8322357	**6230094**	**2619495**	**4480986**	**2212525**	**9432991**	**3206744**	**454725**

4-33 续表 7

行业中类	资产总计（万元）	杭州市	宁波市	温州市
道路运输业	56287299	13755111	15731676	5298795
城市公共交通运输	16545047	1116632	9155715	133824
公路旅客运输	4337976	3367166	169691	137999
道路货物运输	12755159	4646225	2872043	426122
道路运输辅助活动	22649117	4625089	3534226	4600851
水上运输业	8960785	816847	3058192	207099
水上旅客运输	173189	10942	15056	12438
水上货物运输	5737997	540769	2172851	156387
水上运输辅助活动	3049600	265137	870285	38274
航空运输业	918931	272151	57204	20611
航空客货运输	199380	26297	13018	3524
通用航空服务	237144	41549	28515	3643
航空运输辅助活动	482407	204304	15671	13445
管道运输业	110195	108515		35
海底管道运输	1646			
陆地管道运输	108550	108515		35
多式联运和运输代理业	4836132	953981	2017472	177048
多式联运	420470	238291	1447	
运输代理业	4415662	715690	2016025	177048
装卸搬运和仓储业	13248572	1657323	3251894	434809
装卸搬运	1548693	113688	207088	196394
通用仓储	2473005	570932	655062	25208
低温仓储	230477	20696	43581	5271
危险品仓储	5611231	104047	1813944	3512
谷物、棉花等农产品仓储	1691549	293142	152091	86099
中药材仓储	11712			11712
其他仓储业	1681905	554818	380129	106615
邮政业	1123227	546611	82523	77328
邮政基本服务	201014	196636	1174	
快递服务	920306	349769	81218	77292
其他寄递服务	1907	206	131	35
住宿和餐饮业	**9378533**	**3089462**	**1198135**	**767288**
住宿业	6365743	2135498	779317	404760
旅游饭店	3867124	1291997	502821	140695
一般旅馆	2090933	733134	239282	228896
民宿服务	341742	94237	22953	33123
露营地服务	3169	1140	358	
其他住宿业	62775	14989	13903	2047
餐饮业	3012790	953964	418817	362527
正餐服务	2756411	851367	375394	344473
快餐服务	75465	30113	8409	6256
饮料及冷饮服务	65497	33963	5541	2117
餐饮配送及外卖送餐服务	48405	10243	18938	1925
其他餐饮业	67013	28277	10535	7756
信息传输、软件和信息技术服务业	**34568424**	**25560705**	**2812251**	**448585**
电信、广播电视和卫星传输服务	2074845	1045364	46135	77084
电信	964433	378853	27251	60138

嘉兴市	湖州市	绍兴市	金华市	衢州市	舟山市	台州市	丽水市
5685557	5310067	1932194	3034033	1930303	1541606	1779669	288288
76984	3680570	778395	1058448	19093	30703	461603	33080
76459	29386	88293	52872	56121	18716	287516	53756
930433	1009819	658185	616828	530905	499701	451285	113614
4601680	590292	407321	1305885	1324184	992485	579265	87838
1002478	183410	27577	245126	16814	2659847	741030	2363
3128		8530	939	103	83933	36471	1650
79626	109779	18662	225131		1765317	668801	674
919724	73632	385	19056	16711	810597	35759	39
16340	178227	31881	336017	1000	2419	3013	68
26		198	154468		1788	61	
15671	870	31217	115573			38	68
643	177358	466	65976	1000	631	2914	
					1646		
					1646		
251537	67436	360954	326974	65687	334955	251864	28225
101807	1028		23			77873	
149730	66407	360954	326951	65687	334955	173991	28225
1248058	443203	237756	427977	186195	4877150	360760	123447
202000	15257	17799	9844	3150	700207	82476	790
621197	224496	83693	189331	2418	61672	37931	1065
16133	8378	1577	24969	1583	98410	6880	2999
61731	30	505	5330	5822	3577700	38610	
185309	158157	61509	134090	169076	149955	186065	116056
161688	36885	72673	64413	4145	289206	8799	2537
118387	47750	29134	110859	12526	15369	70407	12334
138		2885	47	44			90
117704	47750	26249	110013	12291	15369	70407	12244
545			799	190			
793790	**763607**	**829009**	**458206**	**155839**	**394813**	**412860**	**515525**
535113	576916	587684	239536	84388	319159	265130	438243
346850	372876	301873	134586	57839	213274	146419	357893
185348	88649	271536	76065	17972	97219	104416	48416
2392	104879	12884	20277	8074	7708	14227	20990
	90		1580				
524	10422	1392	7027	502	958	67	10944
258677	186691	241324	218670	71451	75654	147731	77282
236280	178972	227865	199546	69774	74033	129578	69129
5382	1926	3780	7501	514	238	7988	3358
7987	4230	2595	2358	225	975	3606	1899
6857	489	3467	2956	685	224	1215	1405
2172	1073	3616	6311	253	185	5344	1491
1616999	**460633**	**1747044**	**627386**	**198276**	**378069**	**452731**	**265745**
168878	83166	298335	19218	93358	27359	141299	74650
135966	13642	121228	6786	86655	3437	120709	9768

4-33 续表 8

行业中类	资产总计（万元）	杭州市	宁波市	温州市
广播电视传输服务	1092771	666031	18714	15747
卫星传输服务	17641	480	169	1199
互联网和相关服务	7964483	6786699	559234	68945
互联网接入及相关服务	65357	34066	9212	2209
互联网信息服务	4364221	3847993	256715	43223
互联网平台	2815124	2362880	183381	13360
互联网安全服务	17701	13233	1515	5
互联网数据服务	387096	349403	16666	1096
其他互联网服务	314984	179124	91744	9051
软件和信息技术服务业	24529096	17728642	2206883	302557
软件开发	18003384	13626896	1590586	209786
集成电路设计	224245	122331	80798	1035
信息系统集成和物联网技术服务	1730746	1255695	127170	29769
运行维护服务	132175	88811	24665	2665
信息处理和存储支持服务	647355	336304	3368	1525
信息技术咨询服务	2925321	1646025	277575	42375
数字内容服务	215060	181702	9952	7739
其他信息技术服务业	650810	470879	92769	7663
金融业	**124660395**	**39486228**	**59034311**	**2562736**
货币金融服务	11939238	4498896	2000526	706190
中央银行服务				
货币银行服务	2905	948		
非货币银行服务	11936333	4497948	2000526	706190
银行理财服务				
银行监管服务				
资本市场服务	77188541	15892527	52629741	983500
证券市场服务				
公开募集证券投资基金				
非公开募集证券投资基金				
期货市场服务				
证券期货监管服务				
资本投资服务	16052741	9124588	2815928	425727
其他资本市场服务	61135800	6767938	49813813	557772
保险业	116815	114160	485	637
人身保险				
财产保险				
再保险				
商业养老金				
保险中介服务				
保险资产管理				
保险监管服务				
其他保险活动	116815	114160	485	637
其他金融业	35415800	18980645	4403558	872410
金融信托与管理服务	322427	281926	11555	192
控股公司服务	27523599	14871013	3466983	1119
非金融机构支付服务				
金融信息服务	1072334	901411	7177	6304
金融资产管理公司	2180359	220514	708391	663032
其他未列明金融业	4317081	2705781	209452	201764

嘉兴市	湖州市	绍兴市	金华市	衢州市	舟山市	台州市	丽水市
32784	69524	177107	12432	6703	8257	20590	64881
127					15666		
103631	42311	55263	103918	17400	37503	167629	21950
8015	595	1204	6724	953	558	624	1197
31930	25424	41345	65590	11049	11945	12811	16196
50265	11418	5487	20034	3267	8515	152347	4170
455	48		572	935	776	83	79
5585		1639	435	26	11860	274	111
7382	4827	5588	10564	1168	3848	1491	196
1344490	335156	1393446	504250	87518	313206	143803	169145
351467	218289	1112368	353764	48152	271883	73753	146441
12952	2340	3153	134		662	840	
179641	5968	47716	26330	13129	16917	23841	4570
4090	1268	911	2222	2092	2462	504	2485
174087	50907	70556	474	50	1513	930	7641
591673	49183	137607	104826	15009	13847	40562	6640
9992	845	3086	1080	393	50	162	60
20590	6356	18048	15421	8693	5873	3211	1308
5390347	**1525808**	**7255651**	**4463064**	**1463313**	**1272381**	**1825999**	**380556**
1241482	818808	540602	772092	95936	610301	500931	153475
			1957				
1241482	818808	540602	770135	95936	610301	500931	153475
3775537	486024	545784	408409	858972	526316	980442	101290
218055	476712	230803	407908	834986	451666	966282	100085
3557482	9312	314980	500	23986	74650	14160	1206
157	115	640	178		417	20	6
157	115	640	178		417	20	6
373171	220861	6168625	3282386	508405	135347	344607	125784
8584	8939	4075	5726		1430	1	
8627	27986	5929587	2745878	402592	2699	17850	49264
31311	91519	1863	2451		43	29982	272
			475802			112621	
324649	92416	233100	52528	105814	131174	184154	76249

4-33 续表 9

行业中类	资产总计（万元）			
		杭州市	宁波市	温州市
房地产业	**399813881**	**148628826**	**67358559**	**45627582**
房地产业	399813881	148628826	67358559	45627582
房地产开发经营	368882939	139022223	59971325	44958901
物业管理	13725769	7383020	1743843	468362
房地产中介服务	5736662	1966865	2011309	148647
房地产租赁经营				
其他房地产业	11468511	256717	3632082	51671
租赁和商务服务业	**798384087**	**241954016**	**176435877**	**45258236**
租赁业	8184165	3635950	2388755	171690
机械设备经营租赁	7778457	3361309	2331005	166139
文体设备和用品出租	133788	16332	57710	5297
日用品出租	271920	258310	41	254
商务服务业	790199922	238318065	174047122	45086546
组织管理服务	689107998	193277793	152329146	42862718
综合管理服务	24262507	5343465	6266204	516400
法律服务	211793	116048	33143	15331
咨询与调查	49739008	28937534	10159744	972025
广告业	5804116	2509221	914249	225743
人力资源服务	2307401	756487	804242	87479
安全保护服务	784572	283956	107870	53388
会议、展览及相关服务	3096871	2423708	299887	22846
其他商务服务业	14885654	4669853	3132639	330618
科学研究和技术服务业	**50697735**	**25678012**	**5974001**	**2843376**
研究和试验发展	5993678	2513425	1076273	115583
自然科学研究和试验发展	193547	102895	68318	4850
工程和技术研究和试验发展	4167522	1511986	768275	100711
农业科学研究和试验发展	291457	59575	67734	6206
医学研究和试验发展	1335580	838360	168594	3745
社会人文科学研究	5571	609	3352	71
专业技术服务业	29235417	14942917	3006319	2351258
气象服务	6557	762	1211	1269
地震服务	100	35		
海洋服务	292246	8299	256249	3328
测绘地理信息服务	294872	68256	59084	21332
质检技术服务	1333239	453950	271292	81449
环境与生态监测检测服务	180927	80151	25211	12872
地质勘查	104105	79526	972	1905
工程技术与设计服务	23475323	12659636	1694496	2093599
工业与专业设计及其他专业技术服务	3548049	1592301	697805	135504
科技推广和应用服务业	15468640	8221670	1891409	376535
技术推广服务	12120466	7328835	1476160	247642
知识产权服务	244283	140630	26017	19306
科技中介服务	1066818	381349	157512	92044
创业空间服务	1465389	54020	155450	3529
其他科技推广服务业	571684	316837	76270	14015

嘉兴市	湖州市	绍兴市	金华市	衢州市	舟山市	台州市	丽水市
33703620	**21651643**	**27069801**	**15273741**	**5826299**	**8217261**	**19859316**	**6597234**
33703620	21651643	27069801	15273741	5826299	8217261	19859316	6597234
31109061	18765814	24797288	13298396	5755768	6216573	19580679	5406911
715925	664138	1797434	658921	48947	30859	158313	56007
608829	62397	201978	572301	21563	7963	105985	28822
1269805	2159293	273100	744123	20	1961866	14339	1105493
101596909	**34782263**	**69045417**	**28601928**	**14339883**	**29796584**	**44228515**	**12344456**
183915	116158	203403	369462	84191	824233	187353	19054
175969	114897	193237	345047	84010	809255	178862	18728
2779	1261	8317	18267	181	14979	8341	325
5167		1849	6148			150	1
101412995	34666105	68842014	28232467	14255692	28972351	44041163	12325402
96077161	30396265	56294745	25075380	13294725	27437960	41456932	10605174
1876270	765966	6251533	1050714	312614	788371	587721	503249
11681	5835	14946	3051	1197	141	4217	6204
1789217	1143035	4546504	772417	342728	205969	771141	98695
241085	998353	235510	370147	32672	60696	185566	30875
179464	33418	146158	79535	35081	91806	74345	19387
67337	28649	51780	55734	19163	24498	48250	43947
69183	59745	20465	163853	4789	1394	28214	2786
1101597	1234838	1280372	661636	212724	361515	884776	1015085
6275615	**2491163**	**2034301**	**1398534**	**709341**	**555173**	**1376632**	**1361588**
643431	737513	543037	128759	74794	49769	86235	24860
3943	3828	7259	1918			194	342
522360	506286	486585	101334	63091	43364	51500	12030
14009	103657	9076	15992	7180	3301	893	3833
103120	123134	39218	9491	4524	3104	33647	8645
	607	898	24				10
3371474	965755	876931	714771	355782	365872	1071704	1212633
290		213	295	50		1976	491
			65				
1032					22973	366	
18532	68401	16252	17259	6297	1984	11815	5663
108746	40526	101470	115189	14976	23253	94989	27398
18740	8080	8477	8671	3644	2235	11619	1225
1120	3775	2285	9353	1187	75	712	3195
2926625	644612	557293	467424	318071	217421	896499	999648
296389	200361	190941	96517	11557	97931	53727	175014
2260709	787894	614333	555004	278766	139532	218693	124095
973428	720837	550353	177274	267925	91977	174579	111457
36675	1905	5901	7101	734	719	4928	368
5641	37986	7133	356230	1562	19412	1851	6097
1226816	541	15298	11	43		6918	2763
18148	26625	35647	14388	8501	27424	30417	3410

4-33 续表 10

行业中类	资产总计(万元)	杭州市	宁波市	温州市
水利、环境和公共设施管理业	**135016007**	**51821042**	**11797361**	**1984134**
水利管理业	13614869	3703604	945843	493520
防洪除涝设施管理	3758530	1390543	157282	12960
水资源管理	4170565	1471186	250913	272697
天然水收集与分配	2334964	815698	532442	91400
水文服务	1237	688	209	57
其他水利管理业	3349573	25488	4997	116406
生态保护和环境治理业	4630244	1988263	346694	98552
生态保护	293572	85128	56010	3078
环境治理业	4336672	1903135	290685	95474
公共设施管理业	62359897	11044806	5346929	1354938
市政设施管理	48468989	7742037	3286294	1122609
环境卫生管理	1361446	319995	109324	28139
城乡市容管理	872167	241179	6178	21509
绿化管理	3217649	892668	332535	63252
城市公园管理	395484	190198	3470	5048
游览景区管理	8044162	1658730	1609129	114380
土地管理业	54410998	35084368	5157894	37125
土地整治服务	41057279	34659977	690116	27062
土地调查评估服务	3553433	4445	3534186	9984
土地登记服务	603		2	
土地登记代理服务	398296	397150	43	19
其他土地管理服务	9401386	22797	933547	58
居民服务、修理和其他服务业	**3903795**	**1333061**	**783351**	**237543**
居民服务业	1539610	535147	231120	99203
家庭服务	215778	135021	20790	12459
托儿所服务	7497	2766	285	3073
洗染服务	82967	24254	18222	6874
理发及美容服务	203950	125946	11628	12093
洗浴和保健养生服务	355067	53335	35858	19030
摄影扩印服务	73281	26471	15526	8715
婚姻服务	68120	15473	26010	7625
殡葬服务	400229	103978	74636	18335
其他居民服务业	132719	47902	28165	10999
机动车、电子产品和日用产品修理业	1496194	505169	278500	113825
汽车、摩托车等修理与维护	1199997	351872	213403	98822
计算机和办公设备维修	110994	58341	16975	6591
家用电器修理	170437	86701	46349	7240
其他日用产品修理业	14765	8255	1773	1172
其他服务业	867992	292745	273731	24516
清洁服务	347004	89131	43732	23944
宠物服务	27869	11275	10383	462
其他未列明服务业	493119	192340	219616	109
教育				
教育				
学前教育				
初等教育				

嘉兴市	湖州市	绍兴市	金华市	衢州市	舟山市	台州市	丽水市
11000362	**22762825**	**13979937**	**11014164**	**1314753**	**1338135**	**5403904**	**2599391**
2034765	1029335	2109204	224491	315005	77584	1745367	936150
340831		45889	33	21428		1106962	682601
423842	90997	1084607	143657	109557	74095	181031	67984
365505		15099	16797	107468	2248	354207	34100
		191	92				
904587	938339	963418	63913	76552	1241	103168	151465
964450	465018	225521	59303	8712	25056	390587	58087
86	74392	4235	13110	3781	12849	14666	26239
964364	390626	221286	46193	4932	12207	375921	31849
7620320	18104616	8850971	5366753	833125	183153	2148484	1505803
5258501	16538028	7432250	3898760	600622	83067	1428237	1078583
225187	40779	232792	307249	17836	1845	76182	2119
50066	33937	174426	170901	943	5452	13	167564
530974	620778	310798	292387	23055	55912	90648	4643
143	174424	5983	14547			1671	
1555448	696670	694723	682911	190670	36877	551733	252893
380827	3163856	2794241	5363617	157910	1052342	1119466	99351
313063	1008771	2793422	49	84162	1041636	343162	95857
2692	78	698	164	94		1092	
	590					11	
			6	20		1057	
65072	2154416	121	5363397	73634	10706	774144	3494
268186	**154873**	**359456**	**330206**	**50362**	**93118**	**248394**	**45246**
150164	93745	121128	150600	9070	36053	95864	17516
6373	3040	15009	8896	2074	575	9182	2359
329	11	179	23		34	797	
8533	3960	6560	6678	1918	2736	2742	489
2382	4797	22187	9522	496	890	13077	933
56610	22760	29286	108197	1812	795	18232	9151
4302	3982	2255	5690	979	452	3161	1748
2172	2596	5243	4595	195	324	3513	374
44001	48683	34202	3987	1426	30045	38708	2227
25462	3916	6206	3012	170	202	6451	234
93549	50649	135683	148314	32098	22060	95530	20819
79450	45665	117190	141458	28221	16407	88309	19199
6862	1761	9496	3097	1462	3092	2273	1044
6883	3187	7941	3548	1579	2247	4544	219
354	34	1056	211	836	314	404	357
24473	10480	102645	31292	9195	35005	57000	6911
17773	7212	68375	19253	7961	33233	31781	4609
2460	747	1171	983	172	210	5	
4239	2521	33099	11056	1061	1562	25213	2301

4-33 续表 11

行业中类	资产总计（万元）	杭州市	宁波市	温州市
中等教育				
高等教育				
特殊教育				
技能培训、教育辅助及其他教育				
卫生和社会工作	**1071999**	**374083**	**117898**	**89058**
卫生	373572	116075	43239	34742
医院	226721	25354	19969	24990
基层医疗卫生服务	99215	73864	10016	3797
专业公共卫生服务	3717			767
其他卫生活动	43919	16857	13254	5188
社会工作	698427	258009	74659	54316
提供住宿社会工作	670874	250796	74655	54133
不提供住宿社会工作	27553	7213	5	183
文化、体育和娱乐业	**21265033**	**5749071**	**2138574**	**561754**
新闻和出版业	1028173	874645	54008	9563
新闻业	3649	2258	4	
出版业	1024524	872386	54004	9563
广播、电视、电影和录音制作业	12404150	1529957	841193	105611
广播	54584	27871	20527	2497
电视	119398	34745	4795	6133
影视节目制作	10978574	1068538	720247	24504
广播电视集成播控	98668	55072		
电影和广播电视节目发行	430728	58813	9791	1647
电影放映	717433	282909	85531	69789
录音制作	4766	2010	302	1042
文化艺术业	1667849	533669	512181	53480
文艺创作与表演	430956	118059	150639	20093
艺术表演场馆	43668	2832	6699	3023
图书馆与档案馆	29715	15694	1176	2521
文物及非物质文化遗产保护	194195	133258	136	1319
博物馆	59300	1401	117	4921
烈士陵园、纪念馆	28798		16	1100
群众文体活动	463521	84877	321413	3996
其他文化艺术业	417695	177548	31984	16508
体育	2569052	1686175	379156	42553
体育组织	336884	286603	5488	3491
体育场地设施管理	1811449	1314881	328863	5926
健身休闲活动	365556	82506	26644	33096
其他体育	55164	2186	18160	40
娱乐业	3595808	1124625	352037	350547
室内娱乐活动	719805	186222	68603	113817
游乐园	598916	21169	10479	51814
休闲观光活动	664322	202187	9493	79356
彩票活动	7753	21		7686
文化体育娱乐活动与经纪代理服务	1574692	713999	254040	81642
其他娱乐业	30320	1027	9422	16232

	嘉兴市	湖州市	绍兴市	金华市	衢州市	舟山市	台州市	丽水市
	167137	**70785**	**23686**	**84552**	**45605**	**13285**	**62981**	**22930**
	86247	18356	13398	5304	31341	8587	10000	6284
	81265	14447	12086	1383	26317	4627	10000	6284
	3663		1312	530	2074	3960		
					2950			
	1319	3909		3392				
	80890	52429	10288	79248	14264	4698	52981	16646
	61117	52399	10211	79033	14245	4698	52981	16606
	19772	30	77	215	19			40
	2296155	**763532**	**679073**	**8172786**	**126046**	**204221**	**380801**	**193020**
	13223	534	43378	15632	12661	10	201	4319
	818	123		233	12		201	
	12405	411	43378	15399	12649	10	0	4319
	1475189	261112	176946	7854789	26437	24404	62902	45611
	1286	109	1820	428			47	
	668	0	35117	33483	1809	2606	42	
	1387647	227917	105398	7410124	11802	964	19772	1662
				43591			5	
	35845	490	186	323550		18	370	18
	49522	32595	34424	42457	12826	20792	42658	43930
	222			1158		25	7	
	89895	51899	143131	103469	30832	39841	67116	42337
	19474	29261	46409	15416	2112	905	8716	19874
	11228		3890			536	14731	729
	3137	681	2975	1590	161	44	747	987
	24979	1292	23744	8692	348	62	305	60
	10633	4794		31761		347	5325	
				10			27672	
	1128	894	11300	944	1128	36239	618	985
	19315	14976	54814	45055	27084	1708	9001	19702
	109475	102397	120349	16126	11200	4678	55579	41364
	15280	14766	5323	2721	765	385	1848	215
	5786	2738	84258	1111	5649	1704	27398	33135
	54609	84893	30626	11927	4637	2273	26332	8014
	33801		143	366	150	316	1	
	608373	347591	195269	182770	44915	135287	195004	59389
	45663	34461	55324	63263	21367	8822	101729	20533
	340940	105722	3312	7820	3	15927	20035	21696
	88391	42810	46623	9670	17929	90762	64939	12163
				47				
	133379	164181	89973	99852	5615	19167	8177	4666
		417	38	2119		610	125	331

4-34 按行业(中类)、地区分组的

行业中类	营业收入(万元)	杭州市	宁波市	温州市
总　计	**1090911604**	**268029664**	**265020734**	**99900265**
农、林、牧、渔业	**54960**	**3891**	**7327**	**12700**
农业				
谷物种植				
豆类、油料和薯类种植				
棉、麻、糖、烟草种植				
蔬菜、食用菌及园艺作物种植				
水果种植				
坚果、含油果、香料和饮料作物种植				
中药材种植				
草种植及割草				
其他农业				
林业				
林木育种和育苗				
造林和更新				
森林经营、管护和改培				
木材和竹材采运				
林产品采集				
畜牧业				
牲畜饲养				
家禽饲养				
狩猎和捕捉动物				
其他畜牧业				
渔业				
水产养殖				
水产捕捞				
农、林、牧、渔专业及辅助性活动	54960	3891	7327	12700
农业专业及辅助性活动	34744	2203	3590	8701
林业专业及辅助性活动	10026	1081	915	2816
畜牧专业及辅助性活动	3323	608	975	580
渔业专业及辅助性活动	6868		1847	604
采矿业	**1751386**	**243147**	**142345**	**34163**
煤炭开采和洗选业	2063	2046		
烟煤和无烟煤开采洗选	17			
褐煤开采洗选				
其他煤炭采选	2046	2046		
石油和天然气开采业	522			
石油开采	522			
天然气开采				
黑色金属矿采选业	13418	988		
铁矿采选	13418	988		
锰矿、铬矿采选				
其他黑色金属矿采选				
有色金属矿采选业	89653	41947		
常用有色金属矿采选	63513	41947		
贵金属矿采选	482			
稀有稀土金属矿采选	25658			

小微企业营业收入

嘉兴市	湖州市	绍兴市	金华市	衢州市	舟山市	台州市	丽水市
94639353	**58703432**	**92906959**	**74836894**	**19112346**	**37594269**	**65581125**	**14586561**
1629	**2493**	**7096**	**6284**	**3999**	**458**	**5059**	**4023**
1629	2493	7096	6284	3999	458	5059	4023
448	1035	5381	3399	3018	75	3437	3456
5	677	627	2871	437	11	81	506
437	65	373	14	226		44	
739	716	714		318	372	1496	62
4541	**444616**	**101545**	**108801**	**78456**	**353013**	**59594**	**181164**
			17				
			17				
	522						
	522						
		944	1810	1352		389	7936
		944	1810	1352		389	7936
		6532	117	15		6147	34895
		6050	117	15		6147	9237
		482					
							25658

4-34 续表 1

行业中类	营业收入（万元）	杭州市	宁波市	温州市
非金属矿采选业	1641459	197627	142219	32867
土砂石开采	1583628	190720	142219	26926
化学矿开采	10338			
采盐	460			
石棉及其他非金属矿采选	47033	6908		5941
开采专业及辅助性活动	2745	395	127	
煤炭开采和洗选专业及辅助性活动				
石油和天然气开采专业及辅助性活动	1280	0		
其他开采专业及辅助性活动	1465	395	127	
其他采矿业	1526	144		1297
其他采矿业	1526	144		1297
制造业	**436363252**	**67831928**	**82994031**	**52649371**
农副食品加工业	8569500	1414921	1127564	399691
谷物磨制	407240	109533	64697	27042
饲料加工	1665202	39817	199910	100875
植物油加工	1544443	233305	304385	5138
制糖业	27471	10606	60	272
屠宰及肉类加工	1328240	225482	84249	110090
水产品加工	2084717	26981	299081	116606
蔬菜、菌类、水果和坚果加工	1153090	666858	120599	12127
其他农副食品加工	359097	102338	54583	27541
食品制造业	2815466	823093	305263	163196
焙烤食品制造	452053	139143	65387	41766
糖果、巧克力及蜜饯制造	237502	101511	6936	4214
方便食品制造	339959	61567	23383	15405
乳制品制造	213224	87681	5716	9854
罐头食品制造	229530	45864	36400	1335
调味品、发酵制品制造	165418	65935	20117	19178
其他食品制造	1177780	321390	147325	71443
酒、饮料和精制茶制造业	2505773	723919	345166	95946
酒的制造	665879	99773	210860	40932
饮料制造	1008256	519727	56886	41529
精制茶加工	831638	104419	77420	13485
烟草制品业				
烟叶复烤				
卷烟制造				
其他烟草制品制造				
纺织业	39193992	6099654	2539805	1310619
棉纺织及印染精加工	11957943	2860277	707920	486155
毛纺织及染整精加工	1896656	142075	422299	12368
麻纺织及染整精加工	100220	3923	176	90
丝绢纺织及印染精加工	1738509	289238	3974	4297
化纤织造及印染精加工	6717108	785509	114584	25413
针织或钩针编织物及其制品制造	8814365	364029	493226	99841
家用纺织制成品制造	3871450	974455	439396	237759
产业用纺织制成品制造	4097741	680148	358230	444697
纺织服装、服饰业	21746999	2731558	3764307	1470767
机织服装制造	9545740	1373344	1074034	935196

嘉兴市	湖州市	绍兴市	金华市	衢州市	舟山市	台州市	丽水市
4541	443151	94069	106813	77089	351777	53058	138248
4541	442025	83365	95694	62830	351317	52432	131561
			96	9616		626	
					460		
	1127	10704	11022	4644			6687
	943		45		1235		
			45		1235		
	943						
							86
							86
58302447	**29776058**	**46696023**	**35136089**	**9353197**	**4548414**	**40789223**	**8286470**
992315	653893	489003	381374	392896	1934002	642469	141371
84995	28065	42409	5546	34061	2946	2763	5183
412206	212385	212208	123906	239014	56150	58796	9935
62591	149083	24277	4006	29826	695272	32787	3772
7507			6485	903		1588	50
286025	188923	29281	170472	53534	14375	153097	12711
27475	19145	40070		18002	1163102	374154	100
56796	16668	106044	49515	8670	271	9370	106173
54720	39625	34715	21443	8884	1885	9915	3448
475252	304218	144352	286417	135707	36830	116675	24465
42889	63775	13730	33340	20913	9439	13613	8057
18497	61362	24981	14665	294		5043	
134474	42552	14452	19574	20110	112	5664	2666
34002	15964		60007				
8108	12093	51561	10780	30950	67	30202	2169
10427	6147	12897	23753	3883	1611	1395	75
226855	102325	26731	124297	59557	25601	60757	11499
227993	238486	409364	123008	143267	10982	72757	114886
100743	64774	88201	7341	14611	9668	17265	11712
107028	77324	42509	29066	81837	516	36812	15023
20222	96388	278654	86601	46819	799	18680	88150
10909445	4534999	9446075	2937980	266455	37304	921773	189885
2472862	619115	2991528	1424690	155953	27234	185470	26740
910090	249054	79733	32024	1859	3970	39674	3510
55758	33495	3469	513		346	2451	
449472	733954	250670	3815	480	713	1896	
2694555	2137138	695462	95808	11705		153518	3415
2731365	235876	4595980	230134	14650	1089	47977	197
624399	199772	600910	661078	28257	928	99492	5005
970944	326594	228323	489918	53551	3024	391294	151018
3743850	2468180	4119376	2885827	109616	31721	381944	39852
1593959	2182049	1164353	955999	65517	11310	165340	24639

4-34 续表 2

行业中类	营业收入（万元）	杭州市	宁波市	温州市
针织或钩针编织服装制造	6007077	617729	2165038	155149
服饰制造	6194181	740485	525235	380422
皮革、毛皮、羽毛及其制品和制鞋业	15206034	1313062	325365	7126346
皮革鞣制加工	957411	25573	9592	580959
皮革制品制造	3800887	191468	161672	778134
毛皮鞣制及制品加工	537095	8339	27650	2608
羽毛(绒)加工及制品制造	900925	727148	14186	9391
制鞋业	9009717	360534	112265	5755254
木材加工和木、竹、藤、棕、草制品业	5159366	434951	271406	105245
木材加工	829769	76553	17142	8251
人造板制造	1192143	67818	45958	9471
木质制品制造	2439192	225551	140694	73556
竹、藤、棕、草等制品制造	698262	65029	67612	13966
家具制造业	6320726	755518	841059	211491
木质家具制造	2960977	458019	374758	157701
竹、藤家具制造	173214	10099	47610	198
金属家具制造	1790909	151705	234359	25706
塑料家具制造	235315	16892	91475	3250
其他家具制造	1160312	118803	92857	24636
造纸和纸制品业	13466563	3984183	1514845	989493
纸浆制造	9960	7782	951	730
造纸	5750782	2411961	327366	295871
纸制品制造	7705820	1564440	1186528	692891
印刷和记录媒介复制业	6882079	924586	1248973	1812993
印刷	6665696	886198	1215827	1763260
装订及印刷相关服务	210298	33098	33047	49643
记录媒介复制	6085	5290	99	90
文教、工美、体育和娱乐用品制造业	12153216	1022963	2210373	1392728
文教办公用品制造	2049598	253153	687097	331494
乐器制造	176253	26397	63409	9132
工艺美术及礼仪用品制造	5952987	489985	534554	552474
体育用品制造	1528070	172456	433354	59068
玩具制造	1863293	46672	408069	194715
游艺器材及娱乐用品制造	583015	34300	83889	245845
石油、煤炭及其他燃料加工业	2250742	269650	502955	565071
精炼石油产品制造	1937727	223867	395665	553255
煤炭加工	179050	34622	94169	35
核燃料加工				
生物质燃料加工	133965	11160	13121	11781
化学原料和化学制品制造业	28141417	5297722	5831141	1266431
基础化学原料制造	6635153	633830	1789110	263944
肥料制造	182667	36879	7960	10105
农药制造	668244	175246	9338	107094
涂料、油墨、颜料及类似产品制造	3342778	735724	327703	161124
合成材料制造	8481108	1163049	2409329	488898
专用化学产品制造	6656564	1499144	1092937	204705
炸药、火工及焰火产品制造	54993	1073		860
日用化学产品制造	2119910	1052778	194763	29702

嘉兴市	湖州市	绍兴市	金华市	衢州市	舟山市	台州市	丽水市
1487997	84695	449424	944005	6189	19860	74767	2224
661894	201436	2505599	985823	37910	550	141838	12988
2685386	198277	257640	706181	52938	2467	2364190	174182
272959	26963	10318	15906	111	164	4472	10394
1728359	93531	49657	621136	21092	528	106481	48830
474863	19199	1710	1861	65		259	541
60938	1677	66310	1555	17514		187	2020
148267	56907	129646	65723	14156	1776	2252790	112398
975671	1791970	120046	394888	489679	10207	245986	319317
164456	376441	12371	22160	121450	4266	13135	13544
467190	337974	3914	46705	103968	2425	36380	70340
341887	885721	81202	280768	227860	2062	119048	60842
2138	191834	22560	45255	36399	1454	77423	174591
988947	1585325	264325	880752	107763	12383	529581	143583
456354	513221	150737	439498	91607	12383	261514	45184
9081	20228	5404	30959			27556	22079
170990	656424	19487	304315	12403		144274	71246
11596	44075	3983	8524			54959	562
340925	351377	84714	97456	3753		41278	4512
2239652	715780	794854	1302013	799106	22353	953545	150739
			497				
911619	302045	413991	252209	622153	2408	125214	85945
1328033	413735	380863	1049307	176953	19944	828331	64794
744659	165792	571017	698086	61080	22106	562128	70661
728647	161630	559910	659874	60449	21900	538970	69033
15406	4162	11106	38212	631	206	23158	1628
606							
662684	516191	1532430	2545897	151483	18935	1444219	655312
69243	48365	76537	366029	37389	278	37124	142889
14638	53649	591	1447	2543		4373	75
180944	256531	1287012	1221361	59319	1001	1268038	101767
101026	39064	91580	543380	37430	7136	37596	5980
282074	17678	33181	376605	14801	10520	78620	400357
14760	100904	43529	37075			18469	4244
668578	137928	27997	44588	11474	413	12575	9512
580735	109042	24501	32352	8946	413	8810	139
33188	13074	547	1301	438		219	1457
54655	15812	2949	10935	2090		3546	7915
4656444	1701360	3849503	1438752	2378670	65397	1292177	363821
885237	188815	682130	242157	1711495	10314	213333	14790
14362	38350	14363	11497	40006	1259	5234	2652
11714	102093	68652	77006	43940	1374	65795	5992
414437	418903	594352	239609	84314	22574	285890	58150
1820821	310975	1523550	156859	139653	287	312004	155682
1438348	477900	838146	295816	349729	19274	329790	110775
84	11963	13504	1233		7485	5067	13725
71440	152360	114806	414576	9534	2832	75065	2055

4-34 续表 3

行业中类	营业收入(万元)	杭州市	宁波市	温州市
医药制造业	3501770	900728	415457	104264
化学药品原料药制造	761652	93253	38528	21024
化学药品制剂制造	480707	173188	36392	10915
中药饮片加工	442859	183047	52377	18655
中成药生产	351389	145374	18603	7183
兽用药品制造	249579	39973	33152	1046
生物药品制品制造	636061	156541	161712	22439
卫生材料及医药用品制造	373002	96389	45084	16222
药用辅料及包装材料	206521	12963	29609	6780
化学纤维制造业	8122936	2144499	862315	163917
纤维素纤维原料及纤维制造	168463	6646	83295	26507
合成纤维制造	7806310	2077914	772580	132194
生物基材料制造	148164	59939	6440	5216
橡胶和塑料制品业	27056957	3258910	6195200	3212300
橡胶制品业	2520909	209835	535457	287123
塑料制品业	24536049	3049075	5659744	2925178
非金属矿物制品业	25912668	5358722	3402053	1664235
水泥、石灰和石膏制造	4374414	823402	603467	157336
石膏、水泥制品及类似制品制造	13473122	3233141	1979153	1143506
砖瓦、石材等建筑材料制造	2752182	479244	309491	191269
玻璃制造	469139	124681	67285	21276
玻璃制品制造	1274677	181471	125269	37486
玻璃纤维和玻璃纤维增强塑料制品制造	595828	90657	84854	30373
陶瓷制品制造	833808	301145	67343	41129
耐火材料制品制造	1009164	34853	42287	3418
石墨及其他非金属矿物制品制造	1130334	90127	122905	38442
黑色金属冶炼和压延加工业	8662431	1129697	1447280	985752
炼铁	4130	1654	870	48
炼钢	42234	22	631	826
钢压延加工	8280428	1088640	1401959	976158
铁合金冶炼	335640	39381	43820	8721
有色金属冶炼和压延加工业	14849441	2831430	3374407	1382879
常用有色金属冶炼	1730654	1092722	360241	35712
贵金属冶炼	776041	2		
稀有稀土金属冶炼	10902	2264	7355	875
有色金属合金制造	1693939	57707	591218	171664
有色金属压延加工	10637905	1678736	2415592	1174628
金属制品业	30793706	4556441	6817437	3360900
结构性金属制品制造	5802223	953262	1257577	529427
金属工具制造	3024634	506389	668604	237655
集装箱及金属包装容器制造	1041451	326643	108172	55211
金属丝绳及其制品制造	2068054	344183	222484	139296
建筑、安全用金属制品制造	6443285	596431	1745078	1021533
金属表面处理及热处理加工	3280734	951476	667373	542702
搪瓷制品制造	292296	66808	45833	54145
金属制日用品制造	3315959	92735	633892	145740
铸造及其他金属制品制造	5525071	718514	1468424	635193

嘉兴市	湖州市	绍兴市	金华市	衢州市	舟山市	台州市	丽水市
194151	307723	544699	363918	121298	15571	474960	59001
8844	42167	127723	58527	38336	5081	307226	20943
26638	24875	52895	125776	15583	5948	237	8262
20471	16824	58869	44841	35463		11131	1181
28769	35881	47074	18140	29700	495	13263	6907
27040	28401	90520	5973	298	3122	17161	2893
21761	61586	33912	59256	1870	925	115601	457
42908	74867	35963	47174	48	0	9253	5093
17720	23122	97743	4230			1088	13265
1114246	278752	3128994	322258	50436	22275	27759	7485
22451	4917	13739	9212	22		50	1624
1088933	273835	3045692	310324	49549	22275	27153	5861
2862		69564	2722	865		556	
3530251	1038338	1756858	2395123	310337	54278	4879040	426319
212250	48440	99660	197394	30943	19956	854154	25698
3318002	989898	1657198	2197729	279394	34323	4024887	400621
3933791	3780657	2110632	2156885	763084	426099	1658543	657968
621506	793030	332923	438293	247002	52257	200165	105035
2283314	1228969	1054714	748852	291115	320415	934999	254943
367778	366596	271406	218654	98711	37865	285092	126077
80264	47659	24215	19886	28292	99	34668	20816
115994	153164	73425	450148	27887	4935	91829	13068
237292	41576	26671	26112	8603	2176	30153	17359
32865	183231	27005	31955	24476	274	58557	65829
42655	728590	111465	14375	6614	1044	8338	15525
152124	237841	188808	208610	30383	7035	14742	39315
1059477	692130	619947	771818	211744	36679	330422	1377487
207		249	1102				
	107	39275	1374				
936925	689980	573557	741897	211744	36679	330235	1292654
122345	2043	6866	27445			186	84833
788441	441643	2888956	1456458	213335	6846	1171950	293096
2054	1456	42000	71804	31928	55	53540	39144
6854		757582		6572		5031	
269			138				
231456	13345	27659	367562	29176	3489	181584	19078
547808	426841	2061716	1016954	145659	3301	931796	234874
3259684	1901125	1839999	5320086	385842	126980	2634597	590616
738513	229541	429259	1132048	94468	37885	212984	187257
193689	29903	105398	958510	13030	2932	222703	85820
114559	59442	157246	97878	46986	2262	70917	2135
146816	860104	97177	68733	13749	115	120876	54521
909109	186302	606829	565133	66249	2153	696474	47994
392816	68892	106190	102029	19167	59851	330252	39987
20995	6260	22060	19120	1640		55435	
212702	56307	72714	1814320	47675	443	168201	71232
530485	404372	243126	562314	82879	21339	756755	101670

4-34 续表 4

行业中类	营业收入（万元）		
	杭州市	宁波市	温州市
通用设备制造业	43767937	5309655	9905575	6737222
锅炉及原动设备制造	1097725	410482	197533	37023
金属加工机械制造	4009317	344986	969492	401505
物料搬运设备制造	3327206	955768	532380	76191
泵、阀门、压缩机及类似机械制造	11859645	822431	2043596	3491106
轴承、齿轮和传动部件制造	5569232	745808	1489077	284665
烘炉、风机、包装等设备制造	5649363	749645	1060448	539864
文化、办公用机械制造	537201	82833	131469	107802
通用零部件制造	10595062	1015660	3145518	1673395
其他通用设备制造业	1123187	182040	336060	125672
专用设备制造业	20038882	2433213	4944326	2732916
采矿、冶金、建筑专用设备制造	1225760	144627	172255	199189
化工、木材、非金属加工专用设备制造	6757661	459341	2737624	536892
食品、饮料、烟草及饲料生产专用设备制造	510061	33126	152892	160771
印刷、制药、日化及日用品生产专用设备制造	890471	178153	44671	426349
纺织、服装和皮革加工专用设备制造	2864841	199502	453498	179887
电子和电工机械专用设备制造	753148	218552	155912	142780
农、林、牧、渔专用机械制造	1067790	47006	290056	26906
医疗仪器设备及器械制造	2532163	346599	345636	715876
环保、邮政、社会公共服务及其他专用设备制造	3436987	806307	591782	344265
汽车制造业	19801401	2447225	7023071	2699158
汽车整车制造	328680	166608	65372	16983
汽车用发动机制造	115365	6721	60160	9312
改装汽车制造	194516	110258	27982	2050
低速汽车制造	5			
电车制造	2096	155	302	105
汽车车身、挂车制造	305364	123148	93526	1935
汽车零部件及配件制造	18855375	2040335	6775729	2668774
铁路、船舶、航空航天和其他运输设备制造业	4823216	578913	826490	379896
铁路运输设备制造	265464	42964	60113	54682
城市轨道交通设备制造	162294	73369	67191	17828
船舶及相关装置制造	1162222	80034	237749	34751
航空、航天器及设备制造	55027	8010	8674	155
摩托车制造	1283432	31885	109499	262675
自行车和残疾人座车制造	666753	272220	241473	1264
助动车制造	567591	27921	35521	6065
非公路休闲车及零配件制造	541960	17803	38748	441
潜水救捞及其他未列明运输设备制造	118472	24707	27523	2036
电气机械和器材制造业	40357640	5963045	10315094	9385918
电机制造	4433703	354556	945163	345337
输配电及控制设备制造	14859649	1802598	2471141	7394398
电线、电缆、光缆及电工器材制造	8192880	2602970	1327538	846316
电池制造	1551748	97247	444252	11604
家用电力器具制造	5430938	552398	2970700	328428
非电力家用器具制造	730723	55766	129936	31509
照明器具制造	4533071	430851	1833907	277149
其他电气机械及器材制造	624927	66658	192457	151177

嘉兴市	湖州市	绍兴市	金华市	衢州市	舟山市	台州市	丽水市
4872139	2137736	4508443	2129834	556036	122288	6453016	1035994
109269	116871	69051	60305	25847	2943	66214	2188
491858	144595	543245	318887	19389	9520	604785	161054
617408	718766	118496	117731	20305		162566	7595
406400	180222	526468	134141	170004	26369	3556916	501992
492413	426159	888778	261510	175284	9991	610998	184548
300916	300645	964115	996386	44129	26979	607247	58990
71070	29299	80356	9383	2348	1	22641	
2203085	174532	1256384	176164	90492	34798	733749	91285
179720	46646	61551	55328	8239	11687	87901	28342
1546017	789010	2094105	939585	291814	381482	3598558	287857
174965	142876	113960	85350	79170	119	102804	10446
445458	153979	253179	192316	48873	317995	1544762	67242
30086	896	40314	18746	4033	24547	36423	8227
68987	41172	24125	38370	6384	7436	37810	17013
262953	79179	907133	113783	7710	7695	535260	118241
117869	23881	29793	41533	1650	518	20287	374
10075	22099	55003	189047	30657	685	373697	22560
124239	55037	99778	66958	11681	11273	744731	10355
311387	269891	570819	193483	101655	11213	202785	33400
1426879	553922	932122	825075	77744	134981	3387706	293517
6377	6151	3388	3843	1079		58881	
7708			8808			22639	16
34827	13669		4862	408		461	
						5	
			1474				60
6811	10470	24208	23846	590		1453	19376
1371155	523632	904526	782242	75667	134981	3304267	274065
160248	51242	102454	793690	45410	516299	1244869	123705
23088	171	2453	8013	19296		54684	
814	919	1366	549			259	
29811	18049	23565	2620		514281	221352	12
4153	308	14839	787		1943	16158	
32227	4061	25640	163496	11141		602107	40700
24311	15012	21852	74847			6477	9296
18997	12698	7656	120115	14873		321322	2424
5745	23	4857	387271			15798	71274
21102		225	35994	100	75	6712	
3507936	2075250	2728695	1462593	848704	93126	3642470	334809
231837	227765	819378	223321	50484	22626	1170703	42534
1102291	278330	487418	262525	365936	46612	454955	193445
753267	842338	195340	258060	342536	9361	987902	27251
164648	422692	144347	183563	31546	398	28479	22972
380159	125631	554211	293349	10809	11704	183426	20124
245842	18708	103240	83295	2084	68	56790	3484
536110	152331	388015	148445	40782	233	710914	14333
93782	7455	36747	10034	4528	2123	49301	10667

4-34 续表 5

行业中类	营业收入（万元）	杭州市	宁波市	温州市
计算机、通信和其他电子设备制造业	12831550	3176033	4007608	1358558
计算机制造	652256	224116	110507	69501
通信设备制造	1727477	734829	675195	44551
广播电视设备制造	426660	139102	106999	3077
雷达及配套设备制造	230309	1845	227594	391
非专业视听设备制造	693607	162470	318737	7742
智能消费设备制造	614485	194133	93316	44805
电子器件制造	2062712	696017	441829	225781
电子元件及电子专用材料制造	5892609	890332	1853078	911713
其他电子设备制造	531435	133188	180354	50997
仪器仪表制造业	5597134	1296999	1678635	1022065
通用仪器仪表制造	4227073	906864	1225555	868631
专用仪器仪表制造	784710	274801	190389	127921
钟表与计时仪器制造	77864	11886	39749	6148
光学仪器制造	237847	57141	138695	6139
衡器制造	181880	29926	47911	1208
其他仪器仪表制造业	87761	16382	36336	12017
其他制造业	3163483	196047	553492	498906
日用杂品制造	2725997	104128	419971	433610
核辐射加工	376	141		
其他未列明制造业	437110	91778	133521	65296
废弃资源综合利用业	2013784	392456	286151	18250
金属废料和碎屑加工处理	1529273	300575	240348	6446
非金属废料和碎屑加工处理	484511	91881	45803	11804
金属制品、机械和设备修理业	656440	62138	111220	32219
金属制品修理	10836	128	7970	148
通用设备修理	62767	19784	10758	12336
专用设备修理	42010	10996	6265	4072
铁路、船舶、航空航天等运输设备修理	416876	1770	44556	6937
电气设备修理	36134	11956	9483	1780
仪器仪表修理	7518	1345	5051	
其他机械和设备修理业	80299	16159	27138	6947
电力、热力、燃气及水生产和供应业	**20719916**	**4265683**	**3223858**	**1946714**
电力、热力生产和供应业	13324557	1209964	2542946	1608844
电力生产	7779284	693706	1505225	756866
电力供应	4455521	350881	693706	828518
热力生产和供应	1089753	165377	344015	23460
燃气生产和供应业	5557783	2825608	396802	148085
燃气生产和供应业	5553011	2825608	396685	146519
生物质燃气生产和供应业	4772		116	1566
水的生产和供应业	1837576	230111	284110	189785
自来水生产和供应	1008831	58150	219421	93527
污水处理及其再生利用	804539	171693	64432	95937
海水淡化处理	369			
其他水的处理、利用与分配	23836	268	257	321
建筑业	**27819478**	**9382796**	**3379417**	**3223227**
房屋建筑业	9973123	3613066	798763	1210542

嘉兴市	湖州市	绍兴市	金华市	衢州市	舟山市	台州市	丽水市
1824547	381438	653466	662944	234320	21103	420916	90618
118840	11807	11653	6130	88	1485	98129	
174662	27634	46673	6174	4850	3788	7841	1282
129950	1889	16434	4616	15128		4898	4565
479							
71273	19504	94385	8366	12		10896	221
223190	4819	7666	5558	863	23	37370	2742
201807	133868	140766	61601	25657	5006	108239	22139
864252	176382	276018	552472	174848	10801	134361	48353
40094	5535	59870	18027	12874		19181	11316
440579	122915	226528	271128	21289	26750	454401	35845
323189	110878	189526	135755	16861	13833	417622	18359
70935	4362	26929	47701	4221	5818	17320	14314
1110	4381	5757	7992			457	383
19260	1273	1493	2080	12	37	8997	2720
22223	2022	305	76984	194		1106	
3862		2517	616		7063	8899	68
514631	67610	453702	582655	44406	2589	197560	51885
495564	55982	425749	515538	42679	235	186243	46299
235							
18832	11628	27952	67117	1728	2354	11317	5586
139515	131316	57769	46960	71305	6836	642150	221076
76958	35328	1931	23430	43849	388	584323	215698
62558	95988	55838	23530	27456	6448	57827	5378
19040	12854	22671	9317	5960	349132	30284	1606
937	326	1328					
4103	734	6797	1720	1665	1144	2633	1093
3574	5301	2907	3215	1636	1866	1936	241
523	906	144	277	422	340858	20483	
2451	2742	982	1502	1349	1290	2537	63
66		246	396		65	350	
7387	2846	10266	2208	888	3909	2345	208
4415608	**1568307**	**1630366**	**601519**	**853967**	**149657**	**1325708**	**738529**
3539443	1120230	766672	219796	718673	58867	909364	629758
2581867	577643	414693	170675	347805	49383	374169	307253
891889	435548	131583	3670	311072	5444	480705	322504
65686	107039	220397	45452	59796	4040	54490	
638287	336445	652498	215547	87591	58964	125750	72207
636255	336445	651562	215547	87591	58964	125628	72207
2032		936				122	
237878	111632	211196	166176	47703	31826	290594	36565
89483	71003	79265	108514	38288	15394	205861	29925
147479	40629	130890	57658	9415	8474	71293	6640
					369		
917		1040	4		7590	13440	
1560879	**881844**	**2507805**	**2768046**	**1010232**	**524348**	**1838268**	**742615**
449591	196618	788557	1385945	393370	186690	607345	342635

4-34 续表 6

行业中类	营业收入（万元）	杭州市	宁波市	温州市
住宅房屋建筑	8381379	2741956	573081	1066438
体育场馆建筑	157099	157082	17	
其他房屋建筑业	1434644	714028	225665	144104
土木工程建筑业	8207899	2116276	1069523	954510
铁路、道路、隧道和桥梁工程建筑	4881739	1221693	585190	550179
水利和水运工程建筑	747804	154318	109501	65873
海洋工程建筑	15920		3894	962
工矿工程建筑	152398	14752	22422	73717
架线和管道工程建筑	522431	119890	62254	66743
节能环保工程施工	95075	42397	12590	5010
电力工程施工	172211	28994	26989	16650
其他土木工程建筑	1620320	534231	246683	175377
建筑安装业	2926535	1005054	560133	267235
电气安装	1138067	395637	154861	122652
管道和设备安装	721817	247746	160414	61392
其他建筑安装业	1066651	361670	244858	83192
建筑装饰、装修和其他建筑业	6711921	2648400	950998	790940
建筑装饰和装修业	4439636	1671956	665143	542277
建筑物拆除和场地准备活动	956463	422601	153056	63235
提供施工设备服务	154242	49133	10942	55375
其他未列明建筑业	1161580	504710	121859	130054
批发和零售业	**442245912**	**108943569**	**143623706**	**33036676**
批发业	399475525	96246342	138307680	27870196
农、林、牧、渔产品批发	2970429	1008623	696142	180245
食品、饮料及烟草制品批发	10844935	3577975	2780175	584111
纺织、服装及家庭用品批发	65911447	15297227	10670783	3791341
文化、体育用品及器材批发	10789129	2391586	2796538	572524
医药及医疗器材批发	3722643	1834424	630884	364154
矿产品、建材及化工产品批发	243173617	57833473	104101504	17659031
机械设备、五金产品及电子产品批发	39393295	12759145	10155558	3993848
贸易经纪与代理	6492273	172363	3636025	137080
其他批发业	16177756	1371526	2840072	587863
零售业	42770387	12697226	5316026	5166480
综合零售	837989	285747	66247	121704
食品、饮料及烟草制品专门零售	2337064	809183	316197	279471
纺织、服装及日用品专门零售	3894176	1249972	380956	642426
文化、体育用品及器材专门零售	1843194	503073	185490	377362
医药及医疗器材专门零售	1642759	420144	222990	320599
汽车、摩托车、零配件和燃料及其他动力销售	12414669	2810273	2081724	1576501
家用电器及电子产品专门零售	4113901	1488317	578792	558476
五金、家具及室内装饰材料专门零售	3987564	1199547	639831	491080
货摊、无店铺及其他零售业	11699070	3930971	843799	798861
交通运输、仓储和邮政业	**32381583**	**8379415**	**11769044**	**1589793**
铁路运输业				
铁路旅客运输				
铁路货物运输				
铁路运输辅助活动				

嘉兴市	湖州市	绍兴市	金华市	衢州市	舟山市	台州市	丽水市
394231	146652	727944	1355289	388673	140107	559368	287640
55360	49966	60613	30656	4697	46583	47977	54994
439335	359129	887938	799783	424174	189635	685385	282212
221444	222317	612530	553804	336867	73036	397267	107411
61730	24132	41496	58397	22773	84328	69207	56049
					8998	2067	
1326	5655	9477	3956	12490	1306	6631	666
41201	20013	51735	38565	17839	9423	47679	47089
3050	3358	14929	3214	4425	400	2149	3554
16882	7328	29831	9983	3341	4383	26328	1502
93702	76325	127938	131864	26441	7762	134057	65941
259192	128419	240262	167711	41977	43889	154584	58079
121414	57465	66083	72343	11189	27192	69621	39610
57478	21109	76424	24288	16237	9851	44923	1956
80300	49845	97755	71080	14551	6846	40040	16513
412761	197678	591047	414607	150711	104134	390955	59689
286248	135127	351669	366460	82525	58929	234482	44819
61194	36380	57763	13134	24507	41952	77800	4840
12330	5012	9029	3595	467	727	7140	493
52989	21160	172586	31419	43212	2525	71532	9536
20892253	**20799566**	**34306398**	**27754579**	**5123468**	**28201558**	**16259943**	**3304195**
19006010	18896872	31177808	20698188	4140295	27818923	12905314	2407896
405100	145391	183214	96132	67479	56509	58000	73596
663147	269074	1190846	479815	162951	513901	442496	180444
4570538	1648289	20408824	7390214	181789	388036	1341455	222949
407724	32672	1309268	2592503	56227	21942	509700	98445
122525	45388	233741	296222	51273	13302	109002	21727
9749905	9146419	5368887	4193796	2784310	25590358	5357340	1388593
2340743	851964	1793633	1984154	365603	1047012	3946694	154942
46248	125859	361050	1492162	52643	11493	398812	58539
700080	6631815	328345	2173189	418019	176370	741816	208661
1886243	1902695	3128589	7056392	983173	382635	3354629	896299
40141	32334	75376	48775	14462	23934	66276	62993
91697	111648	204427	166640	72706	26814	193388	64892
143711	161107	387957	614345	45178	17773	220625	30126
61174	56347	138523	292369	35158	10034	116137	67527
89397	66406	114659	179532	36766	11865	134444	45957
721344	673562	1203704	1454024	382147	155635	1103167	252588
214216	151149	303502	324539	108574	64486	249414	72437
183515	324791	351055	345683	93147	42668	253687	62559
341048	325350	349387	3630485	195033	29425	1017490	237220
2278352	**1024151**	**1023211**	**1714461**	**1056302**	**1982767**	**1340108**	**223981**

4-34 续表 7

行业中类	营业收入（万元）	杭州市	宁波市	温州市
道路运输业	15142790	5323324	3161166	872260
城市公共交通运输	368050	80867	32523	66704
公路旅客运输	530088	181214	72532	64631
道路货物运输	12469645	4592619	2696323	607632
道路运输辅助活动	1775009	468624	359789	133293
水上运输业	3817438	353515	1614496	135545
水上旅客运输	67213	4563	4052	5298
水上货物运输	3119319	335985	1323367	109300
水上运输辅助活动	630906	12966	287077	20947
航空运输业	138671	75341	11332	18398
航空客货运输	71314	41843	2539	8591
通用航空服务	20260	11093	1135	1812
航空运输辅助活动	47098	22406	7659	7995
管道运输业	15259	14310		84
海底管道运输	865			
陆地管道运输	14394	14310		84
多式联运和运输代理业	9233972	1437815	5992030	301084
多式联运	261610	252581	4169	
运输代理业	8972362	1185234	5987861	301084
装卸搬运和仓储业	2207173	447265	849290	95955
装卸搬运	471386	54295	159468	35414
通用仓储	590018	191034	214854	14656
低温仓储	40537	14794	1722	1135
危险品仓储	319792	2507	225285	1552
谷物、棉花等农产品仓储	447230	85509	77694	33302
中药材仓储	2744			2744
其他仓储业	335466	99127	170266	7152
邮政业	1826280	727845	140729	166466
邮政基本服务	14095	12289	776	
快递服务	1808638	715556	139812	166411
其他寄递服务	3548		142	55
住宿和餐饮业	**4546553**	**1735014**	**594254**	**581339**
住宿业	1820498	756370	242204	162708
旅游饭店	781676	339963	84543	41662
一般旅馆	955011	392852	146130	112699
民宿服务	58965	15242	6448	7446
露营地服务	365	36	322	
其他住宿业	24481	8277	4762	900
餐饮业	2726055	978645	352049	418632
正餐服务	2329416	837781	284189	382083
快餐服务	146027	62880	12660	14590
饮料及冷饮服务	76706	36911	4400	3406
餐饮配送及外卖送餐服务	97337	22670	36554	4551
其他餐饮业	76569	18401	14247	14001
信息传输、软件和信息技术服务业	**35460784**	**30231533**	**1692053**	**705551**
电信、广播电视和卫星传输服务	794743	365644	61917	67855
电信	683160	345282	55695	61697

嘉兴市	湖州市	绍兴市	金华市	衢州市	舟山市	台州市	丽水市
1511272	651153	672745	839250	934253	392927	619948	164491
14358	47039	37060	14415	8222	17120	41810	7932
32520	5254	27186	30695	25159	19716	51361	19819
1255998	559428	465593	675198	823468	246979	463110	83295
208396	39432	142906	118942	77404	109112	63667	53444
126176	70517	27359	6811	290	1182613	299533	584
4460		2250	19	290	38694	7518	71
58451	60961	24900	6783		917464	281616	492
63265	9556	210	9		226455	10399	22
2639	226	547	21713	1067	1359	6038	12
79		484	17607		43	128	
2560	190	24	3403			32	12
	35	39	703	1067	1316	5877	
					865		
					865		
277172	98155	211744	517039	43161	173364	178200	4208
828	691		73			3268	
276344	97465	211744	516965	43161	173364	174932	4208
192242	135860	45766	81836	43952	209444	84680	20884
75884	20102	16213	13473	6910	65434	23231	961
42200	73937	5575	17833	316	24302	5078	233
411	7166	604	2495	388	8325	3229	267
3713	140	152	1310	677	84390	66	
48812	29324	17092	32915	33275	21331	49081	18895
21222	5191	6130	13810	2385	5660	3996	527
168851	68239	65050	247813	33579	22196	151709	33802
3		655	156	216			
166821	68239	64395	246577	33119	22196	151709	33802
2027			1080	245			
274672	**252919**	**290851**	**250597**	**60762**	**113104**	**297645**	**95396**
104703	131730	81182	105047	24732	68972	92494	50358
40950	72932	36095	40165	18095	45980	33474	27818
61469	40897	42808	58929	5412	21538	54881	17396
2102	13539	1572	3697	938	908	4106	2965
			8				
182	4361	707	2247	287	546	33	2179
169970	121189	209669	145550	36030	44132	205150	45039
128283	110728	188410	114288	31849	39514	176942	35350
10868	4096	7598	14771	289	874	13386	4015
11448	3638	3606	3347	323	3094	4603	1930
16151	831	5244	4269	2724	286	1972	2084
3219	1896	4811	8876	846	365	8247	1659
521650	**317227**	**659145**	**657062**	**151380**	**181573**	**215740**	**127869**
67878	15042	58920	14661	27302	13789	56503	45231
59733	14440	27872	9729	23889	4818	51932	28073

4-34 续表 8

行业中类	营业收入(万元)	杭州市	宁波市	温州市
广播电视传输服务	103107	20189	6174	5688
卫星传输服务	8477	174	48	470
互联网和相关服务	20948014	20000242	350845	105572
互联网接入及相关服务	71631	46859	7307	2804
互联网信息服务	14564230	14091350	154170	73204
互联网平台	5973138	5655661	123045	15218
互联网安全服务	14076	9333	1034	6
互联网数据服务	141182	116200	16923	788
其他互联网服务	183757	80840	48367	13553
软件和信息技术服务业	13718026	9865647	1279291	532124
软件开发	8669662	6119117	852841	368026
集成电路设计	125280	97089	8814	2327
信息系统集成和物联网技术服务	1018588	686750	83560	53833
运行维护服务	135881	68336	32218	9083
信息处理和存储支持服务	157169	86748	6647	2355
信息技术咨询服务	1344914	727255	214507	75934
数字内容服务	1849729	1804308	9527	10458
其他信息技术服务业	416803	276044	71178	10106
金融业	**4371375**	**1540990**	**1554820**	**165632**
货币金融服务	1029595	380824	118572	81163
中央银行服务				
货币银行服务	105	79		
非货币银行服务	1029491	380745	118572	81163
银行理财服务				
银行监管服务				
资本市场服务	2356447	809017	1369799	46684
证券市场服务				
公开募集证券投资基金				
非公开募集证券投资基金				
期货市场服务				
证券期货监管服务				
资本投资服务	566623	375564	62488	23627
其他资本市场服务	1789824	433453	1307311	23057
保险业	53192	49719	44	1005
人身保险				
财产保险				
再保险				
商业养老金				
保险中介服务				
保险资产管理				
保险监管服务				
其他保险活动	53192	49719	44	1005
其他金融业	932141	301430	66405	36781
金融信托与管理服务	7632	2220	56	612
控股公司服务	320435	71960	3486	131
非金融机构支付服务				
金融信息服务	124573	80097	400	16841
金融资产管理公司	55904	15	35550	5310
其他未列明金融业	423596	147140	26912	13887

嘉兴市	湖州市	绍兴市	金华市	衢州市	舟山市	台州市	丽水市
7960	602	31048	4933	3414	1370	4571	17157
184					7600		
83599	106296	36266	175912	37133	15978	23250	12921
3941	610	1821	4685	1927	72	838	767
37374	8884	26562	113049	21301	12774	14695	10866
29800	92935	1930	42841	6540	514	4224	429
1015	162		986	200	1035	91	213
1860		1885	1354	73	1447	423	229
9608	3705	4067	12997	7091	135	2979	416
370174	195890	563959	466488	86944	151806	135986	69717
224744	122013	401801	308974	36156	120041	62122	53827
9561	2446	1930	974		322	1817	
49489	6164	44628	33202	16725	9911	30786	3540
3553	447	5408	3460	5383	4849	1932	1212
22745	34333	775	1289	72	424	1671	110
34878	22671	94187	100327	19855	14970	31537	8792
18412	241	1449	2630	871	49	1749	35
6792	7576	13780	15633	7882	1239	4372	2201
181292	**276314**	**318459**	**119422**	**29232**	**24038**	**109229**	**51947**
123787	89271	50279	65393	24222	19461	60471	16152
			26				
123787	89271	50279	65368	24222	19461	60471	16152
19387	3052	17615	36628	2349	548	19670	31698
366	2407	12641	35668	2283	548	19377	31655
19021	645	4974	960	66		293	43
1115	95	862	308		25	11	9
1115	95	862	308		25	11	9
37003	183895	249703	17093	2660	4005	29077	4088
234	391	447	3650		5	16	
5791	3067	233747	1243	510		190	311
17449	2058	1743	2667		0	3262	56
			6135			8894	
13529	178380	13765	3398	2151	3999	16714	3721

4-34 续表 9

行业中类	营业收入（万元）	杭州市	宁波市	温州市
房地产业	**10147518**	**3238765**	**1463586**	**1063577**
房地产业	10147518	3238765	1463586	1063577
房地产开发经营	5303116	1084122	903644	603982
物业管理	2604356	1285389	339685	220397
房地产中介服务	1972792	803203	201455	223146
房地产租赁经营				
其他房地产业	267254	66050	18801	16051
租赁和商务服务业	**45097419**	**18666657**	**10928438**	**2776482**
租赁业	2096818	789610	443045	181081
机械设备经营租赁	2013965	746800	434520	175390
文体设备和用品出租	43659	9493	8474	5464
日用品出租	39194	33316	51	227
商务服务业	43000601	17877047	10485393	2595401
组织管理服务	12736347	5841712	2185500	744272
综合管理服务	2884063	1099133	610664	96422
法律服务	269046	120941	55589	20206
咨询与调查	6043397	3145084	775597	495379
广告业	4524608	2157882	878953	388998
人力资源服务	10020697	2503263	4820562	404292
安全保护服务	1215533	407282	176942	124046
会议、展览及相关服务	713457	399598	139159	34603
其他商务服务业	4593452	2202153	842427	287182
科学研究和技术服务业	**13926033**	**6886894**	**1999999**	**1041870**
研究和试验发展	2041909	788486	454444	98574
自然科学研究和试验发展	60216	15952	30740	5323
工程和技术研究和试验发展	1634242	588928	374144	78739
农业科学研究和试验发展	46144	15235	7475	5518
医学研究和试验发展	297788	166958	40733	8890
社会人文科学研究	3519	1414	1352	104
专业技术服务业	8104133	4025715	1078657	671835
气象服务	6173	1519	1485	1392
地震服务	157	5		
海洋服务	15536	5546	4304	1648
测绘地理信息服务	220769	67894	29072	27905
质检技术服务	932519	321702	215781	70458
环境与生态监测检测服务	161172	65936	22897	11156
地质勘查	38221	20639	1074	2596
工程技术与设计服务	4768645	2634563	510972	368529
工业与专业设计及其他专业技术服务	1960940	907912	293072	188151
科技推广和应用服务业	3779991	2072692	466897	271461
技术推广服务	3131093	1764237	380341	184216
知识产权服务	229441	95425	33093	32109
科技中介服务	101737	23069	15915	35907
创业空间服务	27865	14519	7476	2127
其他科技推广服务业	289855	175441	30072	17102

嘉兴市	湖州市	绍兴市	金华市	衢州市	舟山市	台州市	丽水市
1304126	**591566**	**901804**	**529492**	**123037**	**136181**	**562312**	**233073**
1304126	591566	901804	529492	123037	136181	562312	233073
716690	460767	535805	253322	71285	82811	401912	188776
196792	70502	205667	111393	23237	22714	103655	24923
283230	51651	139236	159032	28404	10630	56588	16218
107415	8646	21095	5745	110	20027	158	3156
3027703	**1309392**	**2655241**	**1934048**	**809744**	**982561**	**1685977**	**321176**
59611	55572	135204	160470	27233	101388	126805	16798
57286	54331	132806	146241	27118	99060	123786	16625
1723	1241	1380	10367	115	2328	2904	170
602		1018	3862			115	3
2968091	1253820	2520037	1773578	782511	881172	1559172	304378
1316213	573647	732689	274578	247478	356759	420602	42899
156003	125592	278658	179329	55620	120291	140519	21831
14746	7965	24623	6457	2515	233	10124	5646
153850	127340	535106	351491	187639	53472	187054	31384
155248	101090	212210	259197	42554	33798	251917	42760
862652	115620	422291	288483	159361	115006	268994	60173
100732	49615	76069	85891	30080	42974	90526	31376
27192	8253	19333	46520	699	2428	29898	5774
181455	144698	219060	281631	56565	156210	159537	62534
935217	**433688**	**941622**	**633368**	**262800**	**242563**	**423242**	**124771**
176956	120427	206686	73092	54833	17817	43955	6639
1106	257	1571	4861			393	14
160620	96470	185246	51337	39307	14120	42016	3315
4963	2201	4381	2223	342	1665	75	2065
10266	21339	15069	14630	15184	2031	1471	1217
	160	419	41				28
550065	194722	539704	369218	125997	173674	274308	100237
219		161	192	48		916	242
			152				
23					3705	311	
15944	14461	19420	15815	7294	3752	11820	7392
87042	18744	89262	40276	12841	17158	49806	9448
11943	9182	5949	9864	6456	4915	11678	1198
1422	1948	2620	3246	684	138	619	3235
319227	99997	271842	203422	74450	61376	149347	74921
114246	50389	150450	96251	24225	82630	49811	3802
208196	118539	195232	191057	81970	51073	104979	17894
162467	109571	153000	151639	77503	44981	88045	15093
24690	3009	10432	16702	1165	939	10838	1039
5987	1208	6872	6866	1558	926	3040	388
2677	73	728	67	56		142	
12375	4678	24200	15783	1688	4227	2914	1374

4-34 续表 10

行业中类	营业收入(万元)		
	杭州市	宁波市	温州市
水利、环境和公共设施管理业	**6068565**	**3974541**	**392638**	**187566**
水利管理业	193160	70192	27260	26084
防洪除涝设施管理	79529	59295	5593	7646
水资源管理	32144	3110	5106	554
天然水收集与分配	45718	853	15231	16739
水文服务	2036	477	307	392
其他水利管理业	33732	6457	1024	752
生态保护和环境治理业	471117	195345	51101	32560
生态保护	36489	24151	1998	2985
环境治理业	434628	171195	49103	29574
公共设施管理业	2240087	905906	148476	121657
市政设施管理	701138	254266	41700	8995
环境卫生管理	267463	39053	29100	45398
城乡市容管理	39797	14445	2519	14459
绿化管理	906322	465217	47602	27248
城市公园管理	111833	76508	1048	4843
游览景区管理	213534	56418	26507	20714
土地管理业	3164201	2803098	165800	7267
土地整治服务	2902242	2793677	4945	454
土地调查评估服务	124417	8164	106247	6275
土地登记服务	97			11
土地登记代理服务	2608	1257	30	138
其他土地管理服务	134836		54579	389
居民服务、修理和其他服务业	**3159696**	**1013913**	**566894**	**371394**
居民服务业	1238964	391531	263723	170110
家庭服务	214250	108440	24960	16826
托儿所服务	8256	1692	279	4663
洗染服务	84254	25630	12337	9893
理发及美容服务	172210	59759	14434	30914
洗浴和保健养生服务	189041	39123	18976	39408
摄影扩印服务	96007	33205	10036	14666
婚姻服务	68560	20778	6640	13521
殡葬服务	131827	41637	27640	13712
其他居民服务业	274560	61266	148421	26507
机动车、电子产品和日用产品修理业	1399771	467311	220752	158900
汽车、摩托车等修理与维护	1064685	298185	160535	135921
计算机和办公设备维修	149336	78442	16667	9921
家用电器修理	172000	83783	42110	11811
其他日用产品修理业	13750	6900	1440	1248
其他服务业	520960	155071	82420	42384
清洁服务	398183	102727	69182	40608
宠物服务	14533	4987	3164	1324
其他未列明服务业	108244	47357	10073	451
教育				
教育				
学前教育				
初等教育				

嘉兴市	湖州市	绍兴市	金华市	衢州市	舟山市	台州市	丽水市
241319	**403728**	**336353**	**174432**	**42567**	**64675**	**197254**	**53491**
23030	12805	16608	9118	1728	640	2498	3197
2468		3128	35	260		971	133
649	12335	4005	2274	916	32	726	2435
4195		2858	4498	24	608	144	568
		789	72				
15718	470	5827	2239	529		656	61
29209	11221	60101	28806	4178	5443	45336	7820
131	753	1319	1563	293	132	1794	1370
29078	10468	58782	27243	3885	5310	43541	6449
187345	321462	236290	115579	34344	37598	114800	16630
72375	218681	64106	14394	7121	2632	14673	2195
29233	25647	43774	10001	5445	1484	34109	4220
1113	972	1266	2992	1398	492	26	115
59801	47479	106725	63467	14833	29843	39488	4620
9	9496	7044	11942	10		934	
24814	19188	13374	12782	5537	3147	25571	5481
1736	58240	23354	20930	2317	20994	34620	25845
	880	22110	164	2190	20938	32102	24783
1736	60	946	127	104		759	
	74					12	
			30	23		1131	
	57227	298	20609		56	616	1062
166420	**108960**	**267952**	**251619**	**60604**	**50234**	**266582**	**35123**
55139	40592	78384	99104	10597	10377	104284	15124
7255	5933	12337	17472	2219	1565	13960	3284
556	33	132	20		2	879	
6079	4253	6601	6776	2717	3071	5831	1065
1921	5374	13591	19331	1217	545	24188	936
11424	11130	17967	18609	1724	979	23690	6011
5040	5862	2369	15624	745	212	6096	2152
2417	1049	5315	10625	612	198	7027	378
10148	4195	14065	4626	933	3011	10828	1033
10300	2765	6007	6021	431	794	11784	264
86730	58851	114851	93359	37365	21228	126435	13989
67885	52851	96810	79373	30966	15953	113944	12261
9806	2240	12407	7522	3121	2925	5093	1191
8769	3722	4870	5729	2052	2210	6595	349
270	38	764	735	1225	140	802	189
24551	9517	74717	59156	12641	18629	35863	6010
21887	8457	47310	43722	11889	16947	30799	4654
1043	409	578	2884	102		40	
1620	651	26829	12550	650	1682	5025	1356

4-34 续表 11

行业中类	营业收入（万元）	杭州市	宁波市	温州市
中等教育				
高等教育				
特殊教育				
技能培训、教育辅助及其他教育				
卫生和社会工作	**444041**	**209709**	**38795**	**57377**
卫生	375868	178655	34610	47855
医院	176149	43127	22389	29000
基层医疗卫生服务	167683	125035	8518	12614
专业公共卫生服务	1473			234
其他卫生活动	30563	10493	3703	6006
社会工作	68173	31054	4185	9522
提供住宿社会工作	61093	25831	4185	9340
不提供住宿社会工作	7080	5223		182
文化、体育和娱乐业	**6353134**	**1481219**	**649530**	**456831**
新闻和出版业	275246	196639	17046	4895
新闻业	4210	2273	4	
出版业	271036	194366	17042	4895
广播、电视、电影和录音制作业	3581077	555732	301202	84049
广播	20142	5151	8235	2708
电视	69720	24535	8031	818
影视节目制作	2877299	302798	219682	17379
广播电视集成播控	37462	25548		
电影和广播电视节目发行	143873	50696	2790	15365
电影放映	427009	145188	62131	46755
录音制作	5572	1817	333	1024
文化艺术业	541863	184912	96679	58435
文艺创作与表演	270446	96250	55119	26363
艺术表演场馆	15917	728	5122	2980
图书馆与档案馆	23587	8326	1400	3091
文物及非物质文化遗产保护	7144	1999	169	1248
博物馆	1513	529	25	342
烈士陵园、纪念馆	181		26	90
群众文体活动	46480	12342	16742	3866
其他文化艺术业	176595	64738	18076	20455
体育	243208	72140	35112	34116
体育组织	59884	22637	10530	5170
体育场地设施管理	37869	6984	7866	4661
健身休闲活动	142400	41257	16073	23880
其他体育	3055	1262	644	404
娱乐业	1711740	471796	199491	275336
室内娱乐活动	658794	136006	69199	139155
游乐园	34752	1701	3456	7599
休闲观光活动	95945	40769	1678	14155
彩票活动	4153	0		4084
文化体育娱乐活动与经纪代理服务	911557	293035	123649	107820
其他娱乐业	6539	285	1509	2524

嘉兴市	湖州市	绍兴市	金华市	衢州市	舟山市	台州市	丽水市
24157	**17381**	**20115**	**10761**	**30977**	**10439**	**15428**	**8901**
19788	14573	14549	6606	29642	10409	11407	7774
8642	10121	12872	1941	24548	4327	11407	7774
7824		1678	2077	3855	6082		
				1239			
3321	4452		2588				
4370	2808	5566	4155	1335	30	4021	1127
3820	2808	5508	3184	1304	30	4021	1062
549		59	971	32			65
507087	**495221**	**242973**	**2186315**	**61622**	**28684**	**189814**	**53836**
6852	754	25587	11974	10059	10	103	1326
639	146		993	54		99	
6212	608	25587	10980	10005	10	4	1326
365576	239191	42416	1913689	18774	10408	40136	9904
575	117	2350	901			107	
296	1	3565	31089	1286	19	80	
324902	216239	9623	1769169	7246	857	7516	1889
			11880			34	
5248	128	461	68633		17	442	95
34180	22707	26418	30051	10242	9465	31952	7920
376			1966		50	5	
23562	46617	37068	46314	8980	2085	22609	14603
2571	30905	8793	23993	1747	548	14954	9203
2639		1399			481	937	1630
1195	620	2291	2758	265	385	1773	1484
1714	303	1113	387	43	35	130	3
153	68		307		2	86	
			50			16	
1441	307	5023	3113	909	454	751	1531
13850	14412	18448	15707	6018	179	3963	750
12066	12064	27491	22185	4180	3194	15597	5063
454	2922	7438	4993	1622	1264	2604	252
1391	1783	5905	4984	164	1048	2825	258
10221	7359	13823	11868	2355	853	10157	4554
		326	340	39	29	11	
99031	196596	110410	192152	19629	12988	111369	22940
35861	31082	44010	70919	12717	7563	97819	14464
4824	6357	2532	3033	12	836	489	3913
3799	1710	20702	3626	2047	2020	5274	162
			69				
54548	156737	43086	113980	4853	1965	7548	4336
	710	80	526		603	238	65

4-35　按行业(中类)、登记注册类型

行业中类	资产总计(万元)					
		内资企业	国有企业	集体企业	股份合作企业	联营企业
总　计	**2500420672**	**2380533343**	**16082633**	**10480654**	**3627796**	**671160**
农、林、牧、渔业	**395106**	**394833**	**8316**	**7771**	**1116**	**17**
农业						
谷物种植						
豆类、油料和薯类种植						
棉、麻、糖、烟草种植						
蔬菜、食用菌及园艺作物种植						
水果种植						
坚果、含油果、香料和饮料作物种植						
中药材种植						
草种植及割草						
其他农业						
林业						
林木育种和育苗						
造林和更新						
森林经营、管护和改培						
木材和竹材采运						
林产品采集						
畜牧业						
牲畜饲养						
家禽饲养						
狩猎和捕捉动物						
其他畜牧业						
渔业						
水产养殖						
水产捕捞						
农、林、牧、渔专业及辅助性活动	395106	394833	8316	7771	1116	17
农业专业及辅助性活动	335430	335156	3133	3918	653	17
林业专业及辅助性活动	16523	16523	4224	13		
畜牧专业及辅助性活动	17190	17190	959	113	463	
渔业专业及辅助性活动	25964	25964		3727		
采矿业	**4030772**	**3897488**	**12356**	**9589**	**1542**	
煤炭开采和洗选业	13201	13201				
烟煤和无烟煤开采洗选	242	242				
褐煤开采洗选	10515	10515				
其他煤炭采选	2444	2444				
石油和天然气开采业	988	988				
石油开采	988	988				
天然气开采						
黑色金属矿采选业	39967	39967				
铁矿采选	39967	39967				
锰矿、铬矿采选						
其他黑色金属矿采选						

分组的小微企业资产总计

国有联营企业	集体联营企业	国有与集体联营企业	其他联营企业	有限责任公司	国有独资公司	其他有限责任公司	股份有限公司	私营企业	私营独资企业
296591	**297833**	**41340**	**35396**	**1087252882**	**475778707**	**611474175**	**92594016**	**1169822938**	**24454547**
	17			**234027**	**55349**	**178679**	**3128**	**140458**	**12613**
	17			234027	55349	178679	3128	140458	12613
	17			219619	45580	174039	2229	105588	5174
				5154	4908	246		7132	803
				3790		3790		11864	5029
				5465	4861	604	899	15873	1608
				1639344	**441603**	**1197740**	**70909**	**2163748**	**87639**
				10515		10515		2686	
								242	
				10515		10515			
								2444	
				988		988			
				988		988			
								39967	
								39967	

4-35 续表 1

行业中类	资产总计（万元）	内资企业	国有企业	集体企业	股份合作企业	联营企业
有色金属矿采选业	293723	293723				
常用有色金属矿采选	188408	188408				
贵金属矿采选	3694	3694				
稀有稀土金属矿采选	101620	101620				
非金属矿采选业	3619730	3486446	12356	9589	1542	
土砂石开采	3436575	3303290	30	6885	1542	
化学矿开采	49558	49558				
采盐	2582	2582		2495		
石棉及其他非金属矿采选	131016	131016	12326	210		
开采专业及辅助性活动	1652	1652				
煤炭开采和洗选专业及辅助性活动	461	461				
石油和天然气开采专业及辅助性活动	755	755				
其他开采专业及辅助性活动	436	436				
其他采矿业	61511	61511				
其他采矿业	61511	61511				
制造业	**478991428**	**418570431**	**474076**	**489023**	**2683171**	**14905**
农副食品加工业	9336955	8341186	34404	44834	72783	
谷物磨制	380035	380035	26407		12810	
饲料加工	1756248	1602079			5979	
植物油加工	1681266	1377274			957	
制糖业	18286	18286		550		
屠宰及肉类加工	1250016	1022668	7435	2430	8439	
水产品加工	2315652	2164487	554	2393	38303	
蔬菜、菌类、水果和坚果加工	1474566	1362474		39448	2454	
其他农副食品加工	460887	413883	9	14	3839	
食品制造业	4017581	3141141	14348	2230	24742	
焙烤食品制造	561721	486342	1437	386	32	
糖果、巧克力及蜜饯制造	256809	210411		455	1907	
方便食品制造	460285	313532	151	18	300	
乳制品制造	312501	170434	12760			
罐头食品制造	380999	330653		156	2417	
调味品、发酵制品制造	313338	283967		274	665	
其他食品制造	1731928	1345802		941	19421	
酒、饮料和精制茶制造业	4146480	3030504	119006	21702	8097	4773
酒的制造	1424254	947605	7477	523	3033	4773
饮料制造	1475720	870206	2877	760	49	
精制茶加工	1246507	1212693	108651	20420	5015	
烟草制品业						
烟叶复烤						
卷烟制造						
其他烟草制品制造						
纺织业	42078823	37369601	1071	30358	115197	
棉纺织及印染精加工	14855054	13026811	183	3839	49787	
毛纺织及染整精加工	2077022	1705824		165	7212	

国有联营企业	集体联营企业	国有与集体联营企业	其他联营企业	有限责任公司	国有独资公司	其他有限责任公司	股份有限公司	私营企业	私营独资企业
				71722		71722	43649	178351	2379
				14284		14284	43649	130475	2379
								3694	
				57438		57438		44182	
				1555859	441603	1114255	27259	1879840	85070
				1504887	392841	1112047	26894	1763052	84121
				48763	48763			795	
								87	
				2209		2209	366	115906	949
								1652	
								461	
								755	
								436	
				259		259		61252	190
				259		259		61252	190
4773	**7667**	**385**	**2079**	**63630734**	**2442655**	**61188079**	**27197838**	**324080684**	**19899018**
				2015515	13511	2002003	760475	5413176	222492
				36274		36274	21021	283523	7998
				109348		109348	567328	919424	4052
				1119808		1119808	102021	154487	6197
				1075		1075	9	16652	2460
				323542	8870	314672	31087	649736	22665
				185938	4641	181297	27183	1910115	41543
				158183		158183	6355	1156034	115356
				81346		81346	5470	323205	22221
				685989	24128	661861	172932	2240899	64576
				36529	6624	29906	9712	438246	25271
				41802		41802	2355	163892	3815
				46046	3166	42880	9387	257630	11062
				112837		112837		44837	3
				42914		42914	48499	236667	8374
				94733		94733	45656	142638	5755
				311128	14339	296789	57323	956988	10297
4773				500637	5389	495248	101911	2274377	126492
4773				240175	4393	235781	30059	661565	36472
				143208		143208	46578	676734	7277
				117254	995	116259	25274	936077	82743
				2929709	10526	2919183	651442	33641823	1629644
				1126591	7451	1119140	116213	11730198	639104
				75415		75415	44824	1578208	53712

4-35 续表 2

行业中类	资产总计(万元)					
		内资企业	国有企业	集体企业	股份合作企业	联营企业
麻纺织及染整精加工	178554	162010				
丝绢纺织及印染精加工	2028559	1711373	596	4458	12556	
化纤织造及印染精加工	6847989	6304115		1727	8115	
针织或钩针编织物及其制品制造	8731418	7971331		19989	6021	
家用纺织制成品制造	3448295	3039730	40	180	5609	
产业用纺织制成品制造	3911931	3448406	253		25897	
纺织服装、服饰业	21636576	18218963	60446	16980	56643	668
机织服装制造	8656101	7002617	45150	16516	13349	
针织或钩针编织服装制造	6072270	5150662	10405		20658	
服饰制造	6908205	6065685	4891	464	22636	668
皮革、毛皮、羽毛及其制品和制鞋业	12036683	10771552	2477	1311	71402	14
皮革鞣制加工	1406039	985281		154	4300	
皮革制品制造	3182042	2820533	2477	799	12117	
毛皮鞣制及制品加工	726151	660464			577	
羽毛(绒)加工及制品制造	1084199	818483				
制鞋业	5638252	5486791		358	54407	14
木材加工和木、竹、藤、棕、草制品业	4710310	4354822	507	3626	4158	
木材加工	562987	535810	507	648	920	
人造板制造	980000	844098		1774	136	
木质制品制造	2344682	2226447		128	2677	
竹、藤、棕、草等制品制造	822641	748466		1076	426	
家具制造业	6845595	5925653		210	9653	
木质家具制造	3678894	3225059		210	358	
竹、藤家具制造	171411	113392			38	
金属家具制造	1593750	1376146			7576	
塑料家具制造	225297	202749			1681	
其他家具制造	1176243	1008306				
造纸和纸制品业	12109852	10706469		7682	117417	
纸浆制造	6690	6690		1736		
造纸	5365270	4628421		1781	50964	
纸制品制造	6737891	6071358		4165	66453	
印刷和记录媒介复制业	7554931	7156075	9989	21945	83309	124
印刷	7300878	6905574	8920	21938	79705	124
装订及印刷相关服务	244335	240783	1068	6	3604	
记录媒介复制	9718	9718				
文教、工美、体育和娱乐用品制造业	12085673	10756411	2351	14268	82671	
文教办公用品制造	2038795	1838861		259	3588	
乐器制造	193107	147282		5		
工艺美术及礼仪用品制造	6295725	5727213	2351	12657	69297	
体育用品制造	1515808	1325656		578	2685	
玩具制造	1610725	1359307		770	7035	
游艺器材及娱乐用品制造	431513	358092			66	
石油、煤炭及其他燃料加工业	1430815	1126364			9929	
精炼石油产品制造	1216177	911726			9718	

国有联营企业	集体联营企业	国有与集体联营企业	其他联营企业	有限责任公司	国有独资公司	其他有限责任公司	股份有限公司	私营企业	私营独资企业
				109611		109611		52399	4284
				245351	3075	242276	41344	1407067	112830
				193281		193281	191905	5909086	288533
				502819		502819	97075	7345428	241611
				243946		243946	18333	2771623	93154
				432695		432695	141747	2847814	196416
	668			1361956	186766	1175191	267417	16454853	1298127
				517789	94055	423733	175491	6234323	720143
				432443	10577	421867	52505	4634650	213170
	668			411724	82134	329591	39421	5585880	364814
	14			761805		761805	72434	9862109	742896
				144692		144692	525	835610	11704
				196023		196023	28543	2580575	178704
				33583		33583		626304	41920
				32957		32957	5817	779708	37064
	14			354551		354551	37549	5039913	473505
				383568		383568	134730	3828233	475598
				27767		27767	2092	503877	120538
				90275		90275	9421	742493	50460
				226744		226744	54547	1942351	203192
				38781		38781	68670	639513	101407
				675800		675800	106562	5133426	269587
				418222		418222	73692	2732576	141499
				7304		7304	3242	102809	3338
				107117		107117	27832	1233621	67204
				47533		47533		153535	6680
				95625		95625	1796	910886	50866
				1370435	15	1370421	313800	8897135	800949
								4954	
				805933		805933	225217	3544525	80968
				564502	15	564487	88584	5347655	719981
			124	860319	21700	838619	125623	6054766	763594
			124	850535	21700	828835	124521	5819830	726376
				5171		5171	1102	229832	36705
				4614		4614		5104	513
				764367	4619	759748	382420	9510335	883357
				164995		164995	79618	1590401	141721
				9005		9005	180	138092	7535
				443943	4619	439325	188422	5010544	490717
				52570		52570	76864	1192959	67571
				50969		50969	23998	1276535	168249
				42884		42884	13338	301805	7564
				534694		534694	53423	528318	12000
				456105		456105	52194	393709	9904

4-35 续表 3

行业中类	资产总计（万元）	内资企业	国有企业	集体企业	股份合作企业	联营企业
煤炭加工	89585	89585			211	
核燃料加工	18600	18600				
生物质燃料加工	106452	106452				
化学原料和化学制品制造业	28324280	21750844	1142	12967	76528	29
基础化学原料制造	6658489	4980615		6900	12751	
肥料制造	254342	251509			327	
农药制造	1643077	1471324		474	1042	
涂料、油墨、颜料及类似产品制造	3970463	3020790	771	192	12430	29
合成材料制造	6385956	4824647		150	21545	
专用化学产品制造	6521658	4967115	211	4584	25850	
炸药、火工及焰火产品制造	73538	73538				
日用化学产品制造	2816758	2161305	160	667	2583	
医药制造业	6412434	5370471	5021	36	24601	
化学药品原料药制造	1518813	1267576	4328		2812	
化学药品制剂制造	1220516	996939				
中药饮片加工	568218	510836			301	
中成药生产	605578	585160				
兽用药品制造	373316	277682	693		9924	
生物药品制品制造	1202779	954195			6329	
卫生材料及医药用品制造	613955	513632		7	4653	
药用辅料及包装材料	309260	264452		29	582	
化学纤维制造业	10061859	7468872		1031	6392	
纤维素纤维原料及纤维制造	185355	61986				
合成纤维制造	9645441	7273077		1031	6392	
生物基材料制造	231063	133809				
橡胶和塑料制品业	26940378	24257696	657	24298	317473	758
橡胶制品业	2971428	2735965		4766	40869	
塑料制品业	23968949	21521732	657	19532	276605	758
非金属矿物制品业	27659571	26031581	4558	28868	35912	385
水泥、石灰和石膏制造	4450074	4368605	2204	843	936	
石膏、水泥制品及类似制品制造	12519156	11838975		3743	7578	
砖瓦、石材等建筑材料制造	4087968	3922176		16185	15089	385
玻璃制造	897806	823972			582	
玻璃制品制造	1709382	1381046	369	570	3362	
玻璃纤维和玻璃纤维增强塑料制品制造	730700	597221		347	775	
陶瓷制品制造	864512	756674	1986	92	1608	
耐火材料制品制造	1131892	1105138		6272	4200	
石墨及其他非金属矿物制品制造	1268080	1237775		816	1782	
黑色金属冶炼和压延加工业	7180735	6463920		12893	20437	4
炼铁	5199	5199		833		
炼钢	140544	140544				
钢压延加工	6813845	6097029		12060	17177	
铁合金冶炼	221148	221148			3260	4
有色金属冶炼和压延加工业	7952940	7344676		11776	46570	

国有联营企业	集体联营企业	国有与集体联营企业	其他联营企业	有限责任公司	国有独资公司	其他有限责任公司	股份有限公司	私营企业	私营独资企业
				25654		25654		63721	1365
				18600		18600			
				34335		34335	1229	70887	731
	29			4870858	104270	4766588	4768691	12020629	356624
				1255634	49144	1206490	1392026	2313304	53451
				30625		30625	2825	217733	8758
				264832		264832	844776	360200	673
	29			440205		440205	227867	2339296	98262
				1247143	29373	1217770	877456	2678354	34238
				1430617	25753	1404865	294168	3211686	137116
				46500		46500		27037	720
				155303		155303	1129573	873019	23407
				1675880	31453	1644427	699974	2964959	18098
				341451		341451	76368	842617	5782
				467960		467960	76795	452184	481
				178278	31453	146825	74092	258164	954
				268180		268180	88833	228147	349
				96133		96133	314	170618	1233
				294754		294754	249656	403456	1060
				9195		9195	114018	385759	7434
				19929		19929	19898	224015	806
				1370958	37232	1333726	1024072	5066419	117646
								61986	1261
				1370875	37232	1333643	960290	4934489	112011
				83		83	63782	69943	4374
	758			2572067	20732	2551336	847455	20494988	2011083
				298917		298917	81521	2309892	259200
	758			2273150	20732	2252419	765934	18185096	1751883
		385		7323288	697949	6625340	1475304	17163267	531070
				2526618	221060	2305558	140848	1697156	11569
				3182157	124414	3057742	904513	7740984	127021
		385		789858	352475	437384	77589	3023070	176720
				82845		82845	27824	712720	8116
				104226		104226	129028	1143490	48066
				42520		42520	18209	535371	27322
				210054		210054	12229	530705	31852
				176350		176350	103518	814797	49022
				208660		208660	61546	964972	51381
			4	1055454	3676	1051778	1580883	3794250	118147
								4366	1827
				103695		103695		36849	
				945704	3676	942029	1539675	3582414	115162
			4	6054		6054	41208	170622	1158
				1411119		1411119	419964	5455247	182160

4-35 续表 4

行业中类	资产总计(万元)	内资企业	国有企业	集体企业	股份合作企业	联营企业
常用有色金属冶炼	904758	899503			7546	
贵金属冶炼	158373	158373				
稀有稀土金属冶炼	52562	32866				
有色金属合金制造	1163381	976552		646	11222	
有色金属压延加工	5673866	5277382		11131	27802	
金属制品业	29777958	27366309	1098	99790	299209	1240
结构性金属制品制造	6152386	5756891	356	73076	22133	
金属工具制造	2924146	2695678	439	419	4460	
集装箱及金属包装容器制造	1370521	1047823	60	3563	2336	
金属丝绳及其制品制造	972092	911796		426	5692	
建筑、安全用金属制品制造	6245556	5759563		3426	55568	925
金属表面处理及热处理加工	3348227	3177219	243	6823	95353	
搪瓷制品制造	279234	258178				
金属制日用品制造	2814511	2658045		3265	12655	
铸造及其他金属制品制造	5671286	5101117		8792	101011	315
通用设备制造业	51270357	45319013	17675	41339	466208	2203
锅炉及原动设备制造	2266595	2034837	440	115	6525	785
金属加工机械制造	5179145	4456458		5864	40962	
物料搬运设备制造	4533117	3703868	13032	111	24646	
泵、阀门、压缩机及类似机械制造	12283921	11149162		9015	186626	964
轴承、齿轮和传动部件制造	6608330	5893641		3966	40798	454
烘炉、风机、包装等设备制造	7426835	6445764		615	39812	
文化、办公用机械制造	647424	570431			2839	
通用零部件制造	10589601	9486014	4203	18795	122900	
其他通用设备制造业	1735389	1578839		2859	1101	
专用设备制造业	25621099	22519493	97888	11270	188621	843
采矿、冶金、建筑专用设备制造	1716357	1536666	22315	949	36083	
化工、木材、非金属加工专用设备制造	8165077	7089857	191	741	66600	249
食品、饮料、烟草及饲料生产专用设备制造	640507	589175		874	8173	
印刷、制药、日化及日用品生产专用设备制造	1139680	1054995		840	2960	
纺织、服装和皮革加工专用设备制造	3894284	3495290		4360	21258	40
电子和电工机械专用设备制造	1015023	831910		12	2704	
农、林、牧、渔专用机械制造	1392990	1208321	75124	531	6711	
医疗仪器设备及器械制造	2843023	2466711		1960	27113	555
环保、邮政、社会公共服务及其他专用设备制造	4814158	4246568	258	1003	17018	
汽车制造业	31014844	24597907		9795	164099	
汽车整车制造	2257221	893837				
汽车用发动机制造	606655	582462				
改装汽车制造	229317	181585				
低速汽车制造	51	51				
电车制造	134769	131609				
汽车车身、挂车制造	419533	321849				
汽车零部件及配件制造	27367300	22486513		9795	164099	
铁路、船舶、航空航天和其他运输设备制造业	9393522	8783788	69932	4278	54125	

国有联营企业	集体联营企业	国有与集体联营企业	其他联营企业	有限责任公司	国有独资公司	其他有限责任公司	股份有限公司	私营企业	私营独资企业
				81413		81413	61133	749412	2411
				100474		100474		57899	175
				6303		6303		26563	569
				218254		218254	109221	637209	29139
				1004674		1004674	249611	3984164	149865
	1240			2452026	78628	2373397	455721	24057226	2402237
				437116	66585	370532	157687	5066522	313707
				138922		138922	31552	2519887	265882
				252936		252936	5001	783927	24986
				157764		157764	2718	745196	89839
	925			386054	191	385863	99603	5213987	658224
				351525		351525	17719	2705555	255600
				61302		61302	2064	194812	7402
				126508		126508	14581	2501036	144222
	315			539899	11853	528046	124796	4326305	642375
	2203			5713869	12159	5701710	2382200	36695519	2926045
	785			356323		356323	895784	774866	25518
				313253		313253	139057	3957322	232560
				980532		980532	181338	2504208	99054
	964			1629422	195	1629227	393680	8929455	386889
	454			654014	22	653993	126898	5067511	432373
				859227	11942	847285	492282	5053828	259227
				127708		127708	3841	436043	25143
				517422		517422	132707	8689987	1430411
				275968		275968	16612	1282299	34870
	843			2886485	83390	2803095	1700539	17633847	1058644
				205289		205289	110174	1161855	33408
	249			1073980	18022	1055957	305437	5642659	527522
				10071		10071	20010	550047	25208
				104348		104348	8207	938640	27436
	40			320007		320007	154027	2995599	186223
				177930		177930	161017	490247	22049
				86516		86516	84680	954760	36724
	555			339365		339365	208624	1889094	121517
				568978	65367	503610	648364	3010947	78557
				4574498	422655	4151842	2116089	17733426	841772
				316758		316758		577080	
				328630		328630		253832	225
				62498		62498	11905	107182	
								51	
								131609	43
				116243		116243	3353	202253	6367
				3750368	422655	3327713	2100831	16461420	835136
				2032626	419150	1613475	95291	6527537	171638

4-35 续表 5

行业中类	资产总计（万元）	内资企业	国有企业	集体企业	股份合作企业	联营企业
铁路运输设备制造	837320	832656		1360	3054	
城市轨道交通设备制造	595629	594959				
船舶及相关装置制造	4090233	3782004	69932	2275	23099	
航空、航天器及设备制造	477675	468908				
摩托车制造	1377422	1328960		642	25984	
自行车和残疾人座车制造	840815	648936			538	
助动车制造	641087	633816			1420	
非公路休闲车及零配件制造	419142	392434				
潜水救捞及其他未列明运输设备制造	114199	101116			30	
电气机械和器材制造业	46248315	41243363	10788	33879	222367	3865
电机制造	5216642	4559421		2522	34834	
输配电及控制设备制造	17440692	15865961	3521	17855	75522	238
电线、电缆、光缆及电工器材制造	8286576	7364633		3292	42247	1952
电池制造	2788484	2421839	3484		12282	
家用电力器具制造	6199626	5497775		4519	14873	
非电力家用器具制造	886149	799318		15		
照明器具制造	4721706	4129804	16	1983	34808	
其他电气机械及器材制造	708440	604612	3767	3694	7800	1675
计算机、通信和其他电子设备制造业	19333040	16571328	195	15883	20833	
计算机制造	1143782	825645		566	854	
通信设备制造	2796617	2534350			2209	
广播电视设备制造	422844	371758				
雷达及配套设备制造	214036	29449			12	
非专业视听设备制造	1062041	817826		2271	1416	
智能消费设备制造	729641	669673			20	
电子器件制造	3295437	2604969		6489	504	
电子元件及电子专用材料制造	7045139	6176083	195	5896	15339	
其他电子设备制造	2623503	2541575		660	478	
仪器仪表制造业	7407298	6593940	2371	4404	63506	
通用仪器仪表制造	5528057	4902070	576	1903	51890	
专用仪器仪表制造	1240027	1134665	1795	419	5154	
钟表与计时仪器制造	96059	74735		85	1245	
光学仪器制造	298141	270342			713	
衡器制造	153799	124301		1630	2085	
其他仪器仪表制造业	91214	87827		365	2419	
其他制造业	3412083	3200035	6743	179	13194	
日用杂品制造	2614267	2435371		171	9755	
核辐射加工	944	944				
其他未列明制造业	796873	763721	6743	8	3439	
废弃资源综合利用业	1744368	1695985			65	
金属废料和碎屑加工处理	1068095	1022140				
非金属废料和碎屑加工处理	676273	673846			65	
金属制品、机械和设备修理业	1246072	1092471	11409	11192	7030	
金属制品修理	11794	11794				

国有联营企业	集体联营企业	国有与集体联营企业	其他联营企业	有限责任公司	国有独资公司	其他有限责任公司	股份有限公司	私营企业	私营独资企业
				505741	4471	501270	1600	320901	11775
				571030	402130	168900		23929	833
				557295	12549	544746	43300	3086103	25369
				12995		12995	6553	449360	118
				296626		296626	16396	989312	73475
				12367		12367	5811	630220	25664
				49655		49655	20388	562353	14426
				24123		24123	1243	367068	8386
				2794		2794		98292	11592
	1913		1952	8797331	211410	8585921	2025861	30149273	1090331
				551818		551818	642428	3327820	205900
	238			3570424		3570424	824335	11374067	337003
			1952	2856167		2856167	226433	4234542	133264
				451558	1956	449601	25627	1928888	6009
				630391	209453	420938	152186	4695805	189317
				46376		46376	31093	721834	27551
				633514		633514	91441	3368040	172753
	1675			57082		57082	32318	498276	18535
				1825841	41291	1784550	3669718	11038858	339974
				169489		169489	225946	428788	5092
				135183	29961	105222	484533	1912425	28299
				148196		148196	10225	213338	7455
				28018		28018		1419	
				57484		57484	279255	477399	44608
				112361	7969	104392	69486	487805	645
				445593		445593	392054	1760327	13874
				633702	3362	630340	252060	5268891	230847
				95814		95814	1956157	488465	9153
				1269873	6451	1263421	676710	4577077	179573
				1059626	6451	1053175	589795	3198280	129303
				117741		117741	84227	925329	14287
				15297		15297		58108	9374
				64455		64455	2486	202689	6978
				10770		10770		109815	9592
				1983		1983	203	82856	10040
				209713	5555	204159	50262	2919943	207362
				168462	5555	162907	21427	2235556	178468
								944	111
				41252		41252	28836	683443	28783
				570952		570952	64879	1060089	26103
				402731		402731	60442	558967	10130
				168221		168221	4437	501123	15973
				173102		173102	1056	888680	31199
				2093		2093		9701	1458

4-35 续表 6

行业中类	资产总计(万元)	内资企业	国有企业	集体企业	股份合作企业	联营企业
通用设备修理	44513	44513	199	95		
专用设备修理	70100	63880	534	1638	1139	
铁路、船舶、航空航天等运输设备修理	969748	832627	10676	2697	5475	
电气设备修理	50882	41847		6762	241	
仪器仪表修理	7656	7656				
其他机械和设备修理业	91380	90154			175	
电力、热力、燃气及水生产和供应业	**51696398**	**47120476**	**707126**	**482922**	**74111**	**2573**
电力、热力生产和供应业	32882760	29578310	535350	155218	61734	2573
电力生产	27712068	24479651	167702	119053	61633	2573
电力供应	2797453	2797453	367648	36164	100	
热力生产和供应	2373239	2301206				
燃气生产和供应业	5266957	4363143	4439	27662	971	
燃气生产和供应业	5215827	4332198	4439	27662	971	
生物质燃气生产和供应业	51129	30945				
水的生产和供应业	13546681	13179023	167338	300042	11406	
自来水生产和供应	6540182	6481479	162050	293877	6896	
污水处理及其再生利用	6864316	6555360	5288	67		
海水淡化处理	6024	6024				
其他水的处理、利用与分配	136160	136160		6098	4510	
建筑业	**67982544**	**67265259**	**316475**	**219554**	**24422**	**1088**
房屋建筑业	15182685	14911410	24408	57048	7720	1088
住宅房屋建筑	11902520	11846812	24408	56616	2598	1088
体育场馆建筑	18111	18111				
其他房屋建筑业	3262055	3046487		433	5122	
土木工程建筑业	41275698	40954568	286356	113208	3422	
铁路、道路、隧道和桥梁工程建筑	29128402	28932505	264848	75433	3377	
水利和水运工程建筑	4436021	4354456	10982	9648	44	
海洋工程建筑	467706	467706	8908			
工矿工程建筑	169959	169248		2792		
架线和管道工程建筑	721775	713814		16003		
节能环保工程施工	110498	109526				
电力工程施工	524103	514609				
其他土木工程建筑	5717233	5692704	1618	9333		
建筑安装业	3167322	3122117	2462	10177	3638	
电气安装	1136157	1131063	128	6723	2134	
管道和设备安装	781016	779840	422	3415	1256	
其他建筑安装业	1250148	1211214	1911	39	249	
建筑装饰、装修和其他建筑业	8356839	8277165	3248	39121	9642	
建筑装饰和装修业	4407787	4390596	26	8202	2617	
建筑物拆除和场地准备活动	2650218	2650218	3222	29028	6030	
提供施工设备服务	91627	91556			264	
其他未列明建筑业	1207207	1144794		1890	731	
批发和零售业	**233079392**	**227427972**	**513627**	**445321**	**287433**	**23808**
批发业	202674547	197681004	434705	291795	181806	759

国有联营企业	集体联营企业	国有与集体联营企业	其他联营企业	有限责任公司	国有独资公司	其他有限责任公司	股份有限公司	私营企业	私营独资企业
				6948		6948	465	36804	2244
				7069		7069	16	53484	1847
				134062		134062	330	679387	20568
				18244		18244		16600	2402
				54		54		7601	89
				4631		4631	245	85104	2590
	2357	**32**	**184**	**33015195**	**9236874**	**23778321**	**2865201**	**9973348**	**85362**
	2357	32	184	19892925	3469143	16423782	1042210	7888302	60146
	2357	32	184	16459320	2242556	14216765	907091	6762279	59903
				2180910	1108622	1072289	132134	80496	243
				1252694	117966	1134728	2985	1045527	
				2152267	338800	1813466	1347547	830257	3797
				2152267	338800	1813466	1347547	799312	3613
								30945	184
				10970004	5428930	5541073	475444	1254789	21419
				5456318	3077881	2378437	397212	165126	9962
				5422477	2259842	3162636	78169	1049359	6715
				4217	4217			1807	
				86992	86991	1	63	38497	4741
			1088	**37674923**	**16520197**	**21154726**	**854802**	**28173994**	**46326**
			1088	6399427	2362521	4036906	346980	8074739	3540
			1088	4445663	1753979	2691683	279235	7037205	3428
				2741		2741	2448	12921	
				1951023	608542	1342481	65297	1024613	112
				28433541	13583571	14849970	317197	11800843	15183
				21173300	10477665	10695635	109446	7306100	1541
				2913722	2079098	834623	15496	1404563	454
				377523	53439	324084		81275	
				40721		40721		125735	682
				284378	41130	243248	5607	407826	296
				9333		9333		100193	2
				231411	136038	95373	140097	143101	266
				3403152	796199	2606953	46551	2232050	11941
				454991	12815	442176	103602	2547247	14745
				107228	2432	104796	7510	1007340	6494
				159395	6848	152547	895	614458	3239
				188368	3534	184833	95197	925450	5011
				2386964	561291	1825674	87023	5751166	12858
				272270	5115	267155	83066	4024414	4933
				1544914	554937	989978	2809	1064214	4623
				20832		20832	295	70166	1037
				548948	1239	547709	853	592371	2265
3295	**9521**	**7339**	**3653**	**39524274**	**2912954**	**36611320**	**5425559**	**181207951**	**2271420**
	443	149	166	35007606	2509386	32498220	4920214	156844120	1276937

4-35 续表 7

行业中类	资产总计(万元)	内资企业	国有企业	集体企业	股份合作企业	联营企业
农、林、牧、渔产品批发	2959564	2923054	37798	23727	3545	25
食品、饮料及烟草制品批发	8426467	8072825	94937	3674	28363	20
纺织、服装及家庭用品批发	37799880	36794616	121959	51355	8050	
文化、体育用品及器材批发	5418590	5030492	4609	15873	8796	
医药及医疗器材批发	3159124	2945380	6601	751	3958	
矿产品、建材及化工产品批发	106829037	105218042	108947	140487	96908	203
机械设备、五金产品及电子产品批发	29260455	28193277	44193	16859	24509	511
贸易经纪与代理	3127873	2997803	938	3047	2817	
其他批发业	5693557	5505516	14723	36021	4859	
零售业	30404845	29746968	78921	153526	105627	23049
综合零售	1377187	1138980	5386	41283	8619	461
食品、饮料及烟草制品专门零售	2295665	2287082	17783	26676	5447	170
纺织、服装及日用品专门零售	3581452	3456447	5519	14975	1601	9278
文化、体育用品及器材专门零售	1691796	1669517	8695	3627	1903	
医药及医疗器材专门零售	1190094	1188433	31982	5176	3875	29
汽车、摩托车、零配件和燃料及其他动力销售	7181934	7075904	3567	34821	55910	12848
家用电器及电子产品专门零售	3594518	3589774	164	2190	6737	
五金、家具及室内装饰材料专门零售	3673630	3633886	801	22756	7044	247
货摊、无店铺及其他零售业	5818569	5706944	5025	2022	14490	16
交通运输、仓储和邮政业	**85485141**	**81904078**	**833434**	**91808**	**18869**	**3167**
铁路运输业						
铁路旅客运输						
铁路货物运输						
铁路运输辅助活动						
道路运输业	56287299	55102880	237852	58985	14401	799
城市公共交通运输	16545047	15949088	13400	8384	1164	
公路旅客运输	4337976	4337976	93910	7094		98
道路货物运输	12755159	12459876	17889	16723	11131	431
道路运输辅助活动	22649117	22355941	112654	26784	2106	270
水上运输业	8960785	8529680	87816	17595		
水上旅客运输	173189	173189	27688	7981		
水上货物运输	5737997	5734751	16866	3988		
水上运输辅助活动	3049600	2621740	43263	5625		
航空运输业	918931	901985	65974			
航空客货运输	199380	196899				
通用航空服务	237144	222679				
航空运输辅助活动	482407	482407	65974			
管道运输业	110195	108550				
海底管道运输	1646					
陆地管道运输	108550	108550				
多式联运和运输代理业	4836132	4789862	12626	7120	1434	30
多式联运	420470	420470				
运输代理业	4415662	4369392	12626	7120	1434	30
装卸搬运和仓储业	13248572	11385435	235530	6574	3034	2339

国有联营企业	集体联营企业	国有与集体联营企业	其他联营企业	有限责任公司	国有独资公司	其他有限责任公司	股份有限公司	私营企业	私营独资企业
			25	673339	286924	386415	4350	2180270	132605
		20		1563722	350997	1212725	386689	5995422	90699
				4159069	40976	4118094	551890	31902292	205715
				881610	50257	831353	68829	4050775	67009
				512510		512510	100341	2321219	17299
	74	130		22059128	1735354	20323774	1874944	80937425	489725
	370		141	3521960	27593	3494367	1875274	22709970	183724
				677188	8283	668905	40142	2273670	1057
				959080	9002	950078	17755	4473079	89104
3295	9078	7190	3487	4516668	403568	4113100	505345	24363831	994483
	461			175549	366	175183	25551	882131	38283
170				429899	14043	415856	17406	1789701	125153
	8082	1196		182266		182266	104905	3137903	110316
				344382	189640	154742	85166	1225744	65987
	29			271749	2780	268969	13094	862529	190030
3124	242	5994	3487	1568999	28084	1540916	87244	5312514	136837
				282739	10204	272535	27414	3270529	51652
	247			341841	17625	324216	59700	3201496	205652
	16			919243	140827	778416	84865	4681282	70574
368		**431**	**2369**	**58599945**	**20817429**	**37782516**	**1149094**	**21207760**	**100995**
368		431		43273621	13535854	29737767	431745	11085477	66933
				15605973	6171225	9434749	25399	294768	327
98				3848744	117386	3731359	76697	311433	156
		431		2217883	225532	1992351	224775	9971044	63988
270				21601021	7021711	14579309	104875	508232	2462
				3902739	1113565	2789174	101821	4419709	2596
				100252	17913	82339	2652	34616	60
				1690001	666797	1023204	99167	3924730	2290
				2112486	428855	1683631	3	460363	246
				677889	355542	322348	31217	126905	
				166106	158539	7567		30793	
				117513	6990	110523	31217	73949	
				394271	190013	204258		22162	
				25913		25913		82637	
				25913		25913		82637	
			30	1675024	315972	1359052	206337	2887292	19924
				181098	738	180360		239371	
			30	1493925	315234	1178692	206337	2647921	19924
			2339	8869163	5493450	3375713	365285	1903510	9675

4-35 续表 8

行业中类	资产总计(万元)	内资企业	国有企业	集体企业	股份合作企业	联营企业
装卸搬运	1548693	1495420	2192	2304	847	1781
通用仓储	2473005	1772638	231	2173		557
低温仓储	230477	212579	68		369	
危险品仓储	5611231	5021295				
谷物、棉花等农产品仓储	1691549	1676354	233040		320	
中药材仓储	11712	11712				
其他仓储业	1681905	1195438		2097	1499	
邮政业	1123227	1085686	193635	1535		
邮政基本服务	201014	201014	193635	1535		
快递服务	920306	882766				
其他寄递服务	1907	1907				
住宿和餐饮业	**9378533**	**8919931**	**114259**	**38899**	**16992**	**8055**
住宿业	6365743	6047650	104794	34100	13149	7835
旅游饭店	3867124	3609402	67250	27327	7780	7754
一般旅馆	2090933	2033536	36653	6400	5335	46
民宿服务	341742	338768	891	373		
露营地服务	3169	3169				
其他住宿业	62775	62775			34	35
餐饮业	3012790	2872281	9465	4799	3843	220
正餐服务	2756411	2620700	9465	4725	3069	220
快餐服务	75465	73319		36	761	
饮料及冷饮服务	65497	64109				
餐饮配送及外卖送餐服务	48405	48405				
其他餐饮业	67013	65749		37	13	
信息传输、软件和信息技术服务业	**34568424**	**26985623**	**16804**	**24259**	**28**	**136**
电信、广播电视和卫星传输服务	2074845	2033134	5220	8359		
电信	964433	922722	381	8359		
广播电视传输服务	1092771	1092771	4839			
卫星传输服务	17641	17641				
互联网和相关服务	7964483	3719720	1108	163		
互联网接入及相关服务	65357	65357				
互联网信息服务	4364221	1264547		7		
互联网平台	2815124	1828234				
互联网安全服务	17701	17701				
互联网数据服务	387096	313946				
其他互联网服务	314984	229934	1108	156		
软件和信息技术服务业	24529096	21232770	10476	15738	28	136
软件开发	18003384	15313750	10425	321	28	136
集成电路设计	224245	208844				
信息系统集成和物联网技术服务	1730746	1690140				
运行维护服务	132175	130568		129		
信息处理和存储支持服务	647355	505954				
信息技术咨询服务	2925321	2587070	52	15288		
数字内容服务	215060	211809				
其他信息技术服务业	650810	584634				

国有联营企业	集体联营企业	国有与集体联营企业	其他联营企业	有限责任公司	国有独资公司	其他有限责任公司	股份有限公司	私营企业	私营独资企业
			1781	1152590	478211	674378	3129	332578	6898
			557	997154	206768	790386	9101	763422	936
				152664		152664	3368	56111	887
				4507948	3701256	806692	327805	185542	8
				1373865	1050827	323037	457	68673	
				11712	11712				
				673230	44675	628555	21426	497186	946
				175596	3046	172550	12690	702230	1867
				5698	2776	2922		145	56
				169164		169164	12690	700911	1710
				734	270	464		1173	102
1454	**81**	**6497**	**24**	**1907622**	**94382**	**1813240**	**153276**	**6680829**	**478686**
1454	81	6300		1586782	65900	1520882	87644	4213347	243496
1454		6300		1250661	46020	1204641	55128	2193504	44066
	46			285560	19347	266214	19308	1680234	182678
				40055	202	39853	3818	293631	14686
								3169	
	35			10506	331	10175	9390	42810	2066
		197	24	320840	28482	292358	65632	2467482	235190
		197	24	293623	28463	265159	64866	2244731	210111
				6785		6785	587	65150	6353
				5254	19	5235	46	58809	13064
				1631		1631	14	46760	1185
				13547		13547	119	52032	4477
	136			**5562730**	**394531**	**5168200**	**1898594**	**19483071**	**27883**
				1274063	132725	1141338	370340	375153	744
				286155	74876	211279	355541	272286	740
				976229	57849	918380	14798	96904	5
				11679		11679		5963	
				1212100	35156	1176944	69058	2437290	1663
				4719		4719	1208	59431	
				277726	19232	258494	37910	948903	1131
				617901	15924	601976	18028	1192306	
				4557		4557		13144	
				218302		218302	11840	83805	
				88896		88896	73	139702	532
	136			3076567	226649	2849918	1459197	16670627	25476
	136			1886863	93322	1793540	1297351	12118626	11045
				10645		10645	36596	161603	12
				448587	16927	431660	45653	1195899	526
				39121		39121	10	91308	
				182095	110000	72094	43948	279912	
				403283	6400	396884	24560	2143888	11390
				69167		69167	8212	134431	16
				36807		36807	2867	544959	2486

4-35 续表 9

行业中类	资产总计 (万元)					
		内资企业				
			国有企业	集体企业	股份合作企业	联营企业
金融业	**124660395**	**120071340**	**220239**	**32687**	**387**	**98015**
货币金融服务	11939238	9135533	4309		12	
中央银行服务						
货币银行服务	2905	2905				
非货币银行服务	11936333	9132628	4309		12	
银行理财服务						
银行监管服务						
资本市场服务	77188541	75521044	188951	1269	375	98015
证券市场服务						
公开募集证券投资基金						
非公开募集证券投资基金						
期货市场服务						
证券期货监管服务						
资本投资服务	16052741	15596450	188951		375	43638
其他资本市场服务	61135800	59924594		1269		54377
保险业	116815	116815	417			
人身保险						
财产保险						
再保险						
商业养老金						
保险中介服务						
保险资产管理						
保险监管服务						
其他保险活动	116815	116815	417			
其他金融业	35415800	35297948	26562	31418		
金融信托与管理服务	322427	322427	8557			
控股公司服务	27523599	27504626		13772		
非金融机构支付服务						
金融信息服务	1072334	1072058				
金融资产管理公司	2180359	2180359				
其他未列明金融业	4317081	4218477	18005	17645		
房地产业	**399813881**	**381877054**	**1939187**	**1188291**	**4850**	**294242**
房地产业	399813881	381877054	1939187	1188291	4850	294242
房地产开发经营	368882939	351695359	1146243	154413	4349	25084
物业管理	13725769	13137877	41979	207257	401	
房地产中介服务	5736662	5645217	16108	14301	101	
房地产租赁经营						
其他房地产业	11468511	11398600	734857	812320		269158
租赁和商务服务业	**798384087**	**786815140**	**8162766**	**6798164**	**466411**	**208565**
租赁业	8184165	6581983	4836	14380	712	
机械设备经营租赁	7778457	6215290	4836	14235	712	

国有联营企业	集体联营企业	国有与集体联营企业	其他联营企业	有限责任公司	国有独资公司	其他有限责任公司	股份有限公司	私营企业	私营独资企业
98015				**28006108**	**13034750**	**14971358**	**4172062**	**87541842**	**4694**
				1246370		1246370	2309078	5575763	63
								2905	
				1246370		1246370	2309078	5572858	63
98015				5563246	527670	5035577	38492	69630696	3236
43638				4045675	277285	3768390	28692	11289119	
54377				1517571	250384	1267187	9801	58341577	3236
				15		15	22465	93918	1385
				15		15	22465	93918	1385
				21196476	12507080	8689395	1802027	12241466	10
				10312		10312	88	303471	
				16892084	11395749	5496335	961467	9637303	
				595208		595208	40884	435965	
				1470850	807818	663032	708391	1119	
				2228021	303514	1924507	91197	1863609	10
	269158	**25084**		**169192150**	**38055468**	**131136682**	**5705578**	**203552756**	**55835**
	269158	25084		169192150	38055468	131136682	5705578	203552756	55835
		25084		152106723	31202173	120904549	5159003	193099545	
				7836625	3196573	4640052	180220	4871396	25058
				1407854	46563	1361291	36165	4170688	28842
	269158			7840949	3610159	4230790	330190	1411127	1935
185561	**8264**	**1331**	**13409**	**499569218**	**289947986**	**209621233**	**38185674**	**233423079**	**308055**
				2011240	319341	1691899	1063907	3486908	24654
				1984181	313663	1670518	1042935	3168392	24247

4-35 续表 10

行业中类	资产总计（万元）	内资企业	国有企业	集体企业	股份合作企业	联营企业
文体设备和用品出租	133788	94773				
日用品出租	271920	271920		145		
商务服务业	790199922	780233157	8157930	6783784	465699	208565
组织管理服务	689107998	682650646	7754101	5915297	366195	184608
综合管理服务	24262507	23969350	134545	454848	14397	5749
法律服务	211793	211713	300	1562		
咨询与调查	49739008	47537426	111239	311943	5635	13210
广告业	5804116	5599820	10981	2172	70142	48
人力资源服务	2307401	2293855	19534	26338	5992	3530
安全保护服务	784572	779392	70035	687	357	
会议、展览及相关服务	3096871	3093484	39424	99		
其他商务服务业	14885654	14097471	17771	70837	2980	1419
科学研究和技术服务业	**50697735**	**48577161**	**866994**	**189156**	**28206**	**2859**
研究和试验发展	5993678	5175311	16014	47627	2207	
自然科学研究和试验发展	193547	187351		65	8	
工程和技术研究和试验发展	4167522	3697859	15368	39527	2025	
农业科学研究和试验发展	291457	257885		8035	78	
医学研究和试验发展	1335580	1026646	68		96	
社会人文科学研究	5571	5571	578			
专业技术服务业	29235417	28504160	831988	90076	20913	1781
气象服务	6557	6557	575			
地震服务	100	100				
海洋服务	292246	292246	3641			
测绘地理信息服务	294872	294872	65191	13589	480	
质检技术服务	1333239	1307599	38577	43931	5153	1360
环境与生态监测检测服务	180927	180927	5828			
地质勘查	104105	104105	14251	6112		
工程技术与设计服务	23475323	23039286	691589	24369	13510	422
工业与专业设计及其他专业技术服务	3548049	3278469	12334	2074	1769	
科技推广和应用服务业	15468640	14897690	18992	51453	5087	1077
技术推广服务	12120466	11572174	17447	46238	5087	723
知识产权服务	244283	223482	530	322		
科技中介服务	1066818	1066817	575	52		354
创业空间服务	1465389	1465382	441			
其他科技推广服务业	571684	569835		4841		
水利、环境和公共设施管理业	**135016007**	**134718967**	**1763614**	**317800**	**594**	**123**
水利管理业	13614869	13539102	113402	7651		123
防洪除涝设施管理	3758530	3758530	75	466		123
水资源管理	4170565	4094852	77893	2981		
天然水收集与分配	2334964	2334964	23300	99		
水文服务	1237	1237	773			
其他水利管理业	3349573	3349519	11360	4105		
生态保护和环境治理业	4630244	4585969	84372	6962	132	

国有联营企业	集体联营企业	国有与集体联营企业	其他联营企业	有限责任公司	国有独资公司	其他有限责任公司	股份有限公司	私营企业	私营独资企业
				23119	1921	21199	19906	51747	356
				3940	3757	183	1066	266769	51
185561	8264	1331	13409	497557978	289628644	207929333	37121767	229936170	283402
184230	284	94		454054314	274681475	179372839	33054645	181321486	61336
	4449	1100	199	13352831	6295728	7057103	2399470	7607510	7955
				6806		6806	4	201777	6391
			13210	19123512	4468449	14655064	248412	27723475	105958
		48		1141010	522140	618871	929911	3445556	26139
	3530			356135	57746	298389	23297	1859028	1150
				241769	154842	86927	4789	461755	124
				2549743	279547	2270196	17196	487022	3550
1331		89		6731858	3168719	3563139	444042	6828563	70798
1920		**241**	**698**	**25620057**	**11346132**	**14273925**	**926892**	**20942998**	**50120**
				922395	93580	828815	104466	4082603	9302
				69190		69190	208	117880	3590
				688148	92119	596029	62807	2889984	3252
				19080	1461	17619	19992	210701	1972
				145978		145978	21460	859044	478
								4993	11
1565		216		19275279	9730874	9544405	493293	7790830	28095
				2829		2829		3153	
								100	
				259998		259998	2773	25834	
				114713	7155	107558	2215	98683	152
1144		216		471091	139689	331402	16995	730491	5828
				37506	13039	24467	1971	135622	95
				59140	16410	42731	25	24576	
422				17591139	9263214	8327925	174260	4543996	9526
				738863	291367	447496	295054	2228375	12494
354		25	698	5422383	1521679	3900704	329133	9069565	12723
		25	698	3690098	800143	2889955	300137	7512444	10888
				78429	62234	16196	679	143522	419
354				823509	625962	197548	3000	239327	469
				782471	653	781817	562	681908	28
				47876	32687	15189	24754	492364	919
	123			**116361057**	**69223216**	**47137841**	**959129**	**15316650**	**11006**
	123			12516293	5532751	6983542	586567	315066	107
	123			3676112	2006201	1669910		81754	
				3825387	1499688	2325699	31	188560	45
				1723891	515265	1208626	586416	1258	
				130		130		334	
				3290773	1511597	1779177	119	43162	62
				3417125	809706	2607418	55269	1022109	3451

4-35 续表 11

行业中类	资产总计(万元)	内资企业	国有企业	集体企业	股份合作企业	联营企业
生态保护	293572	293572	84372	6860		
环境治理业	4336672	4292397		102	132	
公共设施管理业	62359897	62182899	1565819	303187		
市政设施管理	48468989	48442691	1556339	281059		
环境卫生管理	1361446	1361443	210	13909		
城乡市容管理	872167	872167				
绿化管理	3217649	3214555	9271	5055		
城市公园管理	395484	395484		858		
游览景区管理	8044162	7896559		2306		
土地管理业	54410998	54410998	20		462	
土地整治服务	41057279	41057279				
土地调查评估服务	3553433	3553433			34	
土地登记服务	603	603				
土地登记代理服务	398296	398296	20		428	
其他土地管理服务	9401386	9401386				
居民服务、修理和其他服务业	**3903795**	**3797503**	**43536**	**118992**	**16162**	**12381**
居民服务业	1539610	1486437	38537	112410	1539	12381
家庭服务	215778	215444	113	700		
托儿所服务	7497	7497				
洗染服务	82967	82967		1010		
理发及美容服务	203950	198715	42			
洗浴和保健养生服务	355067	350927		181	975	
摄影扩印服务	73281	72302	3879	276	506	
婚姻服务	68120	67909	215		26	
殡葬服务	400229	376564	31937	109918	26	12381
其他居民服务业	132719	114111	2350	327	7	
机动车、电子产品和日用产品修理业	1496194	1450219	2934	4555	13868	
汽车、摩托车等修理与维护	1199997	1154678	2901	4157	10540	
计算机和办公设备维修	110994	110903			1381	
家用电器修理	170437	169872	33	398	1908	
其他日用产品修理业	14765	14765			39	
其他服务业	867992	860847	2066	2027	754	
清洁服务	347004	347004	246	1564		
宠物服务	27869	27869		12	6	
其他未列明服务业	493119	485974	1820	451	748	
教育						
教育						
学前教育						
初等教育						
中等教育						
高等教育						
特殊教育						
技能培训、教育辅助及其他教育						

国有联营企业	集体联营企业	国有与集体联营企业	其他联营企业	有限责任公司	国有独资公司	其他有限责任公司	股份有限公司	私营企业	私营独资企业
				155043	91146	63897	66	47230	
				3262081	718560	2543521	55203	974879	3451
				51492692	28189307	23303385	315223	8505978	6828
				41249771	22942742	18307029	193710	5161811	143
				882444	479519	402925	3041	461839	210
				793866	546782	247085		78301	
				1830540	310845	1519695	22758	1346931	2819
				346981	191	346790	681	46964	26
				6389089	3909228	2479861	95032	1410132	3630
				48934948	34691452	14243496	2070	5473497	620
				39614899	26379630	13235269	2070	1440310	620
				893745	1408	892337		2659654	
								603	
				337747	337747			60100	
				8088556	7972666	115890		1312830	
	501		**11880**	**738976**	**333989**	**404987**	**68917**	**2798539**	**234553**
	501		11880	320695	117510	203185	33669	967206	86480
				12708	717	11991	418	201505	1388
				419		419		7079	45
				3635	191	3444	58	78265	8314
				15070		15070	32265	151338	15467
				114213	94205	20008	543	235016	38674
				6968	449	6519	5	60667	3434
				10067		10067	22	57580	894
	501		11880	123167	18159	105009	175	98960	2054
				34447	3789	30659	184	76797	16209
				147630	21961	125669	10389	1270843	141816
				114520	11805	102716	9370	1013189	134787
				10661	6194	4467	501	98360	816
				22368	3962	18406	508	144657	5350
				81		81	10	14636	862
				270651	194518	76133	24859	560490	6256
				54200	9362	44838	2433	288562	3835
				1069	20	1049	1030	25752	842
				215382	185136	30246	21397	246177	1579

4-35 续表 12

行业中类	资产总计（万元）	内资企业	国有企业	集体企业	股份合作企业	联营企业
卫生和社会工作	**1071999**	**1050402**	**2266**	**2232**		**7**
卫生	373572	373572	799			
医院	226721	226721	799			
基层医疗卫生服务	99215	99215				
专业公共卫生服务	3717	3717				
其他卫生活动	43919	43919				
社会工作	698427	676830	1467	2232		7
提供住宿社会工作	670874	651855	389	2223		7
不提供住宿社会工作	27553	24974	1078	10		
文化、体育和娱乐业	**21265033**	**21139685**	**87559**	**24186**	**3501**	**1219**
新闻和出版业	1028173	1028173	15171	1637		
新闻业	3649	3649	1420			
出版业	1024524	1024524	13751	1637		
广播、电视、电影和录音制作业	12404150	12370759	50694	4646	329	1207
广播	54584	54584	257			
电视	119398	119398	3749	43		
影视节目制作	10978574	10963094			329	
广播电视集成播控	98668	98668				
电影和广播电视节目发行	430728	430728	3981			
电影放映	717433	699522	42708	4604		1207
录音制作	4766	4766				
文化艺术业	1667849	1656264	11060	15437	259	12
文艺创作与表演	430956	419460	226	192		
艺术表演场馆	43668	43668	4027	35		
图书馆与档案馆	29715	29715	959	10409	256	
文物及非物质文化遗产保护	194195	194195				12
博物馆	59300	59300	65	4769		
烈士陵园、纪念馆	28798	28798		26		
群众文体活动	463521	463517	5784	6		
其他文化艺术业	417695	417611			3	
体育	2569052	2545687	3193	1070	142	
体育组织	336884	333674				
体育场地设施管理	1811449	1809523	2734	549	25	
健身休闲活动	365556	347325	459	521	117	
其他体育	55164	55164				
娱乐业	3595808	3538802	7441	1395	2771	
室内娱乐活动	719805	713627	358	812	2771	
游乐园	598916	576300	227	354		
休闲观光活动	664322	664122		5		
彩票活动	7753	7753	6544			
文化体育娱乐活动与经纪代理服务	1574692	1546683	312	225		
其他娱乐业	30320	30317				

国有联营企业	集体联营企业	国有与集体联营企业	其他联营企业	有限责任公司	国有独资公司	其他有限责任公司	股份有限公司	私营企业	私营独资企业
	7			**267573**	**15799**	**251774**	**11504**	**766819**	**29450**
				147695		147695	2136	222942	17997
				100107		100107		125815	9759
				30661		30661		68554	8238
								3717	
				16927		16927	2136	24856	
	7			119878	15799	104079	9369	543877	11453
	7			119711	15799	103912	9369	520157	11418
				167		167		23720	35
1207			**12**	**5708948**	**905395**	**4803554**	**2945859**	**12368412**	**750891**
				946393	137075	809318		64971	332
				941		941		1288	
				945452	137075	808377		63683	332
1207				1602857	134942	1467915	2855344	7855681	327031
				16200		16200	1172	36955	345
				41751	6130	35621		73855	10767
				1174440	88632	1085808	2834090	6954234	294366
				89684		89684		8984	
				38168	1297	36870	14489	374090	19969
1207				242528	38883	203646	5593	402883	841
				86		86		4680	743
			12	768475	121662	646814	73927	787093	55247
				101810	26728	75082	5287	311945	40890
				24864	7359	17504	10152	4591	156
				3409		3409	697	13985	234
			12	189029	29011	160018		5154	10
				1682	347	1335	31117	21667	10636
				27672	27672			1100	
				333597		333597	279	123850	338
				86411	30543	55867	26396	304802	2984
				1809317	348957	1460360	4181	727784	7946
				28559	1149	27410	983	304132	168
				1657319	310881	1346438	18	148879	390
				71901	19374	52528	2728	271600	7387
				51538	17553	33985	452	3173	
				581906	162760	419146	12406	2932883	360334
				44637	34	44602	2884	662166	284233
				152870	32256	120614	1154	421695	3102
				189281	127132	62148	1627	473209	4682
				1150	1142	8		60	
				193182	2195	190987	6429	1346535	68317
				786		786	313	29218	1

4-35 续表 13

行业中类	私营合伙企业	私营有限责任公司	私营股份有限公司	其他企业	港、澳、台商投资企业	与港澳台商合资经营企业
总　计	**131699693**	**985142122**	**28526577**	**1264**	**66226408**	**29347717**
农、林、牧、渔业	**624**	**123030**	**4190**		**22**	**20**
农业						
谷物种植						
豆类、油料和薯类种植						
棉、麻、糖、烟草种植						
蔬菜、食用菌及园艺作物种植						
水果种植						
坚果、含油果、香料和饮料作物种植						
中药材种植						
草种植及割草						
其他农业						
林业						
林木育种和育苗						
造林和更新						
森林经营、管护和改培						
木材和竹材采运						
林产品采集						
畜牧业						
牲畜饲养						
家禽饲养						
狩猎和捕捉动物						
其他畜牧业						
渔业						
水产养殖						
水产捕捞						
农、林、牧、渔专业及辅助性活动	624	123030	4190		22	20
农业专业及辅助性活动		96260	4155		22	20
林业专业及辅助性活动		6295	35			
畜牧专业及辅助性活动	583	6252				
渔业专业及辅助性活动	41	14223	1			
采矿业	**24371**	**2041643**	**10095**		**61125**	**61125**
煤炭开采和洗选业		2686				
烟煤和无烟煤开采洗选		242				
褐煤开采洗选						
其他煤炭采选		2444				
石油和天然气开采业						
石油开采						
天然气开采						
黑色金属矿采选业	224	39743				
铁矿采选	224	39743				
锰矿、铬矿采选						
其他黑色金属矿采选						

与港澳台商合作经营企业	港澳台商独资经营企业	港澳台商投资股份有限公司	其他港澳台投资企业	外商投资企业	中外合资经营企业	中外合作经营企业	外资企业	外商投资股份有限公司	其他外商投资
1312496	**31517420**	**2412050**	**1636724**	**53660921**	**22478461**	**521502**	**26826607**	**756658**	**3077693**
			2	**251**			**251**		
			2	251			251		
			2	251			251		
				72159	**13665**		**58494**		

4-35 续表 14

行业中类	私营合伙企业	私营有限责任公司	私营股份有限公司	其他企业	港、澳、台商投资企业	与港澳台商合资经营企业
有色金属矿采选业		175972				
常用有色金属矿采选		128096				
贵金属矿采选		3694				
稀有稀土金属矿采选		44182				
非金属矿采选业	24147	1760528	10095		61125	61125
土砂石开采	23681	1645154	10095		61125	61125
化学矿开采		795				
采盐		87				
石棉及其他非金属矿采选	465	114491				
开采专业及辅助性活动		1652				
煤炭开采和洗选专业及辅助性活动		461				
石油和天然气开采专业及辅助性活动		755				
其他开采专业及辅助性活动		436				
其他采矿业		61062				
其他采矿业		61062				
制造业	**4094993**	**287531375**	**12555299**		**32189478**	**15425522**
农副食品加工业	27448	4864615	298620		414442	122702
谷物磨制	1423	274101				
饲料加工	1491	774251	139631		23406	710
植物油加工	33	127048	21209		209784	
制糖业	15	14176				
屠宰及肉类加工	9101	603607	14362		96791	42862
水产品加工	11853	1802727	53992		56428	51098
蔬菜、菌类、水果和坚果加工	972	1022622	17084		17232	17232
其他农副食品加工	2560	246083	52342		10801	10801
食品制造业	10118	1994616	171588		282375	118112
焙烤食品制造	1032	404886	7056		51331	23007
糖果、巧克力及蜜饯制造	2321	147050	10707		2952	2952
方便食品制造	109	232605	13854		85381	7343
乳制品制造		44834				
罐头食品制造	1442	223607	3246			
调味品、发酵制品制造	22	136654	208		15068	
其他食品制造	5193	804980	136518		127644	84810
酒、饮料和精制茶制造业	13602	2102911	31372		411311	72187
酒的制造	1535	622321	1237		189882	
饮料制造	1208	662651	5598		192348	51744
精制茶加工	10859	817939	24536		29081	20443
烟草制品业						
烟叶复烤						
卷烟制造						
其他烟草制品制造						
纺织业	219986	31404072	388122		2833869	1470270
棉纺织及印染精加工	97398	10864821	128875		1041515	657548
毛纺织及染整精加工	12075	1501376	11046		292550	93801

与港澳台商合作经营企业	港澳台商独资经营企业	港澳台商投资股份有限公司	其他港澳台投资企业	外商投资企业	中外合资经营企业	中外合作经营企业	外资企业	外商投资股份有限公司	其他外商投资
				72159	13665		58494		
				72159	13665		58494		
619099	**14214061**	**1739875**	**190921**	**28231519**	**12760211**	**184727**	**14151157**	**554214**	**581209**
	289371	2369		581328	277595		296354		7378
	22696			130763	59700		71063		
	209784			94209	81445		12763		
	51560	2369		130557	8044		122513		
	5331			94736	55048		32311		7378
				94860	72742		22118		
				36203	615		35588		
	152991	11273		594064	147823	1186	441449	2385	1222
	28324			24047	3124		19701		1222
				43446			43446		
	78038			61373	6437		54936		
				142067			142067		
				50346	17147		33199		
	15068			14303	7303	1186	5815		
	31561	11273		258482	113813		142285	2385	
	339124			704666	307986		331365		65314
	189882			286767	4179		282587		
	140604			413165	301043		46808		65314
	8637			4734	2764		1970		
50708	1266080	38350	8461	1875354	1061667	3460	766939	5977	37311
	373019	10948		786728	456821		299083		30824
	198749			78647	53866		24782		

4-35 续表 15

行业中类						
	私营合伙企业	私营有限责任公司	私营股份有限公司	其他企业	港、澳、台商投资企业	与港澳台商合资经营企业
麻纺织及染整精加工	1858	46256			8909	
丝绢纺织及印染精加工	3628	1276584	14025		184235	145913
化纤织造及印染精加工	47521	5477567	95465		286867	123051
针织或钩针编织物及其制品制造	18503	7015692	69622		571876	263454
家用纺织制成品制造	10676	2636386	31407		273795	96680
产业用纺织制成品制造	28328	2585389	37682		174120	89823
纺织服装、服饰业	89002	14577337	490388		2340592	1150521
机织服装制造	25207	5193568	295405		1137758	568808
针织或钩针编织服装制造	35394	4244766	141320		609956	254687
服饰制造	28401	5139003	53663		592878	327026
皮革、毛皮、羽毛及其制品和制鞋业	148214	8892300	78699		605343	410025
皮革鞣制加工	1898	819767	2241		82654	80798
皮革制品制造	17314	2366279	18279		202721	81364
毛皮鞣制及制品加工	560	581639	2185		50164	
羽毛(绒)加工及制品制造	2241	740403			207195	206457
制鞋业	126200	4384213	55994		62608	41406
木材加工和木、竹、藤、棕、草制品业	44571	3207791	100274		213958	100484
木材加工	4143	378842	354		18510	
人造板制造	8500	652076	31456		108219	48357
木质制品制造	22353	1688992	27814		41804	23650
竹、藤、棕、草等制品制造	9575	487881	40650		45425	28477
家具制造业	35359	4752081	76400		551098	265639
木质家具制造	13372	2551028	26678		283222	183605
竹、藤家具制造	320	92045	7107		7084	3299
金属家具制造	6692	1126343	33381		122307	48764
塑料家具制造	436	146222	197		20972	1428
其他家具制造	14539	836444	9037		117513	28543
造纸和纸制品业	155204	7639377	301606		879196	661548
纸浆制造		4954				
造纸	8253	3280000	175305		464454	358553
纸制品制造	146951	4354423	126301		414742	302995
印刷和记录媒介复制业	125127	5116162	49882		201206	129550
印刷	119976	4926057	47421		201206	129550
装订及印刷相关服务	5113	185552	2462			
记录媒介复制	38	4553				
文教、工美、体育和娱乐用品制造业	137787	8270308	218883		742311	355629
文教办公用品制造	23028	1401049	24603		83519	48645
乐器制造	1738	125663	3157		19218	4157
工艺美术及礼仪用品制造	101578	4267756	150493		356656	201987
体育用品制造	5095	1109090	11203		60192	13344
玩具制造	6286	1073287	28713		161017	87496
游艺器材及娱乐用品制造	62	293464	714		61710	
石油、煤炭及其他燃料加工业	1401	425041	89876		105833	27074
精炼石油产品制造	1378	292551	89876		105833	27074

与港澳台商合作经营企业	港澳台商独资经营企业	港澳台商投资股份有限公司	其他港澳台投资企业	外商投资企业	中外合资经营企业	中外合作经营企业	外资企业	外商投资股份有限公司	其他外商投资
	8909			7635	7633		3		
5575	32748			132951	68381		61064	3506	
7626	129495	26696		257007	212158	3460	41389		
	308422			188211	125949		62262		
37288	138911	706	210	134770	67700		62171	2372	2527
220	75826		8251	289405	69158		216186	100	3961
24291	1109497	44004	12279	1077021	557704	3664	476197	19570	19886
7387	554797		6766	515727	256232		233783	14428	11283
12045	317237	20473	5513	311653	140051	3392	161952	3195	3063
4859	237463	23530		249642	161422	272	80462	1946	5539
370	189356	3256	2336	659788	246613	4103	402348	6725	
	1856			338104	77070		261034		
	118102	3256		158787	65943		92844		
	50164			15523	6811		8712		
	738			58521	30771		27750		
370	18495		2336	88852	66017	4103	12007	6725	
	94741	18733		141530	93819	6093	39614		2005
	18510			8666			8666		
	50720	9142		27683	14343		13340		
	8562	9592		76431	63322		13108		
	16949			28750	16154	6093	4499		2005
	285459			368844	169769		196285		2790
	99617			170614	68645		101871		98
	3786			50934	50630		305		
	73543			95296	12274		80329		2692
	19544			1576	1576				
	88970			50424	36643		13781		
	217647			524187	394336	21948	107533		369
	105901			272396	246121		26275		
	111747			251791	148215	21948	81258		369
	71657			197650	122851		74799		
	71657			194098	119524		74574		
				3552	3327		225		
8665	362324	12108	3584	586951	324725	16153	218213	16396	11464
8520	25796	422	136	116415	56297		60119		
	15061			26608	10401		16206		
145	145595	5479	3448	211857	129767		58596	16396	7098
	46848			129959	91718	3619	34622		
	73521			90401	28905	12534	44597		4366
	55503	6207		11711	7638		4073		
	78760			198618	1057		143047	6752	47762
	78760			198618	1057		143047	6752	47762

4-35 续表 16

行业中类	私营合伙企业	私营有限责任公司	私营股份有限公司	其他企业	港、澳、台商投资企业	与港澳台商合资经营企业
煤炭加工	23	62333				
核燃料加工						
生物质燃料加工		70157				
化学原料和化学制品制造业	80592	10579023	1004390		2914290	1388657
基础化学原料制造	12833	2024925	222096		811927	210891
肥料制造	661	208314			250	250
农药制造		310290	49237		94294	30373
涂料、油墨、颜料及类似产品制造	18535	2095629	126869		622894	209822
合成材料制造	11037	2368677	264403		668759	569134
专用化学产品制造	31854	2751099	291617		664098	327078
炸药、火工及焰火产品制造		26318				
日用化学产品制造	5672	793772	50168		52069	41110
医药制造业	7261	2603658	335942		289586	206930
化学药品原料药制造	1703	677716	157415		107829	107829
化学药品制剂制造		437049	14654		19009	
中药饮片加工		244823	12387		3123	3123
中成药生产		165498	62300			
兽用药品制造		146577	22808		1443	1443
生物药品制品制造	16	361926	40454		74788	50859
卫生材料及医药用品制造	394	368618	9314		60729	21011
药用辅料及包装材料	5148	201452	16609		22666	22666
化学纤维制造业	24106	4886585	38082		1980972	1368514
纤维素纤维原料及纤维制造	1344	59381				
合成纤维制造	22761	4761635	38082		1883717	1368514
生物基材料制造		65569			97254	
橡胶和塑料制品业	484664	17413701	585541		1519744	815125
橡胶制品业	75854	1880601	94237		69424	31375
塑料制品业	408810	15533100	491304		1450321	783750
非金属矿物制品业	104895	15886768	640534		910043	352099
水泥、石灰和石膏制造	2508	1641218	41861		944	944
石膏、水泥制品及类似制品制造	22187	7292053	299722		480037	180721
砖瓦、石材等建筑材料制造	47310	2718841	80200		74397	9468
玻璃制造	1762	701534	1308		69430	60718
玻璃制品制造	9159	1065021	21244		138826	34379
玻璃纤维和玻璃纤维增强塑料制品制造	9345	460103	38600		50190	18962
陶瓷制品制造	2394	469110	27349		80315	43525
耐火材料制品制造	3700	639303	122772		12141	
石墨及其他非金属矿物制品制造	6528	899585	7478		3762	3382
黑色金属冶炼和压延加工业	44491	3535108	96503		460035	321293
炼铁	838	1701				
炼钢		36849				
钢压延加工	43230	3327518	96503		460035	321293
铁合金冶炼	423	169041				
有色金属冶炼和压延加工业	61981	5061363	149743		331975	163901

与港澳台商合作经营企业	港澳台商独资经营企业	港澳台商投资股份有限公司	其他港澳台投资企业	外商投资企业	中外合资经营企业	中外合作经营企业	外资企业	外商投资股份有限公司	其他外商投资
386738	910683	196816	31395	3659146	1570545	4354	1869134	192661	22453
339931	127619	133486		865947	483517		370889	11540	
				2583	1819		765		
	591	63330		77459	57756		19703		
46344	366728			326779	251352		72836	2591	
463	99162			892550	194859		694225	49	3417
	305625		31395	890444	399946		300767	178481	11251
	10959			603384	181297	4354	409948		7785
	82656			752377	346707		354891	50780	
				143408	32164		60465	50780	
	19009			204569	81539		123030		
				54259	29876		24383		
				20419	11261		9157		
				94191	75919		18272		
	23929			173796	100694		73102		
	39719			39594	5987		33606		
				22143	9267		12876		
6857	605600			612015	286151		221407		104457
				123369	123369				
6857	508346			488647	162783		221407		104457
	97254								
12798	687020	263	4538	1162937	678643	7107	465472	3516	8199
	38049			166040	57686		108355		
12798	648971	263	4538	996897	620957	7107	357118	3516	8199
	545802	12141		717948	325304	8690	353873	30081	
				80525			80525		
	299316			200145	120989		79156		
	64930			91395	50857		37650	2887	
	8712			4404	3769		635		
	104447			189510	65927	1873	121710		
	31228			83290	48803		7293	27194	
	36790			27524	15441		12083		
		12141		14613	7780	6817	16		
	380			26543	11737		14806		
	138741			256781	118368		138413		
	138741			256781	118368		138413		
	139440		28633	276289	84740	27235	164315		

4-35 续表 17

行业中类	私营合伙企业	私营有限责任公司	私营股份有限公司	其他企业	港、澳、台商投资企业	与港澳台商合资经营企业
常用有色金属冶炼	62	746938			5255	
贵金属冶炼		57723				
稀有稀土金属冶炼		25994			19696	19696
有色金属合金制造	7675	578028	22368		46022	19807
有色金属压延加工	54244	3652680	127375		261002	124399
金属制品业	495093	20777551	382345		1404251	674934
结构性金属制品制造	58162	4610533	84120		240134	150201
金属工具制造	38229	2186794	28982		130038	70765
集装箱及金属包装容器制造	4539	733353	21050		282681	120481
金属丝绳及其制品制造	10941	628700	15716		52920	13782
建筑、安全用金属制品制造	161352	4323300	71112		292065	129130
金属表面处理及热处理加工	114582	2272798	62574		78071	47893
搪瓷制品制造	1178	181055	5177		10022	10022
金属制日用品制造	13048	2305609	38158		73069	33591
铸造及其他金属制品制造	93064	3535410	55457		245251	99068
通用设备制造业	618970	31747771	1402733		2808271	1120421
锅炉及原动设备制造	8052	736645	4651		129468	71662
金属加工机械制造	47854	3304195	372712		306778	53258
物料搬运设备制造	17509	2347415	40230		614040	207271
泵、阀门、压缩机及类似机械制造	129199	7896635	516731		460033	186602
轴承、齿轮和传动部件制造	121013	4410648	103477		246574	155104
烘炉、风机、包装等设备制造	29053	4578582	186966		581879	155882
文化、办公用机械制造	423	404550	5928		24944	21702
通用零部件制造	260345	6834492	164739		420793	263111
其他通用设备制造业	5521	1234608	7300		23761	5830
专用设备制造业	245002	15606634	723567		1542649	556316
采矿、冶金、建筑专用设备制造	7076	1076597	44775		104502	63081
化工、木材、非金属加工专用设备制造	131963	4942262	40913		529949	142655
食品、饮料、烟草及饲料生产专用设备制造	1705	507494	15639		27531	6557
印刷、制药、日化及日用品生产专用设备制造	7770	830857	72578		73066	58282
纺织、服装和皮革加工专用设备制造	60399	2542246	206731		250495	54676
电子和电工机械专用设备制造	1679	450640	15879		92312	6916
农、林、牧、渔专用机械制造	9816	843710	64510		48372	908
医疗仪器设备及器械制造	13876	1691042	62659		139978	71978
环保、邮政、社会公共服务及其他专用设备制造	10721	2721786	199882		276445	151261
汽车制造业	241591	15705341	944722		3889058	1218804
汽车整车制造		565025	12055		830114	670704
汽车用发动机制造		253607			19975	19975
改装汽车制造		107182				
低速汽车制造	51					
电车制造		131566				
汽车车身、挂车制造	1692	194194			53124	14824
汽车零部件及配件制造	239849	14453768	932667		2985845	513301
铁路、船舶、航空航天和其他运输设备制造业	65529	4886513	1403857		174165	106824

与港澳台商合作经营企业	港澳台商独资经营企业	港澳台商投资股份有限公司	其他港澳台投资企业	外商投资企业	中外合资经营企业	中外合作经营企业	外资企业	外商投资股份有限公司	其他外商投资
	5255								
	18709		7507	140807	11152	27235	102421		
	115476		21127	135482	73588		61894		
10929	707314	6111	4963	1007399	312230	22764	615528	36973	19903
	87383	2549		155361	79136		69408		6817
	58516	757		98430	41596		53432	251	3151
8146	154054			40016	6209		33808		
	36395	2742		7377	1867		5510		
2566	157711	62	2597	193928	50553	7538	110645	21134	4057
218	28840		1120	92937	12035	10273	53522	15116	1990
				11034	7147				3887
	39477			83397	55255	4953	23189		
	144937		1246	324918	58432		266014	472	
12776	1649035	9824	16214	3143073	1134218	4209	1924771	10130	69745
10272	47535			102289	31188		71101		
	252836	684		415909	43839		370862	1208	
	398074	6206	2489	215208	80677	2776	123201		8554
	268287	1992	3152	674726	315078		357465		2183
	91470			468116	199647	46	261422	7000	
	425055	943		399192	144249	1387	253556		
	3243			52049	22167		29882		
2504	144605		10574	682794	242832		426726	1922	11314
	17932			132789	54541		30556		47693
69377	778386	99189	39382	1558956	501085	6511	1015139	30651	5571
	41421			75189	17726	2648	54815		
248	361877	109	25061	545271	143672		389381	12218	
12633	8340			23802	14498		9304		
	463		14321	11618	2565		9053		
	96739	99080		148500	24719		121373		2408
45196	40200			90800	60281		26905	3614	
10860	36604			136297	16088		105388	14820	
440	67559			236334	134131		101538		666
	125183			291146	87405	3862	197381		2497
	1453507	1197456	19291	2527880	1074472	43494	1367514	28959	13440
	130464	28947		533269	394413		134888	3968	
				4218	1546		2672		
				47732	32195		15537		
				3160			3160		
	38299			44560	6788		37772		
	1284744	1168509	19291	1894942	639531	43494	1173485	24991	13440
	62007	2022	3312	435569	125552		241919	64228	3871

4-35 续表 18

行业中类	私营合伙企业	私营有限责任公司	私营股份有限公司	其他企业	港、澳、台商投资企业	与港澳台商合资经营企业
铁路运输设备制造	74	264019	45033		4664	4664
城市轨道交通设备制造		23096				
船舶及相关装置制造	6410	1784494	1269830		25752	5251
航空、航天器及设备制造	3397	445845			7759	7759
摩托车制造	50613	850647	14577		5467	
自行车和残疾人座车制造	2298	596426	5832		110746	69548
助动车制造	2576	493490	51860			
非公路休闲车及零配件制造	161	341796	16725		19602	19602
潜水救捞及其他未列明运输设备制造		86699			174	
电气机械和器材制造业	223530	27455215	1380196		2464354	1362178
电机制造	35700	2960928	125292		403283	283279
输配电及控制设备制造	77374	10370093	589598		876071	562104
电线、电缆、光缆及电工器材制造	18423	3892936	189920		266772	110048
电池制造	680	1629690	292509		83438	79131
家用电力器具制造	52928	4397657	55903		466798	200503
非电力家用器具制造	1146	680547	12590		35043	3486
照明器具制造	31171	3052431	111685		312548	105962
其他电气机械及器材制造	6108	470934	2700		20401	17665
计算机、通信和其他电子设备制造业	59056	9814117	825711		1425838	715077
计算机制造	529	368971	54197		209103	15764
通信设备制造	3452	1788547	92127		74433	56911
广播电视设备制造	120	196614	9149		2249	743
雷达及配套设备制造	74	1345			184587	184587
非专业视听设备制造	3492	429299			134171	62918
智能消费设备制造	385	445435	41340		21293	3466
电子器件制造	2600	1679908	63945		252861	135263
电子元件及电子专用材料制造	47950	4441929	548164		483294	253106
其他电子设备制造	453	462069	16790		63846	2321
仪器仪表制造业	27366	4085755	284382		331124	136470
通用仪器仪表制造	19069	2857007	192901		250558	74947
专用仪器仪表制造	1135	824457	85449		36313	28863
钟表与计时仪器制造	862	47871			18882	14534
光学仪器制造	5148	190530	32		18606	18126
衡器制造	109	94115	6000		3987	
其他仪器仪表制造业	1042	71774			2778	
其他制造业	286842	2382625	43115		131643	16292
日用杂品制造	279604	1746668	30816		120652	14712
核辐射加工		833				
其他未列明制造业	7238	635124	12298		10990	1579
废弃资源综合利用业	2275	1015515	16197		20178	17309
金属废料和碎屑加工处理	58	542722	6057		20178	17309
非金属废料和碎屑加工处理	2217	472793	10140			
金属制品、机械和设备修理业	13931	841519	2030		9770	635
金属制品修理		8243				

与港澳台商合作经营企业	港澳台商独资经营企业	港澳台商投资股份有限公司	其他港澳台投资企业	外商投资企业	中外合资经营企业	中外合作经营企业	外资企业	外商投资股份有限公司	其他外商投资
				670	670				
	20501			282477	32968		181411	64228	3871
				1008			1008		
	1860	2022	1585	42995	22206		20789		
	39471		1727	81133	61466		19668		
				7271	5195		2076		
				7106	1124		5982		
	174			12908	1923		10986		
4340	1071015	10288	16533	2540598	1487917	3760	938543	6240	104139
	117581	2423		253937	100638		153299		
755	304988		8224	698660	373582		317486	1622	5970
	154291	2433		655171	518763	2766	129870	3773	
	4307			283207	206466		55211		21530
1525	256468		8302	235052	109485		125567		
	31557			51788	37383		14406		
2060	201754	2765	7	279355	127623	995	73458	640	76640
	68	2667		83427	13978		69245	204	
10598	624491	75672		1335874	580209		709410	37538	8717
	136527	56812		109033	39421		69612		
	17522			187834	47956		139878		
		1506		48837	19541		29296		
	71253			110043	74995		34315		733
	14650	3178		38675	707		33722		4247
	103851	13747		437607	265578		168292		3738
10598	219162	428		385762	122042		226183	37538	
	61525			18082	9970		8112		
20651	174002			482234	243973		214310	1701	22249
20008	155602			375429	205602		165490	1701	2636
643	6807			69049	26463		42586		
	4348			2442	1924		517		
	480			9193	9193				
	3987			25511	584		5314		19614
	2778			610	207		403		
	115351			80406	24345		50145	2952	2964
	105940			58243	23700		31144	2952	448
	9411			22162	646		19001		2516
	2870			28205	17201		11004		
	2870			25777	15933		9844		
				2428	1268		1160		
	9135			143832	142606		1225		

4-35 续表 19

行业中类	私营合伙企业	私营有限责任公司	私营股份有限公司	其他企业	港、澳、台商投资企业	与港澳台商合资经营企业
通用设备修理	168	34242	150			
专用设备修理	28	51605	3			
铁路、船舶、航空航天等运输设备修理	13085	644229	1505		735	635
电气设备修理	16	13999	182		9035	
仪器仪表修理		7512				
其他机械和设备修理业	635	81689	190		0	
电力、热力、燃气及水生产和供应业	**236163**	**8916644**	**735179**		**2482889**	**2001777**
电力、热力生产和供应业	220824	6928194	679138		2019790	1683700
电力生产	220425	6428885	53066		1959612	1625755
电力供应	400	63404	16449			
热力生产和供应		435905	609623		60179	57945
燃气生产和供应业	195	826266			366426	243458
燃气生产和供应业	190	795510			346242	243458
生物质燃气生产和供应业	5	30756			20185	
水的生产和供应业	15144	1162185	56041		96672	74620
自来水生产和供应	6711	125539	22914		20857	20857
污水处理及其再生利用	3220	1007041	32383		75815	53763
海水淡化处理		1807				
其他水的处理、利用与分配	5213	27798	745			
建筑业	**9021**	**27336748**	**781901**		**516154**	**244115**
房屋建筑业	237	7981091	89870		173253	52667
住宅房屋建筑	237	6951268	82272		55708	52283
体育场馆建筑		12921				
其他房屋建筑业		1016902	7598		117545	384
土木工程建筑业	2853	11181292	601515		260082	122899
铁路、道路、隧道和桥梁工程建筑	1270	6778825	524464		167872	36795
水利和水运工程建筑	52	1388309	15748		81565	81565
海洋工程建筑		81275				
工矿工程建筑		125044	8		711	
架线和管道工程建筑	10	402464	5056		5392	4454
节能环保工程施工		96162	4029		86	86
电力工程施工	407	141822	607		2301	
其他土木工程建筑	1113	2167393	51603		2155	
建筑安装业	1589	2499611	31302		15779	4953
电气安装	1117	979328	20400		1246	
管道和设备安装	420	609013	1786		768	
其他建筑安装业	52	911270	9117		13765	4953
建筑装饰、装修和其他建筑业	4342	5674753	59213		67041	63595
建筑装饰和装修业	3127	3992006	24347		4557	1182
建筑物拆除和场地准备活动	905	1027487	31200			
提供施工设备服务		69129			70	
其他未列明建筑业	309	586131	3666		62414	62414
批发和零售业	**297468**	**176895107**	**1743956**		**2851319**	**844795**
批发业	171868	153909144	1486171		2586074	773687

与港澳台商合作经营企业	港澳台商独资经营企业	港澳台商投资股份有限公司	其他港澳台投资企业	外商投资企业	中外合资经营企业	中外合作经营企业	外资企业	外商投资股份有限公司	其他外商投资
				6220	6220				
	100			136386	136386				
	9035								
	0			1225			1225		
75945	**405167**			**2093033**	**870667**	**118759**	**988998**	**42319**	**72289**
75945	260145			1284659	453388	98620	660363		72289
75945	257911			1272805	441533	98620	660363		72289
	2234			11854	11854				
	122969			537387	311355		197827	28205	
	102784			537387	311355		197827	28205	
	20185								
	22053			270986	105924	20140	130808	14115	
				37846		20140	17707		
	22053			233140	105924		113101	14115	
	272039			**201131**	**32247**		**168884**		
	120586			98022			98022		
	3424								
	117161			98022			98022		
	137183			61048	31103		29945		
	131078			28024	2681		25344		
	711								
	939			2569	2569				
				886	886				
	2301			7193	2592		4602		
	2155			22375	22375				
	10825			29427	409		29018		
	1246			3849			3849		
	768			409	409				
	8812			25169			25169		
	3445			12634	735		11899		
	3375			12634	735		11899		
	70								
965	**1928691**	**18970**	**57897**	**2800102**	**1057541**	**3289**	**1567392**	**41509**	**130370**
965	1749722	4177	57522	2407469	810178	3289	1432605	39716	121682

4-35 续表 20

行业中类	私营合伙企业	私营有限责任公司	私营股份有限公司	其他企业	港、澳、台商投资企业	与港澳台商合资经营企业
农、林、牧、渔产品批发	6638	1981467	59559		31109	88
食品、饮料及烟草制品批发	18653	5799343	86726		141906	81164
纺织、服装及家庭用品批发	16218	31156371	523988		523297	149556
文化、体育用品及器材批发	5706	3923354	54705		321698	6008
医药及医疗器材批发	203	2272043	31674		78801	62936
矿产品、建材及化工产品批发	73891	79901468	472341		750788	200803
机械设备、五金产品及电子产品批发	34078	22296609	195559		532736	260295
贸易经纪与代理	10450	2257556	4607		109209	4717
其他批发业	6031	4320932	57013		96529	8120
零售业	125600	22985963	257785		265244	71108
综合零售	26774	813171	3903		31353	
食品、饮料及烟草制品专门零售	3522	1628827	32200		645	257
纺织、服装及日用品专门零售	4968	3003209	19409		57226	20243
文化、体育用品及器材专门零售	2027	1142651	15080		14983	5096
医药及医疗器材专门零售	16674	647902	7923		1518	1518
汽车、摩托车、零配件和燃料及其他动力销售	30920	5099848	44909		72316	3631
家用电器及电子产品专门零售	11009	3190706	17163		3653	1861
五金、家具及室内装饰材料专门零售	13701	2932635	49509		29937	22288
货摊、无店铺及其他零售业	16005	4527013	67690		53612	16213
交通运输、仓储和邮政业	**940981**	**19570624**	**595160**		**2440898**	**554773**
铁路运输业						
铁路旅客运输						
铁路货物运输						
铁路运输辅助活动						
道路运输业	835419	10015177	167948		1010245	52015
城市公共交通运输	49	271302	23089		595161	18265
公路旅客运输	1069	306234	3975			
道路货物运输	833429	8933045	140582		270515	20500
道路运输辅助活动	872	504597	302		144570	13251
水上运输业	54	4358554	58506		265579	265579
水上旅客运输		33901	655			
水上货物运输	54	3864577	57810		3197	3197
水上运输辅助活动		460075	41		262382	262382
航空运输业		126245	659		14716	14507
航空客货运输		30772	21		251	42
通用航空服务		73311	638		14465	14465
航空运输辅助活动		22162				
管道运输业		82637				
海底管道运输						
陆地管道运输		82637				
多式联运和运输代理业	98193	2424818	344358		19685	11232
多式联运		3171	236200			
运输代理业	98193	2421647	108157		19685	11232
装卸搬运和仓储业	7310	1866232	20293		1127588	211440

与港澳台商合作经营企业	港澳台商独资经营企业	港澳台商投资股份有限公司	其他港澳台投资企业	外商投资企业	中外合资经营企业	中外合作经营企业	外资企业	外商投资股份有限公司	其他外商投资
10	31011			5401	154		5139		109
17	60461	148	117	211736	32677		175245	756	3058
132	367951	2962	2696	481967	121517	112	313472	7367	39499
	315690			66400	30527	47	32379	94	3353
	15865			134943	64675		13128		57140
376	548790	702	118	860207	402550	259	438637	18438	322
290	217194	365	54592	534442	68498	1810	434777	12847	16510
140	104351			20861	7503		12837	213	308
	88410			91513	82077	1061	6991		1383
	178969	14793	375	392633	247363		134787	1793	8689
	31353			206854	192001		14852		
	30	13	345	7938	1195		6662	3	77
	33610	3373		67778	29811		37113	3	850
	9857		30	7296	138		7136		21
				143	143				
	63475	5210		33714	14565		16812	226	2112
	1792			1091			1066	25	
	1495	6154		9807	55		8890	861	
	37357	42		58013	9455		42256	675	5628
576896	**1307990**		**1239**	**1140166**	**681041**	**12054**	**445184**		**1887**
576896	380112		1222	174174	157169		17005		
576896				799			799		
	248793		1222	24769	9144		15624		
	131319			148607	148025		582		
				165526	41803	12054	111670		
				49			49		
				165477	41803	12054	111620		
	209			2230	2230				
	209			2230	2230				
				1646	1646				
				1646	1646				
	8436		17	26585	13624		12758		203
	8436		17	26585	13624		12758		203
	916148			735548	464569		269295		1684

4-35 续表 21

行业中类	私营合伙企业	私营有限责任公司	私营股份有限公司	其他企业	港、澳、台商投资企业	与港澳台商合资经营企业
装卸搬运	2133	323345	201		36373	10187
通用仓储		758642	3843		392424	65272
低温仓储	106	55056	61		17898	2972
危险品仓储		185534			374510	96344
谷物、棉花等农产品仓储		68673				
中药材仓储						
其他仓储业	5071	474982	16187		306382	36665
邮政业	6	696961	3397		3085	
邮政基本服务		90				
快递服务	6	696687	2509		3085	
其他寄递服务		184	888			
住宿和餐饮业	**118482**	**5995929**	**87732**		**271460**	**197386**
住宿业	79167	3818700	71984		179328	129503
旅游饭店	38600	2078300	32538		147973	121333
一般旅馆	39666	1424782	33109		30958	8170
民宿服务	254	272399	6292		397	
露营地服务		3169				
其他住宿业	648	40051	45			
餐饮业	39315	2177229	15748		92132	67883
正餐服务	36676	1987747	10197		89134	67029
快餐服务	598	58067	130		1807	205
饮料及冷饮服务	1921	41514	2310		918	558
餐饮配送及外卖送餐服务		45198	377			
其他餐饮业	119	44702	2734		273	92
信息传输、软件和信息技术服务业	**170046**	**18425680**	**859462**		**2228114**	**335578**
电信、广播电视和卫星传输服务	148	373757	504			
电信	148	270895	504			
广播电视传输服务		96900				
卫星传输服务		5963				
互联网和相关服务	7025	2413343	15260		116961	3473
互联网接入及相关服务	103	59284	43			
互联网信息服务	2546	937425	7801		4	
互联网平台	521	1189984	1801		39072	
互联网安全服务		13144				
互联网数据服务		82920	885		65990	2064
其他互联网服务	3854	130586	4730		11895	1409
软件和信息技术服务业	162873	15638581	843698		2111153	332105
软件开发	137766	11712188	257627		1893226	250105
集成电路设计		155869	5722		3226	22
信息系统集成和物联网技术服务	304	641024	554045		20978	10173
运行维护服务	0	91308	0		1606	
信息处理和存储支持服务		269327	10585		65038	65038
信息技术咨询服务	10541	2115538	6419		59934	1531
数字内容服务		130396	4019		3211	
其他信息技术服务业	14261	522929	5282		63932	5236

与港澳台商合作经营企业	港澳台商独资经营企业	港澳台商投资股份有限公司	其他港澳台投资企业	外商投资企业	中外合资经营企业	中外合作经营企业	外资企业	外商投资股份有限公司	其他外商投资
	26187			16900	4063		12837		
	327152			307942	99165		208778		
	14926								
	278166			215426	215426				
				15195	15195				
	269717			180085	130720		47680		1684
	3085			34456			34456		
	3085			34456			34456		
5627	**61505**	**6939**	**3**	**187142**	**47508**	**22**	**136285**	**188**	**3140**
5627	44198			138766	33590		103649		1527
	26640			109749	30459		79289		
5627	17161			26440	976		23936		1527
	397			2578	2155		423		
	17307	6939	3	48377	13918	22	32637	188	1613
	15166	6939		46577	13479	22	31416	188	1472
	1603			339			339		
	360			470			364		105
	178		3	991	439		517		35
4650	**1878382**		**9504**	**5354687**	**533041**		**4645453**	**891**	**175302**
				41711			41711		
				41711			41711		
	113488			4127802	31984		4095782		37
	4			3099670	20350		3079284		37
	39072			947818	8944		938875		
	63926			7160	1074		6086		
	10486			73154	1617		71537		
4650	1764894		9504	1185174	501058		507959	891	175265
4650	1630540		7931	796408	351701		270869	794	173044
	3204			12175	8289		3886		
	10806			19628	6583		13045		0
	1606								
				76362	76126		236		
	58401		2	278317	56165		219916	15	2221
	3211			39	39				
	57126		1571	2244	2155		7	83	

4-35 续表 22

行业中类	私营合伙企业	私营有限责任公司	私营股份有限公司	其他企业	港、澳、台商投资企业	与港澳台商合资经营企业
金融业	**58669148**	**26662589**	**2205412**		**2548714**	**1192590**
货币金融服务	101945	4284338	1189417		2009047	1174290
中央银行服务						
货币银行服务	948	1957				
非货币银行服务	100996	4282381	1189417		2009047	1174290
银行理财服务						
银行监管服务						
资本市场服务	57814234	11474788	338438		475966	18299
证券市场服务						
公开募集证券投资基金						
非公开募集证券投资基金						
期货市场服务						
证券期货监管服务						
资本投资服务	7270557	3752130	266433		455248	12272
其他资本市场服务	50543677	7722658	72006		20718	6027
保险业		92533				
人身保险						
财产保险						
再保险						
商业养老金						
保险中介服务						
保险资产管理						
保险监管服务						
其他保险活动		92533				
其他金融业	752969	10810930	677556		63700	
金融信托与管理服务	278455	25015				
控股公司服务	462538	8517404	657361		16162	
非金融机构支付服务						
金融信息服务	6522	429345	98		276	
金融资产管理公司		1119				
其他未列明金融业	5455	1838047	20097		47262	
房地产业	**43534**	**202215289**	**1238099**		**12217939**	**4616472**
房地产业	43534	202215289	1238099		12217939	4616472
房地产开发经营	12048	191903858	1183639		12016525	4579074
物业管理	14799	4802643	28895		110152	31229
房地产中介服务	15809	4100633	25405		73358	6170
房地产租赁经营						
其他房地产业	877	1408155	160		17903	
租赁和商务服务业	**66724948**	**160274496**	**6115579**	**1264**	**6968396**	**3115419**
租赁业	1143	3374783	86328		1267205	491044
机械设备经营租赁	714	3058440	84990		1228190	452029

与港澳台商合作经营企业	港澳台商独资经营企业	港澳台商投资股份有限公司	其他港澳台投资企业	外商投资企业	中外合资经营企业	中外合作经营企业	外资企业	外商投资股份有限公司	其他外商投资
	824290	**140614**	**391220**	**2040341**	**735335**		**857694**		**447311**
	303199	140614	390944	794658	722093		72565		
	303199	140614	390944	794658	722093		72565		
	457667			1191530	10431		733788		447311
	442976			1043					1043
	14691			1190488	10431		733788		446268
	63424		276	54153	2811		51342		
	16162			2811	2811				
			276						
	47262			51342			51342		
16757	**7134357**	**389335**	**61019**	**5718888**	**2775690**	**167297**	**2271463**	**44113**	**460326**
16757	7134357	389335	61019	5718888	2775690	167297	2271463	44113	460326
	7048117	389335		5171054	2740523	167297	1780370	44113	438752
16737	62187			477739	4670		451496		21573
20	6150		61019	18087	1060		17027		
	17903			52007	29437		22570		
7290	**2909910**	**39169**	**896608**	**4600550**	**2249885**	**30093**	**1065666**	**56399**	**1198508**
	550820		225341	334977	76186		258708		83
	550820		225341	334977	76186		258708		83

4-35 续表 23

行业中类	私营合伙企业	私营有限责任公司	私营股份有限公司	其他企业	港、澳、台商投资企业	与港澳台商合资经营企业
文体设备和用品出租	429	50080	882		39015	39015
日用品出租		266263	456			
商务服务业	66723805	156899712	6029251	1264	5701191	2624375
组织管理服务	60387303	118399273	2473575		3433313	2173509
综合管理服务	38269	7438266	123020		116638	10157
法律服务	175357	19639	390	1264		
咨询与调查	5977273	18362106	3278138		1600876	183500
广告业	2863	3391307	25246		377	361
人力资源服务	29128	1798923	29826		12285	5438
安全保护服务	56	454678	6898			
会议、展览及相关服务	3155	478938	1378		965	51
其他商务服务业	110401	6556583	90780		536737	251358
科学研究和技术服务业	**206674**	**20268220**	**417984**		**1150848**	**590418**
研究和试验发展	9234	3991927	72140		285904	109814
自然科学研究和试验发展	31	114259			3376	3376
工程和技术研究和试验发展	4476	2851896	30360		233494	65665
农业科学研究和试验发展	2365	205312	1052		39	
医学研究和试验发展	2361	815477	40728		48996	40774
社会人文科学研究		4983				
专业技术服务业	24440	7476544	261751		558562	248553
气象服务		3153				
地震服务		100				
海洋服务		25834				
测绘地理信息服务	647	93234	4650			
质检技术服务	2931	716863	4869		3705	940
环境与生态监测检测服务	21	133424	2082			
地质勘查		24576				
工程技术与设计服务	14713	4289562	230195		359032	183394
工业与专业设计及其他专业技术服务	6128	2189798	19955		195825	64219
科技推广和应用服务业	173000	8799749	84093		306381	232051
技术推广服务	75331	7345855	80371		284460	232051
知识产权服务	8156	134570	375		20695	
科技中介服务	242	238118	498			
创业空间服务	87961	593700	219		7	
其他科技推广服务业	1310	487506	2629		1219	
水利、环境和公共设施管理业	**9451**	**14839465**	**456727**		**113504**	**101564**
水利管理业	1587	313329	43			
防洪除涝设施管理	1587	80124	43			
水资源管理		188515				
天然水收集与分配		1258				
水文服务		334				
其他水利管理业		43099				
生态保护和环境治理业	232	718210	300217		30754	30754

与港澳台商合作经营企业	港澳台商独资经营企业	港澳台商投资股份有限公司	其他港澳台投资企业	外商投资企业	中外合资经营企业	中外合作经营企业	外资企业	外商投资股份有限公司	其他外商投资
7290	2359090	39169	671267	4265574	2173699	30093	806958	56399	1198425
320	558153	30145	671185	3024039	1463977	28267	387256	16152	1128387
	106481			176519	142797		32164		1558
				80	80				
123	1408156	9025	72	600706	427083	1825	105270	3693	62834
	16			203920	549		203294		77
6847				1261	1168		18	75	
				5180	4159		1		1020
	907		6	2423	191		575		1657
	285376		3	251445	133695		78379	36479	2892
1054	**458568**	**77148**	**23659**	**969727**	**566915**	**5261**	**375726**	**15786**	**6038**
	173749		2342	532462	335827		183394	13241	
				2821	2821				
	165487		2342	236170	193993		42177		
	39			33533	19435		14098		
	8222			259938	119578		127120	13241	
369	244841	64799		172695	102483		66568	639	3004
	2765			21935	8928		12746	261	
369	175269			77005	72493		4467	44	
	66806	64799		73755	21061		49356	334	3004
685	39978	12349	21318	264569	128604	5261	125764	1906	3034
685	39474	11627	623	263832	128259	5261	125372	1906	3034
			20695	106	12		94		
				1	1				
	7								
	497	722		629	331		298		
1090	**7753**		**3097**	**183536**	**140441**		**43040**		**54**
				75767	75713				54
				75713	75713				
				54					54
				13521	12835		686		

4-35 续表 24

行业中类						
	私营合伙企业	私营有限责任公司	私营股份有限公司	其他企业	港、澳、台商投资企业	与港澳台商合资经营企业
生态保护		47230				
环境治理业	232	670979	300217		30754	30754
公共设施管理业	6987	8335719	156444		82750	70810
市政设施管理		5161668				
环境卫生管理		423670	37960		3	
城乡市容管理		78301				
绿化管理	4	1340056	4052		3094	
城市公园管理	433	46505				
游览景区管理	6550	1285520	114433		79653	70810
土地管理业	645	5472208	24			
土地整治服务		1439690				
土地调查评估服务	173	2659481				
土地登记服务	11	592				
土地登记代理服务	5	60072	24			
其他土地管理服务	456	1312374				
居民服务、修理和其他服务业	**47618**	**2485944**	**30425**		**67162**	**29161**
居民服务业	24665	835111	20950		39132	4191
家庭服务	2849	197171	97			
托儿所服务	70	6941	22			
洗染服务	941	62532	6478			
理发及美容服务	2874	128387	4609		4628	
洗浴和保健养生服务	14555	179554	2233		4036	3084
摄影扩印服务	164	56882	187		35	
婚姻服务	630	51120	4936		210	71
殡葬服务	1788	92730	2387		23029	1037
其他居民服务业	794	59792	1		7195	
机动车、电子产品和日用产品修理业	18404	1103384	7239		25061	24970
汽车、摩托车等修理与维护	17280	855116	6005		24970	24970
计算机和办公设备维修	53	96963	528		91	
家用电器修理	666	138234	407			
其他日用产品修理业	405	13070	298			
其他服务业	4548	547449	2236		2969	
清洁服务	308	282508	1911			
宠物服务	2	24908				
其他未列明服务业	4239	240033	326		2969	
教育						
教育						
学前教育						
初等教育						
中等教育						
高等教育						
特殊教育						
技能培训、教育辅助及其他教育						

与港澳台商合作经营企业	港澳台商独资经营企业	港澳台商投资股份有限公司	其他港澳台投资企业	外商投资企业	中外合资经营企业	中外合作经营企业	外资企业	外商投资股份有限公司	其他外商投资
				13521	12835		686		
1090	7753		3097	94248	51894		42354		
				26298	12998		13300		
			3						
			3094						
1090	7753			67950	38896		29054		
	38001			**39131**	**5720**		**33095**	**60**	**256**
	34941			14040	1999		11785		256
				334			334		
	4628			606	417		25		164
	952			104			13		92
	35			945	945				
	140								
	21992			637	637				
	7195			11413			11413		
	91			20914	1292		19563	60	
				20349	726		19563	60	
	91								
				565	565		0		
	2969			4176	2429		1747		
	2969			4176	2429		1747		

4-35 续表 25

行业中类	私营合伙企业	私营有限责任公司	私营股份有限公司	其他企业	港、澳、台商投资企业	与港澳台商合资经营企业
卫生和社会工作	**17915**	**711206**	**8248**		**21598**	**4083**
卫生	17195	185102	2649			
医院	13147	100261	2649			
基层医疗卫生服务	4048	56268				
专业公共卫生服务		3717				
其他卫生活动		24856				
社会工作	721	526104	5599		21598	4083
提供住宿社会工作	693	502447	5599		19019	4083
不提供住宿社会工作	27	23657			2579	
文化、体育和娱乐业	**88257**	**10848134**	**681130**		**96789**	**32919**
新闻和出版业		54061	10578			
新闻业		1288				
出版业		52773	10578			
广播、电视、电影和录音制作业	9239	7173175	346235		30355	28802
广播	55	36465	89			
电视		61995	1094			
影视节目制作	7730	6311325	340813		14547	14547
广播电视集成播控		8984				
电影和广播电视节目发行	10	353471	640			
电影放映	1444	396999	3600		15807	14254
录音制作		3936				
文化艺术业	15767	697119	18960		11163	2083
文艺创作与表演	9438	260787	830		11077	2083
艺术表演场馆	142	4293				
图书馆与档案馆	38	13713				
文物及非物质文化遗产保护	628	4516				
博物馆		11003	28			
烈士陵园、纪念馆		1100				
群众文体活动	32	123439	41		5	
其他文化艺术业	5489	278268	18060		81	
体育	4448	457427	257962		6961	1353
体育组织	1716	44799	257449		67	67
体育场地设施管理	547	147865	76		1926	1027
健身休闲活动	2180	261595	437		4969	259
其他体育	5	3168				
娱乐业	58803	2466351	47395		48310	682
室内娱乐活动	47437	328136	2360			
游乐园	506	407503	10584		22616	
休闲观光活动	442	464556	3529		200	
彩票活动		60				
文化体育娱乐活动与经纪代理服务	10418	1236879	30921		25494	682
其他娱乐业		29217				

与港澳台商合作经营企业	港澳台商独资经营企业	港澳台商投资股份有限公司	其他港澳台投资企业	外商投资企业	中外合资经营企业	中外合作经营企业	外资企业	外商投资股份有限公司	其他外商投资
	17515								
	17515								
	14936								
	2579								
3122	**59193**		**1555**	**28559**	**8552**		**17824**	**1179**	**1003**
			1553	3036	2104				933
				933					933
			1553	2104	2104				
	9078		2	423			363		60
	8994			420			360		60
	5								
	79		2	3			3		
3122	2487			16404	3331		13063		11
				3143			3133		11
	899								
3122	1588			13261	3331		9930		
	47628			8695	3118		4398	1179	
				6178	3030		1971	1177	
	22616								
	200								
	24812			2515	88		2427		
				2				2	

4-36　按行业(中类)、登记注册类型

行业中类	资产总计(万元)	内资企业	国有企业	集体企业	股份合作企业	联营企业
总　计	**1090911604**	**1015399687**	**2425931**	**1442638**	**3443289**	**149478**
农、林、牧、渔业	**54960**	**54957**	**761**	**489**	**509**	**26**
农业						
谷物种植						
豆类、油料和薯类种植						
棉、麻、糖、烟草种植						
蔬菜、食用菌及园艺作物种植						
水果种植						
坚果、含油果、香料和饮料作物种植						
中药材种植						
草种植及割草						
其他农业						
林业						
林木育种和育苗						
造林和更新						
森林经营、管护和改培						
木材和竹材采运						
林产品采集						
畜牧业						
牲畜饲养						
家禽饲养						
狩猎和捕捉动物						
其他畜牧业						
渔业						
水产养殖						
水产捕捞						
农、林、牧、渔专业及辅助性活动	54960	54957	761	489	509	26
农业专业及辅助性活动	34744	34741	669	307	482	26
林业专业及辅助性活动	10026	10026	6	3		
畜牧专业及辅助性活动	3323	3323	86		27	
渔业专业及辅助性活动	6868	6868		180		
采矿业	**1751386**	**1663065**	**2073**	**9328**	**1395**	
煤炭开采和洗选业	2063	2063				
烟煤和无烟煤开采洗选	17	17				
褐煤开采洗选						
其他煤炭采选	2046	2046				
石油和天然气开采业	522	522				
石油开采	522	522				
天然气开采						
黑色金属矿采选业	13418	13418				
铁矿采选	13418	13418				
锰矿、铬矿采选						
其他黑色金属矿采选						

分组的小微企业营业收入

国有联营企业	集体联营企业	国有与集体联营企业	其他联营企业	有限责任公司	国有独资公司	其他有限责任公司	股份有限公司	私营企业	私营独资企业
50567	**23749**	**48135**	**27028**	**192301303**	**18721115**	**173580188**	**22473202**	**793162202**	**31040517**
	26			**4620**	**841**	**3779**	**501**	**48051**	**6731**
	26			4620	841	3779	501	48051	6731
	26			3362	556	2807	219	29676	3709
				210		210		9807	550
				436		436		2773	880
				611	286	325	282	5795	1592
				435579	**100157**	**335423**	**22910**	**1191779**	**73896**
								2063	
								17	
								2046	
				522		522			
				522		522			
								13418	
								13418	

4-36 续表 1

行业中类	资产总计（万元）	内资企业				
			国有企业	集体企业	股份合作企业	联营企业
有色金属矿采选业	89653	89653				
常用有色金属矿采选	63513	63513				
贵金属矿采选	482	482				
稀有稀土金属矿采选	25658	25658				
非金属矿采选业	1641459	1553138	2073	9328	1395	
土砂石开采	1583628	1495308	190	8741	1395	
化学矿开采	10338	10338				
采盐	460	460		437		
石棉及其他非金属矿采选	47033	47033	1883	150		
开采专业及辅助性活动	2745	2745				
煤炭开采和洗选专业及辅助性活动						
石油和天然气开采专业及辅助性活动	1280	1280				
其他开采专业及辅助性活动	1465	1465				
其他采矿业	1526	1526				
其他采矿业	1526	1526				
制造业	**436363252**	**392717933**	**139373**	**238926**	**2822441**	**12777**
农副食品加工业	8569500	7560506	6293	7736	89649	38
谷物磨制	407240	407240	1340		22080	
饲料加工	1665202	1559197			5632	
植物油加工	1544443	1079350			926	
制糖业	27471	27471		50		
屠宰及肉类加工	1328240	1167750	4916	5333	15104	
水产品加工	2084717	1954013		2096	36866	
蔬菜、菌类、水果和坚果加工	1153090	1080054		229	2585	
其他农副食品加工	359097	285431	38	28	6456	38
食品制造业	2815466	2175576	26623	1625	44611	
焙烤食品制造	452053	383619		281	24	
糖果、巧克力及蜜饯制造	237502	205016		437	1991	
方便食品制造	339959	250784	83	10	410	
乳制品制造	213224	130223	26539			
罐头食品制造	229530	200666		133	1290	
调味品、发酵制品制造	165418	143587		196	177	
其他食品制造	1177780	861682		569	40720	
酒、饮料和精制茶制造业	2505773	1723840	6874	5577	1783	917
酒的制造	665879	350919	3670	789	1568	917
饮料制造	1008256	576585	1475	369	75	
精制茶加工	831638	796336	1729	4419	140	
烟草制品业						
烟叶复烤						
卷烟制造						
其他烟草制品制造						
纺织业	39193992	36057104	1536	5566	97320	
棉纺织及印染精加工	11957943	10834863	118	3437	44531	
毛纺织及染整精加工	1896656	1576283		31	8328	

国有联营企业	集体联营企业	国有与集体联营企业	其他联营企业	有限责任公司	国有独资公司	其他有限责任公司	股份有限公司	私营企业	私营独资企业
				14134		14134	14461	61058	2110
				4854		4854	14461	44198	2110
								482	
				9280		9280		16378	
				420265	100157	320108	8450	1111627	71642
				408339	90541	317798	8194	1068449	70129
				9616	9616			722	
								23	
				2310		2310	256	42434	1513
								2745	
								1280	
								1465	
				659		659		867	144
				659		659		867	144
917	**7659**	**673**	**3527**	**56021734**	**1393965**	**54627769**	**12425290**	**321057393**	**23861395**
	38			1873733	10450	1863283	451951	5131105	292185
				34280		34280	14644	334897	14069
				169643		169643	190319	1193603	4324
				834970		834970	133812	109642	2076
				885		885	155	26380	2846
				509734	10366	499368	74461	558201	24055
				148241	84	148157	29076	1737734	43864
				145087		145087	5419	926735	174657
	38			30893		30893	4065	243913	26293
				398988	14207	384781	136939	1566791	63112
				37089	5065	32025	7581	338644	25375
				49375		49375	2338	150875	4945
				49029	3	49026	1566	199686	9975
				78368		78368		25316	19
				41453		41453	45843	111947	5249
				25058		25058	34913	83243	7532
				118615	9140	109475	44698	657080	10018
917				225034	2945	222089	57978	1425677	125105
917				96459	2348	94111	27889	219627	18644
				45302		45302	16457	512907	8090
				83273	598	82676	13632	693143	98370
				2118076	243	2117833	493968	33340639	1894960
				739669	2	739667	85762	9961347	677343
				80283		80283	22542	1465098	68957

4-36 续表 2

行业中类	资产总计（万元）					
		内资企业				
			国有企业	集体企业	股份合作企业	联营企业
麻纺织及染整精加工	100220	88547				
丝绢纺织及印染精加工	1738509	1515647	707	204	4484	
化纤织造及印染精加工	6717108	6412923			6423	
针织或钩针编织物及其制品制造	8814365	8329012		1380	8255	
家用纺织制成品制造	3871450	3563864	356	513	2189	
产业用纺织制成品制造	4097741	3735965	355		23109	
纺织服装、服饰业	21746999	19252023	9267	3673	42576	873
机织服装制造	9545740	8341194	6130	2352	14504	
针织或钩针编织服装制造	6007077	5231136	2028		9361	
服饰制造	6194181	5679694	1109	1322	18711	873
皮革、毛皮、羽毛及其制品和制鞋业	15206034	14462196	2989	2790	103515	23
皮革鞣制加工	957411	862269		439	8760	
皮革制品制造	3800887	3496797	2989	1120	10923	
毛皮鞣制及制品加工	537095	483414			209	
羽毛(绒)加工及制品制造	900925	743176				
制鞋业	9009717	8876540		1230	83624	23
木材加工和木、竹、藤、棕、草制品业	5159366	4929596		4412	7432	
木材加工	829769	801964		1330	287	
人造板制造	1192143	1099439		2301	191	
木质制品制造	2439192	2360939		76	6424	
竹、藤、棕、草等制品制造	698262	667254		705	529	
家具制造业	6320726	5897471		151	15014	
木质家具制造	2960977	2816790		151	1745	
竹、藤家具制造	173214	158067			14	
金属家具制造	1790909	1653140			12091	
塑料家具制造	235315	215434			1164	
其他家具制造	1160312	1054039				
造纸和纸制品业	13466563	12276909		5353	150878	
纸浆制造	9960	9960		1022		
造纸	5750782	5052382		182	83379	
纸制品制造	7705820	7214566		4149	67498	
印刷和记录媒介复制业	6882079	6595640	6605	13941	95434	458
印刷	6665696	6384777	5862	13924	89569	458
装订及印刷相关服务	210298	204778	743	17	5865	
记录媒介复制	6085	6085				
文教、工美、体育和娱乐用品制造业	12153216	11228570	2430	8741	100126	
文教办公用品制造	2049598	1881663		95	1657	
乐器制造	176253	131590				
工艺美术及礼仪用品制造	5952987	5598156	2430	7804	84600	
体育用品制造	1528070	1404361		331	2589	
玩具制造	1863293	1694302		511	11110	
游艺器材及娱乐用品制造	583015	518499			170	
石油、煤炭及其他燃料加工业	2250742	1829851			7615	
精炼石油产品制造	1937727	1516837			7480	

国有联营企业	集体联营企业	国有与集体联营企业	其他联营企业	有限责任公司	国有独资公司	其他有限责任公司	股份有限公司	私营企业	私营独资企业
				27715		27715		60832	4840
				209848	242	209607	34121	1266283	141307
				216269		216269	129275	6060957	356845
				255630		255630	79022	7984724	248751
				195368		195368	32202	3333236	144820
				393295		393295	111043	3208163	252099
	873			863425	68047	795377	147170	18185038	2307882
				418397	45220	373177	86545	7813266	1519720
				219223	2825	216397	17060	4983464	319293
	873			225805	20002	205803	43565	5388309	468869
	23			931296		931296	83985	13337599	1290278
				290034		290034	1775	561261	15588
				222924		222924	32041	3226800	288141
				35334		35334		447871	45180
				23922		23922	3346	715908	37719
	23			359081		359081	46823	8385759	903651
				293438		293438	128199	4496116	669640
				29567		29567	3073	767707	187441
				88173		88173	11903	996871	73581
				139673		139673	97760	2117006	288646
				36024		36024	15463	614531	119971
				571517		571517	81535	5229253	398241
				295568		295568	43184	2476142	167720
				10614		10614	3883	143556	6427
				130545		130545	30566	1479938	148057
				53003		53003		161267	7767
				81787		81787	3902	968351	68270
				1414225	20	1414205	272445	10434008	967860
								8938	
				710966		710966	165019	4092836	98846
				703259	20	703239	107426	6332234	869014
			458	790709	10403	780306	138841	5549652	763809
			458	783754	10403	773351	138170	5353039	720829
				6353		6353	670	191130	42232
				602		602		5483	748
				601635	5623	596012	179677	10335960	1134303
				107360		107360	9608	1762943	157686
				15660		15660	250	115679	7178
				319995	5623	314372	89390	5093936	654426
				64839		64839	51496	1285106	70180
				50972		50972	22438	1609271	235593
				42809		42809	6494	469026	9240
				823217		823217	49342	949677	9448
				743504		743504	47287	718565	7489

4-36 续表 3

行业中类	资产总计(万元)	内资企业	国有企业	集体企业	股份合作企业	联营企业
煤炭加工	179050	179050			135	
核燃料加工						
生物质燃料加工	133965	133965				
化学原料和化学制品制造业	28141417	20784396	1394	13169	72427	150
基础化学原料制造	6635153	4597339		8473	13287	
肥料制造	182667	181880			132	
农药制造	668244	557401		411	653	
涂料、油墨、颜料及类似产品制造	3342778	2615468	212	147	12371	150
合成材料制造	8481108	6568998		246	23890	
专用化学产品制造	6656564	5063200	968	3700	19951	
炸药、火工及焰火产品制造	54993	54993				
日用化学产品制造	2119910	1145116	214	192	2143	
医药制造业	3501770	2998826	3355	69	21652	
化学药品原料药制造	761652	668968	3355		6144	
化学药品制剂制造	480707	434434				
中药饮片加工	442859	404485			498	
中成药生产	351389	339620				
兽用药品制造	249579	174575			8485	
生物药品制品制造	636061	513650			3676	
卫生材料及医药用品制造	373002	302242		50	2645	
药用辅料及包装材料	206521	160854		19	205	
化学纤维制造业	8122936	6941389			6018	
纤维素纤维原料及纤维制造	168463	78933				
合成纤维制造	7806310	6768599			6018	
生物基材料制造	148164	93857				
橡胶和塑料制品业	27056957	24762809	165	17430	339993	11
橡胶制品业	2520909	2333371		3708	45950	
塑料制品业	24536049	22429438	165	13721	294043	11
非金属矿物制品业	25912668	24977832	3588	26927	41431	673
水泥、石灰和石膏制造	4374414	4334312	3103	792	149	
石膏、水泥制品及类似制品制造	13473122	12990177		3648	6036	
砖瓦、石材等建筑材料制造	2752182	2679189		17387	22496	673
玻璃制造	469139	447342			306	
玻璃制品制造	1274677	1141173	37	234	2425	
玻璃纤维和玻璃纤维增强塑料制品制造	595828	512704		378	966	
陶瓷制品制造	833808	769331	448	60	1824	
耐火材料制品制造	1009164	997428		4104	5007	
石墨及其他非金属矿物制品制造	1130334	1106176		324	2221	
黑色金属冶炼和压延加工业	8662431	7766241		5590	54119	45
炼铁	4130	4130		870		
炼钢	42234	42234				
钢压延加工	8280428	7384237		4721	50406	
铁合金冶炼	335640	335640			3713	45
有色金属冶炼和压延加工业	14849441	13635585		4806	79594	

国有联营企业	集体联营企业	国有与集体联营企业	其他联营企业	有限责任公司	国有独资公司	其他有限责任公司	股份有限公司	私营企业	私营独资企业
				34278		34278		144637	1371
				45435		45435	2055	86475	588
	150			5172804	31500	5141304	2863213	12661239	397238
				1516665	10443	1506222	735029	2323886	60901
				19694		19694	684	161371	5060
				122131		122131	72821	361385	302
	150			330244		330244	147818	2124526	105440
				1413456	10484	1402972	1573273	3558133	39182
				1553127	10573	1542554	286637	3198817	151832
				44644		44644		10349	162
				172843		172843	46952	922772	34359
				1110091	45450	1064641	348385	1515276	18762
				232664		232664	45819	380986	2808
				277131		277131	36428	120875	497
				173949	45450	128499	36563	193475	1626
				146900		146900	72681	120038	620
				45741		45741	752	119596	1679
				205277		205277	92506	212191	924
				15610		15610	53785	230153	8937
				12819		12819	9850	137962	1670
				782805	18969	763835	295979	5856587	159938
								78933	1176
				782784	18969	763815	226416	5753381	155049
				21		21	69564	24273	3713
	11			2468609	11615	2456993	441667	21494934	2271670
				201889		201889	65049	2016775	250559
	11			2266720	11615	2255104	376618	19478160	2021111
		673		7332969	483852	6849117	574421	16997824	591882
				2630183	301593	2328590	223583	1476502	14349
				3625434	180743	3444690	165375	9189684	146122
		673		267500	1516	265985	32666	2338467	196586
				37037		37037	21193	388806	8008
				88885		88885	55305	994286	55676
				44535		44535	12400	454424	25574
				319763		319763	938	446297	41285
				184752		184752	46124	757440	47194
				134878		134878	16838	951916	57089
			45	1155471	1258	1154213	86848	6464168	168874
								3260	1506
				22		22		42213	
				1141246	1258	1139987	69045	6118820	166000
			45	14204		14204	17803	299875	1368
				3536774		3536774	316057	9698354	315372

4-36 续表 4

行业中类	资产总计(万元)					
		内资企业	国有企业	集体企业	股份合作企业	联营企业
常用有色金属冶炼	1730654	1715627			18952	
贵金属冶炼	776041	776041				
稀有稀土金属冶炼	10902	10886				
有色金属合金制造	1693939	1396764		1208	10148	
有色金属压延加工	10637905	9736267		3599	50493	
金属制品业	30793706	28867166	2566	35612	340156	808
结构性金属制品制造	5802223	5402768	866	5646	24268	
金属工具制造	3024634	2824375	472	294	4388	
集装箱及金属包装容器制造	1041451	842492	356	3393	2699	
金属丝绳及其制品制造	2068054	2012080		72	6778	
建筑、安全用金属制品制造	6443285	5938342		3513	52289	628
金属表面处理及热处理加工	3280734	3178989	873	13088	104950	
搪瓷制品制造	292296	274555				
金属制日用品制造	3315959	3193319		3495	7806	
铸造及其他金属制品制造	5525071	5200246		6110	136978	180
通用设备制造业	43767937	39424734	12145	20708	414871	3251
锅炉及原动设备制造	1097725	943112	564	123	3994	2281
金属加工机械制造	4009317	3495195		4037	40108	
物料搬运设备制造	3327206	2858372	9940	93	20962	
泵、阀门、压缩机及类似机械制造	11859645	10852497		6823	158630	687
轴承、齿轮和传动部件制造	5569232	5052449		1482	32305	284
烘炉、风机、包装等设备制造	5649363	5020120		312	37941	
文化、办公用机械制造	537201	480814			3566	
通用零部件制造	10595062	9708742	1641	6144	114918	
其他通用设备制造业	1123187	1013434		1695	2448	
专用设备制造业	20038882	18010049	11456	9569	171017	2329
采矿、冶金、建筑专用设备制造	1225760	1124469	11227	926	24204	
化工、木材、非金属加工专用设备制造	6757661	6107179	229	427	61510	325
食品、饮料、烟草及饲料生产专用设备制造	510061	483175		13	13691	
印刷、制药、日化及日用品生产专用设备制造	890471	842843		75	5514	
纺织、服装和皮革加工专用设备制造	2864841	2619617		2688	19990	318
电子和电工机械专用设备制造	753148	621933		36	1867	
农、林、牧、渔专用机械制造	1067790	903461		495	7865	
医疗仪器设备及器械制造	2532163	2349583		3789	25647	1685
环保、邮政、社会公共服务及其他专用设备制造	3436987	2957787		1120	10729	
汽车制造业	19801401	17279784		2814	140297	
汽车整车制造	328680	166128				
汽车用发动机制造	115365	102396				
改装汽车制造	194516	151716				
低速汽车制造	5	5				
电车制造	2096	2041				
汽车车身、挂车制造	305364	238932				
汽车零部件及配件制造	18855375	16618567		2814	140297	
铁路、船舶、航空航天和其他运输设备制造业	4823216	4619100	21740	4635	36119	

国有联营企业	集体联营企业	国有与集体联营企业	其他联营企业	有限责任公司	国有独资公司	其他有限责任公司	股份有限公司	私营企业	私营独资企业
				117148		117148	22146	1557381	4482
				654472		654472		121569	2
				55		55		10831	104
				255115		255115	77461	1052832	37625
				2509984		2509984	216450	6955741	273160
	808			3036805	68207	2968598	277525	25173695	2569392
				404420	62931	341489	67153	4900416	356283
				127673		127673	31863	2659686	363576
				182743		182743	4428	648873	28222
				902721		902721	2881	1099629	109466
	628			308763	890	307873	57529	5515620	695333
				418017		418017	11293	2630768	269725
				59774		59774	1723	213058	12273
				106555		106555	13312	3062151	187914
	180			526140	4385	521755	87342	4443494	546600
	3251			4344843	3485	4341358	1035979	33592936	3095748
	2281			200560		200560	162366	573226	22010
				209524		209524	105918	3135607	234401
				686023		686023	119161	2022193	113176
	687			1485329	356	1484973	298928	8902100	459923
	284			614041	8	614033	100475	4303862	399760
				438549	3121	435427	151625	4391694	308791
				102178		102178	4096	370973	26933
				415265		415265	84095	9086679	1499104
				193375		193375	9315	806600	31649
	2329			1834053	73715	1760337	724927	15256698	1110252
				155385		155385	73707	859020	33899
	325			613356	17239	596116	152470	5278862	513218
				6914		6914	4954	457602	24719
				102030		102030	8637	726588	24075
	318			222256		222256	106883	2267483	187332
				138522		138522	55615	425893	19230
				103523		103523	49886	741693	33584
	1685			160583		160583	68105	2089773	202756
				331483	56476	275007	204671	2409784	71439
				2899209	352206	2547003	606054	13631411	887348
				102381		102381		63747	
				57776		57776		44620	615
				60914		60914	1898	88904	
								5	
								2041	60
				42912		42912	3899	192121	10344
				2635225	352206	2283020	600258	13239973	876328
				793853	81908	711945	60054	3702700	212902

4-36 续表 5

行业中类	资产总计（万元）	内资企业	国有企业	集体企业	股份合作企业	联营企业
铁路运输设备制造	265464	263758		1952	3359	
城市轨道交通设备制造	162294	161352				
船舶及相关装置制造	1162222	1065742	21740	2543	8624	
航空、航天器及设备制造	55027	53000				
摩托车制造	1283432	1251332		140	22774	
自行车和残疾人座车制造	666753	619779			738	
助动车制造	567591	559253			614	
非公路休闲车及零配件制造	541960	536397				
潜水救捞及其他未列明运输设备制造	118472	108486			9	
电气机械和器材制造业	40357640	37076184	7907	22028	254244	3200
电机制造	4433703	3941715		3026	30741	
输配电及控制设备制造	14859649	13992211	3812	5091	87950	176
电线、电缆、光缆及电工器材制造	8192880	7402115		5556	79827	3024
电池制造	1551748	1379177	3531		7348	
家用电力器具制造	5430938	4964677		4811	12071	
非电力家用器具制造	730723	666827		103		
照明器具制造	4533071	4197162	135	3399	30840	
其他电气机械及器材制造	624927	532301	430	42	5466	
计算机、通信和其他电子设备制造业	12831550	10976373	199	7853	17661	
计算机制造	652256	549318			91	
通信设备制造	1727477	1569548			1170	
广播电视设备制造	426660	365103				
雷达及配套设备制造	230309	25742			73	
非专业视听设备制造	693607	535137		512	508	
智能消费设备制造	614485	556727			49	
电子器件制造	2062712	1739155		2694	828	
电子元件及电子专用材料制造	5892609	5171519	199	3997	14653	
其他电子设备制造	531435	464124		650	288	
仪器仪表制造业	5597134	5017494	859	2052	58401	
通用仪器仪表制造	4227073	3787802	2	1108	48391	
专用仪器仪表制造	784710	709547	858	95	4534	
钟表与计时仪器制造	77864	62724			1111	
光学仪器制造	237847	222624			855	
衡器制造	181880	150791		798	1427	
其他仪器仪表制造业	87761	84006		52	2083	
其他制造业	3163483	2998274	196	219	12251	
日用杂品制造	2725997	2588756		119	10390	
核辐射加工	376	376				
其他未列明制造业	437110	409142	196	100	1862	
废弃资源综合利用业	2013784	1958825			207	
金属废料和碎屑加工处理	1529273	1475117				
非金属废料和碎屑加工处理	484511	483708			207	
金属制品、机械和设备修理业	656440	633588	11184	5881	6031	
金属制品修理	10836	10836				

国有联营企业	集体联营企业	国有与集体联营企业	其他联营企业	有限责任公司	国有独资公司	其他有限责任公司	股份有限公司	私营企业	私营独资企业
				89876	11014	78862	1409	167162	12646
				148671	64820	83851		12681	468
				151940	6074	145866	19840	861055	22084
				13405		13405	2699	36897	72
				278078		278078	24069	926272	94211
				12312		12312	597	606132	23357
				61059		61059	10868	486712	22844
				34333		34333	572	501491	12789
				4180		4180		104297	24431
	176		3024	7033531	29529	7004003	1390292	28364983	1329807
				431796		431796	325387	3150764	266539
	176			2929128		2929128	524145	10441909	381452
			3024	2398424		2398424	313504	4601780	185009
				204370	4052	200318	43621	1120306	5027
				521367	25477	495891	79311	4347117	198052
				56287		56287	19105	591332	36344
				457512		457512	65926	3639351	237635
				34647		34647	19293	472424	19751
				1578719	71192	1507527	757312	8614630	359279
				201415		201415	56018	291794	6972
				128572	66572	62000	327963	1111842	18400
				93336		93336	6451	265316	13008
				22894		22894		2776	
				19097		19097	51465	463555	55010
				97436	118	97318	41692	417549	856
				343518		343518	112776	1279339	12740
				593120	4502	588618	138629	4420922	240306
				79332		79332	22318	361536	11987
				1017012	7597	1009415	320057	3619112	182830
				872871	7597	865274	258988	2606444	128589
				88651		88651	58610	556800	15199
				6321		6321		55291	6314
				38331		38331	2360	181079	6297
				10153		10153		138412	17280
				684		684	100	81087	9151
				170651	1542	169110	34484	2780472	223537
				149984	1542	148442	27102	2401161	194243
								376	10
				20668		20668	7381	378935	29285
				772462		772462	68586	1117571	21002
				706922		706922	59319	708876	3247
				65540		65540	9267	408695	17755
				75782		75782	1422	533289	28737
				4813		4813		6023	821

4-36 续表 6

行业中类	资产总计(万元)	内资企业	国有企业	集体企业	股份合作企业	联营企业
通用设备修理	62767	62767	178	99		
专用设备修理	42010	37016	367	3174	366	
铁路、船舶、航空航天等运输设备修理	416876	402109	10639	2385	4895	
电气设备修理	36134	33480		223	655	
仪器仪表修理	7518	7518				
其他机械和设备修理业	80299	79861			115	
电力、热力、燃气及水生产和供应业	**20719916**	**18143331**	**759855**	**169687**	**24247**	**772**
电力、热力生产和供应业	13324557	11922556	708388	82556	16999	772
电力生产	7779284	6394766	29907	23752	16911	772
电力供应	4455521	4455521	678481	58804	89	
热力生产和供应	1089753	1072270				
燃气生产和供应业	5557783	4459422	4016	19487	143	
燃气生产和供应业	5553011	4456682	4016	19487	143	
生物质燃气生产和供应业	4772	2740				
水的生产和供应业	1837576	1761353	47450	67645	7105	
自来水生产和供应	1008831	990988	45493	67354	2230	
污水处理及其再生利用	804539	746159	1957	91		
海水淡化处理	369	369				
其他水的处理、利用与分配	23836	23836		199	4875	
建筑业	**27819478**	**27779103**	**18301**	**94894**	**26297**	**1669**
房屋建筑业	9973123	9965611	10167	37593	12215	1669
住宅房屋建筑	8381379	8380928	10167	37398	12215	1669
体育场馆建筑	157099	157099				
其他房屋建筑业	1434644	1427584		195		
土木工程建筑业	8207899	8196969	5920	47676	2029	
铁路、道路、隧道和桥梁工程建筑	4881739	4874062	53	31196	1989	
水利和水运工程建筑	747804	747804	4765	3948	40	
海洋工程建筑	15920	15920				
工矿工程建筑	152398	152355		7793		
架线和管道工程建筑	522431	521258		3031		
节能环保工程施工	95075	94767				
电力工程施工	172211	171641				
其他土木工程建筑	1620320	1619160	1102	1708		
建筑安装业	2926535	2917892	1843	5368	6294	
电气安装	1138067	1137204	8	4880	4591	
管道和设备安装	721817	719886	821	456	1393	
其他建筑安装业	1066651	1060802	1014	32	310	
建筑装饰、装修和其他建筑业	6711921	6698632	371	4258	5760	
建筑装饰和装修业	4439636	4426527	27	1215	2180	
建筑物拆除和场地准备活动	956463	956463	344	1130	2163	
提供施工设备服务	154242	154062			277	
其他未列明建筑业	1161580	1161580		1912	1141	
批发和零售业	**442245912**	**433631168**	**358551**	**263014**	**445318**	**98277**
批发业	399475525	391659544	247649	110125	224526	1733

国有联营企业	集体联营企业	国有与集体联营企业	其他联营企业	有限责任公司	国有独资公司	其他有限责任公司	股份有限公司	私营企业	私营独资企业
				10878		10878	802	50810	1552
				2420		2420	16	30672	2474
				45727		45727	68	338396	18338
				3896		3896		28707	2372
				51		51		7467	127
				7996		7996	536	71214	3052
	680	**13**	**80**	**12235872**	**2788147**	**9447725**	**2769955**	**2182942**	**24941**
	680	13	80	9358820	2071156	7287664	216530	1538491	13458
	680	13	80	4982977	239233	4743744	110948	1229499	13312
				3565969	1785453	1780516	105582	46597	146
				809874	46471	763403		262396	
				1589239	79615	1509625	2503239	343297	2788
				1589239	79615	1509625	2503239	340556	1156
								2740	1632
				1287813	637376	650437	50185	301155	8695
				804963	457870	347093	35470	35477	1224
				482647	179305	303342	14664	246800	2272
				119	119			250	
				84	83	1	51	18628	5199
			1669	**3525241**	**192579**	**3332662**	**317645**	**23795056**	**59608**
			1669	1381924	36128	1345796	149143	8372901	4532
			1669	1169004	36121	1132883	106724	7043752	4472
				115		115	981	156004	
				212805	7	212798	41438	1173145	59
				1127183	135608	991575	71074	6943087	12887
				600668	80343	520325	39048	4201108	1792
				162694	17253	145441	8684	567673	745
				777		777		15144	
				30223		30223		114339	539
				134096	14377	119718	6673	377459	171
				6237		6237		88530	
				39269	2571	36697	254	132119	127
				153220	21063	132157	16416	1446714	9513
				336228	8824	327405	19106	2549052	23575
				134180	2881	131299	8855	984689	2074
				76775	4457	72318	2144	638296	4894
				125273	1486	123787	8107	926067	16608
				679905	12019	667887	78322	5930016	18614
				412727	238	412489	69830	3940548	6801
				58965	11772	47193	980	892881	6568
				16540		16540	354	136891	1446
				191672	8	191664	7158	959696	3798
29652	**11311**	**41263**	**16050**	**84569470**	**5394409**	**79175061**	**3373899**	**344522640**	**4277399**
	583	923	227	76474465	5176888	71297578	2919911	311681134	2695728

4-36 续表 7

行业中类	资产总计(万元)	内资企业	国有企业	集体企业	股份合作企业	联营企业
农、林、牧、渔产品批发	2970429	2920018	22360	4697	290	1
食品、饮料及烟草制品批发	10844935	10401514	75637	3184	15296	633
纺织、服装及家庭用品批发	65911447	63881285	6583	8693	7000	
文化、体育用品及器材批发	10789129	10204604	3777	3432	17368	
医药及医疗器材批发	3722643	3652019	15525	752	562	
矿产品、建材及化工产品批发	243173617	240394039	89765	79093	133248	391
机械设备、五金产品及电子产品批发	39393295	38236138	31971	6937	41957	708
贸易经纪与代理	6492273	6278923	1112		1610	
其他批发业	16177756	15691003	920	3337	7195	
零售业	42770387	41971624	110902	152889	220791	96544
综合零售	837989	780070	2673	14907	1241	423
食品、饮料及烟草制品专门零售	2337064	2326733	4733	17884	6825	173
纺织、服装及日用品专门零售	3894176	3785774	4040	9594	1657	2114
文化、体育用品及器材专门零售	1843194	1772855	10355	5302	1213	
医药及医疗器材专门零售	1642759	1640540	45794	12309	6331	51
汽车、摩托车、零配件和燃料及其他动力销售	12414669	12258091	35913	86608	175469	93120
家用电器及电子产品专门零售	4113901	4108423	280	1528	12450	
五金、家具及室内装饰材料专门零售	3987564	3949406	949	2681	6469	654
货摊、无店铺及其他零售业	11699070	11349732	6163	2074	9135	9
交通运输、仓储和邮政业	**32381583**	**31586468**	**131237**	**72712**	**20310**	**1032**
铁路运输业						
铁路旅客运输						
铁路货物运输						
铁路运输辅助活动						
道路运输业	15142790	14877632	67876	53575	12832	833
城市公共交通运输	368050	363092	795	4989	1051	
公路旅客运输	530088	530088	15324	5538		294
道路货物运输	12469645	12274745	1487	8538	10431	80
道路运输辅助活动	1775009	1709708	50269	34510	1351	460
水上运输业	3817438	3720029	16100	4472		
水上旅客运输	67213	67213	8695	1824		
水上货物运输	3119319	3118685	2987	1678		
水上运输辅助活动	630906	534132	4419	970		
航空运输业	138671	130107	625			
航空客货运输	71314	69363				
通用航空服务	20260	13646				
航空运输辅助活动	47098	47098	625			
管道运输业	15259	14394				
海底管道运输	865					
陆地管道运输	14394	14394				
多式联运和运输代理业	9233972	9020021	1263	5166	4941	70
多式联运	261610	261610				
运输代理业	8972362	8758411	1263	5166	4941	70
装卸搬运和仓储业	2207173	1998316	34181	8435	2538	128

国有联营企业	集体联营企业	国有与集体联营企业	其他联营企业	有限责任公司	国有独资公司	其他有限责任公司	股份有限公司	私营企业	私营独资企业
			1	561598	48990	512607	9710	2321363	101085
		633		1291835	124848	1166987	118577	8896353	174767
				6062061	148853	5913208	334604	57462344	660727
				1406476	112827	1293649	61848	8711703	357749
				591986		591986	103566	2939628	45215
	101	290		53596308	4692871	48903437	2039281	184455954	856082
	482		226	4846109	40774	4805334	213886	33094571	327396
				3002865	3842	2999024	13223	3260113	1078
				5115228	3882	5111346	25217	10539107	171629
29652	10728	40341	15823	8095004	217521	7877483	453988	32841506	1581671
	423			173008	655	172353	17005	570811	49868
173				242726	12926	229799	18374	2036017	172871
	734	1379		350670		350670	22911	3394788	154289
				254578	96982	157595	17978	1483429	83639
	51			294131	8721	285410	24932	1256993	316623
29479	8857	38961	15823	3586375	62277	3524098	233916	8046689	267389
				356579	18317	338262	36164	3701422	85060
	654			277622	191	277431	19966	3641064	311397
	9			2559316	17452	2541864	62742	8710292	140534
753		**80**	**198**	**9397313**	**2344864**	**7052449**	**625217**	**21338646**	**159785**
753		80		3214205	595628	2618577	329077	11199234	99165
				222328	143199	79129	9872	124057	178
294				313001	24727	288274	18589	177343	289
		80		1295209	74695	1220515	289691	10669308	95823
460				1383667	353008	1030659	10925	228526	2875
				1270556	370590	899966	100830	2328070	1736
				38117	4164	33954	1872	16704	52
				887594	283584	604011	98936	2127489	836
				344845	82843	262002	22	183877	848
				83553	36223	47331	24	45905	
				45039	23154	21885		24323	
				3932	862	3070	24	9691	
				34582	12207	22375		11891	
				14310		14310		84	
				14310		14310		84	
			70	3216591	1033249	2183342	158181	5633810	48522
				9759	2217	7541		251851	
			70	3206832	1031032	2175801	158181	5381958	48522
			128	1115233	306694	808539	29047	808754	8450

4-36 续表 8

行业中类	资产总计(万元)	内资企业				
			国有企业	集体企业	股份合作企业	联营企业
装卸搬运	471386	449037	352	4693	1616	85
通用仓储	590018	454822		370		43
低温仓储	40537	39807	31		261	
危险品仓储	319792	297604				
谷物、棉花等农产品仓储	447230	445425	33797		478	
中药材仓储	2744	2744				
其他仓储业	335466	308877		3372	184	
邮政业	1826280	1825969	11191	1064		
邮政基本服务	14095	14095	11191	1064		
快递服务	1808638	1808327				
其他寄递服务	3548	3548				
住宿和餐饮业	**4546553**	**4482988**	**57927**	**22914**	**12353**	**5524**
住宿业	1820498	1784880	52116	19250	7232	5108
旅游饭店	781676	756632	25266	14526	4072	5060
一般旅馆	955011	944475	26127	4298	3140	36
民宿服务	58965	58928	723	426		
露营地服务	365	365				
其他住宿业	24481	24481			20	12
餐饮业	2726055	2698108	5812	3664	5121	416
正餐服务	2329416	2310923	5812	3259	3196	416
快餐服务	146027	142001		43	1866	
饮料及冷饮服务	76706	72552				
餐饮配送及外卖送餐服务	97337	97337				
其他餐饮业	76569	75295		362	59	
信息传输、软件和信息技术服务业	**35460784**	**17865847**	**2638**	**10274**		**23**
电信、广播电视和卫星传输服务	794743	682344	1561	9787		
电信	683160	570760	433	9787		
广播电视传输服务	103107	103107	1129			
卫星传输服务	8477	8477				
互联网和相关服务	20948014	4814429	17	50		
互联网接入及相关服务	71631	71631				
互联网信息服务	14564230	1166661		7		
互联网平台	5973138	3252754				
互联网安全服务	14076	14076				
互联网数据服务	141182	128557				
其他互联网服务	183757	180749	17	43		
软件和信息技术服务业	13718026	12369074	1060	438		23
软件开发	8669662	7415514	949	68		23
集成电路设计	125280	116828				
信息系统集成和物联网技术服务	1018588	999199				
运行维护服务	135881	135212		107		
信息处理和存储支持服务	157169	150146				
信息技术咨询服务	1344914	1321392	111	262		
数字内容服务	1849729	1849687				
其他信息技术服务业	416803	381097				

国有联营企业	集体联营企业	国有与集体联营企业	其他联营企业	有限责任公司	国有独资公司	其他有限责任公司	股份有限公司	私营企业	私营独资企业
			85	163133	32951	130182	3143	276015	6709
			43	176826	13712	163113	310	277273	562
				20472		20472	397	18646	482
				259113	19	259094	20571	17920	3
				402816	251580	151237	753	7582	
				2744	2744				
				90129	5688	84441	3874	211319	693
				482866	2481	480385	8059	1322789	1913
				1649	760	889		190	190
				479380		479380	8059	1320888	1583
				1837	1721	116		1711	140
543	**48**	**4921**	**12**	**577683**	**29657**	**548026**	**47890**	**3758697**	**493184**
543	48	4517		322264	22386	299878	24224	1354686	168529
543		4517		196711	15213	181498	13623	497374	25062
	36			118724	6796	111928	8450	783699	136516
				3820	151	3670	383	53576	5213
								365	
	12			3009	227	2782	1768	19672	1737
		405	12	255419	7271	248148	23665	2404012	324655
		405	12	227064	7143	219921	21314	2049862	280492
				10698		10698	1641	127753	17317
				11048	128	10920	78	61426	15662
				2589		2589	24	94724	2771
				4019		4019	607	70247	8413
	23			**2244299**	**175490**	**2068808**	**588034**	**15020579**	**49140**
				199593	30318	169275	135373	336030	1044
				102724	14012	88713	130819	326998	1019
				90420	16307	74113	4554	7005	26
				6449		6449		2027	
				465322	109916	355406	105020	4244020	1753
				4771		4771	232	66628	
				231443	5065	226378	45788	889423	1273
				152976	104851	48125	50966	3048812	
				2319		2319		11757	
				57472		57472	7861	63224	
				16340		16340	173	164176	480
	23			1579384	35256	1544128	347641	10440529	46343
	23			1028412	9677	1018735	255720	6130342	15964
				9397		9397	21666	85765	85
				273047	18676	254371	48680	677471	1101
				64570		64570	8	70527	
				31792	4706	27086	7671	110683	
				116038	2198	113841	6936	1198045	25627
				30988		30988	5445	1813255	9
				25139		25139	1515	354443	3557

4-36 续表 9

行业中类	资产总计(万元)					
		内资企业				
			国有企业	集体企业	股份合作企业	联营企业
金融业	**4371375**	**4166138**	**16988**	**1005**		**3577**
货币金融服务	1029595	833961				
中央银行服务						
货币银行服务	105	105				
非货币银行服务	1029491	833856				
银行理财服务						
银行监管服务						
资本市场服务	2356447	2349521	11012	9		3577
证券市场服务						
公开募集证券投资基金						
非公开募集证券投资基金						
期货市场服务						
证券期货监管服务						
资本投资服务	566623	560279	11012			3577
其他资本市场服务	1789824	1789242		9		
保险业	53192	53192	25			
人身保险						
财产保险						
再保险						
商业养老金						
保险中介服务						
保险资产管理						
保险监管服务						
其他保险活动	53192	53192	25			
其他金融业	932141	929465	5951	997		
金融信托与管理服务	7632	7632	224			
控股公司服务	320435	320435		360		
非金融机构支付服务						
金融信息服务	124573	124070				
金融资产管理公司	55904	55904				
其他未列明金融业	423596	421424	5727	637		
房地产业	**10147518**	**9783207**	**27440**	**18131**	**1629**	**154**
房地产业	10147518	9783207	27440	18131	1629	154
房地产开发经营	5303116	5028596	7432	2994	1375	8
物业管理	2604356	2545003	12937	11851	51	
房地产中介服务	1972792	1953217	5786	1463	203	
房地产租赁经营						
其他房地产业	267254	256391	1285	1824		146
租赁和商务服务业	**45097419**	**44048714**	**543421**	**419424**	**57008**	**20155**
租赁业	2096818	1994976	1901	2598	438	
机械设备经营租赁	2013965	1912123	1901	2555	438	

国有联营企业	集体联营企业	国有与集体联营企业	其他联营企业	有限责任公司	国有独资公司	其他有限责任公司	股份有限公司	私营企业	私营独资企业
3577				**675154**	**28586**	**646569**	**471380**	**2998034**	**2410**
				120790		120790	208237	504933	130
								105	
				120790		120790	208237	504829	130
3577				173637	1034	172603	1348	2159939	
3577				144606	686	143920	1254	399830	
				29030	348	28683	93	1760109	
				26		26	45913	7228	2272
				26		26	45913	7228	2272
				380702	27552	353150	215881	325934	8
				50		50	485	6873	
				40504	7158	33346	155003	124569	
				50023		50023	17842	56205	
				20339	15029	5310	35550	15	
				269785	5365	264421	7001	138273	8
	146	**8**		**3188317**	**217011**	**2971306**	**73520**	**6474016**	**39704**
	146	8		3188317	217011	2971306	73520	6474016	39704
		8		2010304	48471	1961834	17348	2989134	
				850322	67630	782691	45480	1624362	3027
				196503	23581	172922	10630	1738632	35863
	146			131188	77329	53858	61	121888	814
13133	**1849**	**412**	**4761**	**11333294**	**3243202**	**8090092**	**1308166**	**30365604**	**294750**
				352397	28917	323480	176535	1461108	17803
				348887	27164	321723	173685	1384656	17035

4-36 续表 10

行业中类	资产总计（万元）					
		内资企业	国有企业	集体企业	股份合作企业	联营企业
文体设备和用品出租	43659	43659				
日用品出租	39194	39194		43		
商务服务业	43000601	42053738	541520	416826	56570	20155
组织管理服务	12736347	12499960	284713	288301	18253	55
综合管理服务	2884063	2844467	12531	65707	2509	1803
法律服务	269046	269016	869	2193		
咨询与调查	6043397	5953191	18296	7523	1439	4629
广告业	4524608	4221254	9333	1616	10801	52
人力资源服务	10020697	9912062	48746	34663	2659	309
安全保护服务	1215533	1210026	146013	2	606	
会议、展览及相关服务	713457	708247	6713	0		
其他商务服务业	4593452	4435514	14307	16821	20303	13306
科学研究和技术服务业	**13926033**	**13528701**	**282708**	**32315**	**14340**	**1973**
研究和试验发展	2041909	1920943	1339	256	2200	
自然科学研究和试验发展	60216	59765			37	
工程和技术研究和试验发展	1634242	1540686	703	239	1666	
农业科学研究和试验发展	46144	45309		18	84	
医学研究和试验发展	297788	271665			413	
社会人文科学研究	3519	3519	636			
专业技术服务业	8104133	7897488	276883	30222	12074	1673
气象服务	6173	6173	111			
地震服务	157	157				
海洋服务	15536	15536	3468			
测绘地理信息服务	220769	220769	30648	11361	247	
质检技术服务	932519	907674	20534	9268	3131	1293
环境与生态监测检测服务	161172	161172	4328			
地质勘查	38221	38221	8474	2741		
工程技术与设计服务	4768645	4697413	205321	5771	7578	380
工业与专业设计及其他专业技术服务	1960940	1850372	3997	1081	1118	
科技推广和应用服务业	3779991	3710271	4486	1837	66	300
技术推广服务	3131093	3068343	3226	1476	66	125
知识产权服务	229441	223885	974	38		
科技中介服务	101737	101737	165	12		175
创业空间服务	27865	27859	121			
其他科技推广服务业	289855	288447		312		
水利、环境和公共设施管理业	**6068565**	**6035387**	**29768**	**19207**	**890**	**11**
水利管理业	193160	180864	9478	1513		11
防洪除涝设施管理	79529	79529	99	47		11
水资源管理	32144	20156	964	733		
天然水收集与分配	45718	45718	2963	75		
水文服务	2036	2036	834			
其他水利管理业	33732	33424	4618	658		
生态保护和环境治理业	471117	464562	11401	1382	118	

国有联营企业	集体联营企业	国有与集体联营企业	其他联营企业	有限责任公司			股份有限公司	私营企业	
					国有独资公司	其他有限责任公司			私营独资企业
				3169	1416	1754	2603	37887	760
				340	337	3	246	38564	9
13133	1849	412	4761	10980897	3214285	7766612	1131632	28904496	276947
	55			5778157	2400732	3377425	760259	5370221	15828
	1484	187	132	739977	146307	593670	41191	1980750	3634
				2732		2732	22	261556	6232
			4629	612635	40501	572135	21810	5286858	121126
		52		681004	101287	579717	34255	3484194	37939
	309			1321164	187648	1133516	113411	8391110	1061
				442808	255306	187502	3932	616666	386
				288664	27070	261593	22246	390625	2911
13133		173		1113755	55434	1058322	134505	3122515	87830
1114		**764**	**95**	**2554962**	**479207**	**2075754**	**315798**	**10326605**	**78196**
				158319	8332	149987	23964	1734864	3562
				3434		3434	44	56249	409
				112041	7666	104375	17224	1408813	2262
				10632	666	9966	4140	30435	410
				32211		32211	2557	236484	448
								2883	33
938		734		1797371	442991	1354381	149260	5630005	35767
				2998		2998		3064	
								157	
				1767		1767	1108	9194	
				34614	4274	30340	2157	141742	296
559		734		255293	33129	222164	9830	608324	2068
				21337	2078	19259	2886	132621	445
				11731	3913	7819	53	15221	
380				1252796	380378	872418	55117	3170451	17916
				216835	19220	197615	78110	1549231	15042
175		30	95	599271	27885	571387	142574	2961736	38866
		30	95	529241	19937	509304	137418	2396791	34090
				27240	4017	23224	1468	194164	3379
175				19457	3189	16268	2102	79827	1100
				6114	73	6041	450	21174	70
				17219	668	16551	1136	269779	226
	11			**4226307**	**2107588**	**2118719**	**27388**	**1731818**	**8255**
	11			132113	42910	89203	167	37582	348
	11			75396	15103	60293		3977	
				7729	3915	3815	4	10726	170
				40172	17425	22747		2508	
				792		792		410	
				8024	6467	1557	164	19960	179
				123849	12573	111276	10737	317075	2791

4-36 续表 11

行业中类	资产总计(万元)					
		内资企业	国有企业	集体企业	股份合作企业	联营企业
生态保护	36489	36489	11401	1370		
环境治理业	434628	428073		12	118	
公共设施管理业	2240087	2225761	8866	16301		
市政设施管理	701138	700038	4131	4747		
环境卫生管理	267463	267463	690	7732		
城乡市容管理	39797	39797				
绿化管理	906322	895618	4045	2928		
城市公园管理	111833	111833		208		
游览景区管理	213534	211012		685		
土地管理业	3164201	3164201	23	11	771	
土地整治服务	2902242	2902242				
土地调查评估服务	124417	124417			58	
土地登记服务	97	97		11		
土地登记代理服务	2608	2608	23		713	
其他土地管理服务	134836	134836				
居民服务、修理和其他服务业	**3159696**	**3149455**	**22119**	**64452**	**11131**	**2611**
居民服务业	1238964	1232961	18312	54970	2198	2611
家庭服务	214250	214142	10	387		
托儿所服务	8256	8256				
洗染服务	84254	84254		2698		
理发及美容服务	172210	171279	53			
洗浴和保健养生服务	189041	188309		375	1621	
摄影扩印服务	96007	95777	2195	414	278	
婚姻服务	68560	68403	128		229	
殡葬服务	131827	128547	15099	50909	60	2611
其他居民服务业	274560	273993	828	187	9	
机动车、电子产品和日用产品修理业	1399771	1398214	1999	6711	8744	
汽车、摩托车等修理与维护	1064685	1063872	1938	6235	6689	
计算机和办公设备维修	149336	149254			378	
家用电器修理	172000	171337	61	476	1658	
其他日用产品修理业	13750	13750			19	
其他服务业	520960	518281	1807	2771	189	
清洁服务	398183	398183	370	2471		
宠物服务	14533	14533		12	12	
其他未列明服务业	108244	105565	1437	289	177	
教育						
教育						
学前教育						
初等教育						
中等教育						
高等教育						
特殊教育						
技能培训、教育辅助及其他教育						

国有联营企业	集体联营企业	国有与集体联营企业	其他联营企业	有限责任公司	国有独资公司	其他有限责任公司	股份有限公司	私营企业	私营独资企业
				6633	295	6338	66	17019	
				117217	12278	104939	10671	300055	2791
				913349	367208	546141	16458	1270787	4995
				460200	267967	192232	1608	229351	163
				57775	20861	36914	5996	195270	287
				26264	24854	1410		13533	
				158742	17227	141516	7483	722419	2337
				99058	485	98573		12567	30
				111309	35815	75495	1370	97647	2179
				3056996	1684897	1372098	26	106374	120
				2845960	1567641	1278319	26	56256	120
				94344	655	93689		30015	
								86	
				40	40			1832	
				116652	116561	91		18184	
	1997		**613**	**261367**	**40668**	**220699**	**24494**	**2763282**	**264811**
	1997		613	88366	9391	78975	9600	1056904	102996
				12728	64	12663	1117	199901	2229
				354		354		7902	289
				3807	345	3462	115	77634	8008
				14058		14058	3513	153655	23425
				5497	402	5095	750	180066	48373
				5711	622	5090	10	87169	3775
				2784		2784	175	65087	1239
	1997		613	27610	6488	21121	330	31928	4458
				15818	1470	14348	3589	253561	11198
				118703	19011	99692	10637	1251420	150787
				82900	4856	78044	5939	960170	143733
				18724	11442	7282	80	130072	864
				17016	2713	14304	4601	147526	5634
				62		62	17	13652	555
				54297	12266	42031	4258	454958	11028
				41150	11841	29308	1511	352681	4928
				1101	152	949	419	12990	3320
				12047	273	11774	2328	89287	2779

4-36 续表 12

行业中类	资产总计(万元)	内资企业	国有企业	集体企业	股份合作企业	联营企业
卫生和社会工作	**444041**	**442745**	**3830**	**607**		
卫生	375868	375868	2378			
医院	176149	176149	2378			
基层医疗卫生服务	167683	167683				
专业公共卫生服务	1473	1473				
其他卫生活动	30563	30563				
社会工作	68173	66877	1452	607		
提供住宿社会工作	61093	59819	3	607		
不提供住宿社会工作	7080	7058	1450			
文化、体育和娱乐业	**6353134**	**6320479**	**28943**	**5257**	**5421**	**899**
新闻和出版业	275246	275246	8945	817		
新闻业	4210	4210	1650			
出版业	271036	271036	7295	817		
广播、电视、电影和录音制作业	3581077	3569160	9193	456	454	877
广播	20142	20142	316			
电视	69720	69720	1286			
影视节目制作	2877299	2875107			454	
广播电视集成播控	37462	37462				
电影和广播电视节目发行	143873	143873	256			
电影放映	427009	417284	7335	456		877
录音制作	5572	5572				
文化艺术业	541863	538133	4410	2398	271	23
文艺创作与表演	270446	267056	447	84		
艺术表演场馆	15917	15917	2187	17		
图书馆与档案馆	23587	23587	41	2199	269	
文物及非物质文化遗产保护	7144	7144				23
博物馆	1513	1513	62	18		
烈士陵园、纪念馆	181	181		76		
群众文体活动	46480	46472	1672	4		
其他文化艺术业	176595	176263			2	
体育	243208	237439	2140	605	268	
体育组织	59884	59397				
体育场地设施管理	37869	37774	1213	527	0	
健身休闲活动	142400	137213	927	79	268	
其他体育	3055	3055				
娱乐业	1711740	1700501	4255	980	4428	
室内娱乐活动	658794	653887	288	762	4428	
游乐园	34752	29737	426	171		
休闲观光活动	95945	95943				
彩票活动	4153	4153	3233			
文化体育娱乐活动与经纪代理服务	911557	910256	309	48		
其他娱乐业	6539	6526				

国有联营企业	集体联营企业	国有与集体联营企业	其他联营企业	有限责任公司	国有独资公司	其他有限责任公司	股份有限公司	私营企业	私营独资企业
				98593	**2438**	**96155**	**2697**	**337017**	**18692**
				88473		88473	2346	282670	15396
				35714		35714		138056	11201
				44889		44889		122794	4195
								1473	
				7870		7870	2346	20347	
				10121	2438	7682	351	54346	3296
				6689	2438	4251	351	52169	3286
				3431		3431		2177	10
877			**23**	**951499**	**182305**	**769193**	**78418**	**5250043**	**1327622**
				228684	103691	124992		36800	342
				785		785		1775	
				227898	103691	124207		35025	342
877				491494	35992	455502	52276	3014411	775591
				5804		5804		14021	456
				3896	814	3082		64538	21332
				246548	9773	236775	49816	2578290	723821
				37278		37278		183	
				47023	14553	32470	155	96439	28631
877				150785	10853	139932	2305	255527	412
				159		159		5412	938
			23	63237	11561	51676	10047	457747	117399
				20912	2401	18511	4747	240865	103960
				10420	3602	6818	1391	1901	52
				2710		2710	555	17813	604
			23	3688	1079	2609		3434	
				7	2	4	205	1222	252
				16	16			90	
				13032		13032	544	31218	735
				12452	4461	7991	2606	161204	11796
				38041	9599	28442	5826	190558	7332
				12646	763	11883	4130	42621	284
				11930	6384	5546	152	23953	826
				13156	2253	10903	1530	121253	6221
				309	199	111	15	2731	
				130042	21462	108580	10268	1550527	426958
				18481		18481	2438	627491	256000
				6301	2306	3995	763	22076	1398
				41836	15827	26009	935	53171	1082
				851	851			69	
				62069	2478	59591	6034	841796	168476
				505		505	98	5923	3

4-36 续表 13

行业中类	私营合伙企业	私营有限责任公司	私营股份有限公司	其他企业	港、澳、台商投资企业	与港澳台商合资经营企业
总 计	**9385461**	**739474813**	**13261411**	**1644**	**27185452**	**12488219**
农、林、牧、渔业	**489**	**40430**	**401**			
农业						
谷物种植						
豆类、油料和薯类种植						
棉、麻、糖、烟草种植						
蔬菜、食用菌及园艺作物种植						
水果种植						
坚果、含油果、香料和饮料作物种植						
中药材种植						
草种植及割草						
其他农业						
林业						
林木育种和育苗						
造林和更新						
森林经营、管护和改培						
木材和竹材采运						
林产品采集						
畜牧业						
牲畜饲养						
家禽饲养						
狩猎和捕捉动物						
其他畜牧业						
渔业						
水产养殖						
水产捕捞						
农、林、牧、渔专业及辅助性活动	489	40430	401			
农业专业及辅助性活动		25606	360			
林业专业及辅助性活动		9219	38			
畜牧专业及辅助性活动		1894				
渔业专业及辅助性活动	489	3711	3			
采矿业	**10202**	**1100074**	**7607**		**33195**	**33195**
煤炭开采和洗选业		2063				
烟煤和无烟煤开采洗选		17				
褐煤开采洗选						
其他煤炭采选		2046				
石油和天然气开采业						
石油开采						
天然气开采						
黑色金属矿采选业	37	13381				
铁矿采选	37	13381				
锰矿、铬矿采选						
其他黑色金属矿采选						

与港澳台商合作经营企业	港澳台商独资经营企业	港澳台商投资股份有限公司	其他港澳台投资企业	外商投资企业	中外合资经营企业	中外合作经营企业	外资企业	外商投资股份有限公司	其他外商投资
1126199	12872776	344238	354020	48326466	13144787	315554	33259974	520509	1085642
				3			3		
				3			3		
				3			3		
				55126	4183		50943		

4-36 续表 14

行业中类	私营合伙企业	私营有限责任公司	私营股份有限公司	其他企业	港、澳、台商投资企业	与港澳台商合资经营企业
有色金属矿采选业		58948				
常用有色金属矿采选		42088				
贵金属矿采选		482				
稀有稀土金属矿采选		16378				
非金属矿采选业	10165	1022213	7607		33195	33195
土砂石开采	9675	981037	7607		33195	33195
化学矿开采		722				
采盐		23				
石棉及其他非金属矿采选	490	40431				
开采专业及辅助性活动		2745				
煤炭开采和洗选专业及辅助性活动						
石油和天然气开采专业及辅助性活动		1280				
其他开采专业及辅助性活动		1465				
其他采矿业		724				
其他采矿业		724				
制造业	**4912280**	**283480394**	**8803324**		**19906463**	**9543088**
农副食品加工业	22889	4542540	273491		464953	105573
谷物磨制	3524	317304				
饲料加工	1617	1044132	143530		21891	7
植物油加工	307	86960	20299		297490	
制糖业	20	23514				
屠宰及肉类加工	2636	518508	13003		91897	56556
水产品加工	9720	1625115	59035		34101	29434
蔬菜、菌类、水果和坚果加工	1118	740341	10619		17116	17116
其他农副食品加工	3948	186666	27005		2460	2460
食品制造业	8847	1367519	127313		176177	88609
焙烤食品制造	1731	306535	5004		35525	16254
糖果、巧克力及蜜饯制造	673	119682	25576		2007	2007
方便食品制造	368	188046	1298		44606	8299
乳制品制造		25297				
罐头食品制造	1235	104595	868			
调味品、发酵制品制造	46	75611	55		7889	
其他食品制造	4796	547754	94513		86150	62050
酒、饮料和精制茶制造业	14495	1260662	25415		391863	106447
酒的制造	1129	198958	896		197211	
饮料制造	869	501415	2533		166515	86435
精制茶加工	12498	560289	21986		28137	20012
烟草制品业						
烟叶复烤						
卷烟制造						
其他烟草制品制造						
纺织业	239360	30904453	301866		1884121	870316
棉纺织及印染精加工	90326	9106348	87330		629452	401623
毛纺织及染整精加工	12573	1375674	7895		280943	60826

与港澳台商合作经营企业	港澳台商独资经营企业	港澳台商投资股份有限公司	其他港澳台投资企业	外商投资企业	中外合资经营企业	中外合作经营企业	外资企业	外商投资股份有限公司	其他外商投资
				55126	4183		50943		
				55126	4183		50943		
1053155	**8761485**	**315469**	**233267**	**23738855**	**10213158**	**205947**	**12604553**	**310678**	**404519**
	356825	2555		544041	332500		201053		10488
	21883			84115	50887		33228		
	297490			167603	167603		0		
	32786	2555		68593	24957		43636		
	4666			96603	46408		39707		10488
				55920	42152		13768		
				71206	492		70714		
	79676	7892		463714	140130	1668	316351	3210	2355
	19271			32909	2502		28053		2355
				30480			30480		
	36307			44569	7433		37136		
				83001			83001		
				28864	12466		16398		
	7889			13942	11773	1668	501		
	16209	7892		229949	105957		120781	3210	
	285416			390070	179375		135484		75211
	197211			117749	1082		116667		
	80080			265156	172646		17299		75211
	8125			7165	5647		1518		
15701	946065	49256	2784	1252767	650348	6715	568842	6169	20692
	212979	14850		493627	243588		235453		14587
	220117			39430	30051		9379		

4-36 续表 15

行业中类	私营合伙企业	私营有限责任公司	私营股份有限公司	其他企业	港、澳、台商投资企业	与港澳台商合资经营企业
麻纺织及染整精加工	1042	54950			9450	
丝绢纺织及印染精加工	3577	1094929	26470		133420	102247
化纤织造及印染精加工	48473	5591048	64590		183645	55931
针织或钩针编织物及其制品制造	25311	7662175	48487		334690	115911
家用纺织制成品制造	18199	3138315	31902		177549	67613
产业用纺织制成品制造	39859	2881014	35191		134973	66164
纺织服装、服饰业	107464	15487981	281711		1548022	768284
机织服装制造	37104	6117161	139281		689856	398830
针织或钩针编织服装制造	47694	4530888	85589		523741	168026
服饰制造	22666	4839932	56842		334425	201428
皮革、毛皮、羽毛及其制品和制鞋业	257738	11663990	125592		363571	250675
皮革鞣制加工	4388	539969	1315		18924	18185
皮革制品制造	24343	2889276	25040		163670	97093
毛皮鞣制及制品加工	1225	397509	3958		32830	
羽毛(绒)加工及制品制造	1861	676329			105256	105219
制鞋业	225922	7160907	95279		42891	30178
木材加工和木、竹、藤、棕、草制品业	67754	3685347	73374		103284	38909
木材加工	5883	573924	458		23892	
人造板制造	17043	885199	21048		46773	27955
木质制品制造	29214	1772601	26544		26230	10433
竹、藤、棕、草等制品制造	15614	453622	25324		6389	520
家具制造业	53426	4732670	44916		215592	63761
木质家具制造	19571	2265025	23826		65935	16335
竹、藤家具制造	853	133635	2641		15005	7317
金属家具制造	13408	1303805	14667		53115	31194
塑料家具制造	667	152698	135		17367	3057
其他家具制造	18927	877507	3647		64170	5858
造纸和纸制品业	190878	9026598	248672		594048	489006
纸浆制造		8938				
造纸	13134	3823331	157524		406388	346613
纸制品制造	177743	5194329	91148		187659	142393
印刷和记录媒介复制业	138655	4597932	49256		125374	59130
印刷	132711	4452677	46822		125374	59130
装订及印刷相关服务	5854	140609	2434			
记录媒介复制	90	4645				
文教、工美、体育和娱乐用品制造业	187691	8786182	227784		477700	215803
文教办公用品制造	20345	1555276	29635		65429	43718
乐器制造	1115	104563	2824		10363	6015
工艺美术及礼仪用品制造	145782	4152347	141381		210584	103386
体育用品制造	7030	1189862	18034		39347	7637
玩具制造	13214	1325339	35125		95043	55046
游艺器材及娱乐用品制造	205	458795	786		56934	
石油、煤炭及其他燃料加工业	850	746267	193111		124702	21053
精炼石油产品制造	850	517114	193111		124702	21053

与港澳台商合作经营企业	港澳台商独资经营企业	港澳台商投资股份有限公司	其他港澳台投资企业	外商投资企业	中外合资经营企业	中外合作经营企业	外资企业	外商投资股份有限公司	其他外商投资
	9450			2223	958		1265		
5671	25501			89443	71478		17109	856	
4649	93349	29717		120539	78603	6715	35221		
	218778			150663	90094		60569		
5285	99884	4690	77	130038	68096		50781	5175	5985
95	66007		2707	226803	67479		159065	139	120
42370	707489	24587	5293	946953	519722	1517	385767	21907	18040
9783	281243			514690	245197		238758	16599	14136
25000	316412	9009	5293	252200	138935	1261	105365	4446	2193
7587	109833	15578		180062	135591	256	41644	862	1710
138	103842	6053	2863	380267	233894	6813	135417	4143	
	739			76218	34450		41768		
	60524	6053		140420	80331		60089		
	32830			20851	4700		16151		
	37			52492	47155		5338		
138	9712		2863	90285	67258	6813	12072	4143	
	57711	6665		126485	91050	6022	28563		850
	23892			3912			3912		
	12172	6646		45932	36532		9400		
	15777	19		52023	41000		11023		
	5870			24618	13518	6022	4228		850
	151831			207663	97754		104897		5012
	49600			78252	49195		28542		516
	7689			141	26		115		
	21921			84653	16422		63735		4496
	14310			2514	2514				
	58312			42102	29597		12505		
	105042			595606	478540	18816	97503		747
	59775			292012	261152		30859		
	45266			303595	217387	18816	66644		747
	66243			161066	106003		55062		
	66243			155545	100715		54831		
				5520	5289		232		
2113	243598	13588	2597	446945	195754	9381	216591	11372	13847
2107	18872	692	39	102507	34239		68268		
	4348			34301	14283		20018		
6	102527	2107	2558	144247	81409		45964	11372	5502
	31710			84362	43496	7693	33172		
	39997			73948	20180	1687	43735		8346
	46145	10789		7582	2147		5434		
	103648			296189	1935		276599	11564	6091
	103648			296189	1935		276599	11564	6091

4-36 续表 16

行业中类	私营合伙企业	私营有限责任公司	私营股份有限公司	其他企业	港、澳、台商投资企业	与港澳台商合资经营企业
煤炭加工		143265				
核燃料加工						
生物质燃料加工		85888				
化学原料和化学制品制造业	96065	11235505	932431		3100310	1201261
基础化学原料制造	15487	2055561	191937		1109082	144824
肥料制造	381	155929			70	70
农药制造		317902	43181		42618	10474
涂料、油墨、颜料及类似产品制造	26875	1872054	120157		449054	141896
合成材料制造	11870	3159067	348013		697279	616217
专用化学产品制造	35432	2811366	200186		762883	256724
炸药、火工及焰火产品制造		10187				
日用化学产品制造	6019	853438	28956		39323	31056
医药制造业	4790	1273508	218216		177424	137223
化学药品原料药制造	978	285569	91630		68767	68767
化学药品制剂制造		112116	8262		3544	
中药饮片加工		183462	8387		1860	1860
中成药生产		75869	43550			
兽用药品制造		100008	17909		670	670
生物药品制品制造		180034	31233		43266	33832
卫生材料及医药用品制造	428	211349	9439		33541	6318
药用辅料及包装材料	3384	125102	7806		25775	25775
化学纤维制造业	63344	5616704	16601		602097	406136
纤维素纤维原料及纤维制造	1189	76568				
合成纤维制造	62155	5519576	16601		547790	406136
生物基材料制造		20560			54307	
橡胶和塑料制品业	575456	18080602	567207		1271043	657141
橡胶制品业	70813	1621137	74266		31625	17574
塑料制品业	504643	16459465	492941		1239418	639567
非金属矿物制品业	140319	15715551	550072		527571	199606
水泥、石灰和石膏制造	2490	1434978	24684		469	469
石膏、水泥制品及类似制品制造	24193	8743104	276266		334172	128954
砖瓦、石材等建筑材料制造	63260	2026847	51774		26736	7300
玻璃制造	1029	378026	1743		17840	9307
玻璃制品制造	8984	895443	34182		61538	15495
玻璃纤维和玻璃纤维增强塑料制品制造	17450	371840	39561		40277	18541
陶瓷制品制造	4276	373671	27065		40271	14438
耐火材料制品制造	7546	611631	91068		912	
石墨及其他非金属矿物制品制造	11090	880010	3727		5355	5102
黑色金属冶炼和压延加工业	59547	6119776	115971		440516	319081
炼铁	854	900				
炼钢		42213				
钢压延加工	57954	5778895	115971		440516	319081
铁合金冶炼	739	297768				
有色金属冶炼和压延加工业	131803	8827300	423878		496826	270387

与港澳台商合作经营企业	港澳台商独资经营企业	港澳台商投资股份有限公司	其他港澳台投资企业	外商投资企业	中外合资经营企业	中外合作经营企业	外资企业	外商投资股份有限公司	其他外商投资
908750	831149	109673	49477	4256711	1348570	7302	2763551	121552	15735
849829	36789	77640		928732	441535		472588	14609	
				717	717				
	111	32033		68224	55364		12860		
58416	248743			278255	206784		71404	66	
505	80556			1214831	195221		1017124	16	2471
	456683		49477	830480	329601		383126	106861	10892
	8267			935471	119348	7302	806448		2372
	40201			325520	195560		129674	286	
				23917	6814		16817	286	
	3544			42729	41977		753		
				36514	31065		5449		
				11769	928		10841		
				74334	61664		12670		
	9434			79145	42277		36868		
	27223			37220	5689		31531		
				19893	5145		14747		
5839	190122			579450	427698		151752		
				89530	89530				
5839	135815			489920	338168		151752		
	54307								
17909	593297	373	2322	1023105	572743	9113	426467	2232	12550
	14051			155913	51028		104885		
17909	579246	373	2322	867192	521715	9113	321583	2232	12550
	327054	912		407265	190697	6959	192353	17255	
				39633			39633		
	205218			148773	84544		64229		
	19436			46257	19794		25459	1004	
	8533			3958	3958				
	46044			71965	39016	1181	31768		
	21736			42847	19094		7502	16251	
	25834			24206	15709		8497		
		912		10824	4900	5778	146		
	253			18802	3683		15119		
	121435			455675	366039		89636		
	121435			455675	366039		89636		
	133844		92595	717030	431386	27314	258330		

4-36 续表 17

行业中类	私营合伙企业	私营有限责任公司	私营股份有限公司	其他企业	港、澳、台商投资企业	与港澳台商合资经营企业
常用有色金属冶炼	327	1552572			15027	
贵金属冶炼		121567				
稀有稀土金属冶炼		10727			16	16
有色金属合金制造	10068	958467	46673		72773	577
有色金属压延加工	121408	6183967	377206		409009	269795
金属制品业	614678	21646129	343496		900938	424296
结构性金属制品制造	64312	4425714	54107		65592	25301
金属工具制造	42682	2226670	26758		85806	52046
集装箱及金属包装容器制造	3354	609600	7697		165895	45882
金属丝绳及其制品制造	21451	929639	39074		51819	21162
建筑、安全用金属制品制造	219478	4550232	50577		286482	153513
金属表面处理及热处理加工	121759	2177087	62197		54719	41861
搪瓷制品制造	2077	194735	3973		9267	9267
金属制日用品制造	22557	2809954	41725		48480	18000
铸造及其他金属制品制造	117009	3722498	57387		132877	57265
通用设备制造业	727199	28933775	836214		1529827	679919
锅炉及原动设备制造	7634	538430	5151		72091	38861
金属加工机械制造	56281	2677853	167072		138052	25541
物料搬运设备制造	19973	1869536	19508		271032	107215
泵、阀门、压缩机及类似机械制造	152393	7994846	294937		283130	107330
轴承、齿轮和传动部件制造	125081	3724451	54570		118502	70861
烘炉、风机、包装等设备制造	40357	3946324	96223		307845	99803
文化、办公用机械制造	592	337889	5559		18774	13821
通用零部件制造	319593	7082020	185962		318588	216096
其他通用设备制造业	5295	762426	7231		1815	391
专用设备制造业	271305	13495604	379538		765258	297173
采矿、冶金、建筑专用设备制造	8214	785192	31716		32608	20234
化工、木材、非金属加工专用设备制造	130910	4592563	42171		281066	80702
食品、饮料、烟草及饲料生产专用设备制造	1092	424753	7039		12202	3843
印刷、制药、日化及日用品生产专用设备制造	7588	659747	35177		41476	29721
纺织、服装和皮革加工专用设备制造	70456	1945041	64655		92727	47917
电子和电工机械专用设备制造	1620	393477	11566		36466	3862
农、林、牧、渔专用机械制造	15703	653582	38825		23097	
医疗仪器设备及器械制造	26930	1826668	33419		83112	15347
环保、邮政、社会公共服务及其他专用设备制造	8792	2214583	114970		162505	95547
汽车制造业	276290	12014404	453370		966063	453911
汽车整车制造		61615	2132		107255	102191
汽车用发动机制造		44005			9133	9133
改装汽车制造		88904				
低速汽车制造	5					
电车制造		1981				
汽车车身、挂车制造	2852	178925			39422	10218
汽车零部件及配件制造	273432	11638974	451238		810254	332369
铁路、船舶、航空航天和其他运输设备制造业	50233	3164488	275076		23715	5594

与港澳台商合作经营企业	港澳台商独资经营企业	港澳台商投资股份有限公司	其他港澳台投资企业	外商投资企业	中外合资经营企业	中外合作经营企业	外资企业	外商投资股份有限公司	其他外商投资
	15027								
	27620		44577	224401	9051	27314	188036		
	91197		48018	492629	422335		70295		
3463	459783	6824	6571	1025603	300739	41621	632930	20679	29633
	35028	5263		333862	85824		234405		13633
	32615	1146		114453	42782		65765	122	5782
90	119924			33064	1972		31092		
	30569	89		4156	426		3730		
3373	124128	327	5140	218461	61114	14171	121814	17652	3710
	11598		1260	47026	9071	17437	15593	2905	2019
				8474	3986				4488
	30480			74160	42426	10014	21721		
	75442		171	191948	53138		138809		
16456	813354	6845	13254	2813376	931114	5072	1793924	7371	75895
11537	21693			82523	33484		49039		
	109726	2785		376071	31123		343256	1692	
	162772	923	123	197802	57995	182	132621		7004
	174943	638	219	724018	315623		405233		3162
	47640			398281	168414	42	229825		
	205542	2499		321397	100559	4849	215989		
	4952			37614	12851		24763		
4919	84661		12912	567732	184571		372858	5679	4624
	1425			107938	26492		20340		61106
20392	427885	15	19794	1263575	304953	7424	905425	39267	6507
	12374			68683	14505	7288	46889		
189	191523	15	8637	369416	67843		289188	12385	
4645	3715			14684	6838		7847		
	598		11157	6152	2167		3985		
	44810			152496	7189		141029		4279
5893	26711			94749	58356		27194	9199	
8427	14670			141232	14941		108608	17683	
1239	66526			99468	42377		56712		380
	66957			316695	90737	135	223974		1849
	485192	8658	18301	1555554	546024	47274	936582	12751	12924
	5049	15		55298	49936		4698	664	
				3836			3836		
				42800	22046		20754		
				55			55		
	29204			27010	2312		24698		
	450939	8644	18301	1426555	471729	47274	882541	12087	12924
	5842	2721	9558	180401	51472		108168	12994	7766

4-36 续表 18

行业中类	私营合伙企业	私营有限责任公司	私营股份有限公司	其他企业	港、澳、台商投资企业	与港澳台商合资经营企业
铁路运输设备制造	26	129200	25289		1705	1705
城市轨道交通设备制造		12213				
船舶及相关装置制造	6570	653153	179249		2815	1533
航空、航天器及设备制造	3163	33662			517	517
摩托车制造	29399	788469	14193		5164	
自行车和残疾人座车制造	2411	572695	7669		13031	1743
助动车制造	8557	429275	26036			
非公路休闲车及零配件制造	107	465956	22640		97	97
潜水救捞及其他未列明运输设备制造		79866			386	
电气机械和器材制造业	286220	25677175	1071781		1356227	716499
电机制造	47325	2740668	96233		232791	161366
输配电及控制设备制造	94992	9507542	457923		419975	246748
电线、电缆、光缆及电工器材制造	20876	4162807	233088		240175	93634
电池制造	861	976213	138206		37408	36932
家用电力器具制造	61058	4037432	50575		204240	92993
非电力家用器具制造	1195	548652	5140		25176	227
照明器具制造	54310	3260602	86804		184555	72780
其他电气机械及器材制造	5603	443259	3811		11907	11819
计算机、通信和其他电子设备制造业	57881	7808251	389219		950062	568044
计算机制造	291	255141	29390		67118	6256
通信设备制造	3200	1060861	29381		38938	17447
广播电视设备制造	89	249487	2731		3626	495
雷达及配套设备制造	133	2643			204567	204567
非专业视听设备制造	4577	403969			98970	27899
智能消费设备制造	902	368097	47695		7751	3521
电子器件制造	2909	1202912	60778		126870	85001
电子元件及电子专用材料制造	45352	3932496	202768		354183	221095
其他电子设备制造	429	332645	16476		48038	1763
仪器仪表制造业	29731	3214295	192256		232785	97104
通用仪器仪表制造	22237	2314847	140770		190979	75601
专用仪器仪表制造	1829	489050	50721		18889	8168
钟表与计时仪器制造	669	48308			13819	9258
光学仪器制造	3463	171255	65		4724	4077
衡器制造	138	120294	700		680	
其他仪器仪表制造业	1395	70541			3693	
其他制造业	226116	2288904	41915		73081	14373
日用杂品制造	218535	1959968	28415		70233	13446
核辐射加工		367				
其他未列明制造业	7581	328569	13500		2848	927
废弃资源综合利用业	3103	1071744	21722		19007	17121
金属废料和碎屑加工处理	117	690957	14555		19007	17121
非金属废料和碎屑加工处理	2986	380787	7167			
金属制品、机械和设备修理业	8153	494538	1860		4307	652
金属制品修理		5202				

与港澳台商合作经营企业	港澳台商独资经营企业	港澳台商投资股份有限公司	其他港澳台投资企业	外商投资企业	中外合资经营企业	中外合作经营企业	外资企业	外商投资股份有限公司	其他外商投资
				943	943				
	1282			93665	22008		50897	12994	7766
				1510			1510		
	242	2721	2200	26937	5281		21655		
	3931		7358	33942	18009		15933		
				8338	2397		5941		
				5466	384		5083		
	386			9601	2451		7150		
2841	623548	5480	7859	1925229	1032933	2936	825385	8161	55813
	71424			259197	69678		189520		
459	166482		6286	447464	253692		181544	993	11235
	146187	355		550590	426226	2185	115573	6606	
	476			135163	56261		34956		43945
1192	108483		1573	262021	97914		164107		
	24948			38721	26663		12058		
1191	105459	5125		151354	95540	751	54015	414	633
	88			80719	6959		73612	148	
4122	314526	63370		905116	294949		596394	4616	9157
	13194	47669		35820	7821		27999		
	21491			118992	43134		75858		
		3131		57931	23537		34394		
	71072			59499	25453		31869		2177
	1893	2338		50007	106		43265		6637
	32379	9490		196687	54462		141882		343
4122	128223	742		366907	131220		231071	4616	
	46275			19274	9217		10057		
13061	122620			346856	134657		186850	1498	23850
12645	102733			248291	117848		125956	1498	2990
416	10305			56274	5449		50826		
	4561			1322	660		662		
	647			10499	10499				
	680			30409	141		9408		20860
	3693			61	61				
	58708			92129	27178		59945	3651	1355
	56788			67008	25655		36996	3651	706
	1921			25121	1523		22949		649
	1886			35951	11332		24619		
	1886			35149	11180		23968		
				803	152		651		
	3655			18546	18108		437		

4-36 续表 19

行业中类	私营合伙企业	私营有限责任公司	私营股份有限公司	其他企业	港、澳、台商投资企业	与港澳台商合资经营企业
通用设备修理	248	48680	329			
专用设备修理	63	28134	2			
铁路、船舶、航空航天等运输设备修理	7347	311998	713		1652	652
电气设备修理	17	26228	90		2654	
仪器仪表修理		7339				
其他机械和设备修理业	478	66956	727		1	
电力、热力、燃气及水生产和供应业	**61035**	**2077452**	**19514**		**1268939**	**1055291**
电力、热力生产和供应业	49493	1461169	14371		857294	769440
电力生产	49271	1160512	6404		841875	754215
电力供应	222	42396	3832			
热力生产和供应		258261	4135		15419	15225
燃气生产和供应业	1920	338589			389551	266309
燃气生产和供应业	1900	337500			387519	266309
生物质燃气生产和供应业	19	1089			2032	
水的生产和供应业	9623	277694	5142		22094	19542
自来水生产和供应	2181	31638	433		6001	6001
污水处理及其再生利用	2064	237971	4493		16093	13540
海水淡化处理		250				
其他水的处理、利用与分配	5378	7835	216			
建筑业	**10258**	**23505673**	**219517**		**25161**	**1436**
房屋建筑业	203	8288113	80053		2672	253
住宅房屋建筑	203	6975617	63460		452	202
体育场馆建筑		156004				
其他房屋建筑业		1156493	16593		2220	51
土木工程建筑业	2975	6857049	70176		5752	651
铁路、道路、隧道和桥梁工程建筑	792	4172485	26039		4774	
水利和水运工程建筑	47	560228	6653			
海洋工程建筑		15144				
工矿工程建筑		113767	33		43	
架线和管道工程建筑	27	370473	6788		651	651
节能环保工程施工		86465	2065			
电力工程施工	1795	128023	2173			
其他土木工程建筑	314	1410464	26424		284	
建筑安装业	1135	2496788	27553		4542	96
电气安装	844	963563	18208		261	
管道和设备安装	229	631029	2145		1215	
其他建筑安装业	62	902196	7201		3065	96
建筑装饰、装修和其他建筑业	5946	5863721	41735		12196	436
建筑装饰和装修业	3970	3898043	31733		12015	436
建筑物拆除和场地准备活动	1392	876741	8180			
提供施工设备服务		135444			180	
其他未列明建筑业	584	953492	1822			
批发和零售业	**546479**	**337343360**	**2355403**		**3233295**	**868687**
批发业	330449	306649809	2005148		2903429	818738

与港澳台商合作经营企业	港澳台商独资经营企业	港澳台商投资股份有限公司	其他港澳台投资企业	外商投资企业	中外合资经营企业	中外合作经营企业	外资企业	外商投资股份有限公司	其他外商投资
				4994	4994				
	1000			13115	13115				
	2654								
	1			437			437		
41853	**171795**			**1307647**	**657552**	**103175**	**516185**	**24790**	**5945**
41853	46001			544707	156529	95253	286980		5945
41853	45807			542643	154465	95253	286980		5945
	194			2064	2064				
	123242			708810	486708		203011	19091	
	121210			708810	486708		203011	19091	
	2032								
	2552			54129	14315	7922	26194	5698	
				11842		7922	3920		
	2552			42287	14315		22274	5698	
	23725			**15214**	**5765**		**9449**		
	2419			4840			4840		
	249								
	2169			4840			4840		
	5101			5178	4215		964		
	4774			2903	2318		585		
	43								
				521	521				
				308	308				
				570	191		378		
	284			876	876				
	4445			4102	717		3385		
	261			601			601		
	1215			717	717				
	2969			2784			2784		
	11760			1094	833		260		
	11580			1094	833		260		
	180								
1760	**2316182**	**17561**	**29105**	**5381449**	**1645447**	**5564**	**3057163**	**170049**	**503225**
1760	2051845	2240	28846	4912552	1594279	5564	2659520	163493	489696

4-36 续表 20

行业中类	私营合伙企业	私营有限责任公司	私营股份有限公司	其他企业	港、澳、台商投资企业	与港澳台商合资经营企业
农、林、牧、渔产品批发	8924	2199228	12125		47936	0
食品、饮料及烟草制品批发	99147	8554145	68293		274151	256080
纺织、服装及家庭用品批发	35174	56318240	448203		533410	267946
文化、体育用品及器材批发	9356	8266136	78462		398715	3791
医药及医疗器材批发	210	2874338	19865		17061	11423
矿产品、建材及化工产品批发	124197	182309204	1166471		963787	217706
机械设备、五金产品及电子产品批发	43045	32562977	161153		478211	48275
贸易经纪与代理	116	3255757	3163		177820	8052
其他批发业	10280	10309784	47413		12338	5465
零售业	216030	30693551	350255		329866	49949
综合零售	6034	509544	5365		17767	
食品、饮料及烟草制品专门零售	7205	1802816	53126		255	202
纺织、服装及日用品专门零售	7159	3204493	28848		62534	9389
文化、体育用品及器材专门零售	3094	1377656	19039		59894	
医药及医疗器材专门零售	39810	891780	8780		2072	2072
汽车、摩托车、零配件和燃料及其他动力销售	83905	7613377	82018		119041	5041
家用电器及电子产品专门零售	14827	3570797	30737		3054	1449
五金、家具及室内装饰材料专门零售	18364	3247808	63495		29849	23385
货摊、无店铺及其他零售业	35633	8475279	58847		35401	8411
交通运输、仓储和邮政业	**53970**	**20439479**	**685411**		**411879**	**168732**
铁路运输业						
铁路旅客运输						
铁路货物运输						
铁路运输辅助活动						
道路运输业	21794	10960818	117456		185283	8820
城市公共交通运输	75	114773	9031		4674	4674
公路旅客运输	1179	173693	2182			
道路货物运输	19629	10448001	105855		141186	4127
道路运输辅助活动	912	224351	388		39422	20
水上运输业	157	2279479	46699		34419	34419
水上旅客运输		16157	495			
水上货物运输	157	2080665	45831		527	527
水上运输辅助活动		182657	372		33892	33892
航空运输业		45744	160		7426	6876
航空客货运输		24258	66		812	262
通用航空服务		9596	95		6613	6613
航空运输辅助活动		11891				
管道运输业		84				
海底管道运输						
陆地管道运输		84				
多式联运和运输代理业	26914	5050980	507394		115185	97032
多式联运		5157	246694			
运输代理业	26914	5045822	260700		115185	97032
装卸搬运和仓储业	5103	787829	7373		69256	21585

与港澳台商合作经营企业	港澳台商独资经营企业	港澳台商投资股份有限公司	其他港澳台投资企业	外商投资企业	中外合资经营企业	中外合作经营企业	外资企业	外商投资股份有限公司	其他外商投资
	47936			2475	168		1707		600
60	17827	183		169271	18148		130364	744	20015
458	257659	1502	5846	1496751	173826	351	830494	128242	363839
	394924			185810	18070	140	124453	547	42599
	5638			53563	11761		41582		220
369	745712	0		1815791	835787	828	949691	27197	2288
840	405541	555	23000	678946	94156	1926	523953	6675	52237
33	169735			35530	6674		27691	89	1076
	6873			474415	435690	2318	29586		6821
	264337	15321	259	468897	51168		397643	6556	13529
	17767			40152	29711		10441		
	32	12	9	10077	378		9379	68	252
	52989	155		45868	5349		38092	10	2416
	59644		250	10446	185		10233		27
				147	147				
	99945	14055		37537	10692		24537	69	2240
	1605			2424			2249	176	
	5408	1056		8310	33		5275	3002	
	26946	43		313937	4674		297438	3232	8594
	242987		**160**	**383237**	**143357**	**17**	**236432**		**3430**
	176462			79876	45014		34862		
				284			284		
	137060			53714	20272		33442		
	39402			25879	24742		1137		
				62990	6455	17	56518		
				107			107		
				62882	6455	17	56410		
	550			1139	1139				
	550			1139	1139				
				865	865				
				865	865				
	17992		160	98767	54840		43468		458
	17992		160	98767	54840		43468		458
	47672			139601	35045		101584		2972

4-36 续表 21

行业中类	私营合伙企业	私营有限责任公司	私营股份有限公司	其他企业	港、澳、台商投资企业	与港澳台商合资经营企业
装卸搬运	3854	264597	856		12802	3205
通用仓储		271994	4717		35698	7453
低温仓储	124	17990	49		730	730
危险品仓储		17917			7179	7179
谷物、棉花等农产品仓储		7582				
中药材仓储						
其他仓储业	1125	207750	1751		12847	3018
邮政业	3	1314544	6329		311	
邮政基本服务						
快递服务	3	1314158	5145		311	
其他寄递服务		387	1184			
住宿和餐饮业	**88377**	**3131803**	**45333**		**29672**	**13156**
住宿业	43713	1123313	19131		16350	7640
旅游饭店	11495	451975	8842		13444	7131
一般旅馆	31554	605816	9813		2868	509
民宿服务	343	47578	441		37	
露营地服务		365				
其他住宿业	321	17579	35			
餐饮业	44663	2008491	26202		13322	5516
正餐服务	39154	1710385	19830		7408	2669
快餐服务	2847	107417	171		2597	608
饮料及冷饮服务	1989	41817	1958		2834	2159
餐饮配送及外卖送餐服务		91273	680			
其他餐饮业	673	57598	3563		483	80
信息传输、软件和信息技术服务业	**9744**	**14696968**	**264727**		**1086189**	**250470**
电信、广播电视和卫星传输服务	48	334318	619			
电信	48	325312	619			
广播电视传输服务		6979				
卫星传输服务		2027				
互联网和相关服务	2576	4227996	11696		22433	46
互联网接入及相关服务	45	66583				
互联网信息服务	2104	879921	6124			
互联网平台		3048446	367		18660	
互联网安全服务		11757				
互联网数据服务		62365	859		2226	
其他互联网服务	427	158924	4346		1547	46
软件和信息技术服务业	7120	10134654	252412		1063756	250425
软件开发	3424	5917599	193355		1007241	249219
集成电路设计		82850	2830		4431	40
信息系统集成和物联网技术服务	40	645502	30828		9733	
运行维护服务	20	70505	2		670	
信息处理和存储支持服务		104010	6673			
信息技术咨询服务	3196	1164404	4819		11012	1156
数字内容服务		1804103	9143			
其他信息技术服务业	441	345681	4764		30669	10

与港澳台商合作经营企业	港澳台商独资经营企业	港澳台商投资股份有限公司	其他港澳台投资企业	外商投资企业	中外合资经营企业	中外合作经营企业	外资企业	外商投资股份有限公司	其他外商投资
	9597			9547	534		9013		
	28245			99498	12236		87262		
				15010	15010				
				1805	1805				
	9829			13742	5461		5309		2972
	311								
	311								
1146	**14249**	**1060**	**60**	**33893**	**7386**	**200**	**20355**	**1160**	**4793**
1146	7563			19268	4727		12946		1596
	6313			11600	3079		8521		
1146	1213			7668	1647		4425		1596
	37			0	0				
	6686	1060	60	14625	2659	200	7409	1160	3198
	3679	1060		11086	2557	200	4914	1160	2255
	1989			1429			1429		
	675			1320			633		687
	343		60	791	102		434		255
11	**809052**		**26656**	**16508748**	**89804**		**16289768**	**252**	**128924**
				112399			112399		
				112399			112399		
	22387			16111152	6443		16104476		233
				13397569	4467		13392870		233
	18660			2701724	1593		2700131		
	2226			10399	211		10188		
	1501			1461	173		1288		
11	786665		26656	285196	83361		72892	252	128691
11	732714		25297	246907	63977		56536	184	126210
	4391			4021	922		3099		
	9733			9657	661		8996		
	670								
				7023	6931		92		
	9838		18	12510	5816		4145	68	2481
				42	42				
	29319		1340	5037	5013		24		

4-36 续表 22

行业中类	私营合伙企业	私营有限责任公司	私营股份有限公司	其他企业	港、澳、台商投资企业	与港澳台商合资经营企业
金融业	**1648033**	**1235374**	**112218**		**156367**	**87142**
货币金融服务	24292	382344	98167		147347	87142
中央银行服务						
货币银行服务	79	26				
非货币银行服务	24214	382318	98167		147347	87142
银行理财服务						
银行监管服务						
资本市场服务	1611604	537934	10401		6344	
证券市场服务						
公开募集证券投资基金						
非公开募集证券投资基金						
期货市场服务						
证券期货监管服务						
资本投资服务	165958	223471	10401		6344	
其他资本市场服务	1445646	314463				
保险业		4956				
人身保险						
财产保险						
再保险						
商业养老金						
保险中介服务						
保险资产管理						
保险监管服务						
其他保险活动		4956				
其他金融业	12136	310139	3651		2676	
金融信托与管理服务	45	6828				
控股公司服务	11891	110531	2147			
非金融机构支付服务						
金融信息服务	200	55598	406		503	
金融资产管理公司		15				
其他未列明金融业		137168	1097		2173	
房地产业	**55733**	**6330318**	**48261**		**299030**	**128039**
房地产业	55733	6330318	48261		299030	128039
房地产开发经营		2959832	29302		260872	123279
物业管理	663	1610284	10388		20799	3846
房地产中介服务	53468	1640873	8428		14354	913
房地产租赁经营						
其他房地产业	1602	119329	143		3005	
租赁和商务服务业	**1753797**	**27881918**	**435138**	**1644**	**513939**	**241135**
租赁业	1369	1430072	11863		73863	24692
机械设备经营租赁	1300	1355395	10926		73863	24692

与港澳台商合作经营企业	港澳台商独资经营企业	港澳台商投资股份有限公司	其他港澳台投资企业	外商投资企业	中外合资经营企业	中外合作经营企业	外资企业	外商投资股份有限公司	其他外商投资
	37774	**8130**	**23321**	**48870**	**48457**		**387**		**26**
	29257	8130	22818	48287	48137		150		
	29257	8130	22818	48287	48137		150		
	6344			582	319		237		26
	6344								
				582	319		237		26
	2173		503						
			503						
	2173								
9983	**160474**	**534**		**65281**	**19607**		**36027**	**261**	**9386**
9983	160474	534		65281	19607		36027	261	9386
	137059	534		13648	9994		2545	261	849
9896	7056			38554	679		29338		8537
87	13354			5220	1076		4144		
	3005			7858	7858				
16244	**238200**	**411**	**17949**	**534766**	**137351**	**357**	**371284**	**6818**	**18955**
	32318		16853	27978	6150		21740		88
	32318		16853	27978	6150		21740		88

4-36 续表 23

行业中类						
	私营合伙企业	私营有限责任公司	私营股份有限公司	其他企业	港、澳、台商投资企业	与港澳台商合资经营企业
文体设备和用品出租	69	36163	894			
日用品出租		38513	42			
商务服务业	1752428	26451846	423276	1644	440076	216444
组织管理服务	1266696	3929197	158501		134785	105721
综合管理服务	4362	1962456	10298		10302	1015
法律服务	236011	19313		1644		
咨询与调查	231883	4890188	43661		49631	5274
广告业	2174	3416709	27372		2455	2275
人力资源服务	2413	8265171	122465		108426	92428
安全保护服务	130	588187	27963			
会议、展览及相关服务	1223	385901	590		3084	20
其他商务服务业	7535	2994725	32425		131392	9712
科学研究和技术服务业	**67317**	**10041864**	**139229**		**182513**	**85718**
研究和试验发展	12498	1706393	12410		46085	8535
自然科学研究和试验发展		55840			426	426
工程和技术研究和试验发展	1374	1394729	10448		44428	6910
农业科学研究和试验发展	1788	27936	301		3	
医学研究和试验发展	9336	225038	1662		1228	1199
社会人文科学研究		2850				
专业技术服务业	24786	5474117	95335		112992	72534
气象服务		3064				
地震服务		157				
海洋服务		9194				
测绘地理信息服务	435	134920	6091			
质检技术服务	1875	597684	6698		3904	2449
环境与生态监测检测服务	30	130133	2012			
地质勘查		15221				
工程技术与设计服务	18231	3072038	62265		47062	16590
工业与专业设计及其他专业技术服务	4214	1511706	18269		62026	53495
科技推广和应用服务业	30033	2861354	31483		23436	4649
技术推广服务	1539	2332665	28498		17831	4649
知识产权服务	24523	165708	553		5410	
科技中介服务	2854	75156	717			
创业空间服务	506	20455	143		6	
其他科技推广服务业	611	267369	1573		190	
水利、环境和公共设施管理业	**3292**	**1674510**	**45761**		**13226**	**2483**
水利管理业	292	36548	393			
防洪除涝设施管理	292	3291	393			
水资源管理		10556				
天然水收集与分配		2508				
水文服务		410				
其他水利管理业		19782				
生态保护和环境治理业	167	276283	37834			

与港澳台商合作经营企业	港澳台商独资经营企业	港澳台商投资股份有限公司	其他港澳台投资企业	外商投资企业	中外合资经营企业	中外合作经营企业	外资企业	外商投资股份有限公司	其他外商投资
16244	205882	411	1095	506788	131201	357	349544	6818	18867
	27746	230	1088	101602	88416	302	11841	802	240
	9287			29294	20267		8440		588
				30	30				
246	43926	181	4	40575	4961	55	21169	16	14374
	181			300898	135		300684		79
15998				210	76		20	114	
				5507	5413		8		86
	3061		3	2125	14		74		2038
	121681			26546	11891		7308	5886	1461
198	**84840**	**1072**	**10685**	**214818**	**149023**	**294**	**57856**	**4743**	**2902**
	32395		5155	74881	51679		20566	2636	
				25	25				
	32363		5155	49129	31217		17913		
	3			833			833		
	29			24895	20437		1821	2636	
54	40403			93654	70692		21692	275	994
	1455			20942	6177		14751	14	
54	30417			24170	22125		1918	126	
	8531			48542	42390		5023	135	994
144	12042	1072	5530	46283	26652	294	15597	1832	1908
144	12003	916	120	44918	26224	294	14660	1832	1908
			5410	147	1		146		
	6								
	33	156		1218	427		791		
29	**10**		**10705**	**19952**	**17187**		**2456**		**308**
				12296	11988				308
				11988	11988				
				308					308
				6555	5196		1359		

4-36 续表 24

行业中类	私营合伙企业	私营有限责任公司	私营股份有限公司	其他企业	港、澳、台商投资企业	与港澳台商合资经营企业
生态保护		17019				
环境治理业	167	259263	37834			
公共设施管理业	2047	1256428	7318		13226	2483
市政设施管理		229188				
环境卫生管理		194606	377			
城乡市容管理		13533				
绿化管理	38	715789	4255		10705	
城市公园管理	888	11649				
游览景区管理	1120	91662	2686		2522	2483
土地管理业	786	105251	217			
土地整治服务		56136				
土地调查评估服务	233	29782				
土地登记服务	12	74				
土地登记代理服务	33	1583	217			
其他土地管理服务	507	17677				
居民服务、修理和其他服务业	**44273**	**2437810**	**16387**		**4777**	**854**
居民服务业	20527	926410	6971		2952	815
家庭服务	339	197198	135			
托儿所服务	188	7357	67			
洗染服务	2042	65823	1760			
理发及美容服务	5461	123953	816		186	
洗浴和保健养生服务	9801	119690	2201		470	329
摄影扩印服务	250	82780	363		21	
婚姻服务	1388	61271	1188		157	
殡葬服务	571	26462	436		2117	486
其他居民服务业	486	241875	2			
机动车、电子产品和日用产品修理业	22482	1072411	5740		121	40
汽车、摩托车等修理与维护	20995	791430	4012		40	40
计算机和办公设备维修	132	128881	195		81	
家用电器修理	1356	140154	381			
其他日用产品修理业		11945	1152			
其他服务业	1264	438989	3677		1704	
清洁服务	830	343520	3403			
宠物服务	12	9658				
其他未列明服务业	422	85810	274		1704	
教育						
教育						
学前教育						
初等教育						
中等教育						
高等教育						
特殊教育						
技能培训、教育辅助及其他教育						

与港澳台商合作经营企业	港澳台商独资经营企业	港澳台商投资股份有限公司	其他港澳台投资企业	外商投资企业	中外合资经营企业	中外合作经营企业	外资企业	外商投资股份有限公司	其他外商投资
				6555	5196		1359		
29	10		10705	1100	3		1097		
				1100	3		1097		
			10705						
29	10								
	3923			**5464**	**3036**		**1665**	**0**	**763**
	2137			3052	1597		692		763
				108			108		
	186			744	226		18		501
	142			262					262
	21			208	208				
	157								
	1631			1163	1163				
				567			567		
	81			1436	1436			0	
				773	773			0	
	81								
				663	663				
	1704			975	3		973		
	1704			975	3		973		

4-36 续表 25

行业中类	私营合伙企业	私营有限责任公司	私营股份有限公司	其他企业	港、澳、台商投资企业	与港澳台商合资经营企业
卫生和社会工作	**33609**	**278276**	**6440**		**1296**	**1207**
卫生	33293	231180	2802			
医院	20255	103799	2802			
基层医疗卫生服务	13038	105561				
专业公共卫生服务		1473				
其他卫生活动		20347				
社会工作	316	47097	3638		1296	1207
提供住宿社会工作	171	45075	3638		1274	1207
不提供住宿社会工作	146	2022			22	
文化、体育和娱乐业	**86573**	**3779109**	**56739**		**19511**	**7586**
新闻和出版业		30730	5728			
新闻业		1775				
出版业		28955	5728			
广播、电视、电影和录音制作业	5564	2207060	26196		8242	6129
广播	286	13065	215			
电视		42856	350			
影视节目制作	3436	1827951	23081			
广播电视集成播控		183				
电影和广播电视节目发行		67682	126			
电影放映	1842	250848	2424		8242	6129
录音制作		4474				
文化艺术业	4325	332527	3495		3446	896
文艺创作与表演	1925	133930	1050		3117	896
艺术表演场馆	980	869				
图书馆与档案馆	186	17023				
文物及非物质文化遗产保护	662	2769	3			
博物馆		846	125			
烈士陵园、纪念馆		90				
群众文体活动	22	30267	194		8	
其他文化艺术业	550	146733	2124		321	
体育	1250	179267	2710		2000	213
体育组织	101	39647	2589		38	38
体育场地设施管理	215	22901	11		95	95
健身休闲活动	923	113999	110		1866	80
其他体育	11	2720				
娱乐业	75434	1029526	18609		5824	348
室内娱乐活动	59902	308763	2826		35	
游乐园	226	19467	986		5016	
休闲观光活动	103	51753	233		2	
彩票活动		69				
文化体育娱乐活动与经纪代理服务	15203	643553	14564		771	348
其他娱乐业		5920				

与港澳台商合作经营企业	港澳台商独资经营企业	港澳台商投资股份有限公司	其他港澳台投资企业	外商投资企业	中外合资经营企业	中外合作经营企业	外资企业	外商投资股份有限公司	其他外商投资
	89								
	89								
	67								
	22								
1821	**7991**		**2113**	**13144**	**3473**		**5447**	**1759**	**2465**
			2113	3675	1483				2192
				2192					2192
			2113	1483	1483				
	2550			284			11		273
	2221			273					273
	8								
	321			11			11		
1786	0			3769	935		2834		
				448			448		
1786	0			3321	935		2386		
35	5442			5415	1055		2602	1759	
35				4873	981		2146	1745	
	5016								
	2								
	424			529	74		455		
				13				13	

4-37 按行业(中类)、控股情况分组的小微企业资产总计

行业中类	资产总计(万元)	国有控股	集体控股	私人控股	港澳台商控股	外商控股	其他
总　计	**2500420672**	**760383142**	**41112203**	**1509473733**	**52185527**	**41523754**	**95742312**
农、林、牧、渔业	**395106**	**134071**	**13266**	**245112**	**2**	**251**	**2404**
农业							
谷物种植							
豆类、油料和薯类种植							
棉、麻、糖、烟草种植							
蔬菜、食用菌及园艺作物种植							
水果种植							
坚果、含油果、香料和饮料作物种植							
中药材种植							
草种植及割草							
其他农业							
林业							
林木育种和育苗							
造林和更新							
森林经营、管护和改培							
木材和竹材采运							
林产品采集							
畜牧业							
牲畜饲养							
家禽饲养							
狩猎和捕捉动物							
其他畜牧业							
渔业							
水产养殖							
水产捕捞							
农、林、牧、渔专业及辅助性活动	395106	134071	13266	245112	2	251	2404
农业专业及辅助性活动	335430	119119	8737	206247	2	251	1073
林业专业及辅助性活动	16523	9132	225	7166			
畜牧专业及辅助性活动	17190	959	577	14323			1331
渔业专业及辅助性活动	25964	4861	3727	17376			
采矿业	**4030772**	**742627**	**491154**	**2562596**		**119619**	**114777**
煤炭开采和洗选业	13201	10515		2686			
烟煤和无烟煤开采洗选	242			242			
褐煤开采洗选	10515	10515					
其他煤炭采选	2444			2444			
石油和天然气开采业	988						988
石油开采	988						988
天然气开采							
黑色金属矿采选业	39967			39967			
铁矿采选	39967			39967			
锰矿、铬矿采选							
其他黑色金属矿采选							
有色金属矿采选业	293723	29876		263847			
常用有色金属矿采选	188408	29876		158532			
贵金属矿采选	3694			3694			
稀有稀土金属矿采选	101620			101620			

4-37　续表 1

行业中类	资产总计（万元）						
		国有控股	集体控股	私人控股	港澳台商控股	外商控股	其他
非金属矿采选业	3619730	702235	491154	2192933		119619	113789
土砂石开采	3436575	641147	488449	2073571		119619	113789
化学矿开采	49558	48763		795			
采盐	2582		2495	87			
石棉及其他非金属矿采选	131016	12326	210	118480			
开采专业及辅助性活动	1652			1652			
煤炭开采和洗选专业及辅助性活动	461			461			
石油和天然气开采专业及辅助性活动	755			755			
其他开采专业及辅助性活动	436			436			
其他采矿业	61511			61511			
其他采矿业	61511			61511			
制造业	**478991428**	**12982495**	**5935692**	**402986721**	**23908466**	**21712483**	**11465571**
农副食品加工业	9336955	312761	133069	8009914	331485	445167	104560
谷物磨制	380035	55058	12810	312167			
饲料加工	1756248		19180	1603491	23406	102344	7827
植物油加工	1681266	74294		1302980	209784	94209	
制糖业	18286		550	17736			
屠宰及肉类加工	1250016	96456	26600	872012	75890	122826	56233
水产品加工	2315652	49067	14106	2159199	19831	62014	11434
蔬菜、菌类、水果和坚果加工	1474566	3746	50981	1387729		22841	9268
其他农副食品加工	460887	34140	8841	354601	2574	40933	19798
食品制造业	4017581	118775	93685	2803353	267689	536607	197471
焙烤食品制造	561721	14685	170	477002	45167	23951	745
糖果、巧克力及蜜饯制造	256809		2362	203551	2952	43446	4499
方便食品制造	460285	17453	318	292634	78038	54936	16907
乳制品制造	312501	12760		115951		142067	41722
罐头食品制造	380999	1986	6311	285666		36524	50512
调味品、发酵制品制造	313338		933	282925	15068	5815	8598
其他食品制造	1731928	71892	83592	1145623	126465	229868	74489
酒、饮料和精制茶制造业	4146480	159304	77326	2921054	363482	575453	49862
酒的制造	1424254	40641	11565	875119	189882	282587	24459
饮料制造	1475720	3920	809	999532	164962	289017	17480
精制茶加工	1246507	114744	64953	1046403	8637	3848	7922
烟草制品业							
烟叶复烤							
卷烟制造							
其他烟草制品制造							
纺织业	42078823	29938	238201	38206975	2096514	1076032	431164
棉纺织及印染精加工	14855054	7634	123221	13495592	694205	407374	127028
毛纺织及染整精加工	2077022		17953	1707112	273047	69321	9589
麻纺织及染整精加工	178554			73944	8909	7635	88066
丝绢纺织及印染精加工	2028559	3671	45256	1762538	111240	82082	23772
化纤织造及印染精加工	6847989		7665	6477226	230585	86995	45517
针织或钩针编织物及其制品制造	8731418	7836	29214	8024294	500273	120230	49571
家用纺织制成品制造	3448295	40	5789	3174282	162595	78452	27138
产业用纺织制成品制造	3911931	10758	9103	3491986	115659	223943	60482
纺织服装、服饰业	21636576	345972	82208	18416052	1809636	725907	256801
机织服装制造	8656101	225142	43043	7049031	867103	393527	78256

4-37 续表 2

行业中类	资产总计（万元）	国有控股	集体控股	私人控股	港澳台商控股	外商控股	其他
针织或钩针编织服装制造	6072270	20982	19555	5163545	533882	223530	110776
服饰制造	6908205	99847	19609	6203476	408651	108851	67770
皮革、毛皮、羽毛及其制品和制鞋业	12036683	5462	93585	10911348	457430	504721	64138
皮革鞣制加工	1406039		4454	1083743	12823	303277	1742
皮革制品制造	3182042	2477	52806	2796046	171559	119348	39807
毛皮鞣制及制品加工	726151		577	664570	50164	10615	224
羽毛(绒)加工及制品制造	1084199			858519	183839	32156	9684
制鞋业	5638252	2986	35748	5508469	39045	39325	12680
木材加工和木、竹、藤、棕、草制品业	4710310	507	21785	4282984	177967	108318	118748
木材加工	562987	507	1539	531033	18510	8666	2731
人造板制造	980000		1910	867829	64822	13340	32100
木质制品制造	2344682		16186	2177053	49881	27355	74206
竹、藤、棕、草等制品制造	822641		2150	707069	44754	58956	9711
家具制造业	6845595		49790	5947590	448884	250152	149179
木质家具制造	3678894		43596	3212672	234289	117154	71182
竹、藤家具制造	171411		38	112834	4618	2770	51149
金属家具制造	1593750		6156	1399561	84540	89179	14313
塑料家具制造	225297			204177	19544	1576	
其他家具制造	1176243			1018345	105892	39472	12534
造纸和纸制品业	12109852	8927	141005	10986005	486599	316879	170437
纸浆制造	6690		1736	4954			
造纸	5365270	8913	107837	4885441	199738	80520	82822
纸制品制造	6737891	15	31431	6095611	286860	236359	87615
印刷和记录媒介复制业	7554931	140825	79546	6961109	120837	196906	55709
印刷	7300878	138172	75616	6715458	120837	196680	54115
装订及印刷相关服务	244335	2654	3930	235933		225	1594
记录媒介复制	9718			9718			
文教、工美、体育和娱乐用品制造业	12085673	27267	55316	10875349	515752	369228	242762
文教办公用品制造	2038795	29	3637	1826116	47357	83581	78077
乐器制造	193107	3273	5	144293	15061	25379	5096
工艺美术及礼仪用品制造	6295725	23966	39781	5786066	230707	109746	105458
体育用品制造	1515808		8321	1338585	55339	88713	24849
玩具制造	1610725		3506	1422472	105578	50097	29072
游艺器材及娱乐用品制造	431513		66	357817	61710	11711	209
石油、煤炭及其他燃料加工业	1430815	203605	111486	609490	118003	198618	189613
精炼石油产品制造	1216177	160884	111453	456165	100468	198618	188589
煤炭加工	89585	24121	33	64408			1024
核燃料加工	18600	18600					
生物质燃料加工	106452			88918	17535		
化学原料和化学制品制造业	28324280	1168649	1021516	19818408	2083909	3138410	1093387
基础化学原料制造	6658489	773795	282454	4415090	359469	562229	265452
肥料制造	254342		4608	246914		869	1951
农药制造	1643077	18994	64214	1193300	97083	53999	215486
涂料、油墨、颜料及类似产品制造	3970463	4345	176048	3028842	520035	174095	67098
合成材料制造	6385956	231191	120781	4112474	600864	1068551	252095
专用化学产品制造	6521658	118821	369941	4602904	465495	685788	278708
炸药、火工及焰火产品制造	73538	17817		55721			
日用化学产品制造	2816758	3686	3470	2163163	40963	592879	12598

4-37　续表 3

行业中类	资产总计(万元)	国有控股	集体控股	私人控股	港澳台商控股	外商控股	其他
医药制造业	6412434	177851	75076	5025196	187645	533127	413540
化学药品原料药制造	1518813	4328	4536	1232705	76601	152242	48401
化学药品制剂制造	1220516	25248	28536	833543	19009	157861	156320
中药饮片加工	568218	70817	20345	408489		54185	14381
中成药生产	605578	31803	9283	526129		9157	29206
兽用药品制造	373316	45655	1193	266180		27917	32371
生物药品制品制造	1202779		6493	1000957	23929	79098	92302
卫生材料及医药用品制造	613955		4660	491517	45441	37641	34696
药用辅料及包装材料	309260		29	265676	22666	15027	5863
化学纤维制造业	10061859	141197	81363	7768520	944636	302833	823310
纤维素纤维原料及纤维制造	185355	103965		62290		19100	
合成纤维制造	9645441	37232	81363	7572422	847381	283733	823310
生物基材料制造	231063			133809	97254		
橡胶和塑料制品业	26940378	99336	330031	24282607	1162772	778930	286702
橡胶制品业	2971428		49072	2672819	59444	168997	21096
塑料制品业	23968949	99336	280960	21609787	1103328	609932	265606
非金属矿物制品业	27659571	3240601	461353	22234389	630727	493506	598995
水泥、石灰和石膏制造	4450074	2065923	9522	2228073		80525	66031
石膏、水泥制品及类似制品制造	12519156	719260	293711	10788069	349529	106995	261591
砖瓦、石材等建筑材料制造	4087968	397110	50749	3396298	66939	72324	104548
玻璃制造	897806		51753	788939	8712	635	47768
玻璃制品制造	1709382	6874	27658	1381718	104447	139285	49400
玻璃纤维和玻璃纤维增强塑料制品制造	730700		15170	615221	50444	37356	12509
陶瓷制品制造	864512	1986	1554	785999	38134	12809	24032
耐火材料制品制造	1131892		9835	1081648	12141	16	28252
石墨及其他非金属矿物制品制造	1268080	49448	1401	1168424	380	43562	4865
黑色金属冶炼和压延加工业	7180735	1741254	154518	4671862	313232	162704	137164
炼铁	5199		833	4366			
炼钢	140544	103199		37344			
钢压延加工	6813845	1638055	153624	4409066	313232	162704	137164
铁合金冶炼	221148		61	221087			
有色金属冶炼和压延加工业	7952940	288836	44886	6969547	278376	284211	87085
常用有色金属冶炼	904758		3644	893545	5255		2314
贵金属冶炼	158373			158373			
稀有稀土金属冶炼	52562			32324	19696		542
有色金属合金制造	1163381	39815	11867	899166	46022	135118	31394
有色金属压延加工	5673866	249021	29375	4986139	207403	149093	52835
金属制品业	29777958	313286	286187	26726750	1135813	777465	538456
结构性金属制品制造	6152386	68569	92938	5533405	145978	101194	210302
金属工具制造	2924146	439	9722	2722725	78894	76444	35922
集装箱及金属包装容器制造	1370521	57943	5899	987393	239041	33808	46437
金属丝绳及其制品制造	972092		5046	917881	43409	5510	246
建筑、安全用金属制品制造	6245556	20694	43188	5683175	258739	161312	78447
金属表面处理及热处理加工	3348227	91356	59928	3012494	76558	74085	33806
搪瓷制品制造	279234			261237	9699	3887	4412
金属制日用品制造	2814511		15624	2674261	55801	49511	19314
铸造及其他金属制品制造	5671286	74286	53842	4934179	227695	271714	109571

4-37 续表 4

行业中类	资产总计（万元）	国有控股	集体控股	私人控股	港澳台商控股	外商控股	其他
通用设备制造业	51270357	434361	485565	44328159	2266407	2506624	1249241
锅炉及原动设备制造	2266595	59809	7424	1988925	111385	81355	17696
金属加工机械制造	5179145		30412	4420109	298429	384482	45712
物料搬运设备制造	4533117	50349	27598	3432339	544826	179962	298042
泵、阀门、压缩机及类似机械制造	12283921	141703	188875	10822366	358822	519135	253020
轴承、齿轮和传动部件制造	6608330	6848	53093	5860602	167979	383617	136191
烘炉、风机、包装等设备制造	7426835	132253	42033	6099348	517982	331365	303855
文化、办公用机械制造	647424		15691	584117	3243	30452	13922
通用零部件制造	10589601	4203	114174	9580900	244074	515255	130993
其他通用设备制造业	1735389	39197	6264	1539452	19666	81001	49809
专用设备制造业	25621099	423191	294496	21857527	1013197	1509137	523551
采矿、冶金、建筑专用设备制造	1716357	23108	22480	1507411	81526	75105	6728
化工、木材、非金属加工专用设备制造	8165077	96582	71292	6664453	474302	708778	149670
食品、饮料、烟草及饲料生产专用设备制造	640507		8355	603517	10070	17750	814
印刷、制药、日化及日用品生产专用设备制造	1139680	4728	5357	1091854	15138	11061	11542
纺织、服装和皮革加工专用设备制造	3894284		75091	3505047	120858	128469	64819
电子和电工机械专用设备制造	1015023		2075	912863	47116	46587	6381
农、林、牧、渔专用机械制造	1392990	81214	36491	1098660	37512	123580	15534
医疗仪器设备及器械制造	2843023	1269	32174	2407743	80486	115927	205424
环保、邮政、社会公共服务及其他专用设备制造	4814158	216291	41180	4065979	146189	281880	62640
汽车制造业	31014844	1315598	175153	23816440	3023679	2075813	608161
汽车整车制造	2257221	758661		728351	159410	533269	77530
汽车用发动机制造	606655			582462	19975	2672	1546
改装汽车制造	229317	32195		181585		15537	
低速汽车制造	51			51			
电车制造	134769			131609		3160	
汽车车身、挂车制造	419533			332560	38299	44560	4113
汽车零部件及配件制造	27367300	524743	175153	21859822	2805994	1476616	524972
铁路、船舶、航空航天和其他运输设备制造业	9393522	654139	41055	7982610	98319	335573	281826
铁路运输设备制造	837320	49099	10324	771870	4664		1363
城市轨道交通设备制造	595629	515926		79033		670	
船舶及相关装置制造	4090233	89114	9047	3454280	25752	265645	246396
航空、航天器及设备制造	477675			470114		1008	6553
摩托车制造	1377422		11153	1316057	3882	29398	16933
自行车和残疾人座车制造	840815		538	751720	63280	19668	5609
助动车制造	641087			635308		2217	3561
非公路休闲车及零配件制造	419142		9963	401220	566	5982	1411
潜水救捞及其他未列明运输设备制造	114199		30	103008	174	10986	
电气机械和器材制造业	46248315	1015225	855249	38433902	2242190	1727967	1973782
电机制造	5216642	18295	35344	4538046	373726	173139	78092
输配电及控制设备制造	17440692	495675	701427	14447154	826704	523475	446257
电线、电缆、光缆及电工器材制造	8286576	122156	35570	6319364	225638	413293	1170555
电池制造	2788484	145460	45541	2290834	62239	178196	66214
家用电力器具制造	6199626	209453	18019	5341315	366764	182834	81241
非电力家用器具制造	886149	12234	15	796683	31557	45098	563
照明器具制造	4721706	16	6163	4121040	338223	131835	124429
其他电气机械及器材制造	708440	11935	13169	579468	17340	80098	6430

4-37　续表 5

行业中类	资产总计(万元)	国有控股	集体控股	私人控股	港澳台商控股	外商控股	其他
计算机、通信和其他电子设备制造业	19333040	435480	285068	16004700	953506	1121408	532878
计算机制造	1143782	11975	1421	801434	209103	106355	13494
通信设备制造	2796617	38437	129304	2380635	78209	151441	18592
广播电视设备制造	422844			245731	2112	41493	133509
雷达及配套设备制造	214036	28018	12	1419			184587
非专业视听设备制造	1062041	128994	19580	721738	103456	75702	12570
智能消费设备制造	729641	13073	33511	614749	20968	37988	9352
电子器件制造	3295437	209407	11034	2443662	181199	372184	77951
电子元件及电子专用材料制造	7045139	5576	68756	6266270	294659	327707	82172
其他电子设备制造	2623503		21452	2529063	63800	8539	651
仪器仪表制造业	7407298	34430	119067	6404048	251240	461745	136767
通用仪器仪表制造	5528057	32635	93740	4723551	186126	382248	109758
专用仪器仪表制造	1240027	1795	1726	1142206	31960	53066	9275
钟表与计时仪器制造	96059		10267	66393	18882	517	
光学仪器制造	298141		8652	264247	7507		17734
衡器制造	153799		2057	122244	3987	25511	
其他仪器仪表制造业	91214		2626	85408	2778	403	
其他制造业	3412083	24908	13373	3138045	116538	59332	59886
日用杂品制造	2614267	5630	9926	2418275	107127	37816	35492
核辐射加工	944			944			
其他未列明制造业	796873	19278	3447	718827	9411	21517	24394
废弃资源综合利用业	1744368	96535	1308	1564785	2870	26777	52093
金属废料和碎屑加工处理	1068095	59389		930530	2870	24689	50617
非金属废料和碎屑加工处理	676273	37146	1308	634255		2087	1476
金属制品、机械和设备修理业	1246072	24271	33427	1028002	9135	112935	38303
金属制品修理	11794	1586		9701			507
通用设备修理	44513	4395	342	39326			450
专用设备修理	70100	2998	2226	61870			3006
铁路、船舶、航空航天等运输设备修理	969748	10676	21740	804858	100	111710	20664
电气设备修理	50882	4387	7003	16851	9035		13606
仪器仪表修理	7656			7656			
其他机械和设备修理业	91380	230	2116	87739	0	1225	69
电力、热力、燃气及水生产和供应业	**51696398**	**31738010**	**1441391**	**15014433**	**1143538**	**1349977**	**1009047**
电力、热力生产和供应业	32882760	18802526	818965	11144373	803512	813342	500042
电力生产	27712068	15575882	404832	9631079	801278	813342	485654
电力供应	2797453	2355347	345681	96231			193
热力生产和供应	2373239	871297	68452	1417063	2234		14194
燃气生产和供应业	5266957	2785419	118445	1477801	235583	365025	284684
燃气生产和供应业	5215827	2785419	118445	1446856	215398	365025	284684
生物质燃气生产和供应业	51129			30945	20185		
水的生产和供应业	13546681	10150066	503981	2392259	104443	171610	224322
自来水生产和供应	6540182	5590942	462067	390724	32234	17707	46508
污水处理及其再生利用	6864316	4467916	35369	1957105	72209	153903	177814
海水淡化处理	6024	4217		1807			
其他水的处理、利用与分配	136160	86991	6545	42624			
建筑业	**67982544**	**24290257**	**1947843**	**38044067**	**434326**	**195573**	**3070477**
房屋建筑业	15182685	4053912	110382	10554491	130507	98022	235371

4-37 续表 6

行业中类	资产总计(万元)	国有控股	集体控股	私人控股	港澳台商控股	外商控股	其他
住宅房屋建筑	11902520	3354518	94031	8291147	12961		149863
体育场馆建筑	18111			18111			
其他房屋建筑业	3262055	699393	16351	2245234	117545	98022	85509
土木工程建筑业	41275698	18508994	1583089	18355959	223323	55776	2548556
铁路、道路、隧道和桥梁工程建筑	29128402	14313231	1410640	13110064	131114	25344	138009
水利和水运工程建筑	4436021	2493671	50528	1709868	81565		100389
海洋工程建筑	467706	386173		81532			
工矿工程建筑	169959	1509	2792	146483	711		18464
架线和管道工程建筑	721775	190065	69121	452055	5392	2569	2573
节能环保工程施工	110498			105234	86	886	4291
电力工程施工	524103	203043	6371	307787	2301	4602	
其他土木工程建筑	5717233	921303	43637	2442936	2155	22375	2284828
建筑安装业	3167322	114975	27280	2820778	13493	29427	161370
电气安装	1136157	8190	13072	1085854	3809	3849	21385
管道和设备安装	781016	94278	8408	663498	873	409	13550
其他建筑安装业	1250148	12507	5799	1071427	8812	25169	126435
建筑装饰、装修和其他建筑业	8356839	1612376	227093	6312839	67003	12348	125180
建筑装饰和装修业	4407787	21937	14112	4308856	4519	12348	46014
建筑物拆除和场地准备活动	2650218	1140949	198887	1258505			51877
提供施工设备服务	91627	3521	8154	76250	70		3632
其他未列明建筑业	1207207	445969	5940	669228	62414		23657
批发和零售业	**233079392**	**11562090**	**2641983**	**207220001**	**2572664**	**2529175**	**6553480**
批发业	202674547	10327345	2217002	179861215	2347546	2199057	5722382
农、林、牧、渔产品批发	2959564	403988	41262	2436356	31099	5282	41578
食品、饮料及烟草制品批发	8426467	703674	63368	7126572	135437	214519	182898
纺织、服装及家庭用品批发	37799880	335909	252503	35361222	476268	393230	980749
文化、体育用品及器材批发	5418590	151240	31357	4755391	319294	65692	95615
医药及医疗器材批发	3159124	23115	83274	2786905	35346	121728	108757
矿产品、建材及化工产品批发	106829037	8301210	1520950	91841040	818413	810396	3537029
机械设备、五金产品及电子产品批发	29260455	338312	74908	27554543	330905	487249	474539
贸易经纪与代理	3127873	22219	67698	2866356	108570	13430	49600
其他批发业	5693557	47679	81684	5132831	92214	87531	251617
零售业	30404845	1234744	424981	27358786	225118	330118	831098
综合零售	1377187	8836	58534	1030187	31353	199143	49135
食品、饮料及烟草制品专门零售	2295665	157222	62270	2047913	111	7296	20853
纺织、服装及日用品专门零售	3581452	8016	35676	3380860	39127	43022	74751
文化、体育用品及器材专门零售	1691796	247118	9368	1329511	14983	7167	83649
医药及医疗器材专门零售	1190094	199807	22474	941792			26021
汽车、摩托车、零配件和燃料及其他动力销售	7181934	412795	119765	6303093	73600	17070	255611
家用电器及电子产品专门零售	3594518	13354	12616	3446812	3653	1091	116992
五金、家具及室内装饰材料专门零售	3673630	31017	80316	3526881	9301	9752	16363
货摊、无店铺及其他零售业	5818569	156580	23962	5351737	52990	45578	187722
交通运输、仓储和邮政业	**85485141**	**52537024**	**682647**	**26861097**	**2584383**	**661772**	**2158218**
铁路运输业							
铁路旅客运输							
铁路货物运输							
铁路运输辅助活动							

4-37　续表 7

行业中类	资产总计(万元)	国有控股	集体控股	私人控股	港澳台商控股	外商控股	其他
道路运输业	56287299	40249287	464485	13433824	978967	77431	1083305
城市公共交通运输	16545047	15448831	37842	443072	587947	799	26555
公路旅客运输	4337976	3556361	111133	571989			98493
道路货物运输	12755159	1243914	59948	10859343	259684	58058	274212
道路运输辅助活动	22649117	20000181	255562	1559420	131335	18574	684044
水上运输业	8960785	3134047	105616	5121588	158254	129351	311930
水上旅客运输	173189	109129	8165	42887			13007
水上货物运输	5737997	1116406	22080	4386280	3197	49	209986
水上运输辅助活动	3049600	1908512	75371	692421	155057	129301	88936
航空运输业	918931	629112		275102	14716		
航空客货运输	199380	160104		39025	251		
通用航空服务	237144	8764		213915	14465		
航空运输辅助活动	482407	460245		22162			
管道运输业	110195	25913		82637		1646	
海底管道运输	1646					1646	
陆地管道运输	108550	25913		82637			
多式联运和运输代理业	4836132	1185409	35174	3533647	9329	15758	56815
多式联运	420470	180418		239371			680
运输代理业	4415662	1004991	35174	3294276	9329	15758	56134
装卸搬运和仓储业	13248572	7115497	75837	3534083	1420032	403130	699991
装卸搬运	1548693	731962	8901	703791	36373	16900	50766
通用仓储	2473005	456128	28688	1140977	405152	261393	180667
低温仓储	230477	55278	369	156932	14926		2972
危险品仓储	5611231	4157153		607428	663631	20162	162857
谷物、棉花等农产品仓储	1691549	1427563	15270	119620		15195	113900
中药材仓储	11712	11712					
其他仓储业	1681905	275702	22609	805335	299949	89481	188829
邮政业	1123227	197759	1535	880215	3085	34456	6177
邮政基本服务	201014	196459	1535	174			2847
快递服务	920306	773		878662	3085	34456	3330
其他寄递服务	1907	528		1379			
住宿和餐饮业	**9378533**	**378107**	**141025**	**7887166**	**223618**	**158235**	**590382**
住宿业	6365743	321802	104370	5188389	132478	111460	507244
旅游饭店	3867124	217760	83604	2949603	110263	86125	419769
一般旅馆	2090933	97620	19566	1846537	21817	24913	80481
民宿服务	341742	6091	831	327317	397	423	6682
露营地服务	3169			3169			
其他住宿业	62775	331	369	61762			312
餐饮业	3012790	56305	36655	2698777	91140	46774	83138
正餐服务	2756411	53282	36554	2452395	87654	45481	81046
快餐服务	75465	2560	51	69654	1807	339	1054
饮料及冷饮服务	65497	261		62901	1409	427	499
餐饮配送及外卖送餐服务	48405	203		48182			20
其他餐饮业	67013		50	65645	270	529	519
信息传输、软件和信息技术服务业	**34568424**	**2429291**	**116904**	**24039988**	**2127335**	**5096698**	**758208**
电信、广播电视和卫星传输服务	2074845	1351486	8364	636029	34	41711	37221
电信	964433	557215	8364	354389	34	41711	2720

4-37 续表 8

行业中类	资产总计(万元)	国有控股	集体控股	私人控股	港澳台商控股	外商控股	其他
广播电视传输服务	1092771	794271		266202			32297
卫星传输服务	17641			15438			2204
互联网和相关服务	7964483	409806	3355	3128766	113488	4128392	180677
互联网接入及相关服务	65357	1085	50	62337		626	1259
互联网信息服务	4364221	34952	3145	1125658	4	3099634	100829
互联网平台	2815124	174736	4	1633248	39072	947818	20246
互联网安全服务	17701	4557		13144			
互联网数据服务	387096	123267		137767	63926	7160	54977
其他互联网服务	314984	71208	156	156613	10486	73154	3366
软件和信息技术服务业	24529096	667999	105186	20275193	2013812	926595	540311
软件开发	18003384	268597	69566	14954337	1867733	601788	241363
集成电路设计	224245	703		200087	3226	11973	8256
信息系统集成和物联网技术服务	1730746	156627	178	1381554	20978	13045	158364
运行维护服务	132175	17024	129	111579	1606		1836
信息处理和存储支持服务	647355	178889		339750		76362	52354
信息技术咨询服务	2925321	45643	30881	2500424	59932	223298	65143
数字内容服务	215060	13	3302	199458	3211	39	9037
其他信息技术服务业	650810	503	1130	588004	57126	90	3958
金融业	**124660395**	**19064105**	**2902928**	**98591936**	**1613118**	**1535880**	**952428**
货币金融服务	11939238	498063	281043	8829159	1079479	750750	500744
中央银行服务							
货币银行服务	2905			2905			
非货币银行服务	11936333	498063	281043	8826254	1079479	750750	500744
银行理财服务							
银行监管服务							
资本市场服务	77188541	2278202	12936	73565760	469939	733788	127916
证券市场服务							
公开募集证券投资基金							
非公开募集证券投资基金							
期货市场服务							
证券期货监管服务							
资本投资服务	16052741	1422521	11667	14124302	455248		39003
其他资本市场服务	61135800	855682	1269	59441457	14691	733788	88913
保险业	116815	417		116398			
人身保险							
财产保险							
再保险							
商业养老金							
保险中介服务							
保险资产管理							
保险监管服务							
其他保险活动	116815	417		116398			
其他金融业	35415800	16287422	2608950	16080619	63700	51342	323768
金融信托与管理服务	322427	8557		313783			88
控股公司服务	27523599	12451055	2565498	12424812	16162		66072
非金融机构支付服务							
金融信息服务	1072334	144	890	1002354	276		68670
金融资产管理公司	2180359	2179241		1119			
其他未列明金融业	4317081	1648426	42562	2338552	47262	51342	188938

4-37　续表 9

行业中类	资产总计(万元)					
		国有控股	集体控股	私人控股	港澳台商控股	外商控股	其他
房地产业	**399813881**	**66868341**	**5103564**	**284222591**	**11222726**	**4504486**	**27892172**
房地产业	399813881	66868341	5103564	284222591	11222726	4504486	27892172
房地产开发经营	368882939	55118398	3346763	268614841	11029624	3987901	26785413
物业管理	13725769	4619736	562654	7352497	101768	455717	633397
房地产中介服务	5736662	134380	29598	5130615	73432	18021	350617
房地产租赁经营							
其他房地产业	11468511	6995827	1164550	3124638	17903	42847	122745
租赁和商务服务业	**798384087**	**415592893**	**15775056**	**324161597**	**5171626**	**2647470**	**35035445**
租赁业	8184165	1566382	36562	4937219	550820	334894	758287
机械设备经营租赁	7778457	1547516	36417	4563836	550820	334894	744973
文体设备和用品出租	133788	15108		105368			13312
日用品出租	271920	3757	145	268015			3
商务服务业	790199922	414026511	15738494	319224378	4620806	2312576	34277158
组织管理服务	689107998	390020892	13362936	254009900	2448983	1341265	27924023
综合管理服务	24262507	11629190	1282415	9861660	141790	129669	1217783
法律服务	211793	300	1562	208629			1301
咨询与调查	49739008	6738559	420923	36472744	1576889	344826	4185068
广告业	5804116	788940	50397	4644837	873	249563	69505
人力资源服务	2307401	134081	62738	2037654	12285	1261	59381
安全保护服务	784572	256352	1117	492635		5180	29289
会议、展览及相关服务	3096871	467646	32859	2583861	915	765	10826
其他商务服务业	14885654	3990550	523546	8912459	439070	240047	779982
科学研究和技术服务业	**50697735**	**20145864**	**1026216**	**25505116**	**977697**	**789518**	**2253324**
研究和试验发展	5993678	176403	73993	4899132	265673	421421	157056
自然科学研究和试验发展	193547	7203	1970	177990	3376		3010
工程和技术研究和试验发展	4167522	160421	61975	3528360	227801	122259	66706
农业科学研究和试验发展	291457	2973	8532	229881	39	33276	16755
医学研究和试验发展	1335580	5228	1516	957908	34457	265886	70586
社会人文科学研究	5571	578		4993			
专业技术服务业	29235417	16712684	791278	10301605	503938	145450	780462
气象服务	6557	3203	201	3153			
地震服务	100			100			
海洋服务	292246	252529		29645			10072
测绘地理信息服务	294872	101763	14316	118933			59860
质检技术服务	1333239	393043	65218	839071	2908	20372	12626
环境与生态监测检测服务	180927	21027		158851			1050
地质勘查	104105	34026	7026	27363			35690
工程技术与设计服务	23475323	15551946	657323	6300210	359021	71320	535502
工业与专业设计及其他专业技术服务	3548049	355148	47194	2824279	142009	53757	125661
科技推广和应用服务业	15468640	3256776	160945	10304379	208086	222647	1315806
技术推广服务	12120466	1604877	155622	8652699	186044	222032	1299192
知识产权服务	244283	64212	383	149589	20816	94	9189
科技中介服务	1066818	810659	52	251302			4804
创业空间服务	1465389	720867		743365	7		1150
其他科技推广服务业	571684	56160	4889	507424	1219	521	1470

4-37 续表 10

行业中类	资产总计（万元）	国有控股	集体控股	私人控股	港澳台商控股	外商控股	其他
水利、环境和公共设施管理业	**135016007**	**97562060**	**2572051**	**31329517**	**38554**	**150622**	**3363204**
水利管理业	13614869	8631772	1140166	3213170			629761
防洪除涝设施管理	3758530	3158689	291194	259146			49501
水资源管理	4170565	1886457	692885	1577061			14162
天然水收集与分配	2334964	1408843	99	925932			90
水文服务	1237	773		420			44
其他水利管理业	3349573	2177011	155988	450610			565964
生态保护和环境治理业	4630244	2499014	173536	1871675	30754	686	54578
生态保护	293572	230727	6860	47299			8686
环境治理业	4336672	2268288	166676	1824376	30754	686	45892
公共设施管理业	62359897	41376051	1248153	17243282	7800	149936	2334675
市政设施管理	48468989	34162947	1017244	11275859		26298	1986641
环境卫生管理	1361446	561999	15420	716056	3		67967
城乡市容管理	872167	569148		302220			799
绿化管理	3217649	1297052	26329	1853093		3094	38081
城市公园管理	395484	772	4331	389252			1129
游览景区管理	8044162	4784133	184829	2706800	7797	120543	240058
土地管理业	54410998	45055223	10196	9001390			344189
土地整治服务	41057279	36743303	9616	3970975			333386
土地调查评估服务	3553433	1408	34	3551893			97
土地登记服务	603			603			
土地登记代理服务	398296	337768	428	60100			
其他土地管理服务	9401386	7972744	117	1417818			10706
居民服务、修理和其他服务业	**3903795**	**463635**	**174560**	**3088340**	**66125**	**36126**	**75009**
居民服务业	1539610	224395	127673	1088750	38096	13338	47359
家庭服务	215778	3188	766	207515		334	3975
托儿所服务	7497			7491			7
洗染服务	82967	868	1010	80942			147
理发及美容服务	203950	42		194620	4628	541	4119
洗浴和保健养生服务	355067	95581	759	249331	4036	104	5256
摄影扩印服务	73281	4328	782	63166	35	945	4026
婚姻服务	68120	215	26	59171	210		8497
殡葬服务	400229	93895	123785	144980	21992		15577
其他居民服务业	132719	26278	546	81533	7195	11413	5755
机动车、电子产品和日用产品修理业	1496194	31439	19282	1379368	25061	21041	20003
汽车、摩托车等修理与维护	1199997	21249	15557	1100208	24970	21041	16972
计算机和办公设备维修	110994	6194	1381	102881	91		448
家用电器修理	170437	3995	2306	161553		0	2583
其他日用产品修理业	14765		39	14727			
其他服务业	867992	207801	27605	620222	2969	1747	7648
清洁服务	347004	12737	21852	305613			6803
宠物服务	27869	20	19	27322			508
其他未列明服务业	493119	195044	5735	287287	2969	1747	337
教育							
教育							
学前教育							
初等教育							

4-37　续表 11

行业中类	资产总计(万元)	国有控股	集体控股	私人控股	港澳台商控股	外商控股	其他
中等教育							
高等教育							
特殊教育							
技能培训、教育辅助及其他教育							
卫生和社会工作	**1071999**	**31043**	**5204**	**974456**	**21598**	**122**	**39577**
卫生	373572	12762	2840	336336			21633
医院	226721	799	795	222722			2404
基层医疗卫生服务	99215		2045	79513			17657
专业公共卫生服务	3717			3717			
其他卫生活动	43919	11963		30384			1572
社会工作	698427	18280	2364	638120	21598	122	17944
提供住宿社会工作	670874	17202	2354	614259	19019	122	17918
不提供住宿社会工作	27553	1078	10	23861	2579		26
文化、体育和娱乐业	**21265033**	**3861232**	**140719**	**16738998**	**79750**	**35746**	**408587**
新闻和出版业	1028173	903224	2433	113529			8988
新闻业	3649	2238		1411			
出版业	1024524	900985	2433	112118			8988
广播、电视、电影和录音制作业	12404150	507192	19387	11610083	14649	9855	242984
广播	54584	706		42595			11284
电视	119398	12479	43	106835			42
影视节目制作	10978574	168601	11141	10579875	14649	496	203812
广播电视集成播控	98668	89684		8984			
电影和广播电视节目发行	430728	42210		388518			
电影放映	717433	193512	8204	478512		9359	27846
录音制作	4766			4766			
文化艺术业	1667849	494574	64016	1074189	11163	756	23151
文艺创作与表演	430956	34447	366	382308	11077	376	2382
艺术表演场馆	43668	23903	11099	8524			143
图书馆与档案馆	29715	1821	10665	16970			259
文物及非物质文化遗产保护	194195	55534	2257	135599			804
博物馆	59300	1681	4769	52849			
烈士陵园、纪念馆	28798	27672	26	1100			
群众文体活动	463521	299395	34031	129658	5		433
其他文化艺术业	417695	50120	803	347181	81	380	19130
体育	2569052	1683331	35731	820088	5770	16492	7641
体育组织	336884	3842	715	328252		3133	943
体育场地设施管理	1811449	1639302	578	166888	899		3782
健身休闲活动	365556	22634	638	321138	4871	13359	2916
其他体育	55164	17553	33801	3809			
娱乐业	3595808	272911	19152	3121109	48169	8643	125824
室内娱乐活动	719805	392	2118	706279		6178	4838
游乐园	598916	34690	354	462619	22616		78638
休闲观光活动	664322	127132	878	512813	200		23299
彩票活动	7753	7686		67			
文化体育娱乐活动与经纪代理服务	1574692	102876	15802	1409444	25353	2462	18755
其他娱乐业	30320	135		29888		2	294

4-38 按行业(中类)、控股情况分组的小微企业营业收入

行业中类	营业收入(万元)	国有控股	集体控股	私人控股	港澳台商控股	外商控股	其他
总　计	**1090911604**	**72514284**	**12635967**	**918346679**	**19929698**	**41859108**	**25625868**
农、林、牧、渔业	**54960**	**2016**	**1121**	**50507**		**3**	**1314**
农业							
谷物种植							
豆类、油料和薯类种植							
棉、麻、糖、烟草种植							
蔬菜、食用菌及园艺作物种植							
水果种植							
坚果、含油果、香料和饮料作物种植							
中药材种植							
草种植及割草							
其他农业							
林业							
林木育种和育苗							
造林和更新							
森林经营、管护和改培							
木材和竹材采运							
林产品采集							
畜牧业							
牲畜饲养							
家禽饲养							
狩猎和捕捉动物							
其他畜牧业							
渔业							
水产养殖							
水产捕捞							
农、林、牧、渔专业及辅助性活动	54960	2016	1121	50507		3	1314
农业专业及辅助性活动	34744	1638	815	31407		3	880
林业专业及辅助性活动	10026	6	100	9920			
畜牧专业及辅助性活动	3323	86	27	2776			433
渔业专业及辅助性活动	6868	286	180	6403			
采矿业	**1751386**	**161506**	**91692**	**1408161**		**84137**	**5889**
煤炭开采和洗选业	2063			2063			
烟煤和无烟煤开采洗选	17			17			
褐煤开采洗选							
其他煤炭采选	2046			2046			
石油和天然气开采业	522						522
石油开采	522						522
天然气开采							
黑色金属矿采选业	13418			13418			
铁矿采选	13418			13418			
锰矿、铬矿采选							
其他黑色金属矿采选							
有色金属矿采选业	89653	1243		88410			
常用有色金属矿采选	63513	1243		62270			
贵金属矿采选	482			482			
稀有稀土金属矿采选	25658			25658			

4-38　续表 1

行业中类	营业收入(万元)	国有控股	集体控股	私人控股	港澳台商控股	外商控股	其他
非金属矿采选业	1641459	160263	91692	1299999		84137	5368
土砂石开采	1583628	148765	91105	1254254		84137	5368
化学矿开采	10338	9616		722			
采盐	460		437	23			
石棉及其他非金属矿采选	47033	1883	150	45000			
开采专业及辅助性活动	2745			2745			
煤炭开采和洗选专业及辅助性活动							
石油和天然气开采专业及辅助性活动	1280			1280			
其他开采专业及辅助性活动	1465			1465			
其他采矿业	1526			1526			
其他采矿业	1526			1526			
制造业	**436363252**	**11161423**	**5454801**	**379051839**	**14172955**	**18693709**	**7828523**
农副食品加工业	8569500	310662	146102	7125022	395845	447586	144283
谷物磨制	407240	33066	22080	352094			
饲料加工	1665202		22939	1536946	21891	75036	8390
植物油加工	1544443	150385		928964	297490	167603	
制糖业	27471		50	27421			
屠宰及肉类加工	1328240	86072	74447	940166	70341	43693	113521
水产品加工	2084717	32598	8519	1957693	5886	73726	6294
蔬菜、菌类、水果和坚果加工	1153090	1978	14592	1113673		14370	8477
其他农副食品加工	359097	6561	3476	268064	238	73157	7601
食品制造业	2815466	91525	66340	1964833	163816	397466	131486
焙烤食品制造	452053	8237	97	374377	35235	32761	1345
糖果、巧克力及蜜饯制造	237502		2428	194131	2007	30480	8457
方便食品制造	339959	16061	420	235812	36307	37136	14223
乳制品制造	213224	26539		87720		83001	15964
罐头食品制造	229530	4985	2817	150650		18402	52677
调味品、发酵制品制造	165418		196	148869	7889	501	7963
其他食品制造	1177780	35703	60383	773275	82378	195185	30857
酒、饮料和精制茶制造业	2505773	24297	46098	1790390	315554	312465	16969
酒的制造	665879	19679	7701	319005	197211	116667	5615
饮料制造	1008256	2130	444	697971	110218	189248	8246
精制茶加工	831638	2488	37953	773414	8125	6551	3107
烟草制品业							
烟叶复烤							
卷烟制造							
其他烟草制品制造							
纺织业	39193992	15324	144052	36548166	1382733	860452	243265
棉纺织及印染精加工	11957943	120	57133	11065851	404351	348068	82421
毛纺织及染整精加工	1896656		27231	1560432	269357	26340	13295
麻纺织及染整精加工	100220			87442	9450	2223	1105
丝绢纺织及印染精加工	1738509	949	26999	1592452	70417	31696	15998
化纤织造及印染精加工	6717108		5344	6445157	148152	84150	34305
针织或钩针编织物及其制品制造	8814365		13198	8404507	276266	108936	11457
家用纺织制成品制造	3871450	356	2703	3631730	116325	90219	30118
产业用纺织制成品制造	4097741	13900	11444	3760596	88415	168820	54566
纺织服装、服饰业	21746999	103603	82018	19639076	1127531	614266	180505
机织服装制造	9545740	71577	33605	8457706	516563	380575	85714

4-38 续表 2

行业中类	营业收入(万元)	国有控股	集体控股	私人控股	港澳台商控股	外商控股	其他
针织或钩针编织服装制造	6007077	4853	35268	5325835	435227	168390	37505
服饰制造	6194181	27172	13145	5855535	175741	65302	57286
皮革、毛皮、羽毛及其制品和制鞋业	15206034	8136	96510	14561918	248956	218748	71765
皮革鞣制加工	957411		9149	874041	1437	63625	9159
皮革制品制造	3800887	2989	18729	3522990	121607	97178	37394
毛皮鞣制及制品加工	537095		209	486235	32830	17821	
羽毛(绒)加工及制品制造	900925			817586	68869	7866	6603
制鞋业	9009717	5147	68424	8861066	24212	32258	18609
木材加工和木、竹、藤、棕、草制品业	5159366		39654	4878593	86099	56696	98324
木材加工	829769		1589	795687	23892	3912	4688
人造板制造	1192143		2491	1116472	23772	9400	40008
木质制品制造	2439192		34339	2299366	32099	24494	48895
竹、藤、棕、草等制品制造	698262		1235	667068	6336	18890	4733
家具制造业	6320726		11458	5835384	200961	154912	118011
木质家具制造	2960977		3985	2769432	72095	43423	72041
竹、藤家具制造	173214		14	154420	8768	6352	3660
金属家具制造	1790909		7460	1655343	32125	76020	19962
塑料家具制造	235315			218491	14310	2514	
其他家具制造	1160312			1037698	73664	26602	22348
造纸和纸制品业	13466563	8052	146376	12514653	232100	379831	185550
纸浆制造	9960		1022	8938			
造纸	5750782	8032	109248	5314328	147639	93289	78247
纸制品制造	7705820	20	36106	7191387	84461	286542	107303
印刷和记录媒介复制业	6882079	94710	93483	6394027	90358	152846	56656
印刷	6665696	91889	87837	6187730	90358	152615	55268
装订及印刷相关服务	210298	2821	5646	200212		232	1387
记录媒介复制	6085			6085			
文教、工美、体育和娱乐用品制造业	12153216	43873	42877	11257488	381032	325146	102801
文教办公用品制造	2049598	1237	1271	1891192	42218	89854	23827
乐器制造	176253	6839		123421	4348	31673	9973
工艺美术及礼仪用品制造	5952987	35798	32344	5580314	172600	79856	52076
体育用品制造	1528070		6713	1414876	38139	62154	6188
玩具制造	1863293		2379	1730018	66792	54027	10077
游艺器材及娱乐用品制造	583015		170	517668	56934	7582	661
石油、煤炭及其他燃料加工业	2250742	654763	109668	1002227	150949	296189	36945
精炼石油产品制造	1937727	621576	109664	755369	118984	296189	35945
煤炭加工	179050	33188	3	144859			1000
核燃料加工							
生物质燃料加工	133965			101999	31965		
化学原料和化学制品制造业	28141417	2033852	1091590	18105749	1847238	4048650	1014338
基础化学原料制造	6635153	1517618	482766	3522111	210079	612600	289979
肥料制造	182667		2119	179441			1107
农药制造	668244	13303	16969	538874	47791	43485	7822
涂料、油墨、颜料及类似产品制造	3342778	2980	154404	2616708	374040	143784	50861
合成材料制造	8481108	294251	145681	5577055	611911	1625399	226810
专用化学产品制造	6656564	185271	288411	4477066	576841	702590	426384
炸药、火工及焰火产品制造	54993	17416		37578			
日用化学产品制造	2119910	3013	1240	1156916	26575	920791	11375

4-38　续表 3

行业中类	营业收入(万元)	国有控股	集体控股	私人控股	港澳台商控股	外商控股	其他
医药制造业	3501770	135360	70424	2724394	114294	228920	228378
化学药品原料药制造	761652	3355	8835	631420	47017	45402	25623
化学药品制剂制造	480707	6411	18749	351033	3544	5257	95713
中药饮片加工	442859	80245	24542	286433		36485	15154
中成药生产	351389	33682	10078	276766		10841	20023
兽用药品制造	249579	11667	122	192554		34211	11025
生物药品制品制造	636061		5385	518806	9434	44850	57585
卫生材料及医药用品制造	373002		2694	307013	28524	34212	559
药用辅料及包装材料	206521		19	160369	25775	17662	2697
化学纤维制造业	8122936	91882	76014	7208671	279930	186804	279635
纤维素纤维原料及纤维制造	168463	72912		78936		16615	
合成纤维制造	7806310	18969	76014	7035878	225623	170190	279635
生物基材料制造	148164			93857	54307		
橡胶和塑料制品业	27056957	98538	313522	24629506	935649	787132	292610
橡胶制品业	2520909		38391	2302805	20344	130429	28939
塑料制品业	24536049	98538	275130	22326701	915305	656703	263671
非金属矿物制品业	25912668	3121068	421167	21270003	373556	279918	446957
水泥、石灰和石膏制造	4374414	2187517	7196	2076022		39633	64047
石膏、水泥制品及类似制品制造	13473122	852321	324009	11740134	228555	107034	221069
砖瓦、石材等建筑材料制造	2752182	32840	50538	2540378	21256	33397	73774
玻璃制造	469139		6978	443305	8533		10324
玻璃制品制造	1274677	4779	14982	1132872	46044	41036	34964
玻璃纤维和玻璃纤维增强塑料制品制造	595828		5981	515781	41020	27436	5610
陶瓷制品制造	833808	448	1830	780155	26984	8722	15670
耐火材料制品制造	1009164		8282	983833	912	146	15992
石墨及其他非金属矿物制品制造	1130334	43165	1372	1057524	253	22513	5507
黑色金属冶炼和压延加工业	8662431	474562	286726	7447102	229524	141932	82585
炼铁	4130		870	3260			
炼钢	42234			42234			
钢压延加工	8280428	474562	285760	7066064	229524	141932	82585
铁合金冶炼	335640		97	335543			
有色金属冶炼和压延加工业	14849441	916592	55733	12722052	420464	526408	208191
常用有色金属冶炼	1730654		11535	1703683	15027		409
贵金属冶炼	776041			776041			
稀有稀土金属冶炼	10902			10831	16		55
有色金属合金制造	1693939	73150	11356	1306111	72773	221503	9045
有色金属压延加工	10637905	843442	32842	8925386	332647	304905	198682
金属制品业	30793706	298010	235512	28369288	740987	808254	341655
结构性金属制品制造	5802223	66919	26846	5253430	61850	283200	109977
金属工具制造	3024634	472	10287	2837161	52673	92927	31115
集装箱及金属包装容器制造	1041451	46982	6092	788008	135427	31092	33849
金属丝绳及其制品制造	2068054		6071	2018788	39010	3730	455
建筑、安全用金属制品制造	6443285	23641	40480	5932125	226280	172211	48548
金属表面处理及热处理加工	3280734	65228	70703	3033773	52469	22931	35631
搪瓷制品制造	292296			276272	8493	4488	3043
金属制日用品制造	3315959		10905	3200317	35750	50209	18779
铸造及其他金属制品制造	5525071	94769	64128	5029416	129034	147466	60259

4-38 续表 4

行业中类	营业收入(万元)	国有控股	集体控股	私人控股	港澳台商控股	外商控股	其他
通用设备制造业	43767937	382075	426122	38696852	1169231	2346717	746940
锅炉及原动设备制造	1097725	60236	6344	892943	60092	64441	13669
金属加工机械制造	4009317		25692	3448599	132036	356431	46559
物料搬运设备制造	3327206	64343	47142	2611670	233473	190129	180449
泵、阀门、压缩机及类似机械制造	11859645	110850	147644	10585340	235887	570568	209356
轴承、齿轮和传动部件制造	5569232	5870	44211	4978248	80633	343698	116571
烘炉、风机、包装等设备制造	5649363	78574	34044	4947454	264349	272678	52265
文化、办公用机械制造	537201		17358	481976	4952	25536	7380
通用零部件制造	10595062	1641	98649	9814188	155474	440679	84430
其他通用设备制造业	1123187	60561	5038	936434	2336	82556	36262
专用设备制造业	20038882	206404	229243	17618438	581198	1126791	276808
采矿、冶金、建筑专用设备制造	1225760	11898	15083	1087112	30515	77136	4017
化工、木材、非金属加工专用设备制造	6757661	62726	61505	5972042	250552	345767	65069
食品、饮料、烟草及饲料生产专用设备制造	510061		11705	482424	5156	9977	799
印刷、制药、日化及日用品生产专用设备制造	890471	3814	11621	838744	11779	5247	19267
纺织、服装和皮革加工专用设备制造	2864841		38466	2537131	81861	152145	55237
电子和电工机械专用设备制造	753148		1049	669135	30573	51182	1209
农、林、牧、渔专用机械制造	1067790	7720	29051	873550	14670	135990	6808
医疗仪器设备及器械制造	2532163	2804	37645	2282646	69239	65323	74506
环保、邮政、社会公共服务及其他专用设备制造	3436987	117442	23116	2875654	86853	284026	49895
汽车制造业	19801401	584772	166669	16628383	720951	1206646	493981
汽车整车制造	328680	165338		82562	5063	55298	20420
汽车用发动机制造	115365			102396	9133	3836	
改装汽车制造	194516	22046		151716		20754	
低速汽车制造	5			5			
电车制造	2096			2041		55	
汽车车身、挂车制造	305364			246213	29204	27010	2937
汽车零部件及配件制造	18855375	397388	166669	16043451	677551	1099693	470624
铁路、船舶、航空航天和其他运输设备制造业	4823216	197961	51656	4323529	21375	147993	80701
铁路运输设备制造	265464	35197	14847	210622	1705		3092
城市轨道交通设备制造	162294	131029		30323		943	
船舶及相关装置制造	1162222	31735	5085	972392	2815	89729	60466
航空、航天器及设备制造	55027			50818		1510	2699
摩托车制造	1283432		13647	1234075	2963	21655	11092
自行车和残疾人座车制造	666753		738	634065	13450	15933	2567
助动车制造	567591			561479		5992	120
非公路休闲车及零配件制造	541960		17329	518826	56	5083	666
潜水救捞及其他未列明运输设备制造	118472		9	110928	386	7150	
电气机械和器材制造业	40357640	881781	727381	34856399	1204608	1452097	1235374
电机制造	4433703	7603	26554	3912725	201333	201380	84109
输配电及控制设备制造	14859649	439615	572554	12787875	405157	344660	309789
电线、电缆、光缆及电工器材制造	8192880	315802	59078	6624731	216987	384648	591635
电池制造	1551748	87699	40782	1289124	26198	61451	46494
家用电力器具制造	5430938	25477	15463	4896431	163795	236062	93711
非电力家用器具制造	730723	1392	103	664192	24948	37494	2594
照明器具制造	4533071	135	7339	4162395	155098	109432	98672
其他电气机械及器材制造	624927	4059	5508	518927	11093	76971	8370

4-38 续表 5

行业中类	营业收入(万元)	国有控股	集体控股	私人控股	港澳台商控股	外商控股	其他
计算机、通信和其他电子设备制造业	12831550	248344	154901	10719446	528903	734530	445427
计算机制造	652256	9126	91	528391	67118	30209	17321
通信设备制造	1727477	75148	47057	1473092	38477	84016	9687
广播电视设备制造	426660			293753	3596	51656	77655
雷达及配套设备制造	230309	22894	73	2776			204567
非专业视听设备制造	693607	26506	11430	523609	85708	31929	14424
智能消费设备制造	614485	637	20409	528252	7228	49901	8058
电子器件制造	2062712	106255	7557	1628444	96232	172008	52216
电子元件及电子专用材料制造	5892609	7778	67344	5269392	182614	304441	61041
其他电子设备制造	531435		939	471738	47929	10370	460
仪器仪表制造业	5597134	24405	91960	4797404	163922	341331	178112
通用仪器仪表制造	4227073	23548	77606	3607260	131616	247140	139903
专用仪器仪表制造	784710	858	1699	689069	11282	63121	18682
钟表与计时仪器制造	77864		5570	57813	13819	662	
光学仪器制造	237847		4058	211430	2832		19527
衡器制造	181880		1120	149672	680	30409	
其他仪器仪表制造业	87761		1908	82159	3693		
其他制造业	3163483	1813	12470	2988334	59649	68693	32524
日用杂品制造	2725997	1617	10509	2582984	57729	45095	28064
核辐射加工	376			376			
其他未列明制造业	437110	196	1961	404974	1921	23598	4460
废弃资源综合利用业	2013784	82590	814	1855510	1886	34574	38409
金属废料和碎屑加工处理	1529273	66087		1390711	1886	33897	36692
非金属废料和碎屑加工处理	484511	16503	814	464800		677	1717
金属制品、机械和设备修理业	656440	26468	18262	579002	3655	9715	19339
金属制品修理	10836	4443		6023			370
通用设备修理	62767	8517	513	53094			642
专用设备修理	42010	1675	3464	36871			
铁路、船舶、航空航天等运输设备修理	416876	10639	9458	370650	1000	9277	15851
电气设备修理	36134	217	1694	29181	2654		2389
仪器仪表修理	7518			7518			
其他机械和设备修理业	80299	977	3133	75664	1	437	87
电力、热力、燃气及水生产和供应业	**20719916**	**14758003**	**708659**	**3530909**	**409359**	**847708**	**465279**
电力、热力生产和供应业	13324557	9742272	436496	2483393	150472	360369	151555
电力生产	7779284	4949810	170129	2007884	150278	360369	140813
电力供应	4455521	4190375	211499	53611			36
热力生产和供应	1089753	602087	54868	421898	194		10706
燃气生产和供应业	5557783	3813215	161540	628697	237728	449706	266899
燃气生产和供应业	5553011	3813215	161540	625956	235696	449706	266899
生物质燃气生产和供应业	4772			2740	2032		
水的生产和供应业	1837576	1202516	110623	418819	21160	37633	46826
自来水生产和供应	1008831	824698	95109	57231	9233	3920	18641
污水处理及其再生利用	804539	377616	15099	337999	11926	33713	28185
海水淡化处理	369	119		250			
其他水的处理、利用与分配	23836	83	415	23338			
建筑业	**27819478**	**421501**	**299716**	**26656148**	**28606**	**12386**	**401121**
房屋建筑业	9973123	55285	61062	9665980	2475	4840	183480

4-38 续表 6

行业中类	营业收入(万元)	国有控股	集体控股	私人控股	港澳台商控股	外商控股	其他
住宅房屋建筑	8381379	55268	56332	8120556	255		148967
体育场馆建筑	157099			157099			
其他房屋建筑业	1434644	17	4729	1388325	2220	4840	34513
土木工程建筑业	8207899	270079	199159	7660415	5759	2669	69819
铁路、道路、隧道和桥梁工程建筑	4881739	128576	61684	4646149	4780	585	39965
水利和水运工程建筑	747804	39443	55351	647475			5536
海洋工程建筑	15920			15920			
工矿工程建筑	152398	2381	7793	137365	43		4816
架线和管道工程建筑	522431	57325	42794	420267	651	521	872
节能环保工程施工	95075			91842		308	2925
电力工程施工	172211	5914	5901	160018		378	
其他土木工程建筑	1620320	36440	25637	1541378	284	876	15705
建筑安装业	2926535	49121	25739	2758537	8494	4102	80542
电气安装	1138067	12476	16064	1072177	4131	601	32617
管道和设备安装	721817	28263	4882	679309	1394	717	7253
其他建筑安装业	1066651	8382	4793	1007051	2969	2784	40672
建筑装饰、装修和其他建筑业	6711921	47016	13757	6571216	11878	774	67279
建筑装饰和装修业	4439636	9529	4954	4367610	11698	774	45070
建筑物拆除和场地准备活动	956463	14874	1218	933941			6430
提供施工设备服务	154242	8331	1446	139102	180		5183
其他未列明建筑业	1161580	14282	6140	1130562			10596
批发和零售业	**442245912**	**25242400**	**3918948**	**392483478**	**2988429**	**4602349**	**13010308**
批发业	399475525	23216189	3394478	354176470	2688335	4186573	11813480
农、林、牧、渔产品批发	2970429	276477	13679	2561591	47936	2118	68629
食品、饮料及烟草制品批发	10844935	461275	30805	9715217	214769	165823	257046
纺织、服装及家庭用品批发	65911447	739188	160559	61807963	488950	1278342	1436444
文化、体育用品及器材批发	10789129	407516	115742	9623166	396369	160824	85512
医药及医疗器材批发	3722643	40934	145289	3376256	15970	47427	96767
矿产品、建材及化工产品批发	243173617	20920840	2679755	209765380	875919	1433596	7498128
机械设备、五金产品及电子产品批发	39393295	277578	113069	37428818	462054	603347	508430
贸易经纪与代理	6492273	13823	101011	6151885	176923	28941	19689
其他批发业	16177756	78559	34570	13746193	9446	466155	1842833
零售业	42770387	2026211	524470	38307008	300094	415776	1196828
综合零售	837989	6639	21428	677001	17767	12086	103067
食品、饮料及烟草制品专门零售	2337064	69748	31259	2204328	148	9848	21734
纺织、服装及日用品专门零售	3894176	6216	34240	3688265	55887	45128	64439
文化、体育用品及器材专门零售	1843194	143142	10050	1597155	59894	10233	22721
医药及医疗器材专门零售	1642759	145430	35496	1393873			67958
汽车、摩托车、零配件和燃料及其他动力销售	12414669	1589277	329974	9769699	119207	25075	581437
家用电器及电子产品专门零售	4113901	26109	18250	3975435	3054	2424	88629
五金、家具及室内装饰材料专门零售	3987564	4172	10897	3925133	8444	8277	30642
货摊、无店铺及其他零售业	11699070	35478	32876	11076118	35693	302704	216201
交通运输、仓储和邮政业	**32381583**	**6303923**	**330936**	**23952993**	**302169**	**317685**	**1173878**
铁路运输业							
铁路旅客运输							
铁路货物运输							
铁路运输辅助活动							

4-38　续表 7

行业中类	营业收入(万元)	国有控股	集体控股	私人控股	港澳台商控股	外商控股	其他
道路运输业	15142790	2091943	205243	12189355	180428	77742	398080
城市公共交通运输	368050	193495	13448	150521	117	284	10185
公路旅客运输	530088	165174	50812	257023			57078
道路货物运输	12469645	470589	87337	11461803	140868	75093	233954
道路运输辅助活动	1775009	1262684	53646	320009	39443	2365	96863
水上运输业	3817438	943103	58865	2618521	6482	59263	131203
水上旅客运输	67213	34942	1824	23223			7223
水上货物运输	3119319	617333	34000	2373336	527	107	94016
水上运输辅助活动	630906	290828	23041	221962	5956	59156	29964
航空运输业	138671	60062		71184	7426		
航空客货运输	71314	23981		46520	812		
通用航空服务	20260	873		12773	6613		
航空运输辅助活动	47098	35207		11891			
管道运输业	15259	14310		84		865	
海底管道运输	865					865	
陆地管道运输	14394	14310		84			
多式联运和运输代理业	9233972	2591631	40688	6273698	23262	48392	256299
多式联运	261610	6313		251851			3445
运输代理业	8972362	2585318	40688	6021847	23262	48392	252854
装卸搬运和仓储业	2207173	584279	25076	1004122	84260	131422	378014
装卸搬运	471386	80980	5950	310364	12802	9547	51743
通用仓储	590018	39250	11621	370074	36079	94858	38137
低温仓储	40537	16262	261	23284			730
危险品仓储	319792	39879		51830	25550	8845	193688
谷物、棉花等农产品仓储	447230	356775	3341	13414		1805	71895
中药材仓储	2744	2744					
其他仓储业	335466	48390	3903	235156	9829	16368	21821
邮政业	1826280	18597	1064	1796027	311		10281
邮政基本服务	14095	12108	1064	371			552
快递服务	1808638	4652		1793945	311		9730
其他寄递服务	3548	1837		1711			
住宿和餐饮业	**4546553**	**149979**	**55556**	**4129516**	**21127**	**29758**	**160617**
住宿业	1820498	124231	42287	1524769	9654	17471	102086
旅游饭店	781676	79351	30384	583347	7928	11399	69266
一般旅馆	955011	43780	11295	861308	1688	6072	30868
民宿服务	58965	873	566	55791	37		1697
露营地服务	365			365			
其他住宿业	24481	227	42	23957			255
餐饮业	2726055	25747	13269	2604747	11474	12287	58532
正餐服务	2329416	21412	12764	2225665	5809	9564	54202
快餐服务	146027	3133	84	137330	2597	1429	1455
饮料及冷饮服务	76706	993		70358	2644	714	1997
餐饮配送及外卖送餐服务	97337	209		97008			120
其他餐饮业	76569		421	74387	423	580	758
信息传输、软件和信息技术服务业	**35460784**	**677039**	**54968**	**16949879**	**1076469**	**16351117**	**351312**
电信、广播电视和卫星传输服务	794743	218570	9792	444813	47	112399	9122
电信	683160	145431	9792	413345	47	112399	2145

4-38 续表 8

行业中类	营业收入（万元）						
		国有控股	集体控股	私人控股	港澳台商控股	外商控股	其他
广播电视传输服务	103107	73139		23726			6242
卫星传输服务	8477			7742			735
互联网和相关服务	20948014	133956	7153	4534315	22387	16111654	138550
互联网接入及相关服务	71631	667	69	69440		734	722
互联网信息服务	14564230	15992	7035	1084529		13397337	59338
互联网平台	5973138	104906	6	3102299	18660	2701724	45543
互联网安全服务	14076	2319		11757			
互联网数据服务	141182	10055		86294	2226	10399	32208
其他互联网服务	183757	17	43	179996	1501	1461	739
软件和信息技术服务业	13718026	324513	38023	11970750	1054035	127064	203640
软件开发	8669662	108942	27012	7309170	998889	99045	126604
集成电路设计	125280	21		108639	4431	4015	8175
信息系统集成和物联网技术服务	1018588	171857	114	808871	9733	8996	19018
运行维护服务	135881	25932	2977	104782	670		1521
信息处理和存储支持服务	157169	6755		128251		7023	15140
信息技术咨询服务	1344914	10336	3213	1284950	10994	7920	27502
数字内容服务	1849729	80	3938	1843604		42	2065
其他信息技术服务业	416803	591	768	382484	29319	24	3616
金融业	**4371375**	**247281**	**29172**	**3855880**	**90264**	**43510**	**105269**
货币金融服务	1029595	38123	23843	797567	81244	43273	45546
中央银行服务							
货币银行服务	105			105			
非货币银行服务	1029491	38123	23843	797462	81244	43273	45546
银行理财服务							
银行监管服务							
资本市场服务	2356447	100261	9	2215015	6344	237	34581
证券市场服务							
公开募集证券投资基金							
非公开募集证券投资基金							
期货市场服务							
证券期货监管服务							
资本投资服务	566623	97552		449760	6344		12967
其他资本市场服务	1789824	2710	9	1765255		237	21614
保险业	53192	25		53167			
人身保险							
财产保险							
再保险							
商业养老金							
保险中介服务							
保险资产管理							
保险监管服务							
其他保险活动	53192	25		53167			
其他金融业	932141	108872	5320	790131	2676		25142
金融信托与管理服务	7632	224		6923			485
控股公司服务	320435	7724	1249	310876			585
非金融机构支付服务							
金融信息服务	124573	36	13	114579	503		9443
金融资产管理公司	55904	55890		15			
其他未列明金融业	423596	44999	4059	357738	2173		14629

4-38　续表 9

行业中类	营业收入（万元）	国有控股	集体控股	私人控股	港澳台商控股	外商控股	其他
房地产业	**10147518**	**818240**	**142055**	**8273777**	**226470**	**108384**	**578592**
房地产业	10147518	818240	142055	8273777	226470	108384	578592
房地产开发经营	5303116	352869	40631	4295810	193147	70828	349830
物业管理	2604356	333227	89737	1992493	15914	31699	141287
房地产中介服务	1972792	33388	5599	1829547	14405	4628	85224
房地产租赁经营							
其他房地产业	267254	98756	6088	155926	3005	1229	2251
租赁和商务服务业	**45097419**	**7252350**	**1034046**	**34901344**	**459433**	**586233**	**864014**
租赁业	2096818	183430	8006	1761312	32318	27890	83861
机械设备经营租赁	2013965	181457	7963	1681876	32318	27890	82460
文体设备和用品出租	43659	1636		40625			1398
日用品出租	39194	337	43	38811			3
商务服务业	43000601	7068919	1026039	33140032	427115	558343	780153
组织管理服务	12736347	4929944	512531	6911425	114781	89369	178297
综合管理服务	2884063	301459	186998	2273229	17349	22966	82062
法律服务	269046	869	2193	264238			1746
咨询与调查	6043397	136156	19066	5711417	45335	26969	104454
广告业	4524608	277574	34800	3761170	354	399269	51442
人力资源服务	10020697	405117	131722	9266202	108426	210	109021
安全保护服务	1215533	483146	724	664620		5507	61536
会议、展览及相关服务	713457	145005	26062	523483	3061	87	15759
其他商务服务业	4593452	389649	111943	3764248	137809	13967	175836
科学研究和技术服务业	**13926033**	**1296350**	**336336**	**11597915**	**137363**	**150479**	**407590**
研究和试验发展	2041909	34054	5158	1875756	39743	63058	24139
自然科学研究和试验发展	60216	1605	64	57478	426		643
工程和技术研究和试验发展	1634242	28916	4579	1507108	38767	39534	15338
农业科学研究和试验发展	46144	728	102	40734	3	833	3745
医学研究和试验发展	297788	2171	413	267554	546	22691	4413
社会人文科学研究	3519	636		2883			
专业技术服务业	8104133	1038233	265973	6449066	73096	49097	228668
气象服务	6173	2730	380	3064			
地震服务	157			157			
海洋服务	15536	3591		11946			
测绘地理信息服务	220769	44915	11888	160674			3293
质检技术服务	932519	152072	23660	720209	1997	22730	11853
环境与生态监测检测服务	161172	9174		151012			985
地质勘查	38221	14217	4312	19692			
工程技术与设计服务	4768645	720446	190232	3636079	47112	19545	155230
工业与专业设计及其他专业技术服务	1960940	91089	35502	1746234	23986	6822	57307
科技推广和应用服务业	3779991	224063	65205	3273093	24525	38324	154782
技术推广服务	3131093	198801	64679	2667334	17802	37387	145090
知识产权服务	229441	5024	167	209682	6528	146	7894
科技中介服务	101737	14866	12	86845			14
创业空间服务	27865	4531		23191	6		138
其他科技推广服务业	289855	840	347	286041	190	791	1645

4-38 续表 10

行业中类	营业收入(万元)	国有控股	集体控股	私人控股	港澳台商控股	外商控股	其他
水利、环境和公共设施管理业	**6068565**	**3383779**	**64340**	**2525701**	**10**	**13202**	**81533**
水利管理业	193160	111618	3947	76152			1443
防洪除涝设施管理	79529	64852	1164	13152			362
水资源管理	32144	6154	1699	24252			39
天然水收集与分配	45718	28689	75	16954			
水文服务	2036	834		812			390
其他水利管理业	33732	11089	1009	20982			653
生态保护和环境治理业	471117	69171	6645	374006		1359	19935
生态保护	36489	13768	1370	17120			4232
环境治理业	434628	55403	5275	356887		1359	15704
公共设施管理业	2240087	592843	49014	1526699	10	11843	59678
市政设施管理	701138	403566	10938	261585		1100	23949
环境卫生管理	267463	38503	10440	214675			3846
城乡市容管理	39797	24854		14023			920
绿化管理	906322	53991	9999	809350		10705	22277
城市公园管理	111833	2207	11146	98385			95
游览景区管理	213534	69723	6491	128680	10	39	8591
土地管理业	3164201	2610147	4733	548844			477
土地整治服务	2902242	2492868	3948	405176			251
土地调查评估服务	124417	655	58	123534			170
土地登记服务	97		11	86			
土地登记代理服务	2608	63	713	1832			
其他土地管理服务	134836	116561	3	18216			56
居民服务、修理和其他服务业	**3159696**	**90992**	**83853**	**2940779**	**4291**	**4835**	**34946**
居民服务业	1238964	43918	64983	1107854	2466	2121	17622
家庭服务	214250	1694	426	208957		108	3065
托儿所服务	8256			8247			10
洗染服务	84254	1436	2698	79745			374
理发及美容服务	172210	53	15	166771	186	977	4208
洗浴和保健养生服务	189041	444	1054	184665	470	262	2146
摄影扩印服务	96007	2816	692	92207	21	208	61
婚姻服务	68560	128	229	67183	157		863
殡葬服务	131827	29784	57504	40047	1631		2861
其他居民服务业	274560	7565	2363	260031		567	4035
机动车、电子产品和日用产品修理业	1399771	30957	14738	1341063	121	1741	11152
汽车、摩托车等修理与维护	1064685	16742	12207	1026187	40	1741	7768
计算机和办公设备维修	149336	11442	378	136839	81		596
家用电器修理	172000	2773	2134	164306			2788
其他日用产品修理业	13750		19	13731			
其他服务业	520960	16116	4132	491863	1704	973	6172
清洁服务	398183	13304	3127	376750			5002
宠物服务	14533	152	24	14109			249
其他未列明服务业	108244	2661	981	101004	1704	973	922
教育							
教育							
学前教育							
初等教育							

4-38　续表 11

行业中类	营业收入(万元)	国有控股	集体控股	私人控股	港澳台商控股	外商控股	其他
中等教育							
高等教育							
特殊教育							
技能培训、教育辅助及其他教育							
卫生和社会工作	**444041**	**9036**	**10168**	**391328**	**1296**	**245**	**31967**
卫生	375868	5076	9451	331718			29623
医院	176149	2378	3401	166585			3785
基层医疗卫生服务	167683		6050	138379			23254
专业公共卫生服务	1473			1473			
其他卫生活动	30563	2698		25281			2584
社会工作	68173	3960	717	59611	1296	245	2344
提供住宿社会工作	61093	2511	717	54043	1274	245	2304
不提供住宿社会工作	7080	1450		5568	22		41
文化、体育和娱乐业	**6353134**	**538466**	**19601**	**5646526**	**11456**	**13368**	**123716**
新闻和出版业	275246	216755	1230	52313			4947
新闻业	4210	2289		1921			
出版业	271036	214466	1230	50392			4947
广播、电视、电影和录音制作业	3581077	230720	6595	3263010	422	3921	76409
广播	20142	385		19483			274
电视	69720	3386		66254			80
影视节目制作	2877299	54090	559	2764531	422	640	57058
广播电视集成播控	37462	37278		183			
电影和广播电视节目发行	143873	45613		98261			
电影放映	427009	89968	6037	308725		3281	18997
录音制作	5572			5572			
文化艺术业	541863	39021	3983	491586	3446	295	3531
文艺创作与表演	270446	7509	340	258550	3117	34	895
艺术表演场馆	15917	10666	372	4712			167
图书馆与档案馆	23587	562	2468	19944			613
文物及非物质文化遗产保护	7144	2831	211	3953			149
博物馆	1513	64	18	1431			
烈士陵园、纪念馆	181	16	76	90			
群众文体活动	46480	12213	436	33574	8		249
其他文化艺术业	176595	5161	62	169332	321	261	1459
体育	243208	17223	1964	212691	1866	3766	5697
体育组织	59884	3014	1058	51631		448	3733
体育场地设施管理	37869	10828	560	26386			95
健身休闲活动	142400	3183	347	131817	1866	3318	1869
其他体育	3055	199		2856			
娱乐业	1711740	34746	5828	1626927	5722	5385	33131
室内娱乐活动	658794	288	3656	647064		4873	2915
游乐园	34752	4248	171	25296	5016		22
休闲观光活动	95945	15827	58	56934	2		23123
彩票活动	4153	4084		69			
文化体育娱乐活动与经纪代理服务	911557	10300	1944	891385	704	499	6725
其他娱乐业	6539	0		6179		13	346

4-39 按行业(中类)、运营状态

行业中类	资产总计(万元)	正常运营	停业(歇业)
总　计	**2500420672**	**2360132660**	**84413287**
农、林、牧、渔业	**395106**	**382458**	**3191**
农业			
谷物种植			
豆类、油料和薯类种植			
棉、麻、糖、烟草种植			
蔬菜、食用菌及园艺作物种植			
水果种植			
坚果、含油果、香料和饮料作物种植			
中药材种植			
草种植及割草			
其他农业			
林业			
林木育种和育苗			
造林和更新			
森林经营、管护和改培			
木材和竹材采运			
林产品采集			
畜牧业			
牲畜饲养			
家禽饲养			
狩猎和捕捉动物			
其他畜牧业			
渔业			
水产养殖			
水产捕捞			
农、林、牧、渔专业及辅助性活动	395106	382458	3191
农业专业及辅助性活动	335430	326186	1878
林业专业及辅助性活动	16523	15853	321
畜牧专业及辅助性活动	17190	15438	306
渔业专业及辅助性活动	25964	24981	686
采矿业	**4030772**	**3743704**	**114081**
煤炭开采和洗选业	13201	2453	10622
烟煤和无烟煤开采洗选	242	9	106
褐煤开采洗选	10515		10515
其他煤炭采选	2444	2444	
石油和天然气开采业	988	988	
石油开采	988	988	
天然气开采			
黑色金属矿采选业	39967	39967	
铁矿采选	39967	39967	
锰矿、铬矿采选			
其他黑色金属矿采选			
有色金属矿采选业	293723	285665	8058
常用有色金属矿采选	188408	180350	8058
贵金属矿采选	3694	3694	
稀有稀土金属矿采选	101620	101620	

分组的小微企业资产总计

筹建	当年关闭	当年破产	当年注销	当年吊销	其他
38807816	**8258793**	**1869549**	**2848931**	**59997**	**4029639**
8468	**928**		**61**		
8468	928		61		
6766	549		51		
231	108		10		
1445					
26	271				
164441	**8031**		**233**	**283**	
126					
126					

4-39 续表 1

行业中类	资产总计(万元)	正常运营	停业(歇业)
非金属矿采选业	3619730	3410059	94847
土砂石开采	3436575	3232453	94072
化学矿开采	49558	49558	
采盐	2582	697	
石棉及其他非金属矿采选	131016	127351	774
开采专业及辅助性活动	1652	1095	555
煤炭开采和洗选专业及辅助性活动	461		461
石油和天然气开采专业及辅助性活动	755	735	20
其他开采专业及辅助性活动	436	360	74
其他采矿业	61511	3477	
其他采矿业	61511	3477	
制造业	**478991428**	**447026326**	**17585306**
农副食品加工业	9336955	8974788	180738
谷物磨制	380035	378444	1070
饲料加工	1756248	1710050	32442
植物油加工	1681266	1657245	14489
制糖业	18286	18217	69
屠宰及肉类加工	1250016	1148503	30112
水产品加工	2315652	2221986	61475
蔬菜、菌类、水果和坚果加工	1474566	1406532	18290
其他农副食品加工	460887	433811	22791
食品制造业	4017581	3737580	188467
焙烤食品制造	561721	504033	23029
糖果、巧克力及蜜饯制造	256809	252608	1095
方便食品制造	460285	449096	4922
乳制品制造	312501	311393	915
罐头食品制造	380999	282171	97350
调味品、发酵制品制造	313338	302159	3731
其他食品制造	1731928	1636118	57425
酒、饮料和精制茶制造业	4146480	3866885	130646
酒的制造	1424254	1285386	45215
饮料制造	1475720	1361487	62462
精制茶加工	1246507	1220011	22970
烟草制品业			
烟叶复烤			
卷烟制造			
其他烟草制品制造			
纺织业	42078823	38578198	2467891
棉纺织及印染精加工	14855054	13186986	1220525
毛纺织及染整精加工	2077022	1998015	50435
麻纺织及染整精加工	178554	168225	9205
丝绢纺织及印染精加工	2028559	1881359	125380
化纤织造及印染精加工	6847989	6213923	457652
针织或钩针编织物及其制品制造	8731418	8202923	310112
家用纺织制成品制造	3448295	3206336	180186
产业用纺织制成品制造	3911931	3720432	114397
纺织服装、服饰业	21636576	20429905	864829
机织服装制造	8656101	8047118	434454

筹建	当年关闭	当年破产	当年注销	当年吊销	其他
106278	8031		233	283	
101713	8031		233	73	
1885					
2680				210	
2					
2					
58034					
58034					
9696857	**2727597**	**1041030**	**766159**	**27847**	**120308**
130005	42119	4973	4141	191	
85			437		
10261	3018		352	124	
8957	544		30		
66265	2527		2609		
21149	5533	4973	535		
20644	29089		10		
2644	1407		168	66	
66143	17243	6972	896	280	
24836	9240		582		
100		2952	54		
2007	211	4020	30		
182				10	
	1467			11	
7433	15				
31586	6311		230	259	
134518	9387	4433	569	42	
88198	1022	4433			
45641	6118		12		
678	2248		558	42	
493589	315732	159204	61622	2587	
197072	191388	33224	25472	388	
17557	875		9866	274	
	769		355		
13637	5894	1405	859	26	
89110	69536	13866	3740	162	
79662	21581	108520	6884	1737	
36786	18640	2160	4187		
59764	7049	30	10259		
213219	73155	6234	37160	5507	6567
102952	44277	2263	15013	3457	6567

4-39 续表 2

行业中类	资产总计(万元)	正常运营	停业(歇业)
针织或钩针编织服装制造	6072270	5835922	124020
服饰制造	6908205	6546865	306355
皮革、毛皮、羽毛及其制品和制鞋业	12036683	11291339	565896
皮革鞣制加工	1406039	1334722	56892
皮革制品制造	3182042	3033158	127171
毛皮鞣制及制品加工	726151	702812	19140
羽毛(绒)加工及制品制造	1084199	966471	117681
制鞋业	5638252	5254177	245013
木材加工和木、竹、藤、棕、草制品业	4710310	4467314	120660
木材加工	562987	524732	30190
人造板制造	980000	948297	26411
木质制品制造	2344682	2262010	47500
竹、藤、棕、草等制品制造	822641	732276	16559
家具制造业	6845595	6347062	277165
木质家具制造	3678894	3324707	164780
竹、藤家具制造	171411	161665	6905
金属家具制造	1593750	1485463	95797
塑料家具制造	225297	224345	530
其他家具制造	1176243	1150882	9153
造纸和纸制品业	12109852	11453727	374365
纸浆制造	6690	4892	1736
造纸	5365270	4943178	232709
纸制品制造	6737891	6505657	139920
印刷和记录媒介复制业	7554931	7268605	158641
印刷	7300878	7030091	148065
装订及印刷相关服务	244335	228835	10539
记录媒介复制	9718	9680	38
文教、工美、体育和娱乐用品制造业	12085673	11384601	393691
文教办公用品制造	2038795	1850448	65208
乐器制造	193107	190112	1007
工艺美术及礼仪用品制造	6295725	5954290	209893
体育用品制造	1515808	1430785	65136
玩具制造	1610725	1533881	46516
游艺器材及娱乐用品制造	431513	425086	5931
石油、煤炭及其他燃料加工业	1430815	1205377	28309
精炼石油产品制造	1216177	1017741	25650
煤炭加工	89585	83822	153
核燃料加工	18600		
生物质燃料加工	106452	103814	2507
化学原料和化学制品制造业	28324280	25945793	649913
基础化学原料制造	6658489	6144488	49892
肥料制造	254342	228872	7751
农药制造	1643077	1096254	31886
涂料、油墨、颜料及类似产品制造	3970463	3660389	168696
合成材料制造	6385956	5906017	206710
专用化学产品制造	6521658	6146455	172427
炸药、火工及焰火产品制造	73538	64365	
日用化学产品制造	2816758	2698954	12551

筹建	当年关闭	当年破产	当年注销	当年吊销	其他
87649	19763	566	3681	668	
22617	9116	3405	18466	1381	
52751	69176	13918	40024	892	2685
9386	1567		3414	57	
9670	9735		2236	73	
868	3313		18		
21	26				
32807	54534	13918	34356	763	2685
93510	17770	674	10209	172	
3482	903		3680		
2	4662		628		
19844	10445	674	4209	0	
70182	1760		1691	172	
177072	24726	10919	8650		
155125	21274	10231	2777		
2472	327		42		
5390	975	689	5437		
	422				
14085	1728		395		
94862	181222	181	5218	276	
20	3		39		
22894	163713		2562	214	
71948	17506	181	2617	62	
102097	10813	3089	11635	50	
98264	10353	3089	10967	50	
3833	460		668		
148132	133094	14621	9155	2379	
45559	76015		1484	83	
621	1368				
67258	50819	5644	5537	2284	
7203	2118	8965	1601		
27156	2682	12	464	13	
334	92		70		
196538	565		25		
172762			25		
5156	455				
18600					
21	111				
1069895	605195	37774	15228	482	
417941	42843	1905	1271	148	
13937	3782				
	514938				
106622	20967	3567	10222		
254797	6561	11367	504		
173224	7066	20934	1218	334	
9173					
94202	9038		2012		

4-39 续表 3

行业中类	资产总计(万元)	正常运营	停业(歇业)
医药制造业	6412434	5928069	162524
化学药品原料药制造	1518813	1321708	121506
化学药品制剂制造	1220516	1179736	2464
中药饮片加工	568218	563754	1353
中成药生产	605578	553474	676
兽用药品制造	373316	337596	4946
生物药品制品制造	1202779	1123819	28432
卫生材料及医药用品制造	613955	539529	2998
药用辅料及包装材料	309260	308453	149
化学纤维制造业	10061859	8722902	1010139
纤维素纤维原料及纤维制造	185355	183831	1522
合成纤维制造	9645441	8329436	991363
生物基材料制造	231063	209636	17253
橡胶和塑料制品业	26940378	25489135	805807
橡胶制品业	2971428	2793946	141359
塑料制品业	23968949	22695189	664448
非金属矿物制品业	27659571	25980896	886156
水泥、石灰和石膏制造	4450074	4186454	95015
石膏、水泥制品及类似制品制造	12519156	12035805	279058
砖瓦、石材等建筑材料制造	4087968	3675685	239964
玻璃制造	897806	725281	74276
玻璃制品制造	1709382	1561286	83225
玻璃纤维和玻璃纤维增强塑料制品制造	730700	676877	22758
陶瓷制品制造	864512	820918	34266
耐火材料制品制造	1131892	1099407	21943
石墨及其他非金属矿物制品制造	1268080	1199183	35652
黑色金属冶炼和压延加工业	7180735	6722931	429633
炼铁	5199	5040	
炼钢	140544	37344	103199
钢压延加工	6813845	6474796	311037
铁合金冶炼	221148	205751	15396
有色金属冶炼和压延加工业	7952940	7525292	320043
常用有色金属冶炼	904758	839645	52378
贵金属冶炼	158373	158373	
稀有稀土金属冶炼	52562	26639	19696
有色金属合金制造	1163381	1078662	71702
有色金属压延加工	5673866	5421973	176268
金属制品业	29777958	27843263	1275924
结构性金属制品制造	6152386	5659931	232081
金属工具制造	2924146	2759083	107809
集装箱及金属包装容器制造	1370521	1302584	29374
金属丝绳及其制品制造	972092	918180	51337
建筑、安全用金属制品制造	6245556	5977911	170750
金属表面处理及热处理加工	3348227	2960032	289991
搪瓷制品制造	279234	268025	7697
金属制日用品制造	2814511	2667087	109622
铸造及其他金属制品制造	5671286	5330429	277262

筹建	当年关闭	当年破产	当年注销	当年吊销	其他
279440	10064		32338		
55246	7554		12798		
38316					
3110	1				
50016	1412				
10348	905		19521		
50508			19		
71237	192				
659					
215299	42398	61075	9989	57	
			2		
211126	42398	61075	9987	57	
4173					
426922	65121	116856	34052	2485	
15615	7065	3785	9660		
411307	58056	113072	24393	2485	
429642	157769	192995	7980	1696	2439
17948	69546	81111			
174485	13949	11405	1848	169	2439
139752	26586	1307	4212	462	
18038	29667	49831	714		
38529	6114	19204	1024		
26694	149	3224		999	
4008	5257		64		
9174	1300		68		
1014	5201	26913	50	67	
7002	6487	4430	10129	124	
	159				
7002	6328	4430	10129	124	
74355	30379	315	1598	958	
11856	879				
6227					
6487	5990		541		
49785	23510	315	1057	958	
496302	120339	9427	32292	413	
217115	34145	1102	8011		
34048	12285	5917	5003		
35883	1795		884		
1661	307		608		
67576	19152	455	9663	49	
69590	28010	184	400	20	
1019	1133	1269	90		
27850	5458	499	3749	246	
41560	18052		3884	99	

4-39 续表 4

行业中类	资产总计(万元)		
		正常运营	停业(歇业)
通用设备制造业	51270357	48492056	1523697
锅炉及原动设备制造	2266595	2139146	57945
金属加工机械制造	5179145	4993819	91781
物料搬运设备制造	4533117	4374949	56213
泵、阀门、压缩机及类似机械制造	12283921	11900985	222676
轴承、齿轮和传动部件制造	6608330	6237862	251574
烘炉、风机、包装等设备制造	7426835	6662539	415171
文化、办公用机械制造	647424	633994	5924
通用零部件制造	10589601	9961861	373501
其他通用设备制造业	1735389	1586901	48913
专用设备制造业	25621099	24602297	521764
采矿、冶金、建筑专用设备制造	1716357	1617562	51401
化工、木材、非金属加工专用设备制造	8165077	7981747	104455
食品、饮料、烟草及饲料生产专用设备制造	640507	599177	16319
印刷、制药、日化及日用品生产专用设备制造	1139680	1061711	44127
纺织、服装和皮革加工专用设备制造	3894284	3716898	111083
电子和电工机械专用设备制造	1015023	996054	11427
农、林、牧、渔专用机械制造	1392990	1309290	37582
医疗仪器设备及器械制造	2843023	2744544	42966
环保、邮政、社会公共服务及其他专用设备制造	4814158	4575316	102405
汽车制造业	31014844	28450198	789644
汽车整车制造	2257221	2171511	51165
汽车用发动机制造	606655	594884	1608
改装汽车制造	229317	207516	21549
低速汽车制造	51	51	
电车制造	134769	134553	216
汽车车身、挂车制造	419533	379655	23514
汽车零部件及配件制造	27367300	24962028	691593
铁路、船舶、航空航天和其他运输设备制造业	9393522	8365877	438649
铁路运输设备制造	837320	821023	6462
城市轨道交通设备制造	595629	592429	140
船舶及相关装置制造	4090233	3676757	288361
航空、航天器及设备制造	477675	90444	333
摩托车制造	1377422	1339663	27916
自行车和残疾人座车制造	840815	747259	70760
助动车制造	641087	587919	27716
非公路休闲车及零配件制造	419142	408288	7616
潜水救捞及其他未列明运输设备制造	114199	102095	9345
电气机械和器材制造业	46248315	43144436	1724985
电机制造	5216642	4943738	103958
输配电及控制设备制造	17440692	16541493	360977
电线、电缆、光缆及电工器材制造	8286576	7631988	557298
电池制造	2788484	2526216	45702
家用电力器具制造	6199626	5755328	243460
非电力家用器具制造	886149	802469	48117
照明器具制造	4721706	4271082	351932
其他电气机械及器材制造	708440	672121	13541

筹建	当年关闭	当年破产	当年注销	当年吊销	其他
923560	146758	62201	115560	5089	1437
68858	268	0	12	365	
60118	9822	16480	6827	298	
73421	25989		2546		
113984	34185	2806	8563	723	
37541	33700	27217	18587	413	1437
333984	10631	296	4215		
6661	131		714		
150849	29467	15398	55236	3290	
78144	2566	5	18861		
389111	82969	5701	14687	1058	3511
26159	15579	522	1617	7	3511
54636	14935	5128	4120	56	
24006	772	0	199	34	
29221	4062		100	459	
53399	9552	11	3318	24	
5970	1312		260		
40216	4109		1793		
45815	7624		1640	434	
109690	25024	40	1638	46	
1606119	64639	21002	49586	267	33390
34538	7				
10163					
251					
16309	55				
1544858	64576	21002	49586	267	33390
533631	24088	24881	6257	139	
8808	888			139	
3060					
97650	2963	24450	51		
384242	2657				
7215	2342		285		
16423	6252		121		
12126	7425	103	5798		
3238			1		
870	1560	329			
711072	290997	129301	175759	1487	70279
134884	31297	76	2382	305	
157528	183548	40268	153297	848	2733
56594	33962	48	6687		
147690	1289		42		67546
124984	12615	52112	10893	234	
29317	5071	706	470		
45358	19263	32400	1608	64	
14717	3952	3692	381	36	

4-39 续表 5

行业中类	资产总计(万元)	正常运营	停业(歇业)
计算机、通信和其他电子设备制造业	19333040	18019966	668186
计算机制造	1143782	1087238	20984
通信设备制造	2796617	2575874	153935
广播电视设备制造	422844	407794	9548
雷达及配套设备制造	214036	214024	
非专业视听设备制造	1062041	974060	45399
智能消费设备制造	729641	692137	17767
电子器件制造	3295437	2773966	179882
电子元件及电子专用材料制造	7045139	6739879	196258
其他电子设备制造	2623503	2554994	44415
仪器仪表制造业	7407298	6856383	434139
通用仪器仪表制造	5528057	5043600	395583
专用仪器仪表制造	1240027	1214492	7800
钟表与计时仪器制造	96059	90096	4234
光学仪器制造	298141	271093	21455
衡器制造	153799	153684	115
其他仪器仪表制造业	91214	83418	4952
其他制造业	3412083	3232392	122571
日用杂品制造	2614267	2524905	58675
核辐射加工	944	944	
其他未列明制造业	796873	706544	63897
废弃资源综合利用业	1744368	1683829	23407
金属废料和碎屑加工处理	1068095	1038266	16498
非金属废料和碎屑加工处理	676273	645563	6909
金属制品、机械和设备修理业	1246072	1015227	46826
金属制品修理	11794	11626	168
通用设备修理	44513	41142	3255
专用设备修理	70100	67544	2281
铁路、船舶、航空航天等运输设备修理	969748	759078	28027
电气设备修理	50882	43004	7451
仪器仪表修理	7656	7645	
其他机械和设备修理业	91380	85188	5644
电力、热力、燃气及水生产和供应业	**51696398**	**49324858**	**1146718**
电力、热力生产和供应业	32882760	31140458	849587
电力生产	27712068	26705354	163234
电力供应	2797453	2767452	29130
热力生产和供应	2373239	1667651	657224
燃气生产和供应业	5266957	5177084	11010
燃气生产和供应业	5215827	5146139	11010
生物质燃气生产和供应业	51129	30945	
水的生产和供应业	13546681	13007316	286120
自来水生产和供应	6540182	6263985	195677
污水处理及其再生利用	6864316	6601478	90325
海水淡化处理	6024	6024	
其他水的处理、利用与分配	136160	135829	118
建筑业	**67982544**	**64410620**	**2308726**
房屋建筑业	15182685	13865928	870166

筹建	当年关闭	当年破产	当年注销	当年吊销	其他
507312	89141	5967	41383	1084	
29424	148	5663	326		
56954	8455		1388	10	
4956	409			138	
	12				
470	41722	288	102		
19718	19		1		
305744	343	7	35495		
68843	37027	10	2971	152	
21203	1008		1100	785	
57735	23891	12160	22989		
46537	14945	12160	15232		
10269	7466				
	418		1312		
515	100		4978		
415	962		1467		
37389	15474	210	4037	10	
18351	9342	210	2774	10	
19038	6132		1262		
29122	6570		1318	123	
10297	2539		420	75	
18825	4031		898	48	
514	50316	131516	1673		
116					
225			50		
20	50090	131516	1016		
2	1		423		
10					
140	225		183		
1022489	**172235**		**30098**		
754308	134987		3421		
710573	130160		2747		
178	19		674		
43556	4809				
57604			21258		
37420			21258		
20185					
210577	37248		5420		
75251			5270		
135325	37037		150		
1	211				
1026540	**117476**	**1821**	**81531**	**196**	**35633**
413260	13264	1485	15048		3534

4-39 续表 6

行业中类	资产总计(万元)		
		正常运营	停业(歇业)
住宅房屋建筑	11902520	10777335	766798
体育场馆建筑	18111	18111	
其他房屋建筑业	3262055	3070482	103368
土木工程建筑业	41275698	39548424	1100577
铁路、道路、隧道和桥梁工程建筑	29128402	28338657	419251
水利和水运工程建筑	4436021	3742242	574683
海洋工程建筑	467706	452497	60
工矿工程建筑	169959	168284	913
架线和管道工程建筑	721775	714750	4083
节能环保工程施工	110498	109448	963
电力工程施工	524103	514347	5418
其他土木工程建筑	5717233	5508199	95206
建筑安装业	3167322	3007713	108053
电气安装	1136157	1052121	55838
管道和设备安装	781016	742258	23538
其他建筑安装业	1250148	1213334	28677
建筑装饰、装修和其他建筑业	8356839	7988555	229930
建筑装饰和装修业	4407787	4107911	188284
建筑物拆除和场地准备活动	2650218	2618121	21753
提供施工设备服务	91627	88175	1893
其他未列明建筑业	1207207	1174348	18000
批发和零售业	**233079392**	**212634781**	**16603186**
批发业	202674547	185898526	13713348
农、林、牧、渔产品批发	2959564	2776463	126011
食品、饮料及烟草制品批发	8426467	7602741	701474
纺织、服装及家庭用品批发	37799880	34450791	2430457
文化、体育用品及器材批发	5418590	5005719	361909
医药及医疗器材批发	3159124	2976680	83880
矿产品、建材及化工产品批发	106829037	98063874	7638246
机械设备、五金产品及电子产品批发	29260455	27243997	1554657
贸易经纪与代理	3127873	2663088	372207
其他批发业	5693557	5115173	444507
零售业	30404845	26736255	2889838
综合零售	1377187	1246151	99982
食品、饮料及烟草制品专门零售	2295665	2075385	86733
纺织、服装及日用品专门零售	3581452	2600032	901370
文化、体育用品及器材专门零售	1691796	1481687	136821
医药及医疗器材专门零售	1190094	1147031	23854
汽车、摩托车、零配件和燃料及其他动力销售	7181934	6582529	440728
家用电器及电子产品专门零售	3594518	2904360	642745
五金、家具及室内装饰材料专门零售	3673630	3172066	371141
货摊、无店铺及其他零售业	5818569	5527014	186463
交通运输、仓储和邮政业	**85485141**	**81915753**	**1701822**
铁路运输业			
铁路旅客运输			
铁路货物运输			
铁路运输辅助活动			

筹建	当年关闭	当年破产	当年注销	当年吊销	其他
333539	4936	1485	14893		3534
79721	8329		155		
498636	85770		34211	7	8072
352587	2962		6865	7	8072
101271	1		17824		
15149					
739	22		1		
1075	866		1002	0	
64	0		23		
1295	2474		569		
26456	79445		7927		
26816	5294		19447	0	
10263	3082		14853		
9779	987		4455	0	
6773	1225		139	0	
87828	13148	336	12825	189	24027
69578	8880	336	9330	189	23278
7233	889		1473		749
728			831		
10289	3379		1192		
1846920	**904701**	**433945**	**624534**	**13251**	**18073**
1420603	705344	432472	483483	11324	9447
41664	8601		6770	56	
77971	17813	111	26305	52	
265599	238228	326616	81075	3158	3953
15529	19827	95	11358	3168	985
91338	1427		5798	0	
519037	293278	31634	279175	3793	
216387	111672	69219	59129	884	4509
79949	5533	4485	2527	84	
113127	8966	310	11346	128	
426318	199357	1474	141051	1928	8626
12267	4001		14771	16	
98392	8801	202	18731	134	7288
34232	17958		27610	249	
28267	35220	140	9637	24	
7724	4748	336	6230	170	
114112	19727	201	23610	661	367
18993	14748	14	12670	16	971
42284	77261	547	10266	64	
70046	16892	34	17525	594	
1776071	**65333**	**84**	**25871**	**207**	

4-39 续表 7

行业中类	资产总计(万元)	正常运营	停业(歇业)
道路运输业	56287299	53987055	1377079
城市公共交通运输	16545047	16018946	6770
公路旅客运输	4337976	4331049	870
道路货物运输	12755159	11989151	375604
道路运输辅助活动	22649117	21647908	993835
水上运输业	8960785	8752770	114789
水上旅客运输	173189	172102	908
水上货物运输	5737997	5678360	23313
水上运输辅助活动	3049600	2902309	90568
航空运输业	918931	887632	29077
航空客货运输	199380	198992	126
通用航空服务	237144	206274	28951
航空运输辅助活动	482407	482366	
管道运输业	110195	27594	
海底管道运输	1646	1646	
陆地管道运输	108550	25948	
多式联运和运输代理业	4836132	4720172	82950
多式联运	420470	420470	
运输代理业	4415662	4299702	82950
装卸搬运和仓储业	13248572	12496479	91715
装卸搬运	1548693	1522509	9729
通用仓储	2473005	2270562	32314
低温仓储	230477	170919	228
危险品仓储	5611231	5316724	16832
谷物、棉花等农产品仓储	1691549	1661564	1120
中药材仓储	11712	11712	
其他仓储业	1681905	1542490	31492
邮政业	1123227	1044051	6211
邮政基本服务	201014	201014	
快递服务	920306	841372	6176
其他寄递服务	1907	1666	35
住宿和餐饮业	**9378533**	**7967436**	**513578**
住宿业	6365743	5229432	428739
旅游饭店	3867124	3160725	345590
一般旅馆	2090933	1722617	77620
民宿服务	341742	285328	5002
露营地服务	3169	492	
其他住宿业	62775	60271	527
餐饮业	3012790	2738004	84839
正餐服务	2756411	2497445	76301
快餐服务	75465	71054	2566
饮料及冷饮服务	65497	59892	2768
餐饮配送及外卖送餐服务	48405	47780	433
其他餐饮业	67013	61833	2772
信息传输、软件和信息技术服务业	**34568424**	**32209837**	**1900091**
电信、广播电视和卫星传输服务	2074845	2068120	6109
电信	964433	958087	5757

筹建	当年关闭	当年破产	当年注销	当年吊销	其他
851822	58616	84	12526	118	
518370	961				
	6057				
326675	51493	84	12034	118	
6776	106		492		
85281	1928		6017		
178					
32859	905		2560		
52244	1023		3456		
2222					
262					
1919					
41					
82602					
82602					
26809	3174		2937	89	
26809	3174		2937	89	
658090	499		1788		
14567	401		1487		
169922	98		109		
59143			187		
277675					
28865			0		
107918			6		
69246	1115		2603		
69040	1115		2603		
206					
752884	**65073**	**51887**	**15552**	**12123**	
603647	47724	51755	4144	302	
275743	33208	51755	104		
275640	10774		3980	302	
47725	3642		46		
2677					
1862	100		15		
149237	17349	132	11407	11820	
146487	15894	120	8346	11819	
656	437		751		
1288	179		1370		
133	23		35		
673	815	12	905	2	
368376	**46913**	**399**	**42386**	**422**	
192	388		36		
165	388		36		

4-39 续表 8

行业中类	资产总计(万元)	正常运营	停业(歇业)
广播电视传输服务	1092771	1092418	352
卫星传输服务	17641	17614	
互联网和相关服务	7964483	7894042	44508
互联网接入及相关服务	65357	63886	1208
互联网信息服务	4364221	4317636	29231
互联网平台	2815124	2801568	7180
互联网安全服务	17701	16600	1101
互联网数据服务	387096	386027	923
其他互联网服务	314984	308324	4865
软件和信息技术服务业	24529096	22247675	1849474
软件开发	18003384	16159155	1546440
集成电路设计	224245	222070	1863
信息系统集成和物联网技术服务	1730746	1669476	49930
运行维护服务	132175	130276	942
信息处理和存储支持服务	647355	500523	70675
信息技术咨询服务	2925321	2768932	120076
数字内容服务	215060	210407	3427
其他信息技术服务业	650810	586836	56121
金融业	**124660395**	**120230720**	**3320936**
货币金融服务	11939238	11838623	73625
中央银行服务			
货币银行服务	2905	2905	
非货币银行服务	11936333	11835718	73625
银行理财服务			
银行监管服务			
资本市场服务	77188541	74392862	1742939
证券市场服务			
公开募集证券投资基金			
非公开募集证券投资基金			
期货市场服务			
证券期货监管服务			
资本投资服务	16052741	15128828	820045
其他资本市场服务	61135800	59264034	922894
保险业	116815	115654	15
人身保险			
财产保险			
再保险			
商业养老金			
保险中介服务			
保险资产管理			
保险监管服务			
其他保险活动	116815	115654	15
其他金融业	35415800	33883581	1504358
金融信托与管理服务	322427	75575	246853
控股公司服务	27523599	26416868	1093178
非金融机构支付服务			
金融信息服务	1072334	1046901	23501
金融资产管理公司	2180359	2180358	
其他未列明金融业	4317081	4163879	140826

筹建	当年关闭	当年破产	当年注销	当年吊销	其他
			0		
27					
12385	5240		8306	2	
91	22		150		
9017	1614		6723		
2452	3596		329		
146					
679	9		1104	2	
355799	41285	399	34044	420	
237034	36567	350	23427	412	
248	28		36		
7537	1296		2499	9	
4	3		949		
76157			1		
28128	3011	49	5125		
203	181		842		
6490	199		1165		
980449	**23747**	**48068**	**56338**	**136**	
26778	207		5		
26778	207		5		
941974	21687	37061	52018		
101899	430		1539		
840075	21258	37061	50479		
1061			85		
1061			85		
10635	1853	11007	4230	136	
8919	1089	418	3126		
57	762	20	1090	3	
1					
1657	2	10569	14	133	

4-39 续表 9

行业中类	资产总计(万元)	正常运营	停业(歇业)
房地产业	**399813881**	**384024467**	**7683552**
房地产业	399813881	384024467	7683552
房地产开发经营	368882939	355554350	6811212
物业管理	13725769	13221368	268431
房地产中介服务	5736662	4946385	375537
房地产租赁经营			
其他房地产业	11468511	10302365	228371
租赁和商务服务业	**798384087**	**754510897**	**26078618**
租赁业	8184165	7867863	213094
机械设备经营租赁	7778457	7505053	210528
文体设备和用品出租	133788	91111	2548
日用品出租	271920	271700	18
商务服务业	790199922	746643034	25865524
组织管理服务	689107998	654959920	22253746
综合管理服务	24262507	23545990	200732
法律服务	211793	197776	12689
咨询与调查	49739008	43590766	2611613
广告业	5804116	5442771	197470
人力资源服务	2307401	2245794	40906
安全保护服务	784572	776725	6118
会议、展览及相关服务	3096871	3017211	37287
其他商务服务业	14885654	12866080	504964
科学研究和技术服务业	**50697735**	**46687650**	**1490863**
研究和试验发展	5993678	5360363	224886
自然科学研究和试验发展	193547	185180	1891
工程和技术研究和试验发展	4167522	3649863	188261
农业科学研究和试验发展	291457	276024	11609
医学研究和试验发展	1335580	1243725	23125
社会人文科学研究	5571	5571	
专业技术服务业	29235417	27023420	788210
气象服务	6557	6223	12
地震服务	100	100	
海洋服务	292246	292207	39
测绘地理信息服务	294872	292642	877
质检技术服务	1333239	1277160	47004
环境与生态监测检测服务	180927	174777	5036
地质勘查	104105	103808	21
工程技术与设计服务	23475323	21738480	516146
工业与专业设计及其他专业技术服务	3548049	3138022	219075
科技推广和应用服务业	15468640	14303868	477766
技术推广服务	12120466	11049482	404812
知识产权服务	244283	237007	6291
科技中介服务	1066818	1029607	36577
创业空间服务	1465389	1454490	1363
其他科技推广服务业	571684	533282	28723

筹建	当年关闭	当年破产	当年注销	当年吊销	其他
3344154	**358037**	**187802**	**359084**	**1160**	**3855625**
3344154	358037	187802	359084	1160	3855625
2038156	333478	187587	102318	212	3855625
217949	10676	91	6936	318	
366458	3655	123	43874	630	
721591	10228		205955		
13588860	**3555211**	**100319**	**546993**	**3189**	
67736	26976	717	7778	1	
28029	26941	717	7189	1	
39515	35		580		
192			10		
13521124	3528236	99603	539214	3188	
10696043	717496	97398	382872	524	
436246	39551		39957	30	
384	100		843		
732828	2733741	90	69361	609	
131940	17669	141	13073	1053	
10909	4645	146	5002		
1317	271		141		
41027	276		1029	43	
1470429	14487	1828	26936	930	
2200164	**160704**	**2247**	**155473**	**635**	
368123	31860	54	8202	190	
2897	3580				
315304	6605	54	7245	190	
3779	45				
46143	21631		957		
1171107	115285	2132	134981	283	
			322		
0					
1043			311		
3058	476		5540		
755	48		253	59	
276					
990263	109899	2132	118180	223	
175712	4862		10375	2	
660934	13559	60	12290	162	
642690	12290	60	10969	162	
335	435		215		
71	44		519		
9531			5		
8308	790		581		

4-39 续表 10

行业中类	资产总计(万元)		
		正常运营	停业(歇业)
水利、环境和公共设施管理业	**135016007**	**130079154**	**3388159**
水利管理业	13614869	13192446	8170
防洪除涝设施管理	3758530	3697757	33
水资源管理	4170565	4161938	8100
天然水收集与分配	2334964	1982020	
水文服务	1237	1237	
其他水利管理业	3349573	3349494	38
生态保护和环境治理业	4630244	4308563	153471
生态保护	293572	278576	1547
环境治理业	4336672	4029987	151924
公共设施管理业	62359897	58377465	3018383
市政设施管理	48468989	45590562	2584914
环境卫生管理	1361446	1236136	4565
城乡市容管理	872167	798629	601
绿化管理	3217649	3001390	154517
城市公园管理	395484	394229	858
游览景区管理	8044162	7356519	272927
土地管理业	54410998	54200680	208135
土地整治服务	41057279	40858729	196427
土地调查评估服务	3553433	3553433	
土地登记服务	603	603	
土地登记代理服务	398296	398249	
其他土地管理服务	9401386	9389667	11708
居民服务、修理和其他服务业	**3903795**	**3688409**	**116788**
居民服务业	1539610	1457987	35706
家庭服务	215778	206377	7427
托儿所服务	7497	7467	30
洗染服务	82967	79187	1336
理发及美容服务	203950	185654	1655
洗浴和保健养生服务	355067	335213	7526
摄影扩印服务	73281	66591	5210
婚姻服务	68120	64730	514
殡葬服务	400229	393700	399
其他居民服务业	132719	119067	11609
机动车、电子产品和日用产品修理业	1496194	1417133	57042
汽车、摩托车等修理与维护	1199997	1133241	47781
计算机和办公设备维修	110994	106983	3219
家用电器修理	170437	163010	5494
其他日用产品修理业	14765	13898	548
其他服务业	867992	813289	24040
清洁服务	347004	306677	11126
宠物服务	27869	26738	535
其他未列明服务业	493119	479875	12379
教育			
教育			
学前教育			
初等教育			

筹建	当年关闭	当年破产	当年注销	当年吊销	其他
1435184	**9268**	**1384**	**102667**	**192**	
414001	228		24		
60603	138				
513	14				
352879	66				
6	11		24		
159964	269		7864	113	
13449					
146515	269		7864	113	
859118	8722	1384	94747	79	
204232	742		88538		
118706	211		1828		
72919	5		13		
52834	6940	15	1873	79	
380	18				
410046	806	1368	2495		
2101	49		33		
2101			22		
	37		10		
0	12				
71333	**12817**	**94**	**14198**	**158**	
31677	5621	75	8407	137	
581	648	75	648	22	
2427	18				
12252	2247		2142		
9380	1221		1727		
689	88		702		
344	559		1973		
5785	177		54	115	
220	663		1160		
13870	3867	12	4270		
13341	3158	12	2464		
414	78		301		
86	490		1358		
30	141		147		
25786	3329	7	1521	21	
24675	3064	7	1434	21	
575	4		16		
535	260		70		

4-39 续表 11

行业中类	资产总计(万元)		
		正常运营	停业(歇业)
中等教育			
高等教育			
特殊教育			
技能培训、教育辅助及其他教育			
卫生和社会工作	**1071999**	**844085**	**30662**
卫生	373572	373572	
医院	226721	226721	
基层医疗卫生服务	99215	99215	
专业公共卫生服务	3717	3717	
其他卫生活动	43919	43919	
社会工作	698427	470514	30662
提供住宿社会工作	670874	446968	28652
不提供住宿社会工作	27553	23546	2009
文化、体育和娱乐业	**21265033**	**20451506**	**427010**
新闻和出版业	1028173	1027225	123
新闻业	3649	3649	0
出版业	1024524	1023576	123
广播、电视、电影和录音制作业	12404150	12220699	124768
广播	54584	43760	10628
电视	119398	116573	2326
影视节目制作	10978574	10829197	98891
广播电视集成播控	98668	98662	
电影和广播电视节目发行	430728	429815	299
电影放映	717433	697938	12615
录音制作	4766	4753	8
文化艺术业	1667849	1501999	124998
文艺创作与表演	430956	370013	37210
艺术表演场馆	43668	40075	3594
图书馆与档案馆	29715	28969	174
文物及非物质文化遗产保护	194195	194123	
博物馆	59300	58031	
烈士陵园、纪念馆	28798	28798	
群众文体活动	463521	395424	64274
其他文化艺术业	417695	386567	19746
体育	2569052	2523388	12150
体育组织	336884	323055	456
体育场地设施管理	1811449	1810361	551
健身休闲活动	365556	334967	11130
其他体育	55164	55006	12
娱乐业	3595808	3178196	164971
室内娱乐活动	719805	659003	40258
游乐园	598916	545944	20563
休闲观光活动	664322	523228	17553
彩票活动	7753	7753	
文化体育娱乐活动与经纪代理服务	1574692	1428727	70891
其他娱乐业	30320	13540	15705

筹建	当年关闭	当年破产	当年注销	当年吊销	其他
192023	**4588**		**641**		
192023	4588		641		
190025	4588		641		
1998					
332603	**26133**	**469**	**27114**	**197**	
	30		795		
	30		795		
50062	4066	45	4511		
0	196				
20			479		
43952	3312	45	3176		
5					
320			293		
5764	558		559		
			4		
34377	2922		3553		
20998	1895		841		
33			539		
51	21				
1270					
3104	606		113		
8922	399		2060		
31060	2220		235	0	
13199	150		25		
528	9				
17187	2061		210	0	
146					
217104	16895	424	18021	197	
4211	10813	124	5198	197	
31985	424				
122142	1060	300	39		
57692	4598		12784		
1074					

4-40 按行业(中类)、运营状态

行业中类	资产总计(万元)		
		正常运营	停业(歇业)
总 计	**1090911604**	**1072126698**	**11420143**
农、林、牧、渔业	**54960**	**52479**	**1558**
农业			
谷物种植			
豆类、油料和薯类种植			
棉、麻、糖、烟草种植			
蔬菜、食用菌及园艺作物种植			
水果种植			
坚果、含油果、香料和饮料作物种植			
中药材种植			
草种植及割草			
其他农业			
林业			
林木育种和育苗			
造林和更新			
森林经营、管护和改培			
木材和竹材采运			
林产品采集			
畜牧业			
牲畜饲养			
家禽饲养			
狩猎和捕捉动物			
其他畜牧业			
渔业			
水产养殖			
水产捕捞			
农、林、牧、渔专业及辅助性活动	54960	52479	1558
农业专业及辅助性活动	34744	33374	678
林业专业及辅助性活动	10026	9533	402
畜牧专业及辅助性活动	3323	2844	478
渔业专业及辅助性活动	6868	6727	
采矿业	**1751386**	**1714540**	**25594**
煤炭开采和洗选业	2063	2063	
烟煤和无烟煤开采洗选	17	17	
褐煤开采洗选			
其他煤炭采选	2046	2046	
石油和天然气开采业	522	522	
石油开采	522	522	
天然气开采			
黑色金属矿采选业	13418	13418	
铁矿采选	13418	13418	
锰矿、铬矿采选			
其他黑色金属矿采选			
有色金属矿采选业	89653	87831	1822
常用有色金属矿采选	63513	61691	1822
贵金属矿采选	482	482	
稀有稀土金属矿采选	25658	25658	

分组的小微企业营业收入

筹建	当年关闭	当年破产	当年注销	当年吊销	其他
1092376	**3516072**	**192677**	**2353552**	**61832**	**148253**
336	**459**		**130**		
336	459		130		
316	306		70		
2	29		60		
17	124				
2322	**2354**		**6187**	**388**	

4-40 续表 1

行业中类	资产总计(万元)	正常运营	停业(歇业)
非金属矿采选业	1641459	1606562	23645
土砂石开采	1583628	1548985	23645
化学矿开采	10338	10338	
采盐	460	460	
石棉及其他非金属矿采选	47033	46779	0
开采专业及辅助性活动	2745	2618	127
煤炭开采和洗选专业及辅助性活动			
石油和天然气开采专业及辅助性活动	1280	1280	0
其他开采专业及辅助性活动	1465	1338	127
其他采矿业	1526	1526	
其他采矿业	1526	1526	
制造业	**436363252**	**429759341**	**3862019**
农副食品加工业	8569500	8525982	27653
谷物磨制	407240	405323	1754
饲料加工	1665202	1655764	8454
植物油加工	1544443	1543067	761
制糖业	27471	27471	
屠宰及肉类加工	1328240	1323850	1851
水产品加工	2084717	2073400	7219
蔬菜、菌类、水果和坚果加工	1153090	1143257	3751
其他农副食品加工	359097	353850	3864
食品制造业	2815466	2780157	17480
焙烤食品制造	452053	442646	6135
糖果、巧克力及蜜饯制造	237502	235126	52
方便食品制造	339959	338109	1309
乳制品制造	213224	213175	
罐头食品制造	229530	221757	5065
调味品、发酵制品制造	165418	164356	869
其他食品制造	1177780	1164988	4051
酒、饮料和精制茶制造业	2505773	2421210	79719
酒的制造	665879	592454	72594
饮料制造	1008256	1001894	3991
精制茶加工	831638	826861	3134
烟草制品业			
烟叶复烤			
卷烟制造			
其他烟草制品制造			
纺织业	39193992	38633893	288159
棉纺织及印染精加工	11957943	11733113	123840
毛纺织及染整精加工	1896656	1886628	6232
麻纺织及染整精加工	100220	96993	2421
丝绢纺织及印染精加工	1738509	1714439	9778
化纤织造及印染精加工	6717108	6614200	46900
针织或钩针编织物及其制品制造	8814365	8720402	45430
家用纺织制成品制造	3871450	3821736	27475
产业用纺织制成品制造	4097741	4046382	26083
纺织服装、服饰业	21746999	21400994	198113
机织服装制造	9545740	9370670	99293

筹建	当年关闭	当年破产	当年注销	当年吊销	其他
2322	2354		6187	388	
2218	2354		6187	238	
104				150	
466117	**1311195**	**116892**	**785236**	**31742**	**30708**
2020	9244	2211	2266	123	
			163		
	294		673	18	
	516		99		
20	1544		975		
15	1805	2211	68		
1776	4205		101		
209	881		189	105	
8181	5658	2010	1682	298	
206	2202		863		
		2007	317		
253	205	4	80		
37				12	
	2607			101	
132	61				
7553	582		421	186	
2382	1895	16	511	38	
597	217	16			
1674	697				
111	981		511	38	
32686	174044	11384	51929	1897	
12799	69993	3	17746	449	
97	664		2856	178	
	548		257		
649	11319	629	1673	23	
5003	46018		4115	872	
8805	24100	8035	7217	375	
1347	12253	478	8162		
3986	9148	2239	9903		
12832	60977	3587	58518	7235	4742
3608	36020	46	26865	4496	4742

4-40 续表 2

行业中类	资产总计(万元)		
		正常运营	停业(歇业)
针织或钩针编织服装制造	6007077	5938173	36713
服饰制造	6194181	6092151	62107
皮革、毛皮、羽毛及其制品和制鞋业	15206034	14697469	260723
皮革鞣制加工	957411	927983	13953
皮革制品制造	3800887	3760819	24050
毛皮鞣制及制品加工	537095	533647	2031
羽毛(绒)加工及制品制造	900925	892751	8172
制鞋业	9009717	8582269	212517
木材加工和木、竹、藤、棕、草制品业	5159366	5076671	48686
木材加工	829769	818561	6851
人造板制造	1192143	1177170	9487
木质制品制造	2439192	2393844	27863
竹、藤、棕、草等制品制造	698262	687096	4485
家具制造业	6320726	6231520	49105
木质家具制造	2960977	2916403	25452
竹、藤家具制造	173214	170711	461
金属家具制造	1790909	1766390	12756
塑料家具制造	235315	234810	287
其他家具制造	1160312	1143207	10149
造纸和纸制品业	13466563	13258440	145044
纸浆制造	9960	8750	1022
造纸	5750782	5629107	83415
纸制品制造	7705820	7620584	60608
印刷和记录媒介复制业	6882079	6796789	55621
印刷	6665696	6583348	53906
装订及印刷相关服务	210298	207446	1625
记录媒介复制	6085	5995	90
文教、工美、体育和娱乐用品制造业	12153216	11960216	117427
文教办公用品制造	2049598	2015858	23709
乐器制造	176253	173577	2102
工艺美术及礼仪用品制造	5952987	5849319	56176
体育用品制造	1528070	1503593	14902
玩具制造	1863293	1838117	19092
游艺器材及娱乐用品制造	583015	579752	1446
石油、煤炭及其他燃料加工业	2250742	2245323	3461
精炼石油产品制造	1937727	1934487	1327
煤炭加工	179050	178927	116
核燃料加工			
生物质燃料加工	133965	131909	2018
化学原料和化学制品制造业	28141417	27858580	126229
基础化学原料制造	6635153	6533504	27811
肥料制造	182667	179323	2063
农药制造	668244	642567	16707
涂料、油墨、颜料及类似产品制造	3342778	3272116	28425
合成材料制造	8481108	8461824	13501
专用化学产品制造	6656564	6606168	32043
炸药、火工及焰火产品制造	54993	54993	
日用化学产品制造	2119910	2108084	5679

筹建	当年关闭	当年破产	当年注销	当年吊销	其他
4168	15863	1983	8817	1359	
5056	9094	1557	22835	1380	
3512	87768	16864	137083	762	1852
410	1117		13860	88	
325	11127		4503	64	
59	1247		112		
	1				
2719	74276	16864	118608	611	1852
3821	14619	869	14108	591	
1010	2284		1062		
	4240		1246		
1680	5593	869	9334	9	
1131	2502		2466	582	
4918	26283	170	8146	584	
1907	14048	106	3060		
	1418		40	584	
15	9243	64	2441		
	218				
2995	1355		2605		
6753	47069	7	8772	478	
			189		
322	34509		3063	366	
6430	12559	7	5521	112	
2482	12103	2428	12555	103	
2482	11387	2428	12042	103	
	716		512		
11668	35917	5486	20439	2064	
718	6857		2198	258	
	575				
6504	24236	2285	13497	970	
2235	2117	3186	2037		
1767	1635	16	1829	836	
444	497		877		
992	141		690	136	
987	101		690	136	
	7				
5	32				
37805	95121	2075	20977	630	
3101	68545	314	1817	60	
26	1254				
	8970				
18981	6443	866	15947		
3533	1240	527	484		
7079	8490	368	1846	570	
5085	179		883		

4-40 续表 3

行业中类	资产总计（万元）		
		正常运营	停业(歇业)
医药制造业	3501770	3473319	9844
化学药品原料药制造	761652	744167	8135
化学药品制剂制造	480707	480462	240
中药饮片加工	442859	442636	
中成药生产	351389	350192	119
兽用药品制造	249579	242689	281
生物药品制品制造	636061	634642	915
卫生材料及医药用品制造	373002	372135	31
药用辅料及包装材料	206521	206398	124
化学纤维制造业	8122936	7677711	406035
纤维素纤维原料及纤维制造	168463	168259	203
合成纤维制造	7806310	7364351	404856
生物基材料制造	148164	145102	977
橡胶和塑料制品业	27056957	26723674	202185
橡胶制品业	2520909	2483373	24956
塑料制品业	24536049	24240301	177228
非金属矿物制品业	25912668	25699685	122069
水泥、石灰和石膏制造	4374414	4350967	4589
石膏、水泥制品及类似制品制造	13473122	13415126	38507
砖瓦、石材等建筑材料制造	2752182	2683261	40509
玻璃制造	469139	463049	1920
玻璃制品制造	1274677	1258776	9534
玻璃纤维和玻璃纤维增强塑料制品制造	595828	584281	10840
陶瓷制品制造	833808	823182	7641
耐火材料制品制造	1009164	1004539	1609
石墨及其他非金属矿物制品制造	1130334	1116505	6920
黑色金属冶炼和压延加工业	8662431	8577601	69524
炼铁	4130	4082	
炼钢	42234	42234	
钢压延加工	8280428	8196305	68863
铁合金冶炼	335640	334979	661
有色金属冶炼和压延加工业	14849441	14725663	41164
常用有色金属冶炼	1730654	1726317	4214
贵金属冶炼	776041	776041	
稀有稀土金属冶炼	10902	10886	16
有色金属合金制造	1693939	1662586	4942
有色金属压延加工	10637905	10549832	31993
金属制品业	30793706	30343834	281185
结构性金属制品制造	5802223	5698935	69112
金属工具制造	3024634	2983215	23955
集装箱及金属包装容器制造	1041451	1028618	7858
金属丝绳及其制品制造	2068054	2051166	13443
建筑、安全用金属制品制造	6443285	6345645	55128
金属表面处理及热处理加工	3280734	3224428	34721
搪瓷制品制造	292296	285365	3564
金属制日用品制造	3315959	3267027	31904
铸造及其他金属制品制造	5525071	5459435	41501

筹建	当年关闭	当年破产	当年注销	当年吊销	其他
1728	7562		9318		
106	6313		2932		
6					
224					
295	782				
140	142		6327		
446			58		
511	325				
6856	15543	9512	7229	51	
			1		
4771	15543	9512	7227	51	
2085					
23029	58275	11857	36165	1773	
1640	5902	1026	4011		
21389	52372	10831	32154	1773	
16407	51565	10814	9176	1271	1682
	11973	6885			
6009	9932	589	1127	151	1682
6970	15925		4914	604	
129	1823	1740	479		
171	2558	1600	2039		
1	212			494	
1	2600		385		
2340	553		124		
788	5989		109	23	
2055	7863	937	4223	230	
	48				
2055	7815	937	4223	230	
4473	62025	283	15184	650	
	123				
605	13757		12047		
3868	48144	283	3136	650	
44143	73724	2367	47489	964	
11091	9830	416	12838		
5605	8244	102	3513		
3427	725		822		
1176	1349		921		
10578	15335	94	16252	253	
2646	17446	55	1347	91	
68	1395	1458	447		
3980	7034	104	5402	509	
5571	12366	139	5949	111	

4-40 续表 4

行业中类	资产总计(万元)		
		正常运营	停业(歇业)
通用设备制造业	43767937	43126195	406366
锅炉及原动设备制造	1097725	1053124	28223
金属加工机械制造	4009317	3959075	24910
物料搬运设备制造	3327206	3296083	22611
泵、阀门、压缩机及类似机械制造	11859645	11724544	83244
轴承、齿轮和传动部件制造	5569232	5490462	53745
烘炉、风机、包装等设备制造	5649363	5573477	56376
文化、办公用机械制造	537201	534067	1662
通用零部件制造	10595062	10399634	115713
其他通用设备制造业	1123187	1095730	19881
专用设备制造业	20038882	19814044	130267
采矿、冶金、建筑专用设备制造	1225760	1208419	9251
化工、木材、非金属加工专用设备制造	6757661	6694962	39605
食品、饮料、烟草及饲料生产专用设备制造	510061	503948	1974
印刷、制药、日化及日用品生产专用设备制造	890471	872218	13475
纺织、服装和皮革加工专用设备制造	2864841	2840809	12998
电子和电工机械专用设备制造	753148	747292	3303
农、林、牧、渔专用机械制造	1067790	1061330	2798
医疗仪器设备及器械制造	2532163	2498801	16666
环保、邮政、社会公共服务及其他专用设备制造	3436987	3386265	30196
汽车制造业	19801401	19539108	152974
汽车整车制造	328680	326799	1652
汽车用发动机制造	115365	114049	1313
改装汽车制造	194516	191899	2157
低速汽车制造	5	5	
电车制造	2096	1671	425
汽车车身、挂车制造	305364	304750	354
汽车零部件及配件制造	18855375	18599936	147073
铁路、船舶、航空航天和其他运输设备制造业	4823216	4736991	47087
铁路运输设备制造	265464	263510	85
城市轨道交通设备制造	162294	162293	2
船舶及相关装置制造	1162222	1141889	13971
航空、航天器及设备制造	55027	53541	
摩托车制造	1283432	1259461	17459
自行车和残疾人座车制造	666753	653892	7183
助动车制造	567591	551580	4934
非公路休闲车及零配件制造	541960	534728	1994
潜水救捞及其他未列明运输设备制造	118472	116097	1459
电气机械和器材制造业	40357640	39555485	332333
电机制造	4433703	4378174	21498
输配电及控制设备制造	14859649	14370014	159168
电线、电缆、光缆及电工器材制造	8192880	8127373	47579
电池制造	1551748	1544302	1447
家用电力器具制造	5430938	5354486	33941
非电力家用器具制造	730723	713658	12608
照明器具制造	4533071	4453019	51158
其他电气机械及器材制造	624927	614459	4934

筹建	当年关闭	当年破产	当年注销	当年吊销	其他
63496	96066	4544	61307	3611	6353
12514	197		3419	249	
10311	9377	102	5267	275	
2450	3212		2850		
11082	28881	1886	9097	912	
3130	8076	315	7054	98	6353
3543	11251	671	4046		
	934		539		
18453	32586	1568	25030	2078	
2014	1554	3	4006		
20009	45113	4663	19551	2626	2610
1316	1914	286	1959	5	2610
2426	11026	3523	5656	463	
380	2865		648	245	
935	2923		358	562	
3151	5963	20	1732	168	
666	1568		319		
840	875		1947		
2846	6857	789	5157	1046	
7449	11123	44	1774	136	
37234	30766	4351	27520	1556	7892
213	16				
3					
461					
157	103				
36401	30647	4351	27520	1556	7892
13886	12960	1955	10117	221	
	1648			221	
1849	3188	1004	321		
1066	420				
309	4419		1784		
5065	558		55		
378	2450	313	7936		
5218			20		
	278	638			
68950	222379	11528	158947	2440	5578
2532	26699	171	3611	1018	
46176	147015	1232	131670	940	3434
2014	10824	1795	3295		
2918	885		52		2144
10473	13237	4396	14029	376	
485	2632	502	837		
3481	17419	3097	4811	86	
871	3668	334	640	21	

4-40 续表 5

行业中类	资产总计(万元)	正常运营	停业(歇业)
计算机、通信和其他电子设备制造业	12831550	12642543	129621
计算机制造	652256	649090	1822
通信设备制造	1727477	1705280	17256
广播电视设备制造	426660	424467	1749
雷达及配套设备制造	230309	230236	
非专业视听设备制造	693607	684425	8535
智能消费设备制造	614485	607943	3152
电子器件制造	2062712	2003407	51045
电子元件及电子专用材料制造	5892609	5813422	41665
其他电子设备制造	531435	524273	4397
仪器仪表制造业	5597134	5505190	55925
通用仪器仪表制造	4227073	4166823	33408
专用仪器仪表制造	784710	774151	7738
钟表与计时仪器制造	77864	74611	2609
光学仪器制造	237847	222062	11885
衡器制造	181880	181725	155
其他仪器仪表制造业	87761	85818	131
其他制造业	3163483	3115114	25708
日用杂品制造	2725997	2695612	13506
核辐射加工	376	376	
其他未列明制造业	437110	419125	12201
废弃资源综合利用业	2013784	1996316	7208
金属废料和碎屑加工处理	1529273	1521878	4871
非金属废料和碎屑加工处理	484511	474437	2337
金属制品、机械和设备修理业	656440	619625	25102
金属制品修理	10836	10128	708
通用设备修理	62767	60206	2511
专用设备修理	42010	39811	2011
铁路、船舶、航空航天等运输设备修理	416876	393102	15820
电气设备修理	36134	32215	639
仪器仪表修理	7518	7493	
其他机械和设备修理业	80299	76671	3412
电力、热力、燃气及水生产和供应业	**20719916**	**20636208**	**28029**
电力、热力生产和供应业	13324557	13282175	21060
电力生产	7779284	7754919	10758
电力供应	4455521	4447826	244
热力生产和供应	1089753	1079430	10058
燃气生产和供应业	5557783	5532525	68
燃气生产和供应业	5553011	5529784	68
生物质燃气生产和供应业	4772	2740	
水的生产和供应业	1837576	1821508	6901
自来水生产和供应	1008831	1004457	170
污水处理及其再生利用	804539	793042	6693
海水淡化处理	369	369	
其他水的处理、利用与分配	23836	23639	38
建筑业	**27819478**	**27423497**	**252769**
房屋建筑业	9973123	9880799	69088

筹建	当年关闭	当年破产	当年注销	当年吊销	其他
19360	24513	257	14260	997	
563	161	33	587		
2938	1382		608	14	
	209			235	
	73				
	292	200	155		
3207	95		87		
3102	620	9	4528		
8630	21583	14	7173	123	
920	99		1121	626	
7076	13079	2298	13566		
4430	11934	2298	8180		
2571	145		105		
	477		167		
73	524		3303		
1			1811		
5792	9624	359	6877	10	
4721	8244	359	3545	10	
1072	1380		3332		
1386	7087		1383	405	
1386	834		25	279	
	6253		1358	126	
187	2215	4060	5251		
50					
39			149		
	2158	4060	1736		
2	2		3276		
25					
71	55		90		
13971	**11072**		**30635**		
4678	7038		9606		
4214	6990		2403		
200	48		7203		
264					
8126			17065		
6094			17065		
2032					
1167	4035		3964		
366			3837		
800	3877		127		
1	158				
35463	**44774**	**1083**	**59965**	**249**	**1679**
7352	9196		5453		1234

4-40 续表 6

行业中类	资产总计(万元)		
		正常运营	停业(歇业)
住宅房屋建筑	8381379	8294749	65134
体育场馆建筑	157099	157099	
其他房屋建筑业	1434644	1428951	3954
土木工程建筑业	8207899	8110599	54572
铁路、道路、隧道和桥梁工程建筑	4881739	4836276	30926
水利和水运工程建筑	747804	742146	4841
海洋工程建筑	15920	15920	
工矿工程建筑	152398	150866	1327
架线和管道工程建筑	522431	505361	1334
节能环保工程施工	95075	93940	675
电力工程施工	172211	167192	1294
其他土木工程建筑	1620320	1598897	14175
建筑安装业	2926535	2867846	30593
电气安装	1138067	1109660	7788
管道和设备安装	721817	706689	10422
其他建筑安装业	1066651	1051497	12383
建筑装饰、装修和其他建筑业	6711921	6564253	98516
建筑装饰和装修业	4439636	4339931	62294
建筑物拆除和场地准备活动	956463	939746	11588
提供施工设备服务	154242	152944	352
其他未列明建筑业	1161580	1131632	24282
批发和零售业	**442245912**	**434498082**	**4523016**
批发业	399475525	392819979	3955201
农、林、牧、渔产品批发	2970429	2928011	20358
食品、饮料及烟草制品批发	10844935	10669483	101023
纺织、服装及家庭用品批发	65911447	64630253	636689
文化、体育用品及器材批发	10789129	10596263	117562
医药及医疗器材批发	3722643	3670847	34557
矿产品、建材及化工产品批发	243173617	239456489	2212598
机械设备、五金产品及电子产品批发	39393295	38504480	625101
贸易经纪与代理	6492273	6399423	75310
其他批发业	16177756	15964729	132002
零售业	42770387	41678103	567815
综合零售	837989	797295	18923
食品、饮料及烟草制品专门零售	2337064	2186403	40630
纺织、服装及日用品专门零售	3894176	3705712	102369
文化、体育用品及器材专门零售	1843194	1770585	42708
医药及医疗器材专门零售	1642759	1607463	17400
汽车、摩托车、零配件和燃料及其他动力销售	12414669	12243486	90781
家用电器及电子产品专门零售	4113901	3983576	87660
五金、家具及室内装饰材料专门零售	3987564	3874271	73163
货摊、无店铺及其他零售业	11699070	11509313	94181
交通运输、仓储和邮政业	**32381583**	**31643741**	**598870**
铁路运输业			
铁路旅客运输			
铁路货物运输			
铁路运输辅助活动			

筹建	当年关闭	当年破产	当年注销	当年吊销	其他
7026	8268		4968		1234
326	928		485		
6875	15731		19760	36	328
3106	8909		2158	36	328
282			535		
101	105				
995	2684		12058		
51			409		
57	962		2705		
2283	3071		1894		
2612	3520		21963		
1521	1140		17958		
173	886		3647		
919	1494		357		
18623	16327	1083	12789	214	117
14911	11178	1083	9929	214	98
1608	2093		1408		20
718			229		
1387	3056		1222		
294624	**1785286**	**58163**	**1013179**	**21455**	**52106**
228777	1603772	56046	746947	18202	46602
8801	7567		5596	96	
12906	21061	881	39087	494	
37986	344970	3626	208914	7490	41520
2989	21141	316	48229	580	2050
4762	3924		8553		
75823	1086113	4549	330520	7524	
45731	88831	46307	78409	1403	3032
4299	6456	0	6585	199	
35480	23709	366	21053	416	
65847	181513	2118	266232	3253	5505
1367	6310		14056	38	
4088	45421	149	57182	247	2944
11046	31143		43605	301	
3834	8775	52	17055	187	
2238	5584	539	9164	370	
6261	27577	841	44686	594	444
8188	11907	1	19877	574	2117
7461	16035	321	16205	109	
21364	28761	215	44402	834	
47972	**64360**	**74**	**26351**	**216**	

4-40 续表 7

行业中类	资产总计(万元)	正常运营	停业(歇业)
道路运输业	15142790	14613029	438127
城市公共交通运输	368050	366752	903
公路旅客运输	530088	528415	877
道路货物运输	12469645	11979059	401588
道路运输辅助活动	1775009	1738803	34758
水上运输业	3817438	3769930	23080
水上旅客运输	67213	67184	4
水上货物运输	3119319	3094852	22996
水上运输辅助活动	630906	607893	80
航空运输业	138671	138098	140
航空客货运输	71314	70964	87
通用航空服务	20260	20036	53
航空运输辅助活动	47098	47098	
管道运输业	15259	15259	
海底管道运输	865	865	
陆地管道运输	14394	14394	
多式联运和运输代理业	9233972	9104056	118759
多式联运	261610	261610	
运输代理业	8972362	8842446	118759
装卸搬运和仓储业	2207173	2184555	14733
装卸搬运	471386	460613	5286
通用仓储	590018	581336	7719
低温仓储	40537	40051	210
危险品仓储	319792	319622	162
谷物、棉花等农产品仓储	447230	447054	176
中药材仓储	2744	2744	
其他仓储业	335466	333135	1180
邮政业	1826280	1818815	4032
邮政基本服务	14095	14095	
快递服务	1808638	1801227	3977
其他寄递服务	3548	3493	55
住宿和餐饮业	**4546553**	**4427021**	**59485**
住宿业	1820498	1783547	17808
旅游饭店	781676	767135	7288
一般旅馆	955011	934567	9749
民宿服务	58965	57119	713
露营地服务	365	357	
其他住宿业	24481	24368	58
餐饮业	2726055	2643474	41676
正餐服务	2329416	2262512	35125
快餐服务	146027	141117	1925
饮料及冷饮服务	76706	71476	2476
餐饮配送及外卖送餐服务	97337	96521	294
其他餐饮业	76569	71849	1856
信息传输、软件和信息技术服务业	**35460784**	**35025052**	**327191**
电信、广播电视和卫星传输服务	794743	791340	2372
电信	683160	679826	2314

筹建	当年关闭	当年破产	当年注销	当年吊销	其他
18780	57256	74	15329	197	
394					
	795				
18048	56106	74	14574	197	
338	354		755		
22628	1272		529		
25					
57	894		520		
22547	377		9		
434					
262					
172					
4067	3611		3460	19	
4067	3611		3460	19	
2063	975		4847		
286	847		4354		
758	128		77		
7			270		
9					
1003			147		
	1247		2187		
	1247		2187		
7448	**31520**	**1042**	**19441**	**597**	
4059	11559	1006	2475	46	
447	5700	1006	102		
2786	5527		2337	46	
792	333		8		
8					
26			28		
3389	19961	37	16966	551	
2933	17074	19	11215	539	
204	1260		1520		
0	466		2287		
25	442		56		
227	718	18	1888	12	
33025	**32590**	**178**	**42152**	**595**	
64	707		260		
64	707		248		

4-40 续表 8

行业中类	资产总计(万元)	正常运营	停业(歇业)
广播电视传输服务	103107	103037	58
卫星传输服务	8477	8477	
互联网和相关服务	20948014	20925797	12045
互联网接入及相关服务	71631	69124	2240
互联网信息服务	14564230	14549621	6125
互联网平台	5973138	5971572	1325
互联网安全服务	14076	13803	274
互联网数据服务	141182	140582	547
其他互联网服务	183757	181095	1534
软件和信息技术服务业	13718026	13307915	312774
软件开发	8669662	8363717	236004
集成电路设计	125280	124962	290
信息系统集成和物联网技术服务	1018588	996374	17251
运行维护服务	135881	135388	103
信息处理和存储支持服务	157169	155008	1964
信息技术咨询服务	1344914	1283467	42986
数字内容服务	1849729	1848029	1066
其他信息技术服务业	416803	400971	13110
金融业	**4371375**	**4342727**	**23254**
货币金融服务	1029595	1016712	11813
中央银行服务			
货币银行服务	105	105	
非货币银行服务	1029491	1016607	11813
银行理财服务			
银行监管服务			
资本市场服务	2356447	2346405	8847
证券市场服务			
公开募集证券投资基金			
非公开募集证券投资基金			
期货市场服务			
证券期货监管服务			
资本投资服务	566623	558076	8380
其他资本市场服务	1789824	1788329	467
保险业	53192	53138	36
人身保险			
财产保险			
再保险			
商业养老金			
保险中介服务			
保险资产管理			
保险监管服务			
其他保险活动	53192	53138	36
其他金融业	932141	926472	2559
金融信托与管理服务	7632	7581	52
控股公司服务	320435	319852	66
非金融机构支付服务			
金融信息服务	124573	122166	1050
金融资产管理公司	55904	55904	
其他未列明金融业	423596	420969	1391

筹建	当年关闭	当年破产	当年注销	当年吊销	其他
			12		
2103	4356		3713	1	
	150		117		
1688	4145		2651		
41	23		177		
53					
321	38		767	1	
30858	27527	178	38179	594	
22659	19519	99	27076	588	
			27		
1187	1931		1838	7	
47	20		324		
198			0		
5017	5693	80	7670		
99	239		298		
1652	125		945		
919	**2075**	**992**	**899**	**508**	
463	602		6		
463	602		6		
456	229		511		
123	12		32		
333	216		479		
			18		
			18		
	1245	992	365	508	
	111	174	231		
	1133	90	109	25	
	1	727	26	484	

4-40 续表 9

行业中类	资产总计(万元)	正常运营	停业(歇业)
房地产业	**10147518**	**9806593**	**147292**
房地产业	10147518	9806593	147292
房地产开发经营	5303116	5112656	59778
物业管理	2604356	2547057	28531
房地产中介服务	1972792	1884505	56988
房地产租赁经营			
其他房地产业	267254	262375	1995
租赁和商务服务业	**45097419**	**43769091**	**947163**
租赁业	2096818	2031249	49039
机械设备经营租赁	2013965	1950060	47613
文体设备和用品出租	43659	42158	1386
日用品出租	39194	39031	40
商务服务业	43000601	41737842	898124
组织管理服务	12736347	12441679	194173
综合管理服务	2884063	2843210	34243
法律服务	269046	268057	214
咨询与调查	6043397	5499499	382637
广告业	4524608	4312232	171558
人力资源服务	10020697	9937230	56438
安全保护服务	1215533	1211400	2622
会议、展览及相关服务	713457	697684	12076
其他商务服务业	4593452	4526850	44163
科学研究和技术服务业	**13926033**	**13274560**	**499578**
研究和试验发展	2041909	1962937	56799
自然科学研究和试验发展	60216	54986	2811
工程和技术研究和试验发展	1634242	1571323	46617
农业科学研究和试验发展	46144	44962	979
医学研究和试验发展	297788	288147	6392
社会人文科学研究	3519	3519	
专业技术服务业	8104133	7804302	212057
气象服务	6173	5906	24
地震服务	157	157	
海洋服务	15536	15522	15
测绘地理信息服务	220769	218662	483
质检技术服务	932519	922234	5886
环境与生态监测检测服务	161172	159575	816
地质勘查	38221	38195	15
工程技术与设计服务	4768645	4588801	133174
工业与专业设计及其他专业技术服务	1960940	1855249	71644
科技推广和应用服务业	3779991	3507322	230722
技术推广服务	3131093	2884777	210583
知识产权服务	229441	223518	3852
科技中介服务	101737	91885	8854
创业空间服务	27865	26540	1273
其他科技推广服务业	289855	280603	6161

筹建	当年关闭	当年破产	当年注销	当年吊销	其他
21267	**26333**	**4168**	**76733**	**1372**	**63760**
21267	26333	4168	76733	1372	63760
6857	8079	3621	48188	177	63760
5523	6648	248	15495	853	
7993	10134	299	12530	343	
893	1472		519		
89725	**113906**	**9018**	**165893**	**2623**	
3751	7856	669	4250	3	
3602	7784	669	4233	3	
27	72		16		
121			2		
85975	106049	8349	161643	2620	
32223	42054	7112	17956	1151	
2621	1775		2215		
23	1		752		
29355	32750	690	97282	1184	
9539	16894	153	14028	203	
3431	2273		21326		
608	533		370		
2186	668		819	22	
5990	9102	394	6894	59	
39493	**42266**	**455**	**68912**	**768**	
9858	5556	14	6647	99	
27	2392				
8135	2259	14	5796	99	
111	92				
1585	813		851		
11615	29040	239	46369	511	
			244		
995			629		
462	355		3582		
117	56		518	89	
10					
6489	17101	239	22422	419	
3542	11528		18974	3	
18020	7670	202	15896	158	
14329	6339	202	14705	158	
1091	850		129		
208	195		596		
40			13		
2353	286		453		

4-40 续表 10

行业中类	资产总计(万元)		
		正常运营	停业(歇业)
水利、环境和公共设施管理业	**6068565**	**6012540**	**34367**
水利管理业	193160	192517	397
防洪除涝设施管理	79529	79479	35
水资源管理	32144	31743	331
天然水收集与分配	45718	45653	
水文服务	2036	2036	
其他水利管理业	33732	33606	31
生态保护和环境治理业	471117	465066	2827
生态保护	36489	36489	
环境治理业	434628	428577	2827
公共设施管理业	2240087	2195448	27015
市政设施管理	701138	694333	2761
环境卫生管理	267463	260999	3113
城乡市容管理	39797	39109	579
绿化管理	906322	883532	16041
城市公园管理	111833	111560	208
游览景区管理	213534	205916	4312
土地管理业	3164201	3159509	4128
土地整治服务	2902242	2898032	4085
土地调查评估服务	124417	124417	
土地登记服务	97	86	11
土地登记代理服务	2608	2498	
其他土地管理服务	134836	134476	32
居民服务、修理和其他服务业	**3159696**	**3073761**	**38683**
居民服务业	1238964	1195967	14910
家庭服务	214250	209127	3130
托儿所服务	8256	8235	21
洗染服务	84254	83035	1092
理发及美容服务	172210	162340	2289
洗浴和保健养生服务	189041	180313	3151
摄影扩印服务	96007	92660	1690
婚姻服务	68560	64676	532
殡葬服务	131827	131228	276
其他居民服务业	274560	264352	2730
机动车、电子产品和日用产品修理业	1399771	1372935	14151
汽车、摩托车等修理与维护	1064685	1046310	9166
计算机和办公设备维修	149336	146716	1749
家用电器修理	172000	166885	2716
其他日用产品修理业	13750	13024	519
其他服务业	520960	504860	9622
清洁服务	398183	383594	8981
宠物服务	14533	14198	250
其他未列明服务业	108244	107068	391
教育			
教育			
学前教育			
初等教育			

筹建	当年关闭	当年破产	当年注销	当年吊销	其他
5449	**8391**	**121**	**7206**	**491**	
5	198		42		
	15				
5	65				
	65				
	54		42		
2053	513		316	341	
2053	513		316	341	
3381	7345	121	6627	149	
7	1065		2972		
729	1481		1141		
56	23		30		
585	3687	63	2264	149	
	65				
2004	1024	58	220		
9	335		219		
			126		
9	8		93		
	328				
6438	**18406**	**257**	**21905**	**245**	
2880	10114	211	14728	155	
432	566	211	686	98	
79	47				
859	3770		2952		
893	2263		2421		
458	329		871		
56	940		2356		
54	187		24	58	
48	2012		5417		
1962	5146	42	5536		
1500	3927	42	3739		
122	82		667		
324	1009		1066		
16	127		64		
1596	3146	5	1641	90	
1481	2699	5	1332	90	
35	8		43		
79	440		266		

4-40 续表 11

行业中类	资产总计（万元）		
		正常运营	停业(歇业)
中等教育			
高等教育			
特殊教育			
技能培训、教育辅助及其他教育			
卫生和社会工作	**444041**	**441191**	**1482**
卫生	375868	375868	
医院	176149	176149	
基层医疗卫生服务	167683	167683	
专业公共卫生服务	1473	1473	
其他卫生活动	30563	30563	
社会工作	68173	65323	1482
提供住宿社会工作	61093	58349	1482
不提供住宿社会工作	7080	6974	
文化、体育和娱乐业	**6353134**	**6226273**	**49793**
新闻和出版业	275246	273964	33
新闻业	4210	4184	26
出版业	271036	269780	7
广播、电视、电影和录音制作业	3581077	3559500	6379
广播	20142	19291	666
电视	69720	69324	396
影视节目制作	2877299	2860578	4266
广播电视集成播控	37462	37428	
电影和广播电视节目发行	143873	143561	
电影放映	427009	423750	1051
录音制作	5572	5568	
文化艺术业	541863	515678	7565
文艺创作与表演	270446	256079	1909
艺术表演场馆	15917	15915	1
图书馆与档案馆	23587	23248	293
文物及非物质文化遗产保护	7144	7049	
博物馆	1513	1513	
烈士陵园、纪念馆	181	181	
群众文体活动	46480	45609	346
其他文化艺术业	176595	166084	5015
体育	243208	237894	2240
体育组织	59884	59019	584
体育场地设施管理	37869	37790	70
健身休闲活动	142400	138085	1549
其他体育	3055	3001	36
娱乐业	1711740	1639237	33576
室内娱乐活动	658794	630665	11608
游乐园	34752	33652	750
休闲观光活动	95945	92468	983
彩票活动	4153	4153	
文化体育娱乐活动与经纪代理服务	911557	874064	18092
其他娱乐业	6539	4235	2143

筹建	当年关闭	当年破产	当年注销	当年吊销	其他
326	**280**		**763**		
326	280		763		
220	280		763		
106					
27482	**20806**	**233**	**27966**	**581**	
			1249		
			1249		
7967	2678		4553		
	185				
0					
7484	1427		3543		
34					
312					
136	1066		1006		
			4		
13825	1944		2847	3	
11293	245		917	3	
8			37		
54	41				
17	474		34		
2453	1184		1859		
207	2509		358		
6	227		47		
	9				
183	2272		311		
18					
5483	13675	233	18959	578	
1144	8485	198	6543	151	
242	108				
1602	805	35	52		
2333	4277		12365	427	
162					

4-41 按地区、登记注册类型分组的

地区	资产总计（万元）	内资企业	国有企业	集体企业	股份合作企业	联营企业	国有联营企业
全省	**2500420672**	**2380533343**	**16082633**	**10480654**	**3627796**	**671160**	**296591**
杭州市	**739856768**	**699643311**	**6927656**	**5293373**	**491471**	**303282**	**241038**
上城区	51551857	50081178	369485	1189952	990	10967	7437
下城区	49964398	48243072	286054	924641	4290	1782	
江干区	79840815	74069183	612084	797413	138832	233819	232501
拱墅区	46143836	44186222	64373	29888	20140	1188	930
西湖区	100987272	98035157	456936	789513	178840	49582	170
滨江区	52581974	48347724	401836	95763			
萧山区	140693739	131546709	4003510	1285729	52899	5456	
余杭区	102769351	93264083	170208	73142	39168	424	
富阳区	42647097	41427540	122742	23371	52679		
临安区	29358114	28513435	20285	41338	1409		
桐庐县	20011316	19396238	142296	22537	1749	63	
淳安县	10161945	9792447	251025	7443			
建德市	13145052	12740324	26822	12644	476		
宁波市	**538620134**	**506491678**	**2831584**	**2619835**	**529343**	**278448**	**371**
海曙区	39829455	38034490	76589	501903	36854	286	
江北区	33695336	31737425	92855	57224	98928	630	
北仑区	157505138	146419517	1250722	45864	24619	964	
镇海区	29430349	26430664	297780	320926	17867	272027	17
鄞州区	125450740	119204097	223400	526264	123571	2253	354
奉化区	21219605	20314189	129713	190162	4514		
象山县	26440767	25505409	605328	75353	34865		
宁海县	19244147	18053101	33478	59660	14411	496	
余姚市	33215155	31144847	82319	399997	106893		
慈溪市	52589443	49647939	39400	442481	66822	1791	
温州市	**175007308**	**170290561**	**659311**	**374257**	**977262**	**11959**	**4173**
鹿城区	32557345	32005026	371741	99642	114098	2387	
龙湾区	41836494	39708668	8977	43769	116406	124	
瓯海区	21596545	21383527	81933	48598	119954	38	
洞头区	4823434	4555977	30464	7577	11366		
永嘉县	10749919	10664326	42079	25674	117252	216	
平阳县	7948915	7720739	8171	21988	61674	703	674
苍南县	11858121	11091021	34939	20674	64188	3745	
文成县	1460822	1448126	23079	14529	8726		
泰顺县	1265061	1262962	12889	10981	12399		
瑞安市	17622299	17446802	15520	49858	232358	3407	2194
乐清市	23288352	23003387	29520	30966	118841	1338	1304
嘉兴市	**263102633**	**244356159**	**388910**	**470342**	**277691**	**197**	
南湖区	66160000	63735820	36233	198920	109566		
秀洲区	27878735	25331048	82365	16049	44632		
嘉善县	24174484	21592373	13932	78480	2802		
海盐县	27430704	26554895	7605	34122	50694	197	
海宁市	46399324	42909225	156672	87264	6088		
平湖市	35514247	31211027	10890	38992	6371		
桐乡市	35545138	33021770	81213	16514	57537		
湖州市	**136985458**	**131175512**	**2708179**	**545779**	**10540**	**94**	
吴兴区	36593216	34520338	796625	234427	2903		
南浔区	19208512	18516119	34720	8095			
德清县	31775589	30307831	1703310	269541	1113		
长兴县	32070286	31108299	43619	29098	3317	26	
安吉县	17337855	16722926	129905	4618	3207	68	

小微企业资产总计

集体联营企业	国有与集体联营企业	其他联营企业	有限责任公司	国有独资公司	其他有限责任公司	股份有限公司	私营企业	私营独资企业
297833	**41340**	**35396**	**1087252882**	**475778707**	**611474175**	**92594016**	**1169822938**	**24454547**
10856	**38166**	**13223**	**326160757**	**123803976**	**202356781**	**39664538**	**320800970**	**2403322**
3530			29766166	18285272	11480895	2174539	16569079	9338
979	803		26576362	10047558	16528805	3894370	16555573	5574
	1318		40885507	9660930	31224577	2739779	28661749	98062
33	213	12	16569104	2210648	14358456	2562451	24939077	17519
370	35832	13210	42840851	18554362	24286489	16949532	36768640	51437
			15532283	4953376	10578907	2378551	29939291	23071
5456			54022803	14518704	39504099	1439349	70736963	827225
424			40616787	10023203	30593585	3942717	48421636	184428
			23682425	15239871	8442553	364736	17181588	373502
			15265782	8857893	6407889	899734	12284886	327752
63			6756482	3868881	2887600	1840229	10632882	288455
			5609805	3442792	2167013	172571	3751603	52834
			8036400	4140485	3895914	305980	4358003	144126
274142	**520**	**3415**	**198125228**	**76003939**	**122121290**	**18407207**	**283700032**	**6153949**
198	89		16754002	2946797	13807205	2528679	18136176	826286
	431	199	12645054	2502368	10142686	271172	18571562	221340
		964	31529545	9455145	22074399	1002103	112565701	492093
269899		2111	13968937	6275333	7693603	343949	11209179	438162
1758		141	53816586	16859745	36956841	8949584	55562439	1418500
			8669005	3830107	4838898	1451734	9869060	558707
			13843389	9306862	4536527	1372563	9573912	335081
496			10318699	6967007	3351692	282744	7343613	385781
			15512701	8405148	7107553	1117851	13925086	734397
1791			21067311	9455426	11611885	1086829	26943305	743601
5450	**1458**	**877**	**75313916**	**34341202**	**40972714**	**2795069**	**90158787**	**1180734**
1145	1242		21679703	8388599	13291104	1074263	8663191	61140
		124	14449172	8220681	6228492	389044	24701175	94851
14		25	10570395	6692121	3878274	35351	10527259	56987
			3260261	1858480	1401781	56516	1189792	10689
	216		4192660	1336499	2856160	358488	5927957	47326
29			3179694	1121933	2057762	79750	4368759	100904
3017		728	4995660	2383762	2611898	148485	5823330	131252
			602398	408914	193484	40904	758491	43468
			391523	246191	145333	33303	801867	31223
1213			5544314	2598141	2946173	198444	11402901	217881
34			6448135	1085881	5362254	380522	15994065	385014
	197		**119542174**	**49166478**	**70375696**	**3954295**	**119722550**	**2419079**
			27979152	10979075	17000077	941200	34470750	164257
			12502560	5255762	7246798	304214	12381227	202384
			7886184	1767043	6119141	267124	13343851	396057
	197		17308255	4412324	12895931	622408	8531614	289472
			18947765	10100777	8846988	511158	23200277	420684
			20009739	9869670	10140070	246897	10898138	667468
			14908519	6781827	8126691	1061294	16896693	278757
26	**68**		**70640705**	**25264947**	**45375758**	**5698977**	**51571238**	**2051133**
			17276763	6293285	10983478	1351802	14857817	701732
			11169754	3397361	7772394	203030	7100519	475563
			14712108	6928958	7783150	3469223	10152536	144782
26			16201826	3925547	12276279	479734	14350679	265627
	68		11280253	4719797	6560457	195189	5109686	463430

4-41 续表 1

地　区	资产总计（万元）	内资企业	国有企业	集体企业	股份合作企业	联营企业	国有联营企业
绍兴市	**217776685**	**208234711**	**159725**	**341966**	**43506**	**9479**	**5917**
越城区	44998926	42895573	39182	167031	10761	5934	5917
柯桥区	57529154	55511185	17971	64378	48		
上虞区	36057045	33123440	15052	24015		1015	
新昌县	17053561	16804863	21862	8773	1320	1351	
诸暨市	43631286	42014236	44985	48448	20890	486	
嵊州市	18506713	17885414	20672	29321	10486	693	
金华市	**128488227**	**126074675**	**677921**	**251950**	**90707**	**50266**	**43638**
婺城区	24430158	23446598	312860	52138	75839	45678	43638
金东区	10851790	10776160	8705	61843			
武义县	7540778	7438780	14254	15460		7	
浦江县	6328734	6189903	18293	15739		238	
磐安县	4021213	4006738	6251	1643		262	
兰溪市	10230737	9987159	7285	28864	5407	24	
义乌市	29491578	28938899	67609	17392	5470	4058	
东阳市	23692422	23576222	131505	38991			
永康市	11900817	11714216	111158	19880	3990		
衢州市	**45254525**	**44263257**	**665873**	**44403**	**15495**	**415**	
柯城区	17107080	16734582	9926	9723	4103		
衢江区	5486899	5331872	9889	2448	8925	30	
常山县	4207971	4197270	20809	842	70		
开化县	3380562	3335708	22347	2552			
龙游县	7646026	7400187	112031	6998	664		
江山市	7425986	7263637	490871	21839	1733	385	
舟山市	**75017515**	**73166370**	**312678**	**150491**	**17823**	**12070**	
定海区	48937860	47807233	238764	44374	9848		
普陀区	16818398	16324444	35047	19429	6886	12009	
岱山县	6406315	6279664	6800	82376	163		
嵊泗县	2854942	2755029	32066	4313	926	61	
台州市	**139994929**	**136910196**	**453943**	**325461**	**1163317**	**4002**	**1454**
椒江区	38655900	38291500	170782	141004	116498	2011	1454
黄岩区	11875624	11558847	77581	14823	279625		
路桥区	17572852	17022790	67661	14357	104297	1991	
三门县	7215057	7092601	18859	20806	36084		
天台县	8857220	8760623	10148	6426	20012		
仙居县	6674738	6591899	39188	4442	1983		
温岭市	23541305	23057518	21070	47875	287530		
临海市	11659688	10821575	47731	51290	46291		
玉环市	13942544	13712843	923	24439	270996		
丽水市	**40316489**	**39926914**	**296851**	**62798**	**10642**	**948**	
莲都区	17525595	17423577	21495	9916	570	162	
青田县	4412288	4336087	75884	2185	6127		
缙云县	4005764	3979734	8500	10369	141		
遂昌县	3294333	3240247	54896	8555	772		
松阳县	2757288	2739985	8495	1574		32	
云和县	1964396	1931002	45611	4536			
庆元县	1601981	1594703	25509	8155			
景宁畲族自治县	2321694	2266015	5652	15242	3032	751	
龙泉市	2433150	2415564	50810	2265		4	

集体联营企业	国有与集体联营企业	其他联营企业	有限责任公司	国有独资公司	其他有限责任公司	股份有限公司	私营企业	私营独资企业
2609	**385**	**567**	**90684830**	**56439596**	**34245234**	**10578662**	**106416544**	**3077393**
16			23916281	15856127	8060155	646569	18109815	304730
			22383768	13251135	9132633	2874561	30170459	362049
242	360	412	16487301	11940234	4547067	4808408	11787649	452673
1197		154	8354548	5293798	3060751	1116482	7300527	209880
486			11247967	6619396	4628571	899979	29751482	1423311
668	25		8294965	3478906	4816058	232664	9296613	324750
3735		**2893**	**49940059**	**27230664**	**22709394**	**5179255**	**69884518**	**3187255**
258		1781	11654869	7983030	3671838	761162	10544052	175540
			4750208	2343619	2406589	332764	5622640	340305
7			1814858	1320197	494661	275338	5318863	122397
238			3253355	1054413	2198941	58481	2843798	113202
262			1786728	597050	1189677	111492	2100364	248090
		24	4554812	1076893	3477919	436880	4953888	394861
2970		1088	14072541	11155636	2916905	388449	14383379	383632
			7207957	1637545	5570412	2762535	13435234	471582
			844732	62281	782451	52156	10682300	937645
	385	**30**	**19568921**	**12603842**	**6965079**	**952946**	**23015204**	**323722**
			8740048	5196099	3543949	277565	7693217	68532
		30	984686	576083	408603	267792	4058103	48361
			1962421	1430789	531632	30985	2182143	32406
			1531261	1261800	269461	43765	1735783	47445
			4009782	2791403	1218378	124288	3146424	57468
	385		2340722	1347668	993054	208553	4199534	69510
61	**130**	**11880**	**43136763**	**17469307**	**25667457**	**1438920**	**28097624**	**251931**
			29836863	13041448	16795415	965978	16711406	154000
	130	11880	7668827	2966849	4701978	467819	8114426	33507
			3379075	1185092	2193984	577	2810673	37911
61			2251998	275918	1976080	4545	461120	26514
40		**2509**	**72540494**	**36564358**	**35976136**	**3270252**	**59152726**	**3034012**
		557	26988893	13871938	13116955	503757	10368556	104453
			4147453	2424615	1722838	250795	6788570	368508
40		1952	10076696	5063699	5012997	362452	6395335	379082
			3478048	2683054	794994	125928	3412876	94511
			5368065	3266179	2101885	58035	3297937	122466
			3710310	1131429	2578881	142875	2693101	230880
			8979801	3963801	5016000	1167409	12553834	1016752
			3168559	815506	2353053	315966	7191738	277798
			6622671	3344137	3278534	343036	6450779	439562
913	**32**	**4**	**21599034**	**16890398**	**4708637**	**653895**	**17302745**	**372017**
162			11240366	9244549	1995817	253234	5897835	30762
			1526607	844265	682342	89133	2636150	83323
			1958096	1454430	503665	69914	1932714	60275
			1961890	1369703	592187	60378	1153757	24094
	32		1285605	1127281	158324	5953	1438326	33543
			995521	663293	332228	60055	825278	83604
			684202	562186	122016	16739	860098	11369
751			996409	891704	104704	43491	1201438	7132
		4	950338	732985	217354	54998	1357149	37915

4-41 续表 2

地 区	私营合伙企业	私营有限责任公司	私营股份有限公司	其他企业	港、澳、台商投资企业	与港澳台商合资经营企业	与港澳台商合作经营企业
全 省	**131699693**	**985142122**	**28526577**	**1264**	**66226408**	**29347717**	**1312496**
杭州市	**19631338**	**289227832**	**9538479**	**1264**	**21360930**	**8726373**	**609241**
上城区	5453097	10979064	127580		780045	117822	5440
下城区	1341844	15138975	69181		1213488	73489	577641
江干区	1988055	25492435	1083197		2355841	652750	269
拱墅区	595940	24104275	221343		1545165	251357	
西湖区	2285489	33355846	1075868	1264	1973306	702075	10978
滨江区	548075	28597915	770230		3033363	1706687	1525
萧山区	777162	65356685	3775891		5691696	3400187	2328
余杭区	2714471	44052761	1469976		2735698	1017524	11061
富阳区	2370948	14230744	206393		520388	255728	
临安区	705029	10828729	423377		633504	76283	
桐庐县	551282	9714986	78159		473872	275953	
淳安县	253877	3375568	69325		252798	110774	
建德市	46067	3999850	167960		151764	85744	
宁波市	**79835341**	**193418932**	**4291810**		**19430550**	**8182099**	**456884**
海曙区	1147262	15949231	213397		1295301	927851	
江北区	2998557	15013960	337705		1273491	546860	602
北仑区	66369503	45052409	651696		6640079	2797617	3413
镇海区	281964	10181043	308009		2026062	665999	383388
鄞州区	6989762	46023351	1130825		3755920	1078894	19592
奉化区	71789	8782288	456275		431752	148942	
象山县	431757	8603807	203266		456922	302698	
宁海县	170546	6380555	406732		620153	345924	15187
余姚市	511774	12473184	205731		1568666	511983	30868
慈溪市	862426	24959105	378174		1362205	855331	3834
温州市	**4986848**	**81449999**	**2541206**		**3061646**	**2447633**	**1616**
鹿城区	173695	8274032	154324		152100	9008	
龙湾区	3776882	20398953	430489		1604619	1546576	810
瓯海区	65103	10352993	52175		42604	19146	
洞头区	1290	1135692	42121		264267	30334	10
永嘉县	29738	5754655	96239		46302	37370	643
平阳县	545743	3621767	100346		39345	22471	
苍南县	67361	5304613	320103		753547	735611	
文成县	11836	683603	19584				
泰顺县	34038	730279	6327		899		
瑞安市	56266	10538776	589979		19391	6519	
乐清市	224896	14654637	729518		138572	40597	153
嘉兴市	**20636074**	**94847858**	**1819539**		**8653258**	**3259921**	**34424**
南湖区	18290987	15752534	262972		1395673	474905	220
秀洲区	80400	11907468	190976		1274302	319648	2921
嘉善县	453401	12442036	52357		713115	206228	6847
海盐县	44798	7962364	234980		404311	199308	
海宁市	1201874	20901491	676227		1998435	1116585	2566
平湖市	109398	9930840	190433		1347647	536435	15013
桐乡市	455217	15951126	211594		1519776	406811	6857
湖州市	**956416**	**46589411**	**1974277**		**3438094**	**1095870**	**17657**
吴兴区	266616	13267010	622460		1113811	156481	
南浔区	21546	6472546	130864		478824	196306	
德清县	301019	9128879	577855		1033263	538936	17657
长兴县	274092	13335171	475789		453720	119438	
安吉县	93143	4385805	167308		358475	84710	

港澳台商独资经营企业	港澳台商投资股份有限公司	其他港澳台投资企业	外商投资企业	中外合资经营企业	中外合作经营企业	外资企业	外商投资股份有限公司	其他外商投资
31517420	**2412050**	**1636724**	**53660921**	**22478461**	**521502**	**26826607**	**756658**	**3077693**
11165761	**204982**	**654573**	**18852526**	**7553753**	**249895**	**10399551**	**127392**	**521934**
431442		225341	690634	586924	1020	31151	750	70789
559118	148	3094	507838	234585		254851	75	18328
1310308		392515	3415790	1684832	190602	1463162	7714	69481
1284735	9072		412449	350936		61475	39	
1250038		10215	978809	355466	5680	614051	1280	2332
1263233	61861	58	1200887	501263		632512	40377	26735
2260472	26054	2655	3455334	1599879		1844927	5190	5339
1680265	6154	20695	6769570	1148039		5288007	5816	327708
264660			699169	548890	27248	84642	37167	1222
557221			211175	127828	1525	80926	896	
197919			141206	97245	21948	20427	1586	
47270	94754		116700	67786		22409	26504	
59081	6939		252964	250080	1873	1011		
9718010	**236111**	**837447**	**12697906**	**5070507**	**82793**	**6182758**	**279417**	**1082431**
353002	5028	9419	499664	169230	27375	237296	51278	14484
726002	27		684421	92936	6817	570801	12322	1544
2931883	156651	750516	4445542	763683	10842	3087878	36614	546524
935641	1992	39042	973622	395163	4488	544818	10044	19109
2611812	32478	13145	2490723	1214124	3643	824280	2274	446404
249883	32927		473664	343356		95404	34904	
153104	1120		478435	296641		113414	64228	4152
253696	5210	136	570892	335876	15535	206032		13450
1023671	678	1465	501643	238701	1697	218957	16925	25363
479316		23724	1579300	1220796	12396	283878	50828	11400
376241	**232676**	**3478**	**1655102**	**886102**	**99857**	**534357**	**31442**	**103344**
142816		276	400219	362129		20667	17421	2
57232			523208	268132	1387	253424		265
23458			170414	40001		126363		4050
1829	232048	46	3190			500		2690
5134		3155	39292	37609		226	1457	
16874			188831	96077		456		92297
17736	200		13553	13449				104
			12696	12696				
899			1200	1200				
12870		2	156105	25000		114717	12565	3823
97394	428		146393	29808	98470	18003		113
5016219	**241532**	**101162**	**10093217**	**3180817**	**31065**	**6495141**	**236124**	**150070**
907069	3256	10222	1028507	246065	5947	764680	11540	274
945154	6578		1273386	228410	5706	1025712	9811	3746
492155	1013	6871	1868997	509821	3619	1241372	25815	88370
205003			471498	102161	12400	354947		1990
598453	216686	64146	1491665	835528		611655	2372	42111
791025	2549	2626	2955573	929530		1997723	28319	
1077360	11451	17297	1003591	329302	3392	499052	158267	13579
2245482	**69404**	**9681**	**2371852**	**998087**	**30006**	**1136933**	**34416**	**172410**
910036	47295		959067	363970	12054	457761	2	125281
263405	17386	1727	213569	137416		76153		
474418	2247	7	434495	202383	15009	211667	4075	1361
331914	2369		508267	202279		249890	30339	25759
265709	109	7948	256454	92038	2943	141462		20010

4-41 续表 3

地　区	私营合伙企　业	私营有限责任公司	私营股份有限公司	其他企业	港、澳、台商投资企　业	与港澳台商合资经营企业	与港澳台商合作经营企业
绍兴市	**1852183**	**99682982**	**1803987**		**6325741**	**3350146**	**176997**
越城区	276983	17313025	215076		1314131	990503	
柯桥区	586561	28828709	393140		1151982	674784	63768
上虞区	62851	11029812	242313		2318982	646326	44967
新昌县	137902	6809271	143474		38379	27969	
诸暨市	741289	26966036	620846		1074020	770147	68262
嵊州市	46597	8736128	189138		428247	240418	
金华市	**599628**	**64254288**	**1843348**		**1270016**	**693891**	**8542**
婺城区	136141	10038929	193442		574186	250326	
金东区	22864	4777883	481587		43490	22965	
武义县	6602	5133376	56489		23429	7803	
浦江县	18519	2654283	57793		95407	24826	
磐安县	35045	1772332	44897		14163	14162	
兰溪市	61083	4361257	136686		74971	14014	
义乌市	201074	13273507	525167		283251	211412	7971
东阳市	66026	12695680	201946		52846	45722	571
永康市	52272	9547041	145342		108273	102661	
衢州市	**185391**	**21534515**	**971575**		**387773**	**274230**	
柯城区	83637	7085534	455515		74260	63703	
衢江区	25457	3710322	273963		18004	4815	
常山县	17665	2064787	67285		2348	2198	
开化县	7615	1628330	52392		44713	39183	
龙游县	13415	3008848	66692		214912	139563	
江山市	37602	4036694	55729		33536	24768	
舟山市	**898765**	**25582519**	**1364409**		**1107423**	**688748**	**460**
定海区	705293	15762482	89632		673918	433203	140
普陀区	179075	6640681	1261163		277898	207802	320
岱山县	12348	2748991	11423		70935	47743	
嵊泗县	2050	430365	2191		84672		
台州市	**1935446**	**52119788**	**2063481**		**1082749**	**547909**	**6676**
椒江区	605940	9335429	322734		222027	94457	
黄岩区	110896	6194674	114492		199731	71280	3374
路桥区	229831	5562989	223434		122917	64666	
三门县	16687	3041855	259823		7483		
天台县	54214	2985383	135875		32389	27017	
仙居县	144352	2264322	53547		68564	60854	1090
温岭市	484023	10865277	187782		143479	140567	
临海市	132288	6434921	346732		139820	38655	
玉环市	157216	5434939	419062		146338	50414	2212
丽水市	**182263**	**16433997**	**314468**		**108229**	**80896**	
莲都区	32495	5755662	78915		54886	40976	
青田县	12141	2504599	36088		2855		
缙云县	44850	1788558	39032		18790	17552	
遂昌县	18160	1100262	11241		3767		
松阳县	25098	1320083	59601		17303	14967	
云和县	10430	710634	20610		573	123	
庆元县	916	809029	38785		7278	7278	
景宁畲族自治县	19430	1158072	16804				
龙泉市	18743	1287098	13393		2777		

港澳台商独资经营企业	港澳台商投资股份有限公司	其他港澳台投资企业	外商投资企业	中外合资经营企业	中外合作经营企业	外资企业	外商投资股份有限公司	其他外商投资
1571794	**1205053**	**21751**	**3216234**	**2078808**	**12959**	**1020817**	**26747**	**76903**
317324	6304		789222	457103		302292	10720	19107
391680		21751	865987	609063	93	250528	5521	780
457600	1170090		614624	386118		225333		3173
10410			210320	82015	8763	112542	7000	
235599	12		543030	416024	4103	69602		53301
159181	28648		193051	128484		60519	3506	542
526941	**35930**	**4711**	**1143537**	**765585**	**87**	**307534**	**7960**	**62371**
288023	35838		409374	323324		83313		2737
20524			32141	5440		26701		
15626			78570	70937		5596		2036
66042		4538	43424	32312		11111		
1			312	312				
60957			168607	149036		5694	6725	7152
63603	93	173	269429	93278	87	124963	1222	49878
6553			63354	32243		30531	13	567
5612			78328	58703		19625		
48191	**65352**		**603495**	**331994**		**115616**	**3724**	**152161**
10558			298238	220093		6665	15	71465
13189			137023	48971		86074		1977
150			8352	8312		40		
5530			142	142				
12019	63330		30927	27219			3709	
6745	2022		128813	27258		22836		78719
417966	**249**		**743722**	**385029**	**3115**	**235041**	**7635**	**112902**
240325	249		456709	152612	3115	184794	7635	108555
69776			216057	202937		12643		477
23192			55716	29095		22749		3871
84672			15240	386		14855		
405819	**120760**	**1585**	**2001984**	**1125617**	**11726**	**220645**	**1801**	**642195**
18899	108672		142373	101830		37709	1177	1657
119609	5467		117046	88936		28110		
58251			427145	419320	259	4842		2724
7483			114973	57647		57326		
5373			64208	25555	9699	28953		
	6621		14275	11863		2412		
1327		1585	340308	335575		4109	624	
101165			698292	34913	1768	23797		637814
93712			83363	49978		33385		
24997		**2336**	**281347**	**102162**		**178214**		**971**
13910			47132	33180		13906		47
2855			73346	23173		49248		924
1239			7240	7240				
3767			50319			50319		
		2336						
450			32821	26111		6709		
			55679			55679		
2777			14809	12457		2353		

4-42 按地区、登记注册类型分组的

地　区	营业收入（万元）	内资企业	国有企业	集体企业	股份合作企业	联营企业	国有联营企业
全　省	**1090911604**	**1015399687**	**2425931**	**1442638**	**3443289**	**149478**	**50567**
杭州市	**268029664**	**236830063**	**911134**	**463516**	**87874**	**74850**	**26120**
上城区	13276668	12298665	57379	52519	816	13442	13133
下城区	17144682	16961874	200144	80953	10044	3243	
江干区	27054165	23378909	72428	86391	3252	16130	
拱墅区	24085098	23949042	58423	13936	11890	15948	12813
西湖区	21992666	21546517	113338	95707	11039	25974	173
滨江区	19187153	17981851	18737	5196			
萧山区	54409983	50346717	215968	71645	18438	2	
余杭区	47127122	29192285	11075	13588	25379	70	
富阳区	20881393	19327017	4307	6851	4995		
临安区	8793723	8499061	8826	23371	1140		
桐庐县	6265070	5914950	124324	3499	412	42	
淳安县	2562700	2526082	21754	1976			
建德市	5249241	4907096	4431	7883	470		
宁波市	**265020734**	**246604366**	**199764**	**186589**	**422012**	**13907**	**192**
海曙区	19928264	18767870	14234	19298	32818	868	
江北区	22925509	21936146	12507	2318	99384	212	
北仑区	90458660	84117408	27360	16091	13032	4575	
镇海区	20548230	17410494	7400	23424	18046	5848	17
鄞州区	46512159	43920171	75101	36814	107288	473	175
奉化区	6497965	6008313	7061	9017	2483		
象山县	7444826	6986842	34195	9631	22481		
宁海县	7792078	7262095	6602	3764	8974	132	
余姚市	18919224	17618782	14002	25847	56930		
慈溪市	23993820	22576246	1302	40383	60577	1799	
温州市	**99900265**	**98199311**	**179553**	**284286**	**1269769**	**24263**	**18659**
鹿城区	13765243	13609464	58107	96428	203533	2247	
龙湾区	22049161	21622027	7564	19171	148722	458	
瓯海区	7386486	7268053	11701	53883	129769	24	
洞头区	1538050	1509686	255	8773	7421		
永嘉县	6470327	6417228	15657	16981	83718	734	
平阳县	6237196	6130904	4146	18207	100206	973	823
苍南县	6700832	6290000	12779	6905	83287	911	
文成县	719916	716428	11626	3319	3371		
泰顺县	990263	990263	10056	4604	3518		
瑞安市	13191668	12987260	22371	24774	326250	17678	16666
乐清市	20851123	20657999	25291	31240	179975	1239	1170
嘉兴市	**94639353**	**83448392**	**63375**	**75005**	**301435**	**405**	
南湖区	12890049	11994820	13273	20371	82719		
秀洲区	10906780	9427248	19621	2454	39132		
嘉善县	13195763	11359761	4968	21385	2544		
海盐县	9983539	9351618	1729	3129	75137	405	
海宁市	19164219	17490639	14422	21685	9050		
平湖市	13590514	10493912	2857	1785	3750		
桐乡市	14908488	13330395	6505	4197	89104		
湖州市	**58703432**	**55433689**	**492295**	**26662**	**6908**	**697**	
吴兴区	13431073	12541463	35240	1853	1555		
南浔区	8109504	7774055	3078	1904			
德清县	12489803	11260976	256235	4929	1726		
长兴县	18775952	18281074	387	16915	3354	12	
安吉县	5897101	5576121	197355	1061	273	685	

小微企业营业收入

集体联营企业	国有与集体联营企业	其他联营企业	有限责任公司	国有独资公司	其他有限责任公司	股份有限公司	私营企业	私营独资企业
23749	**48135**	**27028**	**192301303**	**18721115**	**173580188**	**22473202**	**793162202**	**31040517**
3561	**40518**	**4652**	**54210067**	**6216362**	**47993705**	**7984980**	**173095998**	**2334369**
309			4867491	1154338	3713153	584163	6722854	13001
2639	604		5485791	609543	4876248	448965	10732735	6794
	16130		6804766	1120363	5684403	385360	16010582	68792
17	3095	23	2965218	309229	2655988	148785	20734843	17563
482	20689	4629	5179084	376743	4802341	384279	15735452	22938
			4789801	130502	4659300	2912405	10255711	53333
2			7114030	444898	6669132	1068016	41858618	660968
70			5281830	551205	4730624	1328437	22531906	180840
			7313854	1082080	6231774	139074	11857936	362003
			1862558	120691	1741867	160133	6443033	467765
42			1051561	78823	972738	157301	4577812	279398
			546793	175900	370893	81982	1873577	57312
			947291	62046	885245	186083	3760938	143664
4070	**253**	**9391**	**52872020**	**5584271**	**47287749**	**3532945**	**189377130**	**6102388**
695	173		3162264	150902	3011362	388955	15149432	743125
	80	132	4950451	1048191	3902260	77535	16793739	287478
		4575	27795118	2717095	25078023	737164	55524068	459978
1374		4458	4068485	65074	4003411	342393	12944897	415470
71		226	4923528	395069	4528459	708800	38068167	1510377
			585463	231350	354112	102391	5301899	581681
			1139523	254961	884562	310900	5470113	318014
132			1596067	189428	1406639	193315	5453242	397107
			1689080	92729	1596351	305967	15526955	731384
1799			2962042	439473	2522569	365525	19144618	657773
4029	**951**	**624**	**14302220**	**1233892**	**13068327**	**1487952**	**80651268**	**2338834**
2030	217		1292028	227490	1064538	282520	11674601	239952
		458	2026618	141763	1884856	230105	19189389	189940
23		1	711392	14145	697247	62219	6299064	133233
			685878	57275	628603	7381	799977	24365
	734		784141	48855	735286	165536	5350461	85309
150			1655213	39943	1615270	93123	4259036	218293
746		165	1568840	404568	1164272	144205	4473074	244179
			147421	32181	115240	11294	539397	62584
			134473	28668	105804	757	836855	30628
1012			1404098	17244	1386854	200385	10991704	452175
69			3892117	221760	3670357	290427	16237710	658176
	405		**13527257**	**1491062**	**12036195**	**1368731**	**68112185**	**2745915**
			2530508	198762	2331745	192798	9155151	185295
			1130276	180874	949402	139902	8095862	231919
			976731	102392	874339	243760	10110373	482204
	405		3302867	389579	2913288	164870	5803483	378941
			2027476	168561	1858915	269108	15148897	443530
			2404593	304291	2100302	86340	7994587	713732
			1154807	146604	1008203	271951	11803832	310294
12	**685**		**16085766**	**510747**	**15575019**	**1405981**	**37415379**	**3477421**
			2892974	206233	2686741	398454	9211386	1620618
			2070119	30873	2039247	133754	5565200	715263
			2820903	101207	2719696	427887	7749295	190463
12			6900278	77148	6823131	364751	10995376	305226
	685		1401492	95287	1306205	81133	3894123	645852

4-42 续表 1

地　区	营业收入（万元）	内资企业	国有企业	集体企业	股份合作企　业	联营企业	国有联营企　业
绍兴市	**92906959**	**88131126**	**62403**	**153980**	**23736**	**23271**	**1476**
越城区	16152620	15160600	25133	45645	5911	1485	1476
柯桥区	33126305	31934705	3520	22662	699		
上虞区	14617764	13167822	3807	18184		19964	
新昌县	4229170	4111099	9710	10754	1210	474	
诸暨市	17350426	16776106	12411	23404	11487	402	
嵊州市	7430674	6980794	7822	33333	4429	946	
金华市	**74836894**	**72510236**	**107770**	**72243**	**26975**	**6308**	**3577**
婺城区	7675827	7076115	52862	24035	10754	3673	3577
金东区	5134977	5085053	694	1818	224		
武义县	4985572	4883661	2780	7072			
浦江县	2694997	2609655	5306	2794		176	
磐安县	1729726	1724451	1764	276		47	
兰溪市	6069550	5965749	1800	8793	7006	12	
义乌市	25699394	24539005	3364	9846	5664	2401	
东阳市	9272809	9192378	8590	10119			
永康市	11574043	11434169	30609	7489	3327		
衢州市	**19112346**	**18674490**	**68262**	**11076**	**5179**	**688**	
柯城区	5578014	5436324	6016	223	508		
衢江区	3647496	3556308	3390	206	179	15	
常山县	2013847	1991801	5615	463	85		
开化县	1087393	1048912	4214	1029			
龙游县	3437480	3344739	41077	5566	1011		
江山市	3348116	3296406	7950	3589	3395	673	
舟山市	**37594269**	**37126467**	**49398**	**34647**	**13982**	**959**	
定海区	31054876	30918775	21550	20337	5280		
普陀区	4683775	4406860	10827	6767	8044	903	
岱山县	1286816	1232748	341	5651	176		
嵊泗县	568802	568084	16680	1893	482	55	
台州市	**65581125**	**63980824**	**112193**	**113033**	**1281867**	**3929**	**543**
椒江区	9106340	8541139	28727	17838	96347	587	543
黄岩区	7333890	7211567	21777	8138	324636		
路桥区	12323518	12127581	11393	20780	126629	3343	
三门县	2562536	2472156	5938	2170	42250		
天台县	2690830	2645054	4482	1206	34823		
仙居县	2453525	2394382	3202	1739	1490		
温岭市	12355129	12176328	18742	32257	312376		
临海市	7898338	7722726	16682	10838	60226		
玉环市	8857019	8689892	1249	18066	283090		
丽水市	**14586561**	**14460722**	**179785**	**21600**	**3551**	**200**	
莲都区	3956898	3910107	12966	4039	285	57	
青田县	1915649	1891909	5883	1386	1973		
缙云县	2379548	2371448	6593	2969	43		
遂昌县	1173684	1167498	59742	6850	254		
松阳县	1376015	1369431	2343	589		13	
云和县	1082249	1066778	66668	290			
庆元县	655766	645854	13777	2459	37		
景宁畲族自治县	644043	639427	2504	1966	959	86	
龙泉市	1402709	1398268	9310	1052		45	

集体联营企业	国有与集体联营企业	其他联营企业	有限责任公司	国有独资公司	其他有限责任公司	股份有限公司	私营企业	私营独资企业
10594	**4348**	**6854**	**9133421**	**914377**	**8219044**	**2660388**	**76073925**	**3333908**
9			2326350	303935	2022416	348822	12407254	323925
			2499371	146747	2352623	1138504	28269949	465999
8857	4318	6790	2323561	181248	2142313	557373	10244934	566342
409		65	612917	204910	408007	286166	3189867	198478
402			959228	7062	952166	236663	15532512	1281746
916	30		411995	70476	341519	92861	6429409	497418
967		**1765**	**6880255**	**444158**	**6436097**	**1299499**	**64117186**	**5113686**
12		85	1113933	93950	1019983	245654	5625204	217980
			577891	58274	519617	93156	4411271	524299
			124089	37990	86099	60106	4689613	131047
176			216858	79596	137262	53915	2330606	120139
47			260011	14857	245154	61085	1401268	209772
		12	1016128	19153	996975	406107	4525904	405000
733		1669	830793	65817	764976	177211	23509725	1344297
			2235890	49180	2186710	113145	6824634	747363
			504663	25341	479322	89120	10798961	1413790
	673	**15**	**2752584**	**542084**	**2210500**	**733181**	**15103520**	**352453**
			1129737	137728	992009	240103	4059737	58721
		15	257182	74053	183129	208137	3087199	48255
			359438	100659	258779	28181	1598020	40693
			259765	23661	236103	13403	770502	31092
			575736	153145	422591	120965	2600385	80472
	673		170727	52838	117889	122394	2987678	93219
55	**290**	**613**	**8577377**	**482932**	**8094445**	**253824**	**28196281**	**264805**
			7590626	393613	7196983	232849	23048133	160327
	290	613	625349	61721	563628	13620	3741350	43205
			307057	14790	292266	877	918647	34654
55			54346	12778	41568	6477	488152	26619
318		**3068**	**11975350**	**899933**	**11075417**	**1494871**	**48999581**	**4576343**
		43	2905238	297228	2608010	367362	5125040	131232
			1341841	245900	1095940	84284	5430892	509318
318		3024	2708264	21263	2687002	219673	9037498	725232
			233356	37572	195784	55127	2133314	100077
			317168	72384	244784	21468	2265906	190093
			545776	87620	458156	89100	1753076	308375
			973890	44454	929437	135256	10703807	1441023
			1086878	26359	1060519	254495	6293606	545460
			1862938	67153	1795784	268108	6256441	625534
142	**13**	**45**	**1984985**	**401296**	**1583689**	**250850**	**12019749**	**400395**
57			561376	111868	449507	77606	3253778	27345
			299805	139709	160096	30335	1552529	60268
			61447	16771	44677	37940	2262456	72258
			406275	24139	382136	18420	675958	20205
	13		159145	58455	100690	1691	1205650	21049
			292355	12743	279613	37726	669738	114271
			36242	8037	28205	7630	585710	12824
86			86861	5790	81071	21112	525939	3840
		45	81480	23784	57696	18390	1287991	68335

4-42 续表 2

地 区	私营合伙企 业	私营有限责任公司	私营股份有限公司	其他企业	港、澳、台商投资企 业	与港澳台商合资经营企业	与港澳台商合作经营企业
全 省	**9385461**	**739474813**	**13261411**	**1644**	**27185452**	**12488219**	**1126199**
杭州市	**793561**	**167499509**	**2468559**	**1644**	**6040726**	**2696689**	**13366**
上城区	197279	6414072	98502		813581	24308	2942
下城区	50471	10593731	81739		121949	6512	423
江干区	21949	15859806	60034		712660	250160	252
拱墅区	22193	20447202	247885		66774	41594	
西湖区	78529	15419289	214697	1644	313315	53465	2464
滨江区	21567	9671008	509802		562275	315888	1192
萧山区	93595	40602176	501879		1973178	1202626	1467
余杭区	55123	21971263	324680		642989	267594	4627
富阳区	76697	11289707	129529		320372	277025	
临安区	118640	5715360	141269		151145	51947	
桐庐县	3834	4255707	38872		244603	124034	
淳安县	49327	1742926	24012		17767	2026	
建德市	4356	3517262	95657		100118	79510	
宁波市	**3844834**	**176559434**	**2870474**		**10387247**	**4210394**	**959361**
海曙区	245810	14045027	115471		719428	450632	
江北区	88667	16215920	201673		575366	307781	180
北仑区	1670575	52655588	737927		3582988	1172413	2626
镇海区	176243	12050952	302232		1761939	374527	890932
鄞州区	463583	35425818	668389		1258176	731935	28340
奉化区	36522	4501606	182090		253939	118984	
象山县	54098	4941327	156674		189147	131779	
宁海县	145189	4769875	141071		262942	96498	11228
余姚市	517629	14112377	165565		872422	333785	21072
慈溪市	446519	17840943	199382		910901	492059	4984
温州市	**970036**	**76019619**	**1322779**		**850896**	**700095**	**2071**
鹿城区	136207	11176819	121624		24905	2780	
龙湾区	189804	18450052	359593		239930	180805	1376
瓯海区	50849	6080525	34457		33716	10981	
洞头区	1648	756616	17347		27768	26956	
永嘉县	30655	5179393	55104		35553	27726	416
平阳县	65912	3860811	114019		28893	14529	
苍南县	100077	4053736	75081		402981	390814	
文成县	4778	466127	5908				
泰顺县	11675	785523	9030				
瑞安市	76172	10150450	312907		5291	2941	
乐清市	302258	15059568	217709		51859	42563	279
嘉兴市	**1185329**	**63259557**	**921385**		**3825244**	**1308469**	**41336**
南湖区	549559	8364245	56052		402915	202721	95
秀洲区	31194	7748368	84380		395878	126898	1598
嘉善县	402919	9167509	57742		497998	127024	15998
海盐县	43268	5279173	102100		269225	98358	
海宁市	20451	14448831	236086		728399	321696	3373
平湖市	17798	7052556	210501		615486	194510	14432
桐乡市	120139	11198875	174524		915343	237262	5839
湖州市	**238563**	**32795567**	**903828**		**1657576**	**628818**	**17747**
吴兴区	41608	7333567	215593		181574	83531	
南浔区	14269	4680867	154800		190080	100948	
德清县	31912	7399167	127753		902185	336811	17747
长兴县	55323	10359789	275038		194331	52060	
安吉县	95449	3022178	130644		189406	55469	

港澳台商独资经营企业	港澳台商投资股份有限公司	其他港澳台投资企业	外商投资企业	中外合资经营企业	中外合作经营企业	外资企业	外商投资股份有限公司	其他外商投资
12872776	**344238**	**354020**	**48326466**	**13144787**	**315554**	**33259974**	**520509**	**1085642**
3190312	**50531**	**89828**	**25158875**	**3962600**	**45655**	**20856685**	**46657**	**247278**
769478		16853	164422	117815		33288	1170	12149
104126	183	10705	60859	18452		37702	114	4591
438089		24158	2962597	1094986	23056	1756135	11449	76971
24945	236		69282	23160		46119	3	
227162		30224	132834	20584	144	105145	4417	2544
197299	47669	228	643028	90975		543887	6588	1578
766508	327	2249	2090089	620600		1453953	6515	9021
364303	1056	5410	17291847	423031		16726732	4014	138070
43347			1234005	1147386	302	75231	8730	2355
99199			143517	97014	2154	41578	2772	
120568			105518	57452	18816	28365	885	
15741			18851	10508		8343		
19548	1060		242027	240638	1181	208		
4898771	**120118**	**198602**	**8029121**	**2769686**	**106827**	**4919817**	**118400**	**114391**
257434	9402	1960	440966	222289	27356	141094	30463	19765
267295	109		413998	99047	5778	295382	12511	1280
2286076	91990	29883	2758264	514523	15219	2190524	17121	20877
401673	638	94169	1375797	273326	7596	1058280	11713	24882
479149	630	18123	1333811	680259	8040	629507	2803	13202
134949	6		235713	147374		82479	5860	
54080	3288		268837	183877		68588	12994	3379
141121	14055	39	267041	152593	17732	96629		88
516295		1270	428020	216569	923	183164	24633	2730
360700		53158	506673	279829	24184	174171	301	28188
146920	**1008**	**803**	**850058**	**305908**	**99996**	**418946**	**20564**	**4643**
21622		503	130874	42940		68095	19831	8
57749			187204	65078	4849	116966		311
22736			84717	53305		28133		3279
773	35	3	597					597
7133		279	17546	16386		426	734	
14364			77399	76880		519		
11937	230		7852	7802				50
			3488	3488				
2332		18	199117	10808		188168		141
8275	742		141265	29222	95148	16639		257
2414520	**30311**	**30607**	**7365718**	**2516230**	**31814**	**4530913**	**170618**	**116143**
193936	6053	110	492314	120460	10765	346480	14609	
266466	916		1083654	170294	10701	890710	4679	7271
346830	194	7952	1338004	352419	7693	850087	27387	100418
170867			362696	63960	1394	295323		2019
385094	16022	2213	945181	641876		297780	5175	350
395150	5263	6132	2481117	845614		1624625	10878	
656178	1863	14200	662750	321607	1261	225908	107889	6084
965168	**31705**	**14138**	**1612168**	**734987**	**9628**	**692564**	**101708**	**73281**
86327	11716		708037	258818	17	340236	89933	19033
68564	13210	7358	145369	76597		68772		
543418	4210		326641	212761	5574	106489	1807	11
139716	2555		300548	129639		110190	9969	50750
127142	15	6781	131574	57172	4037	66877		3488

4-42 续表 3

地 区	私营合伙企 业	私营有限责任公司	私营股份有限公司	其他企业	港、澳、台商投资企 业	与港澳台商合资经营企业	与港澳台商合作经营企业
绍兴市	**184740**	**71531134**	**1024142**		**2729912**	**1767849**	**82037**
越城区	22692	11873545	187092		553039	352864	
柯桥区	19071	27605710	179170		558713	356730	9963
上虞区	18901	9547931	111761		1011540	645581	48278
新昌县	18573	2930946	41871		32554	25013	
诸暨市	71575	13813635	365556		266867	189094	23796
嵊州市	33929	5759368	138693		307200	198568	
金华市	**283548**	**57953097**	**766854**		**615513**	**392830**	**3184**
婺城区	42233	5239715	125277		299800	191096	
金东区	23476	3816502	46993		24104	12641	
武义县	6481	4527053	25033		7125	517	
浦江县	14845	2168965	26657		41719	7514	
磐安县	15452	1154265	21779		5255	5255	
兰溪市	15529	4058679	46696		24093	5630	
义乌市	122357	21849007	194064		96824	67687	2675
东阳市	3419	6003691	70161		28197	23084	509
永康市	39756	9135220	210195		88396	79407	
衢州市	**38793**	**14153311**	**558963**		**149675**	**85911**	
柯城区	12094	3765175	223747		2627	2346	
衢江区	4783	2795949	238211		16920	6864	
常山县	6739	1524698	25889		11275	9745	
开化县	3418	722528	13463		38375	32473	
龙游县	5115	2481838	32959		65415	28594	
江山市	6643	2863122	24695		15063	5891	
舟山市	**34517**	**27541412**	**355547**		**290816**	**282742**	**33**
定海区	16801	22748219	122786		58640	55727	33
普陀区	8275	3469527	220342		220755	220239	
岱山县	7301	865640	11051		11421	6776	
嵊泗县	2139	458025	1369				
台州市	**1714249**	**40786948**	**1922040**		**583850**	**383776**	**7064**
椒江区	87407	4685451	220950		69500	60790	
黄岩区	127001	4638602	155971		50842	29843	6238
路桥区	346343	7717085	248839		104218	42450	
三门县	12680	1817397	203161		8173		
天台县	30463	1992459	52891		19106	13852	35
仙居县	187540	1209696	47466		44421	44393	29
温岭市	538961	8526422	197401		119888	117428	
临海市	192204	5205448	350495		105991	29651	
玉环市	191650	4994390	444867		61710	45370	763
丽水市	**97292**	**11375223**	**146839**		**53997**	**30645**	
莲都区	16663	3182866	26904		21629	10711	
青田县	7293	1462986	21982		3139		
缙云县	34466	2114518	41215		7819	5434	
遂昌县	4982	650566	205		1459		
松阳县	11585	1172174	842		6584	3721	
云和县	8443	545624	1401		1366	866	
庆元县	854	548668	23364		9912	9912	
景宁畲族自治县	5272	514309	2518				
龙泉市	7735	1183512	28409		2090		

港澳台商独资经营企业	港澳台商投资股份有限公司	其他港澳台投资企业	外商投资企业	中外合资经营企业	中外合作经营企业	外资企业	外商投资股份有限公司	其他外商投资
832890	**35758**	**11378**	**2045921**	**1303514**	**11672**	**680016**	**35037**	**15683**
194350	5825		438981	282139		144797	9982	2064
180642		11378	632887	332962	168	274084	24200	1473
303570	14111		438402	290959		145142		2302
7541			85518	52915	4690	27913		
53888	89		307452	245326	6813	47512		7801
92899	15733		142680	99214		40568	856	2044
178172	**37727**	**3601**	**1711145**	**459037**	**522**	**761845**	**14427**	**475314**
72342	36362		299912	185721		109546		4645
11463			25820	5255		20565		
6608			94786	79063		13727		1996
31883		2322	43623	31504		12118		
			20	20				
18463			79708	62735		10812	4143	2018
23819	1365	1279	1063565	42291	522	545549	10253	464949
4603			52234	23418		27079	30	1707
8989			51478	29029		22449		
29009	**34754**		**288181**	**210775**		**60662**	**6633**	**10110**
281			139062	124556		8630	16	5860
10056			74268	40688		31728		1852
1530			10771	10744		27		
5902			106	106				
4789	32033		27325	20708			6617	
6451	2721		36647	13972		20278		2398
7752	**289**		**176987**	**81425**	**1454**	**84922**	**316**	**8869**
2591	289		77461	20826	1454	54863	316	2
515			56160	40776		14284		1100
4646			42647	19105		15776		7766
			718	718				
188772	**2037**	**2200**	**1016452**	**762374**	**7986**	**220163**	**6150**	**19779**
8691	19		495701	460480		31437	1745	2038
12743	2018		71481	52074		19406		
61769			91719	79825	828	6958		4108
8173			82207	36994		45213		
5219			26671	11598	5021	10052		
			14722	8960		5762		
260		2200	58914	47757		6752	4405	
76340			69621	18751	2138	35099		13633
15577			105417	45934		59482		
20490		**2863**	**71843**	**38251**		**33440**		**151**
10918			25162	19694		5442		26
3139			20601	11427		9049		125
2385			281	281				
1459			4727			4727		
		2863						
500			14105	4676		9429		
			4616			4616		
2090			2351	2173		178		

4-43 按地区、控股情况分组的小微企业资产总计

地区	资产总计（万元）						
		国有控股	集体控股	私人控股	港澳台商控股	外商控股	其他
全　省	**2500420672**	**760383142**	**41112203**	**1509473733**	**52185527**	**41523754**	**95742312**
杭州市	**739856768**	**218469945**	**13155430**	**433365132**	**18059164**	**15888982**	**40918115**
上城区	51551857	23973991	1997898	19473963	481607	690344	4934055
下城区	49964398	18329549	1223861	27957307	1162368	504996	786319
江干区	79840815	23630252	1897677	41496540	1844495	3320533	7651318
拱墅区	46143836	8993737	571499	31851221	1719645	87291	2920442
西湖区	100987272	31490251	2098245	52723652	1766911	981377	11926837
滨江区	52581974	9479232	627331	36191811	2996492	905921	2381186
萧山区	140693739	35732999	2888689	94311516	3537435	2699182	1523918
余杭区	102769351	21063298	1040067	67126496	2925420	5915521	4698549
富阳区	42647097	18195379	174917	21475232	326139	435921	2039508
临安区	29358114	12059592	174935	16088856	562523	126967	345241
桐庐县	20011316	5087820	208813	13739393	383067	70126	522097
淳安县	10161945	4537997	133013	4744529	248805	53321	444281
建德市	13145052	5895849	118486	6184615	104256	97482	744364
宁波市	**538620134**	**130963968**	**8412608**	**354489710**	**14414119**	**8708145**	**21631585**
海曙区	39829455	6505549	2016387	27623147	1012050	371440	2300882
江北区	33695336	8689924	320815	22015913	1081996	642125	944563
北仑区	157505138	17593510	576470	129083921	4285833	3544310	2421094
镇海区	29430349	9646907	1826846	13862374	1345772	646276	2102175
鄞州区	125450740	41343989	951660	75276740	3141390	1740163	2996798
奉化区	21219605	4668894	363730	12769777	309470	171295	2936439
象山县	26440767	10937356	275188	13497364	344610	279616	1106632
宁海县	19244147	9045372	184079	8934156	390369	394254	295917
余姚市	33215155	11207658	843743	17756364	1356752	378325	1672314
慈溪市	52589443	11324808	1053692	33669954	1145877	540342	4854771
温州市	**175007308**	**46534464**	**1565160**	**120004898**	**2273291**	**1303540**	**3325955**
鹿城区	32557345	13677830	222399	16409250	149226	357381	1741259
龙湾区	41836494	9946030	237102	29517638	1569770	428433	137521
瓯海区	21596545	7707455	179179	13146590	34796	140194	388331
洞头区	4823434	2768638	24443	1737875	237596	500	54383
永嘉县	10749919	1764943	144456	8772459	19408	20905	27748
平阳县	7948915	1227632	107903	6317678	22651	180139	92911
苍南县	11858121	3474439	196332	7847540	106606	2689	230516
文成县	1460822	500527	31170	921082			8042
泰顺县	1265061	305003	28235	890817	899	11262	28846
瑞安市	17622299	3847620	242852	13254601	19389	127499	130338
乐清市	23288352	1314346	151089	21189370	112950	34537	486060
嘉兴市	**263102633**	**93993441**	**4613310**	**140493886**	**7495388**	**8952828**	**7553781**
南湖区	66160000	22699000	1359092	38946578	1213981	994290	947058
秀洲区	27878735	10175199	381686	14213537	1128874	1125817	853622
嘉善县	24174484	4595512	977386	15271054	593042	1775930	961561
海盐县	27430704	14188139	177475	10595056	329397	378265	1762372
海宁市	46399324	15523154	1277145	26298564	1770480	1018858	511123
平湖市	35514247	16634799	168228	13470195	1062301	2848488	1330237
桐乡市	35545138	10177639	272299	21698901	1397313	811179	1187807
湖州市	**136985458**	**46970607**	**2178044**	**74694081**	**3029843**	**1633908**	**8478975**
吴兴区	36593216	10906994	1169615	21231147	1174666	612975	1497820
南浔区	19208512	8373809	85558	9151165	393383	146725	1057872
德清县	31775589	12593614	556595	15966317	736159	335522	1587382
长兴县	32070286	8729996	179352	19194480	386545	348838	3231075
安吉县	17337855	6366194	186924	9150972	339091	189849	1104825

4-43 续表

地 区	资产总计（万元）						
		国有控股	集体控股	私人控股	港澳台商控股	外商控股	其他
绍兴市	**217776685**	**70954620**	**2799982**	**134115375**	**3974816**	**1921154**	**4010737**
越城区	44998926	19864484	1037296	21242608	396137	731942	1726458
柯桥区	57529154	16712261	384523	38135851	865792	341125	1089602
上虞区	36057045	15994675	343319	17069632	1872865	426322	350233
新昌县	17053561	6740460	703357	9370763	28928	127088	82964
诸暨市	43631286	7416490	254692	35171771	531333	201805	55196
嵊州市	18506713	4226250	76796	13124750	279762	92872	706283
金华市	**128488227**	**33055974**	**4205597**	**87623175**	**858380**	**766219**	**1978883**
婺城区	24430158	9740036	211267	12853863	417768	304730	902493
金东区	10851790	2399655	126543	8221122	29106	26701	48664
武义县	7540778	1613817	16665	5811575	15670	76727	6324
浦江县	6328734	3054599	36523	3033052	81515	15009	108036
磐安县	4021213	891529	8576	3033171	2196		85742
兰溪市	10230737	1311061	58220	8548207	73968	76933	162348
义乌市	29491578	11607583	175158	17254377	144997	160365	149099
东阳市	23692422	2104709	3514085	17538543	52686	36094	446305
永康市	11900817	332985	58560	11329265	40475	69659	69873
衢州市	**45254525**	**16869790**	**370544**	**27003113**	**387728**	**240072**	**383278**
柯城区	17107080	7137203	154075	9516951	60626	90389	147836
衢江区	5486899	707426	36363	4607696	13354	89403	32656
常山县	4207971	1710826	7656	2450687	2348	124	36329
开化县	3380562	1355891	66574	1921835	5530		30732
龙游县	7646026	3327551	11074	4040070	207213	29540	30579
江山市	7425986	2630892	94803	4465873	98656	30615	105146
舟山市	**75017515**	**31306969**	**1212280**	**36668812**	**989400**	**718864**	**4121189**
定海区	48937860	22401870	409226	21546449	694920	436533	3448862
普陀区	16818398	6139637	153520	9831199	186278	12647	495118
岱山县	6406315	2167969	552862	3236708	23531	254829	170417
嵊泗县	2854942	597494	96672	2054456	84672	14855	6792
台州市	**139994929**	**51451842**	**2405497**	**81612117**	**660731**	**1142363**	**2722379**
椒江区	38655900	21356726	515286	15374932	83307	140050	1185599
黄岩区	11875624	3188880	25697	8359344	186941	58532	56230
路桥区	17572852	6827850	214887	9722990	89072	412195	305858
三门县	7215057	2800480	39328	4242112	7483	105758	19896
天台县	8857220	3772164	50252	4572450	23852	39121	399381
仙居县	6674738	2382737	65594	4040995	24956	43772	116685
温岭市	23541305	5654729	126013	17373651	13025	249661	124226
临海市	11659688	1883576	117022	9290625	109976	32687	225801
玉环市	13942544	3584700	1251418	8635018	122118	60587	288704
丽水市	**40316489**	**19811522**	**193751**	**19403433**	**42668**	**247680**	**617436**
莲都区	17525595	10380264	40461	6734228	14103	67703	288837
青田县	4412288	1374281	15989	2901746	4744	63622	51906
缙云县	4005764	1770804	13471	2186734	5792	294	28669
遂昌县	3294333	1774129	19090	1414456	3767	50319	32573
松阳县	2757288	1201569	12498	1536745	2336		4141
云和县	1964396	795941	27308	969523	9149	7709	154764
庆元县	1601981	652011	32456	910712			6802
景宁畲族自治县	2321694	918447	23095	1320578		55679	3896
龙泉市	2433150	944075	9383	1428711	2777	2353	45851

4-44 按地区、控股情况分组的小微企业营业收入

地 区	营业收入（万元）						
		国有控股	集体控股	私人控股	港澳台商控股	外商控股	其他
全 省	**1090911604**	**72514284**	**12635967**	**918346679**	**19929698**	**41859108**	**25625868**
杭州市	**268029664**	**23826639**	**3076239**	**205882963**	**4789544**	**22975382**	**7478898**
上城区	13276668	3659328	166147	7824648	777592	152258	696696
下城区	17144682	3063055	197931	12906095	108774	78693	790133
江干区	27054165	3015032	334738	19241780	525328	2627423	1309864
拱墅区	24085098	940682	169939	22254289	102949	57299	559940
西湖区	21992666	1527074	376804	18968873	289887	138711	691317
滨江区	19187153	3242537	383235	13452784	530796	610076	967724
萧山区	54409983	2096484	910602	47257359	1398256	1786616	960666
余杭区	47127122	1750466	320353	27007605	594156	17056470	398071
富阳区	20881393	2817475	43363	16921199	114621	251403	733333
临安区	8793723	718717	77189	7737945	105446	64671	89755
桐庐县	6265070	316627	42802	5596160	205240	70945	33296
淳安县	2562700	270833	16133	2172497	15741	13200	74296
建德市	5249241	408328	37004	4541728	20759	67617	173806
宁波市	**265020734**	**22961132**	**3740315**	**216993196**	**7734149**	**6446840**	**7145102**
海曙区	19928264	772299	457318	17089037	454822	292627	862161
江北区	22925509	2058971	266411	18961834	417674	368305	852314
北仑区	90458660	13132874	679535	67970763	3211546	2601367	2862575
镇海区	20548230	2693583	841821	14661988	721401	1168097	461340
鄞州区	46512159	1451485	376239	41912724	818692	952335	1000684
奉化区	6497965	328828	17313	5736640	156601	102661	155921
象山县	7444826	617509	92204	6460280	121586	126820	26427
宁海县	7792078	684761	709333	5984009	213506	157897	42572
余姚市	18919224	374807	141292	16713248	678602	352523	658752
慈溪市	23993820	846016	158850	21502672	939718	324208	222357
温州市	**99900265**	**3427333**	**1468641**	**92902875**	**365996**	**577749**	**1157670**
鹿城区	13765243	523645	330859	12639268	24241	107647	139584
龙湾区	22049161	242018	243588	21137669	229186	125685	71015
瓯海区	7386486	51528	168455	7041219	28238	41599	55446
洞头区	1538050	636747	21764	848656	2643		28240
永嘉县	6470327	81109	95537	6253206	14778	15259	10438
平阳县	6237196	59035	123310	5904976	18974	71440	59461
苍南县	6700832	780182	90434	5713593	19168	1446	96009
文成县	719916	59198	18208	629788			12723
泰顺县	990263	49140	8424	928029		188	4481
瑞安市	13191668	555359	187652	12186009	5273	188638	68737
乐清市	20851123	389372	180410	19620462	23495	25848	611537
嘉兴市	**94639353**	**6644287**	**834951**	**75606959**	**3195801**	**6628716**	**1728639**
南湖区	12890049	967729	246306	10823885	262335	432077	157718
秀洲区	10906780	714716	78386	8723544	326825	962881	100428
嘉善县	13195763	231224	52193	11011933	430233	1252103	218076
海盐县	9983539	2350611	125018	6554628	240346	314329	398606
海宁市	19164219	1003399	130202	16650091	577183	677244	126101
平湖市	13590514	815417	44803	9115911	527609	2516141	570633
桐乡市	14908488	561191	158043	12726966	831270	473941	157077
湖州市	**58703432**	**3045752**	**539718**	**49134595**	**1352452**	**1139590**	**3491325**
吴兴区	13431073	531237	206950	11174965	154537	520016	843368
南浔区	8109504	239442	112890	7441968	139501	104834	70869
德清县	12489803	762911	143899	9783074	734144	265591	800183
长兴县	18775952	745082	30279	15979852	164238	149172	1707329
安吉县	5897101	767079	45701	4754735	160032	99977	69576

4-44　续表

地　区	营业收入（万元）						
		国有控股	集体控股	私人控股	港澳台商控股	外商控股	其他
绍兴市	**92906959**	**2863325**	**670183**	**85322287**	**1465155**	**1434449**	**1151560**
越城区	16152620	906362	129105	14041919	239361	399965	435907
柯桥区	33126305	630312	155786	31237005	416059	317435	369708
上虞区	14617764	617327	181975	12695804	466822	479868	175968
新昌县	4229170	272584	55337	3787712	26221	36252	51064
诸暨市	17350426	320399	103102	16593590	127576	134944	70816
嵊州市	7430674	116340	44878	6966257	189115	65986	48097
金华市	**74836894**	**1592205**	**878744**	**69774276**	**337812**	**1386485**	**867370**
婺城区	7675827	499259	204642	6409662	144761	236985	180518
金东区	5134977	86685	21773	4823631	11600	20565	170723
武义县	4985572	66595	7448	4805771	6608	93209	5942
浦江县	2694997	123696	6907	2487216	40348	16118	20712
磐安县	1729726	32765	2908	1641789	1363		50900
兰溪市	6069550	280872	25970	5548354	34297	42770	137286
义乌市	25699394	152440	52914	24440329	42327	896658	114726
东阳市	9272809	96532	510807	8485144	28248	34353	117723
永康市	11574043	253360	45375	11132379	28258	45828	68841
衢州市	**19112346**	**1730442**	**279436**	**16685227**	**96707**	**193477**	**127058**
柯城区	5578014	892071	70827	4449983	464	106391	58278
衢江区	3647496	105254	16513	3461858	11458	36056	16357
常山县	2013847	149231	3330	1826877	11275	394	22741
开化县	1087393	38005	171505	862043	5902		9938
龙游县	3437480	371083	6697	2970902	55370	26614	6813
江山市	3348116	174798	10563	3113564	12238	24022	12931
舟山市	**37594269**	**3090331**	**263320**	**32511968**	**223166**	**128296**	**1377189**
定海区	31054876	2539927	156178	26978040	26010	70593	1284128
普陀区	4683775	441540	23959	3928336	192510	14284	83145
岱山县	1286816	59796	77005	1095141	4646	43419	6809
嵊泗县	568802	49068	6177	510450			3107
台州市	**65581125**	**2423632**	**769483**	**60211107**	**336613**	**896883**	**943407**
椒江区	9106340	810809	161329	7387911	40512	495496	210284
黄岩区	7333890	325937	22733	6861347	36262	54441	33169
路桥区	12323518	372870	146190	11476514	81849	65708	180386
三门县	2562536	61943	15274	2389983	8173	74130	13032
天台县	2690830	98929	30613	2527293	15239	10128	8629
仙居县	2453525	260145	11060	2122444	11632	33173	15071
温岭市	12355129	157429	106647	11978527	4862	24300	83364
临海市	7898338	203969	42674	7393534	85665	51015	121481
玉环市	8857019	131602	232962	8073553	52419	88492	277991
丽水市	**14586561**	**909204**	**114938**	**13321227**	**32304**	**51241**	**157648**
莲都区	3956898	279818	31497	3579220	11209	15614	39540
青田县	1915649	200186	16417	1660317	5354	14803	18572
缙云县	2379548	48586	6372	2313323	7807	221	3238
遂昌县	1173684	117524	13527	960784	1459	4727	75662
松阳县	1376015	75070	19588	1274610	2863		3885
云和县	1082249	85792	14884	966924	1523	11082	2044
庆元县	655766	32763	7944	610443			4615
景宁畲族自治县	644043	14766	3602	619767		4616	1291
龙泉市	1402709	54698	1107	1335837	2090	178	8800

4-45 按地区、运营状态分组的小微企业资产总计

地 区	资产总计（万元）	正常运营	停业(歇业)	筹建	当年关闭	当年破产	当年注销	当年吊销	其他
全 省	**2500420672**	**2360132660**	**84413287**	**38807816**	**8258793**	**1869549**	**2848931**	**59997**	**4029639**
杭州市	**739856768**	**696790014**	**32293612**	**6945997**	**1108633**	**709966**	**720482**	**4069**	**1283995**
上城区	51551857	50448749	645802	325654	69014		4723	23	57893
下城区	49964398	44800565	4769133	331975	5149	42365	15144	66	
江干区	79840815	78059400	1188211	356710	3276	187	63419	0	169611
拱墅区	46143836	41248025	4065192	207611	49148	273	16421	1693	555473
西湖区	100987272	95088411	5650439	176774	32724		38810	115	
滨江区	52581974	51443043	1072668	38925	4601	2591	13579		6567
萧山区	140693739	130612035	7701938	1212938	388096	613361	145748	1192	18432
余杭区	102769351	97579257	3370327	1189227	64591	30452	303289	205	232002
富阳区	42647097	41227880	714112	420529	214774	8712	60862	229	
临安区	29358114	26865653	681099	1621702	111261	1263	14975		62161
桐庐县	20011316	17918518	1617225	405648	32479	3220	34226		
淳安县	10161945	9421398	140992	403549	9959	1307	2881		181857
建德市	13145052	12077080	676475	254753	123560	6235	6405	545	
宁波市	**538620134**	**510663097**	**19117423**	**7254796**	**327421**	**202031**	**549063**	**16161**	**490143**
海曙区	39829455	38430115	924349	303129	6534		156490	343	8494
江北区	33695336	32246827	605643	574685	1640	146	7062		259332
北仑区	157505138	155510817	1279828	374266	34021		272697	119	33390
镇海区	29430349	28389092	485353	470718	15784	42254	2029	11786	13332
鄞州区	125450740	113608565	9646201	2026213	54889	6705	30726	2513	74930
奉化区	21219605	19837699	1012547	355409	9192		4757		
象山县	26440767	23202916	2109745	1021662	76183	18574	11687		
宁海县	19244147	18067503	242397	855859	22008	25959	16924	43	13455
余姚市	33215155	31915910	729262	431898	9855	35233	8639	1357	83002
慈溪市	52589443	49453654	2082097	840957	97314	73159	38054		4208
温州市	**175007308**	**166679501**	**4529423**	**1818122**	**623390**	**108375**	**307426**	**8870**	**932200**
鹿城区	32557345	31291845	806354	130647	184522	608	119992	1564	21813
龙湾区	41836494	40312620	1007417	321706	70314	14944	30406	5401	73686
瓯海区	21596545	20321414	1111936	98533	40886	10104	8151	102	5419
洞头区	4823434	4713040	13882	73977	6181	1116	1737		13501
永嘉县	10749919	10173899	277030	176591	22532		6663	33	93171
平阳县	7948915	7576292	58869	83806	7125	24	3685	102	219011
苍南县	11858121	11118209	101619	220148	12892	4275	22790	105	378085
文成县	1460822	1338651	56360	59583	2707		2633	887	
泰顺县	1265061	1173009	34812	54778	1438		1024		
瑞安市	17622299	16958659	374909	131431	35808	75333	29163	540	16455
乐清市	23288352	21701864	686235	466922	238983	1971	81181	137	111060
嘉兴市	**263102633**	**251454433**	**2495794**	**8277166**	**479961**	**55420**	**339750**	**108**	
南湖区	66160000	62291279	325757	3466537	51746	3636	21045		
秀洲区	27878735	27352789	239572	201035	78140		7199		
嘉善县	24174484	23300937	345076	404999	115228	427	7817		
海盐县	27430704	26479796	185684	489201	26162	11111	238676	73	
海宁市	46399324	44076001	611560	1562962	94269	40246	14252	35	
平湖市	35514247	33132464	513738	1769145	73132		25768		
桐乡市	35545138	34821166	274407	383287	41285		24992		
湖州市	**136985458**	**132862691**	**538555**	**2451229**	**627614**	**28773**	**99471**	**1833**	**375292**
吴兴区	36593216	35124907	142667	1299157	5845		6832	420	13388
南浔区	19208512	18880514	87180	161263	19781	230	3560	0	55985
德清县	31775589	30955654	122998	175572	519585		1118	662	
长兴县	32070286	31279227	82620	277756	38301	28543	65271	721	297848
安吉县	17337855	16622389	103090	537481	44102		22690	30	8072

4-45　续表

地　区	资产总计(万元)	正常运营	停业(歇业)	筹建	当年关闭	当年破产	当年注销	当年吊销	其他
绍兴市	**217776685**	**192748680**	**15488746**	**4000037**	**4393796**	**425067**	**420044**	**25722**	**274593**
越城区	44998926	43080553	941685	832906	45214	79141	9694	46	9687
柯桥区	57529154	44043383	9089897	1293868	2925757	525	20054	2069	153601
上虞区	36057045	35354704	144425	446235	32751	84	17085		61761
新昌县	17053561	14080254	2013954	642270	254278	671	59912	2223	
诸暨市	43631286	38305952	2908873	723172	1056408	344466	277845	11469	3102
嵊州市	18506713	17883834	389912	61587	79389	180	35453	9916	46442
金华市	**128488227**	**124450082**	**1793142**	**1775549**	**93410**	**22291**	**122803**	**1375**	**229576**
婺城区	24430158	23351136	329492	711388	4082	4514	1295		28251
金东区	10851790	10646336	40835	145548	5654		2178	440	10799
武义县	7540778	7157954	265806	73199	18123	12537	3811	451	8897
浦江县	6328734	6068896	193857	63941	1673	165	202		
磐安县	4021213	3849832	85190	83842	1477		871		
兰溪市	10230737	9794852	212392	175718	27844	3730	16196	5	
义乌市	29491578	28822257	163320	295672	5755	1233	73014	189	130139
东阳市	23692422	23012865	386262	216646	19200	50	5908	2	51490
永康市	11900817	11745953	115987	9594	9603	62	19328	289	
衢州市	**45254525**	**42734851**	**1329011**	**872185**	**124210**	**101189**	**56882**	**46**	**36152**
柯城区	17107080	16858553	80382	157672	7977	1380	1117		
衢江区	5486899	5222307	31001	222579	1685	54	9232	42	
常山县	4207971	4118809	49506	27873	524	300	10958		
开化县	3380562	2330617	906997	102766	2985		1116		36082
龙游县	7646026	7156909	106871	162440	109430	81111	29261	4	
江山市	7425986	7047656	154254	198855	1609	18344	5197		70
舟山市	**75017515**	**69626758**	**4248266**	**779207**	**154732**	**160562**	**26460**		**21530**
定海区	48937860	46167642	2306143	414680	8293	6400	21652		13050
普陀区	16818398	14583331	1872042	203030	128498	20270	2746		8481
岱山县	6406315	6152512	57877	44908	15923	133891	1203		
嵊泗县	2854942	2723272	12203	116589	2018		859		
台州市	**139994929**	**133822059**	**2389404**	**3047542**	**281498**	**51698**	**172483**	**1448**	**228797**
椒江区	38655900	37208265	388493	821135	25627		7454		204926
黄岩区	11875624	11064124	279689	491405	16637	10	23483	276	
路桥区	17572852	16400391	470989	555022	92751	7562	46138		
三门县	7215057	6690236	283058	187042	32725	15341	6655		
天台县	8857220	8653486	149511	33497	3719	66	7938	338	8666
仙居县	6674738	6548803	21528	97404	2923	88	3993		
温岭市	23541305	22309469	663033	430542	75056	8379	53289	552	985
临海市	11659688	11189485	51990	364090	25059	498	14063	282	14219
玉环市	13942544	13757800	81114	67405	7001	19755	9470		
丽水市	**40316489**	**38300494**	**189910**	**1585987**	**44128**	**4178**	**34067**	**366**	**157361**
莲都区	17525595	16388897	50324	976879	10017		10259	9	89210
青田县	4412288	4264625	55321	65302	6786	140	19756	357	
缙云县	4005764	3658787	19370	324812	2762		33		
遂昌县	3294333	3153142	21845	90689	24063	3245	1349		
松阳县	2757288	2706884	13066	34153	140		1131		1914
云和县	1964396	1880044	1862	15457	100	12	683		66238
庆元县	1601981	1579771	197	21747	25		241		
景宁畲族自治县	2321694	2317546	1082	2205		781	80		
龙泉市	2433150	2350797	26843	54742	234		534		

4-46 按地区、运营状态分组的小微企业营业收入

地　区	营业收入（万元）	正常运营	停业(歇业)	筹建	当年关闭	当年破产	当年注销	当年吊销	其他
全　省	**1090911604**	**1072126698**	**11420143**	**1092376**	**3516072**	**192677**	**2353552**	**61832**	**148253**
杭州市	**268029664**	**261671812**	**5440856**	**176208**	**374073**	**65176**	**286627**	**4507**	**10406**
上城区	13276668	13064136	151797	1878	53589		5199	6	62
下城区	17144682	16934926	144392	7854	4788	43681	8970	70	
江干区	27054165	26601757	404464	10923	6950	684	24673		4714
拱墅区	24085098	23461297	592426	20123	2453	913	4711	3176	
西湖区	21992666	21186634	774963	3583	21117		6275	93	
滨江区	19187153	19002880	169824	2304	3545	44	3814		4742
萧山区	54409983	52636202	1491738	48918	91182	14427	126657	207	653
余杭区	47127122	46781315	294931	29389	12789	629	7834		235
富阳区	20881393	20408467	379351	11101	56467	360	24936	711	
临安区	8793723	8526909	178956	9826	21936	579	55517		
桐庐县	6265070	6179987	68917	3309	4832	598	7426		
淳安县	2562700	2537357	8017	10367	3019		3938		
建德市	5249241	4349944	781079	16632	91404	3262	6675	244	
宁波市	**265020734**	**263084689**	**1251743**	**127692**	**319836**	**23752**	**147540**	**2491**	**62991**
海曙区	19928264	19850054	54270	9182	1683		12808	267	
江北区	22925509	22904606	11065	2848	5884	0	1086		19
北仑区	90458660	90018318	309493	46809	65774		10177	197	7892
镇海区	20548230	20453221	75558	6156	6789	642	5358	506	
鄞州区	46512159	45884908	315991	10464	187499	3877	56325	193	52901
奉化区	6497965	6445455	40785	2701	3754		5270		
象山县	7444826	7347595	78310	5554	6064	3558	3744		
宁海县	7792078	7681990	65910	4435	18492	7431	13742	79	
余姚市	18919224	18812789	75236	11900	6578	2414	6880	1248	2179
慈溪市	23993820	23685752	225125	27644	17320	5831	32149		
温州市	**99900265**	**95849859**	**1830112**	**304360**	**1089164**	**39701**	**716902**	**17762**	**52405**
鹿城区	13765243	12486224	498189	39535	424035	6013	303247	4726	3275
龙湾区	22049161	21292575	474484	3851	226001	1807	39027	9273	2144
瓯海区	7386486	7235413	109466	8362	14344	3812	9717	86	5287
洞头区	1538050	1508952	5401	3377	773	1118	18430		
永嘉县	6470327	6185027	70179	11890	15492	158	186665	916	
平阳县	6237196	6071499	70813	33670	20025	85	11111	217	29777
苍南县	6700832	6592669	50106	15135	10004	10	20875	111	11923
文成县	719916	680438	10006	22610	1015		5848		
泰顺县	990263	968816	9634	7707	461		3646		
瑞安市	13191668	12852674	175042	13139	71048	23501	54333	1930	
乐清市	20851123	19975572	356793	145086	305968	3198	64002	505	
嘉兴市	**94639353**	**93493623**	**257320**	**95865**	**731463**	**2407**	**58514**	**162**	
南湖区	12890049	12838475	25393	4218	14894	134	6936		
秀洲区	10906780	10834991	27526	357	38810		5096		
嘉善县	13195763	12535571	48247	16472	586598	217	8657		
海盐县	9983539	9876144	23183	33454	29812		20881	64	
海宁市	19164219	19051181	51778	15358	35435	2055	8313	98	
平湖市	13590514	13513160	41392	14943	15934		5085		
桐乡市	14908488	14844100	39799	11063	9980		3545		
湖州市	**58703432**	**58357452**	**159200**	**43723**	**93081**	**197**	**46974**	**1957**	**849**
吴兴区	13431073	13362067	37177	10215	5119		14945	1029	520
南浔区	8109504	8041042	34848	5985	21952	20	5647	9	
德清县	12489803	12422805	46669	6165	10389		3190	585	
长兴县	18775952	18710130	26124	13256	8997	177	16934	334	
安吉县	5897101	5821409	14381	8102	46624		6257		328

4-46　续表

地　区	营业收入(万元)	正常运营	停业(歇业)	筹建	当年关闭	当年破产	当年注销	当年吊销	其他
绍兴市	**92906959**	**90799526**	**1012844**	**210133**	**449365**	**20970**	**373088**	**28642**	**12390**
越城区	16152620	16062776	56513	7483	13722	2955	9164	6	
柯桥区	33126305	32509861	386563	12611	183008	875	25826	2541	5019
上虞区	14617764	14545047	27672	14401	23805	242	5610		987
新昌县	4229170	3931747	203608	4981	21083	17	67519	215	
诸暨市	17350426	16555190	279515	147140	120227	16208	219104	9854	3188
嵊州市	7430674	7194905	58973	23517	87521	673	45864	16026	3196
金华市	**74836894**	**73974838**	**417554**	**59591**	**82557**	**9501**	**284720**	**2580**	**5553**
婺城区	7675827	7617501	9500	8376	2116	12	38311	11	
金东区	5134977	5084674	19065	9810	6548	139	7960	1228	5553
武义县	4985572	4888336	68145	4647	13362	5118	5379	586	
浦江县	2694997	2664924	22397	3506	3644	164	362		
磐安县	1729726	1719200	4575	2111	2673		1167		
兰溪市	6069550	5979202	41289	10563	25074	2026	11366	30	
义乌市	25699394	25350740	152883	133	7930	1940	185404	364	
东阳市	9272809	9216712	27634	11019	9615	14	7810	5	
永康市	11574043	11453550	72066	9424	11594	89	26963	357	
衢州市	**19112346**	**18953844**	**81104**	**11815**	**17762**	**8014**	**39673**	**56**	**78**
柯城区	5578014	5565556	5764	1639	2947	70	2038		
衢江区	3647496	3619879	2423	487	917	34	23717	38	
常山县	2013847	1998215	13111	1302	674	35	509		
开化县	1087393	1056371	23069	1530	3455		2969		
龙游县	3437480	3395952	23319	2252	7134	6885	1920	17	
江山市	3348116	3317871	13417	4604	2634	991	8521		78
舟山市	**37594269**	**37128713**	**355107**	**6600**	**23752**	**6678**	**72659**		**760**
定海区	31054876	30687757	289674	6082	3413		67382		568
普陀区	4683775	4647043	30064	492	2639	65	3280		193
岱山县	1286816	1227308	34575	26	16793	6612	1502		
嵊泗县	568802	566605	794	1	907		495		
台州市	**65581125**	**64351803**	**561930**	**38619**	**321258**	**16150**	**285728**	**3395**	**2242**
椒江区	9106340	8962095	106524	7928	15186		14584		23
黄岩区	7333890	7258131	23544	2834	10891	334	37061	1095	
路桥区	12323518	11942051	141931	11117	129473	4496	94450		
三门县	2562536	2523769	17338	4270	13067	2281	1811		
天台县	2690830	2654064	22290	1120	6470	2315	4248	322	
仙居县	2453525	2426479	11635	1466	5980	19	7946		
温岭市	12355129	11998934	172298	2118	94477	5728	79006	519	2050
临海市	7898338	7773833	39282	6894	42037	922	33741	1459	169
玉环市	8857019	8812447	27087	872	3677	55	12881		
丽水市	**14586561**	**14460539**	**52373**	**17769**	**13761**	**130**	**41128**	**280**	**580**
莲都区	3956898	3918436	5478	1180	6732		25065	7	
青田县	1915649	1868163	29688	4405	4623	52	8445	273	
缙云县	2379548	2373028	3244	2148	1054		73		
遂昌县	1173684	1165750	2201	3533	434	43	1723		
松阳县	1376015	1372307	97	1744	138		1149		580
云和县	1082249	1070187	8660	2428	285	16	673		
庆元县	655766	655591	32		5		139		
景宁畲族自治县	644043	643594	8	352		20	70		
龙泉市	1402709	1393484	2964	1980	490		3791		

4-47 按登记注册类型、运营状态

登记注册类型	资产总计（万元）		
		正常运营	停业(歇业)
总 计	**2500420672**	**2360132660**	**84413287**
内资企业	**2380533343**	**2248274848**	**81174014**
国有企业	16082633	15850043	229226
集体企业	10480654	10168736	245941
股份合作企业	3627796	3461610	136086
联营企业	671160	668929	1411
国有联营企业	296591	296591	
集体联营企业	297833	296151	861
国有与集体联营企业	41340	40815	525
其他联营企业	35396	35371	25
有限责任公司	1087252882	1040903272	27524682
国有独资公司	475778707	461298325	7309270
其他有限责任公司	611474175	579604947	20215412
股份有限公司	92594016	89465264	1660679
私营企业	1169822938	1087755730	51375988
私营独资企业	24454547	23294075	743017
私营合伙企业	131699693	122468163	4557135
私营有限责任公司	985142122	914976913	44880189
私营股份有限公司	28526577	27016579	1195647
其他企业	1264	1264	
港、澳、台商投资企业	**66226408**	**61113985**	**2007202**
与港澳台商合资经营企业	29347717	27194308	976251
与港澳台商合作经营企业	1312496	1310405	1713
港澳台商独资经营企业	31517420	28618858	1013782
港澳台商投资股份有限公司	2412050	2367492	5409
其他港澳台投资企业	1636724	1622922	10048
外商投资企业	**53660921**	**50743827**	**1232071**
中外合资经营企业	22478461	20816613	826057
中外合作经营企业	521502	515522	4107
外资企业	26826607	25661168	324240
外商投资股份有限公司	756658	752652	815
其他外商投资	3077693	2997872	76851

分组的小微企业资产总计

筹建	当年关闭	当年破产	当年注销	当年吊销	其他
38807816	**8258793**	**1869549**	**2848931**	**59997**	**4029639**
34871105	**7867886**	**1794521**	**2797935**	**59495**	**3693539**
1558	870		936		
24135	13273		27735	834	
7435	17965	1777	2799	124	
	29		792		
	29		792		
13490432	3210703	121566	1007227	4749	990251
4262446	2770525		76381		61761
9227986	440178	121566	930846	4749	928490
669501	652714	97357	13110	11786	23603
20678045	3972332	1573822	1745336	42002	2679684
50108	177491	11364	175417	3075	
4481710	66331	37356	88917	80	
15967856	3679623	1483486	1472375	38826	2642853
178371	48887	41616	8627	21	36831
2613432	**177152**	**15670**	**25518**	**78**	**273370**
1060761	96160	10008	10231		
10			369		
1509780	80990	5663	14899	78	273370
39130			19		
3752	2				
1323278	**213755**	**59357**	**25478**	**424**	**62730**
590585	150928	57474	11672	424	24707
		1873			
728666	62805		11705		38023
3051			139		
976	22	10	1962		

4-48 按登记注册类型、运营状态

分组	营业收入(元)		
		正常运营	停业(歇业)
总 计	**1090911604**	**1072126698**	**11420143**
内资企业	**1015399687**	**997483925**	**10811962**
国有企业	2425931	2411229	10862
集体企业	1442638	1411330	18310
股份合作企业	3443289	3362931	55376
联营企业	149478	148661	445
国有联营企业	50567	50567	
集体联营企业	23749	23013	364
国有与集体联营企业	48135	48055	80
其他联营企业	27028	27027	1
有限责任公司	192301303	190657641	962583
国有独资公司	18721115	18629711	47972
其他有限责任公司	173580188	172027930	914611
股份有限公司	22473202	22350591	70364
私营企业	793162202	777139898	9694022
私营独资企业	31040517	30067784	449814
私营合伙企业	9385461	9129816	175575
私营有限责任公司	739474813	724792592	9011264
私营股份有限公司	13261411	13149706	57370
其他企业	1644	1644	
港、澳、台商投资企业	**27185452**	**26796686**	**291218**
与港澳台商合资经营企业	12488219	12265128	189539
与港澳台商合作经营企业	1126199	1125952	158
港澳台商独资经营企业	12872776	12707978	101210
港澳台商投资股份有限公司	344238	343972	89
其他港澳台投资企业	354020	353657	222
外商投资企业	**48326466**	**47846087**	**316964**
中外合资经营企业	13144787	12817936	285640
中外合作经营企业	315554	314132	241
外资企业	33259974	33127079	28585
外商投资股份有限公司	520509	519421	492
其他外商投资	1085642	1067520	2006

分组的小微企业营业收入

筹建	当年关闭	当年破产	当年注销	当年吊销	其他
1092376	**3516072**	**192677**	**2353552**	**61832**	**148253**
1027804	**3394118**	**182041**	**2315401**	**61534**	**122903**
221	1676		1944		
6	7884		4278	829	
3	21232	439	3067	242	
	150		222		
	150		222		
122247	181457	48528	308479	895	19473
1527	20197		20721		987
120720	161260	48528	287758	895	18486
11147	20345	3547	16701	506	
894180	3161374	129527	1980709	59062	103430
30641	190795	9286	286766	5431	
10970	33310	589	34927	274	
834998	2915055	119157	1645045	53292	103410
17572	22214	494	13971	65	20
32485	**36418**	**2406**	**8482**	**298**	**17459**
1657	22924	2373	6599		
	35		54		
30691	13442	33	1665	298	17459
15			163		
123	18				
32088	**85536**	**8229**	**29670**		**7892**
5009	24518	6854	4830		
		1181			
27063	60865		8491		7892
16			580		
	153	194	15769		

附　录

主要指标解释及分类规定

主要指标解释

法人单位　是指有权拥有资产、承担负债，并独立从事社会经济活动（或与其他单位进行交易）的组织。法人单位应同时具备以下条件：

1. 依法成立，有自己的名称、组织机构和场所，能够独立承担民事责任；

2. 独立拥有（或受权使用）资产，有权与其他单位签订合同；

3. 会计上独立核算，能够编制资产负债表等会计报表。

在统计实践中，法人单位包括：企业法人、事业单位法人、机关法人、社会团体法人、民办非企业单位、基金会、居委会、村委会、其他法人。

企业法人　是指依据《中华人民共和国公司登记管理条例》《中华人民共和国企业法人登记管理条例》等国家法律和法规，经各级市场监管机关登记注册，领取《企业法人营业执照》的企业。包括：

1. 公司制企业法人；

2. 非公司制企业法人。

不具有法人资格、但依法成立的个人独资企业、合伙企业在统计上视同法人。

事业单位法人　是指经国务院或地方县级以上机构编制管理部门批准、经国家或地方县级以上事业单位登记管理部门登记或备案，领取《事业单位法人证书》，取得法人资格的事业单位。包括：

1. 各级党委、政府直属事业单位；

2. 中共中央、国务院直属事业单位举办的事业单位；

3. 各级人大、政协机关，监察委员会、人民法院、人民检察院和各民主党派机关举办的事业单位；

4. 各级党委部门和政府部门举办的事业单位；

5. 使用财政性经费的群众团体举办的事业单位；

6. 国有企业及其他组织利用国有资产举办的事业单位；

7. 依照法律或有关规定，应当由各级登记管理机关登记的其他事业单位。

机关法人　是指各级政党机关和国家机关。包括：

1. 县级以上各级中国共产党委员会及其所属各工作部门；

2. 县级以上各级人民代表大会机关；

3. 县级以上各级人民政府及其所属各工作部门，以及地区行政行署；

4. 县级以上各级政治协商会议机关；

5. 县级以上各级监察委员会、人民法院、检察院机关；

6. 县级以上各民主党派和工商联机关；

7. 乡、镇中国共产党委员会和人民政府。

社会团体法人　是指依据《社会团体登记管理条例》，经国家或县级以上民政部门登记注册或备案，领取《社会团体法人登记证书》的各类社会团体，以及由机构编制管理部门管理其编制的群众团体。

民办非企业单位　指企业单位、事业单位、社会团体和其他社会力量以及公民个人利用非国有资产举办的，从事非营利性社会服务的社会组织。民办非企业法人指经各级民政部门核准登记，领取《民办非企业单位登记证书》的民办非企业单位。

基金会　指民政部、省级、地级或市级民政部门核准登记的，颁发《基金会法人登记证书》的基金会。

居委会　由不设区的市、市辖区的人民政府决定设立的社区（居委会）。

村委会　由乡、民族乡、镇的人民政府提出，经村民会议讨论同意后，报县级人民政府批准，设立的村民委员会。

其他法人　是指除上述类型以外的法人。具体是指依据《中华人民共和国农民专业合作社法》及其他法律、法规成立，具备法人条件的单位。

单产业法人　是指仅包含一个产业活动单位的法人单位，称为单产业法人单位，该法人单位同时也是一个产业活动单位。

多产业法人　是指由两个及以上产业活动单位组成的法人单位，称为多产业法人单位，这些产业活动单位接受法人单位的管理和控制。

从业人员期末人数　指报告期最后一日在本单位工作，并取得工资或其他形式劳动报酬的人员数。该指标为时点指标，不包括最后一日当天及以前已经与单位解除劳动合同关系的人员，是在岗职工、劳务派遣人员及其他从业人员之和。从业人员不包括：

1. 离开本单位仍保留劳动关系，并定期领取生活费的人员；

2. 在本单位实习的各类在校学生；

3. 本单位因劳务外包而使用的人员，如：建筑业整建制使用的人员。

营业收入　指企业经营主要业务和其他业务所确认的收入总额。营业收入包括“主营业务收入”和“其他业务收入”。根据会计“利润表”中“营业收入”项目的本年累计数填报。

资产总计　指企业过去的交易或者事项形成的、由企业拥有或者控制的、预期会给企业带来经济利益的资源。资产一般按流动性（资产的变现或耗用时间长短）分为流动资产和非流动资产。其中流动资产可分为货币资金、交易性金融资产、应收票据、应收账款、预付款项、其他应收款、存货等；非流动资产可分为长期股权投资、固定资产、无形资产及其他非流动资产等。

分类规定

登记注册类型　指企业或企业产业活动单位的登记注册类型，市场监管部门对企业（单位）登记注册的类型分为以下几种：

1. 国有企业：指企业全部资产归国家所有，并按《中华人民共和国企业法人登记管理条例》规定登记注册的非公司制的经济组织。不包括有限责任公司中的国有独资公司。

2. 集体企业：指企业资产归集体所有，并按《中华人民共和国企业法人登记管理条例》规定登记注册的经济组织。

3. 股份合作企业：指以合作制为基础，由企业职工共同出资入股，吸收一定比例的社会资产投资组建，实行自主经营，自负盈亏，共同劳动，民主管理，按劳分配与按股分红相结合的一种集体经济组织。

4. 联营企业：指两个及两个以上相同或不同所有制性质的企业法人或事业单位法人，按自愿、平等、互利的原则，共同投资组成的经济组织。联营企业包括国有联营企业、集体联营企业、国有与集体联营企业和其他联营企业。

国有联营企业　指所有联营单位均为国有。

集体联营企业　指所有联营单位均为集体。

国有与集体联营企业　指联营单位既有国有也有集体。

其他联营企业　指上述三种联营企业之外的其他联营形式的企业。

5. 有限责任公司：指根据《中华人民共和国公司登记管理条例》规定登记注册，由两个以上，五十个以下的股东共同出资，每个股东以其所认缴的出资额对公司承担有限责任，公司以其全部资产对其债务承担责任的经济组织。有限责任公司包括国有独资公司以及其他有限责任公司。

国有独资公司　指国家授权的投资机构或者国家授权的部门单独投资设立的有限责任公司。

其他有限责任公司　指国有独资公司以外的其他有限责任公司。

6. 股份有限公司：指根据《中华人民共和国公司登记管理条例》规定登记注册，其全部注册资本由等额股份构成并通过发行股票筹集资本，股东以其认购的股份对公司承担有限责任，公司以其全部资产对其债务承担责任的经济组织。

7. 私营企业：指由自然人投资设立或由自然人控股，以雇佣劳动为基础的营利性经济组织。包括按照《公司法》《合伙企业法》《私营企业暂行条例》以及《个人独资企业法》规定登记注册的私营独资企业、私营合伙企业、私营有限责任公司、私营股份有限公司和个人独资企业。

私营独资企业　指按《私营企业暂行条例》的规定，由一名自然人投资经营，以雇佣劳动为基础，投资者对企业债务承担无限责任的企业。

私营合伙企业　指按《合伙企业法》或《私营企业暂行条例》的规定，由两个以上自然人按照协议共同投资、共同经营、共负盈亏，以雇佣劳动为基础，对债务承担无限责任的企业。

私营有限责任公司　指按《公司法》《私营企业暂行条例》的规定，由两个以上自然人投资或由单个自然人控股的有限责任公司。

私营股份有限公司　指按《公司法》的规定，由五个以上自然人投资，或由单个自然人控股的股份有限公司。

8. 其他企业：指上述第 1 条至第 7 条之外的其他内资经济组织。

9. 合资经营企业（港或澳、台资）：指港澳台地区投资者与内地的企业依照《中华人民共和国中外合资经营企业法》及有关法律的规定，按合同规定的比例投资设立，分享利润和分担风险的企业。

10. 合作经营企业（港或澳、台资）：指港澳台地区投资者与内地企业依照《中华人民共和国中外合作经营企业法》及有关法律的规定，依照合作合同的约定进行投资或提供条件设立，分配利润、分担风险和亏损的企业。

11. 港、澳、台商独资经营企业：指依照《中华人民共和国外资企业法》及有关法律的规定，在内地由港澳台地区投资者全额投资设立的企业。

12. 港、澳、台商投资股份有限公司：指根据国家有关规定，经商务部（原外经贸部）批准设立，并且其中港、澳、台商的股本占公司注册资本的比例达 25%以上的股份有限公司。凡其中港、澳、台商的股本占公司注册资本的比例小于 25%的，属于内资中的股份有限公司。

13. 其他港、澳、台商投资企业：指在中国境内参照《外国企业或个人在中国境内设立合伙企业管理办法》和《外商投资合伙企业登记管理规定》，依法设立的港、澳、台商投资合伙企业。

14. 中外合资经营企业：指外国企业或外国人与中国内地企业依照《中华人民共和国中外合资经营企业法》及有关法律的规定，按合同规定的比例投资设立，分享利润和分担风险的企业。

15. 中外合作经营企业：指外国企业或外国人与中国内地企业依照《中华人民共和国中外合作经营企业法》及有关法律的规定，依照合作合同的约定进行投资或提供条件设立，分配利润、分担风险和亏损的企业。

16. 外资企业：指依照《中华人民共和国外资企业法》及有关法律的规定，在中国内地由外国投资者全额投资设立的企业。

17. 外商投资股份有限公司：指根据国家有关规定，经商务部（原外经贸部）批准设立，并且其中外资的股本占公司注册资本的比例达25%以上的股份有限公司。凡其中外资股本占公司注册资本的比例小于25%的，属于内资中的股份有限公司。

18. 其他外商投资企业：指在中国境内依照《外国企业或个人在中国境内设立合伙企业管理办法》和《外商投资合伙企业登记管理规定》，依法设立的外商投资合伙企业。

企业控股情况　根据企业实收资本中某种经济成分的出资人的实际投资情况，或出资人对企业资产的实际控制、支配程度进行分类。具体分为国有控股、集体控股、私人控股、港澳台商控股、外商控股和其他六类。

国有控股　包括：（1）在企业的全部实收资本中，国有经济成分的出资人拥有的实收资本（股本）所占企业全部实收资本（股本）的比例大于50%的国有绝对控股。（2）在企业的全部实收资本中，国有经济成分的出资人拥有的实收资本（股本）所占比例虽未大于50%，但相对大于其他任何一方经济成分的出资人所占比例的国有相对控股；或者虽不大于其他经济成分，但根据协议规定拥有企业实际控制权的国有协议控股。（3）投资双方各占50%，且未明确由谁绝对控股的企业，若其中一方为国有经济成分的，一律按国有控股处理。

集体控股　包括：（1）在企业的全部实收资本中，集体经济成分的出资人拥有的实收资本（股本）所占企业全部实收资本（股本）的比例大于50%的集体绝对控股。（2）在企业的全部实收资本中，集体经济成分的出资人拥有的实收资本（股本）所占比例虽未大于50%，但相对大于其他任何一方经济成分的出资人所占比例的集体相对控股；或者虽不大于其他经济成分，但根据协议规定拥有企业实际控制权的集体协议控股。

私人控股　包括：（1）在企业的全部实收资本中，私人经济成分的出资人拥有的实收资本（股本）所占企业全部实收资本（股本）的比例大于50%的私人绝对控股。（2）在企业的全部实收资本中，私人经济成分的出资人拥有的实收资本（股本）所占比例虽未大于50%，但相对大于其他任何一方经济成分的出资人所占比例的私人相对控股；或者虽不大于其他经济成分，但根据协议规定拥有企业实际控制权的私人协议控股。

港澳台商控股　包括：（1）在企业的全部实收资本中，港澳台商经济成分的出资人拥有的实收资本（股本）所占企业全部实收资本（股本）的比例大于50%的港澳台商绝对控股。（2）在企业的全部实收资本中，港澳台商经济成分的出资人拥有的实收资本（股本）所占比例虽未大于50%，但相对大于其他任何一方经济成分的出资人所占比例的港澳台商相对控股；或者虽不大于其他经济成分，但根据协议规定拥有企业实际控制权的港澳台商协议控股。

外商控股　包括：（1）在企业的全部实收资本中，外商经济成分的出资人拥有的实收资本（股本）所占企业全部实收资本（股本）的比例大于50%的外商绝对控股。（2）在企业的全部实收资本中，外商经济成分的出资人拥有的实收资本（股本）所占比例虽未大于50%，但相对大于其他任何一方经济成分的出资人所占比例的外商相对控股；或者虽不大于其他经济成分，但根据协议规定拥有企业实际控制权的外商协议控股。

其他控股情况　除上述五类以外的企业控股情况。

统计上大中小微型企业划分办法

一、根据工业和信息化部、国家统计局、国家发展改革委、财政部《关于印发中小企业划型标准规定的通知》（工信部联企业〔2011〕300号），以《国民经济行业分类》（GB/T4754-2017）为基础，结合统计工作的实际情况，制定本办法。

二、本办法适用对象为在中华人民共和国境内依法设立的各种组织形式的法人企业或单位。个体工商户参照本办法进行划分。

三、本办法适用范围包括：农、林、牧、渔业，采矿业，制造业，电力、热力、燃气及水生产和供应业，建筑业，批发和零售业，交通运输、仓储和邮政业，住宿和餐饮业，信息传输、软件和信息技术服务业，房地产业，租赁和商务服务业，科学研究和技术服务业，水利、环境和公共设施管理业，居民服务、修理和其他服务业，文化、体育和娱乐业等15个行业门类以及社会工作行业大类。

四、本办法按照行业门类、大类、中类和组合类别，依据从业人员、营业收入、资产总额等指标或替代指标，将我国的企业划分为大型、中型、小型、微型等四种类型。具体划分标准见附表。

五、企业划分由政府综合统计部门根据统计年报每年确定一次，定报统计原则上不进行调整。

六、本办法自印发之日起执行，国家统计局2011年印发的《统计上大中小微型企业划分办法》（国统字〔2011〕75号）同时废止。

附表：

统计上大中小微型企业划分标准

行业名称	指标名称	计量单位	大型	中型	小型	微型
农、林、牧、渔业	营业收入(Y)	万元	Y≥20000	500≤Y＜20000	50≤Y＜500	Y＜50
工业*	从业人员(X)	人	X≥1000	300≤X＜1000	20≤X＜300	X＜20
	营业收入(Y)	万元	Y≥40000	2000≤Y＜40000	300≤Y＜2000	Y＜300
建筑业	营业收入(Y)	万元	Y≥80000	6000≤Y＜80000	300≤Y＜6000	Y＜300
	资产总额(Z)	万元	Z≥80000	5000≤Z＜80000	300≤Z＜5000	Z＜300
批发业	从业人员(X)	人	X≥200	20≤X＜200	5≤X＜20	X＜5
	营业收入(Y)	万元	Y≥40000	5000≤Y＜40000	1000≤Y＜5000	Y＜1000
零售业	从业人员(X)	人	X≥300	50≤X＜300	10≤X＜50	X＜10
	营业收入(Y)	万元	Y≥20000	500≤Y＜20000	100≤Y＜500	Y＜100
交通运输业*	从业人员(X)	人	X≥1000	300≤X＜1000	20≤X＜300	X＜20
	营业收入(Y)	万元	Y≥30000	3000≤Y＜30000	200≤Y＜3000	Y＜200
仓储业	从业人员(X)	人	X≥200	100≤X＜200	20≤X＜100	X＜20
	营业收入(Y)	万元	Y≥30000	1000≤Y＜30000	100≤Y＜1000	Y＜100
邮政业	从业人员(X)	人	X≥1000	300≤X＜1000	20≤X＜300	X＜20
	营业收入(Y)	万元	Y≥30000	2000≤Y＜30000	100≤Y＜2000	Y＜100
住宿业	从业人员(X)	人	X≥300	100≤X＜300	10≤X＜100	X＜10
	营业收入(Y)	万元	Y≥10000	2000≤Y＜10000	100≤Y＜2000	Y＜100
餐饮业	从业人员(X)	人	X≥300	100≤X＜300	10≤X＜100	X＜10
	营业收入(Y)	万元	Y≥10000	2000≤Y＜10000	100≤Y＜2000	Y＜100
信息传输业*	从业人员(X)	人	X≥2000	100≤X＜2000	10≤X＜100	X＜10
	营业收入(Y)	万元	Y≥100000	1000≤Y＜100000	100≤Y＜1000	Y＜100
软件和信息技术服务业	从业人员(X)	人	X≥300	100≤X＜300	10≤X＜100	X＜10
	营业收入(Y)	万元	Y≥10000	1000≤Y＜10000	50≤Y＜1000	Y＜50
房地产开发经营	营业收入(Y)	万元	Y≥200000	1000≤Y＜200000	100≤Y＜1000	Y＜100
	资产总额(Z)	万元	Z≥10000	5000≤Z＜10000	2000≤Z＜5000	Z＜2000
物业管理	从业人员(X)	人	X≥1000	300≤X＜1000	100≤X＜300	X＜100
	营业收入(Y)	万元	Y≥5000	1000≤Y＜5000	500≤Y＜1000	Y＜500
租赁和商务服务业	从业人员(X)	人	X≥300	100≤X＜300	10≤X＜100	X＜10
	资产总额(Z)	万元	Z≥120000	8000≤Z＜120000	100≤Z＜8000	Z＜100
其他未列明行业*	从业人员(X)	人	X≥300	100≤X＜300	10≤X＜100	X＜10

说明：

1．大型、中型和小型企业须同时满足所列指标的下限，否则下划一档；微型企业只须满足所列指标中的一项即可。

2．附表中各行业的范围以《国民经济行业分类》（GB/T4754-2017）为准。带*的项为行业组合类别，其中，工业包括采矿业，制造业，电力、热力、燃气及水生产和供应业；交通运输业包括道路运输业，水上运输业，航空运输业，管道运输业，多式联运和运输代理业、装卸搬运，不包括铁路运输业；仓储业包括通用仓储，低温仓储，危险品仓储，谷物、棉花等农产品仓储，中药材仓储和其他仓储业；信息传输业包括电信、广播电视和卫星传输服务，互联网和相关服务；其他未列明行业包括科学研究和技术服务业，水利、环境和公共设施管理业，居民服务、修理和其他服务业，社会工作，文化、体育和娱乐业，以及房地产中介服务，其他房地产业等，不包括自有房地产经营活动。

3. 企业划分指标以现行统计制度为准。（1）从业人员，是指期末从业人员数，没有期末从业人员数的，采用全年平均人员数代替。（2）营业收入，工业、建筑业、限额以上批发和零售业、限额以上住宿和餐饮业以及其他设置主营业务收入指标的行业，采用主营业务收入；限额以下批发与零售业企业采用商品销售额代替；限额以下住宿与餐饮业企业采用营业额代替；农、林、牧、渔业企业采用营业总收入代替；其他未设置主营业务收入的行业，采用营业收入指标。（3）资产总额，采用资产总计代替。

文化及相关产业分类(2018)

一、目的和作用

（一）为深化文化体制改革和持续推进社会主义文化强国建设提供统计保障，建立科学可行的文化及相关产业统计制度，制定本分类。

（二）本分类为反映我国文化及相关产业生产活动提供标准分类依据，为文化及相关产业统计提供统一的定义和范围，为发展文化产业、推进社会主义文化繁荣兴盛提供统计服务。

二、定义和范围

（一）定义

本分类规定的文化及相关产业是指为社会公众提供文化产品和文化相关产品的生产活动的集合。

（二）范围

根据以上定义，我国文化及相关产业的范围包括:

1.以文化为核心内容，为直接满足人们的精神需要而进行的创作、制造、传播、展示等文化产品（包括货物和服务）的生产活动。具体包括新闻信息服务、内容创作生产、创意设计服务、文化传播渠道、文化投资运营和文化娱乐休闲服务等活动。

2.为实现文化产品的生产活动所需的文化辅助生产和中介服务、文化装备生产和文化消费终端生产（包括制造和销售）等活动。

三、分类原则

（一）以《国民经济行业分类》为基础

本分类以《国民经济行业分类》(GB/T 4754-2017）为基础，根据文化生产活动的特点，将行业分类中相关的类别重新组合，是《国民经济行业分类》的派生分类。

（二）兼顾文化管理需要和可操作性

根据我国文化体制改革和发展的实际，本分类在考虑文化生产活动特点的同时，兼顾文化主管部门管理的需要；同时立足于现行统计制度和方法，充分考虑分类的可操作性。

（三）与国际分类标准相衔接

本分类借鉴了联合国教科文组织的《文化统计框架—2009》的分类方法，在定义和覆盖范围上与其衔接。

四、分类方法

本分类采用线分类法和分层次编码方法，将文化及相关产业划分为三层，分别用阿拉伯数字编码表示。第一层为大类，用 01-09 数字表示，共有 9 个大类；第二层为中类，用 3 位数字表示，共有 43 个中类；第三层为小类，用 4 位数字表示，共有 146 个小类。

五、有关说明

(一)本分类建立了与《国民经济行业分类》(GB/T 4754-2017）的对应关系。在本分类中，如国民经济某行业小类仅部分活动属于文化及相关产业，则在行业代码后加“*”做标识，并对属于文化生产活动的内容进行说明；如国民经济某行业小类全部纳入文化及相关产业，则小类类别名称与行业类别名称完全一致。

（二）本分类全部小类对应或包含在《国民经济行业分类》(GB/T 4754-2017）相应的行业小类中，具体范围和说明可参见《2017 国民经济行业分类注释》。

（三）本分类 01-06 大类为文化核心领域，07-09 大类为文化相关领域。

六、文化及相关产业分类表

表1　文化及相关产业的类别名称和行业代码

类　别　名　称	国民经济行业代码
第一部分　文化核心领域	
一、新闻信息服务	
（一）新闻服务	
新闻业	8610
（二）报纸信息服务	
报纸出版	8622
（三）广播电视信息服务	
广播	8710
电视	8720
广播电视集成播控	8740
（四）互联网信息服务	
互联网搜索服务	6421
互联网其他信息服务	6429
二、内容创作生产	
（一）出版服务	
图书出版	8621
期刊出版	8623
音像制品出版	8624
电子出版物出版	8625
数字出版	8626
其他出版业	8629
（二）广播影视节目制作	
影视节目制作	8730
录音制作	8770
（三）创作表演服务	
文艺创作与表演	8810
群众文体活动	8870
其他文化艺术业	8890
（四）数字内容服务	
动漫、游戏数字内容服务	6572
互联网游戏服务	6422
多媒体、游戏动漫和数字出版软件开发	6513*
增值电信文化服务	6319*
其他文化数字内容服务	6579*
（五）内容保存服务	
图书馆	8831
档案馆	8832
文物及非物质文化遗产保护	8840
博物馆	8850
烈士陵园、纪念馆	8860
（六）工艺美术品制造	
雕塑工艺品制造	2431
金属工艺品制造	2432
漆器工艺品制造	2433
花画工艺品制造	2434

续表 1

类　别　名　称	国民经济行业代码
天然植物纤维编织工艺品制造	2435
抽纱刺绣工艺品制造	2436
地毯、挂毯制造	2437
珠宝首饰及有关物品制造	2438
其他工艺美术及礼仪用品制造	2439
（七）艺术陶瓷制造	
陈设艺术陶瓷制造	3075
园艺陶瓷制造	3076
三、创意设计服务	
（一）广告服务	
互联网广告服务	7251
其他广告服务	7259
（二）设计服务	
建筑设计服务	7484*
工业设计服务	7491
专业设计服务	7492
四、文化传播渠道	
（一）出版物发行	
图书批发	5143
报刊批发	5144
音像制品、电子和数字出版物批发	5145
图书、报刊零售	5243
音像制品、电子和数字出版物零售	5244
图书出租	7124
音像制品出租	7125
（二）广播电视节目传输	
有线广播电视传输服务	6321
无线广播电视传输服务	6322
广播电视卫星传输服务	6331
（三）广播影视发行放映	
电影和广播电视节目发行	8750
电影放映	8760
（四）艺术表演	
艺术表演场馆	8820
（五）互联网文化娱乐平台	
互联网文化娱乐平台	6432*
（六）艺术品拍卖及代理	
艺术品、收藏品拍卖	5183
艺术品代理	5184
（七）工艺美术品销售	
首饰、工艺品及收藏品批发	5146
珠宝首饰零售	5245
工艺美术品及收藏品零售	5246
五、文化投资运营	
（一）投资与资产管理	
文化投资与资产管理	7212*

续表 2

类　别　名　称	国民经济行业代码
（二）运营管理	
文化企业总部管理	7211*
文化产业园区管理	7221*
六、文化娱乐休闲服务	
（一）娱乐服务	
歌舞厅娱乐活动	9011
电子游艺厅娱乐活动	9012
网吧活动	9013
其他室内娱乐活动	9019
游乐园	9020
其他娱乐业	9090
（二）景区游览服务	
城市公园管理	7850
名胜风景区管理	7861
森林公园管理	7862
其他游览景区管理	7869
自然遗迹保护管理	7712
动物园、水族馆管理服务	7715
植物园管理服务	7716
（三）休闲观光游览服务	
休闲观光活动	9030
观光游览航空服务	5622
第二部分　文化相关领域	
七、文化辅助生产和中介服务	
（一）文化辅助用品制造	
文化用机制纸及纸板制造	2221*
手工纸制造	2222
油墨及类似产品制造	2642
工艺美术颜料制造	2644
文化用信息化学品制造	2664
（二）印刷复制服务	
书、报刊印刷	2311
本册印制	2312
包装装潢及其他印刷	2319
装订及印刷相关服务	2320
记录媒介复制	2330
摄影扩印服务	8060
（三）版权服务	
版权和文化软件服务	7520*
（四）会议展览服务	
会议、展览及相关服务	7281-7284 7289
（五）文化经纪代理服务	
文化活动服务	9051
文化娱乐经纪人	9053
其他文化艺术经纪代理	9059
婚庆典礼服务	8070*
文化贸易代理服务	5181*

续表 3

类　别　名　称	国民经济行业代码
票务代理服务	7298
（六）文化设备（用品）出租服务	
休闲娱乐用品设备出租	7121
文化用品设备出租	7123
（七）文化科研培训服务	
社会人文科学研究	7350
学术理论社会（文化 ）团体	9521*
文化艺术培训	8393
文化艺术辅导	8399*
八、文化装备生产	
（一）印刷设备制造	
印刷专用设备制造	3542
复印和胶印设备制造	3474
（二）广播电视电影设备制造及销售	
广播电视节目制作及发射设备制造	3931
广播电视接收设备制造	3932
广播电视专用配件制造	3933
专业音响设备制造	3934
应用电视设备及其他广播电视设备制造	3939
广播影视设备批发	5178
电影机械制造	3471
（三）摄录设备制造及销售	
影视录放设备制造	3953
娱乐用智能无人飞行器制造	3963*
幻灯及投影设备制造	3472
照相机及器材制造	3473
照相器材零售	5248
（四）演艺设备制造及销售	
舞台及场地用灯制造	3873
舞台照明设备批发	5175*
（五）游乐游艺设备制造	
露天游乐场所游乐设备制造	2461
游艺用品及室内游艺器材制造	2462
其他娱乐用品制造	2469
（六）乐器制造及销售	
中乐器制造	2421
西乐器制造	2422
电子乐器制造	2423
其他乐器及零件制造	2429
乐器批发	5147
乐器零售	5247
九、文化消费终端生产	
（一）文具制造及销售	
文具制造	2411
文具用品批发	5141

续表 4

类　别　名　称	国民经济行业代码
文具用品零售	5241
（二）笔墨制造	
笔的制造	2412
墨水、墨汁制造	2414
（三）玩具制造	
玩具制造	2451-2456
	2459
（四）节庆用品制造	
焰火、鞭炮产品制造	2672
（五）信息服务终端制造及销售	
电视机制造	3951
音响设备制造	3952
可穿戴智能文化设备制造	3961*
其他智能文化消费设备制造	3969*
家用视听设备批发	5137
家用视听设备零售	5271
其他文化用品批发	5149
其他文化用品零售	5249

表2 带“*”行业分类文化生产活动内容的说明

序号	国民经济行业分类及代码	文化及相关产业类别名称及小类代码	文化生产活动的内容
1	应用软件开发（6513*）	多媒体、游戏动漫和数字出版软件开发（0243）	包括应用软件开发中的多媒体软件、游戏动漫软件、数字出版软件开发活动。
2	其他电信服务（6319*）	增值电信文化服务（0244）	仅指固定网增值电信、移动网增值电信、其他增值电信中的文化服务，包括手机报、个性化铃音等业务服务。
3	其他数字内容服务（6579*）	其他文化数字内容服务（0245）	仅指文化宣传领域数字内容服务。
4	工程设计活动（7484*）	建筑设计服务（0321）	仅包括房屋建筑工程，体育、休闲娱乐工程，室内装饰和风景园林工程专项设计服务。
5	互联网生活服务平台（6432*）	互联网文化娱乐平台（0450）	仅包括互联网演出购票平台、娱乐应用服务平台、音视频服务平台、读书平台、艺术品鉴定拍卖平台和文化艺术平台。
6	投资与资产管理（7212*）	文化投资与资产管理（0510）	指政府主管部门转变职能后，成立的国有文化资产管理机构和文化行业管理机构的活动；文化投资活动，不包括资本市场的投资。
7	企业总部管理（7211*）	文化企业总部管理（0521）	指不具体从事对外经营业务，只负责文化企业的重大决策、资产管理，协调管理下属各机构和内部日常工作的文化企业总部的活动，其对外经营业务由下属的独立核算单位或单独核算单位承担，还包括派出机构的活动（如办事处等）。
8	园区管理服务（7221*）	文化产业园区管理（0522）	仅指非政府部门的文化产业园区管理服务。
9	机制纸及纸板制造（2221*）	文化用机制纸及纸板制造（0711）	包括未涂布印刷书写用纸制造、涂布类印刷用纸制造、感应纸及纸板制造。
10	知识产权服务（7520*）	版权和文化软件服务（0730）	版权服务包括版权代理服务，版权鉴定服务，版权咨询服务，著作权登记服务，著作权使用报酬收转服务，版权交易、版权贸易服务和其他版权服务。文化软件服务指与文化有关的软件服务，包括软件代理、软件著作权登记、软件鉴定等服务。
11	婚姻服务（8070*）	婚庆典礼服务（0754）	指婚庆礼仪服务。包括婚礼策划、组织服务，婚礼租车服务，婚礼用品出租服务，婚礼摄像服务和其他婚姻服务。
12	贸易代理（5181*）	文化贸易代理服务（0755）	包括文化用品、图书、音像、文化用家用电器和广播电视器材等国际国内贸易代理服务。
13	专业性团体（9521*）	学术理论社会（文化）团体（0772）	学术理论社会团体包括党的理论研究、史学研究、思想工作研究、社会人文科学研究等团体的服务。文化团体包括新闻、图书、报刊、音像、版权、广播、电视、电影、演员、作家、文学艺术、美术家、摄影家、文物、博物馆、图书馆、文化馆、游乐园、公园、文艺理论研究、民族文化等团体的服务。
14	其他未列明教育（8399*）	文化艺术辅导（0774）	包括美术、舞蹈、音乐、书法和武术等辅导服务。
15	智能无人飞行器制造（3963*）	娱乐用智能无人飞行器制造（0832）	指按照国家有关安全规定标准，经允许生产并主要用于娱乐的智能无人飞行器的制造。
16	电气设备批发（5175*）	舞台照明设备批发（0842）	包括各类舞台照明设备的批发。
17	可穿戴智能设备制造（3961*）	可穿戴智能文化设备制造（0953）	指由用户穿戴和控制，并且自然、持续地运行和交互的个人移动计算文化设备产品的制造。
18	其他智能消费设备制造（3969*）	其他智能文化消费设备制造（0954）	仅指虚拟现实设备制造活动。